U0008797

(1) 一八九三年十二月二十六日，毛澤東在湖南韶山村的這間屋子出生。

(2) 唯一一張為人所知的毛澤東（右立）與母親的合照，攝於一九一九年長沙，母親去世前夕。時年二十五歲的毛澤東，一身讀書人打扮。兩個弟弟（左起）澤覃、澤民仍穿農裝。

〔3〕為母親戴孝的毛澤東（右），與父親（左二）、堂伯父（右二）、弟弟澤覃攝於長沙，一九一九年十一月十三日。

〔4〕毛澤東的第二任妻子楊開慧，與他們的孩子，兩歲的岸英（右）、一歲的岸青，攝於一九二四年上海。被毛稱作他最愛的女人的開慧，後來被毛遺棄，又因毛的緣故於一九三〇年被國民黨槍殺。她留下了感人的遺稿，描述她對毛的愛，對毛拋棄她和三個兒子的傷怨，對共產主義信仰的失望。這些手稿大部分在本書中首次曝光。

5 莫斯科駐華的三名最重要代表。維經斯基（上左）：於一九二〇年建立中國共產黨。馬林（上右）：荷蘭籍，主持一九二一年在上海召開的中共第一次全國代表大會。他後來同莫斯科分道揚鑣，被納粹處死。鮑羅廷（下最右），於一九二三～一九二七年間指導國、共兩黨。此照攝於一九二五年廣州。比鄰鮑羅廷者為即將成為國民黨領袖的蔣介石。前立者為汪精衛，毛澤東在國民黨內扶搖直上，汪起了關鍵作用，汪後成為日本扶植的傀儡政府首腦。

〔6〕一九三一年十一月七日瑞金，中共成立了一個「國中之國」：中華蘇維埃共和國，毛澤東（右二）為「主席」。「毛主席」這個稱號由此問世。毛的左方是王稼祥；右方是：項英、鄧發、朱德、任弼時、顧作霖。

〔7〕一九三一年十二月一日，「中華蘇維埃共和國」領導人舉行首次會議。中立講話者為毛澤東，其右側第一人為朱德。這個紅色的國中之國於一九三四年秋崩潰，長征開始。

（Auguste François）

〔8〕大渡河上的瀘定橋。紅軍「飛奪瀘定橋」後來中外聞名，是長征「英雄史詩」的代表。事實上，橋上根本沒有打仗。

⑨ 一九三七年九月，長征後的紅色大本營延安，毛澤東（後立左三，看起來有點像愛爾蘭大劇作家王爾德）與一九二七年「秋收暴動」的參與者。毛的第三任妻子賀子珍立於後排右一。

⑩ 毛澤東（前坐左二）與紅軍指揮員，包括朱德（前坐左三）、林彪（前坐左四），攝於一九三七年延安。

（Cecil Beaton）

⑪ 對毛澤東上台功勞最大的四位國民黨要員。一九二五年把蔣介石的兒子蔣經國帶去蘇聯的邵力子（右），斯大林把蔣經國扣為人質十餘年，迫使蔣介石容忍中共生存以換回兒子。　九三七年引發中日全面戰爭的張治中將軍（上），這場全面戰爭極大地削弱了國民黨政權，帶給毛最終征服中國的機會。在英國名攝影師Cecil Beaton的掌鏡下，武將張治中流露出濃厚的文藝氣息。

（Getty Images提供）

⑫ 使毛化險為夷的胡宗南將軍（上），台灣監察院彈劾胡宗南案指其為「受任最重，統軍最多，蒞事最久，措置乖方，貽誤軍國最鉅」。右是一九四八年，與毛連手葬送自己統帥的東北五十多萬國民黨精銳之師的衛立煌將軍。抗戰中衛將軍在緬甸當遠征軍司令官時人稱「百勝將軍」，此照為美國《生活》雜誌所攝。

⑬ 蔣介石（前右）與少帥張學良。被毛澤東和蘇聯誤導的張學良，於一九三六年十二月在西安劫持蔣介石。「西安事變」使處於邊緣的中共一躍而為「主要在野黨」。

⑮ 王明（右），一九三七年底自莫斯科返國後不久與毛攝於延安。王明帶回斯大林的命令，要毛打日本，而毛不想打，把日本侵華看作打垮蔣介石的大好機會。毛視王明為威脅，派醫生給王明下毒。此照片為王明的兒子王丹之先生提供。

⑭ 毛澤東在黨內的對手。張國燾（左），一九三七年與毛在延安。長征中張、毛會師後，毛想方設法破壞張統率的數萬大軍，用毛自己的話說，他「殲滅了三萬多」張的部隊。張國燾本人於一九三八年逃出延安。

⑯ 由於毛不打日本的政策，他在政治局內居少數。這一劣勢被毛在一九三八年秋的「六屆六中全會」上徹底扭轉。出席全會的中共政治局成員在會址延安橋兒溝天主堂前，自左起：毛澤東、彭德懷、王稼祥、張聞天、朱德、博古、王明、康生、項英、劉少奇、陳雲、周恩來。

(17) 一九三七年一月，紅軍進入延安。毛澤東在這裡住了十年。

(18) 延安：圖中最顯眼的建築物是一九四五年中共召開「七大」的地方。在這次會上，毛澤東第一次公開地有了黨的領袖頭銜。背景歷歷可見黃土坡上的窯洞。

(19) 延安橋兒溝天主教堂全景。教堂常常被中共用作開會的地方，包括毛澤東扭轉劣勢的「六屆六中全會」。這座西班牙方濟各會貝戈雅聖母堂於一九三五年建成，馬上被當地紅軍領袖劉志丹佔用。劉不久被毛除掉。

(20) 張戎在延安楊家嶺毛澤東的住所外訪問毛當年的鄰居。這位農民的母親曾幫毛洗衣服。

(21) 喬·哈利戴在延安城外偏僻的「棗園後溝」，身後教堂般的廢墟曾是一座大禮堂。除了中共克格勃在裡面開過幾次會外，它沒有使用過，原因是毛的一所絕密住宅就在旁邊。

(22) 毛在「棗園後溝」的絕密窯洞。當年中共領導中也極少有人到過這裡，今天更是鮮為人知。一九六九年中共黨史工作者來到這裡時，毛的女兒李訥住的窯洞墻上，還貼著二十多年前美軍觀察組給她的美國畫報，上面有她畫的娃娃。毛住的窯洞有道後門，直通一條祕密地道，緊急時可以跑到山的另一邊。他僅有的「鄰居」是「延安整風」時期關押的數千中共幹部。

(23) 毛澤東和他的第三任妻子賀子珍，攝於一九三七年延安。賀子珍不能忍受毛對她的冷漠（長征中她分娩、受傷瀕臨死亡，兩次毛都在附近，但都沒有來看她），不久離開毛去了蘇聯。此後她的大半生在精神分裂的反覆發作下度過。

(24) 毛澤東的兒子。攝於莫斯科城外專門為外國共產黨領導人子女辦的學校。高大的長子岸英，立於中排中央。牆上懸掛有毛像，標語寫著：為工人勝利而奮鬥的組織共產國際萬歲！

㉕ 一九三九年延安，為了讓斯大林最欣賞的導演卡門拍攝紀錄片，毛澤東在屋外擺出閱讀斯大林著作的姿態。這張照片來自俄羅斯電影圖片檔案館。

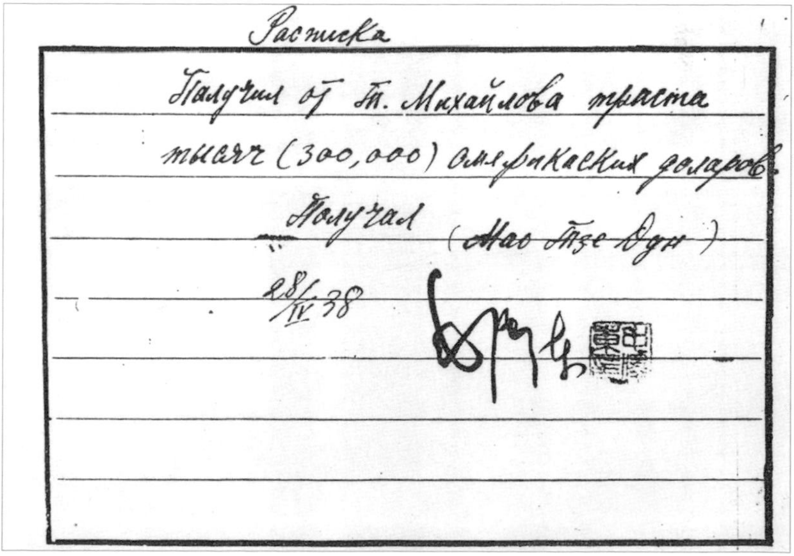

Расписка

Получил от т. Михайлова триста тысяч (300,000) американских долларов.

Получил (Мао Тзе-Дун)

28/IV 38

㉖ 毛澤東收下蘇聯人三十萬美元（相當於二〇〇五年的四百萬美元）所寫的簽名收據，日期是一九三八年四月二十八日。這張前所未見的毛接受蘇聯資助的直接證據，是本書作者在共產國際總書記季米特洛夫檔案中發現的。

(27) 一九四五年八月，日本投降後，斯大林要毛澤東前往重慶與蔣介石談判。毛把美國大使赫爾利（中立者）召來延安陪他同機去重慶，怕蔣介石把他在半空裡幹掉。赫爾利的左方是周恩來。周的魅力迷惑了無數西方人。海明威的夫人、美國記者馬莎·蓋爾霍恩（Martha Gellhorn）對本書作者說，當年要是周召喚她，她會追隨周到天涯海角。左一是張治中將軍。

(28) 國共內戰開始後，美國來華調停的馬歇爾將軍，在毛的軍隊潰敗之時救了毛。馬歇爾（右）與毛的第四任妻子江青攝於延安。這是江青首次以「第一夫人」的身分出場。

29 表情沉重的蔣介石一九四九年離開中國大陸前夕，最後一次回到蔣氏祠堂。左前戴帽者為兒子蔣經國。

30 中共軍隊進入南京的真實情景：路邊觀望的人群顯得很冷漠。後來中共重新組織拍攝了「熱烈歡迎」的「紀錄片」。此張照片由法國著名攝影師布烈松攝。

(31) 一九四九年十月一日，毛澤東在天安門城樓上宣佈中華人民共和國建立。

(32) 毛澤東掌權後開展的首波政治運動：「鎮壓反革命」。圖為公審槍決大會場面。毛要求「大張旗鼓殺反革命」，說「這件事做好了，政權才能鞏固。」他自己稱殺了七十萬人。

(33) 斯大林七十誕辰慶典上，毛澤東站在斯大林之旁，攝於一九四九年十二月莫斯科。這是毛澤東首次訪蘇，毛的此行並不只是為了祝壽，他主要想跟斯大林做交易。毛急於建立世界軍事大國，想要斯大林賣給他軍工設施。斯大林的左方是東德領導人烏布利希，毛澤東後來向他建議修柏林墻；烏的左後方是蒙古領導人澤登巴爾；斯、毛中後方是蘇聯元帥布爾加寧；毛的右後方是翻譯師哲。師哲為本書所述斯、毛關係提供了大量寶貴資訊。

(34) 毛澤東帶著滿臉不快，一九五〇年一月在天寒地凍的蘇聯參觀模範養牛場。毛的右方是翻譯師哲。毛意欲與斯大林爭奪勢力範圍，斯大林對他充滿戒心，故意冷落他。

（俄羅斯國家照片文獻館提供）

(35) 一九五三年三月九日，天安門廣場上為斯大林舉行追悼大會。中共領導站在斯大林遺照下方。當時給參加大會的人規定的紀律裡有一條：「不准笑！」

(36) 毛澤東向斯大林遺照獻花圈。斯大林的死意味著毛的解放。

(37) 斯大林不願幫毛建設軍事大國，斯大林之後的蘇聯領袖赫魯曉夫卻為毛奠定了建設軍事大國的基礎。在這張罕見的照片上，毛澤東與赫魯曉夫於一九五八年八月在北京機場擁抱。毛身後是翻譯李越然。

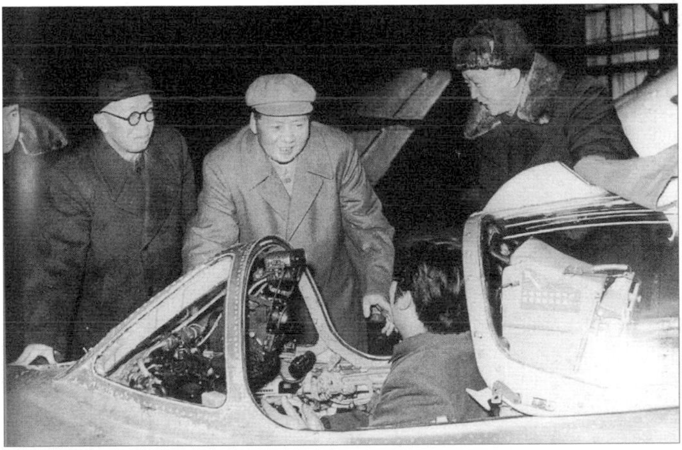

(38) 毛澤東興奮地觀看戰鬥機。

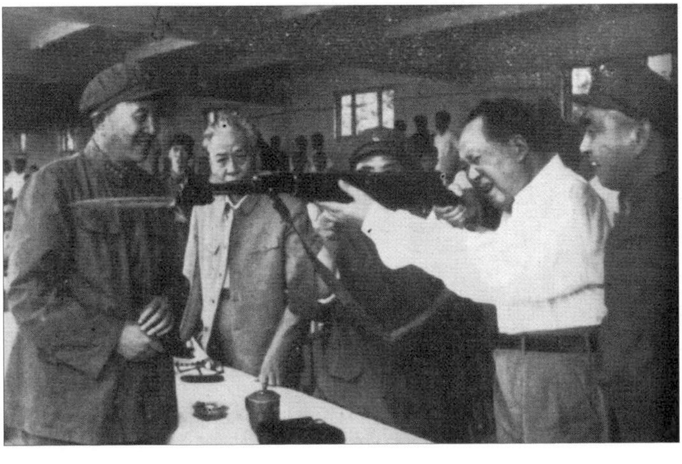

(39) 一生很少摸槍的毛澤東，以說「槍桿子裡面出政權」聞名。這是他與（左起）羅瑞卿、國家主席劉少奇在軍事表演現場。

40 一九五六年在北京舉行的日本商品展覽會上，一個金髮模特兒吸引了毛澤東的注意力。毛去那裡並不是為了中國婦女的時裝，而是跟日本拉關係，以便從日本搞西方戰略物資，作為他建立軍事大國計劃的一部分。

（杜修賢攝）

41 喜歡在床上發號施令的毛澤東，經常在三更半夜叫醒同僚開會。為中共領導們準備的椅子，排列在書籍紛陳的大床床腳邊。大床也是他和女友們尋歡的地方。

42 大躍進期間（一九五八～一九六一年），毛澤東設想過取消人的名字，代之以號碼。這是模範省河南的農民，背上縫著號碼，在田裡幹活。

China Surpasses U.S.A. in Wheat Production

43 中共的宣傳照片，英文標題為：「中國小麥產量超過美國。」浮誇高產是為了從農民手中奪糧，用以出口換軍事工業設施。

44 五〇年代的勞動場景之一：女孩拉車。法國著名攝影師布烈松攝。

48 反對毛政策的人遭受的迫害。（上）西藏班禪喇嘛在毛像前受到眾人聲討。

49（下）前國防部長彭德懷在文革批鬥會上，脖子上掛著沉重的大木板。彭在備受折磨後慘死。（中）軍旅生涯中的彭德懷。

(50) 文革期間毛澤東對劉少奇的報復。(上)中共領導人住地中南海的工作人員揮舞小紅書衝著劉咆哮;(下)中共至今封鎖的電影鏡頭:人們把劉打倒在地,又踢又踩。劉在囚禁中悲慘地死去。中圖:劉的勇敢的妻子王光美戴著侮辱性的乒乓球串被批鬥。

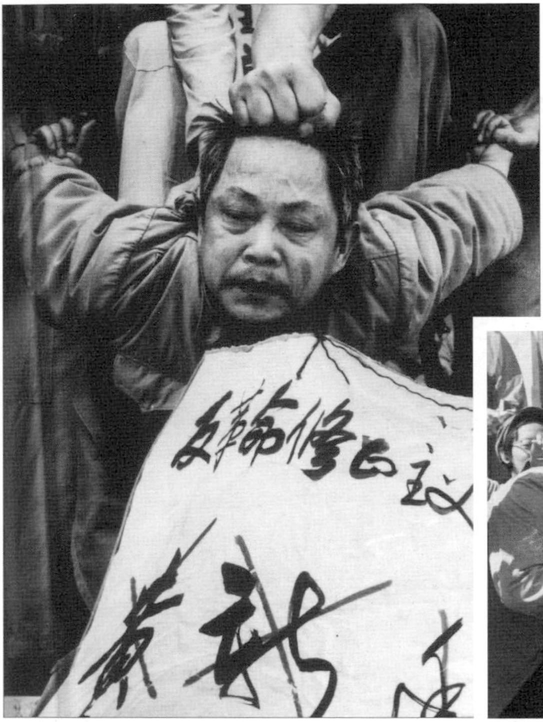

51 文革中常見的殘酷整人景象。(左)「坐噴氣式」(毛說他父親要是活到這時,「也得坐噴氣式」);(下)在毛像下剃「陰陽頭」。

(李振盛攝)

52 在文革「歡呼勝利」的遊行隊伍中,人們目光呆滯,疲憊不堪。

53 文革中大批異議人士被當眾槍決。這是在哈爾濱郊外的一次行刑。（李振盛攝）

(54) 文革得以發動，是毛澤東與林彪討價還價的結果。戴著紅衛兵臂章的毛、林（左、右），一九六六年在天安門城樓上。（注意毛的滿口黑牙。毛很少刷牙，他也不喜歡洗澡，以擦澡和游泳代之。）

(55) 一九七一年「五一勞動節」天安門上。此時的毛、林已經翻臉，慍怒的林彪（右方戴帽者），只坐了一分鐘就離去。林沒有理睬毛，也沒有跟柬埔塞西哈努克親王（毛身旁）、和親王夫人莫尼克公主（林彪身旁）打招呼。（杜修賢攝）

(56) 林彪的兒子林立果（右）是據我們所知唯一制訂過暗殺毛澤東計畫的人。一九七一年九月，林彪、妻子葉群（中）、和林立果倉皇乘飛機外逃，在蒙古草原上飛機缺油迫降時爆炸身亡。出逃之所以緊迫，是因為林彪的女兒林立衡（左）告發了他們。

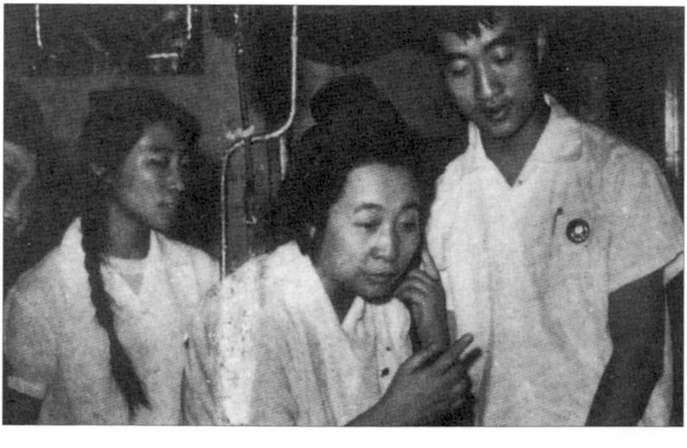

(57) 一九六〇年，毛澤東與古巴的切・格瓦拉。當時毛準備在共產黨世界中另立山頭，為了拉攏古巴，對首次訪華的格瓦拉極表親密恭維。由於古巴沒有跟著毛反對蘇聯，一九六五年格瓦拉去玻利維亞打游擊前再次來華時，毛沒有見他，也沒有答應幫他在玻利維亞建一個廣播電台。一九六七年格瓦拉被殺害後，負責在世界上推行毛主義的康生幸災樂禍地對阿爾巴尼亞國防部長說：「拉丁美洲的革命進行得很不錯，特別是在格瓦拉失敗以後。」

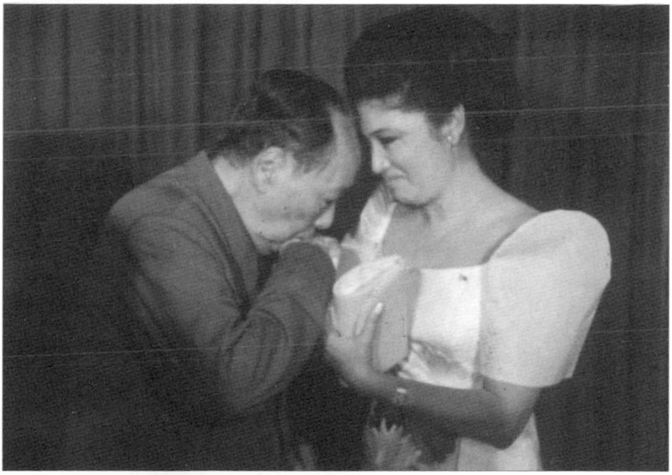

(58) 一九七四年，喜歡女人的毛澤東吻菲律賓第一夫人伊梅爾達・馬科斯的手。

(59) 一九七五年，祝賀柬埔寨「紅色高棉」奪權。毛誇獎波爾布特（中）奴隸營式的統治，說：「你們取得了偉大的勝利，一舉消滅了階級。」右為柬外交部部長英薩利。

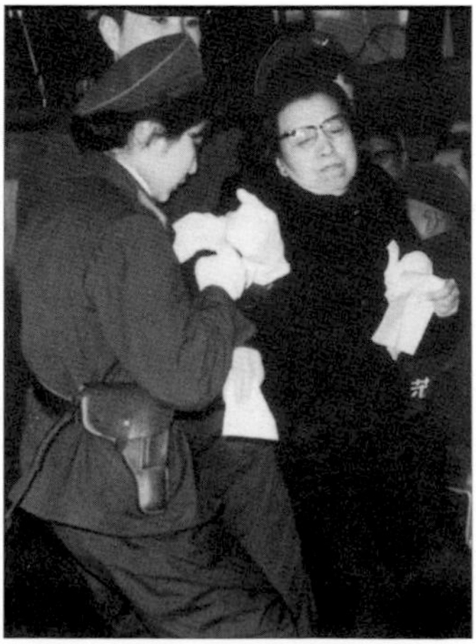

(60)(61) 周恩來數十年來是毛的外交總管，以他特有的魅力、才幹和事必躬親為毛服務。毛對他是又用又整。（上）一九七二年二月，美國總統尼克松訪華，周恩來坐在與他身分相符的沙發上。左起：周恩來、翻譯唐聞生、毛澤東、尼克松、基辛格、後任駐北京大使的洛德。（杜修賢攝）（中）一九七三年十二月，與尼泊爾國王（毛左方）會晤時，周（左二）只能坐在隨員坐的椅子上。這時毛正在批周。毛還不准醫生為周治療膀胱癌，要比他小四歲的周死在他前面。周比毛早死八個月。（毛身後是一排排書架，這滿架的書中有不少是從紅衛兵抄家物資裡選來的。）

62（下左）一九七四年，復出後的鄧小平（前方身高最矮者），聯合葉劍英元帥（左二）、周恩來（右一），與「四人幫」對陣。照片中可見「四人幫」中的三人：江青（圍巾包頭者）、姚文元（左一）、王洪文（左三）。

63（下右）毛澤東死後，江青被捕。她對審判者說：「我是主席的一條狗，主席叫我咬誰我就咬誰。」江青於一九九一年自盡。

(64) 毛澤東在日薄西山之際，與美國因水門事件下台的前總統尼克松惺惺相惜。他派專機於一九七六年二月把尼克松接來北京作最後道別。（杜修賢攝）

(65) 一九七六年五月二十七日與巴基斯坦總理布托會面，這是我們所知的毛澤東生前最後的照片。毛死於這年九月九日，終年八十二歲。他的二十七年的統治，導致七千萬中國人在和平時期死亡。（杜修賢攝）

毛澤東

鮮為人知的故事

修訂版

張戎（Jung Chang）
喬・哈利戴（Jon Halliday）

著

張戎

譯

目次

本書內文的「注釋及徵引出處」請詳見網址

https://reurl.cc/qgRjeD

中文版修訂版自序

《毛澤東：鮮為人知的故事》是我和我的先生喬・哈利戴花費十二年心血的結晶。從一九九三年開始，我們懷著深入瞭解毛澤東的願望，年復一年，走遍天下，查閱了三十多個檔案館，訪問了數百名知情者、見證人，寫出了我們認為最接近真實的毛澤東傳記。我們很幸運，適逢其時，一個歷史性的窗口正敞開著。在剛剛解體的前蘇聯，葉爾辛總統打開了俄羅斯檔案館的大門，這是研究毛澤東的史料寶庫。在中國，八十年代的改革開放，使檔案文獻大批湧現。世界各國中，毛澤東的同時代人還健在，他們欣然接受了採訪。我們的毛傳終於在二〇〇五年問世，中文版次年在香港推出。在書的「尾聲」中，我們曾遺憾地寫道：

「今天的中國，毛澤東的像仍然高掛在天安門城樓上，他的遺體停放在天安門廣場的中心。中共現任領導人自稱是毛的繼承者，竭力維持著毛的神話。真實的毛，依然鮮為人知。」

十多年過去了，遺憾變得近乎絕望。在那塊產生毛澤東的土地上，名符其實的歷史研究已縮小到零，實事求是成了罪名，對毛稍有評說就要遭殃。香港的出版業，也失去了往日的輝煌。

在這樣的背景下，《毛澤東：鮮為人知的故事》中文版從香港改到台灣出版。作為作者，我和喬的欣慰之情難以言表。重讀此書，我作了一些主要是文字上的修訂。

張戎
二〇二一年八月 倫敦

中文版初版自序

《鴻：三代中國女人的故事》在上世紀九十年代初出版以後，我和我的先生喬・哈利戴萌發了寫毛澤東的念頭。對現代中國來說，沒有人比毛澤東更重要。即使在他去世多年後的今天，他的幽靈依然在中國大地徘徊。可是他怎樣成為中國的統治者，他究竟是一個什麼樣的人，世人知之甚少。真實的毛澤東，還在雲遮霧障之中。

探索、解開毛澤東這個謎，對我們便產生了強大的吸引力，給了我們某種義不容辭的責任感。我們的寫作宗旨，除了「秉筆直書」，就是「言必有據」。我們走遍世界去搜集史料。俄羅斯大批新解密的檔案，是我們撈「真」的大海；中國大陸二十年來出現的眾多中共黨史資料集、親歷錄、文稿書刊，是我們掘「金」的礦山。中、俄、英等文字的徵引文獻書目，附在本書後面。書後還列有我們查閱過的檔案館，有的從未對外開放過。

我們採訪了同毛澤東打過交道的各國政要人士，以及中國大陸和台灣與毛澤東、與這段歷史有關係的人。他們中不少人是首次接受採訪。這份長達數百人的名單，其中包括讓我們受益匪淺的專家、學者，也錄在書後。

撈「真」、掘「金」、奔波、分析、辨別、判斷，是一項浩繁的工作。我和喬點點滴滴，鍥而不捨，就這樣一天天過了十二年。

我們相信書中所寫的鮮為人知的故事，所做的前所未有的結論，都將隨著歷史的進程而得到證實。希望本書能為讀者瞭解毛澤東和中國現代史，開拓新的視野。

這樣一本建築在史料上的書，要寫得通俗易懂，令人喜讀樂看，又不失真實準確，實在是千難萬難。我和喬在寫作後期，精力大部分就花在這方面。

英文原著中關於資料來源的詳細注釋，由於篇幅關係，只好放入出版社的網站。書中引言有的出自二十世紀早期文獻，用語是當年的習慣，或許讀者能從中體會出一些歷史感。

《毛澤東：鮮為人知的故事》從成書到中文翻譯，我的弟弟張樸給予我很大幫助。寫作過程中我們爭辯論點，翻譯時他協助我斟酌字句。沒有他，這本書將遜色不少。

張戎

二〇〇六年八月　倫敦

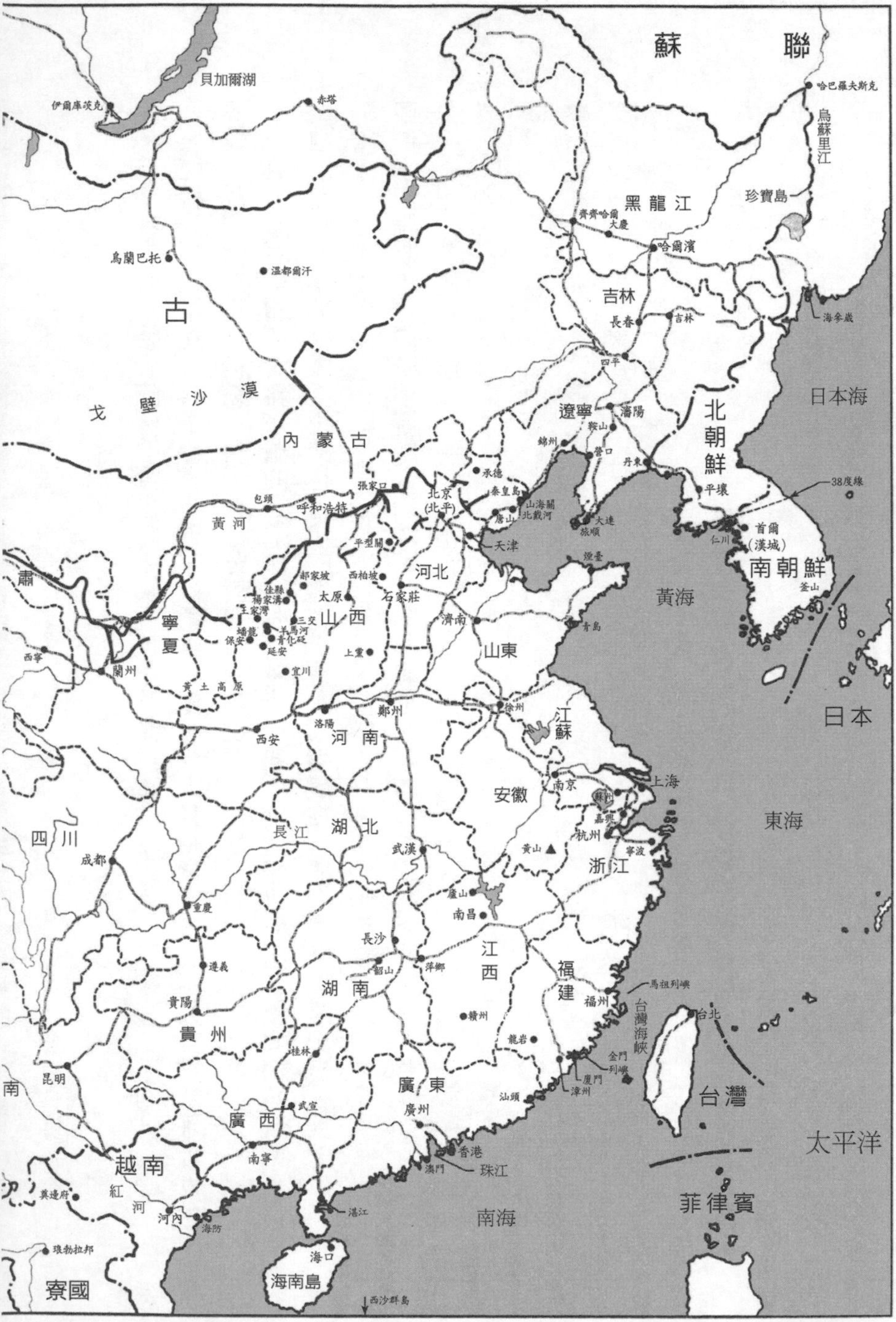

蘇
聯
貝加爾湖
伊爾庫茨克
赤塔
哈巴羅夫斯克
烏蘇里江
珍寶島
黑龍江
齊齊哈爾
大慶
哈爾濱
烏蘭巴托
溫都爾汗
古
吉林
長春
吉林
海參崴
四平
戈壁沙漠
遼寧
瀋陽
鞍山
錦州
營口
丹東
北朝鮮
日本海
內蒙古
承德
張家口
北京
(北平)
秦皇島
山海關
北戴河
唐山
大連
旅順
平壤
38度線
包頭
呼和浩特
黃河
天津
首爾
(漢城)
仁川
南朝鮮
平型關
煙臺
郝家坡
西柏坡
河北
黃海
釜山
肅
佳縣
楊家溝
太原
石家莊
王家灣
三交
山西
濟南
寧夏
蟠龍
羊馬河
保安
青化砭
延安
青島
西寧
上黨
山東
蘭州
宜川
黃土高原
日本
鄭州
徐州
洛陽
江蘇
西安
河南
南京
上海
安徽
蘇州
嘉興
東海
四川
長江
湖北
杭州
成都
武漢
黃山
寧波
浙江
廬山
重慶
南昌
長沙
江西
萍鄉
遵義
韶山
福建
馬祖列嶼
湖南
福州
台灣海峽
台北
貴陽
贛州
貴州
龍岩
金門列嶼
廈門
漳州
南
昆明
桂林
廣東
台灣
汕頭
武宣
廣西
廣州
太平洋
越南
南寧
香港
澳門
珠江
奠邊府
紅河
河內
湛江
菲律賓
海防
南海
海口
瑯勃拉邦
寮國
海南島
西沙群島

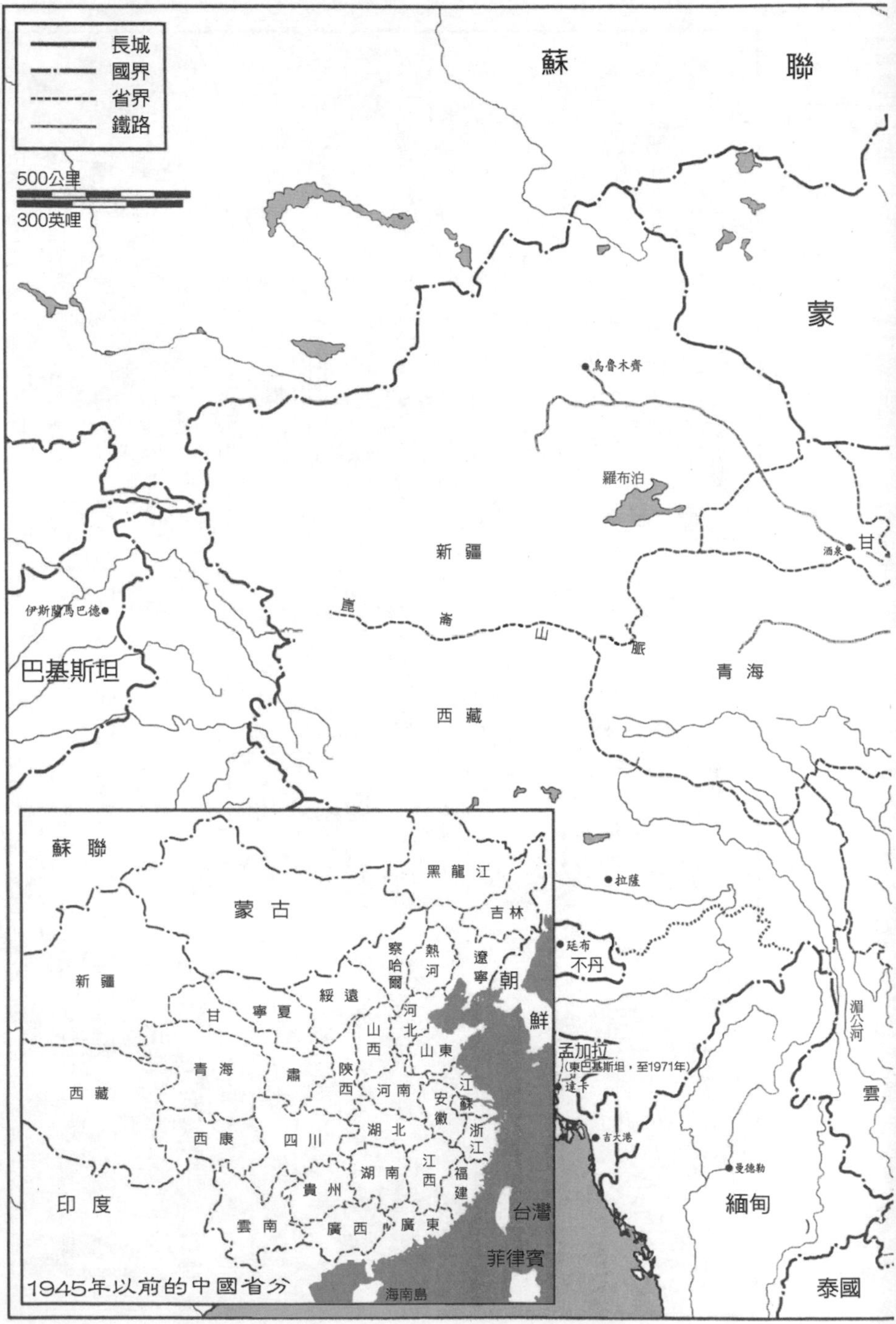
長城
國界
省界
鐵路
500公里
300英哩
蘇聯
蒙
烏魯木齊
羅布泊
新疆
甘
酒泉
伊斯蘭馬巴德
崑崙山脈
巴基斯坦
青海
西藏
拉薩
廷布
不丹
孟加拉
(東巴基斯坦，至1971年)
達卡
吉大港
曼德勒
湄公河
雲
緬甸
泰國
蘇聯
黑龍江
蒙古
吉林
察哈爾
熱河
遼寧
朝鮮
新疆
綏遠
甘
寧夏
河北
山西
山東
青海
肅
陝西
河南
江蘇
安徽
西藏
西康
四川
湖北
浙江
湖南
江西
福建
貴州
印度
雲南
廣西
廣東
台灣
菲律賓
海南島
1945年以前的中國省分

中國

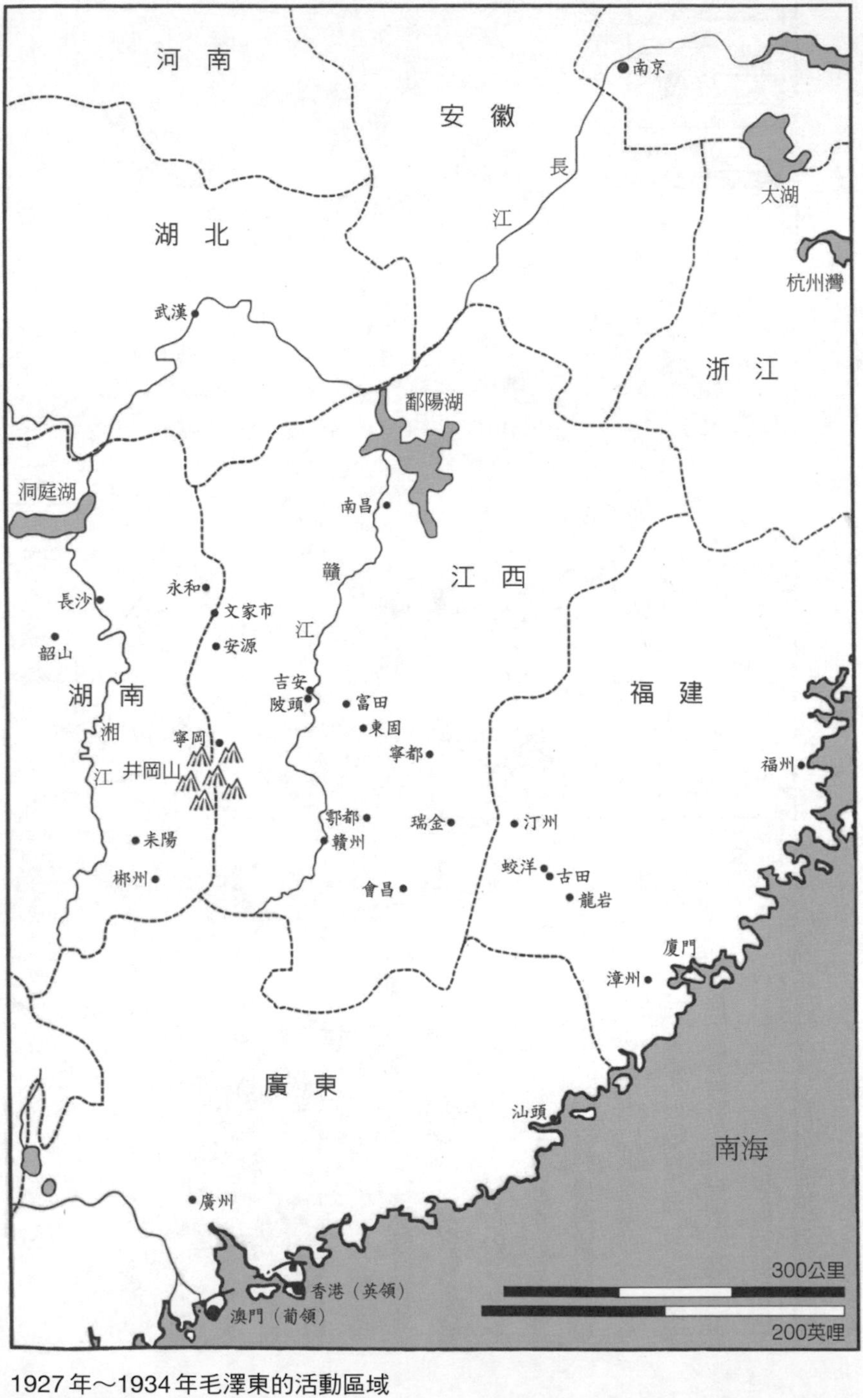

1927年～1934年毛澤東的活動區域

長征路線 1934年10月～1935年10月（中央紅軍）

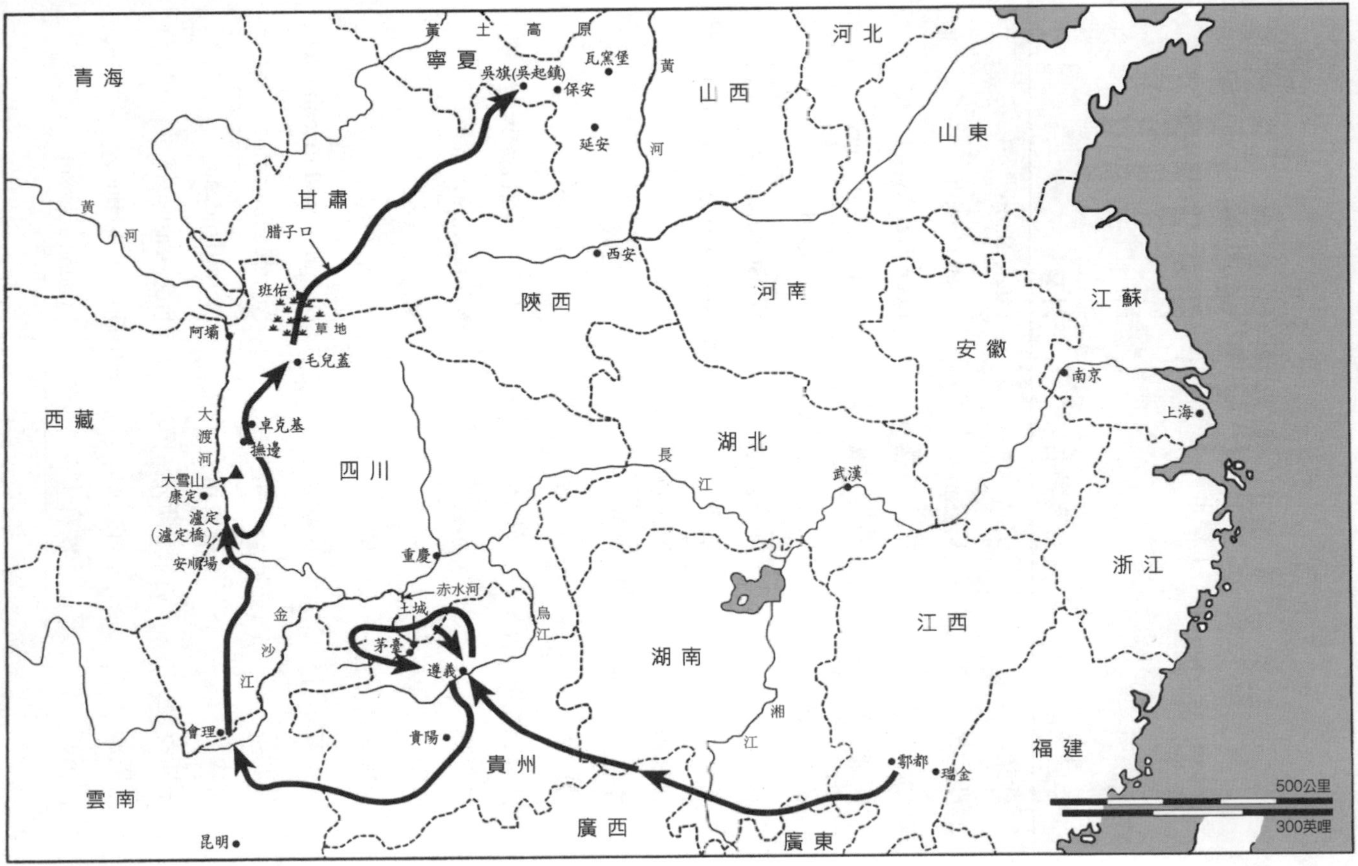

譯名對照表

（按出現先後次序排列）

中國大陸譯名	台灣譯名	外文
斯諾	史諾	Edgar Snow
斯大林	史達林	Joseph Stalin
托洛茨基	托洛斯基	Leon Trotsky
索爾茲伯里	沙茲伯里	Harrison Salisbury
斯大林格勒	史達林格勒	Stalingrad
丘吉爾	邱吉爾	Winston Churchill
約翰遜	詹森	Nelson Trusler Johnson
雅爾塔	雅爾達	Yalta
鐵托	狄托	Josip Broz Tito
波立特	卜立特	Harry Pollitt
戈爾巴喬夫	戈巴契夫	Mikhail Gorbachev
赫魯曉夫	赫魯雪夫	Nikita Khrushchev
麥可・凱恩	米高・肯恩	Michael Caine
波爾布特	波布	Pol Pot
艾森豪威爾	艾森豪	Dwight David Eisenhower
蘇加諾	蘇卡諾	Achmed Sukarno
特魯多	杜魯道	Pierre Trudeau
卡斯特羅	卡斯楚	Fidel Castro
肯尼迪	甘迺迪	John F. Kennedy
約翰遜	詹森	Lyndon Johnson

中國大陸譯名	台灣譯名	外文
勃列日涅夫	布里茲涅夫	Leonid Brezhnev
基辛格	季辛吉	Henry Kissinger
坦桑尼亞	坦尚尼亞	Tanzania
贊比亞	尚比亞	Zambia
柯西金	柯錫金	Aleksei Kosygin
施萊辛格	史列辛格	James Schlesinger
索馬里	索馬利亞	Somalia
西哈努克親王	施亞努親王	Prince Norodom Sihanouk
埃塞俄比亞	衣索比亞	Ethiopia
薩特	沙特	Jean-Paul Sartre
尼克松	尼克森	Richard Nixon
蓬皮杜	龐畢度	Georges Pompidou
希思	奚斯	Edward Heath
伊梅爾達・馬科斯	伊美黛・馬可仕	Imelda Marcos
戴維・艾森豪威爾	戴維・艾森豪	David Eisenhower
臘斯克	魯斯克	Dean Rusk

1 走出韶山

一八九三～一九一一年　一～十七歲

毛澤東，這個主宰世界四分之一人口命運數十年，導致至少七千萬中國人在和平時期死亡的統治者，出生在湖南省湘潭縣韶山一個普通農民家庭。那是一八九三年十二月二十六日，他的祖先已在這丘陵山沖居住了五百年。

山沖有五公里長、三公里半寬，聚居著六百多戶人家。他們種茶、竹、水稻，年復一年的日出而作，日落而息。這裡既沒有公路也沒有通航的河流，與外界少通消息，甚至到了二十世紀初葉，光緒皇帝和慈禧太后相繼在一九〇八年駕崩這樣的大事，也沒能傳到村裡，毛澤東是在事過兩年離開韶山後才聽說的。

毛的父親毛貽昌生於一八七〇年，十歲時跟一個十三歲的女孩訂婚。女家隔著一座叫虎歇坪的山坳，來去只有十公里，這樣短的距離，兩村人卻語言各異。毛的母親由於是女人，沒有自己的名字，在文氏家族姊妹中排行第七，就叫作「七妹」。定親多半出於現實的考慮，七妹的祖父葬在韶山，每年要掃墓，文家希望當地有門親戚做歇腳之地。訂婚後，七妹搬進了毛家；一八八五年，貽昌十五歲時他們圓房。

婚後不久，貽昌出去當兵掙錢以償還祖上留下的債務，幾年後他攢足錢還清了債，回家做起了販運白米和生豬的營生。他能寫會算，又有生意頭腦，不僅逐漸贖回了祖上典出的田產，而且買了更多的地，成為村裡最富的人之一。

貽昌人很勤儉，他家老屋是茅草頂，有了錢多年後，他才下決心把草頂換成瓦頂，但仍留下了泥牆泥地。玻璃在當時是稀罕的東西，所以窗戶只是些木框口子，晚上用木板遮起來。家具不過是木床、木桌、木板凳。就是在這樣一間簡陋的屋子裡，在罩著藍色土布蚊帳的床上，毛澤東出世。

毛是第三個兒子，但卻是第一個活下來的。為了求菩薩保佑他不再夭折，毛的母親到處燒香拜佛，還吃上了觀音齋。毛取名澤東。「澤」在十八世紀毛氏族譜初修時，就定為他這一輩的輩名。澤東：施光澤於東方。當他的兩個弟弟在一八九六年跟一九〇五年出生時，他們分別取名澤民、澤覃。

毛愛他的母親，對她保留了一種從未給予過他人的深情。母親溫和寬容，從不訓斥毛。從她那裡毛繼承了圓圓的臉龐、傳情的嘴唇和沉靜自持的眼神。毛一生常談起她，談時還十分動容，說小時候母親到哪裡他都跟著，趕廟會，燒香紙，拜菩薩，母親信佛，他也信佛，直到十幾歲時才與佛絕緣。

毛的幼年無憂無慮。他在母親娘家住到八歲，外婆將他視為心頭肉，兩個舅舅舅母拿他當自己兒子看待，一個舅舅作了他的「乾爹」。在文家，毛做些輕鬆的農活，有時在芭蕉塘邊的油茶林裡割草放牛。他也開始識字，晚間，舅媽在油燈下紡線，毛坐在她身旁看書。毛後來說他十分眷念那些日子。

一九〇二年，毛回韶山上學。上學就是進私塾，儒家經典是主要課程。深奧的古書不是孩子懂得了的，只能生吞活剝地背下來。毛具有超人的記憶力，當年的同學記得他學習很用功，艱深的書本不僅能背誦，還能默寫。就是在這時，毛打下了扎實的古文基礎，使他後來能寫一手好文章、好詩詞、好書法。讀書成了最大的嗜好，一盞油燈放在蚊帳外的板凳上，一讀就到深夜。許多年後，做為中國的最高統治者，他的偌大無比的床有一半用來堆書，他的談話和寫作旁徵博引，散落著各種歷史典故。只是他的詩詞在當權後大半喪失了詩意。

毛跟老師的關係不怎麼好。十歲時他從學校逃走，說老師要求苛刻，粗暴嚴厲。至少有三間私塾因他的倔強不服管教而委婉地請他父親「另找高明」。母親對他是聽之，任之，但父親不能忍受。父子倆常發生衝突。貽昌付學費讓兒子上學，希望兒子起碼能給家裡記帳，而這正是毛所討厭的。終生他對數字都不甚了了，對經濟學更是一塌糊塗。

體力勞動對毛也不具吸引力，一旦脫離了農民生活，他就再也不做了。貽昌見不得兒子閒著不幹活，自己辛勤勞作，要求兒子也要照辦。毛不聽話，他忍不住就打毛，毛於是恨父親。文化大革命的一九六八年，當毛向政敵展開全面報復時，有一種通行的折磨方式叫做「噴氣式」：受害者面對氣勢洶洶的人群，雙臂被狠狠地擰在身後，左右兩人一手擰臂，一手重重地按頭。毛對紅衛兵領袖說他父親「要是現在也得坐噴氣式」。

其實少年的毛並沒有受父親虐待，也絕不是弱者。父親責備他懶惰，他便頂嘴說父親年長，應該多幹。一天，父子倆當著許多客人的面吵了起來，毛後來說：「父親當眾罵我懶而無用，這一下激怒了我。我回罵了他，接著就離家出走。我母親追著我想勸我回去，父親也追上來，邊罵邊命令我回去。我跑到一個池塘邊，並且威脅說如果他再走近一步，我就要跳進水裡……我父親就軟了下來。」一次，毛講完這個故事，笑著說出他的結論：「他們都怕失去兒子，這就是他們的弱點。攻其弱點，就能取得勝利！」

無可奈何的父親對毛只有一項武器：錢。一九〇七年，毛離開第四個私塾後，貽昌拒絕再為他付學費，十三歲的毛只得成為全日制農民。但毛很快找到辦法逃離農活，重新回到書的世界，這就是接受父親的安排結婚。貽昌想要毛安頓下來，做個負責任的一家之長。他給毛找了個媳婦，是自己的姪女，年紀大毛四歲。結婚後毛復了學。

結婚那年毛十四歲。新娘姓羅，人稱羅氏。毛對她沒有絲毫感情，只有一次提起她，是跟美國記者斯諾（Edgar Snow），口氣輕蔑，還把他們的年齡差距從四歲誇大到六歲。毛說：「我十四歲的時候，父母給我娶了一個二十歲的女子，可是我從來沒有和她一起生活過——而且後來也一直沒有。我不認為她是我的妻子，當時也幾乎沒有想到過她。」毛沒提及羅氏早在他們結婚後一年多就去世了。

毛一生對「性」都興趣十足，但似乎對他第一任妻子毫無慾望，跟她結婚是出於不得已。這使毛成為包辦婚姻的強烈反對者。九年後他在〈趙女士人格問題〉一文裡措辭激烈地寫道：「西洋的家庭組織，父母承認子女有自由意志。中國則不然，父母的命令，和子女的意志完全不相並立……這叫做『間接強姦』。中國的父母都是間接強姦自己的子女。」

妻子一死，這位十六歲的鰥夫就要離開韶山。父親想讓他到縣城的米店去當學徒，但毛有自己的打算。他已看中了二十五公里外的一所新式學堂。這時，新風氣已穿透了韶山的山巒，吹進了少年毛的腦子裡。科舉制度廢除了，舊的教育體系沒用了，取而代之的是新式學堂，教一整套外國來的東西，像科學、世界歷史、地理，還有外文。這些新學堂是毛那樣的農家孩子走出鄉村、進入外部世界的大道。

十九世紀中葉鴉片戰爭後，中國出現改革的巨變。除了整個教育體制徹底改變外，鐵路開始修建，現代工商業開始興辦，政治團體允許存在，報紙也第一次出版。留學生派出國去學習科學，大臣們則出洋考察政體。一九〇八年，清廷公布了《欽定憲法大綱》，宣布九年後實行立憲。

毛的家鄉湖南在當時有三千萬人口，是改革如火如荼的省分之一。雖然這裡是內地，但通航的河流把它連向沿海，一九〇四年，省會長沙開闢為對外商埠，外國商人跟傳教士紛至沓來。新式學堂如雨後春筍，當毛在鄉間聽說時，湖南已經有一百多所了，比中國任何一個地方都多，還有好幾所女子學校。

毛想上湘鄉縣的東山高等小學堂。學費住宿費貴，毛就請親戚們幫忙，說動父親給他出了五個月的錢。東山使毛眼界大開。從課本裡，他讀到拿破崙、威靈頓、彼得大帝、盧梭、林肯等人的小傳，也第一次親眼見到去過外國的人：一位曾在日本留學的教師，學生們管他叫「假洋鬼子」。多少年後，毛還記得那位老師教他們唱的日本歌，慶祝日本在日俄戰爭中打敗沙俄的驚人勝利。

東山學堂的幾個月為毛開啟了新世界的大門。省會長沙有所專為湘鄉人辦的中學，在毛的請求下，一位老師介紹他前去就讀，儘管他不是湘鄉人。一九一一年春，毛心情激動地到了長沙。這年他十七歲，是他與農民生涯從此告別的日子。

毛從故鄉的泥土中帶走了什麼呢？他後來說他帶走了對貧苦農民生活的「深感不平」。事實卻非如此。毛當時的老師、後來的岳父楊昌濟教授一九一五年四月五日的日記中記載著毛談論家鄉的話：「人多務農，易於致富。」毛說當農民容易致富，並未說農民的生活艱苦。

通觀所有毛早年文章和談話記載，直到一九二五年底，毛只提到過農民幾次。除了說家鄉農民容易致富外，一九一七年八月二十三日，毛在致黎錦熙信裡講到中國歷史上最大的農民起義：太平天國──但不是對他們表示同情，而是對消滅他們的人曾國藩表示傾倒。毛說：「愚於今人，獨服曾文正，觀其收拾洪楊一役，完滿無缺。」一九一九年七月二十八日，毛在〈民眾的大聯合（二）〉裡提起「種田人」，但只是泛泛的，不帶感情，不像他描述學生那樣長篇大論地訴苦，說學生的生活是「苦海」。同年九月一日，毛擬了一份詳盡的問題研究單子，足足有七十一個大項目，農民只占第十項中的十五個分項之一，還無關貧苦農民的生活，而是「勞農干政問題」。

一九二〇年下半年，毛與共產黨結緣後，開始使用「工人們」、「農人們」、「無產階級」這樣的字眼，但不過是辭藻而已。

毛後來說，在韶山他欽佩一個被捕並被斬首的農民起義英雄彭鐵匠，但中共黨史學者費盡心機找來找去也找不到這位鐵匠存在的蛛絲馬跡。毛還說，飢民的痛苦影響了他的一生。這很可質疑。一九二一年，毛在長沙時正好遇上饑荒。他的朋友謝覺哉的日記中記載說：「鄉間荒象特著……本地乞食者特別多，每日總在百數以上……大半黃皮裹骨，風吹欲倒。」「死者頗多，小街上施木板〔做棺材〕也施不起了。」毛在這段時間寫的文章對饑荒、災民一個字也沒提，沒有任何跡象表明他關心這件事。

農民的根並沒有滋養出一個同情窮苦百姓的毛澤東，從韶山他沒有帶走改善中國農民命運的理想主義。

2 與共產黨結緣

一九一一～一九二〇年　十七～二十六歲

一九一一年春天，毛澤東到長沙，正是結束中國兩千多年帝制的辛亥革命前夜。表面看去，照英國哲學家羅素（Bertrand Russell）的描述，長沙「簡直就是個中世紀的城市，只能走轎子和人力車」。但這裡不僅充滿新思想，新風氣，而且醞釀著共和革命的風潮。

儘管清廷宣布立憲，革命黨人卻一心要推翻帝制，說滿族是外國人，應該驅逐。報刊雜誌此時已數不勝數，他們利用這個條件鼓吹革命，還組織社團，發動了好幾起武裝起義。

十七歲的毛此時第一次看到報紙。他從報紙上了解到反清派別的觀點，立即表示贊同。按當時的時尚，他寫了篇文章貼在學校牆上，這是他首次發表政見。像許多學生一樣，他剪了辮子，並跟朋友一道揮舞剪刀強行剪掉別人的辮子。

這年夏天，長沙格外悶熱，學生們比天氣更熱烈地辯論怎樣推翻皇上。一次慷慨激昂的演說後，有人把身上的長衫脫了一丟，大叫：「快習兵操，準備打仗！」

十月，鄰近的湖北省武昌市爆發了辛亥革命。統治中國二百六十八年的清朝垮台了，中華民國在一九一二年的第一天成立。二月，末代皇帝溥儀退位。握有兵權的袁世凱替下作臨時總統不到兩個月的孫中山，次年就任大總統。位於北京的中央政府控制鬆弛，中國出現了前所未有的寬鬆自由局面。

新生民國帶給年輕的毛的，是無數嶄新機會。工業、商業、法律、管理、教育、新聞、文化，還有軍事，可做的事層出不窮。毛面臨著令人眼花繚亂的選擇。他先參了軍，但出操聽口令不是他喜歡做的事，更不用說到城外挑水做飯給長官泡茶。他於是雇了個挑夫幫他挑水。幾個月後，他乾脆退了伍，決定再回去上學。那時報上滿是新鮮動人的廣告，好些使他動心，一個是警官學校，一個是法律學校，還有個專教人怎樣製造肥皂，使毛發了作肥皂製造家的奇想。毛最後挑了省立第一中學，但只在那裡待了半年。他覺得不如自修，於是天天去省立圖書館，一待就是一整天。他第一次讀到外國名著的譯本，這些書把他的腦子從傳統觀念的束縛中解脫出來。

但他父親要他上學，否則拒絕供給他錢，十九歲的毛只好進了湖南省立第一師範。師範學校都不收學費，是那時中國致力於教育的結果。

第一師範充滿開放的空氣，連教學樓也是歐洲式的，長沙人管它叫「洋樓」。教室很洋氣，漂亮的地板，窗上裝有玻璃。校方讓學生有機會接觸各種新見解，鼓勵他們自由思想，組織不同的學會。學生的出版物有鼓吹無政府主義的、國家主義的、馬克思主義的。馬克思（Karl Marx）的像還一度掛在大禮堂裡。對讀報上了癮的毛已在報章上見過「社會主義」這個詞，在這裡他又第一次聽說了「共產主義」。那時，中國是真正的「百花齊放」。後來毛統治時也用這個詞，但他允許的還不及他年輕時萬芳叢中的一小片花瓣。

像全世界的學生一樣，毛喜歡無窮無盡地和朋友討論問題，有時沿湘江漫步，有時爬上校園後面的小山，坐在草叢裡辯論到深夜。蟋蟀在身旁一聲一聲地唱，螢火蟲繞著他們一閃一閃地飛，熄燈的鐘聲響了，他們置之不顧。出門旅行是他們的家常便飯，一轉悠就是一個月。農家友善地歡迎他們，供他們吃住，他們以寫門聯報答。

一次高談闊論中，據毛的朋友記載：「毛君主張將唐宋以後之文集詩集，焚諸一爐。」這是有記載的第一次毛提到燒書。當時，這話並不離奇，在前無古人的思想解放氣氛中，一切天經地義的道理都受到挑戰，歷來的大逆不道都成了理所當然。國家有必要存在嗎？家庭呢？婚姻呢？私有財產呢？什麼樣的議論也不奇怪，什麼樣的話也都能說。

正是在這樣的氛圍裡毛澤東形成了他的道德觀。二十四歲時，毛在德國哲學家泡爾生（Friedrich Paulsen）所著《倫理學原理》（*System der Ethik*）中譯本上，作了大量批註。在這些批註裡。毛直言不諱地表述了他的道德觀念。這些觀念伴隨了他的一生。

毛整個道德觀的核心是：「我」高於一切。他寫道：「道德之價值，必以他人之利害為其行為之動機，吾不以為然。」「吾人欲自盡其性，自完其心，自有最可寶貴之道德律。世界固有人有物，然皆因我而有。」毛的道德等於完全的隨心所欲。

義務與責任毛概不承認，說：「吾人唯有對於自己之義務，無對於他人之義務也。」「吾只對吾主觀客觀之現實者負責，非吾主觀客觀之現實者，吾概不負責焉。既往吾不知，未來吾不知，以與吾個人之現實無關也。」「吾自欲遂行也，向誰負責任？」

對毛來說，任何成就只有在現實生活中能享受到才有意義。身後名「非吾之所喜悅，以其屬之後來，非吾躬與之現實也。」「吾人並非建功業以遺後世。」毛澤東完全不屑於追求「流芳千古」。

良心本是對人的衝動的一種心理約束。毛卻認為：「良心與衝動理應一致，乃調和的而非衝突的。」「二者原為一物，吾人各種之動作，固處處須衝動，處處係衝動之所驅，良心之明，亦處處承認之。」照這種觀點，「良心」只是為毛的「衝動」服務的工具。

泡爾生說：「毋殺人，毋盜竊，毋欺誣，皆良心中無上之命令。」毛不以為然，說：「此等處吾不認為良心，認為人欲自衛其生而出於利害之觀念者。」照毛的意思，人不幹這些壞事，只是出於個人利害考慮，要是幹了不受懲罰，那就要幹。

毛性格的另一個中心是「『破』字當頭」，他說對中國「吾意必須再造之，使其如物質之由毀而成」，而且「國家如此，民族亦然，人類亦然。」「宇宙之毀也亦然……吾人甚盼望其毀，蓋毀舊宇宙而得新宇宙，豈不愈於舊宇宙耶？」

毛在晚年也說過意思一模一樣的話。也就是說，年僅二十四歲的毛就已經用清晰的語言闡述了他漫長一生信守的人生觀。當然，在一九一八年，這些話只是說說而已。儘管他不是一個等閒之輩，楊昌濟教授稱他「資質俊秀若此，殊為難得」，但毛沒有顯示出領袖天分。老師徐特立說在學校裡看不出他有號召力。當毛發出徵友啟事，張貼在長沙部分學校時，應召的只有幾個。他跟朋友成立「新民學會」時，他雖然活躍，選出的總幹事卻不是他。

那時的毛要找份像樣的工作都很困難。一九一八年六月，他從師範學校畢業。許多年輕人嚮往出國學習。像毛這樣家裡不富裕的往往到法國去半工半讀，勤工儉學。法國在第一次世界大戰中損失了很多年輕男人，需要勞工。

當勞工不是毛想幹的事。去法國的人還得學法文，而毛不擅長語言，一輩子都只說湖南話。有一陣掀起俄羅斯熱，毛也曾想去，對女朋友陶斯詠說：「我為這件事，腦子裡裝滿了愉快和希望。」他在一個叫伯樂佛（Sergei Polevoy）的俄國移民（是個間諜）那裡上了幾堂課。據這人說，毛怎麼也發不好生字表的音，別的學生都笑他，他就生氣地離開了。結果，毛既沒有去法國，也沒有去俄國。

毛想到首都去碰碰運氣，就借了路費去北京。北京當時是世界上最美的都市之一。在剛對公眾開放的皇宮前，甚至還有駱駝莊重地緩步。但古都的生活是苦的。民國帶來了前所未有的自由和機會，卻沒有明顯地改善人民的生活，大多數人還活在一個「窮」字中。毛一行八人，住在三間小屋裡，幾個人合睡一張炕，同蓋一床棉被，擠得緊緊的，要翻身得先跟左右的人打招呼。八人只有兩件大衣，出門輪流穿。因為圖書館裡有暖氣，毛有時去那裡，又看書又睡覺。

有一段時間，毛在北京大學圖書館做助理員，一個月八塊大洋，剛夠生活。他的職責之一是登記來圖書館讀報的人名。不少是當時著名的文化人，毛想跟他們攀談，但他們「都是些大忙人」，毛後來說，「沒有時間聽一個圖書館助理員講南方土話。」毛感到受了冷落，一直耿耿於懷，說：「他們大多數都不把我當人看待。」

不到六個月，他就打道回府，路費還是借的。他繞道上海，為去法國的朋友送行，一九一九年四月回到長沙。毛此行見識了大都市的文化生活，但最後還得回來做外省的小學教書匠。

為人師表的毛常穿得邋裡邋遢，好像永遠不換衣服。學生們記得他不加梳理的頭髮和襪子上的窟窿。他似乎只有一雙家製的布鞋，鞋底好像總處於即將磨穿的狀況。一次，人們抱怨他夏天赤裸上身，毛反唇相譏說：「這就算不錯啦，全赤我也無所謂！」

這時，一樁發生在大洋彼岸的事件在中國引起巨大反響。有中國代表團參與的為第一次世界大戰善後的巴黎和會，讓日本繼續佔領它在戰爭中從德國手頭奪取的山東一部。愛國的中國人被激怒了。五月四日，北京爆發了有史以來第一次大規模街頭遊行示威，譴責北京政府賣國，抗議日本佔領中國領土。「五四」運動波及全國，燒日本貨，砸賣日貨的商店。人們對民國政府深感失望，覺得它跟滿清一樣無能。許多人開始尋求更激進的治國方式。

一個激進的學生會在長沙成立，毛負責編輯會刊《湘江評論》。辦雜誌很辛苦。在難忍的悶熱中，毛晚上用一堆線裝書當枕頭，臭蟲在裡面爬來爬去，白天不僅要寫大部分稿子，還得到街頭販售。由於經濟窘迫，這個學生週刊只出了五期，就停刊了。

此後毛繼續為別的刊物寫文章。其中有十篇是關於婦女與家庭的，觀點是那時大多數前衛青年的共識，即提倡婦女獨立，自由戀愛，與男人平等。毛的文章感情充沛，原因可能跟他母親剛於一九一九年十月五日去世有關。他母親得了淋巴結核，毛曾給她寄藥方，把她接來長沙治病。在毛跟母親的關係中，母愛是無私的，毛的感情卻是既強烈又自私。多少年以後，他告訴身邊護士吳旭君：「我母親死前我對她說，我不忍心看她痛苦的樣子，我想讓她給我留下一個美好的印象。我要離開一下。母親是個通情達理的人，她同意了，所以到現在，我腦子裡的母親形象都是健康、美好的。」

在母親臨終之際，毛首先考慮的是自己的感受，而不是母親的希望。他能毫無顧忌地對她直說，性格由此可見一斑。對父親，毛沒有什麼感情，對他的死的反應簡直就是冷酷。父親一九二〇年一月二十三日死於傷寒，死前想見兒子一面。但毛沒有回去，也沒有對他的死表示任何悲傷。

毛的硬心腸也反映在他關於女人的文章裡。一九一九年十一月二十一日的〈女子自立問題〉說女子可以跟男子做一樣重的體力勞動：「女子用其體力工作，本不下於男子」，只是「不能在生育期內工作」。對此毛說：「女子需自己預備產後的生活費。」

毛的激進活動很快把他帶向另一個旅途，這次旅程將決定他的一生，也將決定中國的命運。一九一九年底，湖南的學生和教師要趕走當時的省長張敬堯，毛隨代表團前往北京，遊說中央政府撤張。雖然此行沒達到目的，但毛作為湖南的活躍分子結識了好些知名人物，包括自由派的領袖胡適、著名的馬克思主義者李大釗。

就是在回程途中，一九二〇年六月路經上海時，毛遇上了改變他終生的人：陳獨秀。在當時的馬克思主義知識分子中，陳是佼佼者，毛曾在一篇文章中稱道他為「思想界的明星」。陳這時四十歲，是個極富魅力，但性情暴躁的人。毛去拜訪陳，正好，陳在籌組中國共產黨。

組建中共並不是陳教授的主意——也不是任何一個中國人的主意。這主意來自莫斯科。一九一九年，新生的蘇俄政府成立了「共產國際」（第三國際），以在全世界鼓吹革命，推行莫斯科的旨意。在中國，一項龐大的祕密計畫在八月付諸實行，旨在扶持起一個親俄的中國政府。此後三十年裡，莫斯科投入了大量的人力、物力、軍火，最終使毛領導下的中共得以奪取政權。

一九二〇年二月，布爾什維克奪取了中西伯利亞，打通了跟中國的陸地交通。四月，共產國際代表維經斯基（Grigori Voitinsky）來到中國。五月，共產國際在上海建立了據點，目的是「組建一個中國黨」。維經斯基向陳獨秀提出這個建議，得到了陳的同意。六月，維經斯基向莫斯科彙報說，陳將做這個新黨的書記，陳正在聯繫「各城市的革命者」。

就在這個月，毛來見陳獨秀，碰上了中國共產黨的籌備創立。中共創始人都是資深的馬克思主義者。據當事人回憶，他們是：陳獨秀、李漢俊、陳望道、沈玄廬、俞秀松、李達、施存統和邵力子。毛沒有被邀請為發起人之一，他這時還沒表示信仰馬克思主義。毛離開上海後，八月，中共成立。

中國官方把中共成立算在第二年七月，因為那時開了第一次全國代表大會，而毛出席了「一大」，可以名正言順地被算成創始人。事實上，共產國際的刊物和它派來指導「一大」的馬林（G. Maring）都權威性地指出，中共是一九二〇年，而不是一九二一年成立的。

毛雖然不是創建者，但他開始為中共工作：陳獨秀讓他在長沙開一間書店賣共產黨宣傳品。陳教授剛把他的影響重大的雜誌《新青年》改變為中共的喉舌，七月號就刊登了介紹列寧（V. I. Lenin）和蘇俄政府的文章。從那時起，共產國際便出錢贊助《新青年》。毛的任務是推銷《新青年》和其他宣傳品，同時也賣一般的書、雜誌。

毛樂於從命。雖然他還沒有信仰共產主義，但他畢竟是激進分子，又熱愛書報，還需要一份像樣的收入，開書店是求之不得。回長沙後不久，「文化書社」就在《大公報》上登報開張了。毛寫了個誇耀蘇俄的啟事：「不但湖南，全國一樣尚沒有新文化。全世界一樣尚沒有新文化。一枝新文化小花，發現在北冰洋岸的俄羅斯。」書店馬上訂了一百六十五份《新青年》的七月號，是書店的最大訂單。其次是一百三十份《勞動界》，新生的中共對工人的宣傳品。其他大部分書報也是親俄激進的。

幹這種事毛並非提著腦袋，那時候搞共產主義活動非但不犯法，相反地，蘇俄正時髦。在長沙，一個俄羅斯研究會正在籌備，為首的是長沙知事。人們對蘇俄感興趣，大半出於相信蘇俄政府的宣言，說要放棄沙皇政府在中國攫取的領土和特權。這番信誓旦旦，實際上只是空話，蘇俄繼續控制著在華最大的外國領地。

毛找了個朋友做經理，他善於用人幫他做討厭的雜務。他本人的頭銜是「特別交涉員」，向富人名流籌款，與全國各地的出版社、圖書館、大學、文化人聯繫。陳獨秀和好幾位知名人士為書店擔保，大大提高了毛的聲望。他從前讀書的師範學校這時請他去做附小主事。

沒有材料表明毛是怎樣入黨的，履行了什麼手續。但由於文化書社，他成了「自己人」。十一月，按維經斯基指示，中共成立一個外圍組織——社會主義青年團，從中發展黨員。在長沙找的聯絡人之一是毛。也就是說，他已經算是共產黨的成員了。十二月，毛給在法國的朋友寫信，說他「深切的贊同」「用俄國式的方法去達到改造中國與世界」。這是毛第一次表達他信仰共產主義。

毛邁出這一步並不是熱烈追求信仰的結果，而是機遇：他正好在某一時間出現在某一地點，接受了某一份恰到好處的工作，由此進入了一個由強大外國主持的新興組織。

他那時最好的朋友蕭瑜不贊成共產主義，從法國寫信給毛說：「我們不認可以一部分的犧牲，換多數人的福利。主張溫和的革命，以教育為工具的革命，為人民謀全體福利的革命……頗不認俄式——馬克思式——革命為正當」。毛回信時不是狂熱地為共產主義辯護，而是稱他朋友的看法「理論上說得通，事實上做不到」。他這樣勸說朋友：「理想固要緊，現實尤其要緊。」

毛信中的這類話表明，他參加共產黨，不是出於充滿激情的信仰，而是冷靜實際的選擇。

3 溫熱的信仰者

一九二〇～一九二五年　二十六～三十一歲

與共產黨結緣的同時，毛澤東也陷入了戀愛，對象是他從前老師楊昌濟的女兒楊開慧。她比毛小八歲，後來成為他的第二任妻子。

開慧於一九〇一年出生在長沙城外一個田園詩般的村子裡。生下不久父親留學去了日本、英國、德國，一去十多年，出身書香人家的母親把她撫養長大，從小嬌弱易感的開慧出落成一個既感情纏綿又落落大方的閨秀。一九一三年春天，父親從國外回來，帶來了歐洲的生活方式。男學生來訪時，開慧也同他們一起用餐說話。這在當時還很少見。美麗優雅的開慧常率直地發表見解，讓男學生們大為傾倒。

開慧的父親欣賞毛的頭腦，向有影響的人極力推崇他。他對章士釗說過：「吾鄭重語君，二子〔毛和朋友蔡和森〕海內人才，前程遠大，君不言救國則已，救國必先重二子。」一九一八年，楊先生去北大任教，毛第一次到北京時曾住在他家。那時開慧十七歲，毛二十四、五歲，毛很喜歡她，她卻沒反應。許多年後她回憶道：「大約是十七八歲的時候，我對於結婚也已有了我自己的見解，我反對一切用儀式的結婚，並且我認為有心去求愛，是容易而且必然的要失去真實神聖的不可思議的最高級最美麗無上的愛的！……我好像生性如此，不能夠隨便。一句恰好的話，可以表現我的態度出來，『不完全則寧無。』」

一九二〇年一月，她父親去世。剛好毛第二次到北京，同開慧朝夕相處，開慧終於愛上了毛。她寫道：

父親死了！我對於他有深愛的父親死了！當然不免難過。但我認父親是得到了解脫，因此我並不十分悲傷。

不料我也有這樣的幸運！得到了一個愛人！我是十分的愛他；自從聽到他許多的事，看見了他許多文章日記，我就愛了他，不過我沒有希望過會同他結婚，（因為我不要人家的被動愛，我雖然愛他，我決不表示，我認定愛的權柄是操在自然的手裡，我決不妄去希求……）

像一個矜持的淑女，開慧沒有吐露心聲。不久他們分開了，她護送父親的靈柩回長沙，進了教會學校。別離增強了她的愛情，她寫道：

一直到他有許多的信給我，表示他的愛意，我還不敢相信我有這樣的幸運！不是一位朋友，知道他的情形的朋友，把他的情形告訴我——他為我非常煩悶——我相信我的獨身生活，是會成功的。自從我完全了解了他對我的真意，從此我有一個新意識，我覺得我為母親而生之外，是為他而生的，我想像著，假如一天他死去了，我的母親也不在了，我一定要跟著他去死！

毛回長沙後，兩人成了情侶。毛住在他任主事的師範附小，開慧常常去那裡會他。但她不願留下過夜，他們還沒有結婚。毛不想結婚，不願受約束。一九二〇年十一月二十六日他給朋友的一封信中宣布：「我覺得凡在婚姻制度底下的男女，只是一個『強姦團』，我是早已宣言不願加入這個強姦團的。」毛鼓吹組成「拒婚同盟」，說：「假如沒有人贊成我的辦法，我『一個人的同盟』是已經結起了的。」

一天夜裡，開慧走了，毛無法入睡，爬起來寫了首「虞美人」：

堆來枕上愁何狀？
江海翻波浪。
夜長天色怎難明，
無奈披衣起坐薄寒中。

曉來百念皆灰燼，
倦極身無憑。
一鈎殘月向西流，
對此不拋眼淚也無由。

這首詩打動了開慧，她終於同意了留宿。夜裡，他們熱烈地做愛，房間的牆壁是木板隔間，很薄，左右鄰居抱怨起來。有人說學校有規矩，教師的妻子不能在學校過夜。但毛是主事，他就乾脆把規矩改了，從此開了教師妻子在學校留宿的先例。

對開慧來說，留下過夜等於她下決心把一生和毛澤東結合起來。她後來寫道：「我的意志早又衰歇下來了，早又入了浪漫態度中，早已又得了一個結論：『只有天崩地塌一下總解決！』除非為母親和他而生，我的生有何意義！」

毛對開慧的感情遠不如開慧的強烈真誠，他還繼續有著別的女朋友。最親近的是陶斯詠，一個喪夫的教師，比毛小三歲。辦文化書社她幫毛籌款，因為她教的學生中有的家裡很有錢。她跟毛一同出去旅行，儼如一對夫妻。

開慧發現了。她這樣描述自己的感覺：「忽然一天一顆炸彈跌在我的頭上，微弱的生命，猛然的被這一擊幾乎毀了！」然而她原諒了毛：「但這是初聽這一聲時的感覺，他究竟不是平常的男子，她愛他，簡直有不顧一切的氣象，他也愛她，但他不能背叛我，他終竟沒有背叛我，他沒有和她發生更深的關係……」毛告訴開慧他有女友是因為他對開慧的心摸不準，不知道開慧是否真愛他。開慧相信了他：「他的心蓋，我的心蓋，都被揭開了，我看見了他的心，他也完全看見了我的心，（因我們彼此都有一個驕傲脾氣，那時我更加，唯恐他看見了我的心，（愛他的心）他因此懷了鬼胎以為我是不愛他。但他的驕傲脾氣使他瞞著我，一點都沒有表現，到此時才都明白了。）因此我們覺得更親密了。」

開慧搬來與毛同住，一九二〇年底他們結了婚——雖然沒有任何正式文件。那時舊的結婚儀式為激進青年所不齒，而新的國家登記制度又沒有廣泛建立起來，男女的結合只依靠個人的良心和感情。為了這個結合，開慧最終付出了她的生命。眼前最直接的後果是被教會學校開除。毛繼續著他的豔事，婚後不久又發展了兩個女友。他當年的好友告訴我們這樁事時，用食指在桌上寫下「不貞」二字。女友之一是開慧的表妹，開慧知道後，氣得用手打她。但文雅而有教養的開慧鮮有吵鬧，自己也始終不渝地忠實於毛。她後來寫出她的無可奈何：「我又知道了許多事情，我漸漸能夠了解他，不但他，一切人的人性，凡生理上沒有缺陷的人，一定有兩件表現，一個是性慾衝動，一個是精神的愛的要求。我對他的態度是放任的，聽其自然的。」

開慧並非舊式婦女，按傳統要求對丈夫有外遇睜一隻眼閉一隻眼。她其實是個女權主義者，寫過雄糾糾的文章為婦女爭權利。有一篇大聲疾呼：「女子是一個『人』，男子也是一個『人』……姊妹們！我們要做到男女平等，絕對不能容許人家把我們做附屬品看。」

毛結婚的那段日子，莫斯科加緊了在中國的活動。它開始在西伯利亞祕密訓練一支中國軍隊，還編織了一張龐大的情報網，分散在中國各大城市，北京、上海、廣州都有間諜。

一九二一年六月三日，新的莫斯科代表來了。一個叫尼科爾斯基（Nikolsky），另一個是荷蘭人馬林，曾在荷屬東印度群島搞祕密工作。兩人一到就叫在上海的中共機關召開「一大」。上海向七個地區發了信，叫每個地區派兩名代表，每處寄兩百銀元充當旅費。長沙是七個地區之一，毛是聯絡人。兩百銀元差不多是他當小學教師兩年的工資了。這是毛第一次接獲莫斯科的資助。

毛挑四十五歲的朋友何叔衡作另一名代表。兩人在六月二十九日傍晚起程。那天黑雲蔽天好似暴雨將至，他們拒絕朋友送上輪船，朋友都感到奇怪，後來才知道他們是去參加中共「一大」。由外國出資搞政黨活動旨在奪權，當然得祕密行事。

中共「一大」七月二十三日在上海舉行。有十三人參加，都是記者、學生或教師，代表全國大約五十七個同類職業的人，沒有一個是工人階級。黨的兩位最有名望的成員李大釗和陳獨秀都沒出席，儘管陳已被莫斯科定為黨的領袖。莫斯科的兩名派員主持一切。高個子、小鬍子的馬林用英文致開幕詞，由一名代表譯成中文。他一講就是好幾個小時，其冗長在當年的中國很少見，代表們多年後仍記憶猶新。

「一大」由外國人主持馬上就引起爭議。代表陳公博回憶說：大會主席張國燾「提出取消昨夜的決議，我質問為什麼大會通過的案可以取消。他說是俄國代表的意見。我真氣急了，我說……這樣不必開大會，只由俄人發命令算了。」有代表提出按俄國人的部署辦之前，應該先派人到俄國去實地考察，另外也派人去德國考察比較。這個提議大大激怒了莫斯科的代表。

在「一大」上毛澤東很少說話，沒給人留下什麼印象。跟那些出過國，或來自大城市的代表相比，他是個外省人，不像當時很多進步青年那樣西裝革履，而是穿著傳統的長衫，腳蹬黑布鞋。他也沒有竭力表現自己，只是留意傾聽。

七月三十日，一位陌生人闖進開會的房子，馬林認定這是個密探。代表們馬上離開，移到附近小城嘉興南湖上。莫斯科代表因為是外國人怕引人注目而沒有前往。嘉興南湖上滿浮著水菱角，代表們繞籐行舟，在遊艇上開完了會。由於沒有莫斯科的人在場，「一大」什麼決議也沒作出，連宣言或黨章也沒有。

代表們每人領到五十銀元做回鄉的川資。毛於是去遊覽了杭州、南京，與他遷居南京的女友陶斯詠重敘舊情。斯詠一九三一年病逝。

陳獨秀來到上海就任書記時，反對對盧布的依賴。他曾幾次發作，說拿人家的錢就要跟人家走。他主張每人都有獨立的職業，由此去發動革命，而不以革命為職業。他說：「事事要受人支配，令人難堪，中國也可以革命，何必一定要與國際發生關係。」有時他一連幾星期不見馬林，有時他大發脾氣，拍桌子，摔茶碗。馬林給他取的綽號是「火山」，總是避到隔壁房間去等他安靜下來。

這樣發洩一段時間後，現實主義佔了上風。沒有莫斯科出錢，中共連起碼的發行宣傳品、組織工運這樣的活動也搞不起來。正如陳自己向莫斯科報告，從一九二一年十月到一九二二年六月的九個月內，中共支出的一萬七千六百五十五元中，只有一千元出自中國，其他都來自莫斯科。沒有盧布，中共就沒法生存。當時在中國還有些共產主義團體，從一九二〇到一九二二年起碼有七個，其中一個號稱有一萬一千名成員，但沒有莫斯科的資助，很快都風流雲散。

毛澤東不像陳獨秀，他從來就不反對拿俄國人的錢。他很務實。「一大」以後，黨每月寄給他六十到七十銀元，作為湖南黨的活動經費，不久就增加到一百銀元，以後又增加到一百六、七十銀元。這一筆很大的固定收入，從根本上改變了毛的生活。毛一向窮，總處在經濟的壓力下。他教小學，給報紙投投稿，活得很辛苦。他曾在給朋友的信中抱怨說：「我現在頗感覺專門用口用腦的生活是苦極了的生活」，「常常接連三四點鐘不休息，甚或夜以繼日……我的生活實在太勞了」。他還對新民學會會員說，他「將來多半要賴這兩項工作的月薪來生活。現覺專用腦力的工作很苦，想學一宗用體力的工作，如打襪子、製麵包之類」。向來不喜歡體力勞動的毛，居然說要做體力的活，說明他實在是難以支撐了。

如今他一躍成了職業革命家，有了錢，把職務全辭了，開始享受迄今為止只能夢想的生活。大概就在此時，他形成了一生的習慣：晚上通宵達旦看書，早上不起床。給蕭瑜的信中，他興奮地說他從上海回湖南後專門調養自己，「現在心裡非常快活，因病既日好，又沒有事務責任上重大負擔；每天因操勞炊爨，口腹既飽，身體更快；還可隨意看所要看的書，故大有『此間樂』的氣概。」

一九二一年十月，他跟開慧有了自己的家，雇了傭人。家在長沙城邊，一開門是一片菜地，屋後是矮矮的山坡。那裡有汪水塘，濁水到此便成了清水，故名清水塘。

房子是中共經費買的，作湖南地區的機關。作為黨在湖南的領導人，毛的主要工作之一是發展黨員。他沒有八方奔走搜羅信徒，只是簡單地告訴聽他話的人參加。首先他發展了他的朋友、書社經理易禮容。從「一大」回來後不久，毛把易從書社叫出來，傍著竹籬跟他談話，要他入黨。易有保留，對毛說：「蘇聯革命死了三千萬人……一百人中留七十，殺三十，我是沒決心。」但易最後還是參加了，他的態度是：「毛主席要我參加我就參加了。」中共長沙支部就這樣成立，有三人：毛本人、易禮容，還有毛帶去「一大」的何叔衡。

然後毛發展了他的家庭成員。其中有在韶山老家管家的弟弟澤民，毛把他帶出來，讓他管錢。毛還從家鄉帶出別的親戚，給他們一一安排了工作，有的也入了黨。用易禮容的話說，湖南黨「就是毛主席單線領導，指揮我們幹什麼就幹什麼，很少開什麼會議。」

親戚朋友之外，毛發展的黨員不多。那時在湖南參加共產黨的人，包括知名的劉少奇、任弼時，都不是毛介紹的，而是在長沙活動的另一個共產黨人賀希明（又名賀民範）介紹加入社會主義青年團，後來轉入共產黨的。賀曾任過長沙知事，頗有聲望。賀沒去中共「一大」，是因為黨在長沙的聯絡人是毛，而毛非常嫉妒賀。劉少奇從莫斯科回來後，毛盤問他賀是怎麼介紹他們去蘇俄的。

毛一正式成為湖南黨的頭，就著手把賀希明從黨的圈子裡趕出去。賀當時主辦一所相當大的公眾演講廳，叫船山學社，青瓦朱門，牆邊幾株古樹，氣宇軒昂。毛宣布要用這個地方做黨的工作，率領一幫人搬了進去，讓賀的日子很不好過，最後不得不離開——既離開學社，也離開黨。毛第二年對劉少奇說：賀「不聽話」，「大家把賀希明從船山學校趕走」。賀當時五十來歲，比毛大一倍，而毛用「不聽話」這樣的字眼，足見毛放肆的一面。毛從前對同輩長輩都彬彬有禮，第一次見到蕭瑜時，他曾謙恭地向蕭鞠躬，說自己如何欣賞蕭的文章。現在他有了點權了，舉止開始變了，朋友都得順著他了。毛的朋友都是政治上與他無爭的人，同事很少作朋友。

趕走賀希明是毛的第一次權力鬥爭，他贏了。在毛領導下，湖南黨沒有委員會，只有毛發命令。但他總是精明地準時向上海打報告。

毛的另一個主要任務是組織工會。但他少有作為。他對勞工沒有什麼同情，正如他對農民一樣。一九二〇年十一月他給朋友寫信，抱怨自己作為讀書人生活苦不堪言，然後說：「我看中國下力人身體並不弱，身體弱就只有讀書人。」一九二一年十二月，湘贛交界處的安源煤礦工人寫信給共產黨人，要求幫助，毛去了煤礦。這是有記載的毛第一次接近工人。他只待了幾天就走了，讓其他人去做具體工作。據馬林筆記：毛報告說，「他對組織勞工是一籌莫展，想不出任何辦法。」

在長沙有兩個卓有成效的勞工組織者：黃愛、龐人銓。他們一九二〇年底成立了獨立的湖南勞工會，兩個月內長沙的七千工人中就有三千加入。這兩人在一九二二年一月領導大罷工時被捕，隨即被砍了頭。他們的被害在全國激起軒然大波。有人後來問殺他們的省長趙恆惕為什麼沒捉毛澤東，趙回答說：毛沒對他構成威脅。

既然毛在組織勞工和發展黨員上不力，中共一九二二年七月開第二次代表大會便沒讓毛當代表。毛後來對斯諾稱他「本想參加，可是忘記了開會的地點，又找不到任何同志，結果錯過了這次大會」。漏掉毛是不可能的：「二大」組織嚴密，會上還通過了一系列重要決議，包括加入共產國際。

沒當上「二大」代表對毛是沉重打擊。這意味著他可能失去湖南黨領導人的地位，俄國人資助的錢也就不會經過他了。所以毛一聽說「二大」代表沒他，立刻變得十分積極。四月他去了一個鉛鋅礦，五月又再去安源煤礦。他開始領導罷工遊行。十月二十四日，妻子開慧生下了他們的第一個兒子岸英，毛沒在她身邊，他在代表泥木工會跟政府談判。

湖南黨的「委員會」也趕著在五月成立。這時，毛做湖南黨領導人已近一年了。湖南黨有三十多名黨員，大部分不是毛發展的。劉少奇曾這樣描述委員會的運作：他多次在毛家裡開會，但除了「有時問一問情況之外，根本無法發言，最後，總是照毛主席意見辦理。這就是說，湖南黨內已經有了自己的領袖，自己的作風，而當時在上海黨內就還沒有形成這樣的作風。」劉在此委婉地陳述毛在建黨初期就已經形同專制者了。

就在毛努力向上海表現時，他的運氣來了。一九二三年初，上海中央的大多數人員，從陳獨秀起，與莫斯科代表發生激烈爭執，反對莫斯科要中共加入另一個政黨：國民黨。莫斯科代表馬林急需地方上的中共黨員支持他，而毛正是這樣一個人。

國民黨建於民國初年，領袖是曾任臨時總統的孫中山。孫被迫讓位給袁世凱後，不肯參與北京中央政府的選舉，而是一心想組織軍隊推翻北京政府，自己做「大總統」。屢屢失敗後，他跟蘇俄拉上了關係。

蘇俄也想顛覆北京政府。它那時正致力於把尚為中國領土的外蒙古從中國分割出去，變成它的勢力範圍，北京政府由此對它滿懷戒心與敵意。蘇俄希望一個跟它親近的人當權，中共太小，成不了事，莫斯科便試探了不同的地方軍閥，曾特別寄希望於吳佩孚。但找的人都堅持要蘇俄軍隊撤出外蒙古。只有孫中山不要求蘇俄撤軍。雖然孫說他反對蒙古獨立，但他對蘇俄代表越飛（Adolf

Joffe）說：「蘇俄軍隊應該留在那裡。」越飛告訴莫斯科：「他根本不反對我們軍隊在庫倫駐紮。」

作為交換，孫中山要蘇俄幫他建立軍隊，推翻北京政府。為此他不僅贊同蘇俄軍隊繼續佔領外蒙，還主動提議蘇俄進佔礦藏富有的新疆。越飛十一月報告莫斯科，孫「請求我們的一個師奪取新疆，說那裡只有四千名中國軍人，不可能進行任何抵抗」。孫甚至要求蘇俄軍隊一直打到四川首府成都，幫助他奪權。

孫是「我們的人」，越飛加了重點記號報告列寧。他的要價「最多不過是二百萬墨西哥元（相當於差不多同樣數字的金盧布）」，「難道所有這一切不值得我們花那二百萬盧布嗎？」孫還佔據南方沿海的廣東省，蘇俄可以方便地運進武器裝備。蘇共政治局一九二三年初做出了決議：「全力支持國民黨。」「錢由共產國際基金支付。」這個決議是由正崛起的新星斯大林（Joseph Stalin）簽署的，斯大林此時開始密切關注中國。

莫斯科知道孫中山有他自己的算盤，他想利用俄國人，正如俄國人利用他一樣。莫斯科希望用中共從國民黨內部來左右孫中山。這就是它為什麼命令中共加入國民黨。斯大林在一個內部講話中說：「從這裡，莫斯科，我們不能公開地發命令。我們通過中國共產黨和其他隱藏的同志發命令，祕密地發。」

包括陳獨秀在內的幾乎所有中共領導都反對加入國民黨，理由是國民黨不贊成共產主義，而孫中山只是個「不擇手段的」政客，想的無非是權力，資助孫只會是「浪費俄國的血汗，或許還有世界無產階級的血汗」。

面臨反抗的馬林，於是把毛調來中央。毛馬上加入了國民黨。他從前的朋友蔡和森，一個狂熱的共產主義信徒，後來向共產國際抱怨說，當馬林提出「集全力於國民黨的工作」的口號時，「贊成他的只有毛」。

毛擁護加入國民黨，是因為他不相信只有一、兩百人的共產黨靠意識形態能有什麼前途。在中共一九二三年六月召開的「三大」上，他說中國實現共產主義的唯一可能性是俄國人打進來。主持大會的馬林向莫斯科報告：毛「實在太悲觀了，他認為中國的唯一希望是俄國干涉」。「革命得由俄國軍隊從北邊帶進來。」毛是有遠見的，沒有二十二年後抗戰結束時的蘇聯出兵，就沒有中共的江山。

跟國民黨合作，有蘇俄在後面全力援助，包括提供軍援，使毛看到了希望，他第一次傾其才能為黨工作。莫斯科負責給中共提供錢的維爾德（S. L. Vilde，駐上海副領事）特地報告莫斯科：毛「毫無疑問是個好同志」。由馬林做主，毛當上了中央局祕書，協助陳獨秀處理日常通信，管理文件，在開會時作記錄。黨的函件都由陳與他簽字。學著陳，毛也用英文簽名：T. T. Mao，他和陳首先做的事之一是向莫斯科要更多的錢：「因為我們工作戰線逐漸地擴大，我們的開支也增加了。」

在莫斯科的堅持下，中國共產黨人加入了國民黨。一九二三年八月，能幹的鮑羅廷（Mikhail Borodin）根據斯大林的提議來到中國主管國共兩黨，名義是孫中山的顧問。鮑羅廷是老資格的革命家，在美國、墨西哥、英國都留下了顯著的足跡。人們用「雄偉」一詞來形容他，他即使生病也能保持偉岸的姿態。他既善於演講，聲如洪鐘，又精於組織，還頗具遠見。

鮑羅廷按蘇聯意旨改組了國民黨。一九二四年一月，他操縱國民黨在廣州召開第一次全國代表大會，會上毛澤東等中共黨人非常活躍，只有九百人的中共在擁有數以萬計成員的國民黨中佔據了一連串要職。

莫斯科向這個新國民黨投入大量資本，出錢建立、出人訓練國民黨軍隊，一手操辦黃埔軍校，為國民黨培訓軍官。軍校坐落在珠江一個小島上，離廣州十公里，完全是蘇聯模式，有蘇聯顧問，還有許多共產黨教官與學員。飛機大炮從蘇聯海運而至。在蘇聯人幫助下，國民黨大大擴展了在廣東的基地。

毛成為國民黨中央執行委員會十六個候補委員之一，在國民黨上海執行部工作了一年。其間，毛組建了國民黨湖南支部，是國民黨中最大的支部之一。毛盡心盡力為國民黨工作，甚至很少出席共產黨的會議。

毛的做法在共產黨內引起不滿。蔡和森對共產國際說：在湖南，「我們的組織失去了幾乎所有的政治意義。所有的政治問題都由國民黨的省黨部來決定，而不是由共產黨的省委員會決定。」另一個執著的勞工組織者鄧中夏也說：「毛那時反對獨立〔於國民黨〕的工會運動。」

不僅中共的人，莫斯科的代表也向毛開火。毛的庇護人馬林這時已經離開中國。雖然毛跟鮑羅廷關係不錯，但反對毛的蘇聯人勢力也不小。莫斯科的命令是中共一方面要在國民黨內工作，一方面要保持自己的獨立性，絕不能忘記他們跟國民黨不是一家人。毛看不出這兩個黨有什麼區別。一九二四年三月三十日，莫斯科代表達林（Sergei Dalin）給維經斯基寫信說：「中共中央局祕書毛澤東（毫無疑問是個馬林安插的人）說的話簡直使你毛骨悚然。比方他說國民黨過去是、現在也是無產階級的黨，共產國際應該承認它是一個支部……我已經寫信給黨的中央局要求他們換人。」

對毛的批評還有「機會主義」、「右傾」等等。他被排斥出中央局，即將在一九二五年初召開的「四大」代表名單上也沒有他。在一擼到底的重擊之下，毛的身體明顯地虛弱了，人大大消瘦。當時跟他住在一起的羅章龍告訴我們說，毛的病是「思想上的病，他在想自己的事」。有時他一星期才大便一次。此後毛一生都為便祕所苦。

「四大」即將召開，毛別無選擇，只得離開上海回湖南。在湖南他也沒有黨的職位。一九二五年二月六日，他回到韶山老屋，攜帶著五十多公斤的書，說是回家養病。此時，他在共產黨內已經四年多了，經歷了沉浮榮辱，三十一歲那年，家鄉韶山是唯一的歸宿。

4 國民黨內的大起大落

一九二五～一九二七年 三十一～三十三歲

毛澤東在韶山老屋一待就是八個月。在長沙為共產黨工作的兩個弟弟現在都回來，給毛作幫手。五十公里外的長沙，湖南共產黨人組織罷工，遊行示威，搞得熱火朝天。毛沒有參加，很多時間在家打牌。

他在等機會重返政壇——高層政壇。機會不久便來了。一九二五年三月，國民黨領袖孫中山去世，由汪精衛接任。毛認識汪精衛，他們在上海時一塊兒工作過，關係不錯，汪極為賞識毛的才幹。

汪精衛比毛大十歲，是國民黨中有名的美男子。詩人徐志摩在日記裡這樣描述他：「他真是個美男子，可愛！〔胡〕適之說他若是女人一定死心塌地的愛他，他是男子……他也愛他！」汪又是民國革命中響噹噹的人物。武昌起義爆發時，他正在監獄裡，由於一再企圖刺殺包括攝政王在內的清朝重臣而被判處終身監禁。辛亥革命後他出了獄，成為國民黨領導人之一。孫中山臨終前，他一直跟著孫，孫的遺囑就是他起草的。這使他具有孫中山繼承人的身分。但地位的最後確定還是他跟蘇聯的親近，鮑羅廷一錘定音，新的國民黨領袖就是他了。

蘇聯人現在是國民黨所在地廣東的主人，首府廣州頗有點蘇聯城市的氣息，到處是紅旗與標語。踏板上立著中國保鑣的汽車在大街上奔馳，車窗內露著蘇聯顧問的面孔。珠江上停著蘇聯貨輪。在不為人眼所見的地方，「委員們」坐在紅布罩著的桌子周圍，在列寧的畫像下，審訊「破壞分子」。這是革命法庭在開庭。

孫中山一死，毛就派他的么弟澤覃去廣州打探消息。二弟澤民也隨後起程。六月，汪精衛的位子一穩定，毛就準備自己去廣州。首先他得拿出一張像樣的履歷表。他開始在韶山一帶組織基層支部，大部分是國民黨支部。

國民黨的主要綱領是「打倒帝國主義」，毛的工作也就圍繞著這個主題。這跟農民的生活沒什麼關係，沒能喚起農民什麼興趣。當時跟毛一起的賀爾康在七月十二日的日記中寫道：他和毛走了一村又一村集合人，結果「一點又十五分時，會才完畢。」毛說「要動身回家去歇；他說，因他的神經衰弱，今日又說話太多了，到此定會睡不著。月亮也出了丈多高，三人就動身走，走了兩三里路時，就在半途中就越走越走不動，疲倦極了，後就到湯家灣歇了。」七月二十九日，毛召集農民開成立國民黨支部的會，「同志只到一位，其他都未到，該會未能開。」又一天，八月四日，在毛家裡，「因同志多未到，會未開成。」

沒有資料表明毛組織過反對富人的農民運動。他曾在一九二四年一月十八日對鮑羅廷等說，這類鬥爭「必然要遭到失敗」。有的地方共產黨「組織不識字的農民，領導他們同相對富裕的地主進行鬥爭。結果怎麼樣呢？我們的組織立刻遭到破壞，被查封。而所有這些農民不僅不認為我們是在為他們的利益而鬥爭，甚至還仇視我們。他們說：如果不把我們組織起來，就不會發生任何災難不幸。」

當時共產黨在長沙領導由「五卅運動」引起的反帝大遊行。耶魯大學辦的湘雅醫學院院長給美國駐長沙領事館的報告說，湖南省長「接到一張二十個鼓動領導人的名單，其中有毛澤東，是此地首要的共產主義宣傳者。」這是毛的名字第一次出現在美國政府的檔案裡。雖然毛並沒有參與領導這些遊行，但因為毛的名氣，當局也懷疑他。

八月，省裡發文，要捉毛澤東。韶山家裡給他雇了乘轎子抬他去長沙。毛跟轎夫講好，有人問抬的是誰，就說是醫生。毛的弟媳回憶說：「團防局隔了幾天才來捉澤東同志，因澤東同志沒在家，只開了些錢就了事。」開慧和其他毛的家人都沒有受到傷害。

毛就要去廣州了。離開長沙前夕，他到湘江邊散步，心裡醞釀著展望未來的詩篇：「鷹擊長空，魚翔淺底，萬類霜天競自由。悵寥廓，問蒼茫大地，誰主沉浮？」

毛信心十足，要主宰蒼茫大地的沉浮。

毛澤東很會看人。國民黨領袖汪精衛正是他的伯樂。九月毛一到廣州，汪就給了他一連串要職。汪推薦他代理自己做國民黨的中央宣傳部長，宣傳部創辦了《政治週報》，毛任主編。國民黨第二次全國代表大會在即，毛成為代表資格審查委員會五名委員之一。大會第二年初召開時，向大會作宣傳報告的是毛。毛在國民黨內扶搖直上，汪精衛起了關鍵作用。後來汪成了日本侵華傀儡政權的頭子，名聲太差，他的功勞便被悄悄掩去。

毛日以繼夜地工作。他的旺盛精力多半得益於此時發現的一件寶貝：安眠藥。毛長期失眠，經常疲憊不堪，現在總算得救了。後來他把安眠藥的發明者跟馬克思相提並論。

一九二五年十一月，毛第一次對農民問題表示興趣。在一張調查表上他填道：他「現在注重研究中國農民問題」。十二月一日，國民黨的一個刊物上登載他的文章講到農民。一個月後，國民黨的《中國農民》創刊，他又寫了篇類似的文章。這個新興趣並非來自毛的靈感，而是莫斯科剛發了緊急指示。十月，莫斯科對中國的革命者們不注意農民提出強烈異議：「佔人口九成的農民到哪裡去了呢？不知為什麼從中國寄給我們的所有文件中完全沒有考慮到農民這一運動中的決定性社會力量。」莫斯科命令國共兩黨「廣泛地佔領農村。」國民黨先於共產黨行動起來。

至今人們還認為是毛澤東在中共首先致力於農民工作。實際上，共產國際早在一九二三年五月就告訴中共：「只有把佔中國人口大多數的農民，即小農吸引到運動中來，中國革命才能取得勝利。」「全部政策的中心問題就是農民問題。」它要中共「進行反對封建主義殘餘的農民土地革命。」毛澤東曾對這一套持保留態度，使一些蘇聯人對他大為光火。那個討厭毛的達林在一九二四年三月曾向莫斯科報告說，毛居然有這樣的話：「在農民問題上應該放棄階級路線，在貧苦農民中間不會有什麼作為，跟地主和紳士應當建立聯繫等等。」

毛現在隨著莫斯科的風向改變了觀點。沒想到，這卻給他帶來了新麻煩。毛努力在文章中使用共產黨的「階級分析」，把自耕農稱為「小資產階級」，把雇農叫做「無產階級」。對講究意識形態的蘇聯人來說，這些詞只可用在「資本主義社會」裡，而中國還只是「封建主義社會」。蘇聯在中國的顧問當時辦了個雜誌叫《廣州》，抄送四十來個蘇共負責人，頭一個就是斯大林。蘇聯農民問題專家沃林（M. Volin）在上面發表了一篇措辭尖銳的批判文章，指責毛混淆兩種社會性質：「一眼就可以看到一個明顯的錯誤：按毛的說法，中國社會已經過渡到了高一級的資本主義階段。」毛的文章「不科學」，「含糊不清」，還「簡單化得要命」。就連毛的基本數字也差得太遠：毛說中國人口是四億，而一九二三年人口統計是四億六千三百萬。

幸虧理論字眼對國民黨不那麼重要。一九二六年二月，汪精衛支持毛做新成立的國民黨農民運動委員會委員，兼國民黨廣州農民運動講習所所長。講習所是兩年前由蘇聯人出資辦的。只是在這時，三十二歲的毛才真正開始搞農民運動。在他主持下，講習所培訓農村鼓動者，到鄉下去組織農民協會，發動窮人反對富人。隨著國民黨軍隊佔領湖南，七月後湖南農運轟轟烈烈地開展起來了。

湖南是國民黨北伐第一站。北伐的目標是推翻北京政府。在這條兩千多公里的漫長征途上，國民黨軍隊有蘇聯顧問隨行。蘇聯在長沙開了個領事館，指揮國民黨當局支持農協會，給它們資金。短短幾個月，湖南一大半農村都成立了農協會，社會結構被一下子打亂了。

自一九一二年民國成立以來，北京政府改組了四十多次，被稱為軍閥的各省擁兵大員時有混戰。但軍閥們都沒有改變固有的社會結構。除非處在兩軍交戰的地方，老百姓生活照舊。現在，由於國民黨搞蘇俄式革命，社會架構崩潰了。不到年底，湖南鄉村已是一片混亂，暴力橫行。就是在這樣的形勢下，毛澤東作為國民黨農民運動領導人被邀請回鄉「指導一切」。

這時的長沙到處是兒童跑來跑去唱著：「打倒列強，打倒列強，除軍閥，除軍閥。」這首「國民革命歌」曲子是〈Frere Jacques〉——法國的兒歌。出現在街頭的另一個歐洲發明是紙糊的高帽子，拿來戴在被遊街的人頭上，作為恥辱的象徵。

十二月二十日，三百來人聚集在長沙幻燈場聽毛澤東演講。毛講了差不多兩個小時，說：「我們現在還不是打倒地主的時候，我們要讓他一步，在國民革命中是打倒帝國主義軍閥土豪劣紳，減少租額，減少利息，增加雇農工資的時候。」跟毛同來的、化名卜禮慈（Boris Freyer）的俄國人，事後向上司報告說：毛的講話基本「可以」，就是太溫和了一點。

毛的溫和觀點在其後的湖南鄉間巡視時發生了巨變。毛後來說：「當我未到長沙之先，對黨完全站在地主方面的決議無由反對及到長沙後仍無法答覆此問題，直到在湖南住了三十多天才完全改變了我的態度。」這三十多天到底發生了什麼？從他巡視後寫的《湖南農民運動考察報告》可以看出，毛發現他很喜歡暴力，喜歡大亂，喜歡殘忍，他找到了自我。這一發現對他未來的統治產生了莫大影響。

毛看到基層農民協會辦事人，大都是所謂的「痞子」：「那些從前在鄉下所謂踏爛鞋皮的，挾爛傘子的，打閒的，穿綠長褂子的，賭錢打牌四業不居的，總而言之一切從前為紳士們看不起的人」。他們現在有了權：「他們在鄉農民協會（農協之最下級）稱王，鄉農民協會在他們手裡弄成很凶的東西了」。他們任意給人定罪：「造出『有土必豪，無紳不劣』的話，有些地方甚至五十畝田的也叫他土豪，穿長褂子的叫他劣紳」。他們「將地主打翻在地，再踏上一隻腳」，「土豪劣紳的小姐少奶奶的牙床上也可以踏上去滾一滾，動不動捉人戴高帽子遊鄉……總之為所欲為，一切反常，竟在鄉村造成一種恐怖現象。」

毛看到痞子們很喜歡玩弄手裡的犧牲品，比方說戴高帽子遊鄉，「這種處罰最使土豪劣紳顫慄，戴過一次高帽子的，從此顏面掃地做不起人。」「有一個鄉農會很巧妙，捉了一個劣紳來，聲言今日要給他戴高帽子，劣紳於是嚇烏了臉。嚇了他結果又不給他戴，放他回去，等日再戴。那劣紳不知何日要戴這高帽子，每天在家放心不下，坐臥不寧。」

毛說他「覺到一種從來未有的痛快」。他大聲歡呼：「好得很！好得很！」

毛還格外欣賞一種凶器——梭鏢，「使一切土豪劣紳看了打顫的一種新起的『東西』。」他要求湖南當局把梭鏢「確實普及於七十五縣二千餘萬農民之中」。

巡視中，農協會向毛報告說有人被打死，問毛怎麼辦。毛說：「打死個把，還不算了。」這之後，更多的人被打死。

毛巡視以前，湖南農運領導人曾著手約束暴力，扣了些打死人的人。毛命令他們放人，批評他們說：「革命不是請客吃飯，不是做文章，不是繪畫繡花……每個農村都必須造成一個短時期的恐怖現象」。湖南農運領導人作了檢討，執行了毛的命令。

毛的《湖南農民運動考察報告》一句也沒有提及與農民切身相關的最重要的問題：分田地。他對此沒有表示絲毫興趣。

吸引毛的是野蠻暴力，是打碎既存秩序、社會結構的暴力。這正是蘇俄社會革命的模式。毛不是從理論上信仰這種模式，而是從性格上走了進去。莫斯科留意到了他，在共產國際的雜誌上第一次發表了他的《報告》。毛澤東雖然在意識形態上模模糊糊，在直覺上卻與列寧主義不謀而合。像陳獨秀這樣的共產黨人，雖然理論上信仰共產主義，可一聽說暴民打人殺人就火冒三丈，堅持要制止。他們其實不是蘇俄式的共產主義者，而毛卻是。所以，中共在把毛趕出領導圈子的兩年之後，重新接受了他。一九二七年四月，毛再次成為中央委員，儘管只是「候補」。

毛這時隨北伐的國民黨政府住在長江重鎮武漢。他現在儼然是國民黨農運總管了，在武漢開始訓練農運人員，北伐軍打到哪裡，就把暴力散布到哪裡。在他的訓練教材中，有一份講農協會的人討論如何對付「土豪劣紳」：「倘有土豪劣紳最強硬的，便割腳筋和耳朵，戴高帽子遊行」，或者「必活活地打死」。

在毛的推崇下，農民暴力到處蔓延，激起了國民黨軍隊的強烈反對。陳獨秀六月向共產國際報告說：「國民革命軍有百分之九十出身於湖南。軍人對所有農民運動的『過火』抱反感態度。」「軍官家庭的土地財產被沒收；他們的親戚被逮捕；商民受到逮捕的刑罰……士兵寄回家的一點錢也會被沒收」。軍人們發現革命一場，反而給自己的家庭帶來災難。

國民黨中相當多人早就不滿走蘇俄的路，他們的憤怒在一九二六年國民黨「二大」上達到高潮。二百五十六名代表中竟有三分之一是中共黨員，另外三分之一是親共的，其中有不少祕密共產黨員，未來將對共產黨奪權起極大作用。許多國民黨名人如今起來大聲疾呼，反對農村暴力，要求與莫斯科的控制決裂，與莫斯科的手——中共——決裂。

就在這個時候，一千公里外的首都北京出了一件事，使國民黨走到決定自己命運的關頭。一九二七年四月六日，北京當局突襲了蘇聯使館，搜到大批文件，證據確鑿地表明蘇聯正在中國圖謀顛覆北京政府。文件暴露了中共與蘇聯的祕密關係，而中共領導人李大釗跟六十多名黨員就住在蘇聯使館的房產中。李大釗不久被絞殺。

從蘇聯使館搜出的文件在全國報紙廣為轉載，蘇聯顛覆計畫規模之大，激怒了公眾輿論，也震驚了西方列強。國民黨不得不考慮自己的地位。它正全力以赴要推翻北京政府，蘇聯正給它出錢出力，中共也正在它的行列中並肩作戰。人們完全有理由認為國民黨是蘇聯顛覆計畫的一部分，推翻北京政府後會把中國變成蘇聯傀儡。如果國民黨不改變自己的形象，它可能失去人心，更重要的，西方列強會不惜一切支持北京政權。

於是，有一個人抓住機會行動了，他就是國民黨軍隊總司令蔣介石。四月十二日，他下令與共產黨決裂，開始「清黨」。他頒發的通緝名單有一百九十七人，以鮑羅廷為首，毛澤東也名列其中。

蔣介石比毛澤東大六歲，一八八七年出生於浙江省一個鹽商家庭。他在日本學過軍事，是個職業軍人，臉上常帶著凜然難以親近的僵硬表情。一九二三年，作為孫中山的大本營參謀長，他率團訪問蘇聯。那時他被俄國人認定「屬於國民黨左翼」，「同我們很親近」。但是三個月的訪問使他極端反蘇，特別反感蘇聯要把中國社會劃分成不同的階級，搞階級鬥爭。

蔣介石對蘇聯的這些感想一個字也沒有公開說出。相反地，他給鮑羅廷的印象是他「對我們非常友好，充滿了熱情」。有了俄國人的支持，蔣上升為國民黨第二號人物，僅次於汪精衛。蔣掩蓋他的真實色彩，為的是北伐必不可少的蘇聯軍援。但同時，蔣不動聲色地準備決裂，在一九二六年三月把一些共產黨人從關鍵的職位上趕了下去。此事發生後，吃驚的蘇聯顧問開始考慮幹掉蔣介石。索洛維約夫（Solovyov）二十四日給加拉罕（L.M.Karakhan）寫信說：「使團決定遷就蔣介石……以便贏得時間和做好準備除掉這位將軍。」一年後，鮑羅廷祕密命令逮捕蔣介石。

蔣介石先下手了。北京那邊一公布蘇聯搞顛覆的文件，他就發表布告，逮捕共產黨人。行動首先在上海開始，那裡的工商業使蔣有了新的財源。幾天工夫，共產黨方面稱死了三百多人。共產黨不能在上海公開露面了，但上海繼續是中共中央居住與活動的地方。此後五、六年中，上海是處於地下狀況的中共中央的代名詞。

蔣介石在上海率先殺共產黨人後不久，汪精衛也倒向蔣，七月十五日在武漢宣布「分共」。從此，蔣介石成為國民黨領袖，蔣政權持續了二十二年，直到一九四九年被毛澤東趕到台灣。

一九二七年的春夏之交，汪精衛「分共」在即，毛澤東自言他「心情蒼涼，一時不知如何是好。」一天他登上了長江邊上著名的黃鶴樓，在那裡寫了首詩。始建於公元二二三年的黃鶴樓是古今詩人喜歡登臨題詠的地方。唐崔顥〈黃鶴樓〉詩說：「昔人已乘黃鶴去，此地空餘黃鶴樓。黃鶴一去不復返，白雲千載空悠悠。」以後「黃鶴」用來比喻一去不復返的事物。這似乎說中了毛澤東在國民黨內所有的建樹，即將化為烏有。毛登樓那天正是「煙雨莽蒼蒼」的時候。「黃鶴知何去？」毛問道，考慮著自己的前途。他這樣結束了他的詩：「把酒酹滔滔，心潮逐浪高！」

毛努力想拉住汪，拿他過去歡呼「好得很！」的農協會暴民做替罪羊。汪精衛六月十三日告訴其他武漢領導人：「據毛澤東同志報告，才曉得農民協會有哥老會在內把持，他們既不知道國民黨是什麼，也不知道共產黨是什麼，只曉得做殺人放火的勾當。」但毛這一著沒用，汪精衛已在策畫跟共產黨決裂，把一切鄉村暴力都歸罪於共產黨。毛只能同汪精衛分手。

生平第一次，毛有了掉腦袋的危險。兩年前的「逮捕」是有驚無險，他還可以雇輛轎子抬他到長沙，然後跑到廣州。現在不同了。七月四日，陳獨秀的一個兒子被砍了頭。在共產黨發動了一連串武裝暴動，殺了不少人以後，到處就都殺開了共產黨。只要有人告發你是共產黨，你就可能被抓起來殺頭。死者有的從容就義，有的慷慨宣講信仰，有的呼口號，有的唱《國際歌》。報紙上登載著無情的大標題，為捕殺「拍手稱快」。

但這時的毛，已看準了一個能安全生存的方式。不僅如此，他還設計了未來發展的藍圖：利用中共和蘇聯來為自己打天下。一九二七年夏天做出的這個決定，意味著三十三歲的毛澤東在政治上步入成年。

5 秋收暴動：拐走起義武裝

一九二七～一九二八年　三十三～三十四歲

一九二七年四月蔣介石「清共」開始時，斯大林剛成為克里姆林宮的頭號人物，親自制定對華政策。他要中共建立軍隊和根據地，以便最終用槍桿子征服中國。

用槍桿子奪權，斯大林早在一九一九年共產國際成立時就為中共想到了。跟國民黨合作時，莫斯科派中共黨員打入國民黨軍隊設法控制它。蔣介石「清共」後，斯大林命令中共馬上從國民黨軍隊裡盡可能拉出隊伍，「建立自己的新武裝」。

斯大林派他的親信老鄉羅明納茲（Beso Lominadze）來中國管事。蘇軍情報局局長伯金（Jan Berzin）給「中國委員會」主席伏羅希洛夫（Kliment Voroshilov）寫信說，蘇聯在中國的首要任務是建立紅軍。主要城市都派有蘇軍情報局人員，負責給中共供應武器、資金、藥品、情報。同時派來的還有軍事顧問，在蘇聯國內也加緊了對中共人員的軍事訓練。

莫斯科的第一步計畫，是把拉出的隊伍帶到南方海岸去接收蘇聯軍火，然後在那裡建立根據地。同時，莫斯科指示湖南和其他三個有農民協會的省舉行暴動。

毛澤東舉雙手贊成這條道路。他在羅明納茲主持的「八七」緊急會議上說：「政權是由槍桿子中取得的。」這後來演變成他的名言「槍桿子裡面出政權」。當時莫斯科剛撤掉了中共領袖陳獨秀，把國民黨分裂怪罪到陳頭上，換上了同他們關係密切的年輕文人瞿秋白。剛當上政治局候補委員的毛，不要做這種任人想換就換，想撤就撤的「王」。他要有自己的槍桿子，建立自己的地盤，使自己處於實力地位，以便向莫斯科要權。有自己的領地也是安全生存的最好方式。

但是，毛沒有一桿槍，一個兵，莫斯科也沒有派他搞軍事。毛要擁有軍隊，必須靠別的手段。

一九二七年夏，中共能拉出的主要武裝是駐紮南昌的一支兩萬人的軍隊。八月一日，在蘇聯顧問庫馬寧（M. F. Kumanin）的直接指揮下，中共負責軍事的周恩來組織這支隊伍舉行兵變。這就是「南昌起義」，這天也成了中共的「建軍節」。人們大多不知的是，用斯大林的話說，這個行動是「共產國際的主意，完完全全的共產國際的主意」。「起義」部隊隨即南下，向六百公里外的港口汕頭挺進，去接收蘇聯人準備運來的武器。

毛打算把這支部隊的一部分抓到手。由於他們預計的行軍路線接近湘南，毛便在八月初向中央建議，在即將舉行的湖南暴動中，他到湘南去搞，要中央從路過的南昌起義部隊中給他一個團，稱加上其他農軍，他「至少有佔領五縣以上的把握」。從毛後來的行為可以看出，他並不是真要去發動農民搞暴動，而是以暴動為藉口，希望從中央那裡挖出一支武裝帶走。

不明就裡的中央批准了毛的湘南暴動建議。湖南全省暴動的領導者們約定八月十五日在長沙蘇聯領事館開會。開會那天獨獨毛沒有來，儘管他三天前已回長沙，就住在楊開慧娘家。由於他是主要人物，會議只好改到第二天。據當時湖南省委給中央的報告：「到了十六日，到會的人都齊全，唯澤東一人未到。」十八日，毛才姍姍露面，大家很生氣，他卻說他去搞「農民調查」去了。毛來後就住進了蘇聯領事館。

毛遲到四天的原因不可告人：他要等一等，看南昌起義的部隊是否仍有可能到湘南，要是不可能，他就不去湘南搞「暴動」了。

南昌起義的部隊離開南昌三天，逃兵就去了三分之一，彈藥也丟了一半。氣溫高達攝氏三十度，極度的悶熱，士兵們沒有水喝，只好喝田裡的污水，成群地死去。隊伍七零八落，只求掙扎著拚到汕頭，不可能繞到湘南。

於是，毛出現在蘇聯領事館時，來了個一百八十度大轉彎，堅決要求取消他自己提出的湘南暴動計畫。毛的理由是，暴動應該縮小範圍，應該集中精力打長沙。當時湖南省委給中央的報告說：「縮小範圍的暴動計畫，澤東持之最堅。」

就像他並不真要在湘南搞暴動一樣，毛也無意打長沙。他提出「打」，是因為該城附近有三支紅色武裝，他可以以打長沙為名，把它們帶走。這三支武裝，一支是原農運的活躍分子；一支是因安源煤礦倒閉而失業的礦工和礦警；還有一支是原駐武漢的部隊，奉命去參加南昌起義而沒趕上。一共數千人。

毛如願以償地當上了指揮這些軍隊的「前委」書記，受湖南省委領導。毛沒受過任何軍事訓練，讓他當前敵指揮官，純粹是因為他對莫斯科暴動奪權指示表現出超乎尋常的樂觀和熱情，而主持長沙決策會議的是兩個蘇聯人。毛的積極可以在他八月二十日給中央的信裡看到：「某同志（蘇聯人）來湘，道及國際新訓令，主張在中國立即實行工農兵蘇維埃，聞之距躍三丈。中國客觀上早已到了一九一七年……我們此刻應有決心立即在粵、湘、鄂、贛四省建立工農兵政權。此政權既建設，必且迅速的取得全國的勝利。望中央無疑的接受國際訓令，並且在湖南上實行。」

八月三十一日，毛離開了蘇聯領事館，說是到部隊去。他並沒有去。九月十一日是約好的起事日子，這天，毛一個人悄悄待在長沙一百公里外的文家市。按官方說法，毛率領三支部隊中的一支，從銅鼓出發。而當時跟毛關係密切的何長工等人，都說毛根本沒去銅鼓。十四日，三支隊伍還沒有到長沙，毛就傳令要他們不去了，退兵改道。三支部隊都到了文家市。

這一切完全出乎在長沙的湖南省委意料之外，他們只好在十五日取消整個暴動。蘇聯領事館的書記馬也爾（Maier）說，發生的這一切「可說是最可恥的背叛與臨陣脫逃。」莫斯科稱之為「暴動的玩笑」。他們似乎沒有意識到，毛先前不遺餘力地鼓吹「暴動」、打長沙，為的都是調兵——調到自己手上。

這場「暴動」就是史書上著名的「秋收起義」。全世界都以為這是毛澤東領導的農民起義，毛是農民起義領袖的神話也大半起源於此。毛一手製造了這個神話，對美國記者斯諾編了套有聲有色的故事。事實上，這不是一次真正的農民起義，據湖南省委給中央的檢討說：這「純是一個簡單的軍事行動。不但沒有掀動農民奪取土地的革命狂潮，連取得農民對此次暴動的興趣都沒有」。更有甚者，毛拆了它的台。

文家市遠離長沙，在沒有無線電聯繫的情況下，湖南省委和蘇聯人無法直接指揮。毛早已計畫好了這支部隊的目的地：南去一百七十公里的井岡山。井岡山位於湘贛邊界，兩省當局都鞭長莫及，歷來是土匪、綠林好漢的出沒之地。那裡有兩位山大王：袁文才，從前是學生；王佐，從前是裁縫。這兩人手下有五百人馬，佔領著有十三萬人口的寧岡縣大部分，靠收租徵稅過活。毛如今要把他們的地盤拿過來作自己的根據地。

毛很清楚，他要帶隊伍進山，不是件輕而易舉的事。沒有黨的明確指示，這樣做無異於當土匪。毛擔心一旦攤牌會危及性命，所以在文家市召集指揮官開會宣布決定前，先找到部隊中幾個從前熟悉的人，幫助壓陣。找的人之一是何長工，何長工這個名字還是毛給他取的。何後來回憶說，毛要他跟另一位叫楊立三的在會場上保護他的安全，所以，「我和楊立三在會場上打雜呀、拿菸呀，我們兩個人是你一進，我一出；我一出，他一進。」會上爭得很厲害，指揮官們都不同意進山，但最後勉強服從了毛，因為毛是唯一在場的黨的代表。

部隊向井岡山行進。一路上，毛穿著他鍾愛的長衫，脖子上繫條土布長巾，一副鄉村教師的打扮。開始官兵不認識毛，有人以為他是老百姓，要拉他給他們扛槍。當毛宣布部隊是去上山做「大王」時，大家都驚呆了，他們參加革命不是為當土匪。但是毛以黨的名義要他們放心，說他們是「紅色的山大王」，世界革命的一部分，而且上山也是生存之路。

儘管如此，許多人仍滿心疑慮。不少人作了逃兵。毛任想走的人離去，只不准帶槍，他知道他不具備強留任何人的條件。兩名最高指揮官都走了，去了上海中央，以後投向了國民黨。部隊著實筋疲力盡，打擺子，爛腿子，拉痢疾，宿營地裡彌漫著強烈的腥臭味兒，有的人一躺在路邊的草叢裡就再也起不來了。兩星期後隊伍到達井岡山時，只剩下了六百人，跟著毛大半是因為沒有別的出路。他們成為毛起家的班底，未來燎原烈焰的火星。

十月初，毛到了井岡山下，第一件事是去見袁文才（王佐在山裡）。毛只帶了幾個人，以讓袁放心。袁先在會見地點埋伏了二十多人，一見毛人不多，便迎了上去，一邊叫人殺豬設宴款待毛。他請毛坐下，嗑瓜子，吃花生，喝茶談話。毛說他來此只是過路，要南下去找南昌起義的隊伍。袁同意毛先住下，糧油暫時由他管。毛的隊伍稍事休息後去周圍的幾個縣打家劫舍，籌糧籌款。毛就這樣把一隻腳插進了井岡山。

不到四個月，毛反客為主，把袁、王和他們的一幫人變成了手下的一個團。一九二八年二月十八日，毛的隊伍攻下了寧岡縣城。這是他第一次參加指揮作戰，雖然只是在對面山上用望遠鏡觀看。毛很少直接上前線。三天後，毛召開「萬人大會」慶功，大會高潮是處死被俘的縣長張開陽。目擊者蘇蘭春描述說：「二月二十一日，在礱市洲上召開工農商學兵萬人大會，會場裡打好了刺殺張開陽的三叉木架，四面打好木樁，牽好繩，掛上標語，大家用梭鏢把張開陽捅死了……毛委員在會上講了話。」毛曾在《湖南農民運動考察報告》中細述他對梭鏢的由衷喜愛，現在他親眼看著梭鏢殺人。

自從毛來到井岡山，「萬人大會」成了當地人生活的一部分，會上總有這類殺人場面。慶祝建立遂川縣紅色政權時，毛給大會寫了副對聯，紅紙大字，貼在主席臺兩旁的木柱上。一邊是「想當年剝削工農，好就好，利中生利」；一邊是「看今日斬殺土劣，怕不怕，刀上加刀」。在毛講話之後，「大劣紳」郭渭堅被「刀上加刀」地處死。

當眾行刑在中國是古已有之，並非毛的首創。但毛給這一殘忍的傳統之「錦」添上了現代的「花」，即組織大會看殺人，不去看不行。這樣有組織地使用恐怖是一幫土匪望塵莫及的。袁、王自己也被嚇住了。毛的人又遠比他們能打仗。他們甘拜下風，讓毛坐了山寨的第一把交椅。

毛一到井岡山就派人去長沙跟湖南省委取得聯繫。毛遠非像後來人們想像的那樣住在深山老林，與世隔絕。他的住地跟外界暢通，關係幾天工夫就接上了。那時上海的中央已收到一系列關於「秋收起義」的報告。他們不會看不出，是毛澤東使他們的暴動計畫落空，又未經許可帶走了部隊。中央指定毛到上海開會。毛知道此行不妙，他也絕不願意離開他的地盤，乾脆裝聾子。一九二七年十一月十四日，毛被開除出政治局及湖南省委。

中央要奪毛的權，十二月三十一日函告湖南省委：毛「在政治上確犯了極嚴重的錯誤」，湖南省委應當「派一負責同志前去召集軍中同志大會討論並由大會改造黨的組織，在必要時，派一勇敢明白的工人同志去任黨代表」。

毛能指揮部隊，是因為他代表黨，沒有黨的權威隊伍不會聽他的。不知是碰巧還是陰謀，中央指示發出一星期後，湖南省委被國民黨一網打盡。結果毛的隊伍完全不知道黨已經吊銷了他的資格。直到一九二八年三月，黨的第一位使者才進入井岡山，帶來了中央的決定，取消「前委」，解除毛的黨的職務。但是，毛「道高一尺，魔高一丈」，他安排中央決議只傳達給幾個親信，黨的書記也派一個自己人去當，毛本人當「師長」，掌權的還是他。

毛澤東的「山寨」是一塊理想的根據地。平原上盛產大米、油茶，「一年耕而三年食」。山裡杉竹茂密，四季濃霧繚繞，猴子、野豬，甚至老虎來來去去。井岡山最高峰才九百九十五公尺，卻很陡峭，易守難攻，敗也可以跑。濃濃的灌木隱蔽著只有獵人涉足的小徑，潛向通往兩個省的陽關大道。

毛和他的軍隊靠在四鄰的縣裡打家劫舍為生，美其名曰「打土豪」。毛告訴隊伍說：「群眾聽不懂『土豪』是什麼意思，我們就用『財東』或『有錢人』來代替」。老井岡山戰士范樹德說，打土豪，「老話叫『吊羊』、『綁票』。」

毛的活動常常是報上的新聞，他在全國出了名，以「毛匪」著稱。

當地人恨他們。當年的紅軍李國斌回憶道：一次「打土豪」時，數百村民衝過來，「抓了我們四十餘人，關押在祠堂裡，對他們實行捆打吊，令女人用腳去踩，打了後用禾桶蓋起來，上面壓上大石頭，使用各種毒刑。」

官兵們知道他們的生活方式跟土匪沒多大區別，許多人都不情願，尤其是軍官。一九二七年十二月，主要軍事指揮官陳浩在井岡山外的茶陵縣企圖把部隊帶走。毛聞訊率人追上，把陳浩抓起來，隨後當眾處死。對毛來說，這是一次極端嚴重的危機，他幾乎失去了整個軍隊。在他拐走這支部隊的短短幾個月中，所有的軍事指揮官都跟他決裂了。

毛時時擔心自己的安危，開始逐步完善警衛措施。警衛從一百來人不斷增加。他在不同的地方有好幾處房子，都從安全角度仔細挑選。房子的後面可以逃遁，或有個後窗，或在後牆有洞，有小路通向山裡。（以後長征途中，儘管宿營只是臨時，毛的住處也都有安全出口。）

毛在井岡山的主要住宅之一位於入山口茅坪，交通便利，一旦情況緊急隨時可以撤進山裡。這是一幢美麗的八角樓，寬大的正屋屋頂像一座高聳的八角形的三層木頭寶塔，螺旋著旋上去，到頂尖是一叢採光的亮瓦。這個大宅子原屬於當地的醫生。另一處房子也是醫生的，叫「劉德盛藥店」，位於山下大鎮礱市。這座大宅以奇異的美無言地述說著井岡山昔日的輝煌。它一半是歐洲教堂式的石頭建築，一排羅馬式的圓拱迴廊；一半是中式樓房，瓦屋頂上築著像蛇竄出似的簷角。中西兩部由一道八角形的大門洞精美地連在一起。

毛的司令部也在礱市，原是一所帶兩千平方公尺花園的書院，為方圓三縣的最高學府。樓上三面完全敞開，天地雲水一覽無餘，夏天學生在這裡乘涼。毛所到之處，不僅學校關門、醫生易址，祠堂、教堂也被徵用。共產黨最常見的活動開會，需要大地方。

毛在井岡山住了十五個月，進山裡只有三次，總共待了不到一個月。他未來的生活方式此時已初具輪廓。他擁有眾多的僕人，或稱「勤雜人員」、「工作人員」。裡面有司務長、伙夫，有專燒水挑水的，有馬夫照管他的坐騎小黃馬，有專門送信的，還有一位被毛授予「兩大任務」，一是買菸，一是收集書籍、報紙。毛離不開新聞。

來井岡山不久，毛有了新歡：他的第三任妻子賀子珍。那年賀子珍剛十八歲，瓜子臉，杏仁眼，身材苗條。她生在山下富庶的永新縣，父親家是永新的望族，曾廣有產業，父親本人捐過舉人，當過縣長，後來家道中落，開茶館生活。子珍原名「桂圓」，因為她出生的那天是秋夜，圓圓的月亮下盛開著桂花。她在一所由兩個芬蘭修女主持的教會學校讀書，可是討厭學校裡「念不完的聖經，做不完的祈禱」，也不能忍受循規蹈矩的小城生活。她天性熱情好動，心頭好像燃燒著火。北伐軍進入永新，打破了小城的一潭靜水，她迷上了那熱騰騰的氣氛，加入了共產黨。她當啦啦隊歡迎北伐軍，在大庭廣眾下演講，才十六歲就當上了縣婦女部長。她還帶頭剪掉了長長的秀髮，留短髮是革命的象徵。

蔣介石「清共」後，共產黨員和積極分子開始逃亡，她的父母和妹妹逃走了，哥哥被投入監獄。山大王袁文才是哥哥的朋友，突襲監獄把他救了出來。子珍和哥哥跟袁文才上了井岡山，她成了袁夫人的好友，王佐給了她一支毛瑟槍。

後來毛澤東來了，一眼看上了這個姑娘。袁文才也竭力促成，派她當毛的翻譯。毛不會說當地方言。在長期轉戰生涯中，他常常用翻譯。

一九二八年初，毛跟子珍「結婚」了。沒有舉行儀式，只有袁太太給他們擺了豐盛的宴席。這時毛離開楊開慧和他的三個兒子還不到四個月。別離後毛只給開慧寫過一封信，說他患了腳疾，現在乾脆遺棄了開慧。

開慧對毛的感情是狂熱的愛，子珍只是相當勉強地嫁給了毛。一個俊俏女子在成千的男人中生活，自然有眾多的仰慕者。子珍覺得三十四歲的毛「年紀太大」，她是「一朵鮮花插在牛糞上」。毛英俊活潑的弟弟澤覃是她的一個追求者，對她說：「我哥有嫂子，跟我吧。」子珍後來承認她選擇毛是因為「一個女孩子在那個環境中需要一種政治上的保護」。

毛跟子珍的關係在性生活得不到滿足的男人世界裡，引起了不少閒話。毛很謹慎，盡量避免跟子珍一同出現在人前。路過傷病員住院的地方，毛特別要和她分開走。

結婚不到一年，子珍已決心離開毛。她對朋友說跟毛結婚很「倒楣」，是「重大的犧牲」。一九二九年一月，毛要離開井岡山遠走他鄉時，子珍抓住這個機會要留下。她當時最好的朋友曾志說：「賀子珍死都不願意下井岡山，她不願意走。我們都要出發時，她也不走，她很倔，不肯走。」這樣的堅持很可能既有個人的原因也有政治的因素，子珍想逃離的是毛代表的那種生活，她在十幾歲時不自覺地被捲進去的生活。她想脫離這種生活的願望之強烈，甚至不顧冒被國民黨抓去的危險。毛命令無論如何要把她帶上。「我就硬是把她拉走，」曾志說：「她一邊走一邊哭，總是掉隊。她沒來的時候，毛主席就叫他的馬夫回去找她，去接她。」

一九二八年四月，毛還在井岡山時，南昌起義的倖存者在走投無路的情況下投奔他來了。這支部隊頭年十月歷盡千辛萬苦到達南海岸，沒有看到任何蘇聯軍火，卻被打散，剩下的人聚集在四十一歲的朱德麾下。朱德是職業軍人，曾在滇軍中官至旅長。三十六歲那年他到德國留學，在那裡參加了共產黨，以後去蘇聯受軍訓。在一群二十來歲的紅色青年中，他算是長者，很自然地受到尊敬。他脾氣又好，忠厚寬容，風度樸實無華，像士兵一樣腳蹬草鞋，身背竹笠，一塊兒吃飯、行軍、扛槍、背背包，打仗時總在前方，官兵們都愛戴他。

毛剛到井岡山時曾派人找過朱德，勸朱加入他的行列，朱謝絕了。當時黨命令他在湘南組織暴動。暴動敗得一塌糊塗，大半因為莫斯科的指示不僅殘忍，而且是搬起石頭砸自己的腳。當時的政策是：「殺盡階級的敵人，焚毀敵人的巢穴」，「焚毀整個城市」，「豪紳的走狗都是在殺之列，我們並不顧恤」。暴動的口號是：「燒！燒！燒！殺！殺！殺！」

朱德的人也亂燒濫殺，焚燒了郴州、耒陽兩個縣城。結果農民真的起來暴動了——反對共產黨的暴動。根據當時的報告，在動員農民「焚盡湘粵大道五里內民房」的群眾大會上，「到會的幾千武裝農民群眾聽到這項命令就在會場中反了，把郴縣負責人殺得精光，郴縣全縣變了三分之二。其他永興、耒陽的農民也動起來……後經調回前線的紅軍來鎮壓，才算把有形的反動隱藏下去。但這次死的人也就在千人以上不少了！」農民把他們在共產黨統治下戴的紅袖箍、紅領巾扯下，打出白旗。

國民黨軍隊一攻來，朱德的隊伍只好撤離，參加過殺人放火的農民和他們的家庭也不得不扶老攜幼跟著走。當年耒陽的農軍王紫峰回憶道：「我當過赤衛隊長，鎮壓過反革命……只有堅決幹到底，沒有別的出路，所以我自己動手把〔自己的〕房子燒了」，跟朱德走了。這也是莫斯科的政策，切斷這些農民的退路，「使他與豪紳資產階級無妥協餘地」，把他們逼上梁山。

共產黨走，國民黨來，復仇報冤，玉石俱焚。犧牲者中有毛的妹妹澤建，小名菊妹子，是過繼到毛家的。毛把她帶進黨，她跟一個黨員結了婚，生了個孩子。雖然她和丈夫並不贊成共產黨的殺人政策，她的丈夫還是被國民黨殺了頭，頭裝在木籠子裡，掛在城牆上示眾。菊妹子也被處死。她在獄中寫過一封信，說她希望「自首」，但耒陽縣堅決要殺她。她也就死了心，「甘願受死刑。不願受活刑了。」「快脫離人世就好了。」她只希望能見她的生母和孩子「淺生」一面：「唉，可憐的淺生，實令我痛心呵！以前如何的希望養育他呵！誰知弄到此地步咧。」她想要她的孩子理解她：「淺生小兒也萬不能怪我。〔我〕今生從未聞見的苦情均受到了。」

這個時期共產黨燒殺最凶的地方是廣東海陸豐，號稱「小莫斯科」，那裡還修了「紅場」，入口是個俄式的花哨大門。領袖彭湃把此地變成了可怕的屠場。彭湃這樣推崇列寧：「他的法律，是沒有什麼詳細的，反動的就殺，他的工人農民，不用報告什麼工會、農會、政府，直可把土豪、劣紳、地主、資本家殺卻」。彭湃的演講和政策充滿了這樣的語言：「准群眾自由殺人。殺人是暴動頂重要的工作，寧可殺錯，不要使其漏網」。「將這批豪紳地主剖腹割頭，無論任何反動分子，都毫不客氣的就地殺戮，直無絲毫的情感」。海陸豐存在的短短兩個月中，一萬多人被殘酷處死，「反動的鄉村有些全鄉焚燒」。

這些蘇聯人指導的奪權掌權均以失敗告終。毛澤東的井岡山幾乎是碩果僅存。毛不是狂熱分子，當部隊要燒天主教堂和豪華大宅時，他制止他們，說與其燒掉不如留起來自己享受。殺人當然要殺，但別殺得連自己也站不住腳。

朱德上井岡山的時候，莫斯科已決定停止亂燒亂殺的政策。它喜歡用「主義」這個詞兒，給這一政策戴的帽子是「盲動主義」、「燒殺主義」。莫斯科說：「恐怖宜有系統。」這正跟毛的所為不謀而合。毛的精明使他重新獲得莫斯科的青睞。儘管毛的自行其是曾使中央憤怒到把他撤掉，但此時斯大林亟需在中國有個不亦步亦趨的人，自己有主意，有能力，能讓共產黨成功。尤其是這時候，莫斯科難以對中共直接指揮。由於蘇聯使館的人在企圖奪權的「廣州起義」中被當場抓獲，中國當局關閉了一系列蘇聯領事館，蘇聯人失去了用外交官身分在中國活動的機會。

毛此時沒有任何黨的職位。他曾累次寫信給中央，要求成立一個由他領導的管轄井岡山一帶的特別委員會，都未獲明文批准。朱、毛會師後，毛又於五月二日再次給中央寫信。不等中央答覆，毛就指定代表，召開「代表大會」，自己當上了書記。

毛急於擁有黨的職位，還因為朱德帶上山四千多人，而他的兵力只有一千，不及朱的四分之一。要管住實力遠大於他的朱德，毛需要黨的名義。他也要顯示自己是個軍人，在會師時特意挎上手槍，這在他是極少見的。過後他就把槍還給了警衛員。這支軍隊不久便以「朱毛紅軍」著稱。

等待授權時，毛開始表現自己了。黨的命令接受了，巡視員也讓巡視了，還寫長長的報告。黨組織正經八百地活動了。毛到井岡山八個多月，還不知道他的轄區有多少黨員，巡視員問起時，他的答覆是這個縣有「千餘」，那個縣有「百餘」。毛也還沒進行過分田工作。理論上這是土地革命的中心，但講求實際的毛覺得這事沒什麼必要，打家劫舍夠維持統治就行。如今井岡山首次實行分田。

上海關於毛要權的信，由祕密交通員揣著，從上海千里迢迢送到莫斯科，在六月二十六日遞上了斯大林的辦公桌。中共正在開「六大」，地點就在莫斯科郊外，是唯一一個在蘇聯召開的外國黨代表大會。斯大林把一百多名中共代表極機密地，不遠萬里地，耗費鉅資地運來莫斯科，足見他對中共的期待有多高。

斯大林的中國路線由共產國際主席布哈林（Nikolai Bukharin）向大會傳達，一講就是九個小時，讓在座者屁股都坐麻木了。毛不在座。縱觀他的一生，不到萬不得已，他絕不離開他的地盤。「六大」唱主角的周恩來作軍事報告，說毛的隊伍「有一些土匪性質」，意思是毛不大聽指揮。蘇聯人對毛不放心，但是很看重他，稱他為中共武裝的主要領導人。確實，毛澤東是最成功地推行克里姆林宮戰略的人。斯大林六月九日接見中共黨領導人時說：戰略就是組建紅軍。在蘇聯的「六大」代表都受到軍訓，具體的軍事計畫也制定出來。曾搶過銀行的斯大林本人親自負責給中共提供建軍的假鈔。

斯大林看好毛澤東。毛有軍隊，有根據地，又是老黨員，在中國知名度也最高。當然，毛不聽話。但正如斯大林後來對南斯拉夫共產黨人說的，毛「不聽話，但是個成事的人。」而且，不管他怎麼不聽話，斯大林有辦法控制他：毛離不開黨，離不開莫斯科，離開了，他只是土匪一個。

於是，毛的要求完全被滿足。十一月，中央通知到達，重新成立「前委」，由毛任書記，管轄朱毛紅軍。前委之下組織軍事委員會，以朱德為書記。在毛澤東的上升史上，這是個歷史性的時刻。毛與黨離心離德，與莫斯科離心離德，結果黨和莫斯科是要啥給啥，他大獲全勝。

6 制服朱德

一九二八～一九三〇年　三十四～三十六歲

毛澤東一接到中央任命，就準備擴大地盤。國民黨軍隊也要打來了。一九二八年六月，蔣介石打敗了北京政府，統一了中國大部，建都南京，著手恢復秩序。一九二九年一月十四日，毛率領朱毛紅軍離開井岡山。朱毛紅軍經過一些變故，眼下有人馬三千。

毛在井岡山住了十五個月，留下了一塊千瘡百孔的土地。中央巡視員楊開明向上海報告說，紅軍到來前，井岡山的農民「頗覺安居樂業，有天下太平的氣象。有日出而作，日落而息，老死不相往來的神氣」。

「自從紅軍到達井岡山以後，情形就大大改變了。因為紅軍經濟唯一的來源，全靠打土豪。又因對土地革命政策的錯誤，連小資產階級富農小商也在被打倒之列。又以大破壞之後，沒有注意到建設問題，沒有注意到經濟恐慌的危機，以致造成鄉村全部的破產，日益激烈的崩潰。」

毛走後，國民黨軍隊攻下了井岡山。朱毛紅軍走時留下的傷兵病員和地方幹部，落在他們手裡的被機關槍掃死。被反共復仇的民團捉住的，不是剖腹、燒死，就是活活割死。即使這樣的殘酷，據當時對中央的報告：「房子燒了，群眾首領殺了。但是一般群眾並不十分增加對反動派的仇恨。」

井岡山原來的山大王多是本地人，毛走時他們留下，大部分都活下來了。一九三〇年三月，袁文才、王佐死在共產黨手裡。莫斯科祕密命令中共這樣對付這些人：「與土匪或類似的團體結盟，僅在暴動前可以適用。暴動之後宜解除其武裝並嚴厲的鎮壓他們……他們的首領應當作反革命的首領看待，即令他們幫助暴動亦應如此。這類首領均應完全殲除。」

袁、王死後，餘部逃進山裡。奉命搜捕他們的紅軍李聚奎回憶說，他「親眼看見當地群眾對我們的行動很反感，而對王、袁的部隊，則倍加愛護。」既在土匪又在共產黨統治下生活過的井岡山人，顯然更喜歡土匪。土匪帶來的災難跟共產黨比是小巫見大巫。

毛澤東離開井岡山時，未曾有一眼回顧，一絲惆悵。他興致勃勃，跨著大步，跟隨從們開著玩笑。他有理由輕快，莫斯科已全盤接受了他的要求。他一離開井岡山，蘇軍情報局長伯金就跟中國事務負責人米夫（Pavel Mif）開會，討論蘇聯怎樣「給朱毛具體援助」。這是第一次有記載的莫斯科專門討論給毛軍援。毛已名聲顯赫，報上都說他是「共黨中最巨者」。

政府軍在毛身後緊追不捨，一場鏖戰中朱德的妻子被捕。她後來被殺，頭由一根竹竿挑起，懸掛在長沙城上。在這樣的險境中，毛卻發動了針對朱德的權力鬥爭：離開井岡山不到兩個星期，他取消了中央特別成立的以朱德為書記的軍委，剝奪了朱德的軍事指揮權，把一切權力都集中在自己手裡。

對中央，毛隻字不提他奪了朱德的權。他寫了一份又一份報告，字裡行間透著自己如何像久旱盼甘霖一樣渴望中央指示。三月二十日，他寫道：「望中央將一般計畫指示我們。紅軍應該怎樣行動，尤盼飛速指示！」「六次大會的決議案非常正確，我們歡躍的接受。」四月五日，他又寫道：「以後望中央每月有一信給我們，我們亦至少每月給中央一信報告。」毛是在討好中央，希望他奪朱德權一事一旦被上海知道，會得到認可。

朱德沒有反抗毛，也沒有向中央告毛的狀。他沒有那麼強的權力慾，也不擅長搞陰謀。朱德一時忍了下來。

三月，在對付國民黨軍隊方面，毛的運氣來了。儘管南京政府建立已近一年，但國民黨內訌不斷，有的政敵對蔣介石政府開戰，追擊毛的隊伍被調去打政敵，放過了毛。毛興奮地告訴上海說：「後衛距敵才一里……〔敵〕張旅忽然折回，蓋湖南戰事爆發」。毛得以輕鬆地拿下了閩西，包括首府汀州。這裡的汀江航運繁忙，明清已出現了「上八百，下三千」的景象。四海商賈雲集，歐洲大廈跟南洋小攤相映成趣。毛大打了一番「土豪」，豐富了庫藏。他告訴上海：「給養已不成問題，士氣非常振發。」

紅軍沒收了一個給國民黨軍隊做軍服的工廠，第一次穿上了整齊的軍裝。迄今為止，士兵們穿什麼的都有，甚至有女人的裙裝和天主教教士的神袍。新軍裝是灰色的，跟國民黨一樣，只是多了紅帽徽、紅領章。

按毛的指示，守城的郭鳳鳴旅長先被活捉，然後殺掉。屍體倒掛在一棵板栗樹上，旁邊站著毛，手指著屍體在萬人大會上講話。會後郭的屍體被抬著遊街示眾。作為與舊制度決裂的象徵，市政府被一把火夷為平地。

毛把指揮部設在一座俯瞰汀江的雕梁畫棟的樓房裡，日子過得十分愜意。不久，好日子被一名不速之客給攪亂了。來者叫劉安恭，剛從蘇聯受軍訓歸國，上海派他來當朱毛紅軍的第三把手。劉安恭發現毛擠掉了朱德，非常憤慨，說毛「抓權」，「書記專政」，「家長制」，「自成體系」，「不服從中央」，說朱德是「擁護中央派」，而毛澤東是「反對中央派」。

毛再也沒辦法對上海封鎖消息了。六月一日，他第一次向中央報告，找藉口說：他離開井岡山後，「每日行軍或作戰，在一種特殊環境之下，應付這種環境感覺軍委之重疊，遂決議軍委暫時停止辦公，把權力集中到前委」。但是，既然有理由，為什麼在這之前他寫的信中不向中央報告呢？毛自知理虧，想把這事遮掩過去，把這段話埋在有十四條小標題的洋洋長文的第十條中間，算是報告了，希望不引起上海的警覺。報告其他部分充滿甜言蜜語：「最近得到中央及福建省委各種指示，真是意外的欣喜，惟江西省委三年來不曾有一個字給我們……這種情形太不好了，請中央確知江西省委千萬改正這種狀態。」「請福建省委負責在廈門設交通機關，專任前委與中央的傳達，設立機關經費，付上價值一萬元的煙土」。

但朱德起來反抗毛了。他有了劉安恭這個同盟，再加上部隊大多數人也站在他這一邊。毛不得人心。他後來自己多次說：「我很孤立，只有二十八團的林彪支持我。」據陳毅給上海的報告，很多人說毛「太獨裁，不民主，對黨實行家長制，愛發脾氣，會罵人」。對朱德也有些批評，但只是這樣一些問題：「對士兵講話時，動不動就說我們要擴大武裝，可以打到南京去住洋房。講到高興時不自覺地把褲子拉到大腿上，有流氓習氣，太不尊嚴。」

六月二十二日，朱毛紅軍的黨代表們在福建龍岩舉行大會，辯論朱毛問題，並投票選舉。會上毛澤東被選掉前委書記，由陳毅接任，朱德重獲軍事指揮權。毛曾威脅說：「若你們來武裝解散前委，我有一個班的兵力，還可以抵擋。」他的對手也早有準備：他們在會前把毛所有的跟班繳了械。

毛馬上開始打迂迴戰，要把失去的權力奪回來。他計畫先奪取閩西紅色根據地地方政府「特委」的領導權。這塊新開闢的根據地，是共產黨所佔土地中最富饒的，有一百二十五萬人口和一支地方部隊。毛對朱毛紅軍新領導說：既然被選掉，他不能留在紅軍裡了，希望「到地方做些事」。

沒人意識到毛的動機。

毛躺在擔架上離開了紅軍總部，跟著他的有妻子賀子珍和幾名親信。其中一個後來回憶說：「我們離開部隊由龍岩出發時，把我們的馬也扣留了，那時我們一行人真有些灰溜溜的樣子。」這一小隊人直奔閩西特委所在地蛟洋。閩西根據地是朱毛紅軍打下來的，特委書記鄧子恢是個聽毛話的人，毛去之前就叫他準備召開閩西第一次黨代表大會。毛的打算是利用這次大會建立新特委，用計謀把跟他前來的親信安插到關鍵職位上。毛沒有任命權，閩西特委歸福建省委領導。

到七月十日，五十多名閩西代表聚集蛟洋，會議按通知第二天開幕。但第二天沒有開幕。據會後閩西共產黨人向中央的報告：毛叫他們去「從事各項調查」，「費去一禮拜之久」。終於開幕了，毛又用這個那個理由，使「會場上耗費時間太多」，「自十日起至二十九日止，延長二十天之久」。毛在拖時間，以使代表們在「選舉新特委」這項議程前不得不離開。果然，會還在不痛不癢地開著，國民黨打來了，「大會不能繼續下去，遂在二十九日以前閉幕了」，「會無結果而閉會」。

代表們前腳剛走，毛馬上就指定了新特委，算成是代表大會「選舉」產生。聽話的鄧子恢仍然居首，毛帶來的人，一個當特委祕書長，一個當組織科長負責幹部，一個控制地方部隊。這幾個人像毛一樣是湖南人，都不會說當地話。

當閩西共產黨人發現毛把他的人強加在他們頭上時，非常憤怒，當時就對中央說大會是「極大失敗」，第二年一有機會時又起來反抗，引起了毛澤東在閩西的一場血腥清洗。

還在開代表大會時，代表們已經表現出對毛的恐懼。給中央的報告說，會上「代表少發言。後來毛同志病了，大家爭論極烈，得了很大進步」。代表們想要他們的上級福建省委派人來給他們做主，可是，蹊蹺的是：「交通被捕，報告失落，致省委無人前來指導」。這種怪事已經不止一次發生，未來也將反覆出現：關鍵時刻，聯絡會按毛的需要莫名其妙地斷掉。

一旦抓住閩西根據地，毛便著手跟朱德搗亂。他在朱德的隊伍裡有個同謀：林彪。林彪那時二十出頭，是個孤傲不羈的人。他有三個特點吸引了毛。一是軍事才能。林彪從小喜歡軍事，後來上黃埔軍校，在軍旅生活中如魚得水。他喜歡研究軍事戰略，在戰場上屢顯鋒芒。二是他不守紀律。跟許多中共高層軍事人員不同，他沒在蘇聯受過訓，沒在嚴格的共產黨紀律裡熏陶過。部隊裡的人都知道，林手腳不乾淨，常私自留下繳獲品，像金戒指等，還染過淋病。林的第三個特點是他的自尊心極強，絕對不能忍受批評。朱德作為上級批評過他，他對朱德懷恨在心。

林上井岡山後不久，毛就開始拉攏他，說的話都是順耳舒服的，還單請林去演講。毛、林從此建立了特殊關係。幾十年中，毛小心注意不使林的自尊心受傷，讓林凌駕於紀律之上。作為交換，在毛需要時，林總是十分配合。

第一次搭檔是對付朱德。一九二九年七月底，國民黨軍隊進攻。作為軍事指揮官，朱德制定了作戰計畫，令所有部隊在八月二日集結。但時間到了，林彪卻不見蹤影，他跟毛和毛控制的閩西紅軍待在另外的地方。這兩支部隊合起來差不多占紅軍（當時有六千多人）的半數。朱德只得率領一半的兵力反擊國民黨軍。雖然朱德沒受到太大損失，但半數紅軍不聽命令，總不是個辦法。在這種分裂的狀況下，朱德指望中央給他拿主意。

這時黨的總書記是沒什麼能力的向忠發，莫斯科任命他純粹是基於他出身「無產階級」，當過水手、碼頭工人。中共負實際責任的是周恩來，做決策的是莫斯科在上海的代表。這段時期代表們大都是歐洲和美國的共產黨人。直接管事的，一個是德國人叫愛斯拉（Gerhart Eisler），以後做過駐美國的情報長官。另一個是波蘭人，化名瑞爾斯基（Rylsky）。這些外國人執掌著中共的財政大權，一分一毫都由他們說了算。他們的中國同事管他們叫「毛子」，因為他們身上的毛比中國人多。於是就有「德國毛子」、「波蘭毛子」、「美國毛子」等。有個背有點兒駝的人叫「駝背毛子」。

這些「毛子」們透過周恩來發號施令。周後來以在外交舞臺上風度翩翩而舉世聞名，但真正的周是個強韌決絕、無情無義的執行者。他忠實地信仰共產主義，不惜扭曲個人人格。

周最早接觸共產主義是在日本，那是一九一七年「十月革命」後不久，十九歲的他在日本留學。二十三歲時他在法國入了黨，成為狂熱的信徒，表現之一就是奉行禁慾主義。他是個美男子，女人們為他傾倒，他本人對美女也遠不是無動於衷。剛到法國時，他常常發出這樣的讚嘆：「多麼漂亮的姑娘！」他給國內的朋友寫信說：「巴黎是美麗的……婦女也是動人的……」很快他有了個美貌的女朋友，他非常愛她。許多年後，在一次少見的坦率談話中，他告訴姪女：「當我決定獻身革命時，我就覺得，作為革命的終身伴侶，她不合適。」周需要「能一輩子從事革命」的人。「我就選擇了你們的七媽，接著和她通起信來。我們是在通信中確定關係的。」就這樣，二十七歲的周恩來與同樣狂熱而相貌平常的鄧穎超定下了缺乏愛情的終身。

莫斯科看中了周，給他極其重要的任務：負責創建中共軍隊。一九二四年他被派回國，在國民黨的黃埔軍校做政治部主任，秘密使命是在國民黨軍官裡埋下紅色代理人。一九二七年蔣介石清共後，周恩來組織了南昌起義。南昌起義的隊伍在南海岸被打散時，周正害瘧疾發高燒，不時處於昏迷狀態，嘴裡還在喊「衝啊！衝啊！」幾個同事把他抬上一葉扁舟，划往香港。風浪大，小船顛簸得厲害，他們用繩子把自己綁在桅杆上，兩天一夜才靠了岸。

周從香港去了上海，負責中共的日常工作。搞地下工作，他如魚得水，跟他工作過的人稱他為

「天才」，說他腦袋後邊都長著眼睛。一九二八年在莫斯科開中共「六大」時，他受到斯大林接見，在會上唱主角，一個人做了三個主要報告。中共的克格勃就是他在莫斯科指導下組建的，他本人親自指揮暗殺隊。

莫斯科很有眼力。周恩來是一個難得的行政管理家、傑出的組織者，具有一絲不苟的嚴格紀律性，對莫斯科的指示奉若神明。奇怪的是，像他這麼一個能幹的人，天性裡卻似乎又有奴性，無論主子怎麼鞭笞他，他都甘心領受。在未來的歲月裡，遵毛之命，他不斷對自己口誅筆伐，無限上綱，用詞之嚴峻，使聽眾都為他難過。

其實在毛之前，周已經表現出這種性格。一九三〇年他遵命做過一次詳細的自我批判，「要全黨來認識與指斥我的錯誤，我自己亦將在黨報上批評我這一有系統的嚴重錯誤。」次年，在黨的中央全會上，一個顯然看出周性格中有受虐傾向的「毛子」這樣說周：「恩來同志自然應該打他的屁股，但也不是要他滾蛋，而是在工作中糾正他，看他是否在工作中改正他的錯誤。」周坐在一旁心甘情願地聽著。

無怪乎周沒有做頭號人物的野心。他自知沒有制定綱領的才能，似乎需要有人給他發命令。這段時期曾在他手下工作的王凡西回憶周的弱點說：「在組織部的會議上，恩來的發言永遠要佔去全部時間的十分之九。周恩來是一個非常傑出的行政家，事務處理上簡直有天才，說話的才能也顯然屬於第一流的；但和他共事一長久，有一點使我很奇怪，就是他一開口卻不能自休。話說得有條理，卻不能集中要點；有層次，卻諸多反覆。一些原極淺近的事理，同時聽話的對象又只限於部裡的五個幹部（有時再加上他的太太鄧穎超），他卻會像對小學生教書似的，分析了又分析，解釋了再解釋，把一個報告往往拖長到七八個鐘頭，使聽者倦極欲睡。」

周恩來直接處理朱毛問題。根據莫斯科駐華代表的指示，他一九二九年八月二十一日給朱毛紅軍發命令全力支持毛澤東，說毛「絕對不是家長制」，擅自解散中央指定的軍委也是對的：「用不著再組織軍委」，毛應當官復原職，劉安恭批評毛批評錯了。劉被召回上海，不久死在戰場。

毛澤東破壞黨的紀律，黨卻給他撐腰，這是什麼原因？說到底，正是毛的權力慾使斯大林對他另眼相看。在中國這樣一個大國裡，以中共的區區幾千人要奪權，沒有不惜一切的炙熱的權力慾是無法成功的。

眼下斯大林也需要毛。那時正值「中東路」事件，中國政府收回了控制在蘇聯人手裡的，橫跨中國東北一千五百多公里的鐵路。這條鐵路跟它沿線的土地當時是外國在中國的最大租界。莫斯科大為惱怒，組成了一支「特別遠東軍」，一度曾入侵到東北境內一百二十五公里的地方。斯大林掂量著「佔領哈爾濱、成立革命政府」的可能性，要中共裡應外合，在中國內地給蔣介石政府製造麻煩。

周恩來寫給朱毛紅軍的關於毛的信，一開頭就講中東路問題，要朱毛紅軍發展游擊區域，擴大紅軍，「準備武裝保護蘇聯」。十月九日，有斯大林出席的蘇共政治局會議特別提到「毛澤東活動的地區」，稱之為發展游擊戰、幫助解決中東路問題的重要地區。斯大林沒提朱德。

莫斯科支持毛還有個原因。斯大林的頭號政敵是托洛茨基（Leon Trotsky），斯大林流放了他，但仍害怕他的影響力。托洛茨基在中國有一小群狂熱追隨者，正在爭取陳獨秀的支持。斯大林擔心陳獨秀會壯大「托派」的聲勢，擔心跟陳有老關係的毛會跟陳走。

這一系列的考慮使莫斯科決定為毛撐腰。蘇聯的媒體此時醒目地宣傳毛，《真理報》（*Pravda*）在「中東路」事件關鍵的幾個月裡報導毛不下四次，稱他為「領袖」——用的字眼跟用在斯大林頭上的一樣。沒有任何其他的中共領導人享此殊榮，包括黨的總書記在內。

周恩來起用毛的信遞到了朱德手裡，朱德服從了，派人把信送給毛。毛住在山清水秀的村子蘇家坡，一幢兩層的小樓，天井裡長著一株熱帶風情的棕櫚。他每天享用營養豐富的牛奶，一公斤牛肉燉湯，外帶一隻母雞。他形容自己是「吃的多也拉的多」。

毛收到周恩來的信，卻沒有即刻回到朱毛紅軍去。他在蘇家坡又待了一個多月，給朱德施加壓力。

跟毛住在一起的有賀子珍和一對忠實於他的夫婦：曾志和她的丈夫。毛跟年輕的妻子們不談政治。兩對夫妻在黃昏薄暮裡沿著水草漂漂的小溪散步閒聊，從彎彎的小橋上看農民點著火把在溪裡捉魚，有的用網撈，有的用手抓。有時他們送給毛幾條。毛愛吃魚頭，說魚頭能增強他的腦子。白天，毛常坐在窗前旁若無人地大聲念英文，充滿湖南腔，惹得朋友們發笑。念英文而不求長進，是毛放鬆心情的一種方式。

朱德和同事們著了急，「迭函去催毛同志回前委」。但毛就是不回來。十一月底，朱德只好正式派部隊去恭迎毛，毛這才上路。

毛馬上給上海寫信。周恩來如釋重負，稱毛「來信很積極」，「完全接受中央的指示」。毛不失時機地向莫斯科明確表態，跟「托派」劃清界線，稱陳獨秀為「反對革命的分子」，提議「普遍地宣傳」反陳。他主持作出反對托洛茨基的決議案。部隊每天出操都要喊「武裝保衛蘇聯」。

毛留下朱德當名義上的最高軍事長官，部隊也繼續叫朱毛紅軍，既滿足了莫斯科希望團結的要求，又得以利用朱德在部隊的聲望為自己服務。朱德被壓服了，相當長的一段時間，他經常發脾氣。俄羅斯檔案記載一九三一年二月，他對軍事指揮官們發作說，他不過是「毛手裡的玩物，沒有任何權，毛只是耍他」。莫斯科沒有伸出一根指頭管管毛。朱在毛手下就這樣幹了一輩子，直至兩人在一九七六年先後去世。

一九二九年十二月，毛回到紅軍的消息在福建古田向全軍黨代表大會宣布。毛怕官兵反對他，耍了個小小的花招。他知道士兵最痛恨的是槍斃逃兵。當時給上海的報告說：「每次出發差不多都要槍斃些逃兵，擺在路上示眾，但逃兵仍然無法遏止。」在古田毛澤東提議通過一項決議：「不槍斃逃兵。」這使他大得人心。誰知幾個月後古田會議的決議發表，這一條失蹤了。毛已經坐穩了位子，這條決議也就束之高閣，逃兵呢，仍然被槍斃。

毛利用提出這條決議帶來的好感，使其他決議獲得通過，掃除他與絕對權力之間的障礙。一是職業軍人的權威。朱德是職業軍人，而毛不是，於是毛批判「單純軍事觀點」，以破除這一權威。二是選舉，對毛更不利，他就是被選掉的。他譴責這為「極端民主化」，取消了選舉。

紅軍要求平等的呼聲格外高，共產黨的主要號召力就是平等。但毛喜歡舒適，生活難免不特殊。在井岡山時曾流行一句順口溜，諷刺毛不跟士兵一道挑糧上山：「朱老總挑米上坳，毛澤東在後方『打炮』。」毛發明了「絕對平均主義」這頂帽子，來壓制這種聲音。自古田起，特權在中共黨內成為理所當然。

離開古田，剛滿三十六歲的毛澤東志得意滿，在馬背上哼成一首詞。「路隘林深苔滑」，是行軍的寫照。「今日向何方？」他問道。他已計劃好了答案：這就去兼併其他紅軍。

7　楊開慧之死

一九二七～一九三〇年　三十三～三十六歲

一九二八年，蔣介石建立南京政府之後，著手讓各地軍閥交出軍權，以建立統一的國家軍隊。一批軍閥頑強抵抗，一九三〇年初，有幾十萬大軍參加的「中原大戰」一觸即發。莫斯科決定利用這場大戰幫中共建立全國性政權。周恩來三月離開上海去蘇聯討論此事，帶去紅軍的詳細材料。當時紅軍共有六萬二千七百餘人，分散在八個省，編為十三個軍，朱毛紅軍是最重要的一個軍，近一萬五千人。

周走後，中共負責人是李立三，毛澤東的湖南同鄉、從前的下屬。李立三的晉升得益於他善於組織勞工。他與莫斯科駐上海代表制定了一個雄心勃勃的計畫，要奪取一大片中國腹心地帶，包括像南昌、武漢這樣的省會，要把紅色政權的首都建在武漢。給毛的命令是攻打南昌。

講究實際的毛澤東很清楚，不管國民黨之間怎樣內戰，共產黨也沒有辦法長期控制那些大城市。剛開始，毛對命令表示躊躇。但幾天工夫，他來了個一百八十度大轉彎，特別積極起來。原因是他意識到，李立三的幻想給了他機會，使他能夠兼併彭德懷統領的當時中國第二大紅軍。

彭德懷比毛小五歲，出生在離毛家不遠的村子裡。在未來的紅色中國，他是第一任國防部部長，也是領導階層中對毛最直率的批評者——為此他付出的代價是在毛澤東手裡痛苦地死去。

彭的眼神裡、嘴唇上有著很多磨難的痕跡。與大多數中共領導人不一樣，彭有一個悲慘的童年。多少年後，彭這樣寫道：「八歲時母死、父病，家貧如洗……四弟半歲，母死後不到一月即餓死。」「我滿十歲時，一切生計全斷。正月初一，鄰近富豪家喜炮連天，我家無粒米下鍋，帶著二弟，第一次去當叫化子……我兄弟倆至黃昏才回家，還沒有討到兩升米，我已餓昏了，進門就倒在地下。」

彭自尊心很強，再也不願去討飯。他年過七十的祖母於是自己去討。那天寒風凜冽，雪花橫飛，彭的祖母白髮蒼蒼，一雙小腳，帶著兩個孫孫（彭的三弟還不到四歲），拄著棒子，一步一扭地走出去。彭看了，「真如利刀刺心那樣難過」。那天晚上，他不肯吃討來的米，一家人都哭起來。彭寫到此時說：「每一回憶至此，我就流淚，就傷心……在我的生活中，這樣的傷心遭遇，何止幾百次！」

十五歲那年，彭家鄉大旱，飢民成群。他參與了強迫一家地主糶米的行動，地主說沒有米，彭爬上屋頂，將瓦推下，露出米倉。彭被告聚眾鬧糶，團防局前來拿辦，他只得逃離家鄉。一九一六年，他參加湘軍，當上了軍官。軍官的生活內容之一是赴宴，每次總有年輕姑娘陪酒。一個十三歲的小女孩認識彭後，告訴他：她是家裡遭了水災被抵押到酒樓來賣唱的，不跟軍官睡覺就要挨打。彭德懷湊了些錢，贖出這個女孩，從此拒絕參加酒宴。他逐漸為共產主義吸引，認為共產主義是為窮人找出路。

一九二八年初，彭德懷加入共產黨。同年七月，他發動兵變，帶著八百來人脫離了國民黨軍隊。黨要他跟井岡山的毛取得聯繫，十二月，他上了井岡山。他到來時毛正打算離開。大批國民黨軍隊正往井岡山開來，毛需要有人守山，以顯示他的根據地巍然屹立。

毛要彭留下，承擔這個危險的任務。彭手下的人不情願，說他們是來建立聯繫的，聯繫上了應該回去。彭說服了他們。他不願意和毛對抗。國民黨軍隊進攻後，彭和他的人在大雪中突圍。彭事先已探明撤退的路，都是在懸崖峭壁上獵人出沒的小徑。

毛那時在閩西。一九二九年四月，彭前來會師。毛把彭當作下屬發號施令，不讓彭留在富庶的閩西，派彭返回滿是斷壁殘垣的井岡山一帶，「恢復湘贛邊蘇區」。彭默然接受。但是，中央從來沒有明確地把彭劃歸毛指揮。一九三〇年初，莫斯科和上海統一組編紅軍。彭的部隊此時已發展到一萬五千人，與朱毛紅軍相等，彭被編為與朱毛平行的一個軍。彭深受部下愛戴，巡視員報告中央說：彭的部隊「聽從命令，遵守紀律，互相親愛，作戰勇敢，階級的認識……信仰彭德懷個人也濃厚，如後方醫院的傷兵病好後一定要回到五軍〔彭軍〕工作，如果地方黨部政權分配他的工作終不願意接受，就接受了也要怠工而且經常的要求到五軍去，在五軍開小差的還少」。

毛澤東一心要把彭的部隊重新抓過來，但彭軍遠在幾百公里之外，他鞭長莫及。中央命令毛打南昌，給他創造了兼併彭德懷的機會，因為彭離南昌不遠。毛一路北上，直到南昌城外。他沒有去攻城，虛晃一招後下令向長沙挺進。彭德懷剛於七月二十五日奇襲打下長沙，正在休整。

長沙是唯一被紅軍打下的省會，彭佔了它十一天，司令部設在美國聖經學校。在那裡他成立了湖南省蘇維埃政府，宣布主席是中央的李立三，自己只做委員。彭的成功震驚了西方，尤其是華盛頓。七月四日，在向長沙進軍的途中，彭的士兵在湘江上向美國軍艦「關島」號開火，打死一名美軍水手，這是美國軍隊第一次跟中共交鋒。八月六日，四個國家的軍艦掩護國民黨軍隊，把彭德懷趕出了長沙。

八月十九日，毛給上海寫信說，彭的形勢十分危險，「頗有犧牲與損失」，說他決定放棄打南昌到長沙去「援助」彭。彭接到消息說毛朝著他來了，派人告訴毛，他不需要援助。但毛是推不掉的，反過來要彭去配合他打介於南昌、長沙之間的永和市。彭只得率部前往。

彭軍到永和的當天，八月二十三日，毛立即宣布兩軍合併，成立第一方面軍，毛自己當總頭目（總前委書記、總政委），朱德任總司令，彭德懷僅是副總司令。為了得到批准，毛第二天函告上海說，兩軍的合併是為了再打長沙。由於武漢是中央夢想中的紅色政權的首都，毛把再打長沙說成是建都的主要步驟，誇張地說他有把握「佔領長沙岳州，進攻武漢九江……促進全國總暴動」。毛甚至說：「望中央指示奪取武漢意見，並準備組織政權機關」。

其實，毛根本沒有奪取武漢的意思，他知道不可能，就連再打長沙也不可能成功。彭一打長沙成功，靠的是出其不意，現在守敵已有準備。朱德、彭德懷也很清楚，他們反對二打長沙。但毛堅持要打。如果不打，他就沒有理由要上海同意他與彭合併，把彭置於自己控制之下。在打的過程中，據蘇軍情報局中國站站長格理斯（Avgust Gailis）報告莫斯科：紅軍「傷亡慘重」，彭的部隊傷亡比毛的多得多，「毛袖手旁觀」。

三個星期過去了，毛撤銷了對長沙的圍攻，要帶彭的部隊走。彭的軍官們堅決反對。他們不喜歡毛，不願意做毛的部下。但是彭不希望跟毛發生內訌，說服了部隊。許多人走得極不情願，有的甚至想把部隊拉走。這些人將在毛的血腥清洗中消失。

毛也利用二打長沙，全國報紙大登特登的機會，把本來只統領一個軍的自己，吹成全國紅軍及其根據地的領袖。八月二十三日圍城開始那天，毛通電宣布成立中國工農革命委員會，指揮全國的紅軍和地方政權，自封為主席。*

中央沒有懲罰毛。莫斯科要在中國建立紅色政權，需要權力慾強烈的領導人，而毛的權力慾是最強的。毛在抓權上既膽大包天又詭計多端，使莫斯科感到這個人確能成事。九月二十日，毛的政治局候補委員被恢復了，莫斯科內定毛做中國紅色政權的首腦。這個政權的首都如今定在紅軍最大的根據地——江西。

二打長沙的傷亡與失敗，算在李立三的帳上。李立三曾要蘇聯出兵幫中共建立政權，說這是莫斯科的「國際主義義務」，就像在「中東路」事件時中國紅軍有義務保衛蘇聯一樣。但斯大林是不講什麼義務的，他甚至懷疑李立三想把他拖進中國來跟俄國的宿敵日本開戰。他還痛恨李說什麼一旦中國紅色政權成立，外蒙古應該回歸中國。十月，共產國際來令譴責李立三「敵視布爾什維克主義和敵視共產國際」，命令他去蘇聯。在那裡，他動不動就在大會上被叫起來自我譴責，罵罪該萬死的「立三路線」。之後他坐牢兩年。「立三路線」這隻替罪羊一直活在今天的歷史書裡，罪名之一是二打長沙。

毛的二打長沙給他的家庭帶來巨大災難。這年，他的第二任妻子楊開慧帶著三個兒子就住在長沙市郊楊家老屋。毛離開他們整整三年了。

守長沙的國民黨長官是堅決反共的何鍵。三年來他沒有騷擾開慧，因為開慧沒有進行任何共產黨活動。甚至彭德懷一打長沙，差點打死何鍵，何也沒有在開慧身上洩憤。但毛澤東又來二打長沙，何鍵極為惱怒，決心報復，在十月二十四日逮捕了開慧和長子岸英。那天正好是岸英八歲的生

---

* 毛早在六月二十五日就發出過自封主席的兩份通電。上海的反應是在八月一日宣布委員會主席是黨的總書記向忠發。但此時毛又再度自封主席，直接跟中央唱對台戲。

日。何鍵給開慧留了條活路：只要她公開宣布跟毛脫離關係。開慧拒絕了。她死在十一月十四日這天。次日，湖南《民國日報》以一個可怖的標題報導了她的死訊：「毛澤東之妻昨日槍決，莫不稱快」。這仇恨的對象顯然是毛。

行刑人後來在中共牢裡的口供，揭示出開慧生命的最後時刻。赴死前，她穿著青褲青鞋，青長旗袍，被帶進軍隊司令部的「法庭」。法官桌上放著一支毛筆、一瓶紅墨水、一張寫著她的名字的押籤。法官草草問了幾個問題，便拿起毛筆，蘸著墨水，在押籤上畫了個勾，把押籤擲在地上。這是傳統的簽署死刑判決書的方式。兩個行刑人把她的長旗袍剝了下來，算作他們的額外收入，外加衣袋裡一張手絹包著的兩塊五毛錢。

在冬天的寒風裡，沒穿外套，年僅二十九歲的開慧，被綁著押過長沙的街道。路上，一個軍官下令給她叫了輛人力車，士兵們在兩邊小跑。刑場在城門外，四下是一片荒墳。行刑人開槍後，把她的鞋脫下來扔得遠遠的，怕死者的魂魄追著他們索命。行刑人回去吃午飯。飯後聽說開慧沒被打死，他們中的七個人又回去補槍。他們看見她臉朝上躺著，在極度痛苦中，手指深深地戳進了凍硬的土地。

親戚們把開慧的屍體運回故鄉，葬在老屋的後坡上。岸英被釋放了，一九三一年初，毛的大弟澤民幫助三個孩子去了上海，由中共地下黨照顧。

毛聽到開慧的死訊後，流露著真誠的感情說：「開慧之死，百身莫贖。」他經常談起開慧，尤其到了晚年，把開慧當作他一生最愛的女人。他所不知道的是，愛他的開慧，早已摒棄了他的主義。

從毛拋下她到死，開慧寫了八篇文章，述說她對毛的愛，反思她的信仰。她把這八篇東西用蠟紙仔細包妥，藏在老屋裡。一九八二年維修房子時在牆的泥磚縫裡發現七篇，第八篇於一九九〇年再度修繕時從她臥室外的屋簷下霍然露出。

毛沒看到它們，世界上也沒幾個人看到它們。這些文章大部分至今仍被捂得嚴嚴實實，有的連毛的家人都看不到。在開慧的筆下有她對毛強烈而寬容、偶帶責備的愛，有被毛遺棄的痛楚，有對毛忍心拋棄三個兒子的傷怨。這些情緒在她最後一篇文章裡表現得最為明顯。

那四頁字句是在一九三〇年一月二十八日寫的，在春節前兩天，團年的時刻。開慧沉浸在毛走後的日子裡，日復一日，年復一年，寫的句子不連貫，大多沒有標點，思緒到哪筆到哪。*

幾天睡不著覺
無論如何……我簡直要瘋了
許多天沒來信，天天等
眼淚……
我不要這樣悲痛，孩子也跟著我難過，母親也跟著難過
我想好像肚子裡有了小寶
簡直太傷心了，太寂寞了，太難過了
我想逃避，但我有幾個孩子，怎能……

---

*這一篇中有些是我們看過遺稿後追記的，某些詞語可能有誤，記不清的以省略號標出，有的標點符號是為了清晰而加。

五十天上午收到貴重的信

即使他死了，我的眼淚也要纏住他的屍體

一個月一個月半年一年以至三年

他丟棄我了，以前的事一幕一幕在腦海中翻騰，以後的事我也假定

……一幕一幕地，他一定是丟棄我了

他是很幸運的，能得到我的愛，我真是非常愛他的喲

不至於丟棄我，他不來信一定有他的道理

普通人也會有這種情感

父愛是一個謎，他難道不思想他的孩子嗎？我搞不懂他

是悲事，也是好事，因為我可以做一個獨立的人了

我要吻他一百遍，他的眼睛，他的嘴，他的臉頰，他的額，他的頭，他是我的人，他是屬於我的

只有母愛是靠得住的，我想我的母親

昨天我跟哥哥談起他，顯出很平常的樣子，可是眼淚不知怎樣就落下來了

我要能忘記他就好了，可是他的美麗的影子

他的美麗的影子

隱隱約約看見他站在那裡，淒清地看著我

我有一信把一弟，有這麼一句話「誰把我的信帶給他，把他的信帶給我，誰就是我的恩人。」

天哪，我總不放心他

只要他是好好地，屬我不屬我都在其次，天保佑他罷
今天是他的生日，我格外的不能忘記他，我暗中行事，使家人買了一點菜，晚上又下了幾碗麵，媽媽也記著這個日子。晚上睡在被子裡，又傷感了一回。聽說他病了，並且是積勞的緣故……沒有我在旁邊，他不會注意的，一定累死才休
他的身體實在不能做事，太肯操心，天保佑我罷。我要努一把力，只要每月能夠賺到六十元，我就可以叫回他，不要他做事了，那樣隨他的能力，他的聰明，或許還會給他一個不朽的成功呢
又是一晚沒有入睡
我不能忍了，我要跑到他那裡去
小孩可憐的小孩，又把我拖住了
我的心挑了一個重擔，一頭是他，一頭是小孩，誰都拿不開
我要哭了，我真要哭了
我怎怎都不能不愛他，我怎怎都不能……
人的感情真是奇怪，三〔王？〕春和那樣愛我，我連理也不想理他
我真愛他呀，天哪，給我一個完美的答案吧

開慧文稿中有幾篇是寫給表弟「一弟」楊開明的。楊開明一九二八年六月作為中共巡視員去井岡山，開慧請他帶給毛一罐毛愛吃的辣豆豉。毛沒有回信。一九二九年三月，湖南《民國日報》報導朱德的妻子被殺，頭掛在長沙市街上。開慧產生不祥的預感，給「一弟」寫了封信（註明「沒有

發去」)，通篇是她的孤寂無助：

「一弟：親愛的一弟！我是一個弱者，仍然是一個弱者！好像永遠不能強悍起來！我蜷伏著在世界的一個角落裡，我顫慄而且寂寞，在這個情景中，我無時無刻不在尋找我的依傍，你如是乎在我的心田裡就佔了一個地位。此外同居在一起的仁秀，也和你一樣——你們一排站在我的心田裡，我常常默禱著：『但願這幾個人，莫再失散了呵！』我好像已經看見了死神——唉！它那冷酷嚴肅的面孔！說到死，本來，我並不懼怕，而且可以說是我歡喜的事。只有我的母親和我的小孩呵，我有點可憐他們！而且這個情緒纏擾得我非常厲害，前晚竟使我半睡半醒的鬧了一晚！」

開慧丟不開她的孩子們。顯然對毛不寄任何希望，她把他們託付給「一弟」，託付給靠得住的毛的大弟澤民：「我決定把他們——小孩們——託付你們，經濟上只要他們的叔父長存，是不至於不管他們的；而且他們的叔父，是有很深的愛對於他們的。但是倘若真個失掉一個母親，或者更加一個父親，那不是一個叔父的愛可以抵得住的，必須得你們各方面的愛護，方能在溫暖的春天裡自然地生長，而不至受那狂風驟雨的侵襲！這一個遺囑樣的信，你見了一定會怪我是發了神經病？不知何解，我總覺得我的頸項上，好像自死神那裡飛來一根毒蛇樣的繩索，把我纏著，所以不能不早作預備！」

從報紙上，開慧不時看到毛的消息。毛被稱為「共匪」，「焚殺劫掠於湘東贛西之間，慘毒不堪言狀」，「屠殺之人民，焚毀之房屋……猖獗異常」，等等。也有報導說毛被趕出了井岡山，「處此三面包圍之中，萬無生理」。

開慧揪心揪腸地盼著毛回家來，寫出下面八行字，婉轉哀告：

一九二九年古曆四月初八　寄一弟，沒有發去

你現在是〔原文不清〕熱愛的情人，

你許給他歸來，歸來。

我看見老人的心已如火焚了！

歸來喲，歸來喲！

傷心的別離，它的結晶品，淒涼，寂寞，已漸長漸大了！

希望你呵，帶一點消息回來！

這一顆心，你去〔原文不清〕，比火焚多少？

歸來喲！歸來喲！

不久，「一弟」來信了，說毛將去上海（中央命令他去）。這意味著她可能看到毛了，開慧欣喜若狂。她立即給一弟回信：

「一弟：接到來信，萬分喜慰。其實我是一個最能達觀的人，並不憂苦得怎樣利害，不過總有點難忘的感情，一時一時像暴風一樣的來了，一些時又去了，大體是平靜的……」

思緒一下子飛到毛身上，毛也許不會去上海？去了上海會不會不安全？「他未必能來上海罷，我倒願意他莫來上海哩，我又要不放心了呵，天哪，不談了……」

時間一天天過去，她逐漸明白毛不會去上海，見毛只是夢想。開慧提筆給毛寫信，但改變了主意。標題「寄愛　沒有發去」一行字下面的話被她撕去。她另外寫了一篇回顧：〈六歲到二十八歲〉，於六月二十日寫成。顯然，她想用間接方式把自己的心展在紙上給毛看。主題除了她對毛的

愛，就是她對暴力與殘酷的厭惡。

一開頭，開慧寫自己的童年：

那時候我是同情牲畜類……每當晚上上床睡覺，這些慘影，如殺雞、殺豬、人死，在我的腦際翻騰起來，那真痛苦！我現在還完全記得那個滋味。我的哥哥，不但哥哥，許多小孩都是一樣，我完全不能了解他們。為什麼？他們能夠下手去捉小老鼠玩，蜻蜓玩，完全把它做一個不知痛癢的東西待遇。

不是捨不得我的母親去受那樣的痛苦——看見我死的痛苦——不是有這一個有力的牽絆，那我簡直沒有生活下來的可能了！

隨即開慧告訴毛她為什麼參加共產黨：「我很想尋出一個信仰來……那時我同情下層生活的同胞，我忌恨那些穿華服，只顧自己快活的人！我熱天和下層生活的人一樣，穿大布衣。這個時候，大約是十七、八歲的時候。」

這時的她愛上了毛，毛把她帶入了共產黨。如今，她懷疑她的信仰了。這篇回顧是這樣結尾的：

現在我的傾向又入了一個新時期，我想在學問裡頭，得到一些滋潤物，把我已枯的生命，灌溉扶持起來！或許能有一個新的發現，或許有一天我要叫著，我從前的觀念是錯了！

唉！殺，殺，殺！耳邊只聽見這種聲音。人為什麼這樣獰惡！為什麼這樣殘忍！為什麼呵!?

我不能去設想了！我要一個信仰！我要一個信仰！來一個信仰罷!!

一九三〇年二月，「一弟」楊開明被捕槍決，埋在老屋後面。幾個月後，開慧也走上刑場。毛澤東圍攻長沙時，沒有做任何努力把她跟孩子送走，或者提醒提醒她。這其實很容易辦到：開慧的家就在毛去長沙的路上，而且毛在長沙城外待了整整三個星期。但即使是這樣的舉手之勞他也沒有去做。

8 「毛主席」：血染的頂子

一九二九～一九三一年 三十五～三十七歲

自一九二九年初離開井岡山以後，毛澤東在一年多的時間裡完全控制了兩支紅軍：朱毛紅軍和彭德懷軍，以及閩西紅區。但他眼睛一直盯著井岡山東邊的江西紅軍和他們的根據地。

紅色江西*領袖是頗有魅力而相對溫和的李文林，指揮著一支幾千人的隊伍。毛二月從井岡山來到他們的地盤時，他們曾熱情地接待這批「階級弟兄」。毛呢，馬上就宣布自己是他們的上級，派他的么弟澤覃做紅色江西首府東固的黨委書記。這些都是自我委任，沒有中央的授權。江西人心裡不舒服，但沒有跟毛爭執，因為國民黨軍隊追來了，毛得轉移。

留下的澤覃沒有毛似的權力慾跟爭鬥的勁頭。中央巡視員曾描述說，他幹事像害瘧疾，「高興時即努力幹，不高興即不幹，有些小孩子氣，而且怕負責。」毛只得在三個月後重新派來個得力的親信作澤覃的上司。此人是毛的湖南老鄉，叫劉士奇。

劉士奇一來就把澤覃的女朋友賀怡奪走了。賀怡是賀子珍的妹妹，於是劉跟毛成了連襟。劉和毛在性格上有很多相似之處，他自己在給中央的報告中說，江西共產黨人說他「沒組織〔觀念〕，脾氣太壞，愛罵人，態度不好」。他也像毛一樣手很長，會不擇手段地抓權，不到半年就抓到好幾個重要職務。一九三〇年二月古田會議後，朱毛紅軍成了毛的工具，毛再度來到江西，要一舉吞併紅色江西。

毛宣布在一個叫陂頭的地方，召開與紅色江西的「聯席會議」，時間定在二月十日。一俟通知發出，毛就把開會時間提前到二月六日。等抵制劉士奇抓權的江西代表趕到時，會已經於九日結束了。

這就是史書上的「陂頭會議」，實質上是兩連襟唱雙簧。一唱一和的結果，「聯席會議」授權毛「統一領導」紅色江西，作總前委書記，劉士奇作紅色江西地方黨組織首腦（贛西南特委書記）。江西紅軍創始人李文林只得到一個低級地方職務：贛西南特委下屬的贛西蘇維埃政府祕書長。

江西共產黨人當然不服。毛於是用恐怖手段來嚇唬他們。在陂頭，四個有名的江西領導人被打成「四大叛徒」，以「反革命」罪名槍斃。這是第一批有名有姓的被毛為了奪權而殺掉的共產黨人。從此，毛和劉士奇用殺頭來威脅不聽話的人。中央巡視員報告上海說，劉「時常有不滿的地方即亂罵，在亂罵的言詞中帶有『槍斃』的話語」，造成了「黨內的赤色恐怖」。連襟們特別愛用的罪名是「反動富農」，當時正是斯大林鬥爭富農的時期。毛聲稱紅色江西「地主富農充塞黨的各級地方指導機關」，根據是紅色江西的領導們都出身地富家庭。其實毛本人出身也是富農。

中共那時已有不少人以革命的名義報私仇。** 為了權力而殺人，在中共黨內，毛似乎是始作俑者。

中央沒有授權毛管轄江西紅軍，把江西紅軍編為十三個軍之一，跟朱毛紅軍平行，連軍長都物

---

* 不包括方志敏領導的贛東北。

** 在井岡山寧岡縣，抓國民黨縣長張開陽的第一屆共產黨政府主席文根宗在就任七個月後被仇殺。

色好了：蔡申熙。據江西的報告，蔡到江西後，毛「用手段打擊蔡申熙同志」，不准蔡就職，而是派一個聽他話的人任軍長，連襟劉士奇當政委。江西跟上海之間沒有電訊聯繫，全靠巡視員、彙報人在幾百公里的長途上，憑兩條腿傳書帶信。毛竭力封鎖與上海的聯繫，很可能還跟劉士奇謀殺了反對他們抓權的巡視員江漢波，後來冒用江的名字寫了一份支持抓權的報告給上海。

毛對付中央的另一個辦法是不再積極給上海寫報告。他打算先奪權，再迫中央承認既成事實。中央不斷給他寫信，催他去上海參加全國蘇維埃大會，他置之不理。這時一條消息在報上廣為傳播，說毛病死了。上海跟莫斯科久不聞毛的音信，真以為毛死了。三月二十日，共產國際的雜誌發表了一篇鑲著黑框的訃告：「中國消息：毛澤東……紅軍的創始人，在長期肺病後逝世於福建前線。」但不到兩個星期，中央就發現毛原來還活著，活得很帶勁，而且抓了江西紅軍的權。中央急了，四月三日發通知給全國紅軍，措辭嚴峻地命令他們不要服從任何人，只服從中央：「各地已組織的正式紅軍，一切指揮權完全統一於中央軍委。」通知特別不點名地批評毛擅自編管江西紅軍。

紅色江西人有了中央指示，五月分就反了，有的地區的幹部甚至鼓勵農民起來反對毛跟劉士奇的統治。毛來了以後，把江西共產黨人的注重生產譴責為「建設主義」，不斷逼迫農民開大會，嚴重影響生產，農民不勝其擾。劉士奇實行嚴酷的高壓控制，他的命令包括要老百姓「不要顧至親戚朋友關係，凡是來到自己家裡或發現其他地方有行動不對的人不論親戚朋友，應報告蘇維埃拿辦……」

一區又一區農民起來反抗。劉士奇宣布反抗是由所謂ＡＢ團領導的。ＡＢ是「反布爾什維克」（Anti-Bolshevik）的英文縮寫，過去江西有過這麼一個反共組織，現在早已沒有活動了。劉士奇借用ＡＢ加罪於反對他的紅色江西人，一個月不到，幾千「地主富農」、「ＡＢ團」就死在他的屠刀下。

八月初，毛澤東帶著部隊北上長沙去吞併彭德懷了。江西共產黨人抓住這個機會，在老領導李文林的主持下召開代表大會，把劉士奇選掉了。開會時群情激憤，人們不斷站起來指斥劉，矛頭同時指向毛。據劉士奇後來自己給中央的報告，人們針對他和毛說：「我們黨內危險，負責人好當官，會變成軍閥。」說他們倆「不許別人發言，任意加入機會主義的名詞」，「槍斃」了太多人，「逼成了黨內濃厚的赤色恐怖」。大會作出決議，要求中央開除劉士奇。但這些紅色江西人不像毛、劉那麼心狠手辣，他們沒殺劉，讓劉去了上海。中央把劉派到另一塊紅色根據地鄂豫皖。在那裡他遇上了一樣嗜權好殺的張國燾，他也就做了刀下鬼。他走後，妻子賀怡跟毛澤覃結了婚。

劉士奇既被解職，毛澤東便失去了掌握紅色江西的手。二打長沙後，他打馬回頭，要重新控制江西。他也是回來報仇的。十月十四日，他在歸途中給上海寫信說，江西共產黨「呈一非常嚴重的危機，全黨完全是富農路線領導」，「為AB團富農所充塞」，「非來一番徹底改進，決不能挽救這一危機」。

就是在這時，毛得知莫斯科內定他為即將成立的紅色政權首腦。既然莫斯科寵他，他不妨殺掉那些反對過他的人，製造大恐怖，使將來沒人再敢反對他。

十一月下旬，毛從紅軍開刀。他把部隊集中到紅色江西的中心，以便沒人能逃。他宣布彭德懷軍裡發現了AB團組織，首領叫甘隸臣，罪名是「煽動官兵脫離前委領導」，也就是說，企圖擺脫毛的兼併。逮捕和處決就此開端。

朱毛紅軍裡，毛也有不少的帳要算。一年多以前，這支紅軍曾把他選下了台。一個名叫劉敵的軍官給上海寫信說：「我對毛素來是不太信仰的……中央八月一日來信宣布，中國臨時政府的主席是向忠發同志，而毛總是用中國工農革命委員會主席毛澤東出布告，尤其是打開吉安以後，會到各軍素識的各級幹部，都感覺得非常不安，帶著灰心的樣子，覺得在共產黨裡面做工作還要學會溜勾子，真划不來。那時我也同情，感覺得黨的布爾什維克精神一天一天的削弱……」毛知道人們厭惡他，自己在一九三〇年十二月二十日給上海的「答辯」信中，承認人們說他是「陰謀家」，「喜歡用政治手段『拉一個打一個』」，「陷害同志」。

毛打AB團，主要用的人叫李韶九。此人被不少人認為「素來卑鄙齷齪」。一個巡視員寫道：「李在一縱大部分人不滿意他，因李只於未出發前的訓話非常的勇敢，作戰則畏懼怕死」。

在李韶九具體主持下，「首先是總政治部，接著就在各軍、各師開始了。」朱毛紅軍的蕭克將軍回憶道：「軍政治部告訴我們，你們那裡有AB團，並具體指出幾個人……就憑這一句話，根本沒有別的材料，就把他〔們〕抓起來了。提審他們時都不承認，一打，一審，他〔們〕承認了，還供出十幾個人的名字，又把那十幾個人抓起，再打，再審，又供出幾十個」。朱毛紅軍「共打了一千三四百人」。

毛給上海的信中自己說，一個月的工夫，在他管轄下的整個「紅軍中破獲AB團四千四百以上」。大多數被殺，所有的都受到嚴刑拷打。毛說刑訊是天經地義，受刑不過亂供本身就有罪：「是忠實的革命同志，縱令其一時受屈，總有洗冤的一天，為什麼要亂供，陷害其他的同志呢？」

一旦把紅軍中曾經反對他的人殺得差不多了，毛就著手對付江西共產黨人。十二月三日，他派李韶九去江西領導人所在地富田，給了李一張單子，單子上都是那些夏天開會把劉士奇選下台的人。毛說那個會是「反對毛澤東」的「AB團取消派的會議」。他下令「來一個大的破獲」，「給以全部撲滅」。他下令：「各縣各區須大捉富農流氓動搖分子，並大批把他們殺戮。凡那些不捉不殺的區域，那個區域的黨和政府必是AB團，就可以把那地方的負責人捉了訊辦。」

李韶九在十二月七日到富田，當晚便抓人用刑。一種刑法叫「打地雷公」，把竹籤從手指頭與指甲蓋之間的縫裡打下去，一錘錘鑽心的痛。另一種刑法，用香火燒，也是慢慢地折磨，教你生不如死。李韶九還為江西領導人的妻子備有專門的刑法。據受害者事後的控訴，他「將女子衣服褲子脫下無片紗，用地雷公打手，線香燒身，燒陰戶，用小刀割乳」。

暴行激發了一場兵變——第一場直接地、公開地反對毛澤東的兵變。領導人是劉敵，並不是江西人，而是毛的湖南老鄉。毛曾派他去江西紅軍中作軍官，想用他協助掌握江西紅軍。李韶九一到富田就把他找來，先對他說有人咬他是AB團，嚇唬他，然後跟他說只要他合作就沒事兒，還能升官。

在兵變後給中央的報告中，劉敵寫出是什麼促使他揮戈而起。他看見李韶九的屋裡「酒肉火腿擺著桌上，大喝大吃」，而腳邊是受刑的同志。他聽見李韶九「非常起勁高興」地講他怎樣刑訊，周圍的人又怎樣恭維他。「尤其是李韶九說不是AB團問題，全是政治問題，更使我懷疑而肯定這裡面一定有鬼」，「一定是毛澤東弄鬼派走狗李韶九來屠殺江西黨的幹部」。

劉敵決心拯救他的同志。他先假裝順從，對李韶九說：「我是你老人家的老部下，我的政治水平非常低，你老人家是完全知道的，現在幸喜你老人家來了，我只有盡量的接受政治教育，承認錯誤，我相信毛澤東同志總不是AB團，你老人家總不是AB團，軍長總不是AB團，我總為你們三位是追是隨」。這樣一來，李「便安慰我不要恐慌，因為他們又要審人了，要我到小屋子裡去坐，門口一條〔原文不清〕守著，聽到李韶九審政治部政務科長尚子龍同志，被地雷公打得聽天喊地，我便在屋子裡鋪上睡著打主意。」

第二天一早，劉敵繼續裝作討好李韶九：「用足踢李一下子，眼睛睬他一下子，李又隨我出另到一間房子，那時我又橫豎是不要臉，同他大排談一番，專門講小話，這樣一來他相信了我。」李韶九要他「用快刀斬亂麻的手法將你這團的ＡＢ團馬上肅清」，告訴他ＡＢ團就是那些毛「調不動」、「靠不住」的部隊。

劉敵回到部隊，同志們「都非常稀奇，同時喜歡」，「那時黨內一般幹部都感覺得同志之生命毫無保障，非常恐怖」。他講了他的所見所聞，大家都願意隨他行動。十二日，劉敵集合起部隊，直奔富田，「救出一大批被陷同志」。他沒有想要加害毛的走卒，李韶九跟其他人都安然逃走。（後來，李死在復仇者手上。）

當晚富田出現了「打倒毛澤東」的大標語。第二天上午在富田廣場召開了反毛的士兵大會。下午，江西黨組織離城退到六十公里外的贛江以東。他們散發通告，這樣描述毛：「毛澤東為人誰都曉得，是極其奸猾，個人意識非常濃厚，英雄思想充滿了腦筋，對同志素來是命令主義恐嚇手段，懲辦制度，對黨一切問題素來是少有會議討論解決，無論在某一問題只要他發表意見，便誰都要贊成，否則他即藉組織來對付及擬造新的謬誤理論來為難。」「毛還經常慣用政治手段來打擊同志」，把黨組織作為「個人系統，做他個人工具利用。總之，毛澤東他平日的一切言論行動工作的表現，已經不僅不是一個革命領袖，而且不是一個無產階級戰鬥者——布爾什維克黨員。」通告稱毛想做「黨皇帝」。

在場的中央巡視員不准公開抨擊毛，說毛「與國際革命都有影響」。江西共產黨人服從了命令，把自己的命運交給中央。他們派刑訊受害者去上海彙報，給中央看他們的遍體鱗傷，說毛「陰謀屠殺江西黨的幹部，破壞江西黨的組織」，說「毛澤東素來是反對中央的。中央屢次對前委工作指示，他屢次以個人拿些無謂的實際問題來駁批，故意不執行，中央來的通告少翻印傳達下級去，中央派來的同志不理，並故意為難。……中央曾屢次來信調動毛澤東工作，然而他終置之不理」。

但是，從蘇聯回國後主事的周恩來遵循莫斯科的指示，完全給毛澤東撐腰——哪怕他親眼看到忠誠黨員的刑傷，還對「波蘭毛子」瑞爾斯基說：「逮捕刑訊我黨黨員的事確實是事實。」在斯大林主義的世界裡，整人的人總是佔上風，莫斯科要的是最狠、最下得了手的人，非這種人不能成事。江西共產黨人雖然忠於黨，但是可以被犧牲掉。中央叫他們「毫無抵抗的執行」毛的命令，否則就要「無情的與他作武裝鬥爭」，也就是說被消滅。莫斯科下結論說，毛「根本上是正確的」。

對毛來說，這又是一個里程碑。莫斯科支持他屠殺對黨忠心耿耿、沒有給黨造成任何危害的共產黨人。

莫斯科還下令把江西共產黨人的申訴轉交給毛，示意毛可以隨意處置。在那些血淚凝成的信件頂上，是幾個瘦骨嶙嶙的大字：「譯後退還交毛」。意思是，翻譯成俄文呈莫斯科後，交給毛。這是康生的筆跡，筆跡好像反映出他那小鬍子和金絲眼鏡組成的瘦削面龐。康生是中國藝術、特別是春宮藝術的鑑賞家，對怎樣用肉體和精神刑法折磨人，也有勝人一籌的見地。他時任中共組織部部長，跟毛沒什麼個人關係，只是仰承莫斯科的鼻息。未來，他將成為毛迫害幹部的左右手，並因此臭名昭彰。眼下，他大筆一揮，那一行冷漠的字便置無數人於死地。

毛審訊、處決了劉敵和其他仗義救人的官兵。行刑前，他們被押著在紅區巡迴示眾。行刑時，基層幹部一律組織觀看。

紅色江西捲起殺人的狂潮。據一九三二年五月的一份祕密報告，當時「一切工作停頓起來，用全力去打ＡＢ團」。「弄得人人自危，噤若寒蟬，在打ＡＢ團最激烈的時候，兩人談話，都可被疑為ＡＢ團……凡打ＡＢ團不毒辣的，都認為與ＡＢ團有關係。」審訊時，「有用洋釘將手釘在桌上，用篾片插入手指甲內，在各縣的刑法種類，無奇不有……坐轎子，坐飛機（各縣皆然）坐快活椅子，蝦蟆喝水，猴子牽韁，用槍通條燒紅捅肛門（勝利縣）……等。就勝利說，刑法計有一百二十種之多。」有一種想像豐富的刑法叫「仙人彈琴」，用鐵絲從睾丸穿過，吊在受刑人的耳朵上，然後用手撥拉，像彈琴一樣。殺人的辦法也多種多樣，「剖腹剜心」是常見的。

數萬人就這樣死去，僅紅軍就有一萬人死亡，是所有毛管轄下紅軍的四分之一。這是中共黨內第一次大規模清洗，遠遠早於斯大林的大清洗。這場屠殺今天還被重重遮掩，毛的直接責任與動機，他的殘忍，更是禁區。

不僅是江西，紅色閩西也籠罩在血雨腥風中。一九三〇年七月，那裡的共產黨人像江西一樣，趁毛率朱毛紅軍北上長沙時，起來把毛控制他們的人選下了台。如今，成千上萬的人被害，僅八十年代官方平反的有名有姓的就有六千三百五十二人。有一個縣，鏽跡斑斑的鐵絲穿過即將被殺的人的睾丸，牽成一串遊街示眾。恐懼、失望、厭憎，使中共福建省委書記在被派去香港買藥時逃亡。他只是眾多共產黨高級幹部中叛逃的人之一，另一個是彭德懷視為親兒子的郭炳生。

富田事變發生時，江西共產黨人曾向朱德、彭德懷尋求支持。「同志們，」他們痛苦地呼籲：「黨內永遠永遠就這樣暗無天日嗎？」朱、彭並不是不反感毛。朱德在事變後的一天晚上，喝了很多酒，向重逢的老戰友龔楚吐露心曲，說他們的好多朋友都被害了，「這個幕後主使人，你是會知道的（意思是指毛澤東——原註）……殺ＡＢ團引起的富田事變，也完全是老毛一個人所弄出來的。許多同志全給自家人殺害了！」

但朱、彭沒有支持江西共產黨人。毛的背後站著中央，站著莫斯科，跟江西共產黨人聯合就意味著自絕於黨。毛也已做好準備，隨時可以讓朱、彭做刀下鬼。朱德的總司令部就大肅AB團，五個副官殺了三個。毛隨便可以叫某個受刑的人咬朱德。至於彭德懷，連蘇軍情報局都風聞傳言，「彭可能跟AB團有關係。」

毛不僅要挾朱、彭，他還讓他們手上也沾染戰友的鮮血。判處劉敵死刑的「審判官」裡就有朱德。

朱、彭沒有起來反對毛還有另一層原因。一九三〇年十二月富田事變時，打敗了國民黨內對手的蔣介石，正要對紅軍進行第一次「圍剿」。朱，彭關心紅軍的命運，擔心同毛對著幹可能毀掉紅軍。而毛，在這次跟後來的圍剿中，都沒有停止過打AB團。在戰爭的間隙中，毛打得更凶狠，到了黨內報告稱為「無以復加」的地步。剛剛在戰場上跟國民黨軍隊作戰的人，有的一下戰場就被毛的劊子手處死。

毛的鐵石心腸使他發明了一個抵抗蔣介石的有效戰略：「誘敵深入赤色區域，待其疲憊而殲滅之。」毛的理由是國民黨軍隊不熟悉地形，因為交通不便，得依賴當地給養，中共可以通過控制老百姓使國民黨軍隊斷水斷糧。毛命令所有老百姓「堅壁清野」，將糧食炊具藏起來，用大石頭把井填死，然後藏身到山裡去，讓國民黨軍隊沒有糧食、水源、勞工和嚮導。這個戰略給紅區老百姓帶來極大困苦，把他們的家鄉變成戰場。

毛的策略不得人心，但它行之有效。一名國民黨指揮官後來說他的部隊經過的地方「看不見人民，房屋一空如洗，沒有糧食，沒有鍋碗瓢杓……軍事情報一點也得不到」。蔣介石也在日記裡寫道：「剿匪之難甚於大戰，蓋彼利用地形之熟識與脅從之民眾，避實擊虛，隨所欲為。」

然而對紅軍打勝仗起關鍵作用的，還不是毛的無情戰略，而是蘇聯人的幫助。第一次圍剿剛開始，莫斯科就建立了軍事顧問組，在蘇聯制定戰略戰術。在上海另設軍事委員會，由蘇聯人跟其他國籍的人，特別是德國人組成。蘇軍情報局派頭等情報人員、俄德混血兒左爾格（Richard Sorge）來上海，接管有一百多名工作人員的諜報網，任務是向紅軍提供情報。左爾格的助手之一是毛未來的親家張文秋，他們之間的介紹人是共產國際的間諜史沫特萊（Agnes Smedley）。左爾格後來揚名世界，因為他準確地向斯大林提供了日本在德國侵蘇後，不會在遠東乘機進攻的情報。他死在日本人的絞刑架下。

左爾格在中國的主要功勞，是打入了蔣介石南昌行營的德國顧問團。一名叫斯多茲勒（Erich Stölzner）的顧問的太太滿腹牢騷，左爾格就利用她偷出了國民黨的密碼，包括行營與作戰部隊聯繫的密碼。中共本身在國民黨情報部門也有傑出的間諜，為毛的成功作出了貢獻，錢壯飛就是其中一位。

這層層情報網使毛準確地獲知國民黨軍隊的行動。一九三〇年十二月三十日，毛用四萬軍民設下了埋伏圈，專等九千國民黨軍隊入套。毛在前一天就得知哪支部隊要來、什麼時候來。拂曉，他在遠處的山上等待，心裡尋著詩意。晨霧未散，滿山都還隱隱約約，「霧滿龍崗千嶂暗」。太陽升起來了，「萬木霜天紅爛漫」，遍野楓樹，像血一樣地紅。埋伏戰也在這血樣的山上打響。到下午結束，國民黨軍隊大部分投降，指揮官張輝瓚做了俘虜。毛召開群眾大會，會上拿張輝瓚示眾，口號包括：「殺張輝瓚的頭！吃張輝瓚的肉！」張輝瓚的頭真的被割了下來，釘在一塊門板上，放進江裡，順江流到國民黨的行營南昌，一面小白旗宣告這是給他上司的禮物。

這場埋伏戰的勝利使蔣介石的第一次圍剿以失敗告終。毛的聲望大增。人們只知道毛的「誘敵深入」，但光是「誘敵深入」是趕不走進攻之敵的。打勝仗靠埋伏戰，而埋伏戰成功的關鍵是準確的情報。蘇聯人在反圍剿中起的決定性作用鮮為人知。當時毛和他們的關係到什麼程度呢？毛甚至要求莫斯科給他毒瓦斯！

一九三一年四月，國民黨軍隊捲土重來，進行第二次圍剿。毛使用同樣的「誘敵深入」戰略，加上同樣的蘇聯情報和援助，又勝了。但七月初，蔣介石親自率領三十萬大軍前來進行第三次圍剿，毛就沒那麼幸運了。蔣軍是毛的十倍，蔣又改變了戰術，使紅軍無法打依賴情報的埋伏戰。紅軍被逼得一退再退，兩個月後，紅區只剩下幾十平方公里。就在這個關頭，毛得救了：蔣介石突然停止了窮追猛打——「九一八」事變爆發。

一九三一年，日本不斷在它早已覬覦的中國東北製造事端。蔣介石的政策是：「攘外應先安內」，先掃平紅軍，再對付日本。九月十八日，蔣從首都南京登艦去南昌行營，要給毛日益縮小的根據地致命一擊，但就在那天晚上十點鐘，日本入侵東北。東北的長官張學良，人稱「少帥」，沒有抵抗。六十多年後，他告訴我們為什麼不抵抗：「我們沒法打勝。日本出一師人，我們就完蛋了。我們軍隊的能力也沒人家的強，我們軍隊的一切都不如，哪裡能打勝？只能說是游擊戰，混戰。我們可以出這種野蠻的行動，這種可以，要說真正的，一個對一個打，那是沒法打。中國軍隊的素質，那跟日本是沒法子比，日本的軍隊我佩服得很。日本軍隊實在是好。」「《大公報》的一個記者叫王芸生，他說了一句話，我很佩服他。他說在任何人也出不了第二個政策，也只能是這個政策。」

九月十九日，蔣介石到達南昌時，日本已經佔領了東北的首府瀋陽和其他主要城市。他只得匆匆於二十日折返南京，處理危機。他沒有向日本宣戰，原因跟張學良差不多：打，不啻以卵擊石。日本也沒有向中國宣戰，它沒有足夠兵力把中國全部吞掉，於是採取「蠶食」政策。蔣的策略是利用中國遼闊的疆土、眾多的人口以及不易侵佔的山川與日本周旋，爭取時間。蔣尋求國際聯盟的干預，同時儘快使軍隊現代化，希望在有可能獲勝的情況下同日本作戰。

蔣提出「團結國內，共赴國難」的政策。二十日他在日記中寫道：「如我國內果能從此團結一致，未始非轉禍為福之機也。」二十一日，南京作出決定：「剿共計畫，悉予停緩。」號召全國搞「民族統一戰線」，「一致對外」。但是中共一口回絕。九月三十日中共發表聲明說，任何外面傳的朱、毛願意一致對外的說法都是「可笑到萬分的謠言」，稱蔣是「最不能調和的死敵」。中共的口號是：「打倒國民黨！」而對日本僅是：「反對日本帝國主義」。黨的中心任務是「武裝擁護蘇聯」——這個提法的原因在於莫斯科認為日本侵犯東北是進攻蘇聯的前奏。

歷史後來被改寫，把中共表現得比蔣介石更積極抗戰，稱「統一戰線」、「一致對外」是中共的要求，為蔣介石所拒絕。這不是事實。

正是為了向中共表示他希望建立「民族統一戰線」，蔣介石在紅軍岌岌可危之際，停止了第三次圍剿，調走了軍隊。中共於是得以乘民族之危擴張，建立了一個國中之國：中華蘇維埃共和國，於十一月七日，俄國「十月革命」十四周年紀念日正式成立。雖然沒有任何國家承認這個「共和國」，連它的孕育人蘇聯也不承認，但這畢竟是全世界除蘇聯和蒙古以外的唯一共產黨「國家」。

這個國中之國由幾塊散落在中國腹心地帶的紅色區域組成，包括中央蘇區、鄂豫皖、湘鄂西等，鼎盛時面積達十五、六萬平方公里，人口一千來萬。國中之國成立時，最大的紅區是贛南、閩西組成的中央蘇區，有五萬平方公里，三百五十多萬人口，瑞金為首都。

莫斯科指定毛澤東為這個國中之國的首腦，相當於「總統」，按蘇聯規矩給他戴上一頂非中國習慣的頭銜：中央執行委員會主席。毛同時又是「總理」：人民委員會主席。在這些職務宣布的當晚，一個親信來看毛。此人曾被毛派去監督拷問紅色江西領袖李文林，因為他深知毛的意圖，而毛又最恨李文林。拷問後他總是向毛彙報。這晚他是來向毛道喜的，一進門他就喊：「毛主席！」毛說：「你改口真快，是第一個。」就是從這個人的嘴裡，第一次吐出了今天世界語彙中一個盡人皆知的詞：毛主席。

9 第一個紅色中國

一九三一～一九三四年 三十七～四十歲

國中之國的首都瑞金位於江西省東南邊陲，坐落在三面環山的紅土盆地裡。這裡屬亞熱帶氣候，農產品豐富，到處是杉、松、楓、樟、櫟，榕樹華蓋如雲。政治環境也很理想：國民黨手中的省會南昌遠在三百公里以外，無大路可通。紅區內有繁華的都市汀州，與外界通航。

紅色政府設在瑞金城外一座有五百年歷史的祠堂裡。祠堂大得足以容納幾百人，正好適合共產黨開會。供祖宗牌位的位置如今按蘇聯式樣搭了個台子，上面掛著木刻的馬克思和列寧的像。這兩位共產黨老祖宗之間是一面紅旗，旗上照例是金星加鐮刀斧頭。再往上懸掛著用金線繡在紅布上的標語：全世界無產者，聯合起來！旁邊有一副銀線繡的標語：階級鬥爭。大廳兩側用木板隔成十五間屋子，作政府辦公的地方。部門的名字都是從俄語直譯過來的，十分拗口，像什麼「內務人民委員部」。

祠堂後面開出廣場，造了些建築物，像帶鄉土氣息的紅場。廣場一端是磚木結構的檢閱台，作軍事檢閱之用。另一端是紅軍烈士紀念塔，形狀像一顆矗立的巨大子彈，上面嵌著數不清的石頭小子彈。遠處樹林裡有座色彩鮮豔的大禮堂，狀似紅軍八角形軍帽。大門上鑄著一顆巨大的紅五星，正中是由鐮刀斧頭鎖住的凸出的地球。正面有點像歐洲教堂，窗戶是百葉窗。禮堂可容兩千人，緊貼著它有一個大防空洞，入口就在主席台兩側。

領導人的住宅曾屬於當地最富有的人家，位於祠堂的斜前方。毛挑了套寬敞的房間，面對祠堂的那面牆上沒有窗戶，從前的屋主出於對祠堂的尊重，不讓在那裡造窗。但毛為了採光，新開了一扇窗戶。他叫工人在地板上砌上磚，以防耗子的騷擾。

整個地方封了起來，常人不能進去，只住著警衛部隊、通訊服務人員。金庫、電話總機、電台也設在這裡。黨的領導跟本地人沒什麼來往，他們基本上都不會說當地話，也不打算學，需要時用本地幹部作翻譯就行了。

一九三一年十一月七日，瑞金舉行隆重儀式，慶祝國中之國的成立。黃昏後成千上萬的人被組織起來參加提燈遊行，手執竹竿和篾索做的火把，提著五角星、鐮刀斧頭形狀的燈籠。人們敲鑼打鼓放鞭炮，踩著高蹺，有扮作「英帝國主義」的，趕著一群戴鎖鍊的「囚犯」，背上寫著「印度」、「愛爾蘭」。一串串用於手電筒的小電珠，懸掛在大木柱之間的鐵絲上，晃來晃去。到處是彩旗和五顏六色的標語。毛澤東和其他領導人站在主席台上，朝一隊隊按指定路線遊行的人群拍手、呼口號，這是他將來站在天安門城樓上檢閱百萬大眾的預演。

毛此時還不是至高無上的君主。莫斯科雖然讓他作了「主席」，但並不想要他做獨裁者，在他周圍擺了一大批聽話的中共領導。最高軍事指揮現在是朱德，職務是中央革命軍事委員會主席。朱德在蘇聯受過訓，蘇聯人熟悉他，信任他的忠誠。莫斯科曾考慮過讓毛當軍委主席，後來改變了主意，只讓毛當十五個委員之一。

毛這個「主席」還有個頂頭上司：周恩來。周十二月從上海來到瑞金，做蘇區中央局書記，換下了毛（毛當時是代理書記）。在共產黨制度裡，黨的書記是頭號人物。周走後，上海組成「臨時中央」，由年輕的博古（本名秦邦憲）坐鎮，主要職責是在莫斯科與各根據地之間上傳下達。中共名義上的總書記向忠發，那年六月由於有人告密被國民黨逮捕後槍斃。逮捕向的國民黨情報機關首腦徐恩曾認為，告密者「是『奉命』來實施『借刀殺人』之計的」。*

在莫斯科的指點下，擅長組織的周恩來把國中之國建成一個斯大林模式的極權社會。每個村子都有幾十個名稱各異的委員會，如「擴大紅軍委員會」、「土地委員會」、「沒收委員會」、「戶口委員會」、「赤色戒嚴委員會」，不一而足。人們從小就被組織起來，六歲參加兒童團，十五歲參加少先隊，青壯年參加赤衛軍。

毛澤東觀察到這一切，讚許說這是一張無所不包的「網」。從前他管轄的紅區還有點土匪習氣，對老百姓還沒有組織得這麼嚴密。未來奪取全國政權後，毛把這一套極權機制完善到天衣無縫、滴水不漏，對社會的嚴密控制遠超過瑞金，甚至超過斯大林的蘇聯。他用周恩來作總理，直用到周的最後一口氣。

周是中共克格勃（此時叫政治保衛局）的創始人。他和毛一樣，利用恐怖做工具。不同的是，毛為的是個人權力，周更多的是為共產黨的統治。

周剛到瑞金時，感覺毛打AB團等「肅反」方式大有問題。他說毛「專憑犯人口供，依靠肉刑」，「在群眾中造成恐怖」。他實行了相對寬鬆的政策，宣布「過去肅反完全錯誤」，AB團「都可自新自首不殺了」。

這樣一來，人們開始大膽反對共產黨統治，用周手下政保人員的話說，「發現反動標語」，「反革命企圖抬頭」，「大造謠言」，「拒絕使用工農銀行的紙票」。周恩來看出不殺人中共統治就有危機，幾個月不到就改變政策，又開始「加緊肅反」，「舉行群眾大會來處決反革命分子」。原紅色江西領袖李文林就是在這時被殺的。

在這個國中之國，老百姓是金錢、糧食、勞役、士兵的源泉。為了打仗，為了維持政權，中共用各種名目搾取農民。其中之一是逼著農民買「革命戰爭公債」。為此政府「號召」婦女剪頭髮，把頭上的銀髮簪「獻」出來，終身積累的首飾銀器也一步步被拿走。買了公債後是「退還公債運動」，把所購的公債無條件退還給政府。有的不怕事的人說：「共產黨發行公債，比國民黨苛捐雜稅還惡。」

糧食也是一樣。雖說農民分了田，不必繳租，但得交公糧，還得「借」糧給政府。一九三三年三月，毛澤東發布訓令，要農民「自己節省食用，借出穀米，供給紅軍」。但「借」出的從來沒還過。

成年男子大都被徵入紅軍，或徵去做勞工。共產黨統治三年下來，鄉村裡十幾歲到五十歲的男人所剩無幾。

婦女成了主要勞動力。依傳統她們只幹輕活，但現在大部分農活落在她們肩上，還要為紅軍做各種雜事，像挑擔子、照顧傷員、洗衣補衣、無休止地做軍鞋——布料還得自己負擔。毛澤東年輕時就認為女子能跟男人幹一樣重的體力活，現在更是說：「生產絕大部分是依靠女子。」

改善老百姓的生活不在計畫之內。有的地方，老百姓連休息的日子也沒有，代替假日的是開

---

* 徐說：「一天，一個外表很精幹的青年，到我們的辦公室來報告。說他知道向忠發的地址，願意引導我們去找到他……他引導我們到法租界霞飛路的一家珠寶首飾店樓上」，抓住了向忠發。「向忠發死後的一個月光景，這個青年忽然失蹤了。他一走，我們才恍然大悟」。

會。毛說：「每人每月平均約有五個整天（許多次會合計起來）的開會生活，即是他們很好的休息時間。」

健康水準沒有提高。紅區裡最好的醫院原在汀州，是外國傳教士辦的，為一般老百姓看病。毛在那裡住過，很喜歡它，回瑞金時就把它搬來了，變成為共產黨服務的「中央醫院」。毛本人很注重健康，旅行時總是自帶茶碗。他搬去沙洲壩時，發現喝的水來自池塘的死水。為了有乾淨的水飲用，毛下令打了口井，村民們也都跟著沾光。後來這口井成了共產黨宣傳「吃水不忘挖井人」的聖地，要人們記住毛澤東無意中施與的恩德。有了毛的開頭，共產黨機關興起了打井熱潮，沒住共產黨幹部的村子無此福分。

毛通過斯諾向外界宣告，紅色政權下的「某些縣，共產黨人在三、四年內達到的人民識字程度，超過了中國任何其他農村地區多少世紀來所取得的成績」。事實上，從前的中學大多關了門，成為辦公場所。教育僅限於小學，名為「列寧學校」，教學生識字，達到看宣傳品的程度。孩子們組織起來站崗放哨，還成立「恥笑隊」，去羞辱那些不願參加紅軍或當逃兵的人。十幾歲的孩子有時也被鼓勵向「階級敵人」揮刀行刑。

毛澤東對這個政權的主要貢獻之一，是在一九三三年二月搞了一場制造「階級敵人」的「查田運動」。由於按共產黨的理論，只有地主富農才能被剝奪，毛要基層幹部「查出」更多的「地主富農」，逼他們交出「罰款」和「捐款」，把他們送進勞役隊當苦力。毛的命令是：「地主階級的土地財產要沒收一個乾淨」，「使之擔負無限制的義務勞動」。

共產黨統治已經幾年了，地富早已被挖乾淨了，為了湊數，幹部不得不亂整人。被整的全家

「掃地出門」，住在關水牛的牛棚裡。「牛棚」作為準監獄的代稱就是這樣來的。三十年後的文化大革命中，這個詞被廣泛運用，儘管關人的地方已不再是真正的牛棚，而是教室、廁所、電影院等等。

毛的運動製造了數萬苦役工，卻擠不出多少錢和糧食。從當時的統計表上可以看出，江西的十二個縣中，只有兩個縣交出了「罰款」和「捐款」，離毛定下的任務目標天差地遠。農民早已被搾乾了。

紅軍軍官龔楚回憶起運動中的一樁見聞。一天他經過瑞金附近的龔坊，「因為天氣炎熱，到村裡去找一間民房休息。這個龔坊，居住的是姓龔的居民，我進入休息的是一棟很大的青磚平房，外面非常整潔。但等走進大廳時，卻意外地感到淒涼與蕭條，因為屋子裡的家具都沒有了，祇有一張爛方桌和一條長板凳，屋子裡有兩個中年婦人和一個老年婦人，還有三個小孩子，全穿著破爛衣服，形容憔悴，看見我帶著四個攜有手槍的特務員進來，非常驚恐，小孩更嚇得哭了起來。」這時他們聽到龔楚的姓，知道是同宗。於是一家六口跪在他面前，求他救他們的命。老太婆哭著說：「我家的老頭子是個讀書人，兩個兒子也讀了點書，因為家裡有十多畝田，兩個兒子便在家裡耕地。上半年老頭子和兩個兒子都被政府捕去，又打又吊，迫交光洋二百五十元。我們到處張羅了一百二十塊錢，並將女人家全部的首飾湊足起來，送去贖他們。但金錢繳了，老頭子仍被吊死，兩個兒子也被殺了。現在，他們還逼我們繳五百光洋，否則我們六口人都要捉去坐牢。司令員呀，我們飯都沒有吃，哪裡還有五百光洋呢？求你念在同宗之情，替我們說句公道話，我家老頭子在世的時候曾經說過，有位紅軍軍長是我們姓龔的，他很早就想去找你……但村政府不許我們離開一步，今天真是天開了眼，你來到我們家裡，司令員呀！你無論如何要救救我們！」說罷，她便不住地磕起頭來，她的兩個媳婦和小孩，也跟著磕頭，流淚。

龔楚答應替他們想辦法，但最終什麼也沒做。他明白幫忙反會害了他們。曾有個醫生因為交不起捐款求他，他轉告了當地政府，但「十多天後，當我由閩西再回到瑞金時，那位醫生已被殺害，藥店也被政府沒收，他家的寡婦孤兒已流為乞丐了。」正是這一系列的悲劇，促使龔楚逃離紅軍。*

毛的「查田運動」也為中共嚇唬出不少士兵。張聞天夫人劉英「擴紅」擴不到足夠的人數，毛就叫她「三天找出反革命」，人們害怕，只好參軍。另一個女幹部回憶道，她所在區的軍事部長蔡墩松被認為不積極徵兵，毛叫她把蔡抓起來，押送到他那裡。經過一天的拷問，蔡墩松「在毛澤東同志面前坦白交代了他們組織『反共團』的罪行，供認他是反共團的團長，並把該反革命組織的全部成員名單都交出來了。」隨後是照例的群眾大會，毛「在會上宣布了蔡墩松等人的反革命罪行」，蔡等被當眾處死。會後，「不到半個月的時間，就超額完成了擴紅任務，按要求擴紅一百名，實際完成一百五十多名。」

這個國中之國就像監獄，每個村子都二十四小時放哨，離開村子得有路條。有個管錢的管理員曾試圖想跑，「挪用」了兩百四十六塊七毛錢，買了張路條。逃亡沒成功，在大會上示眾後殺掉。據過來人說，甚至「坐班房的人逃走了，看守班房的人要殺頭」。

自殺屢見不鮮，為後來毛統治的一大特徵開了先河。自殺數量在共產黨幹部中也十分驚人，致使官方在報刊上公開譴責：「自殺是革命隊伍中最可恥的分子！」

毛的親信楊岳彬也受不了，千方百計逃跑了。他投向國民黨，把中共要人的住地告訴他們，國民黨飛機來轟炸，毛等只得全部搬家。

住在紅區邊緣的人逃跑的機會要多一些，有的基層幹部也組織民眾成批地逃，有的地方一晚上逃走幾百人。中共於是把稍有疑點的幹部調到跑不出去的紅區中心地帶。大多數人是在國民黨進攻後起來反抗。在紅色政權最後的日子裡，當國民黨軍隊逼近時，成村的人揮舞著大刀長矛襲擊退卻的紅軍。對付反抗的百姓，中共的辦法是加強恐怖。在最極端的時候，日常往來都可能招致橫禍。老人們回憶：有的縣「規定各家不能招待客人住宿，如發現誰家接待了客人，不論什麼人，都要和客人同罪殺頭」。

中央蘇區地處江西、福建。在它存在的四年中，人口在全國下降最多。根據中國人口統計，從一九三一到一九三五年，江西根據地內為中共完全控制的十五個縣（不包括為中共部分控制的邊緣縣），人口減少五十多萬，佔總人口的百分之二十。閩西根據地的減少幅度也差不多。中央蘇區人口共下降七十萬。由於住在這些地帶的人很難外逃，這七十萬基本上應屬於死亡人數。**

---

* 龔楚的回憶錄於一九五四年在香港出版。毛死後的中國國家主席楊尚昆作為瑞金時代的見證人，在小範圍內承認這部回憶錄的真實性。儘管回憶錄不能在大陸出版，龔楚本人在一九九〇年九十高齡時回大陸定居。

** 毛死後的一九八三年，江西有二十三萬八千八百四十四人被官方追認為「烈士」，包括戰死的和肅反被殺的。

10 從奪實權到丟實權

一九三二～一九三四年　三十七～四十歲

國中之國成立前後，毛身邊來了一批由蘇聯培訓的高官。毛在他們面前依然擺出獨裁作風，這些人不吃他那一套。「外交部長」王稼祥說：「老毛罵人，不行，要找個機會鬥爭他。」會上他們給他扣大帽子，甚至說他是「富農路線」。這是個可怕的罪名，毛當初曾用它把許多江西共產黨人送上刑場。現在雖說他掉不了腦袋，但他說話不再說一不二了。周恩來剛來時，一次開蘇區中央局會議，毛照舊拿出主持人的架式，在座的人請他讓位，由周主持。毛沒法子，請「病假」。同事們巴不得，馬上同意，毛就在一九三二年一月生著悶氣上了東華山。

東華山是瑞金附近的一座石頭山。此起彼伏的大黑石深處坐落著一所廟宇，掩映在濃郁的水杉松柏中。伴隨毛住在這裡的只有妻子賀子珍和一個班的警衛。廟堂又大又空，透出濕冷的陰氣。毛的臥室狹小，泥地上長著幽幽的青苔。門外，冬天的風捲落殘存的樹葉，不絕的雨滴進石板上的裂縫裡，帶出滲人的寒氣。毛的心情也同樣陰暗喪氣。

偶遇天晴，毛搬一把板凳，坐在院子裡。他帶來兩只鐵皮箱子，裡面裝著文件、剪報、筆記，跟多年的詩作。警衛員把箱子摞起來，毛讀著箱子裡的珍藏，思考著下一步怎麼辦。

高層的機密文件仍定時給毛送來，同時還有他鍾愛的報紙，包括國民黨的報紙。這些報紙上常有共產黨員脫黨啟事。二月十六日至二十一日，上海《申報》等主要報紙上出現了一個〈伍豪等脫離共黨啟事〉。〈伍豪啟事〉說「敝人等深信中國共產黨目前所取之手段所謂發展紅軍牽制現政府軍者無異消滅中國抗日力量，其結果必為日本之傀儡而陷中國民族於萬劫不復之境地……」，說中共路線為蘇聯利益服務，「敝人本良心之覺悟特此退出國際指揮之中國共產黨。」「伍豪」係周恩來的化名。

〈伍豪啟事〉毫無疑問是偽造的。直到今天，中共也說不清到底是誰偽造的，為什麼不選他人，專選周恩來？為什麼早不偽造晚不偽造，偏偏就在周取代毛作紅區頭號人物時偽造登出？這是巧合嗎？而且，毛當時即以蘇區主席名義發布告「闢謠」，把〈伍豪啟事〉擴散到根本看不到上海報紙的蘇區。

在共產黨的世界裡，啟事使周恩來的名字受到玷污，權威遭到質疑，周的惶惶不安可想而知。尤其是，周不能不懷疑，這不是巧合，是毛在搞鬼。周就這樣對毛產生了懼怕心理。從事態的發展可以看出，毛利用周的這一心理，迫周對他言聽計從。

這時毛要的是軍權。紅軍那時正久攻贛州城不下，三月初在城下開最高層會議商討怎麼辦。毛一得到通知，跳起來就走。天正下著瓢潑大雨，子珍讓他等雨停了再走，他不聽，出廟門頃刻就全身濕透。他連夜馬不停蹄，到了會場便指責軍事指揮。同事們並沒有把軍權給他，大家雖然都同意撤圍贛州，但是仍作決議說：打贛州「在政治上完全是正確的」。

大多數人一致同意向西發展，跟湘贛邊區根據地連成一片。可是毛堅持去東北方向。爭執不下，由周恩來拍板定案。周決定兩個方向都去，但只派了三分之一的隊伍往西，三分之二跟毛走，包括毛的老搭檔林彪手下的紅軍主力一軍團。

周可以不顧多數人的意志，做出這樣一個奇怪的決定，顯然是他不想樹毛這個敵。就是從這時起，周恩來開始了持續一生的對毛的恐懼。毛呢，也一再把〈伍豪啟事〉作為懸在周頭上的利劍，一直到四十多年後周臨死之際。

跟毛走的紅軍並沒有照他在會上說的往東北方向去。上路後，毛突然改變行程，朝相反方向的東南海岸前進。毛通過林彪把這一既成事實電告中央軍委，中央不得不再次開會，認可毛的新路線。後來毛的同事們譴責毛的海岸之行為浪費時間。

四月二十日，毛奪取了靠近海岸的漳州城。毛瞅準了漳州守城兵力薄弱，他去那裡是為了私人的目的。

其中之一是獲得更大的名聲。紅軍進城時排成四行，軍號震天，毛特意騎了匹白馬，頭戴遮陽盔，一反常態地衣冠楚楚。毛收集了大量關於自己的新聞報導，寄給「戰友」們，諸如「紅軍入漳，沿海大震，漳、泉逃廈者，十萬餘人……」「帝國主義兵艦集廈門者二十八艘」。毛算準了，他的名氣越大，莫斯科越得依他。果然，當他的同事們後來氣憤地撤了他的軍職時，莫斯科在上海的代表艾威特（Arthur Ewert）告訴中共：「毛澤東是個知名度很高的領袖」，莫斯科反對解除毛的職務。

繁華的漳州還使毛得以聚斂一筆私財。一輛卡車滿載著沉甸甸的箱子從漳州開到江西紅區，箱子上寫著大字：「毛澤東親收」。公路開到盡頭就由腳伕挑。「這是毛主席買的、繳獲的書，」大家都這麼說。有書，但更多的是金銀財寶。挑夫在毛的大弟澤民的監督下把它們祕密挑到一個山頂，然後澤民和兩個毛的貼身警衛員把它們搬進山洞。洞口密密封住。除了這幾個人，再沒別的人知道。毛就這樣悄悄地給自己留下條後路。

一九三二年五月，當毛逗留在漳州時，蔣介石調集五十萬兵力，準備發動第四次「圍剿」。那年「一·二八」日本進攻上海，中國軍隊奮起抵抗。由於日本此時在上海地區的軍事目標有限，國際聯盟得以調停戰火。在這場一直持續到四月下旬的危機中，中共繼續攻城略地。四月十五日，中共口頭上「宣布對日戰爭」，但宣言與其說是抗日不如說是倒蔣，稱倒蔣「是直接與日本帝國主義作戰的前提」。蔣介石明白中共不會跟他聯合抗日，於是在上海危機結束後，重申「攘外必先安內」的政策，又開始進攻紅色根據地。

收到蔣介石即將圍剿的情報後，中央令毛率部返回江西蘇區以禦敵。毛回電說他不相信蔣會大舉進攻，中央的「估量和軍事戰略，完全是錯誤的」。毛拒絕離開漳州，又待了將近一個月，直到蔣的意圖已公開，毛明顯錯了，這才不得不於五月二十九日動身。數萬紅軍由於跟著毛繞了個大彎，現在不得不多走三百公里。南方的氣候已酷熱難當，不少人患病死去。路上他們還得跟新的敵人作戰：粵軍。粵軍一向與蔣介石勢不兩立，迄今為止避免和紅軍作戰。但毛打漳州震驚了他們，畢竟漳州離廣東只有八十公里。他們於是向紅軍出擊。在一個叫水口的地方，紅軍打了一場少見的惡戰，傷亡慘重。*

在毛不聽指揮逗留漳州期間，包括周恩來在內的中央實在拿他沒辦法，曾集體給莫斯科去電，告毛是「百分之百的右傾機會主義」，「完全與國際指示唱反調」。但莫斯科回電說，他們無論如何

* 打得最勇敢的是一九三一年十二月「寧都兵變」的將士們。這是自南昌起義以來的唯一兵變。他們的到來使中央蘇區紅軍的兵力增長了三分之一，達五萬多人。總指揮季振同把部隊帶進紅軍後，很快就後悔了，一再要求「到蘇聯去學習」。中共知道這是他想逃跑的藉口，把他扣了起來，後來處死。

得跟毛合作，維護毛的威信和地位。

顯然，莫斯科認為毛是不可或缺的，其他人可有可無。毛有恃無恐，跟周恩來等會合後，反守為攻，伸手要權，提出紅軍中設立總政治委員，由他來擔任。

七月二十五日，周恩來提議答應毛的要求，「以毛任總政委」。在瑞金的領導們不同意，要把這個位子給周。周找出各種理由幫毛說話，懇求道：這樣一來，「政府主席〔毛〕將無事可做」，「實在不便之至」。八月八日，毛當上了紅軍總政委。

毛就這樣在莫斯科縱容下奪回了軍權。一九三二年夏，蔣介石首先集中兵力進攻中央蘇區以北的鄂豫皖和湘鄂西根據地。莫斯科指示所有紅軍協力支援這兩個紅區。毛的任務是率領中央蘇區的紅軍北上進攻若干城鎮，以牽制一部分敵軍。毛遵命攻擊了幾個地方，但一遇強敵就停下來。中央要求毛積極出擊，「呼應配合」，毛則保持觀望，按兵不動。

蔣把紅軍趕出鄂豫皖和湘鄂西之際，下一個目標輪到中央蘇區。莫斯科的戰略是迎頭反擊。但毛再次拒絕執行，堅持要「分散」部隊，躲避蔣軍。*

中共其他領導認為他的做法是「極危險的」。毛固執己見。用周恩來無可奈何的話說：「爭論則不勝其爭論」，「令人無所適從」。

一場緊急會議十月初在寧都召開，會議由周恩來主持，中央蘇區的八個領導人都出席了。會上大家對毛的憤怒和譴責可以從會議文件裡略見一斑。毛被指責不服從命令，擅自行動，犯了「不尊重黨領導機關與組織觀念的錯誤」。與會者「開展了從未有過的兩條路線鬥爭〔毛已形同敵人〕，打破了過去遷就和平的狀態」。要不是周恩來護著毛，對他的譴責還會更嚴厲。會後有幾個成員向上海報告說：周「在結論中不給澤東錯誤以明確的批評，反而有些地方替他解釋掩護」。在上海的博古等人，對毛的行為怒不可遏，超乎尋常地不徵得莫斯科代表的同意，就給寧都會議發電報，稱毛的行為「不可容忍」，再不能讓毛繼續指揮紅軍，甚至建議開除毛的黨籍。

不等莫斯科出面保毛，寧都會議就一舉拿掉了毛的軍權，要他回後方。遵照莫斯科維護毛的聲望的規定，向部隊宣布時，只說毛是「暫時回中央政府主持一切工作」。莫斯科收到的報告則說毛回後方是「因為生病」。

寧都會議期間，毛兩次給上海發電報，請求莫斯科干預。但莫斯科代表艾威特顯然也對毛的行為不滿，決定用信使，而不是電報，轉告莫斯科。莫斯科不同意趕毛出軍隊，艾威特不得不為自己辯護說：「解除他軍職以及譴責他的決定，我們事先都不知道。」

莫斯科對中共說：「毫無疑問毛澤東是錯的，但對毛只能用友善的勸說。」「關於你們與毛澤東的分歧，我們再次強調：努力友好地爭取他接受積極反擊的路線……我們反對在這個時候把毛澤東調離軍隊，要是他守紀律的話。」究竟對毛怎麼辦，莫斯科的主管十一月二日緊急請示斯大林。根據斯大林的意見，毛的同事們被責令寫報告解釋為什麼把毛踢出紅軍。莫斯科批評那些譴責毛的人，讚賞周恩來對毛的和風細雨。

莫斯科的力挺來遲了，毛十月十二日已經離開了寧都，也離開了紅軍。總政委一角由周恩來接

---

* 毛不相信紅軍能打敗蔣介石的數十萬大軍，他把希望寄託在莫斯科身上。那時莫斯科正跟國民黨政府頻繁接觸要恢復外交關係（一九二九年蘇聯因為「中東路」事件跟中國斷交）。毛認為蔣會向蘇聯作姿態，給紅軍留一條生路。中蘇在一九三二年十二月復交。

任。毛一生都記恨寧都會議上那些反對他的人，特別不放過周恩來。儘管周為毛緩頰說好話，但他畢竟同意了撤毛的職，而且取代了毛。毛上台後，周作了一百多次檢討。四十年後，身為總理的周，剛被確診膀胱癌，又正在跟美國、日本等國談判，卻不得不一次次嚴厲指責自己，罪狀之一就是寧都會議。

毛堅決拒絕回瑞金去主持中央政府工作，他到汀州「養病」去了，進了蘇區醫療條件最好的教會醫院。住宅是一幢兩層樓的別墅，原屬於一個富有的基督教徒，如今被中共佔用作療養院。房子座落在鬱鬱蔥蔥的小山灣中，樓上一圈寬闊的木頭平台，給樓下遮蔭。平台上四面來風，風把幾株芭蕉吹得像扇子一樣搧來搧去，雨後閒坐正好看「芭蕉葉大梔子肥」。

這幢別墅現在成了毛澤東與瑞金抗衡的司令部。他把追隨者們召來開會，叫他們在國民黨打來時不要抵抗，而是撤離前線，要他們對中央指示：「合我口味就執行，不合就不執行。」

一九三三年一月，負責上海機關的博古來到中央蘇區。那時中共組織已不能在任何一個大城市祕密存在，原因是國民黨治安的成功以及大批中共黨員叛變。*二十五歲的博古，入黨只有七年，但他聰明過人，跟他有過交往的斯諾稱他的大腦「比周恩來更快、更微妙，也許更靈巧」。他的俄文、英文都很好，在蘇聯受訓三年半。他最突出的特點是果斷，敢做敢為，儘管他比周年輕得多，資歷也差得遠，一到瑞金大家仍公推他為中共第一把手。中共領導們對周在毛問題上的優柔寡斷、姑息遷就非常失望。他們讓周管軍事，周並不介意，他沒有當頭號人物的野心，歡迎有個頂頭上司作決策。

博古決心對毛採取行動。面臨蔣介石大軍壓境，他必須要做到令行禁止。博古也聽到不少對毛的反映。彭德懷就說毛「心術不正」，「侮辱」朱德，毛「喜歡挑起內鬥」，毛「手狠，要是你不服從他，他總有辦法壓服你，他不懂得怎樣團結幹部」。

博古離開上海時，莫斯科代表艾威特一再叮嚀他跟毛搞好關係。但莫斯科允許博古拿毛的追隨者開刀。從二月起，這些人，包括鄧小平、譚震林、毛的么弟澤覃，在瑞金報上被點名批判。當然只有少數人知道這實際上是針對毛，毛的公眾形象並沒有受絲毫影響。另外，博古也沒有採用毛整人的辦法。儘管批判的語言聽起來怪嚇人的，什麼「打得粉碎」，什麼「殘酷鬥爭，無情打擊」，但僅限於言辭而已，被批判的人並沒被當敵人對待，批判完後還給了他們重要職務。

博古打破了毛自立的體系，使全黨聽從指揮反擊圍剿。結果是出奇地成功，紅軍首次進行大兵團作戰，在兩場決定性的戰鬥中打垮蔣介石嫡系部隊近三個師，使蔣的第四次圍剿在三月以失敗告終。

蔣的失敗因素之一，是他不得不同時對付日益加深的民族危機。這年二月，日本侵略軍從東北越過長城向關內進犯，直接威脅古都北平（北京）。日本人在東北成立了傀儡政權滿洲國。蘇聯承認了滿洲國，成為除日本、薩爾瓦多和梵蒂岡外，滿洲國國旗飄揚的僅有國家。斯大林這樣做目的是討好日本，使日本不致進攻蘇聯。

中央蘇區的勝利，像從前一樣，還得益於蘇聯情報人員，蘇聯駐華武官雷邦（Eduard Lepin）是中心人物。莫斯科派來若干祕密軍事顧問，其中一位德國人李德（Otto Braun）後來幾經周折進

---

* 在有關中共歷史的書上，中共在大城市的失敗被莫名其妙地怪罪到幾年前就下了台的李立三頭上。

入瑞金。毛見到他時曾對他表示恭維。李德寫道：毛「提到一九三二、三三那個冬天的反擊戰，稱讚它的成功，說他知道是我在上海出謀劃策」。

打了前所未有的勝仗，周恩來的地位和安全感都大大增強。莫斯科愛的是成功者，毛緊張了，想到莫斯科也許會移情於周，尤其是毛還曾反對過莫斯科的戰略。一九三三年二月，他病也不養了，從汀州搬回瑞金。莫斯科對他的態度一如既往，告誡毛的同事們「不管怎麼說，必須團結毛工作……關於毛澤東，你們必須盡絕大努力對他取容忍和解的態度」。

毛繼續出席最高層會議，該他主持的他也主持，絕密消息沒有瞞他。但毛知道莫斯科對他的青睞不那麼靠得住了，報上在批判他的追隨者，他十分孤立。幾乎沒有什麼人來看他。「那時鬼都不上門，」毛說：「我是好比一個菩薩，被放在尿缸裡，沉過幾下，臭得很。」

毛果真是失寵了。一九三四年初，他丟了「總理」職位，儘管仍是「主席」。中共在莫斯科批准下把這個位子給了蘇聯訓練的三十四歲的張聞天。作為對毛的補償，他升任政治局正式委員。但他沒能進入中共的核心：書記處（又稱常委會）。莫斯科批准的單子上沒有他。開中央全會公布任命時，毛拒絕出席，說是病了。「生的又是外交病，」博古說，但由毛去了。

毛的知名度依然不減。中共和莫斯科的出版物還是繼續宣傳他。紅區、白區、外部世界都知道這個「毛主席」。但在中共核心，博古把毛比作蘇聯的名譽主席：「老毛今後只是加里寧（Mikhail Kalinin）了，哈哈！」

11 長征前夕：毛澤東差點被扔掉

一九三三～一九三四年　三十九～四十歲

一九三三年九月，蔣介石調動五十萬大軍，對中央蘇區進行第五次圍剿。那年五月，蔣與日本簽訂了《塘沽停戰協定》，默認日本人占領華北大片土地，他得以騰出手來對付紅軍。

這時蔣已在蘇區外圍修了公路，集結大軍，調運糧草。他的軍隊圍住蘇區，逐步推進，一次推進幾公里，然後停下來修築碉堡，築成後再推進。碉堡與碉堡之間機關槍構成封鎖火力網。如彭德懷所說：蔣「使我中央蘇區逐步縮小，即所謂竭澤而漁」。

紅軍人數大大少於蔣，武器裝備也處於劣勢。蔣介石聘請了德國顧問團訓練軍隊，特別採納了第一次世界大戰後重整德軍的馮，賽克特將軍（Hans von Seeckt）的建議。面對蔣介石的進攻，中共和莫斯科都決心保衛瑞金。既然蔣有德國人幫助，莫斯科加強了對中共的德國顧問力量。派駐上海的是軍事專家斯坦恩（Manfred Stern），此人後來在西班牙內戰時以克虜伯將軍（General Kleber）的名字著稱世界。李德這時被派往瑞金，作中共的現場指揮。

中共在一大塊稻田中給李德修了一所獨立的房子，要他沒事別出房門。他是個「洋鬼子」，招人注意，當時國民黨正在宣傳中共受蘇聯的指揮。中共領導人給李德提供了一位太太。女方條件是「身體健壯」，似乎不如此不足以應付外國人的性慾。朱德夫人康克清說：「當時女同志都不願意嫁給一個不會說中國話的外國人，所以一直找不到合適的對象。」後來找到個「大個子，長得不錯」

的前童養媳。「當組織上動員她給李德做老婆時，她起先表示堅決不幹。過了幾天，通知她說：『李德是共產國際派來幫助中國革命的領導幹部，給他做老婆，是革命工作的需要，組織已決定你同他結婚。』她勉強服從了這個『組織決定』。婚後，兩人關係一直不好。」

在這第二次包辦婚姻中，前童養媳生了個男孩。孩子的膚色黑黑的，更接近中國人而不像白種人。毛澤東開玩笑說：「這可無法證實日耳曼民族優越的理論了。」

跟李德最要好的是中共第一號人物博古。他們曾在上海一塊兒工作，現在一塊兒講俄文，放鬆時跟翻譯打牌、騎馬。管軍事的第二號人物周恩來也跟他來往頻繁。毛不會說俄文，很少見李德，見面時，李德注意到，他總是「保持著莊嚴的矜持」。莫斯科使者跟博古、周恩來要好，對毛顯然不利。

到一九三四年春天，蔣介石對中央蘇區的進逼已經六個月。無論莫斯科的顧問還是中共領導都沒有辦法對付蔣的碉堡政策和占絕對優勢的兵力。大家心裡都明白，根據地的日子已屈指可數。三月二十五日，莫斯科來電說瑞金的前景很不妙，要中共準備撤離。一接到這個電報，博古首先想到的是「扔掉」毛澤東。二十七日，上海電告莫斯科：「瑞金來電說毛長期生病，要求將他送往莫斯科。」毛並沒有生病，只是博古等人怕毛在危難之時搗亂，眼下最需要的是團結。

莫斯科四月九日回電「反對毛來」，理由是旅途須經過白區，不安全，「他一定得在蘇區治病，不管花多大代價都行。只是在當地實在沒辦法治而有死亡危險的情況下，我們才同意他來莫斯科。」

毛也無意被打發掉，「我的身體很好，哪兒也不去，」他說。但博古又想出個萬無一失的法子：把毛留下來扛中央蘇區這面大旗。毛身為政府主席，留在蘇區等於向外界宣布紅色政權依然存在，這是莫斯科無法反對的。

中共高層誰也不願意留下。留下很可能是死路一條，不是戰死就是被國民黨抓去槍斃。毛的么弟澤覃、毛帶去參加中共「一大」的何叔衡以及中共前頭號人物瞿秋白，都這樣死去。留下而又活下來的人不少充滿怨氣，陳毅就是其中之一。他是留下守攤子的第二號人物，原因是大腿上受了傷沒法走。他曾躺在擔架上去見朱德，請求被帶上，但沒有用。二十多年後他還憤憤不平地說，當時「大家都認為靠著軍隊不危險，不願留下」，「而對我則說得漂亮，說：『你是高級幹部，本來應該把你抬走，因為你在江西搞了十幾年，有影響，有名望，又懂軍事。中央走了，不留下你無法向群眾交代。』」

說漂亮話的是周恩來，陳毅顯然對這套冠冕堂皇的話嗤之以鼻。

毛澤東知道，留下來即使不丟性命，政治上也等於宣判死刑，因為他將遠離中央與紅軍。隨後半年時間裡，毛全力以赴不讓博古等人把他丟下。

毛的主要辦法是守候在撤離的出口。當時首先考慮的突破口是蘇區南線。毛立刻來到南線司令部會昌。

南線領導人都看出突然光臨的毛在他們那裡沒什麼公幹，他滿清閒的，早上去爬山，還寫了首詞：「東方欲曉，莫道君行早。踏遍青山人未老，風景這邊獨好。」他愛拐到當地部隊辦公室兼住房去，躺在床上跟人聊天，甚至親自給下面部隊修改文件，「有時修改一個花上一、二個小時的時間」。

到了七月，來也突然的毛去也突然，回到瑞金。突破點改變了，不再是南線，而是西邊。一支八千人的隊伍由那個方向離開紅區去探路。毛帶上二十多個隨從（祕書、醫護、廚師、馬弁、一班警衛）去了瑞金西邊的雩都。毛的落腳點是當地指揮部，距撤離起點雩都河渡口一箭之遙，只需過街穿越一個宋代的城洞。毛在這個渡河口住了下去，一直住到跟大隊人馬走。

離開瑞金來雩都前，毛要大弟澤民把他的寶藏，那批兩年前從漳州運回來藏在山洞裡的金銀財寶，全部交給博古。私藏繳獲品，直到最後一分鐘，是不小的過失。這不僅完全違背他自己制定的「三大紀律」之一的「一切繳獲要歸公」，還表現出毛頭腦裡曾經轉過跟黨跟莫斯科分手的念頭。但毛別無選擇。國民黨軍隊打來了，金銀財寶埋在山洞裡沒用了，還不如拿出來「買」張「離境票」。此時的中共非常缺錢，一再向莫斯科求援。毛送上一大批財富，可算是雪中送炭。毛又向博古許諾說，帶上他走他一定不會搗亂。博古終於同意了。當然博古不同意也不行，毛就「賴」在離境口。

被認為「政治上動搖，在黨內老是犯錯誤」的中央蘇區副主席項英被指定留守。項是中共領導中唯一出身工人階級的人，他毫無怨言地接受了這個誰也不願幹的事。但他對中央帶著毛走非常擔憂。項英了解毛。他一九三一年到蘇區時正碰上毛大殺ＡＢ團，當時就說毛這樣做是為了私人權力，他盡力刀下救人。毛因此痛恨項英，曾指使受刑人咬項英是ＡＢ團。據周恩來後來對共產國際說：「被捕的人口供說項英屬於ＡＢ。」蘇聯當時的駐華大使潘友新（Aleksandr Panyushkin）記載道：毛「想搞掉項英，因此指他是ＡＢ。只是由於政治局的干預毛才沒能幹掉項英」。一九三二年寧都會議時，項英是最堅決要把毛趕出紅軍指揮部的人之一。毛對項英的仇恨最終導致項英十年後的死亡。

項英向博古強烈建議不要帶毛走。李德寫道：項「明顯地提及毛澤東在一九三〇年左右推行的迫害忠誠的共產黨人的恐怖政策。他警告說毛跟黨中央對著幹的嚴重性不可小覷。毛一時的節制只是出於策略的考慮，一有機會他就會跳出來把紅軍和黨一把抓在手裡。」李德說，但博古不知為何特別樂觀，「他說他跟毛好好地談了一次，相信毛不會挑起爭奪領導權的危機。」

毛這時也確實開始好好表現。七月以前，在南線時，他不斷批評中央，叫那裡的部隊不要聽中央的，按他本人的指示辦。當一個幹部對毛說他被任命為土地部長時，毛說：「你不要當土地部長，你去當會昌縣蘇維埃政府主席。」

一到九月，毛的行為大變。愛跟他一道貶低中共其他領導的林彪來看他，跟林同行的聶榮臻注意到毛完全沒有「在暗中搞什麼宗派活動」，反而是小心「注意紀律」。

毛在雩都時，中央正式通知他跟大軍走，他便派人接來了妻子賀子珍。孩子不允許帶，兩歲的兒子小毛就這樣留下了。毛再也沒有見到這個兒子。

小毛生於一九三二年九月，是他們的第二個孩子。第一個孩子是女兒，一九二九年六月出生在福建龍岩一幢漂亮的房子裡。毛看到女兒時開了個玩笑：「她倒會挑日子，找了一個好地方才出生呢！」一句話把子珍逗樂了。還沒滿月，子珍得跟毛離開龍岩，把女兒寄養在奶媽家。一走三年，再回來時，聽說孩子已經死了。子珍心裡始終半信半疑，共產黨掌權後一直尋找這個女兒，一九八四年去世前不久，才斷了這個念頭。

子珍的第三個孩子早產，生下來三天就死了。小毛是她的命根子。離別時子珍慟哭不已，把孩子託付給留下的妹妹賀怡和妹夫澤覃。

小毛最初住在奶媽家。國民黨軍隊占領後，澤覃祕密把他轉移走了。澤覃還沒來得及告訴妻子就陣亡了。那是一九三五年四月，小毛從此下落不明。

共產黨勝利後，早已不是毛澤東夫人的賀子珍，一心要找到小毛。尋找小毛帶給她的是新的悲劇。賀怡覺得很對不起姊姊，孩子是託付給她的，她急切想找到。一九四九年十一月，在追尋的過程中，她出車禍死去。後來找到一個男孩，說是小毛。子珍的哥哥敘述這件事說：子珍「跑到南京去看是不是小毛。她主要看兩點，一是看這個孩子是否油耳朵，二是看他有沒有腋臭，她認為她生的孩子都遺傳了毛澤東的這兩個生理特點。她看過後，認為這就是她的小毛。」

當時別的女共產黨員也在找尋失散的子女，一位紅軍遺孀已認了這個孩子是她的兒子，中央作結論，把孩子判給了她。子珍的哥哥去見毛，把孩子的照片給毛看，希望毛出面說話。毛婉拒了，說「這事我不好管」，要他按中央說的辦。子珍沒有同意，繼續與孩子來往，後來還張羅他的婚禮。紅軍遺孀說子珍「搶她的小孩」。為小毛，子珍一生心裡都未能平復。*

毛沒有跟孩子道別，也沒有顯露過悲傷。他有悲傷，是為他自己。當時雩都的紅軍指揮官龔楚在回憶錄裡生動地記下了毛在雩都的情景。九月上旬的一天，龔楚正在研究地圖——

忽然特務員跑來報告：「毛主席來了！」我連忙放下地圖，跑到大門前，毛澤東帶著兩個特務員剛在門外下馬，我便請他到我的辦公室休息。他那時臉色發黃，形容憔悴。我問他：「主席不舒服嗎？」他回答道：「是的，近來身體固然不好，精神更壞……」洗過臉，抽著菸，他接著說道：「我現在來雩都督導蘇維埃政府工作。在此將有相當的時間住。」……

毛澤東握著我的手，誠懇微笑地說：「我們是井岡山的老同志了，希望你晚上有空時便來談談……」因此，我在晚間有空的時候，便到他家中去。

龔楚又寫道：

從旁觀察，毛澤東居處，除了我常到外，沒有什麼人來往。中共的高級幹部更沒有一個人來過。真是門前冷落車馬稀，他的抑鬱和淒愴之感，是可想而知的。

九月間，我收到了十塊銀元的特別營養費，買了一隻大母雞，兩斤豬蹄，先派人送到毛澤東處，作為晚上消夜時的食品。我到晚上九時才去，賀子珍將燉好的母雞和豬蹄端上，毛澤東很高興，他的酒量很好，我們痛快地吃了一頓後，便滔滔不絕地長談起來。

……當談到我過去被處分的事，他說當時並不贊同給予我以處分，但周恩來過於刻薄，才鬧成那件不愉快的事。

＊這樣的悲劇並不罕見。當時共產黨人不僅要準備丟掉孩子，有時黨需要資金時還得賣孩子。子珍的朋友曾志一九三一年在廈門做地下工作時，廈門黨機關經費困難，就把她剛生的兒子賣了一百塊錢，錢花了才告訴她。半個多世紀後，在講這個故事時，傷痛顯然仍在她的心上：「當然心裡面很難受。送到那個人家裡去以前，我們兩個人〔曾志和她的丈夫〕把這個孩子抱到中山公園玩兒。那個孩子很好玩兒，四十多天，很能笑，我們給他取個名字叫『鐵牛』，是個男孩，很健壯，黑實黑實的，從來不隨便哭，拉屎拉尿也不愛拉在身上……後來就把他送去了。送去以後心裡很難受，但我還是克服了。可是我那個孩子送去二十六天就死了。我們那個時候的書記也不敢告訴我。其實我早就知道了，我沒說，他也沒吭聲。我晚上有時很難受，暗暗地流淚，也不好意思公開。有一次看到我好像是在流眼淚，他就想我可能知道了，他向我道歉。」

龔楚還說，毛對其他領導人也「表露著深深不滿」。酒後傷感，他喟然長嘆道：「『現在，可不是我們井岡山老同志的天下了！』說時竟淒然淚下。這時他有點輕微咳嗽，臉部更加瘦削而枯黃，伴著一盞熒熒的豆油燈，神情顯得非常頹喪。」

紅色政權的崩潰、跟兒子的生離死別，都不足以使毛落淚，只有失掉個人權力才有這樣的力量。

準備走了，橫禍飛來。當時正是發瘧疾的季節，雩都蚊子成群，直直鑽進人的鼻孔裡。毛患瘧疾病危，發四十一度的高燒，說胡話。他急需復原，馬上康復，否則即使不死他也沒法隨軍離開。蘇區最好的醫生傅連暲馬不停蹄地從瑞金奔來，衣不解帶地照看毛，使毛迅速康復。傅救了毛的命——也救了毛的政治生命。

傅在以後幾十年中負責中共領導人的醫護。一九六六年文化大革命時，七十二歲的傅被打斷肋骨打破了頭，他給毛寫信說：「你在雩都病危時，我挽救了你生命……希望你現在也能救我一命。」毛是這樣在傅連暲信上批示的：「此人非當權派，又無大罪，似應予以保護。」但後來毛聽說傅曾對其他領導人談論過他的健康情況，這是毛的大忌，他也就任由傅被投入監獄。入獄十五天，傅死在囚室的水泥地上。

一九三四年傅搶救毛時，紅軍正在蔣介石軍隊的緊逼下邊打邊退，撤離的準備工作也在極端保密狀態下進行。這是一場戰敗後的撤離，但也是戰略轉移，設法接近蘇聯控制的地區，接受武器和其他援助。這就是「打通蘇聯」。這一戰略已設想多年。早在一九二九年，蘇軍情報局的首腦伯金就對派駐中國的名牌間諜左爾格說，他的使命是想辦法把中國紅軍弄到蘇聯邊境去。

這個目標極端機密，至今也鮮有人知。七月，一支六千人的隊伍被派往相反的福建、浙江方向，作調開敵人的幌子，美其名曰「紅軍北上抗日先遣隊」。中共領導人後來不否認這個名稱只是為了宣傳，用李德的話說：「沒人夢想要去北上抗日。」這支隊伍裡有三百多擔子，挑著一百六十多萬份宣傳品，一路行蹤被中共自己大加張揚，引來追剿不斷。官兵們逐漸意識到他們是不自覺的送給敵人的誘餌，連指揮官也蒙在鼓裡，更想不通的是他們的使命毫無意義：這樣小規模的隊伍是不可能調開敵人的。幾個月他們就全軍覆沒。

出發前的另一項工作是全盤審查幹部，把「不可靠」的、動搖的統統處決。主持這項工作的是周恩來，數千人在他手下命喪黃泉。死者中不少是國民黨俘虜，在紅軍軍事學校任教員。刑場設在封閉的山谷裡，行刑人用大刀把頭砍掉，然後一腳把屍體踢進事先挖好的大坑裡。有的讓將死者自己挖坑，然後活埋。

執行者是國家政治保衛局的人員。他們中有的人自己也成了這個政權的犧牲品。軍委的警衛負責人楊世坤是其中之一。在離境前的紛亂中，他溜走了，跑到山裡藏起來。他有個女朋友是當地的農民，當局抓住她，問出了楊世坤的藏身之地。經過激烈交火，這個神槍手把最後一顆子彈留給了自己。

一九三四年十月，在蔣介石大軍的逼迫下，中國的第一個紅色政權被趕出了它占據的疆土。鄂都河上由一條條船架成浮橋，船上懸掛著馬燈，與兩岸燈籠火把互相輝映。河岸上擠著給紅軍送行的士兵家屬和組織起來的鄉民。重傷員交給了當地的老百姓。靠近城牆的一間街屋裡，一個十二歲的男孩屏住呼吸，眼睛緊緊貼在門縫上，看外面的紅軍隊伍從鵝卵石鋪成的路上嘩嘩急步走向渡口。男孩的父親曾在這裡經營一爿小店，四年前在毛澤東打ＡＢ團的高潮中被砍了頭。像無數老百姓一樣，男孩盼望共產黨一去不歸。這種心情在六十年後我們見到他時，還看得出來。

十月十八日傍晚六點，病後的毛澤東，瘦削但不失風度，長長的頭髮向後梳齊，在警衛的簇擁下離開了雩都指揮部，穿過宋代的城洞，跨上浮橋。從這個起點，萌生了二十世紀最著名的一個神話——長征。

12 長征之一：蔣介石放走共產黨

一九三四年　四十歲

一九三四年十月，八萬中央紅軍開始長征。行軍分成三翼，林彪的一軍團在左翼，彭德懷的三軍團在右翼，中間是五千人的中央機關，包括毛和十來個中共領導，以及參謀行政人員、勤雜人員和龐大的警衛部隊。

大軍緩慢地向正西行進。兵工廠、印刷機、銀元財寶，都被成千挑夫挑在肩上。大部分挑夫是剛強徵來的，由國家保衛局看管。行政負責人李維漢透露說：挑最重的擔子的成員「多數是從勞改隊放出來的，體力差」，「有的挑到半路就不行了」。張聞天夫人劉英回憶道：「秋雨綿綿，地上都是爛泥巴，肩挑背扛，都是重傢伙。一個人挑著擔子走已經不容易，幾個人抬著輜重，要想合上腳步更是困難。」「有些體弱的病號，睡著了就再也醒不過來。更多的人是腳漚爛了，用破布包起來，一踏著地就疼得難忍，不能走路。離開根據地又越來越遠，有的挑夫開小差溜了，老實的也流著淚請求讓他們回去。」當兵的也不斷逃跑，當官的疲憊，顧不上了。

長征隊伍得穿過四道碉堡重重的封鎖線。然而，奇怪的是，它們竟完全不構成障礙。

第一道封鎖線由粵軍防守。粵軍陳濟棠是蔣介石的仇敵，曾跟紅軍作買賣鎢的生意，也跟紅軍談判好了要給紅軍讓路，所以紅軍一帆風順地通過了。蔣介石早知紅軍跟粵軍的交易。十月三日，長征前十多天，蔣對行政院長汪精衛講到粵軍會「網開一面」。蔣的侍從室主任晏道剛建議派忠實於蔣的人去督促粵軍，蔣拒絕了，叫他：「你不管。」

十一月初，長征隊伍來到第二道封鎖線。雖然他們延綿幾十公里，行動緩慢，很容易挨打，卻沒有受到像樣的攻擊。一翼紅軍面對粵軍，自然相安無事。但另一翼要對付的是湖南軍隊，指揮官是堅決反共的將軍何鍵，四年前就是他槍殺了毛的前夫人楊開慧。居然，何鍵也讓紅軍安然通過。

第三道封鎖線照樣了無戰事。蔣介石非但沒有責罰何鍵，反而於十一月十二日任命他為「追剿總司令」，把守第四道封鎖線。封鎖線設在湖南最大河流湘江的西岸，江上沒有橋，紅軍只能涉水渡河，又沒有高射機槍，只能任由國民黨飛機轟炸。要消滅紅軍，這裡再合適不過了。然而，紅軍於二十七日在長達三十公里的江段上開始過江，過了四天，四天都沒有受到騷擾。河對岸的碉堡群形同虛設，何鍵的軍隊在附近城裡袖手旁觀，蔣介石的飛機在頭上盤旋，只是偵察不扔炸彈。毛澤東和中共中央在三十日渡河，蔣介石沒有阻撓。到十二月一日，四萬紅軍主力都順利渡過湘江。

只是在這時，一直在「函電交馳」的行營「聚精會神」、「隨時查詢部隊到達位置，計算紅軍實力」（侍從室主任晏道剛語）的蔣介石，才派飛機狂轟濫炸渡江紅軍，封鎖了湘江。被切斷在湘江東岸的紅軍部隊中，三千多人死亡。雖然過江的隊伍只是出發時的一半，但這一半是主力紅軍和中央機關。*何鍵十二月二日發電報說：「匪主力已全部通過全州、興安中間地區〔過了江〕西竄。」毫無疑問，蔣介石有意放走了紅軍主力、中共中央與毛澤東。

這是為什麼？且看紅軍過了湘江之後蔣介石的動作。他把紅軍繼續往西趕，趕進貴州，然後趕向四川。這兩個省和相鄰的雲南省一道組成了中國的大西南，占地一百萬平方公里，人口有一億。四川最大、最富饒，人口多達五千萬。險峻的山嶺護衛著它，使它自古就有「蜀道難，難於上青天」的名聲。蔣介石此時的戰略計畫是把四川建成將來對日本作戰的大後方，即他所說的「復興民族之根據地」。

但這幾個省表面服從中央政府，實際上是獨立王國，擁有各自的軍隊，不向中央政府納稅。四川省更分成不同的「防區」，由大大小小的軍閥分別統治著。蔣介石要統一大西南，就必須派中央政府的軍隊進去。但這些省拒絕接受中央軍。中央軍強行進入，戰爭便不可避免。蔣不希望打仗。他的作法是把紅軍趕進這些省去，使這些省的軍閥由於害怕紅軍落腳，不得不讓中央軍進來幫助他們。蔣之所以保存紅軍主力，是因為不如此西南三省的軍閥便不會感到足夠的威脅。蔣對祕書陳布雷說：「川、黔、滇三省各自為政，共軍入黔我們就可以跟進去，比我們專為圖黔而用兵還好，川、滇為自救也不能不歡迎我們去，更無從藉口阻止我們去，此乃政治上最好的機會。今後只要我們軍事、政治、人事、經濟調配適宜，必可造成統一局面。」就在紅軍開始過湘江向貴州行進的當天，一九三四年十一月二十七日，蔣介石發布了他統一中國的藍圖：《中央與地方權責宣言》。

蔣介石的算盤他一生都祕而不宣。

蔣介石放走紅軍也是對蘇聯作的姿態。蔣希望跟這個強大的鄰居改善關係，以對付咄咄逼人的日本。改善關係最重要的莫過於寬容中共了。但蔣介石放走紅軍還有一個更祕密的純私人動機：他要斯大林釋放在蘇聯做人質九年的兒子經國。經國是蔣的長子，也是唯一的親生兒子。他過繼了二

* 未過江的四萬人，除了在湘江邊被打死打傷打散的以外，其餘在到達湘江前六個星期的行程中掉隊、病逝、累死、逃亡或死傷於沿途不時有的小型遭遇戰。

兒子緯國。但經國仍然是他的愛子加繼承人。蔣是一個非常傳統的人物。傳宗接代是頭等要緊的事，「無後」是對祖先的罪過，對父母的不孝，所謂「不孝有三，無後為大」。中國話裡有一句詛咒人的話：「讓你斷子絕孫！」對祖先、父母負責任的孝道是中華文化最重要的品德，蔣視此為人格的中心。

一九二五年，經國十五歲，蔣送他去北京上學。那時蔣在國民黨裡是一顆正在高升的新星，支持國民黨的蘇聯人便打上了他兒子的主意。經國一到北京他們就找到他，邀請他去蘇聯。年輕人很高興，到北京才幾個月就起了程。帶經國去蘇聯的是邵力子，莫斯科埋在國民黨內的紅色代理人。

紅色代理人是莫斯科傳給中共的無價之寶，大多是二十年代上半葉埋進國民黨的。那時孫中山為了要蘇俄資助，敞開了國民黨的大門。中共於是在幾個層次上滲入國民黨。一層是像毛澤東那樣的共產黨員，在國民黨裡公開活動；一層是在國民黨內的祕密共產黨員；第三層是共產黨員假裝脫黨進入國民黨。國共分裂後，一大批祕密共產黨員蟄伏了下來，在國民黨內官至高位，為毛澤東上臺立下了汗馬功勞，使世界上任何別的間諜、代理人都相形見絀。有些紅色代理人的真實面貌到現在仍不為人知。

邵力子就是這樣一個人。他其實是中共創始人之一，但按莫斯科的指令一開始就不公開參加中共的活動，連中共領導人也不都知道他是誰。一九二七年四月蔣介石在上海「清黨」時，邵於二十三日給他的蘇聯上司發了封電報，電報馬上呈交斯大林本人，說：「上海使我激憤難平，我不能做反革命的工具，我請求指示應該怎樣鬥爭。」

他得到的指示是繼續留在國民黨內，直到一九四九年才公開投向中共。他一九六七年死於北京，今天仍只被稱為共產黨的同情者。

一九二五年十一月，邵力子把蔣經國帶去蘇聯。一九二七年，經國學習完後要求回國，莫斯科不但不准，而且強迫他公開譴責父親。斯大林把他扣做人質，對外卻宣布是經國自己不願意回國。斯大林喜歡扣人質。美國共產黨領袖尤金·丹尼斯（Eugene Dennis）的妻子佩吉（Peggy）曾描述他們的兒子蒂姆（Tim）是怎樣被扣作人質的。他們夫婦一九三五年離開蘇聯回美國前夕，共產國際負責人曼努伊爾斯基（Dmitri Manuilsky）來訪，「炸彈是輕輕地擲下的，幾乎不經意般地擲下的。曼努伊爾斯基告訴我們，不能帶蒂姆走，他說：將來會送他回去的。」但蘇聯人並沒有把蒂姆送回。

蔣經國的人質身分在一九三一年底由孫中山夫人宋慶齡向蔣介石挑明。宋慶齡是共產國際在中國的紅色代理人。這可以從一九三七年一月二十六日她給中共駐莫斯科代表團團長王明（也是她在莫斯科的聯繫人）的絕密信中一覽無餘。信是這樣開頭的：「親愛的同志：我不得不向您陳述以下事實，因為它們可能危及我將來在中國的活動……我希望您仔細考慮，然後告訴我應該怎樣行動。」她報告的內容之一，是對在上海為共產國際工作的史沫特萊女士的不滿，說史「不顧你們反覆的指示，繼續與不可靠的人保持關係，給他們錢，然後又要黨把錢還給她。」「她把外國同情者帶回家來，把這個為重要目的專設的聯絡點糟蹋了。」「我已經把你們孤立她的指示，通知了中共中央。我不明白我們的同志為什麼還在西安給她工作……也許他們認為這些指示只是我的個人意見吧。」

孫夫人代表莫斯科向蔣介石提議，用經國交換兩名在押的重要蘇聯間諜牛蘭（Noulens）夫婦。十二月十六日的日記中，蔣寫道：「孫夫人欲強余釋放〔牛蘭夫婦〕而以經國遣歸相誘。」蔣介石拒絕了。審判和監禁這兩名間諜都在報上公開報導，用他們交換兒子是不可能的事。可是莫斯科的提議在蔣心中掀起巨大波瀾。隨著，他寫出自己的擔心，即經國可能被「蘇俄殘殺」，他就會絕後了。

蔣無時不為兒子的安危擔憂。他在十一月二十八日寫道：「邇來甚念經兒。中正不孝之罪，於此增重，心甚不安。」十二月三日：「近日思母綦切，念兒亦甚。中正死後，實無顏以見雙親也。」十二月十四日：「晚間，以心甚悲傷，明日又是陰曆十一月初七先妣誕辰，夜夢昏沉，對母痛哭二次。醒後更念，不孝罪大。」

蔣介石拚命想說服自己，十二月二十七日的日記說：「嘗思傳世在德行與勳業，而不在子孫。前代史傳中聖賢豪傑、忠臣烈士每多無後，而其精神事蹟，卓絕千秋，余為先人而獨念及此，其志鄙甚。經國如未為俄寇所害，在余雖不能生見其面，迨余死後，終必有歸鄉之一日。如此，則余願早死，以安先人之魂魄。」

但是，他說服不了自己。十二月三十一日的日記寫道：「心緒紛亂，自忖對國不能盡忠，對親不能盡孝，對子不能盡慈，枉在人世間，忝余所生，能不心傷乎！」

就在那個月，邵力子的兒子志剛在羅馬遭暗殺。志剛是當年由他父親作為經國的旅伴帶往蘇聯的。後來經國留做人質，他回國了，以後去了歐洲。意大利的報紙稱這樁凶殺案為情殺：「一個傷害了情婦的中國人的悲劇結局」，「情婦」據說是個捷克女郎。今天的中共「政協」稱志剛是被國民黨「藍衣社」特務所殺。

在隨後幾年中，蔣介石的一個想法逐漸成熟：同莫斯科作筆交易，以中共的生存換回經國。對以反共為旗幟的蔣介石來說，這樁交易不能點破，只能用微妙的方式去處理。他要削弱紅軍又不消滅它們，讓他們暫時苟活，生存在一個不能發展的狹小空間。蔣知道抗日之戰遲早要爆發，而且蘇聯人希望他打日本。俄國是日本的宿敵，斯大林最怕的是日本占領中國後，用中國的資源和中蘇間七千公里長的邊境進攻蘇聯。用中國打日本、讓日本陷進中國，是斯大林遠東政策的核心。一旦中日開戰，蔣介石相信莫斯科一定會命令中共打日本，那麼紅軍就大有可能被日本人翦除。

蔣不要紅軍待在中國的腹心地帶。他看中一處可以把他們「關」起來的牢籠，在黃土高原上的陝北一帶。那裡地廣人稀，中共可以生存，但不會有什麼兵源。雖然此地比起中國南方來離蘇聯更近，但供蔣選擇的「牢籠」不多，蔣也自認有把握能把紅軍圈在那裡。

一九三三年四月，蔣任命邵力子做陝西省主席。不用說蔣知道邵的真實身分，他就是要利用邵來為中共創造落腳點。邵的前任是同情中共、曾申請加入中共的楊虎城將軍。但即使是楊當政，陝北的紅色武裝和根據地也極其弱小。邵的到來，才使這裡的小小游擊區日益壯大。

楊虎城繼續任陝西國民黨軍事長官，與邵融洽協作。長征開始後不久，陝北紅區已發展成為一塊三萬平方公里、九十萬人口的大根據地。就這樣，蔣在拔除全國所有紅色根據地的同時，讓陝北一枝獨秀，發展得欣欣向榮，成為全國紅軍的家。蔣後來對美國總統羅斯福（Franklin Roosevelt）的使者居里（Lauchlin Currie）說：「我把共產黨人從江西趕去陝北，在那裡他們的數量降低到幾千人，但沒人去動他們。」

趕的辦法之一是任憑中共截聽他的部隊的電臺通訊，因為紅軍總是朝蔣置兵薄弱的地方行進。紅軍發現在長征途中，「敵軍電報不斷被我偵譯，我軍對敵軍動向一清二楚。」蔣明明知道，口頭上也說要變更密碼，但只是說說而已。

長征中的中共中央與各部紅軍大多保持著電臺聯繫，但它與莫斯科之間的聯繫斷了。當時的聯繫要靠上海電臺中轉，蔣介石在長征前夕破獲了上海電臺。中共重建通訊的努力未能成功：它派往上海的電臺人員一去就投向了國民黨。中共派殺手把他殺死在一家德國醫院的病床上。

蔣介石用中共換兒子的交易是這樣開始的：長征前夕，他第一次通過外交途徑正式向蘇聯提出要求釋放經國。這在他一九三四年九月二日的日記裡有明確記載：「經國回家事，亦正式交涉。」接著他用行動表示他會為莫斯科做些什麼，首先是讓中共輕易地突圍。

莫斯科對蔣發出的信號心領神會。從蔣要求釋放兒子到中共過湘江，脫離蔣的碉堡封鎖線，莫斯科顯著加強了對經國的控制。那時，曾在農村和西伯利亞金礦做過苦工的經國，正在烏拉山重機器廠工作。他後來自述道：「一九三四年八月到十一月間，蘇聯內政部突然對我嚴密監視。每天總有兩個人跟蹤我，我幾乎連一刻的自由都沒有。我覺得我像個囚犯一樣。」

十二月初，中共穿過了最後一道封鎖線，蔣介石馬上又向莫斯科提出釋放經國的要求。克格勃的人告訴經國：「中國政府要我把你送回去。」蘇聯政府對蔣介石說他兒子不願回國。蔣介石一面感嘆「俄寇之詐偽未已」，一面又感覺「泰然自若」。他在日記中寫道：「當此家難，能以一笑置之，自以為有進步也。」蔣介石明白他的兒子是安全的，只是他還得再為中共做更多的事。

13 長征之二：躲避張國燾

一九三四～一九三五年　四十～四十一歲

十二月中，蔣介石把長征的紅軍趕往貴州。正如蔣預見的，四萬紅軍的降臨嚇壞了貴州軍閥王家烈。他後來寫道：蔣「早就想攫取貴州，以便控制西南各省。這次，他的『中央軍』乘尾追紅軍的機會，要進貴州來了，我又不可能拒絕，前思後想，心緒異常煩亂。在當時形勢下，我決定執行蔣介石的命令」。十二月十九日，中央軍八個師進駐省會貴陽，立即開始修機場、築公路，照王家烈的說法是「反客為主」了。

蔣接著把紅軍朝四川趕。他截斷了紅軍的其他途徑，只敞開這一條大道。蔣的計畫是按貴州模式接管四川，然後再把紅軍北上趕到陝北去。可是在這個時候，一個意想不到的情況出現了：毛澤東死活不進四川。原因並不是他有意破壞蔣介石的計畫，而是為了個人在中共黨內的權力。

毛早就在進行分化中央、爭取同謀的活動，特別力爭兩個他從前並不喜歡的人。一個是綽號「紅色教授」的王稼祥，一個是接任他「總理」職位的張聞天。毛跟這兩個人早先都幹過仗，現在他竭力拉攏他們，因為他倆都對第一把手博古心懷不滿。

這兩人曾跟博古在莫斯科同學，不甘心比他們年輕的博古跨越他們成了黨的領袖，把他們時時排斥在決策之外。張聞天後來說博古「排擠我」，「我當時感覺得我已經處於無權的地位，我心裡很不滿意。記得在出發前有一天，澤東同志同我閒談，我把這些不滿意完全向他坦白了。從此，我同澤東同志接近起來。他要我同他和王稼祥同志住在一起——這樣就形成了以毛澤東同志為首的反對李德、博古領導的『中央隊』三人集團。」

這個「三人集團」一塊兒行軍，通常是躺在擔架上。中央領導有權坐擔架。在艱難的長征中，他們大都被人抬著走。毛甚至設計了自己的旅行工具。張聞天夫人劉英回憶毛誇耀他跟王稼祥的擔架：「『你看，我們設計了擔架哩。我和稼祥，一個病號，一個彩號，抬著走。』他同稼祥頗為得意地向我介紹他們的『傑作』。這種擔架，竹子抬杆，長長的，爬山方便，抬起來省力，上面用油布做成弧形的蓋，好像南方江河裡的船篷，不怕雨淋日曬。」

毛後來對他身邊的工作人員說，他長征中「坐在擔架上，做什麼？我看書，看了不少書。」對抬擔架的人來說日子可就沒那麼舒服了。長征過來人說：「爬山的時候擔架員們只能用膝蓋跪行，有時直到膝蓋跪爛，才能爬到山頂。爬完一座山，灑下一路血與汗。」

毛跟博古的兩位嫉妒的同事在擔架上謀畫怎樣奪權。路窄時一前一後，路寬時並排抬著，讓他們的頭湊在一起好說話。有一次碰頭是在一處橘林裡，綠樹上掛滿了金黃色的橘子。擔架伕停下來歇氣，把他們並排放在地上。「三人集團」決定他們的目標是撤掉博古和李德，把軍權給毛。黨權給張聞天，三人中唯一的書記處書記。王稼祥呢，他將從政治局候補委員晉升為正式委員。各人的位子都安排好了，他們就要求開政治局會議討論中央蘇區為什麼垮臺。

博古爽快地同意了。他一直在為喪失中國的第一個紅色政權而非常苦惱，曾屢屢舉起手槍對著自己，好像在考慮自殺。

一九三五年一月十五到十七日，政治局委員跟軍事領導人等二十來人，在貴州北部的遵義城開會。會上爭來爭去，毛等三人把責任都推在博古與李德身上。

中共黨史稱這次遵義會議確立了毛澤東在黨和軍隊裡的領袖地位。其實會上毛既沒有成為黨的領袖，也沒有被授予軍隊的指揮權。會議結果，博古仍然做黨的第一把手。李德是唯一的外國人，被撤了軍權。儘管毛的「三人集團」提議要毛接管，大多數人沒有響應，要周恩來繼續作「最高軍事首長」，「軍事上下最後決心的負責者」。*

不過，毛在遵義會議上獲得了一個成敗攸關的突破：他終於進入了決策核心「書記處」。莫斯科一九三四年一月認可的書記處有七名成員，四名在長征途上：博古、周恩來、張聞天、陳雲。另三名是留在蘇區的項英，中共駐莫斯科代表團團長王明，以及紅四方面軍的首領張國燾。遵義會議上，王稼祥提議毛進書記處，盡管王稼祥只是政治局候補委員，無權提議誰做書記處書記。

毛當上了書記處書記，這使他只需對付幾個人就能決定大局。長征途上的四名書記中，張聞天是同謀，陳雲是一個躲開權力鬥爭的人，又常常在基層處理行軍中的具體問題。剩下的只有博古跟周恩來。毛的策略是拉周打博。遵義會議要寫一個「決議」，一般這是第一把手的事，但這次張聞天獲權起草。這個決議將要傳達給全黨，還要送交莫斯科，對周恩來再重要不過。張聞天初擬的決議上，標題就點了周恩來的名，說喪失中央蘇區他是禍首之一：「博古、周恩來、華夫（即李德）同志錯誤軍事政策的總結」。周跟毛等人合作了，他的名字也就被劃掉了，決議中對他的批判也大大降級。

正如李德冷冷地寫道：周「巧妙地跟博古和我保持距離，使毛集中火力攻擊我們而放過了

* 遵義會議上大多數人並沒有擁戴毛，還可從另一事實上看出：毛後來雖然屢提遵義會議，可除了他的兩個同謀者外，點不出幾個支持他的人名來。

他」。這樣一來，毛在書記處中占了多數。遵義會議一結束，參加者分別回他們的隊伍，毛立刻左右書記處作出決定：「澤東同志為恩來同志的軍事指揮上的幫助者」。「幫助者」這個頭銜，軍事辭典裡大概難以找到。毛就這麼把一隻腳插進了軍事領導中。

新的書記處接著把王稼祥提升為政治局正式委員。遵義會議三星期後，二月五日，在位於三省交界的一個叫「雞鳴三省」的村子裡，張聞天取代博古，當上了中共第一號人物。奪權的經過是這樣的：毛跟張聞天結夥先去找周恩來，談好了再去把這個「多數人決定」通知博古。博古後來說，他們跟他「沒完沒了地談，施加了無窮無盡的壓力」，他不得已才讓位。

由於張聞天當第一把手不是遵義會議的決定，而是幾個人搞的「政變」，因此密謀者們等了幾個星期，直到打了一場勝仗，有了定心丸，才宣布了這個更換。從此毛澤東當上了那個雖不乏雄心但欠狠心、欠手腕的張聞天的幕後操縱人。

遵義會議決定的方針是：北渡長江，到四川去，同已在川北的張國燾領導的紅四方面軍會師，建立根據地。一九三五年一月十九日，中央紅軍離開遵義，朝四川行進。四川就在遵義北邊，接近蘇聯控制的外蒙古、新疆，是紅軍北上打通蘇聯的必經之路。*二十二日，中央打電報給張國燾，要張前來配合策應。

但對毛來說，四川不能進——進了遲早要跟張國燾會師。一旦會了師，張聞天任一把手將毫無希望，毛也就當不了幕後操縱人。

張國燾的資格很老，一九二一年中共召開「一大」他就是會議主席，那時毛澤東還不起眼，張聞天連黨也沒入（他一九二五年入黨）。不像毛，張國燾是按共產黨程序選出、莫斯科欽定的書記處書記。張國燾又是共產國際執行委員會委員，在蘇聯住了好些年，還見過斯大林。他一九三一年一月從莫斯科回國後，被派去中央蘇區以外的鄂豫皖，到一九三二年夏天，把鄂豫皖建成了個擁有四萬平方公里土地、三百五十萬人口、四萬五千紅軍的大型根據地。蔣介石在那年秋天把他趕出鄂豫皖，他到了四川北部，一年內又建立起新的更大的根據地，拉起一支八萬人的大軍。**

憑實力，憑資歷，憑地位，張國燾在會師後都幾乎可以肯定會坐上中共第一把交椅。

張國燾不會當毛的傀儡。像毛一樣，他也會為了權殺人不眨眼。在他的根據地裡，他也屠殺當地領導人，也親自主持過刑訊。受害者有的被刺刀挑死，有的勒死，有的活埋。紅四方面軍指揮官徐向前說：張國燾「藉口肅反，翦除異己，建立個人統治」。

有這麼一個人物在場，毛澤東難以出頭。要是他跟張國燾爭權奪利，說不定自己會喪了命——他在江西大打ＡＢ團時的同夥劉士奇，就是張國燾殺的。迄今為止，毛對付的黨的領導人都為黨殺人而不為個人權力殺人。無論毛如何跟博古、周恩來搗亂，他們也不會碰他。但對張國燾他就不那

---

* 美國駐雲南的副領事當時向華盛頓報告說：「中國的形勢一天天地更嚴重了。如果沒有奇蹟發生，共產黨人就要不管怎麼樣闖進四川了。到時候，那個人們知道的打通蘇俄的計畫就要實現了，那時再談摧毀共產黨就是一句空話了。」前蘇聯軍事顧問斯坦恩制定了幾套朝四川方向運軍火的方案，包括提供「飛機大炮」，「和足以裝備五萬人的武器」。蘇聯武官雷邦也為運輸途徑提出祕密建議。莫斯科派中共前負責人李立三到靠近中國邊界的祕密蘇軍情報點，著手恢復跟中共的電台聯繫。

** 張國燾如此成功，很大程度上是因為川北在一幫格外貪婪的軍閥統治下。縣城裡也有「打精巴子」的老百姓，窮得赤身裸體，縮成一團在路上走。紅四方面軍到來之前就有農民起義，紅軍得以大量徵兵。紅四方面軍的軍事指揮官徐向前論才能在中共將帥中數一數二。

麼有把握了。毛一定得迴避跟張國燾會師。

但毛無法反對進四川，他只能跟著走。到了四川邊境，他開始耍花招。他堅持要紅軍設埋伏打一支尾隨的敵軍。這支敵軍是四川軍隊，有能征善戰的名聲。毛的用意是紅軍如果打敗，那麼他就可以以川軍太厲害的藉口把紅軍留在貴州。

這場埋伏戰毫無道理。敵軍並沒有擋在紅軍前面，而且根本沒有騷擾紅軍。遵義會議制定的向四川前進的計畫中，曾特別說：「對尾追之敵」「應迅速脫離」，「勿為敵人所抑留」。但最高軍事負責人周恩來順從了毛。

一月二十八日，毛下令在一個叫土城的地方設伏。結果如毛所料，敵軍名不虛傳，反守為攻，把紅軍打得落花流水。根據毛的部署，紅軍還被擺在背水作戰的地位上，背靠一條被窄窄的峽谷擠得水流湍急的赤水河。毛站在遠處的山頂上，觀看他的隊伍的慘敗，一天後才下令退兵。天下著雨，山路滑，退兵爭先恐後往前趕，傷員和婦女被推到後面。敵人緊追過來，朱德的妻子康克清的背包被一把拽住，她甩手扔掉了背包，才得以跑脫。長征中這是唯一一次非戰鬥部隊成員離敵人如此近。

四千紅軍傷亡被俘：整個中央紅軍的十分之一。土城之戰是長征中最大的敗仗，一天之中損失的人數比渡湘江時的傷亡還多。後來中共說，遵義會議後毛挽救了紅軍，事實恰恰相反。

赤水河上紅軍搭起浮橋向西退去，重武器和X光機等醫療器械都扔掉了。朱德手提駁殼槍，親自掩護撤退。他平常安詳從容，現在也忍不住惱火發脾氣。疲憊不堪的官兵們背著拉著他們的同志，在崎嶇的山路上艱難地爬行。下大雪了，雪埋住了密密的森林和深深的峽谷。嚴寒、飢餓、筋疲力盡、傷員的痛苦呻吟，使倖存者幾十年後仍記憶猶新。

這場敗仗為毛不進四川提供了根據。就在這時，毛與張聞天奪了博古的權。兩天後的二月七日，入川計畫宣告作廢。但這時紅軍已經在四川境內了，因為赤水河以西就是川南。軍事指揮官都贊成繼續北進，與張國燾會合。毛的老搭檔林彪也和別人一樣不滿毛挑起土城之戰。當毛到林彪的部隊去爭取林的支持時，林把一肚子的火都掛在臉上。但是，依然是毛說了算。

紅軍於是再渡赤水河返回貴州。成千傷員被留在河西邊的深山老林裡，無衣無食無藥，幾個月內大多數都難逃一死。*

二十七日，紅軍重佔遵義。蔣介石要的是紅軍去四川，不要紅軍在貴州立足。他派了兩個師前來攻城，又派飛機轟炸。紅軍打退了進攻者，穩住了陣腳。毛大喜過望，因為這兩師是強敵中央軍，如果紅軍能抵禦他們，就能在貴州站住腳。興高采烈的毛賦詞抒情：「雄關漫道真如鐵，而今邁步從頭越。」

有了這場勝仗墊底，毛和張聞天才向中央紅軍，以及向張國燾的紅四方面軍發電報宣布：張聞天現在是頭號人物，毛是書記處書記。張聞天緊接著任命毛為紅軍「前敵總指揮」，一個專門為毛設立的位子。自寧都會議以來，毛第一次有了軍事職務。

但毛的「勝仗」代價慘重。彭德懷心情沉重地報告說，三軍團「減員很多，現在只有一個團能

---

* 長征中一般是把傷員留在老百姓家裡，留給他們一點錢。他們的命運靠的是運氣。張國燾的部隊留下了一些受傷生病的女兵。在紅色統治下受過罪的當地人有的在她們身上洩憤，用割乳房、把木棍打進陰道等種種酷刑折磨她們。為了生存，有的女兵嫁給了當地相對富有的人，但中共掌權以後，她們被劃為「地主」，一生挨鬥受歧視。一九八五年，黨史學者找到她們時，看見這些六、七十歲的人在嚴寒的十一月連鞋都捨不得穿。

維持原編制，每連也只有五、六十人，其餘各團，每連僅編四、五個班」。還說：兩位團長負傷，六位營長傷亡，「現在各團部及軍團參謀處一空如洗」。另一位「深為紅軍的安危擔心」的軍官黃克誠央求說：「剩下的部隊已經不多了。當前保存革命力量十分重要，應該盡量避免與敵人打硬仗，因為紅軍再也經受不起消耗了。」

可是毛為了在貴州待下去，仍要再打現已控制了貴州的中央軍。三月五日，他下令「消滅」中央軍的兩個師。這一命令在野戰指揮員中引起強烈抗議。林彪在十日打「萬急」電報反對打這個強敵。

那天凌晨，張聞天召開了包括林彪、彭德懷等野戰指揮員在內的二十來人的會議，討論作戰方案。毛澤東在會議上完全孤立，甚至張聞天也不支持他。毛爭著爭著脫口而出，威脅辭職：以「去就前敵總指揮職務力爭」。眾人抓住這句話，馬上說：「少數服從多數，不幹就不幹。」毛被撤了職，前敵總指揮大家選彭德懷替代。

毛自知失言，立刻行動要奪回軍權。當天晚上，他手提馬燈去找周恩來，周還是「最高軍事首長」。毛要周第二天早上再開一次會，這一次的關鍵是，野戰指揮員都無法參加，他們已回各自的部隊去了。

毛向周建議乾脆取消前敵總指揮，代之以一個新的「三人團」，由毛、周、王稼祥組成。周接受了。毛是一舉數得：既維持了周恩來的地位，又安撫了因未獲實權而牢騷滿腹的王稼祥，還使自己從此在軍事指揮上與周恩來平起平坐。

第二天開會，一切按毛的意思辦。彭德懷的前敵總指揮一職被取消了，不打中央軍的決定也被推翻，大多數人的決定就這樣被幾個人串通著一筆勾銷。

「三人團」決定在名酒「茅台」的家鄉附近的魯班場進攻中央軍。彭德懷請求道：「敵人陣地工事堅固，地形對我不利，無攻破〔中央軍〕周渾元可能。似應迅速脫離當前之敵。」但「三人團」堅持說：「以全部力量，於明十五號絕不動搖地消滅魯班場之敵」。

當紅軍遵命向中央軍的堅固陣地進攻時，國民黨以機關槍迎候，紅軍大敗，傷亡一千多。受到重創的隊伍又擁擠渡過赤水河，被逼回川南。

蔣介石調兵堵住了紅軍回貴州之路。害怕和張國燾會師的毛硬是命令紅軍調過身來再渡赤水，強回貴州。這個決定是如此不通情理，如此不得人心，一道不尋常的命令以「黨中央總政治部」的雙重名義下達給了幾個高級指揮員：「這次東渡，事前不得傳達，以保祕密。」

兩個月了，紅軍四渡赤水，過去又過來。李德納悶地記道：紅軍在「兜圈子，越兜越小，有的地方經過了兩三次」，「疲憊不堪、毫無結果地亂繞」。眼看著紅軍給自己徒添慘重傷亡，他以為這一切是「古怪、不理智」。不僅中央紅軍無端受罪，張國燾率領的紅四方面軍已離開根據地前來策應，何去何從，懸而不定。為了個人權力而不顧紅軍死活的毛，後來把「四渡赤水」叫作他的「得意之筆」。

蔣介石跟李德一樣，也完全不明白「紅軍徘徊於此絕地」是在搞什麼名堂。他以為紅軍肯定會進四川，中央軍可以就勢跟進，已在三月二日飛往四川最大的城市重慶，實行統一四川的大業去了。他的首要任務是取消大小軍閥割據的「防區制」。但軍閥們暗暗抵制，蔣無法制住他們，中央軍不在手邊。

蔣努力要把毛趕進四川，他飛返貴陽，派飛機轟炸紅軍，使紅軍不能在貴州立足。同時，蔣公開地將把守在四川邊境的部隊調開，等於告訴中共：那裡沒設兵，趕緊去四川！但毛帶著紅軍朝相反的方向——南方——跑去。蔣搞不懂紅軍在幹什麼，一度猜想他們是不是想打貴陽。但紅軍沒在貴陽停留，急急地從貴陽旁邊南下走了。

在連續不斷的轟炸下，紅軍每天急行軍四、五十公里，走得死去活來。過來人描述道：「部隊越來越筋疲力盡了。飛機在天上飛過的時候，我們簡單地往路邊一滾，也顧不上像從前那樣看看有沒有東西作掩體。在村子裡睡覺時，要是炸彈落下來，我醒都不會醒，要是落在我身邊，我翻個身就是。」「每天都有不少人死去。雖然年初有幾千人參軍，*紅軍人數還是少多了。」

在這段急行軍中，紅軍不得不丟棄剩下的醫療器械，醫院也解散了。傷員從此幾乎得不到治療。除子彈傷、炸彈傷外，大多數人的腳還因為穿草鞋天天疾走，擦傷感染，一著地就疼痛異常。而紅軍要是進四川北上，完全不必經歷這些災難——紅九軍團就是證明。在貴州境內南下過烏江時，九軍團的兩千人因作後衛被截斷在烏江北岸，他們無法繼續南下，只好去四川。他們發現，除了一兩場小小的遭遇戰外，再沒人找他們的麻煩。他們居然能在光天化日下、在陽關大道上大搖大擺地行走，一停下休息就是好幾天。

毛澤東的「得意之筆」也給他的妻子帶來痛苦。賀子珍跟隨「幹部休養連」行軍。土城惡戰之後，紅軍在瓢潑大雨中走了三十公里，來到白沙。即將臨盆的子珍下了擔架，在一間草房裡躺下。幾小時後，她生了個女兒，她跟毛的第四個孩子，這天是一九三五年二月十五日。紅軍只在白沙停留一天，像以往兩次那樣，子珍得把孩子留下。當她就要被抬著上路時，澤民的妻子把女兒裹在一件外套裡抱給她看，然後抱著孩子，拿著一把銀元和做貨幣用的鴉片，去找人家收養。澤民的妻子讓她給女兒取個名字，子珍不住地流淚，搖搖頭，說她再不會見到這個孩子了。果然，收留孩子的老人沒有奶，三個月後，孩子渾身長瘡化膿，不久就夭折了。

共產黨掌權後，子珍生活中的一個主要內容是尋找她遺留的孩子，但她從未認真找過這個女兒。她對身邊的人傷心地說：「長征路上生的這個女孩子，我連看都沒看清楚她長個什麼樣子，也說不清楚具體是在什麼地方，送了什麼人家。」但孩子縈繞在她的內心深處。一九八四年，她去世的那一年，當年的幹部休養連連長去看她，閒談中，她突然冒出一句：「我是在哪個，哪個地方生的小孩子，你還記不記得？」

生孩子時毛澤東沒有來看子珍，儘管他在同一個鎮裡。後來行軍路上遇上了，子珍告訴他孩子丟下了，毛只點點頭說：「你做得對。」

賀子珍對毛的冷漠是難過的。她對朋友說，毛有一句話使她「很受傷害」。毛對別的女人說：「你們為什麼怕生孩子呢？你看看賀子珍，她生孩子就像母雞下蛋那麼容易，連窩都沒有搭好就生下來了。」事實上，長征路上生孩子宛如酷刑。有個女人在行軍中臨產，還一步步走到宿營地。第二天，孩子留在了空屋裡睡過的稻草堆上，身上蒙著稻草，哇哇地哭著，母親又上路了。在涉過一條冰冷的河水時她暈了過去，她的戰友們找來一張木桌，輪流抬著她走。安全部門頭子鄧發的妻子分娩時，痛得在地上打滾，嘴裡罵鄧發。鄧發被找來，站在一邊垂著頭。博古夫人說：「行軍中騾馬比老公好！」

子珍產後兩個月，災難再次降臨到她頭上：她被國民黨的飛機炸傷，差一點喪命。那是四月中

* 貴州的老百姓非常貧窮，紅軍得以招收數千士兵。

句的一個傍晚，三架敵機在一片梯田盡頭出現，飛得很低，連飛行員的臉都看得見。子珍跟戰友正在一條小徑上歇氣，猛然機關槍掃射下來，炸彈跟著落下，一時胳膊腿橫飛，鮮血和腦液把土地攪成一灘灘紅色的泥漿。

十多塊彈片切進子珍的頭上、背上，其中一塊從背上劃開一道大口子，一直劃到右胳膊。她渾身浸透了鮮血。醫生把傷口表面的彈片夾出，嵌得太深的只好留在裡面。雖然用了白藥止血，但血還是從不省人事的子珍的傷口裡、鼻子裡、嘴裡淌出來。醫生給她打了強心針，說她也許只能活兩小時。連隊負責人商量把她留在老百姓家。他們立刻給毛打電話，毛就在隔壁的村子裡，他沒有來看子珍，據說他「很累」。他只在電話裡說不能把她留下，並派來他的醫生，和兩個擔架伕抬子珍。直到第三天毛才來看妻子，那時子珍已甦醒過來，但說不出話，也哭不出聲。再往下的行軍中，子珍實在忍受不住痛苦，哀求身邊的同志給她一槍，讓她死去。

兩個月的向南，向南，沒有一個目的地，紅軍隊伍裡人人都在問：我們上哪兒去？上層人物知道計畫是進四川同張國燾會合，長遠的戰略方針是北上靠近蘇聯，但現在的行程卻跟計畫背道而馳。林彪大聲抱怨：「這樣會把部隊拖垮的，像他〔毛澤東〕這樣領導指揮還行？」四月，林彪給「三人團」寫信，要求毛把指揮權交給彭德懷，立刻北進與張國燾會師。連曾為私利支持毛不進四川的張聞天，也對毛非常生氣。李德記道：「有一天，洛甫〔即張聞天〕突然跟我攀談起來。我們通常很少打交道，可這一次他對我提起紅軍的危機，說這是遵義以來毛不計後果的戰略戰術的結果。」為了紅軍不致全軍覆沒，「三人團」應該「讓位給有能力的軍事指揮官」。

毛對他的同謀者變卦大為惱怒。有一次，他跟李德同行，提到張聞天的名字時他聲音變得尖利。他說張「嚇破了膽，在搞陰謀反對他」。但張聞天對毛不構成威脅，他已上了毛的船，要下來就不那麼容易了。毛同時盡量拉攏他，他知道張聞天喜歡年輕活潑的姑娘劉英，就提議把她調到張的身邊，使他們得以朝夕相處。

四月中旬，紅軍進入中國西南角的雲南省。毛下令停下來。但停下來得對付此地的土著苗族人，他們驍勇善戰，長征初期已經給紅軍製造了無數麻煩，根據地是沒法建立的。下一步怎麼辦？毛說還要「向東及向南」。但向東無路，國民黨大軍正壓過來；向南死路一條，那邊是法國殖民地越南。

毛的指示激怒了野戰指揮員們。四月二十五日，接到命令的當天，林彪打電報給中央說「應立即變更原定戰略」，「渡過金沙江入川，向川西北前進，準備與四方面軍會合」。彭德懷也表示了相同的意見。

毛再也拖不下去了。四月二十八日，他終於下令轉道向四川行進。一踏上往北的道路，紅軍前面便是坦途一片，甚至還不乏有人暗中相助。當天紅軍就發現路邊停著一輛大卡車等待著被「繳獲」，車上裝著二十份十萬分之一的精細地圖，外加大量土特產：茶葉、火腿、白藥。顯然，要麼是蔣介石，要麼是雲南當局，用這種辦法催促紅軍離開雲南，快去四川。紅軍到達四川邊界金沙江時，三個渡口城都敞開大門，毫無抵抗地接納了紅軍，還獻上食物、金錢。

渡金沙江花了整整七天七夜，船隻在無人把守的渡口穿梭來往。蔣介石的軍隊待在附近不動。飛機在空中盤旋，只是偵察，不找麻煩。過來人的印象是蒼蠅多得怕人，「太陽一出來總有好幾十萬，比飛機還討厭」。

紅軍雖然進了四川，但為了避免與張國燾會師，毛不願再往前走，要就地建立根據地。他派紅軍去圍攻離江邊不遠的會理城。會理城易守難攻，既有護城河環繞，又有十五世紀的堅實城牆。本地軍閥拚死命守城，把城牆外的房子一概燒掉，使紅軍攻城時失去掩護，又殺了幾十個懷疑親共的士兵，以防有人給紅軍作內線。蔣介石看看紅軍停下來了，就又開始轟炸。紅軍傷亡慘重，無醫無藥。毛是不管的，他從來沒去看過傷兵。

紅軍的重大損失使將領們忍無可忍。林彪把毛帶著紅軍走的這一大段彎路形象地比做「弓背」，說他們早該走弓弦。為了以中央的名義來壓制這片反他的聲浪，毛要張聞天召集會議。

會議於五月十二日在會理城外一間草棚裡召開。毛寸土不讓地捍衛自己的權力，發出陣陣暴怒之聲。他用老辦法給彭德懷扣帽子，說他「右傾」，說他挑動林彪奪權。林彪待要爭辯，毛衝他大吼：「你還是個娃娃，你懂得什麼！」林彪吼不過毛，只好不作聲。彭的弱點是臉皮薄，不好意思為自己爭奪權位，哪怕爭奪得有道理。他也沒法跟毛比賽扣帽子。

最重要的是毛有張聞天當槍使，張不敢不照毛說的辦，雖然他於心不安。他後來說他「勉強」地按毛的意思作了結論，用「很厲害」的、「過火的」「機會主義大帽子」打擊彭德懷和別的反毛的人。人們只有沉默。跟毛作對非同小可，又怕內訌分裂黨和紅軍。結果毛仍然掌握軍權。毛對差點取代他的彭德懷恨之入骨，會一開完就把彭的朋友、跟彭意見相同的黃克誠在幹部會上狠批了一頓。黃知道「真正矛頭是對著彭德懷的」，只是「不便對彭德懷直接點名批判」。會理的仇，毛記了一輩子。

毛也很聰明地作了讓步，收回了打會理的命令，明確同意「立即北上，同四方面軍會合」。毛躲避這一天躲了將近四個月，損失了三萬紅軍。長征，也就長出來兩千多公里。

毛仍然害怕與張國燾會師，深知一場惡鬥必不可免。他馬上著手準備這場權鬥。首要的一步，是讓他的地位得到莫斯科認可。由於電臺聯繫沒有恢復，五月底，毛派他信得過的陳雲去蘇聯。陳雲既是書記處書記，人又謹慎，與世無爭，對毛樂於從命。在莫斯科，陳雲的報告經過仔細推敲故意含糊其辭，給莫斯科造成印象：毛做領袖是在正式的政治局會議上，經大多數人推舉的。

中央紅軍往北去與張國燾會合，行進到四川中西部時，面臨天塹大渡河。陡峭的山谷中，五月下旬喜馬拉雅山的融雪捲起奔騰咆哮的激流猛浪，漩渦密布，河床布滿尖利的岩石，使涉水無法想像。河上只有一座橋，叫瀘定橋，建於十八世紀初葉，是四川通往西藏的要道。這是一座雄偉的吊橋，全長一百零一公尺，寬兩公尺多，十三根粗大的鐵索連接東西兩岸，九根作橋底，每兩根相距一尺左右，上面鋪著木板做橋面。

紅軍「飛奪瀘定橋」是後來長征英雄史詩的代表，美國作者索爾茲伯里（Harrison Salisbury）的《長征》（*The Long March*）一書封面，赫然就是這座橋。美國記者斯諾一九三六年採訪了毛以後寫道：過瀘定橋「是長征中最關鍵的時刻」。「木板有一半給抽掉了，從岸邊到河中心只剩下光溜溜的鐵鏈。在東岸的橋頭，敵人的一個機關槍陣地正對著他們，它的後面是由一團白軍把守的陣地……誰能想到紅軍會發瘋似的試圖從光鐵鏈上過河呢？可是紅軍卻偏偏這樣做了……頭一個戰士中了槍，掉到下面的水流裡，第二個也掉下去了，接著是第三個……敵人把煤油扔到橋板上，橋板開始燃燒起來。這時，大約有二十名紅軍戰士用雙手和膝蓋匍匐前進，把手榴彈一個接一個地扔進敵人的機關槍陣地。」

其實，在瀘定橋根本沒有戰鬥。紅軍五月二十九日到達時，瀘定橋沒有國民黨軍隊把守。從國民黨軍隊的大量來往電報、部署可以看出，長征故事中說的守橋的國民黨二十四軍第四旅李全山團，其實並不駐屯瀘定城，而在遠處的化林坪一帶。駐紮瀘定的是步二旅旅部，旅長余松琳。紅軍到來前夕，該旅就離開了，被派去五十公里外的康定。瀘定、康定並屬的西康地區專員六月三日的通報也表明，步二旅「集中康城附近」，不在瀘定。當時國民黨無數通訊沒有一份講瀘定橋打了仗，只提到紅軍在去瀘定橋的路上，和離開瀘定橋之後，有幾次小型遭遇戰。

紅軍先頭部隊到橋邊時，指揮部設在離橋不遠的天主教堂裡，向河對岸已無國民黨軍的瀘定城打炮。當地人大多是天主教徒，其中一位婦女家裡開豆花店，就在紅軍所在的橋邊，紅軍還住在她家。一九九七年這位婦女已是九十三歲高齡，但頭腦十分清晰，她對我們講紅軍「陰一炮，陽一槍地打過去」，然後「慢慢過完橋」，過橋時「沒有打」。

有的木板是被損害，可能有拆去的。九十三歲的老太太記得紅軍來借老百姓的門板去鋪橋，有的人家交出了寶貴的棺材蓋子，隊伍過完後老百姓各自去認領。瀘定橋只有一次剩下光溜溜的鐵鏈，那是中共政權拍宣傳長征的電影《萬水千山》時。

過橋時紅軍沒有一人傷亡。首批過橋的二十二名戰士，在六月二日過橋後，每人得了一套列寧裝、一支鋼筆、一個碗和一雙筷子。他們中沒有一個人受傷。

其他紅軍過橋時也沒有傷亡。周恩來的警衛員描述周聽說有一匹馬掉在河裡淹死了很著急，問過橋的指揮官楊成武：「人有沒有受損失？」當聽說沒有時，周又問：「一個都沒有？」答覆是：「一個都沒有。」

大渡河上還出了個神話，即「強渡大渡河」，在瀘定橋南七十五公里的安順場。那裡渡口寬闊，沒有遮掩，紅軍渡了足足一個星期，在國民黨偵察機的眼皮底下。但同樣，無一傷亡。*國民黨部隊再無能，憑借天險優勢，也不至於讓紅軍毫無傷亡吧。

「飛奪瀘定橋」純係虛構。鄧小平在一九八二年對美國總統卡特（Jimmy Carter）的國家安全顧問布列津斯基（Zbigniew Brzezinski）親口說：「這只是為了宣傳，我們需要表現我們軍隊的戰鬥精神。其實沒有打什麼仗。」

毛一九三五年五月三十一日步行過了瀘定橋。他離張國燾只有三百公里了。在他跟張國燾的先頭部隊之間橫著藏民散居的「大雪山」。儘管山叫這個名字，當地人告訴我們說，毛翻山的那個季節和那個地點並沒有積雪，只是寒冷異常，刺骨的風吹著夾雪花的凍雨襲擊著沒有冬衣禦寒的紅軍。筋疲力盡的官兵渴望減輕一點負擔，把厚一點的衣服在山下熱的地方都扔了，如今他們只好靠出發前喝辣椒水來抵抵寒氣。翻越四千多公尺的高山，嚴重減弱的身體無法與空氣稀薄的高原氣候拚搏，許多人就長眠在那裡了。擔架伕跟挑伕最苦，有的坐下來喘口氣，就再也站不起來。

毛澤東爬雪山沒坐擔架，是自己走過來的，拄著一根木棍，走得還比他年輕的警衛員輕鬆。張國燾的人在山那邊等著歡迎中央紅軍，預備了一大堆急需的物資：鹽、茶、鞋襪、毛毯、手套等等。毛跟中共其他領導收到額外的食物、粗呢制服、驢馬，毛的馬是特別挑過的，性情溫順，還有個醫生來給他當護士。一星期後，六月二十五日，張國燾縱馬三天，穿過峭壁森林，來到撫邊

＊一九四六年，一位英國作家問彭德懷過大渡河的事。彭委婉地說：「那是很早以前的事了，我也記不清楚了。我們過了那麼多河——金沙江、湘江、烏江、長江……我記不清了，記得有人掉在河裡。」他對戰鬥或橋起火之事不置一辭。有兩三個人命喪此橋，朱德夫人和我們訪問的九十三歲老人都說是紅軍修橋時，年久失修的橋板突然折斷，他們失足掉下去的。

村與毛等會合。中國兩支最大的紅軍就此會師。

幾天之後，七月四日，蔣介石的連襟、南京政府行政院副院長兼財政部長孔祥熙拜訪了蘇聯大使鮑格莫洛夫（Dmitri Bogomolov）。拜訪名目是談日本侵略華北的事，但臨走時孔對鮑大使說，蔣很想與他兒子團聚。這是蔣介石遞信給斯大林：我已經讓你的兩支紅軍會合了，釋放我的兒子吧！蘇聯大使顯然早有準備，當場回答道：「我們並不阻礙他回國，但據我所知，是他自己不要回來。」

雖然蔣介石沒有要回兒子，但他完成了統一西南三省的目標。貴州軍閥王家烈被迫辭職，拿了一大筆錢走了。雲南省主席龍雲跟蔣介石合作，暫時地保持了良好關係。戰略要地四川如今由蔣全盤控制。中央軍跟隨毛入川之後，蔣本人馬上在五月分再回重慶，在四川待了好幾個月，著手把這個人口最多的大省建成未來對日作戰的基地。

毛澤東也在他的上升史上邁出了一大步。長征前他幾乎被扔下，數月之間，他已是中共中央的實際掌權人。雖然中央紅軍從四萬多人減少到不足一萬，但沒有關係：紅軍可以重建，可以壯大——只要有莫斯科的支援。而莫斯科只認中共中央。

14 長征之三：獨霸連接莫斯科之路

一九三五年　四十一歲

當一九三五年六月兩支紅軍會師時，毛率領的中央紅軍處在悲慘的境地。剩下的這一萬來人身體拖垮了，重武器差不多丟光了，步槍平均每支只有五顆子彈。曾是張國燾老朋友的朱德私下對張說：中央紅軍「過去曾是一個巨人，現在全身的肉都掉完了，只剩下一副骨頭。」

作為鮮明的對照，張國燾統率下的紅四方面軍在他們自己的長征初期只有兩萬人，現在增長到八萬多人。隊伍身強力壯、訓練有素，機關槍、迫擊炮一應俱全，是支真正的勁旅。

以這樣的實力作後盾，李德寫道：張國燾「接待我們好似主人見客，舉止充滿自信，很清楚自己軍事上、行政上的優越……他的幹部控制了這個地區可憐的出產，幾萬大軍的衣食都得靠他」。「他大約四十歲，個子高高的，身材魁梧」，「野心不比毛小」。

毛一直擔心的時刻到了，得跟張國燾「排座次」了。張國燾無論從實力還是從資歷講都應該不掌黨權也掌軍權，但毛無意讓出任何位子。看上去，毛跟張攤牌，似乎處在不利的地位。可是，毛卻占了上風，因為書記處的三個書記——張聞天、周恩來、博古——此時都站在他這一邊。

張聞天沒有毛就當不了第一把手，當初不讓紅軍進四川，他是點了頭的。周恩來一再出於怕毛而由毛擺布。博古照理說是被毛逼下臺的，現在應該棄毛而跟張國燾聯手。但他在毛拖垮中央紅軍時，沒有對毛進行抗爭，現在才出來說話，未免太不像領導人的樣子。總之，中央紅軍被拖垮，整個書記處都有責任。對張聞天、周恩來、博古等人最有利的，還是繼續與毛站在一起。結果是張國燾在書記處裡處於一比四的劣勢。

為了推卸責任，毛等人眾口一詞地說中央紅軍是國民黨打垮的。但至今仍強大的紅四方面軍也備受國民黨打擊，而且在蔣介石削弱紅軍的方針下，比中央紅軍所受的打擊厲害得多。為了壓制紅四方面軍的「興師問罪」，毛等人扣政治帽子，指責紅四方面軍是「軍閥主義」、「政治落後」、「土匪作風」。

這些帽子激怒了紅四方面軍，兩軍開始互相爭吵。看著中央紅軍的狀況，紅四方面軍問：「這樣的中央和毛澤東還能領導我們嗎？」

中央紅軍的幹部、戰士也紛紛訴苦。幹部指責領導無能，「老是亂跑」，「不知道跑到哪裡去」，「應使全軍得到休息整理」。戰士抱怨「沿途拋棄傷病員，卻要抽調戰士來做轎夫，抬那些要人們和他們的妻子」。

中共領導「坐轎子」是長征中最激起憤怒的事。一位長征老戰士在六十多年後說起來還氣得胸脯起伏：「他們說是說平等，自己坐擔架，地主作風。我們小聲悄悄說，不敢說出來。不過還是有少數人大聲說。」領導給他們「做工作」：「說中央首長很辛苦，雖然他們不走路，沒有背東西，他們的腦筋比我們苦。我們光走路，吃東西，不管事。」這樣的強詞奪理當然不能服人。

「走路不走路」是生死攸關的大事。幹部休養連裡的受傷的、生病的、年老的高幹，沒有一個人死，被人抬著走的中央領導沒有一個人死，哪怕受重傷的也沒有一個人死。相反，比他們年輕得多的擔架伕、護士、警衛員，在長征中累死的比比皆是。中央紅軍如今到了幹部多，戰士少的地步。

「排座次」的過程中，毛只給了張國燾一個軍委副主席的象徵性職位。軍委那時形同虛設。張國燾不滿，他手下的人堅持要求讓張統率紅軍，毛避而不答。雙方相持不下，中央調不動紅四方面軍。九萬人的兩支大軍，擠在貧瘠的藏區高原一隅，開始斷糧。當地老百姓不可能支撐這麼多外來人口。紅軍自己說，他們是在「與民爭食」。田裡未熟的青稞也被大量割去，使藏民來年無糧。毛把這掠奪當作笑話講，對斯諾說：「這是我們唯一的外債。」斯諾說毛「很幽默」。

藏民一有機會就鑽出樹林襲擊紅軍。後來中共出版的長征日記裡時有這樣的記載：「沿途死屍甚多，大部是掉隊被番子所害的。」

毛考慮來考慮去給張國燾什麼職位。張聞天提出把他的黨中央第一把手位子給張國燾。毛不同意。他寧願給張國燾軍權，然後用黨的名義來指揮張國燾。實力地位固然要緊，但在共產黨的世界裡，名正言順還是「黨指揮槍」。七月十八日，張國燾被任命為紅軍總政委，任命說他將「直接統率指揮」「一切軍隊」。

八月初，中共制定「夏洮戰役計畫」：全軍北上，先到甘肅的夏河、洮河一帶，然後向蘇聯的衛星地區新疆行進，按毛澤東的話說，「地理靠近蘇聯，政治上物質上能得到幫助，軍事上飛機大炮。」「派支隊到新疆，造飛機場，造兵工廠。」就是在這個北上的戰役行動中，毛澤東搗了個鬼，把張國燾從這條成功之路上甩掉。

按「夏洮戰役計畫」，紅軍分為兩支，主力由張國燾和朱德率領出阿壩北上；另一支叫右路軍，由張國燾手下大將徐向前、陳昌浩統領，走東邊的路經班佑北上。毛自己選擇他和中央都隨右路軍走，中央紅軍主力林彪、彭德懷部也在右路軍裡，受徐、陳指揮。

張國燾和他那支部隊出發後九天，毛開始搞名堂。八月十五日，他以中央的名義發電報給張國燾，要張不攻阿壩了，改變路線，靠到右路軍這邊來，「即以主力從班佑向夏河急進」。毛就這樣一手更改了剛剛制定的「夏洮戰役計畫」，要張國燾跟他的幾萬大軍驟然改變行程。

張國燾八月十九日回電說他已經在阿壩附近，一兩天內即可攻下，那是條陽光大道，「有三四條平行路向阿壩北進，人糧甚多」，而班佑那條路是個未知數：「至班佑路更不知」。毛利用他控制的中央給張國燾施加壓力。第二天，政治局作出決議說張國燾走得太靠西，本來那條路是大家都同意的，現在成了「機會主義之投降困難，走抵抗最小的道路」，「是不適當的，是極不利的」，「客觀上正適合敵人的要求」。

毛用如此荒唐的譴責，要叫張國燾改道，是因為他發現張國燾走的路線是一條坦途，完全可能比他早到北邊，跟蘇聯先取得聯繫。毛決不能讓這樣的事發生。毛要張國燾跟在他後面走。

這時毛也了解到，他本人選擇的經班佑的路極其難走，將穿過一片險惡的大草地，走完它要一個星期。草地是積滿水的低窪沼澤地，一步不小心，有毒的泥淖會把人整個吸進去。這裡杳無人煙，吃住無著。氣候惡劣多變，一會兒是瘴氣滿目，一會兒是冰雹暴雨，而且樹木稀少，很難生堆像樣的篝火取暖烤衣。八月的夜間溫度也在攝氏零度以下。所有這些艱難困苦，外加海拔三千多公尺的高原氣候，使過草地如穿地獄。張國燾的主力跟在毛屁股後面將會更慘，因為連野菜也被前面的部隊吃光，灌木也被前面的部隊燒完。

在把政治局譴責張國燾的決議發給張後，毛坐著擔架上了路，走前輕裝扔下一堆他最喜歡的《二十四史》。第一天行軍後林彪的總結是：「途中無人煙，須過五次河，有三次無橋」，「三百餘人全無雨具，通身透濕」，「今晚各部均在雨中擁坐」。

李德留下了一幅生動的畫面：「草地看上去是一張誘人的綠被，但下面是殺機四伏的黑色沼澤。誰要是失腳離開那狹窄的小徑而踏上綠地，薄薄的一層便在腳下斷裂，人被吸了下去……我們趕著當地的牛馬，他們能直覺地找到危險最小的途徑。地面上總是掛著灰色的霧，一天總有好幾次冷雨紛紛，晚上又變成濕漉漉的雪或凍雨。沒有屋子，沒有樹，眼睛望穿也望不見灌木叢。我們都在小丘似的地面上蹲坐著睡覺。薄薄的毛毯，寬沿的草帽，蠟紙傘，還有個別偷來的披風，這些就是我們唯一的防護。早上總有些醒不來的——寒冷和疲憊的犧牲品。這還是八月中呢！……赤痢、傷寒，又開始了它們的征服……」

李維漢回憶道：「過草地時，紅軍沒有東西吃，馬死了就剝掉皮吃。前面的部隊吃馬肉，後面的部隊啃骨頭。實在沒有東西吃，就吃草根，嚼皮帶。」「我看見一條毯子蓋著幾個戰士，怕他們掉隊，就趕快下馬，揭開毯子想喊他們起來一起走，仔細一看，四個同志已停止了呼吸。」

劉英說：

好多人支持不住，倒下去，犧牲了。走到第五、六天，每天早晨起來走，周圍不斷見到同伴的屍體。長征的一路上我沒有犯過病，但第六天，也開始瀉肚子了。那時也顧不得害羞，隨時蹲下來就拉，繫好褲帶又趕快趕部隊。一直拉了兩天，我咬著牙挺過來了。

在草地走了七天七夜，那完全是一個杳無人煙的世界。第八天，走出了草地，看到了村莊，看見了群眾，看到了牛羊和炊煙，看到了田裡有大蘿蔔，真是高興極了。過草地犧牲最大。這七個晝夜是長征中最艱難的日子。到班佑，我覺得彷彿是從死亡的世界回到了人間。

在只有一二十間屋子的小村落班佑過一夜，住進以犛牛屎為牆，以犛牛屎為屋頂的牛屎房，在犛牛屎作燃料的火堆上烤乾衣裳，是不可思議的豪華，只有倖存者才能享受到的豪華。僅林彪的一軍團就損失了四百人，占全軍團人數百分之十五。

這就是毛澤東要張國燾的數萬大軍放棄平坦的大道，轉兵前來經歷的折磨。以政治局的名義，毛給張國燾打了一封封電報，要他迅速走班佑路。在一封他出草地後發的電報裡，毛謊稱路不長，可供宿營的處所也多：「毛兒蓋通班佑，路短棚多，提議以三至四個團掩護能行之傷病員及資材，從卓克基經毛兒蓋緩緩前進」。

毛要張國燾把傷病員、輜重都統統帶上！表面上他說這是使他們「免致拋棄」，實際上是讓張的隊伍加倍受苦。毛是以中央的名義下命令，張國燾只好服從，帶著數萬大軍開進草地。一兩天後，草地的滋味他就領教夠了。九月二日，部隊來到一條漲水的河前。他給毛發電報說：「偵察上下三十里，均無徒涉點，架橋材料困難，各部糧食只有四天……現在繼續偵察徒涉點，並設法架橋」。第二天仍無法過河，他決定不再前進，電告毛：「（甲）上游偵察七十里，亦不能徒涉和架橋。各部糧只能吃三天，二十五師只兩天，電臺已絕糧。茫茫草地，前進不能，坐待自斃，無嚮導，結果痛苦如此，決於明晨分三天全部趕回阿壩。（乙）如此，已影響整個戰局，上次毛兒蓋絕糧，部隊受大損；這次又強向班佑進，結果如此，」張國燾打馬回程了。

在這樣的周折下，一個月過去了。寒冷的季節在高原來得格外早，張國燾做出了一個毛澤東想要他做的決定：停止北上等待來年春天。他電告毛：北進「時機已失」。他的部隊中三分之二的人患了腳病，行走困難，再行軍「減員將在半數以上」，而且「阿西以南彩病號盡需拋棄」。

張國燾推遲北上，毛搶先與莫斯科取得聯繫的意圖可以實現了。

但問題來了：張國燾要毛所在的右路軍也停止北進，南下跟他會合。張在九月八日命令右路軍指揮徐向前、陳昌浩，率領所有部隊南下。徐、陳決定服從張國燾。毛當然不可能南下，但他擔心右路軍中的中央紅軍會被帶走，於是悄悄用一個謊言拉走了他們。在九月九日到十日的夜晚，他和張聞天對少數幾個人說張國燾命令右路軍負責人加害中央，因此他們必須連夜把部隊帶走。*劉英記得她是在半夜被叫醒的。「『起來，起來！馬上出發！』大家問：『出什麼事啦？』『到哪兒去啊！』……〔答〕說：『不要出聲，不打火把，一個跟著一個，跟我走！』一口氣急行軍十來里路，過了一個山口，才停下來喘口氣。」同時，毛派他信得過的葉劍英，帶走負責通訊聯繫的二局，把指揮部的軍用地圖也偷了出來。

在帶領中央紅軍出走上，毛的關鍵同盟是彭德懷。不久前，彭才反對過毛的指揮；跟張國燾會師後，他也不是對拉攏他的張無動於衷。彭決定跟毛走，原因不僅是毛代表中央，還在於北上意味著打通蘇聯。彭很清楚，這是唯一的成功之路。

九月十日清晨，徐、陳兩位指揮官早上起來，大吃一驚地發現毛等人不見了，中央紅軍不見了，軍用地圖也不見了。接著營地外圍的部隊報告，毛一行人在後面放了警戒哨，端著槍準備向任何追兵開火。部隊請示徐陳打不打？他們決定：紅軍不打紅軍。毛得以順利離去。

---

* 那天晚上，這個謊撒得很含混，而且是對少數幾個人說的。十八個月以後，毛才在較大範圍內宣布說張國燾叫他的人「解決」中央。那是一九三七年三月三十日，毛著手清洗張國燾的時候。在那之前，儘管也有中央決議譴責張國燾「分裂紅軍」，這個指控並不在其中。毛張之間無數的電報也沒提這件事。甚至毛在一九三六年六月跟莫斯科恢復電臺聯繫後給莫斯科的譴責張的電報也沒提這事。一九三八年四月，毛向莫斯科報告開除張國燾出黨，也沒提這件事。這一切都證明，張國燾沒有下令傷害毛。

隊伍走了一陣子，看見紅四方面軍的宣傳隊在遠處山坡上招手喊話：「同志們！不要跟高鼻子走！趕快回頭呀！」高鼻子指李德，他也接到那個謊言，說張國燾下令「在必要時解決中央」。喊話使被偷偷帶走的官兵第一次聽說他們跟紅四方面軍分道揚鑣了，紅軍分裂了。惶恐不安的情緒籠罩著部隊。政治部立即派人到連隊督促士兵們快走，怕動搖的人往回跑。

這時毛手下的部隊不到八千。毛站在路邊，默默地看著他們走過，計算兵力，觀察情緒。他特意讓彭德懷站在身旁，以示對他的支持。大多數紅軍戰士，甚至高級軍官，都難得離毛這樣近。長征以來，這是毛第二次在部隊前露面，第一次是在遵義群眾大會上。

毛的下一步是讓蔣介石不給他找麻煩。為此他得設法通知蔣，現在往北去的只是一支被嚴重削弱的小部隊，內含中共中央。果不其然，出走後幾個小時，國民黨就知道了這些情況，知道有哪些部隊跟毛走，知道他們是如何的筋疲力盡。九月十一日，毛出走那天，蔣介石電告毛將通過的甘肅省的省主席：「據報，北竄之匪毛、彭、林等均在內，飢疲不堪」。

張國燾顯然認為這是毛有意透露給國民黨的，第二天他給毛等發電報說：「兄等走後，次晨胡〔宗南〕敵即知彭德懷部北竄，請注意反動〔派〕乘機告密，黨中央無論有何爭執，決不可將軍事行動洩之於敵。」

洩密使毛餘下的一千公里一路順風。只在一個叫臘子口的山隘處有一場小小的遭遇戰。雖然參與的人只有十來個，後來被吹噓成「突破天險臘子口」的大仗。如李德所記：「除了幾個放冷槍的以外，這一截沒有敵人。」中央軍像影子一樣跟著他們，在他們南邊平行，目的是不讓他們折回中國腹心地帶。

與紅四方面軍分裂的次日，在甘肅南部的俄界，毛宣布去陝北紅區。毛跟中共核心早就知道陝北，莫斯科在長征前的一九三四年五月三日就電告他們，這裡是他們未來的根據地。

甘南沿途是燦爛陽光下的金色穀穗，綠色草原上的柔順綿羊，農夫荷鋤徐行的田園風光。好客的當地人把紅軍迎進家裡。官兵們多少個月來第一次洗到熱水澡，刮了鬍子理了髮，吃著由羊、雞、大蒜、花椒跟麵條烙餅組成的美味佳肴。

為了不把當地人變成敵人，毛澤東發布了嚴格的命令，要「嚴整紀律」、「違者嚴處」。當地人中六成是回民，紅軍禁止殺豬吃豬肉，回民中的有錢人也不能當土豪打。

友善的結果是紅軍大量逃亡。國民黨電報說岷縣一地就有一千多紅軍戰士自首。毛要政治保衛部門「注意收容落伍人員」。未來中共軍隊的總參謀長黃克誠回憶道：「在向陝北進軍途中，掉隊的人一路不斷。部隊政治保衛機關認為掉隊和情緒不振作有關係，懷疑掉隊的人會投敵叛變，於是，又採取殘酷的懲罰措施。」他本人「小心翼翼地跟著部隊行軍，生怕掉隊而遭到處理」。「處理」是處決的委婉說法。黃又寫道：「一天行軍，『走了很遠的路才停下來宿營。我雖然疲勞已極，但硬是咬緊牙關掙扎著往前走，直到夜裡十一點鐘趕到宿營地才安下心來。」

最後這一個月的旅途是最輕鬆的，但毛喪失了一半人：逃亡、掉隊、死於疾病與政保部門之手。到達陝北吳起鎮時，部隊只剩下不足四千人了，跟他七年前離開井岡山時數量相當。從外表看更淒慘。一位過來人說他們「在服裝上破爛得不成樣子。沒有鞋襪，很多人用氈子包在腳上，有人還穿草鞋。」吳起鎮已經是個很窮的地方了，但是當地人還都覺得中央紅軍「實在像一群叫花子」。

看似對毛更不利的是，張國燾在毛等出走以後，宣布另立中央。然而，一九三五年十月十八日，毛澤東踏上陝北紅區的土地時，他的心情遠遠不是失落沮喪。與張國燾相比，他與蘇聯的距離是「一步之遙」。莫斯科來人找中共非他莫屬。用他後來的話說，他「一生中最困難的日子」以勝利告終。

十一月中旬，一年多來的第一位莫斯科使者到來了。他叫張浩，本名林育英，林彪的堂兄。他穿著羊皮襖化裝成貨郎，穿過戈壁灘跋涉而至，頭腦裡裝著跟莫斯科聯繫的通訊密碼，那是他經過反覆背誦而刻在腦子裡的。張浩還帶來一名蘇聯培訓的報務員。不久，跟莫斯科的無線電通訊重新建立起來，控制通訊的是毛。

張浩帶來斯大林的話，紅軍可以通過外蒙古「接近蘇聯」接受軍援。中共長期追求的戰略目標——「打通蘇聯」——可以開始行動。

毛的使者陳雲此時已在莫斯科，十月十五日向共產國際作了親毛的彙報。十一月，蘇聯出版了經過仔細審改的陳雲的報告，稱毛為中國共產黨「久經考驗的政治領袖」。《真理報》發表文章，以天花亂墜的辭藻，把毛描繪成好似契訶夫（Anton Chekhov）筆下的主人公，病體歪歪但意志堅強地奮鬥。標題赫然為：「中國人民的領袖：毛澤東」。自中共成立以來，莫斯科首次正式認可毛為中共領袖。

長征結束當天，蔣介石約見蘇聯大使鮑格莫洛夫。這是長征開始後蔣第一次見鮑大使。蔣提議跟蘇聯簽訂一個針對日本的祕密軍事同盟。日本這時對中國的侵略又升了級，在華北策動五省「自治獨立」。蘇聯人對蔣說，要訂同盟他得先「跟中共調整關係」。蔣介石的親密助手、「中統」創始人陳立夫隨即祕密跟鮑格莫洛夫和武官雷邦談判與中共打交道的具體問題，用的詞是與中共「合作」。

談判中，陳立夫向蘇聯大使要求釋放蔣介石的兒子經國。陳立夫對我們說：「我給他講：我們兩國簽訂協議，弄得很好了，你為什麼要扣住我們領袖的兒子呢？為什麼不能放他回來呢？」陳立夫補充一句，說他這樣做「沒得到蔣公的同意」。看來作為蔣介石以「紅軍換兒子」的知情人，他知道這交易絕對不能說是蔣要辦的。

既然蔣介石沒有把交易說破，莫斯科就裝聾作啞，扣住蔣經國不放。經國做人質迄今已有十年。那年三月，在烏拉山的重機器廠中，愛情給這個二十五歲年輕人的黯淡生活帶來了一束光明，他跟俄國姑娘、技術員方良（Faina Vakhreva）結了婚。十二月，他們的第一個孩子出世。為了毛和中共，經國的人質生涯還得繼續下去。

15 劉志丹的命運

一九三五～一九三六年　四十一～四十二歲

長征後的未來十年裡，毛澤東的「家」安在中國西北部的黃土高原上，傍著黃河。這裡是望不盡的黃土天地，單調而又悲壯地蒼涼。流水切割成的溝壑像滿臉皺紋，峽谷像鋸齒般裂開，深長幾百公尺。住宅多是依山挖進的窯洞。

全國剩下的唯一紅區陝北，是劉志丹創立的。毛到達時，劉有五千人馬，比毛的還多。在本地同情紅軍的人眼裡，他是個英雄。但當地的西班牙天主教主教，不喜歡他剝奪教堂和富人的財產，稱他為「天不怕地不怕的、渾身上下都是反骨的密謀家」。

毛朝劉志丹的根據地出發時，一九三五年九月十二日，對高層說，劉在「領導上不一定正確」。九月中旬，主管根據地的中共北方局奉命前去「肅反」。北方局的人一到就跟剛被蔣介石從南方趕到這裡來的紅二十五軍聯起手來，向劉和劉的戰友們開刀。紅二十五軍人數三千四百，不如劉志丹的武裝力量強。但劉沒有抵抗。當他從前線被召去後方，途中得知是要逮捕他時，他仍自己走進了班房。

中共大員譴責劉志丹「一貫右傾」，說他是「為消滅紅軍而創造紅軍根據地的反革命」。他服從黨的行為不但不被讚賞為對黨忠誠，反而被歪曲來作罪證，說他明知要被捕，「反而不跑，是狡猾的以此使黨對其信任」。監獄裡，劉志丹戴著沉重的腳鐐，後來長期走路都成問題。酷刑是家常便飯，燒紅的鐵絲曾捅進他一個戰友的大腿直到骨頭上。許多人被活埋。倖存者習仲勳後來說，他被關在瓦窯堡的一個監獄裡，「埋人的土坑已經挖好，我們隨時都有被活埋的危險。」

這個時候毛澤東來了——來扮演一個英明的仲裁者角色。毛傳令停止捕人殺人，十一月底釋放了劉志丹等人，肅反被定性為「嚴重錯誤」，兩個替罪羊受到處分。

毛成了救命恩人，這使他接管陝北根據地時，處在一個再理想不過的地位。那場血腥的肅反使劉志丹和他的戰友們大受損害，無職無權，毛得以輕而易舉地把他們排斥在領導圈之外。劉志丹作為根據地的創始人，只分給很低級的職務：做由一幫新兵組成的紅二十八軍軍長。毛派親信做政委，以掌握劉。劉志丹沒有怨言，他公開表態支持毛的權威，還要受害的戰友們也都聽中央的。

毛不想把劉志丹作為敵人消滅，他想借助劉的巨大聲望來統治。毛也不想留著劉志丹。劉是本地領袖。毛知道中共遲早要從本地人身上擠搾糧食、金錢、士兵和勞工，這類政策必將引起本地人的反抗，土生土長的幹部因為與當地有千絲萬縷的聯繫，容易成為這些反抗的帶頭人。毛要除掉劉志丹，不過辦法跟解決過去根據地裡的當地領導人不同。

在陝北安頓下來不久，毛著手實行打通蘇聯、接收軍火的戰略方針。毛的計畫是東渡黃河，到富裕的山西省去，在那裡招兵籌款，如有可能建立根據地，再向北去蘇聯衛星國外蒙古邊界。

東征於一九三六年二月開始。就像長征一樣，中共宣傳說東征是去打日本。其實一個日本人也沒打，連日本人的邊也沒沾。毛招了些兵，掠奪了些財物，但不等靠近外蒙古，就被蔣介石的軍隊趕回了黃河以西。在這場短短的征途中，劉志丹死去，年僅三十三歲。中共說他死在戰場上，但他死的前後一切細節都說明他是被謀殺的。

死的那天是四月十四日，在黃河渡口三交。中共說一挺敵人的機關槍，在掃射進攻的紅軍時，打中了他的心臟。但劉志丹並沒有在進攻的紅軍行列裡，也沒有在兩軍的交叉火力線上，他在兩百公尺外的一座小山上用望遠鏡觀戰。如果打死他的真是一挺機關槍，那挺機關槍也太神奇了：它本來在朝一個完全相反的方向射擊，突然一下子轉了個大彎，就那麼一顆子彈，從兩百公尺外準準地射在劉志丹的心臟上，精確度真能使神槍狙擊手汗顏。

劉志丹中彈時，有兩個人在身旁，一個是政治保衛局的特派員，姓裴，長征時他負責看守紅軍的金銀財寶。另一個是劉的警衛員。根據裴自己的描述，劉志丹中彈後，他叫警衛員去找醫生，「當醫生來到時，他〔劉〕已完全停止了呼吸」。也就是說，劉志丹死時，身邊只有裴一個人。這樣的死法太使人懷疑劉志丹是被裴或警衛員暗殺的。暗殺是政治保衛局工作的重要部分，給「不可靠」的「首長」派的警衛員通常也是政保部門的人。前紅七軍軍長李明瑞就是在被懷疑企圖率兵逃走時，被警衛員打死的。紅軍將領龔楚在計畫逃亡時，最擔心的也是身邊的警衛員。

劉志丹死前的一系列事件顯示要他死是毛澤東的意思。死前八天，毛下令：「二十八軍以後直屬於本部指揮」。這意味著，劉志丹一旦死亡，向上面報告就是直接對毛。兩天以後，毛任命劉志丹為他迄今一直被排斥在外的「軍事委員會」委員。這等於劉獲得全面平反，進入軍事決策機構。這樣劉死後會被當作英雄對待，他手下的人不會憤怒造反。最後，十三日那天，是毛親自下令劉志丹去三交的，去的第二天劉就被打死了。

劉志丹下葬的時候沒讓他的遺孀看遺體。她回憶說：「我要開棺看他一眼，周恩來副主席勸說道：『劉嫂子，你身體不好，見了更難過。』所以沒看到。」七年以後終於讓她開棺看了，但那時遺體已經腐爛。那一年毛澤東整飭在延安的中共幹部，特別需要根據地的穩定，需要利用劉志丹的名字。他為劉志丹舉行隆重公葬儀式，把保安縣改名為志丹縣，毛親筆題詞，說劉志丹的「英勇犧牲，出於意外」。

在中共史上，劉志丹是唯一一個死在前線的根據地最高領袖。不僅他，他在陝北的左右手也都在他死的幾個星期內先後被打死：楊琪死於三月，楊森死於五月初。也就是說，毛到陝北幾個月內，當地的三個紅軍最高指揮官都「死在戰場」。這樣的命運在紅軍裡絕無僅有。

這三個人死了，潛在的對毛造反的本地領袖不復存在。後來，雖然陝北人有過一些小規模反抗，但都不足以威脅中共政權。毛澤東於是安全地在陝北住了十一年。

16 西安事變之始：張學良欲取蔣而代之

一九三五～一九三六年　四十一～四十二歲

一九三五年十月毛澤東長征完畢到達陝北時，他的目標除了生存就是打通蘇聯。蔣介石要的是把紅軍關在他劃定的地方。他把這個任務交給了前東北「少帥」張學良。少帥的司令部在西安，與毛的駐地相距三百公里。

蘇聯對毛的武器援助可通過兩個地方，一個是外蒙古，一個是新疆。少帥的軍隊駐紮在通向這兩個地方的路上。

少帥的飛機駕駛員是美國人利奧納多（Royal Leonard）。他描述少帥道：「我第一眼的印象是他像個扶輪社的總裁，胖胖圓圓的，生活優裕，風度輕鬆隨便，討人喜歡。五分鐘不到我們就成了朋友。」

張學良的父親張作霖於一九二八年六月被炸死。*父親死後，張學良歸順了蔣介石的中央政府，繼續駐紮東北，直到一九三一年日本入侵，他率領二十萬東北軍退入關內。蔣介石給了他一系列重要職位，他也跟蔣和蔣夫人宋美齡關係親密，蔣比他大十四歲，張說他把蔣當作父親。

但少帥不甘心久居人下。東北面積是法國和德國的總和，他曾是那裡的最高統治者，不慣於聽命令。中國當時想取代蔣介石的大有人在，都清楚成功取決於強鄰蘇聯的支持，都在和蘇聯拉關係。一九三三年，已失去東北的少帥由於失去熱河，被迫「引咎辭職」，去了歐洲。在那裡他向蘇聯暗送秋波，竭力要去蘇聯。但看出他野心的蘇聯人拒絕他入境。斯大林不喜歡少帥。幾年前少帥曾收復了蘇聯控制的中東路，斯大林大為惱怒，派兵入侵東北，跟他打了一仗。少帥也對法西斯主義相當傾心，和墨索里尼（Benito Mussolini）一家關係親近。一九三五年八月，莫斯科通過中共發表《八一宣言》，稱少帥為「敗類」、「賣國賊」。

張學良一朝被蔣委派為看守中共的「典獄長」，莫斯科對他態度大變。他值錢了。他可以使中共生存得好一些，更可以幫助中共打通蘇聯。從蘇聯大使鮑格莫洛夫向莫斯科的報告可以看出，毛澤東到陝北幾星期內，蘇聯外交官就開始跟少帥祕密來往。

那時張學良頻頻從西安飛上海、南京祕密去見蘇聯人。表面上，素有「花花公子」名聲的他裝作去會女朋友。利奧納多回憶道，一天，少帥叫他「把飛機豎著飛，一支機翼貼近街上，從他朋友住的飯店窗前飛過。我們飛的地方離飯店正面只有十公尺，馬達的轟轟聲把窗戶震得嘩嘩地響。」少帥的一個女朋友住在那裡，這是表演給她看的。一九九三年，九十二歲的張學良對我們說：「我這個人，說起來你會笑，我在上海有個女朋友，那個時候，戴笠拚命偵察我的行動，他們都認為我找我女朋友去玩去了。實際上我是到上海談判去了。」

據鮑大使向莫斯科的報告：張學良向蘇聯人表示，他決心跟中共建立反蔣同盟，與日本決戰，他希望莫斯科支持他。反蔣就是要蔣介石下臺；與日本決戰，只有中國的最高統帥才能做到。這些話表明，張學良想取蔣而代之。

---

* 史書上說這是日本人幹的事，但最近俄羅斯情報方面稱，暗殺是斯大林下令、由後來殺死托洛茨基的愛廷貢（Naum Eitingon）組織的，然後弄得像日本人搞的一樣。

少帥也許真想與日本決戰。這是斯大林求之不得的事，但蔣介石迄今為止不肯做。少帥是在向斯大林表態：我張學良來做。

蔣介石不是不想打日本。他的心態是自知打不贏，政策是盡量與日本周旋，推遲決戰的時間。他完全可能希望日本掉頭打宿敵蘇聯，放過中國，實行蔣介石版本的「以夷治夷」。

斯大林就怕這一點。他希望日本陷在中國，用莫斯科在中國的代理人極力鼓動對日決戰。但是，斯大林不信任少帥，尤其不相信少帥有能力統率全中國來打一場對日大戰。一旦中國陷入內戰，只會加速日本征服中國，對蘇聯更危險。

莫斯科沒有直截了當拒絕張學良。相反地，它給張學良一個它在慎重考慮的假象，目的是利用張幫助中共。蘇聯外交官要張學良直接跟中共建立聯繫，讓張學良感到中共的重要性。少帥與中共之間的祕密會談於一九三六年一月二十日首次開場。

蘇聯人只是拉住張學良，毛澤東卻真想跟他建立同盟，拉蔣下臺。依賴蘇聯的張學良替代蔣，對毛是理想的出路，這樣毛就可能在幕後操縱張學良。毛指示談判代表李克農向張學良表示支持他取代蔣介石：在「反蔣的基礎上，我方願與東北軍聯合」，倒蔣後成立新的政府和軍隊：「國防政府抗日聯軍」。毛叫李克農「暗示」：「國防政府首席及抗日聯軍總司令可推張漢卿〔張學良〕擔任。」毛還叫李表示：「軍餉、械彈我方亦有辦法助其解決。」毛有什麼能力給少帥軍餉、械彈呢？這自然是暗示，莫斯科站在中共背後。

宋慶齡與中共之間的聯絡員董健吾，還從上海來到張學良的西安總部，告訴張學良，毛的兒子正祕密住在他家，現在有計畫把他們送去蘇聯，請張學良派人護送他們去。

楊開慧在六年前被國民黨槍殺後，她跟毛生的三個兒子被送往上海。最小的四歲的岸龍來後不久就病死了。岸英、岸青因為生活在祕密環境中，不能上學或在董家之外交朋友，身邊充滿壓力與緊張關係。負責照顧他們的董的前妻對這兩個男孩不能算好。孩子們有時候偷跑出去，在街頭流浪。多年以後，看電影《三毛流浪記》時，岸英情緒非常激動，對妻子說他當年曾過過這樣的生活，在人行道上睡覺，在垃圾堆裡翻找食物和菸頭。

在這些年中，毛澤東對兒子們不聞不問。莫斯科如今決定把他們接來蘇聯，去專為外國共產黨領袖子女辦的學校上學。斯大林親自過問毛的兒子來蘇聯一事，毛沒什麼意見。

張學良立刻派一直代表他同蘇聯人打交道的李杜做使者，護送毛的兒子去蘇聯。這一行九人的整個行程安排全由他包了，不僅為莫斯科省了一大堆麻煩和一大筆旅費，還保障了毛的兒子一路的安全。一九三六年六月二十六日，李杜帶上毛的兒子、保姆等乘船離開中國，前往法國海港馬賽。莫斯科告訴少帥，他們可以在巴黎取得簽證。

同月，廣東、廣西兩省聯手發動了一場戰爭，以抗日名義倒蔣。毛勸張學良抓住這個機會，跟紅軍聯合，也像兩廣一樣，分裂出去獨立，成立「西北國防政府」。毛要把大西北從中國分出去，變成又一個外蒙古。他對中共政治局說：「三月間訂立的蘇蒙條約，就是告訴中國革命者，你們可以如此做，我們〔蘇聯人〕可以同你聯盟」。

這時，中共跟莫斯科之間的電臺聯繫在中斷二十個月後重新建立起來。在給共產國際的第一封電報中，毛要求莫斯科支持西北獨立，向莫斯科要「每月三百萬美金的資助」。毛的計畫遞到斯大林手裡，斯大林很不高興。他需要能對日全面開戰、拖住日本的中國，不要一個四分五裂、使日本有機可乘的中國。

毛的電報發出後不久，七月，兩廣的倒蔣戰爭失敗。公眾輿論激烈地反對任何分裂中國的舉動。斯大林再次看到：蔣介石是唯一能團結全國抗日的人。八月十五日，莫斯科給中共發出具有轉折意義的電報，命令中共停止把蔣介石當作敵人，跟蔣合作。電報說：「把蔣介石跟日本人同樣看待是不正確的。你們必須努力停止紅軍跟蔣軍之間的敵對行為」，「共同進行反對日本的鬥爭」。「一切服從於抗日事業」。斯大林要中共支持蔣介石做中國領袖。

莫斯科命令中共馬上跟蔣談判合作，毛不得不接受。中共與蔣的代表在九月初開始談判。蔣介石在長征一結束就同莫斯科談起與中共改善關係。莫斯科要他直接跟中共談，意在提高中共的地位。

張學良完全被蒙在鼓裡，仍然以為莫斯科支持他取代蔣。當他對蘇聯大使鮑格莫洛夫說他「希望與中共的倒蔣抗日聯盟會得到蘇聯的支持」時，大使跟他哼哼哈哈，助長他的幻覺。毛澤東呢，收到莫斯科八月十五日轉折性的電報後，立即派葉劍英去長住西安，讓少帥放心，不要因為中共跟蔣介石談判就以為政策改變，中共和莫斯科扶張倒蔣政策不變。

斯大林一方面支持蔣介石做領袖，一方面壯大紅軍。一九三六年九月初，蘇聯開始經外蒙古運軍火給中共。毛的貨單包括飛機、大炮、炮彈、步槍、對空機關槍、浮橋等等，和蘇聯飛行員、炮手。共產國際十月十八日電告：「貨物沒有你們二號來電所要的那麼多，沒有飛機大炮。」儘管如此，蘇軍情報局管轄的「一家外國公司」「將供給一百五十輛汽車，提供司機和汽油，來回兩次給你們運貨」，每次「五百五十噸至六百噸」。蘇聯準備供給中共的步槍數目與供給剛爆發內戰的西班牙一樣多。

十月，中國紅軍開始行動，要打到鄰近外蒙邊境的一個沙漠據點去接收蘇聯軍火。這時毛在陝北的軍隊剛增加了兩支隊伍，一支是張國燾率領的紅四方面軍，一年前毛巧施計謀迫使他們待在川藏高原過冬。病死、凍死、戰死，八萬大軍折損了一半。*

儘管張國燾的人馬仍是毛的一倍，但他的「中央」已經垮臺，他深知自己處在毛的刀俎之間。徐向前回憶說，張「情緒很激動，還掉了淚。他說：『我是不行了，到陝北準備坐監獄』。」張國燾沒有進監獄，但在未來的日子裡，毛將再次削弱他的部隊，然後收拾他。

另一支前來會師的是紅二方面軍，由「兩把菜刀鬧革命」的賀龍率領，被蔣介石從湘鄂邊界根據地趕到陝北。這塊根據地在一九三二到一九三四年間也經過血腥的清洗，賀龍後來說：「洪湖的區縣幹部在『肅反』中是殺完了。」只在一次肅反中「就殺了一萬多人。現在活著的幾個女同志，是因為那時殺人先殺男的，後殺女的，敵人來了，女的殺不到才活下來的」。「洪湖到現在還一坑一坑地挖出白骨」。倖存者回憶說，有的來不及殺，「用麻包裝起來，繫上大石頭拋入洪湖活活淹死了，嚇得農民不敢出湖打魚，因為打撈上來的多是死屍，湖水都變了顏色。」

三支紅軍會師後，毛有了八萬人馬，是他一年前的二十倍。但靠這支軍隊打到外蒙邊境並非易事。蔣介石無論如何也不會讓蘇聯武器落到中共手中，以壯大中共力量。再說，他看到三大紅軍會師後，斯大林還是不放經國，決心加緊「剿共」，給斯大林施加壓力。十月二十二日，他飛來西安

---

* 據二〇〇五年解密的俄羅斯檔案，毛在一九四九年二月三日對斯大林的使者米高揚說：遵義會議後，他處於極端不利的地位，因為擁有數萬大軍的張國燾正前來吃掉他，但他保持冷靜，轉危為安，反而「殲滅了三萬多」張國燾的部隊。毛澤東的這番話也清楚地表明遵義會議後他為什麼死活不進四川。

親自督戰。

張學良處在兩難地位。他把蔣的作戰計畫偷偷告訴紅軍，也給紅軍現金和冬衣，但無法幫更多的忙，他不能不執行蔣的命令。一個星期不到，紅軍大部被國民黨軍隊壓回陝北根據地，「打通蘇聯」計畫告吹。

毛緊急向莫斯科要錢，「不論五萬十萬都要快」。共產國際馬上寄來五十五萬美金，通過美國經宋慶齡轉交。但這無法解決長期問題。吃的只有黑豆，天開始下雪了，士兵們還穿著破爛的單衣草鞋，窯洞也不夠住。前方指揮員彭德懷住的是一個一公尺高、二公尺寬的牧羊人的土洞，在沙漠邊上，外面狂風亂吹，飛沙一陣陣撲進來。就連毛本人也無法享受舒適。黨中央搬到了小城保安，在那裡他和懷孕的妻子住在一間陰冷潮濕的窯洞裡，洞頂往下滴水。有次一個警衛員推門進去，被大蠍子咬了一口。帶著傳染病的耗子到處亂竄，有的大得像貓，人睡覺時牠們大大咧咧地坐在人胸脯上，長尾巴在臉上掃來掃去。

這時張學良看到了一個取代蔣的機會。眼下蔣介石在西安來來去去，張可以劫持蔣。蔣介石既成了他的階下囚，他又拯救了中共，斯大林會把籌碼押到他身上。這是場賭博，但張學良肯賭。他曾對身邊人說過：「誰都有哲學，這個哲學，那個哲學，我有『賭』的哲學，雖然輸一次兩次，但只要不散局，總有一次，我要把老本都撈回來的。」

張學良告訴毛的代表葉劍英他準備發動「苦跌打」，法文「政變」的音譯。十月二十九日，葉劍英用隱諱的語言打電報給毛：「有主駐蔣說。」蘇軍情報局知情人季托夫（Aleksandr Titov）披露檔案材料說：「葉劍英跟張學良在一九三六年十一月討論過捉蔣的問題。」那個月，葉離開西安回保安見毛，揣著少帥的「苦跌打」計畫。

毛向莫斯科隱瞞了這一計畫。他知道斯大林不會喜歡。斯大林現在比任何時間都需要蔣介石。十一月二十五日，德國跟日本簽訂了反共產國際條約，使蘇聯面臨東西兩面受敵的局面，日本正從外蒙古南邊向蘇聯中亞地區移動。條約宣布的當天，斯大林緊急命令共產國際總書記季米特洛夫（Georgi Dimitrov）嚴厲告誡中共放棄反蔣政策，擁護統一的中央政府：「我們需要一個可以領導全民族的政府。趕快做出方案來！」

毛明知自己是在跟斯大林對著幹，於是小心翼翼地與捉蔣行動保持距離。捉蔣前張學良打電報要葉劍英回西安：「有要事待商，盼兄即日來此。」毛留住葉劍英不放，一面對張學良稱葉「已動身」。同時，毛慫恿張學良捉蔣，打電報表示中共跟蔣介石的談判談不出名堂，因為蔣要價太苛，「我們決心以戰爭求和平，絕對不做無原則讓步。」毛給張學良的印象是，紅軍只可能跟少帥合作，莫斯科遲早會支持少帥。

十二月四日，蔣介石再次到達西安。對自己的安全，他沒有作任何特別的布置。他住在西安郊外的華清池，身邊有幾十個自己的衛兵，但大門跟院子都是張學良的人把守。少帥甚至還把他指派捉蔣的人帶進去到處察看一番，連蔣介石的臥室都看了。

十二月十二日凌晨，蔣介石被劫持。他剛做完每天必做的早操，正穿衣服，聽見槍聲連續不斷。張學良派了四百多人進攻他的住地，蔣的衛兵奮起抵抗，死傷枕藉。蔣跑進後山，最後在一個荊棘叢生的岩穴裡被抓住，身上只穿著睡衣，鞋丟了，背受了傷。跟蔣一道越牆而逃的隨從被打死。蔣介石能活下來，實在是很幸運。

捉蔣行動開始時，少帥給毛澤東發了份電報，告訴毛他已經動手了。開頭第一句話就是：「蔣之反革命面目已畢現」，接著說他要「改組聯合政府」。這兩句話再明白不過地說明張學良要把蔣介石當反革命置於死地，自己在毛和莫斯科支持下坐上「聯合政府」第一把交椅。捉蔣不是什麼迫蔣抗日的「兵諫」，更有人認為這損害了抗日。胡適當時指出：捉蔣時，綏遠抗戰已經開始，「綏遠的作戰是第一次由統一的中央政府主持領導的戰爭。」這時把蔣介石抓起來，「把前一天受命指揮綏東國軍的陳誠次長和別的幾位重要官吏與將領也拘留了！說這是為了要『抗日』，這豈不是把天下人都當作瞎子傻瓜！」少帥本人直到死都堅持說他劫持蔣介石「動機純潔」。

毛接到少帥電報時，笑呵呵地對祕書說：「喔，去睡吧，明天有好消息！」

17 西安事變之末：毛澤東殺蔣不成

一九三六年　四十二歲

捉蔣的消息傳來，中共領導人群聚在毛的窯洞，大家一片歡騰。毛大聲狂笑。笑完後他一心一意要做一件事：除掉蔣介石。蔣一旦死去，中國就會出現權力真空，那就是莫斯科插手的絕好機會。

在他給共產國際的首批電報中，毛懇求莫斯科捲入：「請你們贊助我們」，「用大力援助中國」。他拐彎抹角地請莫斯科支持殺蔣，問可不可以「要求南京罷免蔣介石，交人民審判」。在共產黨的辭典裡，這就等於判死刑。因為捉蔣之舉毛事先知道，但沒有向莫斯科彙報，毛裝作他也是在捉蔣之後剛聽說，向莫斯科保證中共「在數日內不發表公開宣言」。

背著莫斯科，毛想方設法鼓動張學良殺蔣。十二月十二日捉蔣後他立刻給少帥發電報說，對蔣「緊急時誅之為上」。同時他派在外交方面初露才華的周恩來去西安。周曾跟張學良談判過，兩人似乎一見如故。派周去的目的是說服張學良殺蔣，用周到西安後給毛的第一封電報中的話，就是對蔣「行最後手段」。

中共總部保安離西安三百公里，騎馬要幾天，毛請張學良派飛機到附近的延安接周恩來。延安這時在張學良手中，有一個飛機場。為了鼓動少帥儘快派飛機，十三日，毛暗示周恩來會帶去莫斯科支持他的話：「國際方面弟等已有所布置，詳容後告。」

但張學良這時需要的不是中共私下傳話，而是莫斯科的公開支持。十四日，蘇聯的兩大主要報紙《真理報》、《消息報》（*Izvestia*）都在頭版刊登文章，強烈譴責他，說他的政變是為日本服務，並且毫不含糊地支持蔣介石。劫持蔣兩天之內，張學良就明白莫斯科欺騙了他，中共不守信用，他賭輸了，他完了。

這一擊沉重非常。少帥拒絕邀請周恩來，對毛要周去西安、請他派飛機接周的若干電報，一概置之不理。毛只得在十五日徑直派了周去，一面電告少帥：「恩來本晨出發，明十六日晚到膚施〔延安〕。請派飛機於十六日上午到膚施機場視察，見有『天下』二字即降下接周。」

周到達延安時，不但沒有飛機接他，連城門都關得死死的，他只好在嚴冬的城外過了一夜。這是張學良把他的一肚子火都發洩在周恩來身上。毛十七日不得不兩次打電報給張學良：「恩來昨到膚施城外，膚施民團守城不開，交涉不聽。」「恩來在膚施城外等候，請速飭膚施民團讓出該城。」

這天的張學良已冷靜下來打定了主意——放蔣。因為東北軍和張學良的衛隊都已經被中共嚴重滲透，放蔣需要中共的合作。

少帥派利奧納多駕飛機下午去接周。天下著雪，利奧納多一看他接的是共產黨人，傻了眼，不久前他的飛機還挨了他們的槍彈。他決定捉弄他們：「我有意專挑顛簸的氣流飛。不時地，我轉過頭去看機艙裡的那些共產黨人，看到他們一手揪開黑長鬍子，一手端著個罐子發吐，我心裡直樂。」

張學良表面上好像一點事也沒有，還跟周挺熱絡，順著周說話。當周勸他殺蔣時，他也裝作同意。周向毛報告說：「張同意在內戰階段不可避免圍攻西安前行最後手段。」

為了使這樣一個前提成為事實，毛希望挑起南京與西安的內戰。他設想派紅軍向南京方向出擊，十五日，曾祕密要他的軍事指揮官「迂迴並擊破敵頭腦之南京政府」。但他不得不放棄這一打算，因為此舉對紅軍來說無異於以卵擊石，也沒有把握能否挑起內戰。十六日，南京對張學良宣戰，派兵朝西安方向前進，還轟炸了西安城郊。這正中毛的下懷。他竭力勸張學良反擊，打到南京去：「敵之要害在南京與京漢、隴海線，若以二、三萬人之戰略迂迴部隊突擊京漢、隴海取得決定勝利，則大局立起變化，此點祈考慮。」毛盼著大戰會斷了張學良的後路，使他不得不殺蔣。

就在毛積極運動殺蔣之際，斯大林決心要救蔣。十二月十三日，蔣被捉的第二天，代理行政院長孔祥熙在南京召見蘇聯代辦，對他說：「西安之事，外傳與共黨有關，如蔣公安全發生危險，則全國之憤恨，將由中共而推及蘇聯，將迫我與日本共同抗蘇。」斯大林著急了。

十四日午夜，共產國際總書記季米特洛夫的電話響了，是斯大林打來的。斯大林問：「中國發生的事是不是你決定的？」季米特洛夫趕緊答道：「不是！那是給日本幫最大的忙。我們的政策還是既定政策。」斯大林接著提起中共駐共產國際代表王明呈交給他的一份準備發往中共的電報草稿，贊成殺蔣。斯大林陰沉地說：「這個王明是什麼人？他是不是個搞破壞的？聽說他想發電報去支持殺蔣。」

當時在共產國際機關裡，沒有不想殺蔣的，甚至斯大林的親信、通常冷冰冰的曼努伊爾斯基也搓著手，激動地擁抱季米特洛夫的助手說：「我們的親愛的朋友給抓起來了，哈哈！」

王明分辯說，那份電報草稿是根據前蘇軍情報局負責外國行動的阿圖佐夫（Artur Artuzov）的建議寫的。阿圖佐夫被抓起來槍斃了。槍斃前他寫了封血書申辯自己無辜，看管他的人冷冷地加上一句說：血「是鼻血」。斯大林放過了王明。季米特洛夫把一切責任都推到毛澤東身上，給斯大林寫信說：「我們是一再警告了中共，可中共還是跟張學良建立了非常親密的朋友關係。」「很難想像張學良幹這樣鋌而走險的事沒有跟他們協調，他們很可能甚至參與其事。」這些話等於說毛稱他事先不知情的電報都是假話，毛公然無視莫斯科的命令。

大概就在這時候，斯大林開始懷疑毛澤東跟日本人有什麼瓜葛。斯大林已經在懷疑、拷問幾乎所有的蘇聯「中國通」。捉蔣四天之後，在押的一個人「供出」他被捲入托洛茨基派的陰謀，要挑起日本（跟德國）打蘇聯。毛的名字在他的口供裡。毛被整了一大堆「黑材料」，隨時可能用來指控他是日本奸細，外加「托派」。

季米特洛夫在十六日給毛拍了封措辭嚴厲的電報，譴責捉蔣，說這一行動「客觀上只會有害於抗日統一戰線，助長日本對中國的侵略」。電報重點是：「中共必須堅決採取以和平方式解決事端的立場」。這就是命令中共幫助釋放蔣介石，恢復蔣的全國領袖地位。

收到這封電報後，據宋慶齡說，毛「大發雷霆，跺腳咒罵」。他對付的辦法是裝作沒收到莫斯科來電，對張學良和中共政治局都祕而不宣——連周恩來也沒通報，因為周此時正在去西安勸張學良殺蔣的路上。*毛繼續努力要除掉蔣。

毛在跟莫斯科作危險的對抗。但對毛來說，除掉蔣以後給他開闢的天地值得冒這個風險。

其實，一旦知道沒有莫斯科作後臺，張學良立即決定他不能殺蔣，必須把蔣介石保護起來：他還得當蔣介石的人。他不可能再信任中共。他只有一條路，就是放蔣，而且跟蔣一塊兒走，做蔣的階下囚。這是他生存的唯一希望。否則他定會死在許多因他捉蔣而痛恨他的人手上。送蔣回去會得到蔣的好感，使蔣寬恕他。這又是一場賭博，這回他賭對了。蔣跟蔣的繼承人軟禁帶保護了他半個多世紀，最後他獲准離開了台灣，二〇〇一年以百歲高齡在夏威夷壽終正寢。

十二月十四日，莫斯科譴責他政變的消息公開以後，張學良去見蔣介石，站在那裡對著蔣默默地流眼淚，使蔣覺得他「若甚愧悔」。他半晌「無言自去」，以後又回來，對蔣說他已經體會到他的行為「輕率魯莽」，他要「設法祕密送委員長回京」。蔣介石也很合作，南京政府十六日對西安宣戰後，蔣馬上派人帶信出去，命令南京「萬不可衝突，並即停止轟炸」。南京照辦了。蔣介石明白，要獲得自由，做樣子的談判是免不了的。他自己不便談，南京表面上也做出決不同劫持者妥協的樣子，但南京派蔣介石的妻兄宋子文以私人身分來西安交涉。宋二十日到達西安，蔣夫人宋美齡兩天後也來了。她是應少帥懇求來的，為的是保證少帥放蔣後的安全。

二十日，莫斯科把它發給毛的和平解決西安事變的電報又發了一遍。毛無法再裝作沒收到任何電報了，只得把電報轉給周恩來，要他幫助「恢復蔣介石之自由」。

毛的目標此時與斯大林同調了。他們要蔣「停止『剿共』政策」，並且堅持要蔣見周恩來。蔣見周不是一件小事，等於政府承認中共是中國的一支政治力量，而不是必須剿滅的土匪。

二十三日，周恩來跟宋子文、張學良會談。宋子文說中共的條件他個人沒什麼意見，他會向蔣介石轉達。但是蔣介石拒絕見周。少帥非常焦急，蔣不見周，他們就走不了。蔣依然堅決拒絕。

莫斯科知道用什麼作誘餌能讓蔣見周。十二月二十四日聖誕節前夜，博古到了西安，帶來莫斯

＊毛後來稱莫斯科十六日的電報「勤務組弄錯了，完全譯不出」，稱他十八日要求莫斯科重發。這不可能是事實。中共核心的收發報員告訴我們，電報譯不出會馬上要求莫斯科重發，不可能等兩天。更何況在這樣關鍵的時刻。毛十九日還對政治局說：「國際指示還未到。」

科的話。聖誕那天，就是這句話使周恩來得以走進蔣介石的臥室。這句話是：莫斯科將釋放蔣經國。正是得知了斯大林這一承諾，蔣才同意了中共的條件，要周在他回南京後「直接去談判」。

蔣、周的西安會晤是簡短的，但「以中共換兒子」的交易，就此達成協議。蔣介石停止了剿共。

當天下午，蔣介石夫婦離開了西安。張學良跟他們同行，自願飛去做階下囚。蔣介石經過這一番磨難，聲望如日中天。汽車開進南京時，民眾報以熱烈的夾道歡迎，鞭炮聲響了一夜。他似乎是個贏家。但是輸的前兆已經隱約可見。蔣一廂情願地以為可以阻止毛的發展，他沒料到，毛澤東是阻止不了的，斯大林是算不過的——小小的中共剛剛才被他本人提攜成了主要在野黨。

18 陝北的新生活

一九三七～一九三八年　四十三～四十四歲

蔣介石獲得自由不久，一九三七年一月，莫斯科為中共規畫好了下一步的藍圖：放棄武力推翻南京政府的政策，停止沒收土地，停止階級鬥爭，承認南京為合法政府。毛接受了這一轉變，把它作為權宜之計。中共向南京做出公開保證。從蔣介石那裡，中共得到一塊十二萬九千六百平方公里、兩百萬人口的陝甘寧邊區，首府在延安。邊區由南京政府資助，蔣同時發軍費給養給四萬六千紅軍。一個歷史新時期開始了。

斯大林只是在對蔣介石的讓步滿意之後才釋放蔣經國。三月三日，蘇共政治局作出決定，裝腔作勢地說：「不反對蔣介石的兒子返回中國。」四月十九日，做人質十一年多的經國終於回到中國，與父親團聚。離蘇前，斯大林親自給他「做工作」，季米特洛夫也一再威脅他。經國當面表現得很順從，歸程中給季米特洛夫發電報說：「您所有的指示都將圓滿完成。」到了海參崴，他被帶去當地克格勃的辦公處，在那裡他最後一次對莫斯科表演忠誠：「我將嚴格執行黨的紀律。」

送經國乘火車穿過漫長的西伯利亞的，是後來中共克格勃頭子康生。幾個星期前，康生剛把十四歲的岸英和十二歲的岸青從巴黎接到莫斯科。毛的兒子們在巴黎等了好幾個月簽證。因為蘇聯人不想發簽證給護送他們的張學良使者，連帶他們的也拖著沒給。西安事變後，蘇聯宣布不給張學良使者簽證，打發他回國。而毛的兒子在一九三七年初到達莫斯科。他們給爸爸寫信，給他寄照片。

毛很少回信。

與毛對兒子的冷漠感情相反，蔣介石為了儘快讓經國回來，不斷讓步。他甚至在一九三七年二月，任命帶經國去蘇聯的邵力子做國民黨的中央宣傳部部長，以糾正一向反共的報界和公眾輿論。這個對莫斯科作的姿態，為中共的發展起了不可估量的作用。

邵力子做中宣部長期間，蘇聯得到廣泛熱情的宣傳，中共也顯得和善可親。邵批准出了本《毛澤東自傳》，把毛表現成一個人性十足的好人，堅決抗日的愛國者。扉頁上毛題詞說要「同日本帝國主義堅決打到底」。自傳於十一月一日出版，風靡一時。就在這段時間，中共積極抗日的形象出世了，公眾對中共的印象也變得好起來。

《毛澤東自傳》大部分是美國記者斯諾在頭年夏天對毛的訪問記，毛一生僅此一次對人系統地談自己的生平。根據這些談話和對其他中共領導的採訪，斯諾寫了本《紅星照耀中國》（*Red Star Over China*），在全球為中共重塑形象，把它血淋淋的過去從人們腦子裡抹去。

斯諾的訪毛並非偶然。是毛叫上海地下黨找一個可以為他做宣傳的外國記者，再找一個醫生。毛選中了斯諾，看中他是美國人，為有影響力的大報《週末晚郵報》（*Saturday Evening Post*）和《紐約先驅論壇報》（*New York Herald Tribune*）寫文章，也同情中共。斯諾七月來到紅區，同行的是黎巴嫩裔美國籍醫生馬海德（George Hatem），藥箱裡藏著共產國際的絕密文件。馬海德留下來做毛的醫生。斯諾住了三個月。

毛著實準備了一番，要求是「安全、保密、熱鬧、隆重」，政治局根據斯諾交來的問題單預備了答案。毛對斯諾講的故事既有寶貴的訊息，也有大量的虛構，斯諾一概不加分析全盤接受。他稱毛和中共領導「直率、坦白、直來直去不耍花樣」，相信「在六千英里的長征途中，除了幾個星期生病以外，毛澤東和普通戰士一樣都是步行的」。毛掩蓋了中共跟莫斯科的關係，聲稱他倒喜歡跟美國友好，斯諾照本宣科，使許多人至今仍信以為真。

斯諾寫的一切都經毛細細過目，改了又改。他給那時尚在延安的妻子海倫（Helen Snow）信說：「別再給我寄更多的誰誰誰要改他們的話的要求來了……就這樣，砍了這麼多東西，書讀起來快像海外奇譚了。」但斯諾對這個背景絕口不提，相反說毛「絕沒有審改任何我的東西」。斯諾的中譯本還添枝加葉，說他稱讚毛「真誠、老實」。

《紅星照耀中國》的英文本在一九三七、一九三八年之交出版，影響了整個西方對毛和中共的看法。中文是中共組織翻譯的，特別選了個灰色的書名《西行漫記》，使人覺得這是本客觀中性的書。除了這本書跟《毛澤東自傳》以外，斯諾的訪問記還出了另一種單行本，也有個中性的題目：《毛澤東印象記》。

斯諾的書在中國激進青年中產生了巨大影響，吸引了千千萬萬熱血青年參加中共，其中有西藏共產黨最早的成員。中共的復興從這時開端。毛後來讚美斯諾，說他「不下大禹治水之功」。

功不在斯諾之下的是中宣部長邵力子。蔣介石在將近一年之後解除邵的職務時，毛與中共的名譽已經被大大漂白了。

毛在一九三七年元旦那天搬進延安，在這裡他將一住十年。搬家那天，延安宏偉的城門洞開，莊嚴而沉默地容納了一眼望不到尾的紅軍隊伍。古城名字的意思是「延伸安寧」，城卻由充滿軍旅氣息的城牆圍著，沿山而上。俯瞰延安城的還有一座千年九層寶塔，塔下依山建著大小廟宇跟佛像，好似從天外飛來。清涼山下是黃沙沉沉的延河。唐代詩聖杜甫據說曾來此欣賞過名產牡丹。

延安不僅見識過繁榮的文化活動，還曾是工商業要地。標準石油公司（Standard Oil）在此勘探石油時，修了好些住宅，如今正好由紅軍接管。紅軍還占用了西班牙天主教士的房產，其中有一座大教堂，不少中共的重要會議將在這裡召開。許多當地人，特別是有錢人，聞「紅」而逃，留下了幾百幢空屋。毛選中了一所大而美的房子，位於城邊鳳凰村，進門迎面一堵氣派的照壁。長征以來，毛澤東第一次過上了舒適的日子。

毛喜歡舒適，住宅裝有當地罕見的牆中地下暖氣。他不喜歡睡炕，安了木板床。毛擁有好幾所住房，雖然搬了幾次家，住過的房子都保留著。一處在中共克格勃的大院棗園，有高牆圍著，嚴密的警衛守著，是一個人們望而卻步的地方。另一處更機密的住地在棗園後溝。重重疊疊的山巒深處，沿著山崖凹進去的地方，給毛修了一排窯洞，他可以坐汽車從加寬的小路一直開到門口。

跟他大多數住宅一樣，毛在棗園後溝的房間有個後門，直通一條祕密地道，以備緊急時跑到山的另一邊。毛也可以由祕密地道直接登上一座大禮堂的主席臺，無需走出房門，減少暴露的危險。大禮堂和毛的窯洞都要走到跟前才看得見，但從這裡卻能把遠近來人收入眼底。大禮堂由一個曾在義大利學建築的人設計，看上去像個天主教堂。除了中共克格勃人員在這裡開過幾次會外，它從來沒用過。毛要的是極端機密。

毛的助手師哲告訴我們：「我住在通往棗園後溝的那個口子上，我控制住，別人不能隨便到那裡去。」中共領導要見毛得「事先跟我打個招呼，他們很少去」。只有陝北本地的領導人高崗有時來，「我就把他擋住，擋了好幾次。我說不行，不管你高崗，還是什麼人，不能去。」偶爾進去的人，「只能一個人進去。帶一個警衛員可以，但也不能走到毛澤東住的地方。中央警衛團專人帶首長一個人進去。」

最公開、離當地人最近的住宅是楊家嶺，背靠布滿楊樹、梨樹、柏樹的山坡。一家鄰居為他洗衣縫補。廚師是自己的，加工米和麵也不用當地人的磨子，那是「毛主席從安全角度考慮」，當地人說。

近十年了，毛澤東的生活還從來沒有這麼穩定安寧過。共產黨的新形象吸引來一批批城市青年，忽然間，他身邊有了些時髦漂亮的女孩子。毛按捺不住了，他對也喜歡追逐女人的高崗說，沒有性生活的日子他只能維持「最多四十天」。

最初讓毛澤東看上的，是美麗的二十六歲女演員吳莉莉。吳一九三七年來到延安，立刻成了明星。她的雅緻時裝和風度使這個偏遠小城大為傾倒，甩來甩去的披肩秀髮更牽動著無數男人的心。中共婦女只有臃腫的棉襖可穿，甚至不少人剃了光頭以避蝨子。不久，用賀子珍的話說，毛就跟吳小姐上了床（斯諾夫人海倫稱吳小姐為毛賀婚姻中的「第三者」）。

跟吳小姐關係親密的是美國女作家史沫特萊，一位吶喊疾呼的女權主義者。儘管共產國際傳令「孤立她」，也儘管她覺得毛「陰陽怪氣」，「身體女氣噁心」，毛仍然看在她是美國作家的份上跟她拉關係，讓她做採訪。毛把她寫的訪問記寄給斯諾，請斯諾「大為宣傳」。

其貌不揚的史沫特萊給延安帶來交際舞的熱潮。據史沫特萊說，毛最初「出於傲氣不願意學跳舞。他沒有什麼音樂感。」（後來跟他跳過舞的女人也說毛跳舞像「在場上走圈子」。）但毛很快就熱中跳舞了，這有利於鍛鍊身體，更是獵豔的大好機會。於是每個星期都組織舞會，或在露天，或在從前的教堂裡。延安像發瘋一樣迷上了跳舞。

像許多長征女紅軍一樣，賀子珍起先拒絕跳舞。斯諾的觀察是：「身體這樣緊貼著，在這些老黨員看來簡直是不知羞恥。」其實，她們是怕自己在那些城市姑娘面前出醜。不少人心裡悄悄為這一樂趣強烈吸引，子珍後來愛上了跳舞，是個優美的舞伴。

但是對毛搞女人，子珍難以容忍。六月的一個晚間，史沫特萊聽到子珍叫罵：「龜兒子，你膽敢跑來跟這個資產階級臭婆娘睡覺！」史沫特萊跑去隔壁，看見子珍正用手電筒朝毛頭上亂打，毛的警衛員在旁邊不知所措。毛說他只是來跟吳小姐聊天的，子珍當然不信，轉身衝向吳，抓臉扯頭髮，毛站在一邊。子珍接著對史沫特萊喊：「帝國主義臭婆娘！都是你招來的，滾出去！」高頭大馬的史沫特萊朝她打去，把子珍打倒在地。子珍朝毛叫著：「你算個什麼男人？什麼丈夫？什麼共產黨員？你就看著帝國主義婊子打我？」毛叫警衛員把子珍抱起來，子珍把他也絆倒，最後三個警衛員把她硬抬走了，毛一言不發地跟在後邊。

不久史沫特萊離去，吳小姐不僅離開延安，而且從整個關於毛的中共著述中消失。

毛還跟作家丁玲調情。丁玲雖然長得圓墩墩地像個男孩子，談不上什麼姿色，但她有才氣，有性格。毛寫了首讚美她的詞，有這樣兩句：「纖筆一支誰與似？三千毛瑟精兵。」她常去看毛，跟他說說笑笑。有一次，毛問她：「丁玲，你看咱們的延安像不像一個偏安的小朝廷？」毛接著要她報名單，由他封文武百官。丁玲後來回憶道：「弄完了這個，他突然又對我說：『丁玲，現在文武百官有了，既然是個朝廷，那就無論大小，都得有三宮六院呀！來，來，你再報些名字，我來封賜……』」

毛的豔事終於使子珍忍無可忍了。他們結婚快十年，十年裡，她容忍了毛對她的漠不關心。使她尤其痛苦的是，毛不但不心疼她，讓她在艱難的環境裡不斷懷孕生產，反倒開玩笑說她生孩子像母雞下蛋一樣容易。她也氣憤毛對孩子早殤或送人都無所謂。他們的第五個孩子，女兒嬌嬌，一九三六年在保安出生，生在蠍子、耗子亂爬的窯洞裡。不到一年，她又懷孕了，這使她萬分苦惱。反覆懷孕生產損害了她的健康，卻又沒有帶來家庭生活的樂趣。毛讓她做出這些犧牲，自己卻半公開地跟別的女人胡搞。子珍曾有過的離開毛的念頭，此時在她心裡再次萌發。

中共在延安安頓下來後，受傷的高級幹部有機會去蘇聯治療。子珍以取出體內彈片為名，一九三七年十月初前往蘇聯。她把一歲的女兒嬌嬌留在延安。

到莫斯科時正值嚴冬。子珍一行馬上被警告不要跟從前認識的人來往，莫斯科正在大清洗的浪潮中，一批批中國人被捕。就在這樣一個充滿恐懼的寒冷世界裡，子珍生下一個男孩，她給他取了個俄國名字叫柳瓦。六個月後，孩子得肺炎死了。子珍悲痛欲絕，經常坐在埋葬這個小生命的土丘前的長凳上，久久地流著眼淚，低低地喊著他的名字。

孩子出世時，她寫信給毛，說她生了個男孩，長得就像他。毛沒有回信。孩子死了，毛也沒有反應。一九三九年夏天，他們分離快兩年了，一天，子珍跟不會說俄文的同伴一起聽每週例行的讀報。有篇文章是蘇聯電影導演卡門（Roman Karmen）寫的毛澤東訪問記。忽然，子珍聽見讀報員讀到毛和「他的夫人」踏著月光在窯洞外送行。「毛的夫人」，這短短幾個字，宛如一聲霹靂，使子珍心裡翻江倒海。隨後幾天，同室人發現她整夜翻來覆去，她本來就有失眠的毛病，現在更是徹夜不寐。不久，她收到毛的一封短信，信裡是幾句大道理：「希望你好好學習，政治上進步。」然後一句簡單生硬的官話結束了他們十年的婚姻：「我們以後就是同志了。」

毛已經再婚，不希望子珍回國。這年，當同子珍一塊來蘇聯的朋友回國時，延安特別發電報命令把子珍留在蘇聯。這樣一來，子珍走時留在延安的女兒嬌嬌依舊沒有母親，毛也不管她。嬌嬌在保育院裡長大，其他孩子傍晚都有爸爸媽媽來接，但沒有人來接她。嬌嬌記得還有個小男孩也沒有人接，每次都大哭：「我要爸爸！我要媽媽！我要回家！」嬌嬌不懂這個男孩在叫什麼，她沒有爸爸媽媽和家的概念。長大以後，她一次對朋友平靜但又不無哀傷地說：「那時，我是個不是孤兒的『孤兒』！」

四歲那年嬌嬌被送到母親身邊。重逢時，子珍緊緊摟著女兒，眼淚在微笑裡像泉水在陽光下一樣閃亮。嬌嬌非常快樂，對媽媽的打扮她也感到新奇：子珍燙著一頭捲髮，穿著裙子和高跟皮鞋。嬌嬌在延安看見的阿姨們，穿的都是灰暗鬆垮的褲子，土氣的布鞋。嬌嬌所不知的是，她的媽媽已經是身心交瘁。以後幾年中，子珍精神逐漸崩潰，一腔怒氣常常發洩在嬌嬌頭上，院子裡的孩子們經常聽見嬌嬌挨打的哭喊聲。子珍被強制送進精神病院。把她從屋子裡拖走塞進汽車時，子珍撕心裂肺地嚎叫，嚇得七歲的嬌嬌逃出去躲進樹林裡藏起來。嬌嬌長成一個內向沉默的姑娘。

一九三七年夏天，子珍還沒有到蘇聯時，毛就跟江青搞上了。江青是從上海來的年輕女演員。在延安，她能把共產黨單調灰暗的制服也穿出味道來，皮帶箍在苗條的腰上，軍帽略歪著，露出半額光滑濃密的黑髮。她的體態柔軟依人，聲音嬌滴滴的，有時不免讓人覺得做作。她渾身上下都是女人味。

江青生於一九一四年，父親是個客棧老闆，母親是他的妾。母親由女兒任性長大，讓她放了纏過的腳。江青從小性格倔強暴烈，爸爸經常酗酒打媽媽，她就幫媽媽去死命拉住爸爸的手腳，或者咬他的胳膊。就在一次這樣的混戰中，她失去了半顆門牙。她小時候的同學記得她喜歡無事生非捉弄人。十二歲時她把一口口水吐在老師臉上，被學校開除。十四歲時她從家裡逃走，去參加京劇戲班子，輾轉到了上海，在那裡成為小有名氣的演員。影劇是份不穩定的職業，一九三七年夏她被受雇的電影公司解聘。她又受不了同居男人有個七歲的兒子，於是到延安來碰運氣了。當然，她也還有左傾的一面，來延安前就已是共產黨員。

江青很懂得吸引男人的注意。毛澤東演講時她坐在前排，眼睛睜得大大的，問些天真可愛的問題。一天，堪稱戲迷的毛來看她主演的京劇，戲後他到後臺把一件大衣披在她肩上。第二天她去還大衣，就在那裡過了夜。

他們出雙入對在人前露面了，鬧得延安滿城風雨。江青已經跟四個男人結過婚或同居過，上海小報上常有她的緋聞，尤其是她跟上海灘文人唐納的浪漫史。唐納為她喝帶火柴頭的酒精，企圖自殺，議論沸沸揚揚，都是責怪她的。

像上海這樣的大都市尚且難以容忍江青，清教徒式的延安就更是不知所措了。人們同情子珍。劉少奇那時的妻子謝飛，曾跟子珍一道長征，回憶說：「我們馬列學院的學生全都不滿意，氣得跺腳，這麼個女人！有的人公開寫信〔給毛〕，有的人祕密寫信，不敢落自己的名字。我寫了三封。」「大意是這樣的：毛主席，我們希望你不要和江青結婚。賀子珍身體又不好，你們又生過五、六個孩子，老夫老妻了，江青這個人在這裡影響並不好，男女都罵她是妖精。」

對黨組織來說，江青還有更嚴重的問題：她進過國民黨的監獄，寫了「認罪書」出獄。在共產黨眼裡這算叛黨。人們還說她在監獄裡為特務唱戲助酒，有的說她跟特務睡覺。上海等地區的地下黨給延安發電報，正式提出「毛主席同她結婚很不合適」。張聞天綜合意見給毛寫了封信，說跟江青結婚「對黨對你都不大好」。毛接到信後大怒，當場把信扯了說：「我明天就結婚，誰管得著！」第二天他擺婚宴兩席，張聞天不在賓客之列。

毛讓康生出面為江青擔保。康生一九三七年十一月從蘇聯回到延安，不久便成為毛的得力助手，中共克格勃頭子。在延安的黃土地上，康生以他的一身黑裝，給人們留下深刻印象：黑帽子、黑馬皮靴，騎的馬是黑的，還愛抱著一條黑狗。那時延安不興養寵物，康生大約是唯一的例外。康生有憑據表明江青確實在國民黨監獄裡幹了那些事，但他順著毛的意思給了江一個「組織結論」，說她「歷史上清白，政治無問題」。其實，毛八十一歲生日那天對周恩來講，他早就知道江青有嚴重政治歷史問題。他毫不在乎，他要她，這就夠了。

毛的第四任夫人江青後來以她的劣行舉世聞名。

19 紅色代理人引發中日全面戰爭

一九三七～一九三八年　四十三～四十四歲

一九三七年七月七日，盧溝橋事變爆發。月底，日本侵佔了華北的兩大主要城市：北平和天津。蔣介石沒有對日宣戰，他還不想打一場全面戰爭。實行蠶食政策的日本在這時也沒有計畫把戰火引向華北以外的中國內地。

可是，幾個星期的工夫，中日全面戰爭就在一千公里以南的上海打響了。這既不是蔣介石的意思，也不是日本人的意思。這時在上海的駐兵情況是：根據「一．二八」停戰協定，中方只駐有「保安隊」，日本約有三千海軍陸戰隊。日本在八月中的計畫仍是「陸軍僅派至華北」，「勿須陸軍出兵上海」。

《紐約時報》（*New York Times*）駐華記者阿本德（Hallett Abend）事後寫道：「當時記者報導時都說是日本人進攻上海，事實完全相反。日本人不想、也沒有估計到，在長江下游會有敵對行動。……對在上海打仗，他們幾乎完全沒有準備，遲至八月十三日，他們在這裡的部隊還如此之小，十八、九日的時候差點被掃進江裡去了。」阿本德看出來，「有那麼一個精明的計畫要打亂日本把戰火局限在華北的企圖」。他說對了，是有這麼一個「精明的計畫」，但他沒猜到這是誰的計畫，他以為是蔣介石的，其實是斯大林的。

對斯大林來說，日本迅速佔領全華北是對他的空前威脅。日本大軍現在完全可能北進，沿著幾千公里的邊境線進攻蘇聯。斯大林已經宣布日本是蘇聯的頭號敵人。現在，他起用了一個長期潛伏在國民黨高層的紅色代理人，在上海引發中日全面戰爭，把日本拖進廣大的中國腹地，離蘇聯遠遠的。

這個代理人就是張治中將軍。他成為紅色代理人要追溯到一九二五年，他在蘇聯援建的黃埔軍校當教官時。黃埔軍校一建立，莫斯科就致力於在那裡安插自己人。張治中在回憶錄裡說，那時他「完全同情共產黨這一邊」，「被目為『紅色教官』、『紅色團長』」。他向周恩來提出參加共產黨，周在「請示組織後」告訴他，要他留在國民黨內，「稍待適當時機」，說「中共保證今後一定暗中支持你，使你的工作好做。」三十年代中，張治中跟蘇聯使館，特別是武官雷邦，保持著密切的祕密聯繫。

盧溝橋事變後，正在青島養病的京滬國防區負責長官張治中，馬上返回南京，就任京滬警備司令官要職。這時他開始竭力勸蔣介石在遠離華北的上海主動發起大戰：「先發制敵」，「先下手為強」。蔣介石沒有答應。上海是中國的工業和金融中心，蔣不想「破壞上海」。而且上海旁邊就是首都南京，蔣介石不想輕易放棄。當時蔣已經把軍隊從上海周圍調走，以便不給日本人藉口在這裡開戰。七月底，日本占領平津後，張治中又打電報要求「首先發動」，列舉了四種日本調兵來上海的徵候，作為「首先發動」的前提。蔣介石的答覆是：在有這些徵候的情況下，可以先發制人，但什麼時候發動，「時機應待命令。」

八月九日，經張治中一手挑選的派駐上海虹橋機場的部隊，打死日本海軍陸戰隊官兵各一人，然後給一個中國死囚犯穿上中方制服，把他打死在機場大門口，以造成日本人先開火的假象。日本人的表現是希望大事化小，小事化了，但張治中以「上海的形勢突然告急」為理由，率大批軍隊在十二日清晨佔領上海，定於十三日拂曉向上海日軍發起攻擊。蔣介石兩次去電叫他「不得進攻」，要張「再研討」攻擊計畫，「不可徒憑一時之憤興」。張十四日電蔣：「本軍決於本日午後五時，對敵開始攻擊。」但張午後三時就提前下達了總攻擊命令。四時，炮兵、步兵一齊進攻。*蔣五時後來電說：「今晚不可進攻。另候後命。」張治中只得服從。他選擇了另一條路把蔣逼上梁山。

十五日，他越過蔣直接向報界發表聲明。他先稱日本「侵滬艦隊突以重炮轟擊閘北，繼以步兵越界襲我」，再說他決心反擊，「洗雪國恥收復失地」。在高漲的抗日情緒下，一直不願在上海跟日本人大打的蔣介石不得不於第二天下令：「預定明拂曉全線總攻擊。」

但蔣介石實在是不願意打，十八日，他又傳令停攻。張治中不予理睬，十九日繼續進攻。二十二日，大批日本增援部隊到來，全面戰爭終於不可避免。

蔣介石被拉進來後，下定決心大打。全國一百八十個師中最精銳的七十三個被投進戰場，四十多萬人幾乎打光。這場戰役重創了蔣最看重的年輕的空軍，摧毀了大部分的主力艦隻。蔣介石從三十年代初辛辛苦苦建立起來的現代武裝被大大削弱。日本方面的傷亡也有大約四萬人。

一旦中日全面開戰，斯大林立刻大規模援蔣，以保證蔣能打下去。蘇聯跟南京政府簽訂了互不侵犯條約，開始向中國提供武器。中國當時只能製造步槍一類的輕武器。莫斯科給蔣兩億五千萬美金的貸款買蘇聯軍火，包括坦克、大炮和一千來架飛機。還派了一支飛行隊，**數百名軍事顧問，領

* 同一天，中國飛機轟炸了日本軍艦。據現有材料，蔣介石沒有下轟炸的命令。

** 從一九三七年十二月到一九三九年底，兩千多名蘇聯飛行員在中國執行戰鬥任務，擊毀一千來架日本飛機，甚至轟炸了日本佔領的台灣。

隊的是後來在斯大林格勒戰役中出了名的崔可夫將軍（Vasili Chuikov）。在往後的四年裡，蘇聯是中國的主要軍火來源。

中日全面戰爭使莫斯科欣喜若狂。外交部長李維諾夫（Maksim Litvinov）當即對法國副總理布拉姆（Léon Blum）說，他和蘇聯「都對日本向中國開戰感到開心極了，蘇聯希望中日戰爭打得越久越好。」

為了保護這位貢獻巨大的紅色代理人，斯大林把和張治中直接聯繫的蘇聯大使鮑格莫洛夫與武官雷邦隨即召回國，處死滅口。

憤怒、無奈的蔣介石當然懷疑張的真實身分，開戰後不久就逼他辭了職。但蔣介石為了自身的利益像對待邵力子一樣繼續使用他。一九四九年蔣逃往台灣時，這兩位都留在大陸。

中日全面戰爭的爆發立即給毛澤東帶來了好處：蔣介石答應了他迄今為止在談判中始終堅決拒絕的條件，即讓紅軍成立獨立的指揮部。雖然名義上紅軍受蔣介石統一指揮，但蔣不能發號施令，只能提「要求」。中共現在合法化了，可以在國民黨地區開設辦事處，出版報紙，政治犯也被釋放。

持續八年、奪去兩千萬中國人生命的日本侵華戰爭，帶給毛征服中國的機會：蔣介石的政權被極大削弱，毛占領了大片土地，建立起一支一百三十萬人的大軍。抗戰開始時，國共軍隊的比例是六十比一，結束時是三比一。

全面戰爭打響之後，斯大林命令中共積極參戰，嚴厲告訴中共不跟國民黨認真合作不行，不能給蔣介石任何藉口不抗日。

在西北的四萬六千紅軍編成「八路軍」三個師，朱德任總司令，彭德懷是副總司令。在華中的一萬餘長征時留下的人，編成「新四軍」，由項英領導。八月下旬，八路軍開始東渡黃河，向幾百公里外的山西前線挺進。將士們滿懷熱情要打日本，大多數中共領導人也想積極抗日。

但毛澤東不這樣想。他不把中日戰爭看作是中國抗擊日本，而是三國逐鹿，如他多年後在政治局常委會上所說：「蔣、日、我，三國志。」日本侵略是借日本的力量打垮蔣介石的大好機會。他多次感謝日本人「幫了我們一把」。

毛並沒有幻想反共的日本在打垮蔣介石後會放過他，也沒有辦法獨自對付強大的日本，他寄希望的是第四者：蘇聯。一九三六年毛曾對斯諾說，蘇聯「不能對遠東的事態漠不關心，採取消極的態度」，「它會坐視日本征服全中國，把中國變成進攻蘇聯的戰略基地呢，還是會幫助中國人民反對日本侵略者，贏得獨立，與蘇聯人民建立友好的關係呢？我們認為蘇聯是會選擇後一條道路的。」

在整個抗日戰爭中，毛澤東的戰略就是把蘇聯軍隊拉進中國，為他打江山。在這一天到來前，他保存擴大中共軍隊的地盤。開戰後，毛堅持紅軍不參加正面戰場的戰鬥，只在側面做游擊隊協助，蔣介石同意了。其實毛連側面襲擊也不想做，他命令指揮官們等日本軍隊擊潰國民黨軍繼續往前推進時，在日軍後方佔領土地。日軍無法守衛他們攻取的、遠遠超過日本本土面積的地域，他們只能控制鐵道線和大城市，小城鎮和廣大鄉村就任毛搶奪了。不僅占地，毛還命令他的部隊大力收編潰散的國民黨軍隊，「及時抓一把」。總之，毛的主意是乘日本人前進的東風擴軍佔地，「讓日本多佔地，才愛國，否則變成愛蔣介石的國了。」

毛不斷給指揮官們發電報說，要「以創造根據地為主」，「而不是以集中打仗為主」。日軍席捲過山西時，毛下令：「在山西全省創立我們的根據地。」

毛的政策引起中共將領的抵制，他們想打日本。九月二十五日，八路軍打響了它抗戰的第一槍。林彪指揮的部隊在山西東北部平型關，打了一場埋伏戰，伏擊日本一支運輸隊的尾巴。雖然這是場小仗，打的也不是戰鬥部隊，而且據林彪說大部分敵人在睡覺，這畢竟是共產黨軍隊首次（在東北以外）擊斃日本人。要是依了毛，平型關之戰根本打不起來。林彪一九四一年在蘇聯治療槍傷時向共產國際報告說：「在日本軍隊跟國民黨軍隊開戰時，我不止一次請求中央同意出擊日軍。但沒有接到任何答覆，我只好自作主張打了平型關那一仗。」

毛反對打這一仗。打是「幫了蔣介石的忙」，無助於擴張共產黨的地盤。但公開地，為了宣傳，毛把平型關之戰誇張成一場巨大的勝利，證明共產黨比國民黨更熱中抗日。「平型關」成了家喻戶曉的名字。雖然平型關打死的日本人最多不過一兩百，但這是中共在抗戰前期幾年中打的唯一一次稍具規模的仗。林彪三年後報告共產國際說：中共「直到今天還在用這場戰鬥做宣傳，我們所有的文章裡都只有這場戰鬥好提」。

八路軍還打了幾場小勝仗，都是做國民黨部隊的幫手。這過程中，毛不斷掣肘，要八路軍集中精力占領地盤。十一月中旬，第一塊日軍後方的根據地成立了，叫晉察冀，有一千二百萬人口，遠多於陝甘寧。後來日本人就侵略中國向毛道歉時，毛說：日本的侵略使中共「建立了許多抗日根據地，為解放戰爭的勝利創造了條件。所以日本軍閥、壟斷資本幹了件好事，如果要感謝的話，我寧願感謝日本軍閥。」

斯大林為了貫徹要中共打日本的政策，一九三七年十一月，用飛機把中共駐共產國際的代表王明送回延安。臨走前，斯大林召見他說：「現在的中心是抗日，抗戰結束後我們再來打內戰。」

大多數中共領導人跟斯大林意見一致。在十二月政治局會議上，王明成了「先打日本」這一政策的代表。會議決定八路軍一定要跟蔣介石合作，接受有中共參加的國民政府最高軍事當局的統一領導。毛要八路軍不接受蔣介石指揮，但他知道王明代表的是斯大林的意見，不敢一味堅持。

中共領導們知道毛的真實想法，不願繼續由他做領袖。莫斯科這時要中共開第七次黨代表大會，因為距「六大」已有十年。政治局會議推選在未來「七大」上作政治報告的人，不是毛，而是王明。共產國際的規矩是黨的第一號人物作政治報告，這等於說眾人心目中的領袖是王明，不是毛。

雖然毛這時是中共實質上的領袖，莫斯科也認可他，但他的身分還沒有正式固定下來，還沒有個第一把手的名稱。在中共高層人物中，毛也不具備無可爭議的權威。毛的盟友劉少奇當時說：「我們還沒有中國的斯大林，任何人想作斯大林，結果是畫虎不成。」

毛還失去了對中共核心「書記處」的控制。王明回國，項英出山，書記處如今九個成員都到齊了，其中五個站在毛的對立面。為首的是王明，其他人中，項英討厭毛，張國燾仇恨毛，博古跟周恩來也因為希望打日本而支持王明代表的政策。另外三人是張聞天、陳雲、康生。

說一口流利俄文的王明見過斯大林，與各國共產黨領袖都是朋友，在克里姆林宮的場面上混得很熟——更不用說他野心勃勃，也是一個無毒不丈夫的人物。在蘇聯的大清洗中，他曾把許多在蘇聯的中共黨員送進監獄，甚至送上刑場。雖然他長了張娃娃臉，矮矮胖胖，但這個三十三歲的年輕人氣宇軒昂，充滿自信，自知他的話具有莫斯科的權威。他對毛構成了極大的威脅。

此後幾十年，毛念念不忘一九三七年十二月，不時念叨王明如何回國奪了他的權。與此成鮮明對照的是，他一次也沒提過當時發生的另一件事：「南京大屠殺」。據有人估計被殺的中國平民和被俘的軍人高達三十萬。毛澤東從來沒有對他的同胞在日軍手裡慘遭殺害表示過任何憤怒。

南京是十二月十三日失陷的。蔣介石把長江重鎮武漢作為臨時首都。十八日，王明趕去那裡做中共代表，周恩來和博古做他的副手。他們跟蔣介石建立了良好的工作關係。中共軍隊指揮員也到那裡去跟國民黨聯絡會商，一時間武漢取代延安成了中共的中心。毛後來耿耿於懷地把他當時在延安的地位叫做「留守處」。其實，毛並沒有坐在那裡發呆，他乘機做了件大事，把延安建成他的一統天下。

毛一個勁兒地給中共將領發電報，阻止他們遵從以蔣介石為首的軍事委員會的指揮，哪怕中共將領們也在軍事委員會內，也參加決策。一九三八年二月，朱德來電說八路軍總部將根據決策東移至山西東南。毛要他把部隊帶回來，聲稱日本人要進攻延安。事實上，日本從來沒有考慮過打延安，只偶爾轟炸過幾次。日本人要的是有經濟價值、能夠養戰的地方。朱德婉言拒絕返回，說毛情報裡的日軍動作「是佯動，用來引誘八路軍西渡黃河，回師陝北」，言外之意是毛上了日本人的當。毛堅持要朱德和彭德懷回延安，三月三日的一封電報特別說：「尤其你們二人必須回來」。朱、彭回電婉轉而堅定地說「不」，帶軍東去。

為了制止毛的這類命令，政治局在二月底再次碰頭。開會還有個原因。一月，根據毛的指示，晉察冀根據地政府未經蔣介石許可，公開宣告成立。這在國民黨地區引起軒然大波，人們問：抗戰有什麼意思？「抗戰勝利後還不是共產黨的天下？」王明和在武漢的中共領導人都對毛十分氣憤，認為毛這樣做太咄咄逼人，太刺激國民黨。

政治局會議上，大多數人支持王明，再次確認他在即將召開的「七大」上作政治報告。政治局決議說要抗日就必須要「統一紀律」、「統一作戰計畫」、「統一作戰行動」，中共軍隊必須「受最高統帥及軍事委員會的統一指揮」。決議還說：「今天，只有日本法西斯軍閥及其走狗漢奸托派等才企圖打倒國民黨。」

這些話是莫斯科的口徑，也是致命的罪名。毛很清楚他是不可能指望斯大林對他開恩的，於是他聰明地表示接受「先打日本」的政策，發電報給八路軍指揮官，說他對他們的行動將「不加干涉」。同時，毛採取措施防止莫斯科發現他的真實立場。十二月政治局會議結束時，他曾派人以安全為名，收去了所有與會者的筆記，使萬一有人要向莫斯科告狀也沒有白紙黑字作證。當中共要派人去蘇聯時，毛的人任弼時得到這份差事。任弼時告訴共產國際，毛的抗戰政策跟他們沒有區別。

蘇軍總參謀部安德利亞諾夫（V. V. Andrianov）這時祕密前來延安，帶給毛一大筆錢：三百萬美金，相當於今天的差不多美金四千萬。*錢是用來發展紅軍打日本的，斯大林說紅軍應當「不是三個師而是三十個師」。毛宣稱他的打算正是集中大部隊「打運動戰」。說他努力要跟國民黨合作，只是國民黨不願意。為了表示抗日的熱情，毛甚至聲稱日本人不經打，比國民黨還容易打。

毛不得不向斯大林積極表態。他不會看不出，一年來莫斯科明顯地降低了對他的讚頌，在慶祝「十月革命」的重要講話裡公開批評了他領導下的中共。

自西安事變以來，斯大林就懷疑毛是「日本奸細」。共產國際內跟毛打過交道的人大都被抓了起來。在毛的黑材料裡，有一份說曾在中國活動的蘇聯高級間諜馬尼科夫（Boris Melnikov）是他的發展人。斯大林在克里姆林宮親自審問馬尼科夫。被捕的共產國際情報負責人皮亞爾涅斯基（Osip Piatnitsky），在供詞中稱毛是「布哈林集團」成員。布哈林是共產國際前總書記，罪名之一是為日本人搞情報。毛還被指控為「中共核心內『托派』領袖」。中國「托派」對斯大林來說都是日本特務。馬尼科夫和皮亞爾涅斯基，以及一大群在中國工作過的蘇聯情報人員，後來都被槍斃。

毛的前途危機四伏。

---

* 王明還在莫斯科時，對共產國際說毛「不斷給我打電報說他們急需錢，要你們繼續每月寄錢」。

20 打政敵，打蔣介石，不打日本

一九三七～一九四〇年 四十三～四十六歲

毛澤東的危機沒逃過一個人的眼睛，這就是張國燾。一九三八年四月四日，他逃離延安，不為別的，只為想把毛推下台。

張國燾在長征中與毛會師時，擁有雄兵八萬，毛只有殘兵一萬。但幾個月工夫，毛就成功地破壞了他的軍隊，搶先聯繫上蘇聯，被莫斯科首肯為中共領袖。重逢時，張國燾是灰溜溜地來的，軍隊也只剩下一半。毛仍不放過他，因為他仍然是書記處書記，他的四萬軍隊仍然是毛的一倍。

一九三六年十月紅軍打到外蒙古邊境去接收蘇聯武器時，毛用張國燾的紅四方面軍當先鋒，要在蔣介石的重重阻兵中殺出一條血路來。失敗後，紅四方面軍的兩萬一千八百人被隔在黃河彼岸，成為孤軍一支。這時莫斯科詢問中共可不可能改道去新疆接收武器。這一路長達一千五百公里，大部分是杳無人煙的沙漠，控制在極端反共、凶悍無情的穆斯林馬家軍手裡。毛明知前景毫無希望，但他抓住莫斯科的建議，把這支孤軍派去。這就是「西路軍」。

毛把這支上不沾天、下不著地的孤軍在沙漠裡調來調去，向他們發出忽而這樣、忽而那樣的指示，迫使他們打一場又一場的惡戰。指揮員徐向前說，給他們的任務「飄忽不定，變化多端，並大大超出應有限度」。西路軍最後實在無法支撐下去，要求返回延安，毛卻命令他們「就地堅持」，一九三七年二月二十二日更電令他們「奮鬥到最後一個人，最後一滴血」。

到三月中旬，張國燾手下的這支勁旅幾乎全軍覆沒。被俘的紅軍遭到殘忍殺害。甘肅西部的最後一場血戰下來，一千多人被活埋。活埋以前，俘虜們被集中起來照了相。從照片上看，他們還不知道等待他們的是什麼命運。兩千名女戰士被強姦，被凌辱後殺害，被賣身為奴。兩萬多人中，只有四百來人在四月底掙扎到了新疆。蘇聯飛機運給他們武器、食物和香菸，另外每人一副碗筷。

少數逃回陝北的西路軍官兵死在自己人手上。當時在延安的司馬璐先生目擊一個當地幹部這樣津津有味地「丑表功」：

當四方面軍從甘肅被國民黨軍隊追得無路可走到達我們關中蘇區的時候，我們首先很客氣的接應他們，又舉行歡迎會招待他們，然後繳下他們的武器，就對他們說：「同志，你們辛苦了，調你們到後方休息去。」再把他們一批批一批批騙到山溝裡，把這些王八龜孫子的四方面軍都活埋了。

活埋的時候，那才好玩呢。開始，我們笑嘻嘻地對他們說：「同志，把坑挖好了，我們要活埋國民黨軍隊了。」他們果真起勁的挖，一鍬一鍬的挖下去，抹抹臉上的汗珠，還笑著說：「再挖深一點，讓這些國民黨軍隊躺在裡面舒服些。」我們也笑笑，挖好了，我們把他們一個個推進去，踢進去，起初他們還以為咱們開玩笑呢，等到我們提起鐵鍬填土的時候，才大聲呼叫：「同志，我們不是國民黨軍隊呀！」我們罵：「媽的，管你們是不是國民黨軍隊，老子要你死，你就死……」

他正說得得意，聽的人憤怒了，大聲呵斥他：

「同志，如果你們真的這麼做，你們就錯了……你們太過火了，我相信這絕不是黨的命令。」講故事的人大聲反駁：「什麼，不是黨的命令，是我們過火了？難道我個人和他們過不去。我那時是個支隊長，咱們團長要我們這麼幹的，團長說是高崗同志的命令，高崗同志當然又是奉的毛主席的命令。咱們只認得毛主席，毛主席叫咱幹啥，咱就幹啥。」

西路軍一朝覆沒，毛澤東就對在延安的張國燾下手，說西路軍的失敗是「張國燾路線」的結果，在紅四方面軍幹部面前批鬥張國燾。毛企圖把張國燾趕出政治局，只是因為莫斯科不同意而沒有得逞。

用張國燾後來的話說：他「受盡了折磨」，是「毛澤東在後面掌舵」。毛的祕書把他撵出他的住宅，讓給毛住；他的警衛員被捕。一次，張國燾看見兒子在學校演戲時被派演「托派」張慕陶，「扮成奇形怪狀的漢奸樣子……等我走到文藝會場的時候，一群人正在捉弄我的兒子，毛澤東也正在那裡湊熱鬧，奸笑著說張國燾的兒子扮演張慕陶，再適合不過。我恰恰走進去，目擊這種情形，就將孩子所戴的假面具撕掉，牽著他離開會場，一面走一面高聲申斥說：『野蠻、殘忍、禽獸不如。』」

一九三八年春，忍無可忍的張國燾，抓住毛澤東處境不妙的機會，要跟王明等人聯起手來倒毛。四月四日，作為陝甘寧邊區主席，他離開延安去附近的黃帝陵，跟國民黨官員一起祭陵。祭祀完畢，他鑽進一輛國民黨的汽車，到了西安，隨後前往武漢，去找在那裡的王明、周恩來、博古。

項英作為新四軍的負責人就在武漢附近。這是一個天賜良機，書記處中不贊成毛的五個人都在延安，不在毛的控制之下。張國燾到底跟王明等人說了些什麼，至今是中共的祕密。根據延安向莫斯科的報告，張國燾在武漢時「企圖分裂黨的團結」。可以肯定，張國燾力主馬上倒毛。但是他未能說動武漢三人，最可能的原因是，這三人認為莫斯科不會同意。張國燾是走投無路，只能鋌而走險。但王明正躊躇滿志，察覺不到毛其實只是外表服從。

張國燾在武漢跟三人談了一星期，絕望後，他投奔了國民黨。他接著給留在延安的懷孕的妻子寫信，要她來武漢，把他們十二歲的孩子也帶出來。毛拖了兩個月，等到確定張國燾沒有造成什麼危害，才放他們離開了。張國燾的妻子經過武漢時，周恩來要她轉告張國燾：「不要對黨做得太絕了。」張聽從了周的「規勸」。張國燾曾一度擔任中共軍事部部長，負責在國民黨軍隊裡安插間諜，但他一個名字也沒透露。他的回憶錄千頁之長，但沒有洩漏多少內幕。可說他為國民黨是什麼也沒幹，國民黨對他非常失望。中共掌權後，他逃離大陸，後來託人帶信想送兒子進廣東中山醫學院學醫，中共爽快地同意了。一九七九年張國燾八十二歲時死在加拿大多倫多的一家老人院裡，死前一年，他皈依了基督教。

張國燾投靠了國民黨，毛正好名正言順馬上將他開除出黨，並在他的舊部面前把他搞臭。據國民黨情報頭子戴笠給蔣介石的報告，駐在陝北邊上的忠實於張的紅四方面軍官兵不少對此「極表不滿」，他們祕密開會，「討論應付辦法」，結果被「全部包圍，隨即祕密悉數解決，當時被活埋者計達二百餘人」。

經過兩個月的考慮，莫斯科在六月份批准開除張國燾。這時，斯大林結束了在共產國際的清洗。毛的黑材料繼續存檔，十年後斯大林還會來翻閱它們。但眼下，毛澤東被「解放」了。

毛一得知這些消息，立即著手對付他的下一個政敵王明。

毛此時在莫斯科安插的人是王稼祥。兩年前，跟莫斯科的電訊聯繫剛恢復，毛就三番五次給莫斯科打電報，要王稼祥去蘇聯治傷，實際上是藉此把王派到莫斯科去。王稼祥在王明回國後當上了中共駐共產國際的代表。一九三八年六月，張國燾被扳倒，毛電召王稼祥返國，目的是帶回一句共產國際對他的地位表態的話。王離蘇之前去見共產國際總書記季米特洛夫，提起黨內不團結，套出季米特洛夫一句話：有問題「在領導機關中要在毛澤東為首的領導下解決」。毛利用這句話，消除了威脅，鞏固了地位——也改變了中共的抗戰政策。

王稼祥八月底回到延安，毛叫他電召王明等人回延安開中央全會，「聽取共產國際重要指示的傳達」。上一次中央全會還是長征以前開的。四年來，不知道有多少「共產國際重要指示」，毛從來沒有召開全會傳達過。當中國面臨嚴重的民族危機、臨時首都武漢遭日軍進攻的緊急時刻，毛澤東卻要開大會，把中共領導從武漢，軍事將領從戰地統統召回，齊聚遠離抗日戰場的延安。王明質疑這種做法，建議要開會到武漢去開。毛強硬地宣布：「我就坐鎮清涼山，哪裡也不去！」王稼祥打電報威脅王明說：服從中央的意見，否則一切後果由你自己負責。

王明只好在九月十五日來了。在政治局會議上，王稼祥傳達了季米特洛夫的話，毛跟著就把在「七大」上以頭號人物作政治報告的身分，從王明那裡奪了過來。王明沒有抵抗。中央全會二十九日在延安的大教堂召開。主席台上的列寧像下，王稼祥向出席者把季米特洛夫的話又重複了一遍，等於向中共高層宣布莫斯科要毛做他們的領袖。

作為對王稼祥的報酬，毛給了他一連串的要職，包括軍委副主席。毛還為這個三十二歲的單身漢作媒，女方是三分顏色七分嬌媚的醫科畢業生，其父是毛早年的朋友。毛在給張聞天當了月老之後，又再拋紅繩，拴住又一個有用的人。毛喜歡做媒，也熟知人的心理，特別是性拘束的男人的心理。

打倒王明的進程開始了。由於共產國際明令要團結，毛不敢當面整人，怕王明起而反擊。毛故技重施，把會議拖長，拖到王明等人不得不離開，然後讓他缺席受「審」。當時蔣介石把戰時首都移到重慶，定好十月二十八日召開國民參政會，王明屆時將去參加。毛澤東等的就是這一天。

六屆六中全會是中共歷史上最長的中央全會，開了將近兩個月。在這期間，不僅武漢陷落，廣州被占，中共在敵後的根據地也受到大舉圍攻。電報緊急飛來：「此間情況甚緊，望彭德懷會畢速歸。」但毛扣住彭和其他軍事將領不放。

為了拖時間，毛叫每個政治局委員都作了兩個大致相同的發言，一個在政治局，一個在全會上。他自己的政治報告拖了兩個星期才作，這兩個星期中與會者就在那裡混時間。毛終於作報告了，內容既長，他上午又要睡覺，報告一作就是三天。

十月底以前，毛的主要對手都等不及了，先後離去：周恩來、項英、博古、王明。他們前腳走，毛後腳就攻擊他們，特別指責王明「聽蔣介石的話」，甚至把長征前蘇區肅反的帳也算在王明頭上，儘管王明那時人根本就不在蘇區。

同時，毛著手改變中共的抗戰政策。當時日本侵略軍後方不僅有中共的隊伍，而且也有國民黨軍隊，同中共爭奪地盤。中共的政策迄今是避免打國民黨，統一戰線高於一切。在王明等人離開之前，毛滿口贊同這一政策，他作的政治報告稱蔣介石為「偉大的領袖」，要全民族「誠心誠意的擁護蔣委員長」，紅色根據地都要「集中於中央政府領導之下」，「全國必須是統一於中央的」，「拿每一支槍口瞄準日本侵略者」。毛甚至宣告：「中華民族是站起來了！一百年來受人欺凌，侮辱，侵略，壓迫的奴辱地位，是改變過來了。」*

王明等人一轉背，毛就明確告訴中央全會，蔣介石始終是敵人。中共現在就要準備打倒蔣介石，武裝奪取政權，要利用日本侵略大張旗鼓地在敵後發展，必要時堅決打國民黨軍隊。這是毛在抗戰中第一次明確宣布蔣介石依然是頭號敵人，抗戰中可以打內戰。這是中共抗戰政策改變的轉折點。

毛澤東新的主要支持者是負責中共北方局的劉少奇。劉曾去過蘇俄兩次，一九二一年見到列寧，還跟列寧的親密朋友拉麗莎・瑞絲娜（Larisa Reysner）有過一段風流韻事。劉是個有遠見的人，明白毛的主張是中共上台的唯一希望。全會開完，毛就派他去新四軍活動的華中地區，控制項英率領的新四軍。

八路軍副總指揮彭德懷此時也看出，中共如果要發展，要在占領的地方待下去，不跟國民黨開戰不行。彭德懷站到了毛這一邊。總指揮朱德也贊同毛的戰略。

毛還有個得力幫手是康生。在蘇聯時，康生曾是王明的副手，以緊跟王明著稱，剛到延安時還帶頭呼口號：「我們黨的天才的領袖王明同志萬歲！」但他很快看出毛澤東的厲害遠在王明之上，轉而投靠毛。毛委派康做中共克格勃的頭子，自己的警衛員也由他一手挑選。正是康生為江青擔保，使毛得以堵住批評江的人的嘴。在毛、康之間，這是一條有力的紐帶。

延安成了軟禁王明的地方。毛叫他在國民參政會結束後回來，任命他為統戰部部長。這好像是個重要職位，其實實權在毛的人手上。王明時常獨自在延安街頭踱步，低著頭，不發一言，表情若有所思，帶著幾分惆悵。

毛不敢公開譴責他，因為他同莫斯科的關係很深。對一般幹部來說，王明仍是中央領導。許多人對他有好感，記得他「演說的天才，待人接物的態度」。毛缺乏鼓舞人心的演說天分，擅長在眾目以外的少數人中運籌帷幄搞陰謀。他跟王明的明爭暗鬥還遠沒了結。

在毛為打內戰開綠燈之後，中共軍隊放開手來在敵後與國民黨爭奪地盤，屢佔上風。到一九四〇年一月，八路軍從抗戰開始時的四萬六千人發展到二十四萬人。新四軍在劉少奇領導下也翻了三倍，成為三萬人。一個個敵後根據地建立起來，晉察冀擴大到二千五百萬人口。中共已成長為一支擁有廣闊地盤的強大力量。在這時，抗戰兩年多了，從愛國激情中冷靜下來的中共領導們體會到毛澤東的高明。一九四〇年二月，彭德懷由衷地讚美毛說：中共「有了富於政治遠見，預見事變，並且善於處理事變的中央，有了英明的領袖」。周恩來也心悅誠服地歸順了毛。

中共的壯大得益於毛。但毛還得小心不被斯大林怪罪。他隱瞞了跟國民黨軍隊的武裝衝突，只是在火併嚴重到無法掩飾時才向莫斯科報告，辯解說全是出於自衛，因為國民黨一心要把共產黨消滅光。

毛知道怎樣取悅斯大林。一九三九年春，斯大林最喜歡的導演卡門到延安來拍電影，一進毛的門就看見一本斯大林的著作攤開放在書桌上。毛手捧斯大林的書，作凝神閱讀狀，讓卡門盡情地

---

*「中華民族是站起來了！」這句話跟他一九四九年共產黨中國成立時宣告的「中國人從此站立起來了！」幾乎一樣。看來，照毛的話，中華民族並不是一九四九年才站起來的，而是一九三八年。一九三八年的中國，用毛的話來說是「在民族領袖與最高統帥蔣委員長的統一領導下」。

拍，特別突出封面上的斯大林像。酒會上他為斯大林祝酒，說他朝思暮想只想去一個地方：莫斯科，去見斯大林。在窯洞門口為卡門送別時，毛特地問他莫斯科在什麼方向，然後在黑暗中朝那個方向默默佇立，深深地嘆息。卡門果真在文章裡寫道：「毛談到斯大林同志的時候是多麼充滿感情啊！」

毛總是確保在莫斯科有人為他說話。常駐莫斯科的代表先有王稼祥，後有任弼時。六屆六中全會後，他加派使者，第一個是林彪，一九三八年底到蘇聯去治療槍傷。林彪受傷是因為他穿著一件繳獲的日本軍大衣，國民黨軍隊把他當成日本人了。林彪只帶去符合莫斯科精神的全會文件，向蘇聯人保證，毛是「中共可靠的，有決斷力的，有原則的領袖」。毛沒算準的是，林也實事求是地說了一些對他不利的話。林還說了別的人的壞話，說周恩來是「騙子」，朱德是「舊警察」，「不是自己人」。

一九三九年六月，毛的大弟澤民也到蘇聯來「治病」，可蘇聯人注意到他一次也沒去醫院看過病。他的任務主要是打擊王明，報告莫斯科說王明是個「壞人」，幹的壞事之一是在斯大林面前誇張紅軍的實力。這等於犯了欺君之罪。報告還說博古是「機會主義者、托洛茨基分子、土匪」，跟早期湖南共產黨領導人李維漢二人都有「重大罪行」，應當排斥在一切領導崗位之外。

毛的第三名使者是周恩來，九月十四日住進了克里姆林宮醫院。他倒有病可看，前些時候從馬上摔下來折斷了右胳膊，沒接好，現在來做手術。周這時剛徹底完成了他的忠誠轉移，成了毛的忠實僕人。在莫斯科他孜孜不倦地強調毛的重要性，說中共中央認為毛「必須被選為總書記」。他向莫斯科保證中共的政策仍然是「抗戰高於一切」，仍然致力於統一戰線。他詳細報告了中共的發展：黨員是抗戰開始時的七倍，有四十九萬八千人，軍隊和地盤都大大擴展。他還誇張地說八路軍和日本人打了兩千六百八十九次大仗。

李德跟周恩來同行到莫斯科。毛對他不放心，先下手為強，由澤民報告說李德的戰略戰術是「反革命的」。李德認為這是毛要置他於死地。他把周恩來叫作他的「主審官」，因為周恩來火上加油，稱這個從前的親密同事是「中國革命的敵人」。

毛澤東愛說他的政敵「告洋狀」，但他們中還沒有誰像毛告他們那樣向莫斯科告過毛。

21 盼望蘇日瓜分中國

一九三九～一九四〇年　四十五～四十六歲

一九三九年八月二十三日，蘇聯跟納粹德國簽訂互不侵犯條約，瓜分了波蘭。對斯大林與希特勒（Adolf Hitler）的勾搭切齒痛恨的中國人中有中共的創始人陳獨秀。陳因觀點獨立被中共開除，在國民黨監獄裡坐過幾年牢。在一個「無月的黑夜」，他悲憤之餘，寫下一首長詩，用古傳說中的大疫厲鬼比喻斯大林，譴責斯大林「是非旦暮變，黑白任其情。雲雨翻覆手，信義鴻毛輕。」

蘇德條約的簽訂打開了通向蘇日條約的大門。蔣介石擔心中國可能成為另一個波蘭，就此警告蘇聯。毛澤東卻非常高興。毛在整個抗日戰爭中的戰略基點就是希望蘇聯捲入，現在柳暗花明，終於有了實現的可能。

這年九月底，斯諾問毛對蘇日條約可能簽訂的反應，毛答道：「可以簽訂」，如果不妨礙「世界解放運動的利益」，「半殖民地，殖民地的民族革命的利益」。這些利益在中國除了指中共的利益，還有什麼呢？當斯諾問：蘇聯對中共的幫助是否會採取佔領半個波蘭那樣的形式？毛積極肯定地答覆：「按照列寧主義，這種可能性是存在的」。波蘭模式是毛的期待。*斯大林要是跟日本瓜分中國，毛本人自然會當上半壁江山的統治者。

第二年，毛為蘇聯通過蘇芬條約奪取芬蘭一大塊領土而興奮。他在給中共高層的祕密指示中說：蘇芬條約「保證了世界革命和中國革命的勝利」。在法國被劃分為德國佔領區跟維琪政府時，毛又看到了把一個國家一分為二的可能。在十一月一日給高級軍事領導人的指示裡，他用隱晦的語言說：「蘇聯出面調整中日關係的可能性仍是有的，中國要爭得比較法國優勝的地位，只有蘇聯出面調整與我們堅持努力才有可能。」毛設想的一個前景是：日本扶持國民黨傀儡政府，蘇聯出兵，幫助中共，「國共劃界而治」，以長江為界，「隔江而治」，搞「南北朝」。

按波蘭模式跟日本瓜分中國，正是斯大林此時的中國政策。蘇德條約簽訂後，蘇聯開始了跟日本的談判，中國問題是中心。談判中，中共實力越強，佔地越多，斯大林討價還價的空間就越大。毛澤東看準了他的擴展對斯大林的好處，一九三九到一九四〇年之交，他給莫斯科的報告在調子上有了明顯的轉變，開始直言不諱地談論跟蔣介石軍隊的內戰。蘇德條約簽訂前，毛總是把火併說成是國民黨要殲滅中共，中共都是自衛。而現在，他火藥味兒十足，一九四〇年二月二十二日報告說，在內戰中，「勝利一般都是我們的」，「在河北我們殲滅了六千人，山西一萬人。」

斯大林沒有制止他，相反地，他用實際行動表示了對毛的默許。三天後他批准了當年給中共每月三十萬美金的資助。周恩來離開莫斯科回國時，帶給毛一座新電台專為跟莫斯科聯繫。毛的助手師哲回憶道：「我們同莫斯科建立了非常可靠的空中聯絡，但只有毛主席一人有權使用」，「往來的電訊，不但都由毛主席親自處理，而且全存在他那裡，向誰傳達或傳閱，也由他決定。」

* 毛關於波蘭模式跟蘇日條約的這段談話引起了莫斯科的不滿。季米特洛夫給毛打電報說：「這個訪問記的破壞性實質必須揭穿。我們緊急要求毛澤東和其他中國同志不要對外國記者發表像對斯諾那樣的談話，因為這已經被用來為搞破壞服務。」毛也明白他說漏嘴了，從此不再接近斯諾，直到中蘇公開分歧的一九六〇年要再利用斯諾時，才讓他重訪中國。

有了蘇日條約簽訂的前景，毛開始了同日本情報機關的合作，目的是打擊蔣介石，保存、發展中共。負責這項工作的是潘漢年，他聯繫的對象有日本駐上海的副總領事、高級情報官員岩井英一。岩井給了潘漢年一張日本駐上海總領事館簽發的特別證件，上面明確寫著：凡日本軍、憲、警如對持證件人有所查詢，請先與日本總領事館聯繫。延安派去的情報幹部一度還在岩井公館裡架設了電台，以便直接同延安聯繫，後因「困難太大」而沒有使用。

潘漢年給岩井提供蔣介石的抗戰能力、他與中共的矛盾衝突，以及他與列強的關係等情報，還有英美情報人員在香港、重慶的活動訊息。日本方面對這些情報評價很高，其中一份曾讓日本駐華大使「高興得發狂」。日本侵佔香港時，岩井派專人把中共在那裡的情報人員安全撤走。潘漢年對岩井說：這些人將「一部分去內地，繼續幫助我搜集那邊的情報，一部分轉到上海來幫助我們搞和平運動。」所謂「和平運動」是日本脅迫中國投降的非武力運動。有個著名的「興亞建國運動委員會」，由潘漢年參與組織，裡面主要成員都是中共派去的。

日本人的手被用來更直接地打擊國民黨。一位當時的中共情報人員回憶說：「『用敵人的手，來打擊敵人，瓦解敵人，這是最機動最巧妙的革命策略。』康生同志過去曾屢次對我們這麼說。然而，只有這次在杭州，我才看到如此生動的例子：在敵人的偽組織機構中，大量的充斥著我們的同志」，「據我直接知道的，上海兩次破獲三民主義青年團的組織和一次在江南日本人對忠義救國軍的圍剿，都是我們的黨在日本人的合作之下的傑作。」*

除了打擊蔣介石以外，潘漢年的另一項任務是使日本人放過中共。經岩井介紹，他會見了日本在華最高情報首腦影佐禎昭，向他建議在華北停火。這一建議終因日方沒有反應而無結果。但在華中，潘漢年與日本方面（通過日本華中派遣軍謀略科長都甲大佐）達成默契：新四軍保證鐵路交通線的暢通安全，日本人對新四軍在鄉間發展睜一隻眼，閉一隻眼。數年來，日本火車通行無阻，新四軍也成長壯大。日本人為什麼要容忍中共？我們問日本天皇的弟弟三笠宮崇仁，他曾是日本侵華軍隊的軍官。他答道：日本認為中共不具備戰略重要性，只能搗亂。日本始終把蔣介石作為主要敵人。

一九四〇年春，華北的大片土地都掌握在中共手裡。三月份在斯大林的默許下，八路軍集中三四萬兵力，全殲六千國民黨部隊，在華北佔據了絕對優勢。這時，朱德、彭德懷感到他們也應該打打日本了，不然說不過去，四月一日，他們準備大規模破壞日本運輸線。毛對這個要求拒不批准，反而令他們把部隊調到華中去搶地盤。朱彭的破路計畫只好作罷。

朱德心裡是不願意繼續打內戰的。這時，蔣介石因為想解決華北內戰問題，邀請他去重慶談判。途中毛堅持要他回一趟延安，理由是開「七大」。到了延安，不但沒有「七大」的影子，重慶也不讓他去，這位八路軍的總司令連部隊也回不去了，只能待在延安。毛把朱的名字簽在自己的指示上，作橡皮圖章。

毛另派周恩來去重慶。從現在起毛規定中共任何人跟蔣介石聯繫，都要通過延安轉周。就這樣，莫斯科和重慶這兩個關鍵通路都徹底攥在毛的手中。

一九四〇年五月，抗日戰爭到了緊急關頭。日本對戰時首都重慶加強了轟炸，山城成為世界上

* 據現有資料，中共沒跟日本人在戰場上具體合作。只有一份蘇軍情報局駐延安組長對莫斯科的報告說：一九四三年夏天一次中共軍隊在山東「與日軍配合」進攻國民黨軍隊。

被炸得最厲害的城市。在六個月的時間裡，重慶承受的炸彈噸位是整個太平洋戰爭中日本全國承受的炸彈的三分之一。一場空襲下來，成千上萬的平民死去。日軍同時沿長江逼近重慶。日本要法國關閉滇越鐵路，要英國關閉滇緬鐵路，以封鎖中國對外交通，斷絕軍用物資的接濟。除蘇聯外，這是僅有的兩條通向外國的陸運要道。六月二十日跟七月十八日，英法兩國先後照辦（儘管英國的閉路只持續了三個月）。在重慶，悲觀失望、要求跟日本媾和的空氣比這個著名霧都的霧還要濃。蔣介石和中國都面臨前所未有的危機。

對毛來說，這簡直是天賜良機。他後來對斯諾透露他「希望他們〔指日本人〕一直打到重慶去」。他企望的是，那樣蘇聯將不得不出兵干預。

然而，朱德走後統領八路軍的彭德懷不這麼想。彭想幫重慶一把，幫蔣介石減輕些壓力。彭在華北發動了一場大規模破路戰役，給它取了個響亮的名字：百團大戰。七月二十二日，他命令八路軍準備於八月十日起事，並把計畫兩次電報給毛。毛沒有回答，毛慣用的手法是「默否」。彭第三次電毛仍無回音，就不再等，下令在八月二十日動手。

彭知道毛會對這場戰役深惡痛絕，因為它「幫了蔣介石」，損害中共的利益，日本一定會加強對八路軍根據地的掃蕩。彭預先就考慮到這一點，但他把民族利益置於一黨利益之上。

百團大戰進行了一個月，它主要不是打日本軍隊，而是破壞交通要道、戰略經濟設施。日本「華北方面軍作戰記錄」稱：「此次襲擊，完全出乎我軍意料之外，損失甚大」。供應東北鞍山鋼鐵廠的井陘煤礦遭到嚴重破壞，「至少半年以上不能出煤」。日本不得不把進攻蔣介石的一個師調回來，暫停奪取通向華南的兩條鐵路。

百團大戰提高了中國的士氣，特別是在被日機炸得苦不堪言的國民黨地區。報紙紛紛讚揚八路軍主動出擊，《大公報》說這是對日本人謠言攻勢的「致命的打擊」，「敵人不是常在造謠說我們分裂互訌嗎？把這鐵的事實給你們看。」周恩來從重慶給毛打電報說：「華北百團大戰影響極大，蔣也說最好。」「我們在此到處鼓吹，連日報紙登大字新聞。」百團大戰為毛爭光不小。

但毛憤怒已極。一方面是因為八路軍遭受了沉重打擊——據朱德說傷亡九萬。日本人說他們「由痛苦的經驗中取得了寶貴的教訓，改變了對共產黨的認識，從而採取各項治安施策，使華北的治安肅正效果得到空前提高」。根據地被壓縮成一半，人口由四千四百萬降到兩千五百萬。但這還不是毛最生氣的原因，彭德懷不久便重建根據地，在兩年多的時間裡，八路軍軍力超過百團大戰前，達四十萬人。

使毛最生氣的是百團大戰減少了蔣介石被打垮的可能性，也就減少了蘇聯出兵干預的可能。彭德懷打亂他的戰略部署。這一場八年抗戰中中共軍隊打的唯一的大仗，成了彭在以後的歲月裡挨整的罪名。

日本人的大舉進攻沒有能使蔣介石投降、垮台，毛還得想別的辦法把蘇聯人拉進來。蔣此時為了停止國共火併，計畫把兩黨的軍隊分開，讓他們駐在不同區域。這時八路軍在華北已經佔領了所有能佔的地方，跟國民黨已沒什麼仗好打，內戰的焦點移到了長江流域的華中，新四軍活動之地。蔣介石要新四軍撤出長江流域，北上到八路軍的地盤去，他允許中共在那裡基本保留所佔的土地。一九四〇年七月十六日，蔣正式發布這一計畫，用詞是「中央提示案」，要新四軍一個月內到位。

毛一口回絕了蔣介石。他不想放棄富庶重要的長江流域，更想要蔣介石用武力強行趕走新四軍。這樣一來，全面內戰就可能爆發。蘇聯大使潘友新當時寫道：「毛的打算是，如果內戰打起來，俄國人會援助中共。」毛就是想把事態朝這個方向推。

那年夏天毛給莫斯科發了許多電報，不斷要求莫斯科幫助他「重創」國民黨。新四軍不但沒有北移，反而於十月初在黃橋殲滅了一萬一千國民黨部隊，擊斃兩名將領。蔣介石一聲不吭，就像對其他同類事件一樣。蔣怕事情暴露出來鬧大了，引起全面內戰。他只在十月十九日再次重申，新四軍必須在一個月內北移到規定地區。

毛充耳不聞。他想激怒蔣介石，促蔣採用武力，展開全面內戰。他對周恩來說，這時蘇聯就會「出來調整」。蔣介石怕的也就是這個，怕蘇聯進來同日本瓜分中國。「一個月」期限到了，蔣仍然沒有採取行動。毛清楚蔣的弱點，十一月三日給周恩來的電報說：「蔣介石最怕的是內亂，是蘇聯，故我們可以這點欺負他」。

十一月七日，「十月革命」節，毛向莫斯科空前強烈地懇求批准他大打內戰。電報由毛本人署名，收電人不僅是通常的季米特洛夫，而且加上毛在共產國際內的主要支持者曼努伊爾斯基，特地註明抄送斯大林和國防部長鐵木辛哥（Semyon Timoshenko）。毛報告說他的計畫是「出十五萬精兵抄到他（蔣介石）後方，打幾個大勝仗」，把這一行動稱為「預防性的先發制人」。

毛這樣不加掩飾地要求主動挑起全面內戰，源於形勢的最新發展。蘇聯正加緊了同日本的談判。毛的主張等於是同日本合作，對蔣介石兩面夾攻。這樣一來，蔣很可能垮台，按波蘭模式瓜分中國就成了現實。

這時蘇聯外交部長莫洛托夫（Vyacheslav Molotov）正要起程去柏林，目的是請希特勒幫助莫斯科介入中日戰爭。莫洛托夫的議程寫道：「討論在中國（蔣介石的中國）實現光榮和平的必要。為了實現這一和平，蘇聯準備同德國、義大利一道做調解人（滿洲國歸日本）」。莫洛托夫對希特勒說：「我們必須在中日兩國之間給目前這種局勢找條出路。在這個問題上，蘇聯和德國可以起重要作用。」但希特勒對這件事不感興趣。

日本無意與蘇聯分享中國。這年十月二日起草的日方文件顯示，日本只同意「外蒙古和新疆為俄國的勢力範圍」。這說了等於沒說。日本考慮「承認、接受西北三省（陝甘寧）繼續作中共根據地」，但有個條件，蘇聯必須「約束中共的抗日行為」。只給陝甘寧對斯大林當然遠遠不夠，中共已擁有的地盤早就大得多。

莫斯科無法同日本達成協議。這意味著日本仍然可能掉過頭來進攻蘇聯，斯大林的當務之急仍然是國共合作拖住日本，毛澤東也就不能打全面內戰。剛派往蔣介石處的軍事顧問崔可夫問斯大林為什麼派他去「幫蔣介石，而不是幫中國紅軍」。斯大林答道：「你的任務是把日本侵略者的手牢牢地拴在中國。」

十一月二十五日，克里姆林宮命令毛：「目前暫時不要動，爭取時間，在華中地區軍隊北移問題上，與蔣介石盡量周旋，討價還價……絕對關鍵的是你不要首先挑起軍事行動」。同時，莫斯科同意毛一旦被蔣攻擊時實行自衛反擊：「如果蔣介石進攻你，你必須全力反擊。在這種情況下，分裂、內戰的責任就都落在蔣介石頭上。」

這份命令帶給毛的既是失望，也有希望：蔣介石放第一槍，他就可以動手。問題是蔣介石堅決不肯開火。新四軍北移的期限來了又去，蔣介石沒有動武。毛得出結論：蔣「大舉進軍是不可能的」。毛澤東決心製造一種局勢，使蔣介石的手不得不扣動扳機。

22 皖南事變：毛澤東設陷阱

一九四〇～一九四一年　四十六～四十七歲

新四軍政委項英與毛澤東有不解之仇。十年前，他想制止毛用血腥暴力打ＡＢ團，毛誣陷他是ＡＢ團的後台。後來他反對帶毛長征，預見到毛要伺機奪權。至今他對毛的批評態度不改，甚至嘲弄毛。

項英的總部有一千工作人員、八千部隊，駐紮在雲嶺，在以多變的雲彩和奇詭的石峰著稱的黃山之側。一九四〇年十二月，項英的總部是新四軍唯一在長江以南的部隊。毛把百分之九十的隊伍都已調到江北，組成了江北指揮部，由毛的盟友劉少奇負責。項英管轄的新四軍不到百分之十。

毛有意把項英的孤零零的總部送給蔣介石的部隊去殺戮，逼蔣介石開第一槍，促使斯大林同意打全面內戰。這年七月，蔣曾下令新四軍北上去華北，把長江流域讓給國民黨，毛置之不理。現在，毛令項英過江到長江以北。

過江有兩條路，一條直端端北上，渡口在皖東的繁昌、銅陵，另一條朝東南方向走，在長江下游江蘇南部的鎮江渡江。十二月十日，蔣介石規定項英走皖東路，因為鎮江一帶國民黨韓德勤部正在和新四軍打仗，他怕項英部隊去參戰。他給名義上是項英上級的國民黨長官顧祝同發電報說：「查蘇北匪偽不斷進攻韓部，為使該軍江南部隊，不致直接參加對韓部之攻擊，應不准其由鎮江北渡，只准其由江南原地北渡」。

毛沒有向蔣表示異議，二十九日，他批准了這條路，對項英說：「同意直接移皖東分批渡江」。

但是第二天，毛突然打電報要項英改走蔣介石特地否決的蘇南路線：「走蘇南為好。」這一路線改變，毛沒有通知蔣介石。蔣介石還以為項英會按他的要求走皖東，於一九四一年一月三日發電報給新四軍軍長葉挺，重申皖東路線，並說他「沿途已令各〔國民黨〕軍掩護。」

項英發現蔣介石並不知道路線已改，趕緊在四日給蔣介石發了封電報通知他。這封關鍵電報沒有送達蔣介石手裡——原因在毛。毛早已明令禁止中共將領直接跟蔣介石聯繫，所有的聯絡都必須經過他，再由周恩來轉。毛把項英給蔣的電報壓下了。*項英發完電報又等了若干小時，拖到當天夜裡才出發。他以為蔣介石應該得到改變路線的消息了，沿途駐紮的國民黨軍隊也應該接到命令，給他讓路了。

一月四日的夜晚，風雨交加，項英和一萬新四軍進入了國民黨十幾萬大軍的駐紮區。這些軍隊沒有得到項英要過路的通知，以為是新四軍來挑釁，就開了火。早已因黃橋之戰中國民黨將領被打死而痛恨新四軍的顧祝同，六日下令把項英的部隊「徹底加以肅清」。皖南事變爆發了。

慌張的項英發了一封又一封電報給延安，要毛向國民黨交涉停火，但是毛毫無動靜。到了九日，新四軍江北指揮部劉少奇電毛談起項英的情況，毛才回電說他什麼情況也不知道，五日以後就沒有得到過項英的電報：「得葉、項五日報告，他們四日夜間開動，五日晨到太平、涇縣間，此後

---

* 毛澤東壓下項英一月四日關鍵電報的根據，是他在一月十三日給重慶周恩來的電報。裡面說：「軍機前轉上葉、項支〔四〕日致蔣電，措詞不當，如未交請勿交。」這不僅說明毛不讓周轉項英的電報，而且說明毛是在十三日或前一兩天才把項英四日的電報發給周恩來，這時對項英部隊的攻擊，已經在持續一星期後結束。

即不明了。」

一月六日到九日，國民黨軍隊圍殲項英部的最激烈的四天，毛沒有接到過項英的電報？在這些日子裡，項英的電台不斷發出求救的電訊，劉少奇都收到了，獨獨毛沒收到？真是沒收到，為什麼不設法恢復聯繫，在這樣重要的時刻？

毛的電台似乎總在關鍵時刻合著他的心思出故障。西安事變時，他也聲稱沒收到莫斯科要他協助釋放蔣介石的指令。現在他又聲稱沒收到項英向他求救的一連串電報。毫無疑問，毛不想為新四軍解圍，毛要蔣介石殲滅他們。這樣莫斯科才可能批准他打全面內戰。同時，他也一箭雙雕，除掉項英這個心腹之患。

在收到劉少奇一月九日發給毛的電報後，毛的電台奇蹟般地恢復運作了。十日，新四軍總部報告毛：「支持四日夜之自衛戰鬥，今已瀕絕境，幹部全部均已準備犧牲。」「請以黨中央及恩來名義，速向蔣、顧交涉，以不惜全面破裂威脅，要顧撤圍，或可挽救。」然而，毛仍舊一動不動。十日那天，項英自己給蔣介石打了封電報，懇求蔣撤圍。這封電報他再次發給毛轉，毛又再次把它壓了下來。毛對周恩來說，項英的這封電報比前一封「立場更壞」，「此電決不能交，故未轉你處。」

十一日晚間，周恩來在重慶開酒會，慶祝《新華日報》三周年。毛關於新四軍總部被圍攻的電報這時姍姍來到，由周對慶祝會上的人宣布。但就是這份電報也不是叫周恩來向國民黨交涉停火，而只是泛泛的情況通報。

遲至十二日毛才讓周「向國民黨提出嚴重交涉，即日撤圍」。但毛故意降低了形勢的嚴重性、緊急性，用「據云尚可固守七天」的謊言替代新四軍總部早已報告的「今已瀕絕境」。周恩來在十三日才向國民黨提出抗議。蔣介石已經在前一天主動下令停止攻擊了。

就在十三日這一天，毛突然活躍起來，叫周恩來「向全國呼籲求援」。他命令部隊：「軍事上立即準備大舉反攻。」「已不是增兵威脅問題，而是如何推翻蔣介石統治問題。」「一下決心，就要打到四川去，打到底。」

毛知道他的軍隊遠不是國民黨的對手，沒有斯大林出兵相挺，他將一敗塗地。一月十五日，周恩來去見蘇聯大使潘友新，說中共急需蘇聯的拯救。潘潑了他一頭冷水。潘在他的只給蘇聯高層看的回憶錄裡指出，他當時就懷疑皖南事變是毛澤東有意讓項英去送死，而周恩來向他撒謊。周對潘謊稱新四軍總部同延安的電訊聯繫是十三日下午斷的，跟毛撒的謊，即六日到九日斷的，對不上號。顯然，周明白毛的版本一看就是假的，不能說給蘇聯人聽。

毛繞過潘友新，直接向莫斯科呼籲懇求，用蘇聯人的話說是發了「一封又一封歇斯底里的電報」。毛說蔣介石的計畫是全殲新四軍，然後消滅八路軍，然後「摧毀中國共產黨」，「我們有被斬盡殺絕的危險。」說來說去，就是要斯大林出兵幫他打全面內戰。

「內戰的危險。」季米特洛夫一月十六日的日記寫道。雖然他稱新四軍為「我們的軍隊」，但是莫斯科不相信毛的危言聳聽，不相信蔣介石要「斬盡殺絕」中共，也把這個看法告訴了毛。毛馬上發來另一封「狼來了」的電報，特別要求「呈交斯大林同志，使他能夠估量中國形勢，考慮能否給我們具體的軍事援助。」這裡的「軍事援助」指的不僅是軍火資金，而且是出兵。

毛硬要把莫斯科拉進中國打仗，使斯大林大為不快。一月二十一日在列寧忌辰紀念儀式上，斯大林以譴責新四軍軍長葉挺的方式表達他的不快。斯大林稱葉為「一個不守紀律的打游擊的」，

「查查看〔皖南〕事變是不是他挑起的。我們也有些打游擊的，人是好人，但我們不得不把他們槍斃掉，就是因為他們不守紀律。」季米特洛夫明白斯大林是在含沙射影暗指毛，於是再次警告毛，口氣比以前更堅決：「不要挑起破裂。」

季米特洛夫告訴斯大林：「中國同志在不顧後果地追求破裂。我們決定向毛澤東同志點明他的不正確的立場。」二月十三日，斯大林批准了季米特洛夫寫給毛本人的命令。命令不容爭辯：「我們認為破裂不是不可避免的。你不應該竭力製造破裂。相反地，你應該盡一切努力防止內戰發生。請重新考慮你在這個問題上的立場。」毛當天給莫斯科回電表態：「服從您的指令」，但仍然執意要打蔣：「破裂在將來是不可避免的。」

莫斯科的態度，毛事先已預料到了，為此他非常沮喪。在這樣的心態下，一月三十一日，他給在蘇聯的兒子們寫了封異乎尋常的信：

> 岸英、岸青二兒：
>
> 很早以前，接到岸英的長信，岸青的信，岸英寄來的照片本，單張相片，並且是幾次的信與照片，我都未覆，很對你們不起，知你們懸念。
>
> 你們長進了，很歡喜的……唯有一事向你們建議，趁著年紀尚輕，多向自然科學學習，少談些政治。政治是要談的，但目前以潛心多習自然科學為宜，社會科學輔之。將來可倒置過來，以社會科學為主，自然科學為輔。總之注意科學，只有科學是真學問，將來用處無窮。

毛一向給兒子的信像便條似的，這封信是罕見地長，罕見地親切，帶著傷感。而且，毛居然要他的兒子少談政治！看得出來他的灰心失望，筋疲力竭。

毛固然沒能挑起全面內戰，但他贏得了一系列勝利。首先是他的宿敵項英死了。項英在蔣介石下令停火後逃了出來，三月十四日深夜，在一個山洞裡睡覺時，被副官開槍打死。這名副官本來就對共產黨不滿，打死項英後，他拿走項英身上的金條財物，後來投向國民黨。

還在項英剛剛擺脫國民黨的包圍圈時，毛澤東就迫不及待地以中央名義發決議，給項英冠以種種罪名，把皖南事變說成是他「一貫機會主義領導的結果」，甚至影射項英是內奸：「此次失敗是否有內奸陰謀存在，尚待考查，但其中許多情節是令人懷疑的。」直到今天，皖南事變的帳仍算在項英和蔣介石身上。

毛的第二個勝利是蔣介石因為害怕大打內戰，無奈之下，允許新四軍留在長江流域。崔可夫將軍威脅蔣說，要想蘇聯繼續提供軍火，他就得這樣辦。潘友新大使注意到蔣憤怒得難以自制：蔣「非常神經質地接受了我的聲明。他在書房裡走來走去……我把問題重複了三遍他才聽見。」

壓力還來自美國。蔣要擺脫對蘇聯武器的依賴，只有靠美國。羅斯福總統也跟斯大林一樣，想要中國牽制日本，把日本陷在這個大泥沼中，所以不希望中國內戰。對中共，美國完全沒有影響力，羅斯福便把壓力都加在蔣介石頭上，警告蔣要援助就不要打內戰，不管是誰發動的都不行。皖南事變時，美國媒體報導，華盛頓打算把準備給中國的五千萬美金貸款壓下來，等中國不打內戰了再說。一月二十五日，飛越喜馬拉雅山的航線「駝峰」開航，美國軍事援助由希望變成現實。美國人的態度對蔣至關緊要。

羅斯福總統關於中國的消息大多來自一批非官方人士，包括斯諾，主要人物是海軍陸戰隊軍官卡爾遜（Evans Carlson）。卡爾遜對中共充滿天真的幻想，而羅斯福把他的報告囫圇吞下，並轉發給相關人士過目。其中一位告訴總統，斯諾的書證實了卡爾遜的看法，也就是說報告是可靠的。皖南事變時卡爾遜正在重慶，他奔回華盛頓去親口向羅斯福報告中共方面的說法。

英國沒有援助可給，但是蔣介石崇尚英美，英國的壓力對他也就不無分量。丘吉爾（Winston Churchill）討厭蔣介石，認為他軍事上無能，政治上對英國在華利益是個威脅。英國大使科爾（Clark Kerr）直言不諱地對蔣說，要是打起內戰來英國不會支持蔣，管它是誰挑起的。皖南事變時他給倫敦的彙報強烈偏向中共。他也曾公開說，所有國民黨人加起來也抵不過周恩來一個人。

皖南事變後，莫斯科在西方組織了一場聲勢浩大的反蔣宣傳，稱蔣介石屠殺了一萬新四軍。實際數字是傷亡兩千餘人。兩三千新四軍成功歸隊，原因是他們掙脫包圍圈後，轉身走皖東路，渡過長江。他們走的是蔣介石指定的路，一路安全，沒人騷擾。

蔣介石並沒有給新四軍設陷阱，但他很不會做宣傳。他的政府不明智地宣布解散新四軍，給人的印象是他已經把新四軍全都殺光了。對蔣更不利的是，他一向不肯公布中共軍隊圍殲國民黨軍隊的消息，也不准媒體報導，所以人們都不知道，其實他的損失比皖南事變中新四軍大得多。蔣怕打內戰的消息影響國內士氣和國際援助。他的沉默正合中共的意。朱德說：「他們不做聲，我們也不做聲。他們打敗了不做聲，我們勝利了，何必那樣來宣傳呢！」由於這種種原因，人們都以為皖南事變是抗戰中唯一的大規模內戰，而且是國民黨屠殺無辜的共產黨人。

共產黨宣傳機器的效率是國民黨難以望其項背的。在重慶，這架機器的合奏指揮是周恩來，毛設陷阱的唯一知情人。毛的這位配合者迷惑了無數西方人。美國記者馬莎．蓋爾霍恩（Martha Gellhorn）是在這時認識周恩來的，她馬上拜倒在周的魅力下。她對我們說，當年要是周召喚她，她會追隨周到天涯海角。她的丈夫海明威（Ernest Hemingway）倒是把周看得很準：「共產黨的觀點是什麼他就賣什麼，而且賣得不錯。」

在周指導下，中共在香港對付外國人的情報人員給斯諾提供了大量中共方面的說法，斯諾都發表在美國《紐約先鋒論壇報》上，第一句話就是：「這是最近衝突的第一篇可靠的報導……」

海明威皖南事變後在中國，對中共有一些深刻的觀察：「為他們的黨著想，中共當然要想法擴展，不管他們在紙面上接受什麼領十限制。」由於中共「善於宣傳，使美國對他們在抗戰中起的作用，產生了名不副實的印象。中共是起了不小的作用，但是中央政府軍隊的作用勝過他們一百倍。」海明威還說，「根據我在西班牙〔內戰裡〕的經驗，共產黨總是拚命給人假象只有他們在努力作戰。」

海明威的名望使他的這些見解一旦曝光會產生很大的影響。可是，這些見解直到二十多年後的一九六五年才見天日。一九四一年，在羅斯福助理居里的勸說下，海明威沒有把這些見解公之於世。居里的理由是：「我們的政策是不要他們打內戰。」

居里是白宮主要經濟助理，在皖南事變後訪問中國。美國截獲蘇聯情報的檔案表明他總在幫蘇聯的忙，有人說他是蘇聯間諜。最近一份權威研究下結論，說他是個「容易受人利用的同情者」，不是間諜而是蘇聯在白宮的「朋友」。這位朋友的中國之行極盡為中共服務之能事。比方，他對蔣介石說他除了帶來羅斯福的書面信件以外，還帶來總統口信，口信是這樣開頭的：「在一萬英里外的美國，我們看中國共產黨其實就是我們那裡的社會主義者。我們喜歡他們對農民的態度、對婦女的態度、對日本的態度。」居里叫蔣介石不要把口信告訴美國國務院的人，也不要告訴美國大使約翰遜（Nelson Trusler Johnson）。

在給羅斯福的報告裡，居里大講蔣介石的壞話，粉飾中共，說「中共是唯一受大眾擁護的黨」，說這是它擴展的原因。對皖南事變，他把中共的說法照本宣科。

由於居里從中作梗，蔣介石未能建立一條直達羅斯福的通路。蔣介石請居里轉告羅斯福，給他派個能夠在他與總統之間「毫無隔閡地傳達意見」的政治顧問，使他能「與總統直接聯繫」。蔣中意的人選是美國駐蘇聯第一任大使蒲立德（William Bullitt），一個對共產主義沒有幻想的人。居里當場一口否決這個人選，以後也沒有向羅斯福彙報。他回美國後給蔣介石找了個學者拉鐵摩爾（Owen Lattimore），此人連羅斯福的面都沒見過，更不用說符合蔣的要求了。結果，蔣介石與羅斯福之間的聯絡掌握在居里手中。

迫於一系列國際上的壓力，皖南事變後，蔣在一月二十九日叫他的駐蘇聯大使請克里姆林宮調停，也就是說讓蘇聯人出價，問他們到底要什麼。蘇聯人要蔣介石讓新四軍留在長江流域，中共奪取的別的地盤也都照樣不動，蔣介石一一答應。毛不無得意地對中共將領說：「蔣介石無論他怎樣造反，但鬧來鬧去，只會把他自己鬧垮台的。」毛已經使用「造反」這樣的字眼兒了，好像蔣介石已經在野，他已經坐擁江山了。

英美政府在束縛蔣介石手腳上起的作用，毛澤東相當遲緩地才意識到。雖然他老早就看出斯諾這樣的記者對他的用處，但對英美政府他向來是極端敵視。一九四〇年十月二十五日，他給周恩來的電報說：「最黑暗的情況是日本對新加坡久攻不下，美海軍控制新加坡，德攻英倫不下……美國海軍集中力量，打敗日本海軍，日本投降美國，日本陸軍退出中國，美國把中國英美派從財政上軍事上武裝起來」，「最黑暗莫過如此。」

英、美影響中國，在毛看來遠比日本佔領糟糕得多。但突然，他來了個一百八十度大轉彎，十一月六日寫信給周恩來說：「江〔三日〕電所示重要情報今晨才閱悉。蔣加入英美集團有利無害，加入德義日集團則有害無利，我們再不要強調反對加入英美集團了」，「而且應與英美作外交聯絡」。

周恩來顯然給了毛什麼情報使毛豁然開朗，原來英、美政府對他很有用處。從這時起，周花巨大精力在西方官員中做工作，特別是在美國官員中。太平洋戰爭爆發後，美國在中國的地位越來越重要，周恩來的魅力攻勢也越來越爐火純青。

一九四一年四月，蘇聯同日本簽訂了「中立條約」，條約使日本得以放手進攻東南亞，襲擊珍珠港，但用毛的話說：「對中國問題沒有解決」。也就是說，蘇、日沒有瓜分中國，中國沒有當上波蘭。

23 延安整風：靠恐怖建立權力基礎

一九四一～一九四五年　四十七～五十一歲

一九四一年六月二十二日，德國入侵蘇聯。這對毛澤東的打擊非同小可。蘇聯是他的資助人、他的希望，一個被削弱的、自顧不暇的蘇聯顯然不能對他像以往那樣幫助了。多少天來，毛都睡不著覺。*

首先，如果他跟國民黨真的大打起來而又打不贏的話，毛不能指望蘇聯出馬幫他。他馬上命令：「對國民黨敵後各部應停止任何攻擊性行動」。

對日本，他是小心不去觸犯。德國入侵以後，斯大林日夜擔憂東西兩面受敵，要中共牽制日本，保證在日本侵蘇時幫蘇聯打日本。莫斯科來電問毛：如果日本進犯蘇聯，中共可能吸引多少日本兵力？為了鼓勵毛行動，季米特洛夫七月七日發電報說，這就陸續寄一百萬美金來。兩天後，共產國際要中共訂出「具體步驟」。

大多數中共領導人都認為如果日本打蘇聯他們應該行動。一向謹慎的劉少奇給毛打電報說：要是日本向蘇聯進攻，八路軍新四軍必須反攻，以牽制日本。毛認為日本一定會打蘇聯：「日蘇戰爭有極大可能爆發」。但即使如此，中共軍隊也不能打日本。七月十八日，他給劉覆電：「八路、新四大規模動作仍不適宜，還是熬時間的長期鬥爭的方針，原因是我軍各種條件均弱，大動必傷元氣，於我於蘇均不利。」他的政策是讓蘇聯人自己去打：「全局決定於蘇聯打勝仗。」他對八路軍負責人彭德懷說，任何與蘇軍的作戰配合，都只能「是戰略的配合，是長期的配合，不是戰役的配合與一時的配合」。對部隊他一再下令：「不要過分刺激敵人（日本人）」。

不久以前，毛還在對莫斯科說他的軍隊如何強大，光八路軍就有三十二萬九千八百九十九人。可現在毛對莫斯科申辯說他的部隊人弱，不能打仗：「人力物力都缺，根據地在縮小，彈藥快沒了——形勢日益困難。」莫斯科不能指望他，「假若日本進攻蘇聯時，我們在軍事上的配合作用恐不很大」。

斯大林親自給毛打過幾次電報要他牽制日本人，其中一次是德國兵臨莫斯科城下時，另一次是斯大林格勒大戰前夕，幾次毛都婉言拒絕。這激怒了莫斯科。更使蘇聯人怒不可遏的是毛建議他們誘敵深入，退到烏拉山脈去打游擊。有人說毛拒絕幫忙是認為蘇聯快不行了，崔可夫將軍甚至說毛想利用希特勒的進攻取代蘇聯。有流言說毛曾說：「斯大林打不過希特勒」，「二十四年的社會主義拚不贏八年的法西斯主義。」

多年後，有人問莫洛托夫：「我們明知毛這樣對我們，我們怎麼還要幫助他？」莫洛托夫囁嚅道：「是的，是這樣，是這樣。我知道這不好解釋，但你不能這樣看問題。」「我們看去是像傻瓜，但我們不是傻瓜。」

斯大林和毛澤東彼此是了解的，他們都是把自身利益放在第一位。這使他們不時發生衝突，但

＊毛事先就知道相當準確的德國入侵時間，也通報了斯大林。季米特洛夫在日記裡寫道：「德國將襲擊蘇聯……日期——**一九四一．六．二十一**！〔粗黑體為原文〕」這是季米特洛夫唯一記載的警告。情報是中共地下黨員閻寶航等獲取的。德國二十二日果然入侵蘇聯，克里姆林宮感謝了中共。

共同的長遠利益把他們連在一起。不管斯大林對毛多麼惱怒，他從來沒停止過跟毛打交道。

既不打日本人，又不打蔣介石了，毛有了閒暇。他著手整黨，要把中共變成一架馴服的機器。一九四一年下半年，中共共有七十萬黨員。九成以上是抗戰以後加入的。他們中許多人是年輕熱情的理想主義者，志願從國民黨管轄的城市來到中共根據地。這批年輕的志願者對毛特別重要。長征老幹部和根據地農村入黨的人大多是文盲，而他們教育程度比較高，毛未來的政權需要有文化的管理人才。毛要整黨，這批熱血青年首當其衝。

這些人之所以志願參加中共，是因為在抗戰開始後年輕的知識分子顯著向左轉。蘇聯那時是中國的主要、甚至僅有的同盟，向中國提供抗日的軍火物資。愛屋及烏，人們也就認為中共全心全意打日本。

對國民黨的失望彌漫在很多人心中。掌權多年。國民黨沒能剷除中國大地比比皆是的貧困和不公正。中共在長征前製造的慘劇人們要麼不知道，要麼忘了，要麼不相信，歸結於國民黨的宣傳。也有人以為中共改變了政策，就像它許諾的那樣。抗戰初期，中共的行為也讓人覺得它真是變了，不少外國人，甚至傳教士，都這麼相信。邵力子主持國民黨中宣部期間，為中共改頭換面出了大力。斯諾書的影響就更不用說。

集中在延安的熱血青年大約有四萬人，多是十幾二十歲，由中共地下黨把他們介紹到這塊「革命聖地」來的。到達延安時，他們無一不是興奮萬狀。有個青年回憶道：「我們終於見到延安的城頭了，我們這時興奮得幾乎要流出淚來，我們在車上向著延安城不停的歡呼，歌頌這座莊嚴的古城……歌聲開始激盪，我們高唱起〈國際歌〉和俄國的〈祖國進行曲〉。」「青年們又慕煞幹部們身上又臭又髒的爛軍服，處處覺得新鮮、刺激和神祕，為之顛倒。〈延安頌〉的歌聲「響徹全城」。

新來者被編入各種學校受訓。但很快的，他們就或多或少失望了。他們來延安是衝著一個夢，這個夢與現實相差十萬八千里。最使人失望的是「平等」問題。這個他們理想的核心，竟然在革命聖地無蹤無跡，不平等、特權比比皆是。就吃來說，每個單位都有大、中、小三灶，中灶的肉、油大概是大灶的一倍，小灶就更多了。高級領導有特別的營養食品。

穿著也是一樣。一般人穿當地自織自染的土布，粗且扎人。領導人穿國統區進口的舒服的斜紋布。毛的內衣內褲是極細的布。一個為毛家洗洗補補的傭人告訴我們，她本人不夠穿內衣褲和襪子的資格，只能穿空心棉襖，經常都在感冒。

日用品像菸草、蠟燭、寫字紙都按等級分配。說到孩子，中共領導人的可以送去蘇聯，或有自己的保姆。職位低一些的高幹的妻子生產可以進醫院，產後有專人服侍。再低一些的幹部可以送孩子上保育院。有幸結婚的一般幹部，要麼不敢生孩子，要麼自己想法子對付。

艱苦的生活條件使疾病常常發生，但是醫藥分配按等級。毛本人有美國醫生馬海德，還有兩個蘇聯醫生。如有什麼需要，他直接向莫斯科要，或給重慶的周恩來打電報。醫院分高幹病房跟一般人病房，進醫院得要介紹信，連病人的飯菜也分等級。

抗戰剛開始時，延安有個國民政府派來的紅十字會醫療隊，給一般共產黨員和老百姓看病。但不久它被趕走了，有謠言說它用的針藥全是有毒的，還在食水裡下毒，散播細菌。醫療隊走後，個別醫生被留了下來，主要為特權階層服務。

延安最顯眼的特權標誌是汽車，這裡唯一的一輛汽車，是紐約洗衣房華僑捐贈來運送傷員的。但毛把它「私有化」了，做了他的專車。人人都知道這是「毛主席的小包車」，跟毛很接近的王稼祥夫人朱仲麗都以為這「是宋慶齡從國民黨地區搞來，專門送給毛澤東用的」。年輕的司馬璐看到毛和妻子江青乘車經過後說，江青穿著深紅色的春裝，「和毛澤東在車中雙雙風馳電掣，招搖過市，路人都為之側目」。

延安盛傳著一句笑話：「延安就三樣東西——太陽、廁所、空氣是平等的。」毛很清楚特權是人們耿耿於懷的敏感東西。一天，老朋友曾志來吃晚飯，飯後毛請她再來。她衝口而出：「那我以後每個星期天都到你這裡來會餐！」毛收住了微笑，顯得有些尷尬。

黨是這樣向年輕的志願者解釋等級制度的：「同志們，並不是這些領導同志自己要求享受得好一點，而是黨的命令，黨因為這個同志對黨的貢獻和現在所負的責任，就有權利命令他，要他把健康保持得更好一點。比如，毛主席，黨可以要他每天吃一隻雞。」

特權體制甚至延伸到日本在延安的共產黨人和戰俘，他們中只有一個人有權過性生活：最高領導野阪參三。一位當時在延安的日本人對我們說：「毛澤東希望他過得心情愉快，所以給他找了個女同志作他的伴侶。我們沒提意見，沒公開提意見。大家是有意見，只是藏在心裡。」

儘管失望，年輕的志願者卻沒法離開，他們進了延安就出不去了。其他地方，包括別的紅色根據地，都一概叫做「外面」，可望而不可及。過來人說：在延安的老幹部中，新幹部中，思鄉病很流行。農家子弟往往直率地提出回家去，知識分子幹部就聰明多了，他們不說「回家去」，而是編造一套謊言，說得天花亂墜，要求黨調他們出外工作。當然絕大多數不會批准。

司馬璐在醫院裡看到下面的一場戲：

「我們沒有病，為什麼把我們送到這裡。」

兩個江西佬一面在咆哮著，一面在企圖掙脫政治指導員的手。指導員對他們說：「同志，你安靜一點。」又招呼幾個武裝同志把他們壓住。……

兩個江西佬繼續在訴說：「我們要回家看看雙親和兒女，一次再次請假不准，硬說我們有了神經病，送我們到這裡來。」

這時，有個好事的幹部走過去，指指兩個江西佬胸前掛的「長征紀念章」，對他們說：「同志，記得你們有光榮的革命歷史呀！」

「這個東西有屁用，我們死裡逃生，受傷十幾次了，現在人家升官的升官，有好吃好穿，我們為的什麼，還不如回家種田去。」

對年輕的志願者們來說，逃跑更是難於上青天，抓回來面臨處決。大部分也就斷了走的念頭，留下來了。

就是這批人毛得用來做他的權力基礎。顯然，他們不是權力基礎的材料。要他們為中共衝鋒陷陣，毛得從根本上改變他們，重新塑造他們。這個工程就是著名的「延安整風」，於一九四二年初揭幕。

首先，毛拿他們的帶頭人、三十五歲的共產黨員作家王實味開刀。王實味曾翻譯過恩格斯（Friedrich Engels）、托洛茨基的著作。三月十三日，延安的主要報紙《解放日報》連載他的文章《野百合花》。毛一看就留了神。王實味寫道：

延安青年近來似乎生活得有些不起勁，而且似乎肚子裡裝得有不舒服。為什麼呢？我們生活裡缺少什麼呢？有人會回答說：我們營養不良，我們缺少維他命，所以……。另有人會回答說：延安男女的比例是「十八比一」，許多青年找不到愛人，所以……。還有人會回答說：延安生活太單調，太枯燥，缺少娛樂，所以……。

這些回答都不是沒有道理的……但誰也不能不承認：延安的青年，都是抱定犧牲精神來從事革命，並不是來追求食色的滿足和生活的快樂。

王實味的答案是，延安青年失望了，對等級制度失望了，對革命隊伍缺乏「愛和熱」失望了。他引用路上聽到的兩個青年女子的一段對話：

「動不動，就說人家小資產階級平均主義；其實，他自己倒真有點特殊主義。事事都只顧自己特殊化，對下面同志，身體好也罷，壞也罷，病也罷，死也罷，差不多漠不關心！」
「哼，到處烏鴉一般黑，我們底××同志還不也是這樣！」
「說得好聽！階級友愛呀，什麼呀——屁！好像連人對人的同情心都沒有！」……
「真正關心幹部愛護幹部的，實在太少了。」

〈野百合花〉繼續連載時，王實味把話說得更單刀直入。「一種人說：我們延安並沒有等級制度；這不合事實，因為它實際存在著。另一種人說：是的，我們有等級制度，但它是合理的。這就須要大家用腦子想一想。」王實味呼籲人們自己用腦子想，這就已經大逆不道了，他還提出了自己合情合理的觀點：「我並非平均主義者，但衣分三色，食分五等，卻實在不見得必要與合理」，「如果一方面害病的同志喝不到一口麵湯，青年學生一天只得到兩餐稀粥……另一方面有些頗為健康的『大人物』，作非常不必要不合理的『享受』，以致下對上感覺他們是異類，對他們不惟沒有愛，而且──這是叫人想來不能不有些『不安』的。」

毛看到這些話後，猛拍辦公桌上的報紙，厲聲問道：「這是王實味掛帥，還是馬克思掛帥？」他立刻打電話給《解放日報》。報社受到整肅。

王實味又把更尖銳的思想寫到牆報上。毛澤東允許牆報存在，給青年知識分子一個透氣閥門，說話的園地。對毛來說，它的好處是讀者有限，又很容易消失：風吹雨打、撕去覆蓋，不像印刷品可以留起來。王實味在牆報文章裡大聲疾呼：「黨內的正氣必須發揮起來，邪氣必須消滅」。「我們還需要首先檢查自己的骨頭。向自己發問：同志，你的骨頭有毛病沒有？你是不是對『大人物』（尤其是你的『上司』）有話不敢說？反之，你是不是對『小人物』很善於深文羅織？要了解，軟骨病本身就是一種邪氣，我們必須有至大至剛的硬骨頭！」王實味已經不光是反對特權等級，而是鼓動人們「造反」了。

王實味的牆報被貼在布上，高高地懸掛在南門外，延安最熱鬧的地區。文章不長，但人們從四面八方川流不息地趕來，看的就是那短短的幾行字，那幾行他們想說而不敢說的話。王實味成了大家心目中的英雄。

一天晚間，毛澤東打著馬燈去看了王實味的牆報。他看到激動的人群，感到了王實味極大的號召力，當即決定狠整王實味。他後來說：「不少的人，從很遠的地方跑到小鞭溝看他的文章，但沒人看我的呀！」「王實味稱王稱霸」，「王實味在延安掛帥，他出牆報，引得南門外各地的人都去看，他是『總司令』，我們打了敗仗。」

毛理屈詞窮，只好給王實味冠以「托派」的罪名。王實味從前私下說過一些關於托洛茨基和斯大林的話，如說托洛茨基是個「天才」，「斯大林人性不可愛」，在蘇聯清黨時「不知造就了多少罪惡」。這些話現在被公開扯出來批判。王實味被關押。

他短暫生命的最後幾年是在單獨囚禁中度過的。一九四四年，國民黨地區的記者來訪延安，王實味被弄出來見他們，他們見到的是一個機器人。記者魏景蒙寫道：「他重複說：『我是個托派。我攻擊毛主席應該被處死』，『毛主席寬宏大量……我對他的仁慈感激不盡。』」記者趙超構注意到他：「談話的神情完全像演講，時刻舞著手勢以加強他的語氣，說到他過去的『錯誤』，他的表情嚴肅到可怕。有時，竟是聲色俱厲的……據我的觀察，他的精神上所受的刺激，就在和我們會面的時候，也還是掩飾不了的。」

王實味的審訊者之一後來透露王實味說這番話是奉命，出於無奈，「他見了記者回來以後，非常惱火躺在床上，握緊拳頭，表示了極大的不滿」。一九四七年中共撤離延安時，王實味被帶上，途中被處決。那是個漆黑的夜晚，他被大刀砍死，扔進一口枯井。那年他四十一歲。

一九四二年，拿王實味開刀後，毛殺雞儆猴，要年輕的志願者們參加一場場批判王實味的會。但毛發現他們沒有被嚇住。王實味畢竟跟托洛茨基主義有些瓜葛，而這些青年人很多連這個名字都沒聽說過。延安剛開始批托洛茨基時，為了幫助人們記住這個俄國名字，康生說：「你們可以記作『兔子吃雞』。」

「托派」這頂帽子對年輕志願者們沒有恫嚇力，毛和康生另闢蹊徑。那年冬天，他們指控大部分國民黨地區的中共地下黨組織是「紅旗黨」，打著紅旗反紅旗，是為蔣介石服務的特務集團。這下，幾乎所有在延安的年輕志願者都成了特務嫌疑犯。他們都曾是這些地下黨的成員，或者是由這些組織介紹來延安的。為這個可怕罪名作依據的，只有一條口供，出自從甘肅地下黨來的十九歲的黨員張克勤。在七天七夜不讓他睡覺、輪番審訊的情況下，他終於說出了審訊者提示他說的話：地下黨是特務機構。

就這麼個藉口，毛澤東把幾乎所有志願者都當作特務嫌疑犯關起來。一九四三年四月，數千人被逮捕，關進黃土山深處為監禁他們新挖的窯洞。一處監獄坐落在中共克格勃（此時叫「社會部」）所在地棗園的後山溝裡，可關三千多人。（毛有一住處也在那裡。）被捕的還是少數，大多數人被關押在各自的機關或學校。所有單位全成了準監獄，封閉起來，由衛兵把守。毛命令各單位「實行放哨戒嚴，禁止會客及出入的自由」。做「獄卒」的是本單位的人，往往來自非國統區，通常只佔一個單位人數的一兩成。

把一般工作單位變成準監獄是毛的重要發明。在他未來的統治下，整個中國都將採用這種模式。在這件事上，他更勝希特勒、斯大林一籌，使同事一夜之間變成囚犯與獄吏。用這種方式，毛不僅讓人與人之間充滿可怕的緊張關係，還增加了直接參與鎮壓的人數，甚至施用刑法的人數。希特勒、斯大林搞這些骯髒事大多用的是祕密警察蓋世太保（Gestapo）、克格勃，地點在一般人看不到的鐵門後面。而毛的方式，不僅捲入的人多得多，也公開得多。

關押後，志願者們被逼著承認自己是特務，還必須咬別人是特務。這不是真正抓特務，而是製造恐懼。延安也在真抓特務，那是不露聲色地在暗地裡隨時進行。據毛的助手師哲說，真正的特務嫌疑者「稍微發現有疑點就把他處理了」，常常是迅速、祕密、無聲無息地處死。*

對志願者所施的刑訊逼供，最常見的是不許睡覺，有時長達兩個星期。也有吊打、坐老虎凳一類傳統辦法。還有心理恐嚇，如嚇唬說不招就把毒蛇放進窯洞，甚至假槍斃。在沉寂的夜裡，遠遠近近的山溝，一排排一層層的窯洞，受刑者的慘叫聲傳遍延安。

毛澤東親自發出指示怎樣用刑效果最佳，當然不是直說「用刑」，而是用委婉名詞「逼供信」。一九四三年八月十五日，他說：運動中「一定會犯逼供信錯誤」，「糾正太早與糾正太遲都不好，太早則無的放矢，妨礙運動的開展，太遲則造成錯誤，損傷元氣；故以精密注意，適時糾正為原則。」毛這樣仔細，是因為他需要受刑者將來繼續為他服務。

與關押受刑相結合的是歇斯底里的坦白大會。志願者們一個個被推到臺上，強迫承認自己是特務，「檢舉」他們的同志。被檢舉的跟著被揪上臺去，逼著認罪。在臺下一片震耳欲聾的凶狠的口號聲中，不肯認罪的被當場捆起來拖走，押進監獄，或是上假槍斃的刑場。毛知道這些坦白大會使人恐慌到極度，「是一種極嚴重的神經戰，在某種意義上對某些人來講，甚至比任何刑法還厲害」。

日復一日，月復一月，延安生活的中心是審訊和受審，一個接一個的坦白大會，還有各種改造思想會議。用開不完的洗腦會來摧毀人的意志，將成為毛澤東統治的一大組成部分。所有休閒娛樂，像唱歌跳舞，都被停止。僅有的一點點個人獨處時間也不得安寧，那是寫「思想檢查」的時候。毛命令：「發動各人寫思想自傳，可三番五次地寫，以寫好為度」。「叫各人將一切對不住黨的事通通講出來。」

毛還要知道每個人都從哪些管道聽到了，或向誰傳播了，什麼非官方的消息，把這些統統叫作「小廣播」，下令每人都要填「小廣播」表。經歷過延安整風的李銳告訴我們：「很討厭的，你要寫聽說過對黨不利的話沒有，張三講的，李四講的，我自己跟誰講過什麼不好的話，也要交代清楚。而且不止填一次，不斷挖，不斷寫，不斷填。小廣播表欄，起了很壞的作用。」表上到底填什麼，何謂「不好的話」，故意不下準確定義，使人們在害怕心理支配下盡量多寫。有個人嚇得填了足足八百條。

抵制一概被當作特務的證據：「你既然沒什麼見不得人的，為什麼不能向黨彙報呢？」人們無法用隱私權來自衛，共產黨人摒棄一切私有制。有個行政學院，裡面的反抗情緒最高，在命令填「小廣播」表的大會上有人發問：「是否晚上與老婆講的話也要填？」引起全場竊笑。結果是發問者以及學院的大多數人都成了特務。毛澤東在一九四三年八月八日宣布：行政學院「除了一個人以外，教員、職員全都是特務」，「學生中很多是特務，恐怕是過半數。」

通過填「小廣播」表，毛成功地讓人們互相告密，撕斷了人與人之間的信任紐帶，沒人再敢對他人發表意見。人們既然不敢傳播小道消息了，毛也就卡住了唯一的非官方訊息管道，而所有的官方管道都緊緊地攥在他的手中。在延安，外部世界的報紙、電臺、信件都不允許，甚至跟家人通信也很危險。訊息的枯竭帶來大腦的僵化，僵化又朝僵死變去。既不能同別人商討，又不能訴諸白紙黑字，私下寫一寫也怕。為了表示清白，日記被紛紛交了出去。人們不僅不敢說，連想都不敢想。

經過兩年的恐嚇和洗腦，志願者們脫胎換骨了，從前充滿激情要為公正平等的理想獻身，如今

---

* 處死後有的屍體還派了用場。師哲寫到參觀一所醫院，看見一個大槽，槽內用福馬林浸泡著一具年約三十餘歲的男屍。醫院護士長告訴他：「這是醫學解剖用的。原來有三具」，「他們都是反革命分子，是由康生批准處理的。」問：「他們被送來時是活人？」回答：「當然。以醫病的名義送來，然後處理。」

演變成機器人。一九四四年六月，當延安關閉多年後外面的記者第一次獲准來訪時，重慶記者趙超構觀察到：「以同一的問題，問過二三十個人，從知識分子到工人，他們的答語，幾乎是一致的。不管你所問的，是關於希特勒和東條，還是生活問題，政治問題，他們所答覆的內容，總是『差不多』。」「但是，他們一致堅決否認黨和政府對他們的思想有直接的管制」。趙感到延安的空氣「幾乎使人窒息」。「在邊區時從無機會使我們解放開來大笑一場。我們看到的延安人大都是正正經經的臉孔，鄭重的表情，要人之中，除了毛澤東先生時有幽默的語調，周恩來先生頗善談天之外，其餘的人就很少能說一兩個笑話來調換空氣的。」

斯諾夫人海倫對我們說，一九三七年她在延安時，人們還愛說笑話，看見毛澤東走過後有人還擠擠眼說：「上帝走了。」七年後，沒人再敢這麼說了。冷嘲熱諷，幽默，說俏皮話，發牢騷，都可能被打成「特務」。

毛要的不是志願者，不是自願投入的志願者。既有自願，就可能不自願。毛要的是機器人，一按電鈕，就按他的意志開動。他的目標實現了。

一九四四年初，蘇聯在對德戰場上進行大反攻，有望參與對日戰爭。打敗了日本，蘇聯就會幫毛打蔣介石奪江山了。到那時，毛將需要大批幹部。延安整風開始降溫。

中共情報機關此時著手甄別，看山一樣高的口供材料中，會有多少事實，到底有沒有真正的特務。這個過程很緩慢，飽受磨難的人們仍然不得自由，活在惴惴不安的痛苦裡。有一點情報機關從一開頭就能肯定：真正的特務嫌疑者不到志願者的百分之一。

其他根據地此時開始「抓特務」。毛要這些地區負責人從頭做起，把刑訊、坦白大會等一一過一遍。毛把情報機關關於特務嫌疑者不到百分之一的估計放大十倍，變成百分之十，聲稱延安「清出大批特務」。

又一年過去了。一九四五年春，毛確切得知蘇聯將參與對日戰爭，立刻宣布大批解放受害者。這些人中，不少已精神失常。中共元老薄一波回憶道：「那時我母親也同我一起到了延安，我把她安置在深溝的一個窯洞居住。有一天我去看她時，她說：『這裡不好住，每天晚上鬼哭狼嚎，不知道怎麼回事。』我於是向深溝裡走去，一查看，至少有六七個窯洞，關著約上百人，有許多人神經失常。問他們為什麼？有的大笑，有的哭泣……最後，看管人才無可奈何地告我：『他們都是「搶救」的知識分子，是來延安學習而遭到「搶救」的！』」（當時把逼人承認是特務叫作「搶救」他們。）

死去的有上千人。自殺往往是唯一的解脫。有的跳城牆，有的跳井，有的把妻子孩子殺死然後自殺。自殺幾次才終於死去的為數不少，一個物理教師先吞火柴頭未死，再懸梁自盡。自殺未遂的人受到的無情待遇，從三五九旅政工幹部王恩茂的日記中可見一斑：「要一個同志來談話，因他坦白後大翻供，吃了一把碎玻璃，實行自殺，督促他寫檢討材料。」

自殺也是抗議的最激烈形式。一個受害者跳崖死去以後，他的同志們把屍體埋在審判官的窯洞對面，含義很清楚：讓死者的魂靈天天糾纏你們！

據中共負責青年工作的蔣南翔在一九四五年三月給中央的信，「此次搶救運動，是在知識分子黨員心理上投下了一道濃厚的陰影，是相當沉重地打擊了黨內相當廣大的新知識分子黨員的革命熱情……很多人都明顯或不明顯地流露出一種灰暗的心情，革命的銳氣、青年的進取心，大大降落了。甚至有少數同志消沉失望，到了喪失信心的程度。」

但是毛澤東毫不發愁，這些人會繼續為他服務，不管他們多麼痛苦。他們已經陷在中共組織的這張網裡出不去了。在別無選擇的情況下，人們只好依靠信念過下去，為了過下去，信念反而更加強烈。毛很精明地利用他們的理想主義，說他們經歷的一切冤屈都是為了救國大業所必受的考驗，是崇高的、洗滌靈魂的犧牲。「為人民服務」就要有犧牲，毛說。以後人人皆知的這句話就是在此時被大加張揚的。

毛要把受害者們送上前線打蔣介石了。為了緩解他們的怨氣、怒氣，他在一九四五年春天作了幾次公開道歉。在大會上，他或是摘下帽子鞠躬，或是舉手敬禮。但他的道歉總是措辭巧妙，好像是在替人受過：「我代表中央道歉」，「整個延安犯了許多錯誤」。一場整得人死去活來的災難被輕描淡寫一筆帶過：「這次延安審幹，本來是讓你們洗個澡，結果灰錳氧放多了，把你們嬌嫩的皮膚燙傷了。」「黑夜裡的白刃戰，誤傷了自己的同志。」「好多人摔了一跤，希望爬起來，把身上灰拍拍乾淨，繼續工作。」毛還以老子自居，說：「老子打了兒子，就不要記仇了。」

毛說這些話時，聽眾常常流著眼淚，無可奈何的眼淚，一口氣終於鬆下來了的眼淚。他們中的大多數繼續為共產黨戰鬥，為這個殘酷地冤屈他們的制度戰鬥。他們幫著把毛送進紫禁城後，又整體地成為毛用來控制壓制中國人民的機器。毛創造這架機器不是靠感召，不是靠磁力，歸根結柢靠的是恐怖。所謂「延安整風」，更恰當的名稱應當是「延安恐怖」。

所有黨員都在不同程度上被整了一遍，包括那些沒有直接受害的人。他們得被迫揭發他人：同事、朋友、丈夫、妻子，心靈上跟受害者一樣受到永久性傷害。人人都得參加坦白大會，目睹可怕的場面。人人都生活在恐懼中，害怕下一個輪到自己。無窮無盡的「思想檢查」對每個人的隱私都橫加踐踏。多年後毛聲稱：在整風中他並不只是整了百分之八十的人，「其實是百分之一百」，而且「是強迫」。毛澤東就是這樣建立起了他的權力基礎。

在整風中，毛命令每個黨員填「社會關係表」，把「本人歷史上各種社會關係通通填上去」。於是人人都有了一大摞檔案，毛從此掌握了國民黨可能滲透中共的幾乎每一管道，並且著手堵死這些管道。在即將爆發的全面內戰裡，國民黨像一面篩子任共產黨滲透，而共產黨卻是鑽不進的鐵板一塊。

整風的過程，就是準備全面內戰的過程。當初年輕志願者們參加中共，為的是抗日，不少人並不恨蔣。如毛所說：很多人「覺得國民黨很好，很漂亮」。王恩茂的日記記載：「老幹部抗戰後減弱了階級仇恨，新幹部對於蔣介石都有極大幻想」。蔣介石當時是全國公認的抗戰領袖。他與美、英在一九四三年簽訂了廢除不平等條約的協定，使美、英放棄了在華特權（除香港外）。這是一個歷史性的重大事件，就連毛也不得不在延安舉行慶祝大會。蔣介石還使中國成為四強之一，跟美、英、蘇並列，做了聯合國安理會具有否決權的常任理事。

毛利用整風抹黑蔣介石，成功地製造了對蔣介石的仇恨。抓特務是抓蔣介石派來的特務，所謂「日本特務」也說是為蔣介石服務的。毛就這樣為打蔣奠定了心理基礎。

在這期間，新疆發生了一件事。一九四二年，新疆統治者盛世才懷疑蘇聯和中共陰謀暗殺他，跟蘇聯翻了臉。蘇軍撤走，中共在新疆的人員，包括毛唯一活著的弟弟澤民，都面臨生命危險。他們再三請求延安讓他們離開，毛令他們繼續留下。一九四三年初，盛世才把毛澤民跟一百四十多名中共黨員、家屬關了起來，其中有澤民的妻子和兒子毛遠新，還有毛的乾女兒（也是未來的媳婦）

劉思齊。

因為盛世才現在聽命於蔣介石，莫斯科一再要中共駐重慶代表周恩來向蔣介石交涉釋放他們。中共中央書記處在二月十日集體給周恩來打電報要他同蔣交涉。可是，毛緊接著在二月十二日單獨給周發了一封電報，列出同國民黨交涉的具體內容，隻字不提釋放新疆被捕者。於是，周恩來在同國民黨代表的一系列會見、談判中，也就沒有提出這一要求。

林彪那時跟周恩來一道在重慶。六月十六日，他比周恩來先一步到蘇聯大使館去跟潘友新大使開會。他告訴潘友新，周恩來根據毛的指示，沒有向國民黨提出釋放新疆被捕人員的事。周恩來到後，潘友新問他，周說他在三個月前就給蔣介石寫了信，但一直沒有回音。潘友新向莫斯科報告說：周說這番話時，林彪「坐在那兒，頭深深地垂著」，周顯然在撒謊。事實上，周和林幾天前（六月七日）剛跟蔣介石會了面，蔣介石十分友好，但周恩來隻字未提釋放新疆被捕人員的要求。

為什麼毛指示周恩來不提釋放新疆被捕人員的要求？會不會是他有意促成一次類似皖南事變那樣的大屠殺，以激起共產黨人對蔣介石的仇恨？

毛澤民和兩個中共高幹在九月二十七日以陰謀武裝暴動顛覆政府的罪名被處決。新疆的其他被捕者一九四六年經蔣介石批准釋放，返回延安——盡管國共當時內戰正酣。二十年後的文化大革命中，這些活下來的人被打成「新疆一百三十一人叛徒集團」。

24 給王明下毒

一九四一～一九四五年　四十七～五十一歲

在延安整風中，毛的另一個目標是叫整個中共領導層匍匐稱臣，使他永遠不再需要莫斯科的認可。

德國入侵蘇聯不久的一九四一年秋，毛召開一系列政治局會議，要所有過去反對過他的人，引起過他不快的人，都卑躬屈膝地譴責自己，唱他的頌歌。大多數人，如張聞天、博古，都乖乖照辦。*周恩來當時在重慶。只有一個人拒絕從命，他就是王明。

王明一直在毛的股掌中過著小媳婦的日子。十月，他有幸看見季米特洛夫給毛的電報，裡面問了十五個嚴厲的問題，包括：中共準備採取什麼實際行動打擊日本，以阻止日本與德國夾攻蘇聯？手上有了莫斯科對毛不滿的證據，王明膽子壯了，抓住這個機會打算東山再起。政治局會議上，他拒絕表態說毛一貫正確，反而批評毛的抗日政策，說在這個問題上正確的不是毛，而是他。他要求跟毛在黨的大會上辯論，說他決心與毛爭論到底，到共產國際去打官司。

毛本來計畫在政治局所有人都表態臣服後，召開已延遲多年的「七大」，名正言順地當黨的領袖。毛做事實上的中共領袖已近七年，但一直還沒有正式頭銜。王明這麼一鬧，毛的如意算盤便散

* 博古在一九四六年死於飛機失事。

了架。如果倔強的王明在「七大」上挑起論戰，辯論抗戰政策，輸的準是毛。毛不敢在這時開「七大」。

事態發展出乎毛的意料，他又氣又急，一腔怒火從筆尖宣洩而出。這段時間，他寫了九篇罵人的文章，痛罵王明和王明從前的盟友，包括周恩來，哪怕周早已倒戈成了毛的忠實助手。這些迄今尚未公諸於世的文章，據毛的祕書胡喬木說，「的確寫得很尖銳」，「咄咄逼人、鋒芒畢露」，「用詞辛辣、尖刻」，是毛的「鬱悶情緒的大宣洩，刺人的過頭話不少」。有一節稱王明等人為「最可憐的小蟲」，說他們「盡是些假馬克思，或死馬克思，或臭馬克思，連半個真馬克思，活馬克思，香馬克思也沒有」。

毛把這些文章改了又改，然後收了起來。這些他花了大量心血的心愛之作，三十多年後仍念念不忘，心頭痛恨他的同事時，用讀它們來發洩。一九七四年六月，王明在莫斯科剛去世不久，周恩來身患膀胱癌而毛又不得不讓他動手術，這時眼睛幾乎失明的毛叫人把文章找出來讀給他聽。一九七六年他死前一個月，還讓人又給他讀了一遍。

王明在一九四一年十月向毛挑戰之後，突然病倒了，住進醫院。王明說是毛澤東給他下了毒。這有待查證。確有證據證明毛給王明下毒的，是第二年三月，王明準備出院時。那時王明仍不屈服，在醫院裡還做詩說：「自是凜然爭氣節，獨逢亂諂不低頭。」說毛「一切為個人，其他都不管。」「反對蘇共和蘇聯、反對中國共產黨」，甚至直點其名：「毛澤東製造毛澤東主義，建立個人黨內專制和個人軍事獨裁。」這樣一個敢於反抗的王明，出院後準會給毛帶來無窮的麻煩。毛決心除掉他。

替毛下毒的是一位姓金的大夫。他最初跟紅十字會的醫療隊來延安，因為是婦產科和小兒科專家，共產黨把他留下了。王明住院後，他被派任主治大夫。他給王明下毒的事實，有一九四三年七月延安醫生會診總結（「對於王明同志病過去診斷與治療的總結」）白紙黑字為證。這份會診總結是中共捂得最嚴實的祕密之一。

會診總結說：三月初，王明病好轉，準備出院。但金要把他留在醫院裡，「金主任主張拔牙、割痔瘡、割扁桃腺」，這後兩個手術在當時的條件下都是「大手術」，「是危險的」。由於別的醫生反對而作罷。十三日，王明出院那天，金大夫給他吃了一片藥，吃下去王明就出不了院了。會診總結說：「三月十三服一片即頭暈，三月十四服二片，即嘔吐頭暈、肝劇痛、脾腫大、心區痛」。金「三月十五日又叫病人吃一片」，「第二天的診斷就發現急性膽囊炎及肝炎，肝腫大」。

會診醫生始終沒從金那裡問出他給王明的是什麼藥。藥「是由金主任直接拿給王明同志的，沒有第三人證明，也沒有藥方。」「金主任的答覆是模糊的，一會說是Streptocide，一會又說是Sulfamilamid，一會說是〇・三一片的，一會又說是〇・五一片的。藥是什麼形狀大小也都談不清楚」。但會診確定：「服此藥後病人的中毒症狀與某些其他藥品中毒症狀是相同的，例如砒製劑」。

王明滯留在醫院後，金大夫給他開大劑量的甘汞加小蘇打。這樣的配合是有名的禁忌品，因為它會產生升汞，使服用者汞中毒。會診總結列舉了王明一系列「汞中毒現象」，說金給王明吃的汞「超過極量」，「足以引起數人中毒或致死」。

王明自然開始懷疑金了，停止了吃藥，否則他早死了。六月，金大夫不再給王明毒藥，原因是延安來了新的蘇聯聯絡員孫平（Pyotr Vladimirov）。孫曾在東北工作過，說一口流利的中文，又跟好些中共領導認識。他的級別很高，是個將軍，報告直達斯大林。跟他同來的還有蘇軍情報局大夫阿洛夫（Andrei Orlov），外加一個電臺報務員，直接給莫斯科發電報。

七月十六日，孫平、阿洛夫向莫斯科報告，王明「治療九個月後瀕於死亡」。王明沒有告訴他們他懷疑自己被下毒，他既沒有證據，又身在毛的掌心裡。

一九四三年初，王明病情惡化。延安的醫生們跟阿洛夫大夫一致建議送他到國民黨地區或者蘇聯去治病。毛拒絕放王明走。為了能去莫斯科，王明一月八日向孫平口授了一份直呈斯大林的長電，裡面列舉了毛「許多反蘇反共的罪行」，最後「請求是否可能派飛機接我去莫斯科治病，屆時我將向共產國際領導彙報毛澤東罪惡的詳情。」

王明的尖銳的話被孫平去掉些鋒芒後發往莫斯科，二月一日到了季米特洛夫手上。毛顯然得知王明的這封告狀電報，馬上也給季米特洛夫發了封電報，反告王明。儘管如此，季米特洛夫答覆王明說：「我們將派飛機接你來莫斯科。」

二月十二日，金大夫又一次給王明開致命的甘汞加小蘇打。一星期後，他給王明開單寧酸灌腸，開的濃度高到「有嚴重危險」（據會診總結）。王明既沒有吃藥也沒有灌腸，將處方留了起來。

毛感到危機在即，採取緊急措施。三月二十日，他祕密召開排除王明在外的政治局會議，把自己正式任命為政治局兼書記處主席。決議給毛絕對權力，說中央的任何問題「主席有最後決定之權」。王明被趕出書記處。

毛就這樣第一次當上了中共主席。然而，他當得鬼鬼祟祟，沒有向全黨宣布，也對莫斯科保密。這件大事在毛一生中都是國家機密，知道的人寥寥無幾。

三月二十二日，王明第一次告訴俄國人他被下毒。他把金大夫開的處方交給阿洛夫大夫，孫平隨即電報莫斯科。莫斯科馬上回電說處方「導致慢性中毒」，「嚴重時死亡」。王明這時又把處方給延安的醫療負責人傅連暲看，這樣有了會診。

毛澤東的伎倆是取之不盡，用之不竭。他不便阻止會診，就利用它為自己服務：會診期間，王明是不可以離開延安的。

毛也早預備下了替罪羊，就是金大夫。孫平記載道：三月二十八日，江青「突然來拜訪我」，「她長篇大論地對我談金大夫如何不可靠，說他也許是個特務」。

五十六年後，在北京城一幢千篇一律的水泥樓房裡，當年延安會診的十五個醫生中唯一活著的Y大夫接受了我們的採訪。這是一九九九年，大夫高齡八十七歲，但頭腦仍然敏捷，動作毫無老態。他靜靜地端坐著等我們擺弄好錄音機，然後莊重地開始他顯然準備好的為歷史留下紀錄的敘述。

會診決定一作出，Y大夫就領到任務去觀察王明的病情。他說：「我在王明家裡住了一個月，住在他隔壁房間的書房，我為他熬了一個月的尿。拿很薄的金片子丟進尿裡，再夾出來，放在顯微鏡下看，看金片如果有紅的顏色，那就是汞沾在上面，說明尿裡有汞。」「裡面有幾次陽性。他是慢性中毒。」Y大夫把他的發現報告給上級。若干星期沒有下文。

六月三十日，會診終於開始。七月二十日結論作出：金大夫給王明吃了毒藥。金本人也在結論上簽了字。他在旁邊打括弧寫道：「其中數點另外聲明。」但他從未發表任何聲明。一次開會時，當著一屋子醫生，Y大夫親眼看見金「跪在孟慶樹（王明的夫人）面前，哭了很久，又哭又求，求諒解他，說他是錯了，但不是故意。」王明夫婦和醫生們都知道，金身上常揣著國民黨軍隊編的小辭典，叫《軍醫必攜》，裡面明明寫著甘汞不能跟小蘇打配用，而且金還在旁邊用紅筆畫了線。Y大夫質問他說：「你看你那裡面都有寫著，禁忌藥，危害又大，你還劃了杠子！」金啞口無言。

金不但沒有受懲罰，反而被保護在棗園，跟特工人員吃、住在一起。他繼續做毛跟其他中共領導人的醫生。江青的流產和結紮手術是他做的。中共掌權後，他當上了北京醫院院長，負責給中共領導人和他們的家人看病。毛的大兒媳婦患闌尾炎送進北京醫院，做手術要家人簽字，岸英不在場，是金代簽的。這一切都說明，毒害王明根本不可能是金個人的決定，或醫術問題。

王明的會診報告自然隻字未提毛。但蘇聯人毫不懷疑毛是後臺：「王明被下了毒。毛澤東和康生參與其事。」

助毛下毒的是金大夫，幫毛阻止王明去莫斯科的是周恩來。那時蘇聯飛機來往延安，得請蔣介石點頭。周對潘友新大使說：「國民黨不讓王明同志離開延安。」當時也在重慶的林彪告訴潘友新，周根本沒向國民黨提出王明去蘇聯的事，原因是毛的指示。

周提出的要求，是要蘇聯飛機送岸英回延安。蔣介石一口答應。這一年，岸英在軍事學校學習，已加入蘇聯共產黨。他熱情積極，給斯大林寫了三封信要求去蘇德前線。他不僅是毛澤東的長子，也是毛唯一可能的繼承人，因為次子岸青精神有問題。

岸英要求畢業後返回祖國。他通過季米特洛夫打電報告訴父親，毛很快回電說蔣介石已同意飛機送他回來。岸英收拾好行裝，又給國際兒童保育院院長寫了信，請他照看岸青：「請多關照我的兄弟……他是一個誠實的人。只是聽力不好，神經有問題，這一直在折磨著他。」

可是岸英未能成行。八月十九日，他正待起程，突然被叫去見季米特洛夫。飛機到延安時，下來的人中沒有岸英。這似乎是莫斯科暗示毛：你放王明，我們才放岸英。

毛就是不放王明。孫平寫道：「醫生們受命說王明的病使他受不了坐飛機」。「機組人員在延安等了又等，最後還是〔毛〕勝利了，他們等不及走了。」

十月二十日，又一架蘇聯飛機來了，等了四天，帶走了幾個蘇聯情報人員，還是沒有王明。王明一看見阿洛夫大夫就哭了起來。他依舊臥床不起，人們都躲著他。他患病住院已整整兩年，從吃毒藥到現在也十九個月有餘。在這段漫長艱難的日子裡，只有妻子忠實地看護他。當著他的面，孟慶樹總是顯得鎮定安寧，但她的兒子告訴我們，有一次，他看見母親關上門在屋裡土地上又踢又滾，一面用布堵住嘴，不讓自己哭出聲來。這個痛苦的場面深深地烙印在年幼孩子的腦子裡。

Y大夫說，在延安，「好多人傳說王明汞中毒，是有人要害他。」不光是高級幹部知道，一般黨員跟醫院有關係的也聽說了。私下議論多了，毛想出個「闢謠」的辦法，讓不敢得罪他的王明家人自己當眾否認。

十一月一日，第二架蘇聯飛機離境一個星期後，毛召開延安高幹大會，自己坐在主席台上。沒讓王明參加，只由孟慶樹代表。會上一個叫李國華的幹部被從關押中弄到台上，揭發說，孟慶樹頭一年曾對他說「王明同志之中毒是中央某某人所為」，意思就是毛澤東。孟慶樹接著登台堅決否認她說過此話。十五日，她又給毛和中央寫信，說李是「撒謊」「造謠」，表示「再一次以十萬分的熱忱感謝毛主席」。給王明下毒這樁案子就這樣畫上了句號。

莫斯科兩次派飛機，都空機而返。在延安的蘇聯人也受到粗暴對待。他們的電台被損壞，專門帶來防狼報警的狼狗被打死。毛敢於這樣跟莫斯科對抗，因為他知道斯大林需要他，無法不要他。這段時間，蘇聯給中共的武器大大增加了。

當季米特洛夫十一月十七日再次要毛放王明去蘇聯時，毛根本就不理他。季只好在十二月十三日給王明發電報，無可奈何地說：「至於你們黨內的事，你們自己去解決吧，我這兒一時鞭長莫及。」季提起王明過繼給他的女兒很好，要王明勿念。

但斯大林顯然又決定不能讓毛太為所欲為。九天後，他授權季米特洛夫發給毛一封極不尋常的電報。電報說：「不言而喻，共產國際解散以後，*它的領導人不能干預中共內部事務。但是從私人友好的角度我不能不向您談談我對中共黨內狀況的不安。」「我認為不打外國佔領者的政策在政治上是錯誤的，目前脫離民族統一戰線的步驟也是錯誤的。」他說康生「很可疑」，在「為敵人效勞」。還說正在延安開展的整王明附帶整周恩來的運動「在政治上是錯誤的」。

最意味深長的是電報的開篇第一段，特別提到毛的兒子岸英：「關於您的兒子，我剛把他送進了軍政學院……這個小伙子很有才幹，我相信他會成為您的一個可信賴的好助手，他問您好。」岸英本來決定要回國的，怎麼忽然又留在蘇聯了？回國的事就不提了？而且把他跟王明的事相提並論。季米特洛夫的含義很明顯：跟從前蔣介石的兒子一樣，毛的兒子也成了人質。

一九四四年一月二日，孫平把季米特洛夫的電報翻譯給毛聽了以後，毛當場大怒，拿過紙筆當著孫平一揮而就，寫了封回電，針鋒相對一條條反駁。

致季米特洛夫同志：

一、我們並沒有削弱對日鬥爭。恰恰相反……

二、我們與國民黨合作的路線沒有任何改變……

三、我們跟周恩來的關係是好的，我們毫無把他開除出黨的意思，周恩來已經取得很大的進步。

四、王明一直在從事各種反黨活動……

五、我向您保證並且可以擔保，中國共產黨熱愛並深深地崇敬斯大林同志和蘇聯……

六、王明人不可靠，他在上海時被捕過，好幾個人說他在監獄裡承認了自己的黨員身分，這之後才被釋放。也有人談到他與米夫的關係可疑……

康生是可靠的……

毛澤東

毛是個感情衝動的人，但通常他能控制住自己的脾氣。一次助手師哲說佩服他「沉著冷靜，有涵養」，他回答道：「我不是不生氣，有時氣炸了肺。但我知道應該盡量克制容忍，勿現於辭色。」毛這次卻一觸即發，原因是莫斯科頭一次這樣嚇唬他。但毛馬上就後悔了，他得罪不起莫斯科，特別是眼下蘇德戰爭局勢正朝蘇聯勝利的方向發展，蘇聯不久就會進入中國，幫助他奪權。第二天毛找到孫平，說他「反覆考慮了」給季米特洛夫的回電，說要是電報還沒有發出，他「一定要改變裡面的內容」。

但電報已經發出。此後幾天，孫平注意到毛明顯地惴惴不安，努力向他表示友好。一月四日，毛破例請孫平看京戲，「見面後他一句客套話也沒講就馬上談起他對蘇聯、對斯大林的尊重。毛說他真誠地尊重在蘇聯受過教育或工作過的中國同志。」五日，毛又來拜訪孫平，「顯然他明白他一月二日給季米特洛夫的電報是粗魯欠考慮的。」六日，毛設宴招待在延安的蘇聯人，席間「一切都

* 共產國際於一九四三年五月二十日解散，這不過是個幌子，以安撫斯大林的西方盟國。

禮儀周全，友好備至，甚至帶巴結性。」七日早上九點，毛通常睡覺的時候，毛隨員也不帶，一個人來見孫平，「突然說起王明——口氣迥然不同，幾乎可以說是友善！」說完後他坐下來，給季米特洛夫寫了另一封電報，請孫平「立刻發出去」。「毛顯得心情煩亂，舉動裡透著緊張不安。他看來疲憊不堪，好像一夜沒合眼。」

毛這封電報是恭順奉承：「我真誠地感謝您給我的指示。我將深入地研究，堅決貫徹執行。」「關於黨內問題，我們的目標是團結。對王明也是這個政策。」「我請求您放心。您的一切思想、一切感情都緊貼著我的心」。毛隨即兩次拜訪王明，跟他長談。

季米特洛夫二月二十五日來電，說他很滿意毛的第二封電報。接著莫斯科又有若干電報來，口氣儼然都是「我們可以合作」。

三月二十八日，毛請孫平給岸英發封電報，要他不要還想著回中國。電報說他對兒子的「學習成績很高興」，要兒子不要掛念他的身體，他身體很好。毛要岸英向曼努伊爾斯基和季米特洛夫轉達他「熱烈的問候」，「沒有他們就沒有中國同志和他們的孩子的教育、撫育和成長。」毛這番話是說給莫斯科聽的，等於告訴莫斯科他並不介意他們把岸英扣下作人質。

季米特洛夫同時也要王明對毛妥協。王明雖然爭辯說他跟毛的矛盾不是他的錯，但還是答應努力跟毛合作。他只是孤立無助地懇求莫斯科管束毛。

毛、王雙方各自讓步，歸根到底是毛得勝。他把王明扣在延安，要怎麼整治他就怎麼整治他，只是不能毒死他。他依舊在黨內攻擊、醜化王明，延安整風的主要內容之一就是把王明塑造成頭號壞蛋。幹部們天天譴責王明，大多連王明的面都沒見過。毛怕雄辯的王明在大庭廣眾下開口，總是不許王明出場。在一個聲討王明的大會上，孟慶樹跑上臺去說那些指控都是誣衊，提出用擔架把王明抬來，讓他澄清事實。在座的當然沒人動，孟慶樹哭著撲到毛的膝蓋上，要毛主持公道。毛坐在那裡，任她痛哭流涕，毛像石像一樣紋絲不動。

王明談不上再與毛爭雄了，可毛還是不放心。五年後的一九四八年，毛準備訪問蘇聯，那時他與斯大林矛盾又起，怕王明趁他不在時作亂，於是又一次對王明下手。王明因便祕需要灌腸，一名醫生就給他開了給尿缸子消毒的、會燒壞腸子的「來舒（Lysol）」。王明痛得大叫，給他灌腸的妻子立刻停止，他才僥倖活了下來。當時的結論說這是「醫療事故」，可是這樣的事故從來沒有出現在中共其他領導人身上，更不用說一而再，再而三發生。那個開「來舒」處方的大夫以後一直是毛的主要醫生之一，官至衛生部副部長。

一九四三年，毛在給王明下毒時，還整治了周恩來。毛不滿足於周聽話、忠實，還要再大大恐嚇周一番，使他不敢有絲毫貳心。在整風中，毛把周領導的地下黨打成特務集團，周面臨當特務頭子的危險。毛召他從重慶回延安時，他踟躕著不敢回去。毛六月十五日發給他暗帶威脅的電報：「成都、西安兩地望勿耽擱，一則求速，一則避嫌。」周七月份一到延安，毛劈頭給他一頓指責，還甩出一句：「不要身在曹營心在漢！」

周膽戰心驚，馬上在「歡迎」大會上連篇累牘地歌頌毛。十一月政治局會議上，他一連罵了自己五天，說自己「犯了極大的罪過」，是王明的「幫凶」，說自己從前當領導是「篡黨篡政篡軍」，還稱自己「猥瑣」，有「奴性」。他在黨內到處演講，大講他本人和其他領導如何給黨帶來災難，毛又如何從他們手裡挽救了黨。自此，周恩來完全被毛馴服，以後三十多年，直到行將就木，他都是不時自掌嘴巴的毛的理想奴才。

毛最後整治的人是彭德懷。彭在三十年代就反過毛，一九四〇年他違背毛的意志打百團大戰。他讓毛惱怒還有別的原因，比方說把「自由民主」看作真正的理想，而不是宣傳的口號。毛曾針對彭的一篇談話，指責他不該「從民主、自由、平等、博愛等的定義出發」，而應該從「政治需要出發」。彭提出奉行「己所不欲，勿施於人」的中國傳統宗旨，毛說應該是「己所不欲，要施於人」。毛多年容忍了彭，是看在彭卓越的治軍能力上。（彭領導下的八路軍根據地跟延安很不相同，少有延安那種高壓氣氛，跟老百姓的關係也好得多。）

一九四三年秋，彭奉召回延安。毛一向不搞四面出擊，所以沒有馬上打擊他。彭對延安感到格格不入，對請客吃飯中的浪費看不慣。有次席間端上來一盤海參，他臉一沉，放下筷子算了一筆帳，問主人：「一盤海參要吃掉幾個農民一年的勞動?!」彭還直言不諱地反對毛正在製造的個人崇拜，說「偶像崇拜不對」，不贊成黨章中提以毛澤東思想作指針。一天，剛從監獄裡放出來的年輕黨員李銳因公事找彭，彭問起他的境遇，然後若有所思地說：「光榮的孤立是很難的。」

一九四五年初，輪到彭德懷挨整了。毛召開「華北座談會」，旨在破壞彭的威信與聲望。會上毛的欽定人物一個個朝彭身上潑污水，用彭的話說是「操」了他四十天「娘」。會一直開到日本投降前夕，停下來是因為毛急需能幹的將領打蔣介石。至此，毛已經挨個兒整治了中共領導人中所有曾經反對過他的人，強使他們在不同程度上屈服了。

25 當上中共的「斯大林」

一九四二～一九四五年　四十八～五十一歲

整風也使毛的盟友增加了對他的畏懼感。他的主要幫手康生在那段時間非常怕毛。康生也曾是地下黨，他的背景複雜。什麼時候、什麼地方入黨都不清不楚，他提的入黨介紹人否認介紹過他。許多人給毛寫信提出對康的懷疑，有人說他被捕叛變、出賣同志。最令康惶惶不安的是莫斯科的態度，季米特洛夫一九四三年十二月的電報對毛說康生「為敵人效勞」，「很可疑」。這當然代表斯大林的意見。早在一九四〇年，莫斯科就要中共把康生清除出領導圈。

康生全靠毛保他。毛不但不在乎康曖昧的過去，相反地，他要的就是康有這樣的過去。毛喜歡有把柄可抓的人。在毛手心裡康生一輩子都提心吊膽，一九七五年臨死前不久，還一再向毛表白他「沒有叛變」。

康生在蘇聯經歷了斯大林的肅反，參加了清洗別人，他是個心理變態的迫害狂。康愛觀賞群眾大會上人嚇得發抖的場面，愛玩弄手中的犧牲品。斯大林有時把將赴刑場的人召到辦公室作最後談話，康生呢，故意讓受害者以為沒事了，就在那如釋重負的一刻把他打入萬丈深淵。康喜歡講他家鄉的一個地主如何用驢雞巴做鞭子抽打長工。一個十五歲的女學生編了套謊話，講她如何用肉體誘惑男人，為國民黨刺探情報，康生帶著她到處去講，自己津津有味地聽了一遍又一遍。他還給毛提供淫書，跟毛交換猥褻的笑話。

康生後來成為延安恐怖的替罪羊。

另一個盟友劉少奇也領導過地下黨，自己還被捕過幾次。要是他不跟毛合作，毛可以很容易地把他打成特務頭子。劉一九四二年底剛回延安時曾對整人表示不滿，但很快他就感到了危機。孫平觀察到，劉迅速改變了立場，開始討好康生，對毛亦步亦趨。後來劉鼓勵他手下的人，像蔣南翔，給中央寫信批評延安整風，不過那已是在毛把恐怖收回口袋之後。一九五〇年，劉對蘇聯大使羅申（Nikolai Roshchin）說，延安整風的方式是「不正當的，使大批同志受害」。由於劉有才幹，又聽話，毛在整風中提拔他做第二把手，直到文化大革命。

有兩個在未來的中國權傾一時的女人，在延安整風中第一次嘗到了被整和整人的滋味，這就是毛夫人江青和林彪的夫人葉群。兩人都當過地下黨，自然都有特務嫌疑。一九四三年的一天，林彪遠在重慶，葉群被綁在馬上拉去關押起來。但她很幸運，有個跟毛關係不一般的丈夫。林彪七月回延安，闖進審查他妻子的機關辦公室，把馬鞭子往桌子上一摔，喝斥道：「他媽的，老子在前線流血打仗，你們在後方搞我老婆。」機關趕緊放人，給葉群作了「政治歷史清白」的結論。受審這一段時間雖短，給葉群的心靈留下永久的疤痕，是她鐵石心腸的開端。文革中她也成為整人的人。

江青作為毛夫人當然沒人敢指控她，但她寢食不安，怕有人說出什麼話來。她還得跟別人一樣寫「思想檢查」，忍受「批評與自我批評」。她想躲起來，稱病請假。毛不是林彪，他不保護自己的老婆，反而命她搬進中央黨校「接受黨和群眾的檢查」。雖然時間不長，程度也遠比別人輕，她已是終身懼怕毛了。不像賀子珍，江青從不敢對毛玩弄女人大發雷霆，更不用說離開毛。毛要她幹什麼她就幹什麼。她這種恐懼感導致二十多年後文革中許多人坐監死亡。

她學會了整人，對此還上了癮，第一個犧牲品是女兒李訥十九歲的保姆。

李訥是毛跟江青唯一的女兒，生於一九四〇年八月三日。一歲半時來了第三任保姆。保姆出身在山西一個窮苦人家，父親常年在黃河上來回浮水給八路軍馱運東西，一個嚴冬死在黃河裡。保姆從小就給八路軍做鞋，由於人老實勤懇被提拔到區政府工作，後來跟其他本分可靠的女孩子一道被選為延安首長的保姆。

做了體檢，受了訓練，她到了毛家。活路之一是給江青洗頭。她說江青「脾氣大著呢」，稍不合意就大發火，「嚇得我不得了」。一天，她突然被叫到江青和毛身邊的兩個工作人員面前，江青朝她厲聲大叫：「牛奶裡有毒，你是壞人，來的時候就帶來了毒藥！你坦白！」

在棗園有一頭特別為毛家養的乳牛，由專人餵養和擠奶。江青那天瀉肚子，懷疑是牛奶有問題，審了廚師跟勤務員以後審保姆。當天晚上，保姆被押進棗園後溝的監獄，住在一孔擠滿女犯的窯洞裡。白天的工作是紡線，定額高得使她們一刻也不能閒。當局發現紡線是個絕妙的辦法，被關押的人坐在那裡一動也不動，便於管理，還創造了財富。晚上是審訊的時間，保姆受盡辱罵：「你為什麼不坦白？坦白就完了，你這個造糞的機器！」夜裡看守拿著燈籠，不時探頭到各窯洞去看，提防自殺或逃跑。關了九個月，保姆被釋放了，九個月裡經歷的恐懼伴隨了她一輩子。

正是靠整風，毛澤東樹立起了對他的個人崇拜。人們在頭腦裡「確立了毛澤東思想的領導地位」，「認識了毛澤東思想是唯一正確的思想」。以前，大家可以既欽佩毛又說調侃他的話，既擁護他做領袖又對他跟江青的婚姻表示不滿。學習毛的講話時，不少人曾皺著眉頭說：「還不是這一套！」「太粗淺，太容易了解。」好些人剛到延安時看不慣呼喊「毛主席萬歲」，覺得「皇帝才喊萬歲嘛，我們這是幹什麼？我感覺肉麻。」這一類言談在運動以後都不復存在。

個人崇拜的每一步驟都是毛本人親自導演的，最重要的步驟都發生在「延安恐怖」最盛的一九四三年。這一年，毛親手控制的《解放日報》連篇累牘地登著大字標題：「毛澤東同志是中國人民的大救星」。這一年，毛擔任校長的中央黨校大禮堂正上方鑲嵌上他本人的金色浮雕頭像。這一年，中央黨校發給每個學員一枚毛像章，為後來人人必戴毛像章之始。這一年，毛的肖像大批印刷，賣給家家戶戶。這一年，著名的毛頌歌〈東方紅〉要人人傳唱。

也是在這一年，「毛澤東思想」這一說法問世，首次出現在王稼祥的文章裡。捉刀人其實是毛。王的妻子朱仲麗記得那是陽光燦爛的一天，新結的蜜棗綠綠地掛在樹上。毛到她家來了，先說了些關於打麻將的俏皮話，然後叫她丈夫寫篇文章紀念中共成立二十二周年。毛明確地說：「你以前和我交換過的那些意見，我看都可以寫進去。」王稼祥心領神會，廢寢忘食地寫了這篇文章，中心是：「中國民族解放整個過程中——過去、現在與未來——的正確道路就是毛澤東同志的思想」，「毛澤東思想就是中國的馬克思列寧主義」。寫好後交給毛審閱，毛打電話答覆：「寫得很好，準備叫《解放日報》發表。」發表後成了中共人人必須「學習」的文章。

在每天的會上，一個簡單公式被反覆捶打進人們的腦子：只有跟著毛，才能無往而不勝。長征中最大的敗仗土城之戰，明明是毛指揮的，現在成了「違背了毛澤東的人民戰爭的戰略戰術原則」的結果。毛反對的平型關之役成了「貫徹毛主席『誘敵深入』等作戰原則所取得的重大勝利」。

改寫歷史還有一段小插曲。一九四三年，延安出了本小冊子《中國職工運動簡史》，作者是早已被國民黨槍斃的中共勞工領袖鄧中夏。一九三〇年原文完全沒有提到毛。可是現在的新版裡塞進去這麼一句話：「一九二二年，湖南工人運動就在毛澤東同志的領導下，猛烈地開展了起來」。

個人崇拜樹立起來了，名正言順當中共領袖的時機成熟了。一九四五年四月二十三日，中共「七大」在延安召開，離上屆「六大」整整十七年。毛把「七大」往後一推再推，以便滴水不漏地控制大會。

所有「七大」代表都經過反覆篩選。整風前有五百來名代表，他們中的大多數被關了五年，半數被打成特務，有的自殺，有的精神失常。幾百個新代表被選入，個個都保證聽毛的話。

「七大」會堂最醒目之處，是主席臺上方的一條大橫幅：「在毛澤東的旗幟下勝利前進！」毛被選為所有最高機構——中央委員會、政治局、書記處——主席。自中共誕生以來，他第一次公開地有了黨的領袖頭銜。二十四年的努力如今總算開花結果，如願以償，毛的激動可想而知。感情衝動時他容易顧影自憐，他又開始嘮叨過去的「受歧視」，「坐冷板凳」，眼淚直在眼眶裡打轉。

毛澤東成了中共的「斯大林」。

26
「革命的鴉片戰爭」

一九三七～一九四五年　四十三～五十一歲

延安被叫做中國革命的「聖地」，以共產黨人「自己動手，豐衣足食」著稱。真正使延安能夠生存發展，靠的是什麼呢？

延安有兩項重要外援。一是國民黨政府（在頭幾年）的接濟，二是莫斯科的大量祕密援助。一九四〇年二月，斯大林親自把那年的援助規格定在每月三十萬美金上。這相當於今天的四千五百萬至五千萬美金一年。

來自本地的主要收入是農業稅，有一個響亮的名字叫「救國公糧」。延安所在的陝甘寧邊區公糧數字年年直線上升。有記錄在案的頭五年的官方數字是這樣的（以石計算）：

一九三七年	13,859
一九三八年	15,972
一九三九年	52,250
一九四〇年	97,354
一九四一年	200,000

一九三九年的急劇增長，是因為那年毛澤東開始大規模擴展軍隊和根據地，需要錢糧。徵糧常常靠強制與暴力，陝甘寧邊區政府祕書長謝覺哉六月二十一日的日記提道，徵糧有「逼死人」的。謝覺哉地位既高，跟毛又是幾十年的老關係，所以膽敢一直記日記。一九四〇年天災歉收鬧饑荒，公糧仍增加了近一倍。一九四一年，收成減少兩三成，可是公糧卻再次翻一番。

當地人怨聲載道，毛也知道這一點。他後來對高級幹部講了個故事，說一天雷雨中某縣長被雷電擊斃，一位農民就說：老天爺不睜眼，咋不打死毛澤東。毛聲稱他了解到農民的反感後，決定減徵公糧。事實恰恰相反。那個雷雨天和農民的詛咒發生在一九四一年六月三日，而四個月之後的十月十五日，毛的政府宣布了史無前例的高額公糧。也就是說，毛得知農民的怒氣後反而加倍向他們徵收，甚至還添上一項新的稅收：公草稅，即馬料。

另一次，毛提到一個「裝瘋的人」衝過來打他，「對我有義憤，原因即那年公糧負擔重。」他沒有提到其他悄悄流傳的故事，其中之一說一個農民買了張毛的肖像，把像上的眼睛挖出來。審問他時，他說：「毛主席不長眼睛。」真實的公糧數字此後不再公開。一九四二、一九四三年，陝甘寧政府宣布的公糧數字比實際上起碼少說了兩成。

中共宣傳說陝甘寧邊區的稅收比國民黨地區低得多。可是謝覺哉在一九四四年二月二十四日的日記裡寫道：邊區的農業稅跟國民黨地區比並不輕，有的人「交公糧後沒得吃，所交公糧之數幾乎和全年收入之粗糧相等」，「如白玉賓全家四口，收粗糧五大石，須出公糧四十六斗六升。」甚至有人「實際收的糧不夠交公糧」。

能為陝甘寧邊區帶來收入的還有鹽。鹽很容易生產。根據一九四一年邊區政府工作報告，邊區有七個大鹽池，「產鹽方法靠天，夏季太陽一曬，水面結晶，稍微下點雨，融去硝質，打下就是。過去只要鹽有銷路，產量是無窮的。」共產黨占領頭四年，沒有產新鹽，把幾十年的存鹽都用光了，致使「西北各地都鬧鹽荒。」報告說這是因為「我們缺乏遠大計畫」。

一九四一年，邊區政府終於看到了這個賺錢的寶貝，開始產鹽。鹽成了本地收入的第二大來源。對國民黨統治區的出口中，鹽占了百分之九十。中共宣傳說延安處在蔣介石嚴密的經濟封鎖之下。事實上，它跟國統區之間貿易不斷。

鹽產在邊區的東北邊，出口口岸在南邊，運輸全靠農民做義工，跋涉在七百公里的崎嶇山路上，稱之為「官督民運」。謝覺哉等人向毛上書，反對這個「人民賠累，荒廢農時，強所不願」的嚴酷政策。但毛告訴他們：「官督民運政策，不但是未可厚非的，而且是完全正當的」。要農民「農暇必須去，非去不行」。他還在「農暇」二字下加了著重號。

一九四一年德國入侵蘇聯後，毛擔心蘇聯不能繼續資助他，找了個新的收入來源：種鴉片。幾個星期不到，延安就買了大量鴉片種子。次年，大規模的種植鴉片開始。

在小範圍內，毛把此舉稱為「革命的鴉片戰爭」。在延安，知情的人們含蓄地說著「特貨」。中共掌權後，這件事在歷史中消失了。我們問師哲時，他先說：「這個東西傳出去，對我們共產黨很不利的。」接著承認說：「是有這個事情。」「鴉片周圍種了很多糧食，是高粱，鴉片種在中間。」一九四二年八月，在延安的一個蘇聯人打麻將時直截了當地問毛，共產黨人怎麼可能「公然種鴉片」？毛不吭聲，鄧發替他回答：鴉片能賺錢，「有錢我們就能打國民黨！」西安報紙上有一個很詳細的調查報告，指出陝甘寧邊區那年種鴉片的地有三萬英畝。

鴉片的主要種植地跟國民黨將軍鄧寶珊的管轄地接壤。鄧將軍是中共的「老朋友」，有個中共黨員作祕書，女兒也是中共黨員，住在延安。他不時造訪延安，還把黃河上的兩個要緊的渡口拱手交給中共，使延安跟其他根據地的來往暢通無阻。

鄧將軍本人也種鴉片，號稱「鴉片大王」。他跟毛互相開方便之門。蔣介石曾考慮讓鄧將軍換防，毛一聽說就電告在重慶的周恩來，要蔣停止調動，否則他要「用武力」，把調來的部隊「消滅之」。蔣只得打消換防的念頭。毛對鄧將軍的感謝從他在「七大」上的講話中可見一斑，他兩次特地提到鄧，一次與馬克思並舉，引得蘇聯駐延安代表孫平發問：「鄧寶珊到底是個什麼人哪？毛澤東居然把他跟馬克思相提並論！」但毛並不信任他的這位恩人。中共掌權後鄧留在大陸，也掛上一連串頭銜，但當他提出想出國看看時，他卻未能如願。

一年的工夫，鴉片解決了中共的困難。一九四三年二月九日，毛電告周恩來：「邊區財政難關已度過，現黨政軍積蓄資產值邊幣五萬萬以上（合法幣二萬萬五千萬以上）。」這個數字六倍於陝甘寧邊區一九四二年的政府預算七千九百萬元。據蘇聯人一九四三年估算，中共賣了四萬四千七百六十公斤鴉片，價值二十四億法幣（相當於今天六億四千萬美金）。到一九四四年，用祕書長謝覺哉的話說，中共很「富」了，而這「無疑是由特貨」來的。

延安幹部的生活大為好轉。王恩茂日記裡描述了一頓不算特別的飯局：「開始吃了一頓點心，糕、糖、油煎的花生和麵塊、梨子、棗子、花生等，繼續吃了幾十碗菜，每個桌都剩了很多的菜吃不完。」從其他根據地來的幹部常常驚呼延安吃得太好了。「延安黨校伙食，每天都是四菜一湯。大盆四方塊紅燒肉，讓你吃個夠。我問他們是不是『七大』代表都是吃這麼好？答覆的是你來已減少了一半，過去是八個菜。」

「毛主席發胖了！」鄧寶珊將軍一九四三年六月與毛重逢時恭喜他說。

一九四四年，中共停止種鴉片，原因之一是鴉片過剩。有人提議「特貨內銷」，即賣給邊區的老百姓。毛澤東否決了這個提議，農民吸鴉片對他有害無益。

知情的幹部對種鴉片感到不安，毛針對他們講了一次話。謝覺哉一九四五年一月十五日記道：「毛說我黨犯過兩次錯誤，一是長征時亂拿人民東西（不拿不得活），二是種某物（不種度不過難關）」。這樣看來，中共只犯過兩個錯誤，兩個都犯得有理。

對當地老百姓來說，鴉片的主要好處是不再受駐軍騷擾。在此以前，他們的房子被佔據，日用品和農具也被徵用。鴉片帶來財富以後，毛澤東採取措施要改善與當地人民的關係。部隊退還拿用的老百姓的東西，他們得填「賠償群眾損失統計表」等，還幫助農民種田。據毛說，迄今老百姓對共產黨都抱著「敬鬼神而遠之」的態度。外來共產黨人跟當地人之間的關係局限在工作需要，或是新年到村子裡去扭扭秧歌，象徵性地拜拜年。通婚，甚至一般來往，都是稀罕事。

鴉片帶來的財富並沒有用來提高老百姓的生活水準。據謝覺哉記載，共產黨吃大灶的，每年也吃肉二十四斤，而老百姓平均每人吃肉僅五斤。毛一面儲備巨額財富，一面不放過機會搜括人民。一九四三年六月，他稱蔣介石軍隊要打延安（其實蔣並沒有要打），要陝甘寧邊區人民「自願捐獻」柴火、菜蔬、豬羊、存款，還有他們終生的積蓄：一點點金子。

貧困給陝甘寧邊區帶來高死亡率。這使中共高官也感到不安。謝覺哉一九四四年十月十二日的日記寫道，延安市「一年生一百八十三，死二百二十四」；志丹縣「今年上半年出生率百分之三，死亡率百分之十四」，死亡率是出生率的五倍。至於原因，謝說是：「衣食住均薄」，「怕豹吃牲口，人畜同居」。生了病又「沒醫生」。財政部長李富春一九四四年十一月說邊區是「財旺，人不旺（疫病流行、人畜死亡率仍高）」。

有一個故事廣為人知：毛在延安搞「精兵簡政」，減輕了人民的負擔。實際上，毛澤東要征服中國，需要更多的幹部，更多的兵，精兵簡政是不可能辦到的。但這是個有利於宣傳的口號，他便接了過來，利用它把老弱病殘和政治上不可靠的「落後分子」，清理出幹部隊伍，送去「參加生產」。為了防止他們尋機逃跑，有特別規定說，對這些人「須安置在較中心地區，一則能使他們安心生產，再則免遭邊境頑固分子之破壞挑撥與勾引。」

即使算上這些被精簡的人，從一九四三年三月的機密文件《各級政府及參議會整編辦法》可以看出，邊區政府工作人員總數是「較前增加」。增加的大多在基層，目的是加強控制。毛也以精兵簡政為名，合併最高層的部門，便於自己一手掌控。

人們熟知國民黨統治區的通貨膨脹，有所不知的是陝甘寧邊區毫不遜色。據謝覺哉日記，一九四四年跟中共初來的一九三七年比，鹽漲了二千一百三十一倍，清油二千二百五十倍，棉花六千七百五十倍，火柴二萬五千倍。一九四二年六月二日《解放日報》一篇文章，標題是「娶不起老婆」。裡面說：過去娶老婆費錢是幾十元至一、二百元，現在花數萬元邊幣才能娶到個寡婦。

中共在抗戰中的政策是「減租減息」，但陝甘寧邊區高利貸盛行。原因是政府發放的貸款太少，要靠私人貸款來彌補，利率「聽任民間自行處理」。謝覺哉一九四四年十月十六日記載：「一般放帳利率，去年月息為百分之三十至百分之五十。」更可怕的還有「每集（五天）每萬元出利一千五百至二千元」，即五天之後就漲百分之十五至二十。為了籌款而被迫賣青的農民，有時要價只相當於收穫時糧價的百分之五。

毛統治中國多年後，延安像其他老根據地一樣，依舊窮困不堪。一個對紅色中國熱情澎湃的瑞典人米爾達（J. Myrdal）一九六二年跟毛有這麼一段對話：

米：我剛從延安地區回來。

毛：延安是個貧窮、落後、不發達的地方……

米：我住在一個村子裡，我想學習農村的變化……

毛：那麼我認為你不應該去延安。延安又窮又落後，你不該去那裡的村子……

米：但那裡有偉大的傳統——革命、戰爭——我的意思是，延安到底是開端呀——

毛沒等他說完就打斷他：「傳統——〔大笑〕，傳統——〔大笑〕。」

27 蘇聯紅軍終於來了

一九四五～一九四六年　五十一～五十二歲

一九四五年二月，在蘇聯克里米亞半島上的雅爾塔（Yalta），斯大林向羅斯福和丘吉爾承諾，蘇聯將在打敗德國之後兩到三個月內參加太平洋戰爭。這意味著蘇聯紅軍將大舉進入中國，這是毛夢寐以求的。早在一九二三年，他就清醒地指出：中共要上台「得由俄國軍隊從北邊帶進來。」二十二年後，這個預言即將變為現實。

羅斯福和丘吉爾唯恐斯大林不參戰，接受了斯大林的要求，承認蘇聯占有外蒙古的「現狀」，恢復沙俄在中國的特權，讓蘇聯控制中東路、旅順、大連。*這兩位西方領袖沒有意識到，同斯大林根本無須做交易，斯大林早就想擠進來。斯大林將以對日作戰為藉口侵占中國大片領土，為毛澤東奪權創造條件。雅爾塔會議之後不久的二月十八日，斯大林的這一意向由蘇聯《消息報》反映出來：莫斯科「在解決遠東問題的時候會把中共利益考慮在內」。

---

* 雅爾達協定說這些「賠償」是日本欠蘇聯的，事實上肉是從中國身上剜的。丘吉爾說：「俄國人從中國拿賠償只會對我們保持香港有利。」儘管這些條款事關中國領土，但中國政府卻被蒙在鼓裡。美國說由它來告訴蔣介石，可是答應斯大林，斯大林什麼時候讓它說它才說。這樣一來，蔣介石一直到四個月後的六月十五日才從美國那兒得到協定的全文。

毛興奮已極。怎麼感謝蘇聯人呢？他想起他們駐延安代表的性生活。二月二十六日，他對孫平說：「這裡的漂亮姑娘你一個都不喜歡嗎？不要不好意思嘛。」三月五日他又再次提起：「怎麼，這兒動人的女孩子還是有的嘛？」「身體也健康。對不對？也許阿洛夫大夫想找一個？你呢？看上了誰了？」當天孫平在日記裡寫道：

傍晚時分，一個女孩子出現了……她害羞地跟我打招呼，說她是來收拾房間的……我搬了把板凳，放在屋外牆邊唯一的一棵樹下。她坐下來，緊張，也微微笑著。她和婉地回答我的問題，一邊小心地等待著，兩條腿交叉著，穿著布鞋的嬌小玲瓏的腿……

她真可愛極了！

她告訴我她是個大學生，剛參加共產黨。她真年輕啊。

四月五日，蘇聯通知日本廢除蘇日中立條約。一個月後德國投降。消息傳來正開「七大」，毛用中共勝利在望的前景激勵與會代表，對他們說蘇聯軍隊一定會來的。他語意深長地笑著，手掌砍在脖子上說：「國際援助一定要來，如果不來，殺我的腦袋！」毛反覆提到斯大林，其感激之情溢於言表，讚頌謳歌的濃度在他一生中空前絕後。他自問自答：「斯大林是不是領導著世界革命？當然領導」。「領袖是誰？是斯大林。有沒有第二個人？沒有了」。毛宣布：「我們中國共產黨的每一個人，都是斯大林的學生……他是我們的先生」。

一九四五年八月九日午夜之後十分鐘，美國在廣島投下第一顆原子彈的三天後，一百五十萬蘇蒙聯軍在四千六百公里的邊境線上開進中國，從東北到察哈爾，比整個從波羅的海到亞得里亞海的歐洲戰線還長。毛澤東在四月就下令中共靠近外蒙的軍隊準備「配合蘇軍作戰」。蘇軍一入境，他便晝夜工作，調兵遣將，把蘇軍席捲而過的土地接管過來。毛把辦公室搬到棗園小禮堂，接見川流不息的各地應召前來的將領。一張乒乓球檯成了他的辦公桌，上面擺著筆墨紙硯，在那裡他起草電報，一揮而就地寫委任狀。得空時抓起桌上的瓜果餡餅等當飯吃，吃得如風捲殘雲。

根據雅爾塔協定，蘇聯軍隊進入中國以前要跟蔣介石簽個條約，取得蔣的認可。蔣介石不願意簽條約，因為條約承認外蒙古獨立，在旅順、大連等問題上損害中國主權。但蘇軍在沒有條約的情況下就進來了。一個星期以後，蘇軍已經入侵中國境內幾百公里，蔣介石的外交部長王世杰只好勉強在《中蘇友好同盟條約》上簽字。蔣不得不同意簽，因為他怕沒有條約約束，斯大林會毫無顧忌地把蘇軍占領的地盤交給中共，而條約規定蘇聯承認他為中國唯一的合法政府，許諾把全部占領土地都交給他。

當然斯大林無意遵守諾言。為了幫助毛接管，他盡量拖長占領時間，說是三個月撤軍，但拒絕把這一條寫進條約裡。蘇軍占領時期遠遠超過三個月，這期間斯大林用各種辦法阻撓蔣介石接管。斯大林甚至想過把內蒙古從中國割走，蘇聯占領軍成立了內蒙古臨時政府，準備跟外蒙古合併。這個計畫最終放棄了。

日本是八月十五日投降的。這一天中國人用鞭炮、唱歌、眼淚、祝酒和敲鑼打鼓來慶賀。戰火在中國燒了八年，有的地方達十四年，使千百萬中國人死亡、傷殘，製造的難民多達九千五百萬，為世界之最。中國人渴望和平。

等待他們的，卻是立即爆發的全面內戰。日本投降後，蘇軍仍不停地向南推進，一連好幾個星期，佔領的中國北部領土超過蘇聯在東歐所占全部土地的總和。蘇聯傘兵空降到東北西面七百五十公里的包頭，靠近陝甘寧邊區。到八月底，在蘇聯人幫助下，中共占領了察哈爾、熱河的大部分地區，包括它們的首府張家口和承德。毛考慮把他的大本營移到張家口，一隊隊馱著文件行李的駱駝起程遠行。

對毛最重要的還是東北。那裡蘊藏著中國最豐富的煤、鐵、金礦，遼闊的森林資源，還有全國百分之七十的重工業。不僅如此，東北三面跟蘇聯控制的地區接壤：西伯利亞、蒙古、北朝鮮（北韓）。毛在「七大」上說：有了東北，「我們在全國的勝利，就有了鞏固的基礎了。」「也就是說確定了我們的勝利。」

不管是共產黨還是國民黨在東北都沒有軍隊，那裡被日本人無情有效地占領了十四年。但是中共的游擊隊就在山海關附近，他們立馬出關，跟蘇軍聯繫上後，蘇軍把日本軍火庫對他們開放。瀋陽有日本最大的軍火庫，據當時的報告，中共接受了「槍支十萬支，大炮數千門及彈藥、布匹糧食無數」。就在幾個月前，整個八路軍總共才有一百五十四門炮。

日本傀儡滿洲國的二十萬軍隊整個投降了蘇聯紅軍，蘇軍把他們交給中共整編。參軍的還有成千上萬新近失業的男子，失業的原因是蘇軍把東北的工廠設備機器以「戰利品」的名義大批拆運回蘇聯，拆運過程中甚至毀掉整個工廠。據專家估計，蘇軍運走的設備差不多價值八億五千八百萬美金，要重新安裝得花二十億美金。大拆運的結果是許多老百姓失去了生活來源，有的只好當兵。中共最初派進東北的部隊有六萬人，轉瞬就增加到三十萬。

蔣介石急於把東北搶到手。但他的精銳部隊遠在華南和緬甸，要把他們運到東北去得仰仗美國的軍艦。美國人要他跟毛澤東和談。美國的對華政策是剛去世的羅斯福總統制定的：「無論如何把他們拉在一起。」美國駐華大使曾建議，要是蔣介石、毛澤東達成協議，就把他們一塊兒請到白宮去。在美國壓力下，蔣在八月十四到二十三日向毛發出三道邀請，請毛來重慶談判。

毛澤東不想去重慶，頭兩道邀請他都拒絕了。毛怕蔣介石謀害他。他對蔣說派周恩來去，但蔣堅持要毛親自去。最後毛只好答應——不答應不行，斯大林給他發了三封電報叫他去。斯大林一面祕密幫毛搶占土地，一面要毛玩和談遊戲。如果堅持不去重慶，給人的印象就會是他不要和平，美國在內戰中就會全力支持蔣介石。

斯大林強迫他去重慶，成了毛此後一生對斯大林最大的怨氣，他在各種場合提了又提，把斯大林責備來責備去。

斯大林告訴毛他的性命不成問題，由美、蘇兩家擔保。國民黨元老、中統創始人陳立夫告訴我們：「毛澤東到重慶來，是美國人保證他的，他是安全的。」毛也有身任要職的祕密中共黨員保護他，例如重慶憲兵司令張鎮。毛還是不放心，堅持要美國大使赫爾利（Patrick Hurley）專程飛來延安跟他同機去重慶，怕蔣介石把他在半空裡幹掉。

在這層層衛護下，毛終於在八月二十三日乘美國飛機飛往重慶，把劉少奇留在延安看家。飛機著陸後，毛緊緊地貼著赫爾利，一頭鑽進赫爾利的汽車，而不坐蔣介石派來接他的那一輛。

赴渝前夕，毛指示即將（乘美國飛機）離開延安飛返根據地的八路軍將領「放手打」，「你們打得越好，我越安全」。在毛安排下，他在重慶時，八路軍在山西省上黨地區打擊國民黨軍隊，大獲全勝。毛高興地說：「打得好！打得越大越勝利，我回去的希望就越大。」

在重慶，毛吃了一場虛驚。九月二十二日，赫爾利離開重慶，幾天後蔣介石本人也走了。毛一看這不就是暗殺他的前奏嗎？馬上派周恩來到蘇聯大使館，要求讓毛住進去。蘇聯大使彼得羅夫

（Apollon Petrov）不置可否，打電報去莫斯科請示，莫斯科沒有回話，毛非常生氣。

毛來重慶這一趟其實收穫甚豐。他跟蔣介石平等對話，外國使館邀請他做客，視他為政治家。他也顯出政治家的風度，說話頗多外交辭令。丘吉爾在重慶的特使是直來直往的獨眼將軍卡頓・維爾特（Carton de Wiart），一次席間他開門見山地對毛說，他「根本就不認為中共對打敗日本起了多大作用」，中共軍隊「只能找找日本人的麻煩」。出乎他意料，毛不但沒發怒，還開懷大笑。

一次，八路軍殺死一個叫約翰・伯奇（John Birch）的美國軍官，把臉部戳得稀爛。美國在華軍隊總指揮魏德邁（Albert Wedemeyer）當面嚴厲譴責毛，毛客客氣氣地對答。魏德邁詐唬說美國計畫運原子彈來中國，外加五十萬軍隊，毛仍然不改冷靜。毛的和解姿態贏得了宣傳戰的勝利。

重慶和談持續了四十五天，但整樁事從頭到尾是做戲。毛到處喊：「蔣委員長萬歲！」宣稱他支持蔣做中國領袖，不過是說說而已，他要中國屬於自己，非打倒蔣介石不可。

蔣介石也很清楚全面內戰不可避免。只是他需要一個和平協議以滿足美國人的要求。儘管他毫無履行任何協議的意思，十月十日，他仍批准國民黨同中共簽訂了《雙十協定》。蔣做的樣子騙住了美國人。毛還在重慶時，他們開始幫蔣運兵到東北，還占領了華北的北平、天津，等待蔣介石的軍隊前來接收。

《雙十協定》簽訂後，蔣介石邀請毛當晚下榻他的寓所林園，第二天一早他們共進早餐，然後毛澤東飛返延安。一切都禮貌周全。毛剛一轉背，蔣就把他的真實感情傾瀉在日記裡：「共黨不僅無信義，且無人格，誠禽獸之不若也。」

十月十一日，毛回到延安，第一件事就是部署軍事行動，不讓蔣介石的軍隊進入東北。林彪受命擔任中共在東北軍隊的總司令。數萬名奉命出關的幹部這時已在路上。為了領導中共在東北事務，並與占領東北的蘇軍隨時聯繫，新成立的東北局的成員，已在九月中旬由蘇聯飛機祕密運送到瀋陽。

毛下令把部隊部署在東北的大門山海關，以擋住國民黨軍。他要求蘇軍把守港口和飛機場，阻止國民黨軍進入。在蘇軍鼓勵下，中共武裝扮成土匪，向運送國民黨軍的美國軍艦開火，有一次打中了巴貝上將（Daniel Barbey）的登陸艇，迫使他調頭駛回外海。

美國第七艦隊最後在東北以南的秦皇島靠岸，一支蔣介石的精銳部隊在那裡登陸，十一月十五到十六日奪取了山海關。毛命令他的部隊「堅持山海關」，「舉行決戰」。但國民黨軍隊揮戈直入，把他們一路趕出山海關和北上的鐵路樞紐。中共部隊潰不成軍，一個國民黨軍官不無驕傲地說：「共軍大隊退下來，繳槍也來不及。」

中共軍隊沒有打正規戰爭的經驗，而國民黨軍隊跟日本人打過大規模的陣地戰。在緬甸，他們的一個戰役比中共整個八年抗戰打死打傷的日軍還多。國民黨軍隊在東北的最高指揮官杜聿明跟日本人在不少大仗中交過手，而中共的林彪只在一九三七年九月指揮過一次平型關伏擊戰，自那以後，他幾乎沒聞過硝煙味。毛一心保存實力躲避日本人，躲出了一支不能打現代戰爭的軍隊。

抗戰中中共打敗過國民黨軍隊，但這次它面對的是蔣介石最精銳的人。據中共指揮官黃克誠向毛報告，這些人「經過美國訓練，參加印緬作戰」，「帶著遠征軍、常勝軍的驕傲態度」，「戰鬥確實也頑強。」

中共軍隊作家張正隆生動地描述了士兵們想回家，不想出關打仗的情景。為了把部隊帶出關，新四軍軍長陳毅接見三師連以上幹部時說：「我離開延安時，毛主席讓我告訴你們，你們要到一個好地方去。那個地方是個花花世界，有電燈，有樓房，出金子，出銀子。那是個什麼地方呢？毛主席沒告訴我們，我也沒法告訴你們（哈哈大笑）」。

有的幹部覺得動員不頂用，乾脆不告訴下面部隊到哪裡去，直到他們登上了去東北的海船，沒法下來了。

「闖關東」的老人回憶裡充滿了那一路的人心浮動：「那時當幹部，特別是當連長、指導員的，平時最操心，最頭痛，壓力最大的，就是怕出逃兵……黨員，正副班長，戰鬥小組長，一般都有個『鞏固對象』。站崗，值勤，出公差，都在一起，睡覺也挨著，醒了摸一把。『鞏固對象』要上廁所，『我也要尿了』，馬上跟去」。「誰不高興了，誰發牢騷了，誰想家了，都是『思想苗頭』，要隨時掌握。發現異常，立即報告。一仗下來，特別是打了敗仗，更要瞪大眼睛。」

逃兵大都是宿營後跑掉的。「每到一地，除正常崗哨外，還在村外放幾處暗哨。有的怕自己睡得死醒不來，用根繩悄悄把自己和『鞏固對象』拴在一起，一動就拉醒了。逼急眼了，有的甚至用鬼子對付勞工的辦法，晚上睡覺把褲子都收到連部去。據說，有的還把手榴彈弦拉得老長，像絆馬索一樣橫拉在路口上。一響就報警了。」

帶新四軍三師去山東的黃克誠十一月十五日給毛的電報說，「三師由蘇北出發共三萬二千五百人」，「沿途逃亡掉隊病號約三千人」。指揮官萬毅報告：「逃亡仍嚴重，僅昨夜即逃副排長以下八十餘。」有兩個團四千多人，到古北口不足兩千了。

東北本地的新兵也逃——一旦他們聽說作戰對象是中央政府。據中共《東北三年解放戰爭軍事資料》，從一九四五年十二月底到一九四六年初，十天左右，「先後叛變共約四萬餘人」。

劉少奇早就看出，有這一切弱點的中共軍隊，不可能擋住國民黨軍隊進東北。毛還在重慶時，劉指示中共集中精力在與蘇聯、外蒙古、北朝鮮接壤的地方建立鞏固的根據地，訓練部隊。一九四五年十月二日，劉指示：「不是首先將主力部署在滿洲門口，抵住蔣介石，而是首先將主力部署在背靠蘇、蒙、朝鮮邊境，以便站穩腳跟之後，再爭取大城要道。」劉要已經進城的中共武裝準備撤離城市，分散到農村各地建立根據地：「瀋陽及其他城市的武器資材，應向鄉村及熱河運出。」

但是毛回到延安後，否決了劉少奇的部署。十月十九日，毛下令：「我黨方針是集中主力於錦州、營口、瀋陽之線」，「堅決拒止蔣軍登陸」，「改變過去分散的方針。」毛要的是：「霸占全東北」。可惜，他心有餘而力不足。*

毛的軍隊的作戰表現，使斯大林看到他們沒有立即打敗蔣介石的希望，斯大林也就迅速調整他的策略。一九四五年十一月十七日，在國民黨軍攻入南滿時，蔣介石注意到蘇聯人對他的態度「忽然轉變，表示彼必履行《中蘇友好同盟條約》，助我便利接收東北」。蘇聯人要把鐵路樞紐及城市全部交蔣，要中共讓出來。這對毛渴求的立刻「霸占全東北」，是當頭一棒。

斯大林想出個法子來安慰毛。十八日，一封電報從莫斯科發到延安：「毛岸英請求您的允許回到四十一號來。」「四十一號」是延安的代號，斯大林這是告訴毛要放他兒子回家。這對毛當然是

---

* 毛跟他的部隊很少接觸。他從來不在陣前發表激動人心的講話，從來不視察前方，從來不巡視部隊，對傷病員他毫不關心。一次，毛要求他的軍隊破釜沉舟，不依靠後方而打到國民黨地區去。他的指揮官們問，沒有後方，傷病員怎麼辦？毛答道：「好辦，你們可以把傷病員交給群眾，群眾是會給你們管好的。」老百姓自己生活都成問題，哪有錢糧養活傷病員，給他們治傷治病呢？

好消息，但東北對他更重要。他苦苦請求莫斯科重新考慮。他再三要求他的指揮官們打勝仗，保住鐵路樞紐，不厭其煩地向他們宣講國民黨軍兵如何少，如何「無鬥志」，問題如何多：「孤軍深入，軍民不和，彈藥不濟」，「是能夠大部或全部加以消滅的」。

毛的軍隊取勝無望，斯大林又不聽從他的要求，絕望之餘，毛病倒了，需要住院治療。十一月二十二日，他搬進了為他騰空的幹部療養所。好些天，他一刻不眠，躺在床上渾身出冷汗，發抖，手腳痙攣。助手師哲實在沒有辦法，建議向斯大林求援。毛點頭之後，師哲給斯大林發了封電報，斯大林跟著回電，提出派醫生來延安。毛同意了。但過後又覺得不安，怕斯大林對自己的弱點一覽無餘。過了兩個小時，他叫師哲暫時不要發那封電報，但電報已經發出。

這時阿洛夫大夫和整個駐延安的蘇軍情報組剛被召回蘇聯。阿洛夫在延安住了三年半，一次家也沒回，這才下了飛機，斯大林又要他重返延安去照顧毛。阿洛夫滿心不情願地重登飛機，在一九四六年一月七日回到延安。隨他而來是克格勃成員米爾尼柯夫（Melnikov）大夫，大家簡稱為米大夫。兩人給毛進行了全面檢查，結論是毛沒什麼大病，症狀是神經過於緊張所致。他們要毛在一段時間內不要管事，盡量放鬆，多走動，多到野外去呼吸新鮮空氣，讓神經鬆弛下來。不久阿洛夫大大倒感到他本人的精神快崩潰了，請求莫斯科調他回去。莫斯科不准。

跟醫生們一塊兒回延安的還有岸英，離開莫斯科前斯大林親手送給他一把刻有他題簽的手槍。毛澤東十八年沒見到兒子了。十八年前他離別妻子楊開慧和三個兒子去井岡山當山大王時，岸英四歲，如今已是一表人才的青年了。在飛機場毛抱了抱他說：「你長這麼高了！」當晚毛給斯大林寫信致謝。

毛從療養所搬進軍委所在地王家坪。這裡又名牡丹亭，得名於一大院子豔麗的牡丹，好些是中國罕有的品種。熱愛花卉的朱德總司令跟他的下屬種植了一片桃林，修了個魚池，開闢了籃球場。毛天天有兒子做伴，坐在窯洞外的一方石桌旁聊天，緊挨著專給他挖的防空洞。據毛當年的牌友、馬海德醫生的夫人蘇菲說，看得出來毛很喜歡他的兒子。毛心情喜悅，健康也好轉了，春天到來時，他逐漸恢復了正常。

給毛最大安慰的還不是兒子，而是東北的局勢。雖然中共讓出了多數大城市，但蘇軍仍然是那裡的主人，只准國民黨派人數可憐的行政人員進城。中共在附近鄉下重整旗鼓，還不時進城去跟蘇軍聯絡，稱之為上「旅館」。

一九四六年五月，蘇軍終於在進佔東北十個月後，開始撤離。撤軍是跟中共協調的，蘇軍事先不告訴國民黨他們什麼時候走，而讓中共做好安排。中共又進了大城市。毛再次命令他們堅守，「不惜任何犧牲」，「死守長春」，「死守四平，寸土必爭」。西班牙內戰時共產黨一邊曾拚死保衛馬德里，於是毛要：「把長春變成馬德里。」「化四平街為馬德里。」

劉少奇認為，中共軍隊此時仍舊抵擋不了國民黨軍隊，大部分城市最終還得讓出來。林彪也向毛進言說，固守城市的可能性不大，「因此我軍方針似應以消滅敵人為主，而不以保衛城市」為主，「對於難奪取與鞏固之城市，則不必過分勉強去爭取」。「我們要把眼光轉一轉，從大城市轉到中小城市和廣大農村去，把大力氣用到建設根據地去。」但在毛看來，有大城市才算有江山，他要林彪「死守」。後來，林彪的戰略思想和劉少奇的主意都成了毛的「英明決策」。其實毛最熱中於奪取大城市。

毛的「馬德里」保衛一個丟一個，蘇聯撤軍幾個星期，國民黨就奪回了東北幾乎所有大城市，只剩下最靠近蘇聯的哈爾濱。中共軍隊向北敗退，頭上是國民黨飛機的掃射轟炸，屁股後面緊追著坦克汽車。林彪的政委羅榮桓回顧說：這一場大撤退中潰不成軍，「全軍無所措手足。」一位過來人說他們一連走了四十二天才站住腳，那陣勢「可真是不大行了」。

中共部隊不僅軍事上大敗，民心上他們也不如國民黨。東北人受夠了日本侵占多年的苦，渴望和平，把國民黨軍隊看作「正牌」。如林彪向毛報告：「老百姓說：八路軍和中央軍都是為老百姓的，彼此不打好了，並認為國民黨是中央」。

中共有個不利之處：人們把他們和「老毛子」蘇聯人連在一起。蘇軍不僅掠奪東北的工業設施，還闖進百姓家裡拿東西，強姦婦女。一九四六年二月，雅爾塔協定發表，暴露了斯大林在東北攫取特權的事實，在全國引起軒然大波。一些大城市爆發了反蘇遊行，高呼：「中共應該愛國！」村民們還有這樣問戰士的：「大侄子，聽說你們那槍呀炮的，都是用大姑娘和老毛子換的，這是真的嗎？」

東北中共軍隊司令部的《陣中日記》一九四六年十一月十二日記載：「頑區群眾條件極壞，我軍通過時，沿村抗擊」。一位老戰士回憶：「又飢又渴趕到吉林市，滿指望能吃點喝點，大街空蕩蕩的沒一個人影，像座空城。」離城過了橋，炸了橋，隔江看著國民黨腳跟腳進了城，「老百姓像從地下冒出來似的湧到大街上，揮動各色小旗，呼喊口號」。

戰士們把氣發在司令頭上。一天，林彪的吉普車堵塞在北退的隊伍中，警衛員請戰士讓道：「後面是首長的車，首長有急事。」四下裡七嘴八舌起了叱罵聲：「什麼手掌腳掌的，這時候了還擺臭架子耍威風！」「問問你們那個首長，是不是要撤到老毛子那邊去？」

中共軍隊看起來真有可能要麼撤進蘇聯，要麼化整為零重開游擊戰。林彪做好了思想準備，一旦哈爾濱失守，就到遼南的山區打游擊。六月一日，他給毛的電報說「準備游擊放棄哈爾濱。」第二天，東北局也給毛同樣無可奈何的電報：「我們準備放棄哈爾濱」，「我已告辰兄準備退出」。（「辰兄」即蘇軍。）身心交瘁的毛這時兩次懇求斯大林出兵干涉，來個「聯合行動」，或者把中國置於蘇聯的軍事「保護傘」之下。斯大林婉言拒絕，怕出兵引起國際反應。但他允許中共軍隊退入蘇聯境內。六月三日，毛萬不得已，電告東北局和林彪：「同意你們作放棄哈爾濱之準備，採取運動戰與游擊戰方針」，而且是「作長期打算」。

毛看似到了絕境。然而，就在此時，他的救星到了——美國人。

28 美國人救了中共

一九四四～一九四七年　五十～五十三歲

蔣介石在美國朝野中名聲不佳。為了爭取美國不支持蔣，對中共採取友好立場，毛制定了「中立美國」的政策。聲稱中共只是溫和的農村改革者，不是要搞共產主義，完全可以跟美國合作。

一九四四年，羅斯福曾派觀察組去延安。美國人剛到，毛就在八月十二日對蘇聯聯絡員孫平說：「我們在考慮改變黨的名字，不叫『共產黨』，而叫別的什麼。這樣形勢會對我們更有利，特別是在跟美國的關係上」。莫斯科馬上和毛唱起了同一調子。八月下旬，莫洛托夫對當時在蘇聯的赫爾利將軍說，在中國，「有人稱他們為『共產黨人』，實際上他們跟共產主義一點關係也沒有。他們不過是不滿自己的經濟狀況，只要經濟狀況一改善，他們馬上就會忘了他們是共產黨。蘇聯政府與這樣的『共產主義分子』毫無關係。」莫斯科跟毛唱的雙簧欺騙了很多美國人，多年來這些人一直以為毛有可能被美國爭取過去，美國沒能把毛從蘇聯陣營裡拉走是「失去的機會」。他們哪裡知道，就在毛跟美國拉關係時，他反覆告誡中共幹部，說這「只是在對蔣鬥爭中的一種策略」。

毛的策略也矇住了杜魯門（Harry Truman）總統的遣華特使馬歇爾（George Marshall）。馬歇爾一九四五年十二月來華，使命是停止內戰。二十年代他曾在中國服務過，討厭蔣介石，討厭蔣的親戚們的腐敗。中共說他們跟美國相似之處甚多，這使他特別動心。他跟周恩來第一次見面，周就奉承他說中共「期望美國式的民主」。一個月後，周又說毛喜歡美國更勝於蘇聯，並告訴馬歇爾：

「有這麼一個小故事，說了您或許有興趣。最近傳言毛主席要訪問蘇聯，毛主席聽說後大笑，半開玩笑地說如果他真有機會出國的話，他想去的倒是美國。」馬歇爾完全當真，把這番話轉述給杜魯門。多年以後他還說，中共比國民黨更跟他合作。

馬歇爾對蔣說：「最重要的是得弄準確，蘇聯政府到底跟中國共產黨有沒有關係，是不是在給他們出主意。」到一九四八年二月，馬歇爾還在對美國國會說：「在中國我們沒有確鑿的證據表明〔中共軍隊〕有外來的共產黨支援。」美國怎麼可能全然不知情，他們跟英國人都在不斷監聽蘇聯與中共的電訊聯繫，不少電報從莫斯科直達延安，清楚無疑地顯示了兩者的密切關係。其他美國官員也曾告誡馬歇爾，延安美軍觀察組負責人最後的報告開宗明義就是：「共產主義是國際性的！」

馬歇爾一九四六年三月四日至五日訪問延安。為了把一切都控制得天衣無縫，毛連兒子都送下鄉去。毛對岸英說，這是為了讓他學習農活和中國習慣。但真正的原因是岸英會講英語，毛怕他跟馬歇爾等人交談。在延安的美國人對岸英很感興趣，一次星期六晚間跳舞會上，毛介紹他認識了美聯社記者羅德里克（John Roderick），羅就在舞場邊上採訪了他。據岸英說：「訪問記翻譯成中文，要我過目後發稿。」岸英請父親看。「不料父親並沒有細看，就把稿子揉成一團，還嚴厲地批評了我」：「怎能對外國記者隨便發表談話?!」岸英在斯大林的蘇聯長大，不是不熟悉管束，但對毛控制的嚴厲他仍然全無思想準備。毛對他不放心。

馬歇爾向杜魯門報告說：「我跟毛澤東作了一次長談，我坦率得不能再坦率了，他沒有表現任何不滿，向我擔保盡其所能合作。」馬歇爾稱在東北的「共產黨勢力比烏合之眾強不了多少」，「從延安大本營跟〔東北〕當地共產黨聯繫簡直就辦不到。」其實，延安跟東北局和在東北的幾十萬大軍天天都有長電來往。馬歇爾在延安時，毛就已經向阿洛夫詳細複述了跟他談話的全部內容，請阿洛夫電告斯大林。

馬歇爾為毛的成功作出了關鍵貢獻。一九四六年晚春，當毛的軍隊在東北全面潰敗時，馬歇爾給蔣介石施加了決定性的壓力，迫使蔣介石停止在東北追擊中共。馬歇爾威脅蔣介石說，如果繼續追擊，美國就不再幫他運部隊去東北了。五月三十一日，馬歇爾甚至寫信給蔣，稱這事關係到他本人的榮譽：「在目前政府軍在東北繼續推進的情況下，我不得不重申：事情已經到了這樣一個關頭，即我本人的立場是否正直成了嚴重問題。因此，我再次向您要求，立即下令政府軍停止推進、打擊、或追趕〔中共〕」。措辭如此強硬嚴峻，蔣介石不得不屈服，答應停火十五天。這個決定，使毛絕處逢生。他剛於六月三日被迫同意放棄北滿重鎮哈爾濱。一得到停戰令的消息，毛在五日至少兩次發電東北追改部署：「周電稱，蔣已允馬停戰十天談判，請東北局堅守哈爾濱……至要至要。」「保持松花江以北地區於我手中，尤其保持哈市。」轉折點就這樣到了。

在東北的中共官兵，包括林彪在內，都說蔣介石停止向松花江北推進是大大的失策。蔣介石只要窮追猛打，至少能阻止中共在蘇聯邊境建立強大鞏固的北滿根據地，切斷中共與蘇聯的鐵路運輸線，使蘇聯重型武器不可能運進來裝備中共。

蔣介石答應停火十五天之後，馬歇爾又再施加壓力，要蔣把停火期延長為四個月——甚至把整個北滿讓給中共。重開戰火意味著跟馬歇爾直接衝突，蔣在日記裡寫道，這一向的馬歇爾，已是「態度暴躁異常」。

蔣介石被馬歇爾逼得焦頭爛額時，又接到杜魯門總統的嚴厲警告。七月中旬，兩名反蔣知識分子李公樸、聞一多在國民黨統治的昆明被槍殺。美國民意測驗立刻顯示，只有百分之十三的人贊成繼續援蔣，百分之五十的人要求「不介入」。八月十日，杜魯門寫信給蔣介石，聲色俱厲地提到這兩樁暗殺，說美國人民對這樣的事「深惡痛絕」，威脅說如果和談沒有進展，他只好重新考慮美國對蔣政權的態度。

在這樣的壓力下，蔣介石在東北的停火繼續了下去。蔣的親信陳立夫對我們說，他不贊成蔣的做法，勸蔣「像西班牙的佛朗哥（Francisco Franco），反共就是要反到底。打打談談，談談打打，沒用。」但是蔣離不開美國。整個內戰中，美國給了他三十億美金的援助，其中十六億撥款，約八億五千萬是武器援助。

東北的停火使毛得以在北滿建立了橫一千公里，縱五百公里，面積比德國還大的根據地。毛把這塊地盤比作舒適的「沙發」，背靠蘇聯，兩臂有北朝鮮、外蒙古作依託。

停火的四個月使中共有了充裕的時間整頓部隊，包括整編原滿洲國的二十萬軍隊。凡是信不過的被通通「清洗」。*

整頓的重要內容是激發士氣，辦法是「訴苦大會」，由幹部帶頭，戰士們一個個上臺去訴本人和家庭之苦。他們大多數出身於貧苦農民，目不識丁，因為忍飢挨餓，遭遇不公，有一肚子苦水。痛苦往事被勾了起來，大會上男子漢們哭得像淚人兒一般，空氣變得像發燒似的滾燙。有份給毛的報告說：「一個戰士對舊社會不滿而訴苦，他氣憤填膺感動的氣死了。死而復活，現成傻子。」

---

*《東北三年解放戰爭軍事資料》透露：這三年中「逃亡清洗可能有十五萬人」，幾乎快趕上「戰死、失蹤、被俘、醫院中死去和殘廢等」的總數：十七萬二千四百五十四人。

黨告訴那群哭得死去活來的戰士們，他們的苦都是蔣介石政府造成的，他們要「向蔣介石報仇」。親歷者說，這類訴苦真是立竿見影：「一場訴苦會下來，一個個抽抽噎噎的……那顆心已經是共產黨的了。」這樣的魔力，正常冷靜心態下的人們，會覺得不可思議。

與政治上洗腦齊頭並進的是軍事訓練。蘇聯人起的作用舉足輕重。中共第一支部隊進入東北時，看上去不像正規隊伍，也不會使用現代化武器，蘇軍還以為他們是土匪。停火期間，蘇聯人開辦了十六所空軍、炮兵、工程兵等軍事學校。中共軍官還到蘇聯去培訓，有的去蘇軍控制區旅順、大連。旅大也成了在南滿被打散的中共部隊和幹部避難、休整、受訓的集中地。

莫斯科為毛提供的武器包括繳獲日本人的九百架飛機、七百輛坦克、三千七百多門各種大炮、將近一萬二千挺機關槍、一支頗具規模的松花江小艦隊，還有無數步槍、高射機槍、裝甲車。北朝鮮是日本的重要軍火庫，那裡的軍火都給了毛，足足裝了兩千多車皮。還有更多的日本軍火從外蒙古運到。蘇聯製造的武器也來了，外加蘇德戰場上繳獲的德國武器，上面的德文被銼掉，中共宣稱它們是美國製造，從「蔣介石運輸大隊長」那裡繳獲來的。

中共從蘇聯祕密接收了數萬日本戰俘，他們在把中共軍隊訓練成強大作戰機器上功不可沒。是他們教中共怎樣使用日本武器，怎樣保養、維修這些武器。是他們創建了中共的空軍，由日本飛行員做教練。數千訓練有素的日本醫護人員悉心治療護理中共傷病員，流過血的老人至今提起來還非常感激。

特別值得一提的是北朝鮮。中共從那裡不僅得到了軍火，而且得到了一支由日本加蘇聯訓練的二十萬人的強悍軍隊。北朝鮮與東北有八百公里邊境線，中共把它稱為「我們隱蔽的後方」。一九四六年六月中共被國民黨趕著跑時，大量傷病員、後勤人員和戰略物資轉移到這裡。國民黨占領東北中部，把中共軍隊斷開後，北朝鮮成了溝通北滿與南滿的走廊，也是連接關外與關內根據地，尤其是戰略要地山東的要道。為了協調這張龐大的轉運網，中共在平壤和北朝鮮的四個港口設立了辦事處。

斯大林的貢獻還不止這些。一九四六年下半年，蘇聯鐵路專家組開始修復東北鐵路。一九四八年六月，斯大林派前鐵道部長科瓦廖夫（Ivan Kovalev）來華總領全面修復工作。蘇聯人共修復了一萬多公里的鐵道線，一百二十座橋梁，使中共能快速運輸大部隊和蘇聯重型武器，得以在那年秋天攻打大城市。

蘇聯、北朝鮮、外蒙古對中共的這一切援助都是在絕對保密的狀態下進行的。中共用各種辦法掩蓋它，毛特意命令林彪從黨內祕密文件裡「刪去『展開背靠朝鮮、蘇聯、外蒙、熱河的根據地』一句」。毛還叫林彪寫上戰爭目的是「為經濟上、政治上、軍事上的民主」，「階級鬥爭口號不要提。」莫斯科的宣傳機器說蘇聯援助毛的傳言「是徹頭徹尾的謊言」。事實上，中共聲稱打蔣介石靠「小米加步槍」，才是貨真價實的謊言。

毛不想欠斯大林的情，大規模蘇聯軍援開始後，一九四六年八月和十月，中共兩次主動提出用食品償付。蘇聯駐哈爾濱的貿易代表謝絕了。毛十一月派親信劉亞樓到莫斯科去游說，達成祕密協議，中共每年給蘇聯一百萬噸糧食。這些糧食都是從老百姓口中奪走的。

東北停火時，蔣的軍事力量仍遠遠優於中共。國民黨軍隊有四百三十萬人，中共只有一百二十七萬。蔣把中共軍隊趕出了關內的大部分城市，和幾乎整個長江流域。毛在所有這些戰區裡，一再堅持要部隊奪取和保衛大城市，都遭到失敗。在華北，有「三路四城」之戰（指奪取三段鐵路，及保定、石家莊、太原、大同四大城市）。在華東，毛指示向蔣介石剛恢復的首都南京挺進，說這個計畫「並不冒險」。

挫折一個接一個，毛毫不灰心，他有把握贏得最後勝利，因為他有北滿這個「沙發」。一九四六年十月，當蔣介石重新進攻時，中共已利用四個月停火把「沙發」建得如鐵打的一般。那年冬天，國共雙方惡仗不斷。國民黨發現他們的對手今非昔比，頑強善戰。中共軍隊總指揮林彪的軍事才能這時發揮得淋漓盡致，打起仗來「又狠又刁」。在攝氏零下四十度的天氣裡，他的部隊日夜臥在冰雪地裡打伏擊。據親歷者推測，「凍死凍傷總數，當在十萬人以上。」幾番大戰下來，國民黨在東北黑土地上的主動權，遂告易主。

一九四七年一月，馬歇爾離華，美國調停宣告失敗。美國開始認真援蔣，但為時已晚。中共二十多年來孜孜以求的「打通蘇聯」，已經大功告成，而且是在美國人的幫助下實現的。毛澤東在全國的勝利只是時間早晚問題。

29 蔣介石失去大陸

一九四五～一九四九年　五十一～五十五歲

一九四七年初，當蔣介石攻不動北滿根據地時，他知道事情糟了。蔣需要戰場上的勝利，來鼓舞士氣，給人們以希望。他想出了攻占中共大本營延安這個主意，在三月一日的日記裡寫道，占領它「對於政略與外交，皆有最大意義」。蔣把這個重任交給他最信任的人：胡宗南將軍。蔣介石曾把二兒子緯國託付給胡，緯國結婚時蔣不在場，「父親」一角由胡擔任。

胡宗南二月二十八日接到蔣介石電召。同一天，毛就得到了情報。

三月十八到十九日，胡占領了延安。國民黨大吹大擂稱這是偉大勝利，其實毛已把延安疏散一空。

在此後的一系列戰鬥中，戰事的發展和胡將軍的行為令人十分費解。毛也一反常態。毛在陝北只留下由彭德懷率領的兩萬多部隊，不到胡宗南統帥的二十五萬大軍的十分之一。毛堅持不准其他戰場抽調兵力入陝增援。對延安即將失陷而惴惴不安的高級將領們，看到毛如此胸有成竹，既吃驚，又敬佩。

更令他們和毛身邊的人驚嘆的是，向來極端注意安全的毛，在胡宗南進城前幾小時才離開。胡軍的槍聲一陣緊似一陣，警衛員們催了又催，他就是不走。最後說走，車門為他打開了，司機啟動了引擎，再次提醒他，他卻背著手站著不動，眼睛凝視著延安的標誌寶塔山。

國民黨的槍聲已在近處響成一片時，毛才不慌不忙地向北動身，乘坐原美軍觀察組留下的吉普車。跟他同車的有周恩來和毛夫人江青。一貫為毛的安全殫心極慮的周恩來，這次也像無事一般，一路上和毛說說笑笑，用警衛員的話說：「好像這不是一次撤離後的行軍，而是平常的旅行。」

到了延安東北三十公里的青化砭，毛叫司機把車速放慢，凝神四下看著。行車的公路沿著一條狹長的河谷，兩邊是黃土大山，被山洪暴雨沖刷成無數溝壑，是打埋伏戰的好地方。警衛員看見毛一邊細看，一邊「情不自禁地點著頭」，覺得「很迷惑，不知道他的眼神和動作是什麼意思」。一個星期後他們才明白。三月二十五日，胡宗南的第三十一旅旅部和二千九百名官兵在這裡走進了中共設下的伏擊圈。

四天前，毛在陝北的全部軍隊兩萬餘人就已在青化砭設伏。而胡宗南的三十一旅是在中計的前一天，才從胡宗南那裡接到命令去青化砭。少將副旅長周貴昌寫到：快到時，「探知青化砭附近有不少解放軍〔中共軍隊〕，當即電報胡宗南。胡不但不相信所報情報，反來電斥責說：『貪生怕死，畏縮不前，非軍人氣概，絕對要按規定北進，迅速占領青化砭，否則以畏縮不前論罪。』」這幾千人只好硬著頭皮往前進，結果全數被殲。

這時，胡的大部隊被派往另外的方向，不可能來青化砭救援。

三個星期後的四月十四日，胡軍一三五旅在延安正北羊馬河又同樣中了埋伏，死傷加俘虜五千人。就像在青化砭一樣，可能馳援的胡軍遠在高山深峽的另一端。

中共的第三個輕而易舉的勝仗，是打下延安北邊五十公里處的蟠龍。那裡儲存著麵粉四萬多袋，軍服五萬多套，武器彈藥不計其數，是胡宗南部隊的補給基地。胡宗南只派一個團加旅部直屬隊守衛，把駐紮在那裡的兩個兵團七個半旅派往遠在北方的綏德，說是中共主力在那裡。四月二十六日這兩個兵團從蟠龍出發，兩天後發現中共大部隊正朝跟他們相反的蟠龍方向運動。他們認為「部隊不宜前進」。但胡宗南仍堅持命令他們「急進綏德」。五月二日到達綏德，等待他們的是空城一座。就在這一天，已把蟠龍團團圍住的中共軍隊開始進攻。

戰前一兩天，蟠龍守軍發現四周有大量伏兵。守軍一六七旅少將副旅長涂健回憶道：「我們判斷解放軍主力確已在蟠龍地區集中，並有積極圍攻蟠龍的企圖，於是我們即刻向胡宗南報告。不料胡宗南接到這一報告後非但不相信，反認為我們是有意誇大敵情。」

蟠龍兩天後失守，胡宗南在陝北的前進補給站的武器、物資便全部落在中共手裡。天氣熱了，部隊還脫不下充滿血腥味和汗臭的冬衣。士兵沒有鞋穿，只好從中共軍隊腐屍中脫取惡臭撲鼻的布鞋。疾病蔓延，但是藥品也隨蟠龍而失去。

中共在胡宗南占領延安不到兩個月內就打了三場大勝仗，新華社向全國廣播，毛澤東依然留在陝北。這一消息的重要性不言而喻：儘管毛不在延安市內，他沒有像國民黨宣傳的那樣被趕走，陝北還是他的天地。

在胡宗南占領延安的一年中，胡軍被調來調去，找不到中共主力，反而一再中埋伏，一場大似一場。中共牢牢掌握著陝北大部分地區，毫無顧忌地熱火朝天搞土改。毛離延安不出一百五十公里。他的隨從從八百人增加到一千四百，包括一個騎兵連，還有一組規模龐大的電臺，一天二十四小時工作，跟蘇聯以及全國各地的部隊，根據地保持聯繫。每天，毛都用電報向全國各戰場發出指示。

自占領陝北以來，毛第一次在他的領地旅行。跟長征不一樣，這次他謝絕坐擔架，自己走路、騎馬，身體練得十分強壯。旅途中廚師為他預備好了他愛吃的香腸、辣椒。毛通常不在老百姓家或餐館裡用餐，怕不衛生或被人下毒。他睡得香，甚至不用吃安眠藥。他興致勃勃地遊山玩水，還讓專門從東北前來為他拍電影的攝影隊拍了好些鏡頭。江青弄了一部照相機，整天擺弄來、擺弄去，她未來的攝影愛好就此開端。毛的蘇聯醫生不時從黃河以東的根據地過河來給他檢查身體，然後向斯大林彙報。

只有一次，毛差點兒遇險。那是一九四七年六月，他在一個叫王家灣的村子裡逗留了將近兩個月，住在農民家裡，頭一回跟老百姓同在一個屋簷下。他住得很愜意，每天散步、跑馬。天熱了，警衛員砍了幾棵樹給他在室外搭了個涼棚，用樹枝樹葉編織成田園風味的棚頂。毛很滿意，黃昏時愛坐在涼棚裡看書，念英文以作消遣。

六月八日，胡宗南手下的軍長劉戡帶著部隊突然出現在附近。原來，毛住地的一名小學教員逃出去向劉戡報信，說村裡有很多電臺。劉估計毛就在這裡。劉戡出其不意的到來，使毛澤東朝周恩來大發脾氣。他們爭吵著怎麼辦，往哪裡逃去。要徹底安全只能往東走，過黃河進入根據地，黃河邊停著船和汽車，日夜待命。但問題是路太遠了，他們跑不過劉戡的人馬。毛只能往西去，朝戈壁灘走。決定作出後，村裡老百姓被集中起來往相反方向「轉移」，想引開劉戡的軍隊。

那天下著大雨，山路太滑無法騎馬時，特別挑選的膀大腰圓的警衛把毛背在背上。電臺不出聲了，以防被發現。只有一架電臺在緊張地工作著，顯然是在設法要把劉戡調開。毛在陝北時，跟胡軍中的電臺聯繫從未中斷過，管收發電報的機要人員說：「他們的行動完全掌握在我們手裡」，還說：「我們的人的身分有的直到現在也沒公開。」

劉戡真的被調走了。六月十一日晚，他就在毛的屁股後面，近到毛的警衛能聽見他的隊伍說話，能看見他們的火光。毛的警衛緊張得「頭髮都快立起來了」。正當他們準備誓死保衛毛時，毛滿面笑容地從暫住的窯洞裡出來，說敵人要轉兵去保安。果不其然，警衛們瞠目結舌地看到，劉戡的隊伍沿著山溝跑過，沒碰他們一根毫毛。胡宗南給劉戡下了死命令：「向保安南之雙兒河集結，限十四日拂曉前補充完畢。」胡聲稱「匪主力」在保安，劉戡非得按期到達參加「圍剿」不可。結果保安又是空城一座。毛的隨從們為毛的「神機妙算」驚嘆不已。

在這場虛驚中，斯大林接到緊急要求，派飛機接毛去蘇聯。斯大林六月十五日回電時，毛已經安全了。毛給他在黃河河東的中共領導發了封口氣輕鬆的電報：「本月九日至十一日，劉戡四個旅到我們駐地及附近王家灣、臥牛城、青陽岔等處遊行一次，除民眾略受損失外，無損失。現劉軍已向延安、保安之間回竄。」毛不去蘇聯了，但他叫人「即日動工修理」黃河邊上的一個飛機場，以備萬一。

劉戡不久便死在毛的手裡。一九四八年二月，胡宗南令他帶兩個師，增援延安與黃河之間被中共軍隊包圍的宜川。此行有三條路可走，胡指定劉戡走經瓦子街的洛宜公路。劉戡是二月二十六日得到命令出發的。三天前的二十三日，彭德懷的軍隊就已經在瓦子街設伏擊圈。彭在視察地形時，看到這裡的公路兩側，山高坡陡，溝深谷狹，遍布梢林，滿意地說：「這真是殲敵的天然好地形啊！」

劉戡的先遣隊發現中共大軍埋伏在途中觀亭一帶，向胡宗南要求先打伏兵，「解除翼側威脅」，「如不先去掉這一翼側威脅，仍沿洛宜公路前進，不但不能完成解圍任務，而且解圍部隊本身必遭危險」。胡宗南回電說：「宜川情況緊急，在時間上不允許先打觀亭，該軍仍須按照原定計畫，沿洛宜公路迅速前進」。劉戡手下的二十七師中將師長王應尊回憶道：胡宗南的命令「使全軍官兵大失所望，憂心忡忡，但亦無可奈何。」「在行軍中大家低頭不語。」他們就這樣明知走進「口袋」裡而不得不走進去，「全軍士氣頹喪已達極點」，「劉戡十分衝動地對我說：『算了，打完了事！』」。兩天激戰，數名將領被擊斃後，劉戡在重圍中自戕身死。

王應尊師長有幸乘夜色脫逃，到西安見到胡宗南。「他虛偽地表示惋惜，並說什麼只有這點部隊你為什麼要去呢？我心想我的部隊都被你綏署（胡的司令部）指揮得七零八落，難道要增援宜川時你還不知道我二十七師有多少部隊嗎？」王師長寫道：「劉戡整編第二十九軍被殲後，胡宗南集團軍心渙散，固不待言，連蔣管區的人心亦十分動盪，特別是關中一帶，人心惶惶，一片混亂」。蔣介石想利用「收復延安」鼓舞人心的初衷，就這樣斷送掉。

蔣介石在一九四八年三月二日的日記裡寫道：「此一損失，全陝主力幾乎損失三分之一以上」。他很清楚這都是胡宗南的責任：「宗南疏忽粗率」，「重蹈覆轍」。然而，當胡宗南提出辭職時，蔣介石用傷感的滿篇空話拒絕了他：「宜川喪師，不僅為國軍剿匪最大挫折，而且為無意義之犧牲，良將陣亡，全軍覆沒，悼慟悲哀，情何以堪。該主任不知負責自效，力挽頹勢，而惟以撤職查辦，並來京請罪是請，當此一方重任，正在危急之際，而竟有此種不知職守與負責任之表示，殊非中正之所期於該主任者也。」一場敷衍了事的調查報告把責任推到死去的劉戡等人身上。國民黨遵循的是官官相護的傳統，更何況人人都知道胡宗南深受蔣介石寵信。

蔣介石容忍胡宗南再三「重蹈覆轍」，再清楚不過地說明了他用人的風格和判斷力。他剛愎自用，無條件地信任他喜歡的人，天塌下來也給他們撐腰。他的固執使他犯了錯誤不肯回頭。胡宗南毀掉了陝北的軍隊，蔣介石居然把別處的部隊也給他調去。美國軍事顧問巴爾少將（David Barr）說：「蔣委員長的老朋友胡宗南將軍說服蔣不斷向胡的戰場增兵，後來證明，這對國民黨的華東華中戰場是災難性的。開封洛陽一帶的重大損失就是兵力西移的直接後果。」

在胡的鼻子下轉了一年後，一九四八年三月二十三日，毛澤東離開陝北東渡黃河。渡口的河灘山坡上站滿了組織起來送行的老百姓，毛上船前還跟區鎮幹部一一握手話別。這樣聞所未聞的透明度，意在顯示他不是偷偷摸摸地溜走的，而是以勝利者的姿態告別的。一個月後，胡宗南在損兵折將十多萬後，乾脆放棄了延安。一反常規，毛對中共的勝利沒有大事張揚。師哲說：「我以為毛主席會發賀電，便等在一旁，準備執行任務，可是沒有。」張揚起來，蔣介石可能會撤胡宗南的職。

從毛澤東的各種表現，到胡宗南的一系列行為，經過多年研究，我們得出結論：胡宗南有可能是紅色代理人。*

胡宗南是國民黨黃埔軍校第一期畢業生。那時莫斯科出錢出師資組建軍校，當仁不讓地埋下了若干紅色代理人，經手人主要是軍校政治部主任周恩來（毛留在陝北一年，一直跟在毛身邊的就是周）。据胡宗南的部屬在臺灣編寫出版的《胡宗南先生與國民革命》所述，軍校裡，大家都認為胡是共產黨員，原因之一是他與軍校衛兵司令胡公冕過從甚密，而胡公冕是公認的共產黨員。由於賀衷寒等有影響的人物為胡宗南說話，胡接著又發起組織了反共的孫文主義學會，他便沒有再被當作共產黨人。兩胡一直是好友，抗戰時蔣介石派胡宗南守在延安的南邊，胡宗南有時派人去延安，派的就是胡公冕。今天的中共資料明確指出，胡公冕為紅色代理人。

* 人們常常提到胡宗南身邊的中共情報人員熊向暉。但熊不過是胡的機要秘書，不可能在瞬息萬變的戰場上，下一系列具體命令，指揮軍隊調動。更何況熊本人在胡軍進入延安兩個月後的一九四七年五月二十一日就離開了胡宗南。那一系列戰場上的具體命令，也不是遠在南京的其他紅色代理人能夠下達的。

胡宗南交了個親密朋友，軍統頭子戴笠。胡結婚是戴笠做的媒。戴笠的手下張嚴佛寫道，戴笠要胡軍中的情報人員把上報的重要情報都抄送胡。這麼一來，就是有人對胡有懷疑也不敢報告。

胡宗南繼續給蔣帶來一次次全軍覆沒，最後一共有幾十萬大軍喪失在他手上。蔣介石逃往臺灣時，派飛機來接胡宗南。胡想留在大陸，卻被部下一擁而前，急擁上了飛機。到臺灣後他受到監察院的彈劾，說他「受任最重，統軍最多，蒞事最久，措置乖方，貽誤軍國最鉅」。但胡是蔣介石的愛將，彈劾自然難成。蔣還讓胡主持派人潛入大陸打游擊、搞情報的活動，都一一慘敗。胡死於一九六二年。蔣介石後來也許意識到他用人的災難性錯誤。黃埔是他的基地。但是他的侍衛、臺灣後來的行政院長郝柏村告訴我們，蔣在晚年「對黃埔軍校的人都不願談起」。

蔣的用人不當，也使他在決定國共勝負的三大戰役中敗北。首先是東北的遼瀋戰役。一九四八年一月，蔣介石任命衛立煌將軍任東北五十五萬大軍的統帥。

衛立煌曾在一九三八年祕密提出要求參加中共。毛澤東於一九四〇年報告莫斯科說，中共請衛暫時留在國民黨裡，待機而行。衛立煌選擇背叛蔣介石似乎是出於怨恨蔣介石沒有重用他。他對親信說：「我的心已經變了，不是從前的衛立煌了。我們當共產黨去。」他針對蔣介石說：「我們同共產黨一道來整垮他。」

有個叛逃的中共高級幹部告訴蔣介石，衛是中共的人。蔣半信半疑。抗戰後，儘管衛在緬甸當遠征軍司令官時立了大功，人稱「百勝將軍」，蔣沒有任用他做陸軍總司令。這下衛更不滿了，一賭氣跑出國去。

蔣介石任命衛立煌做東北軍事長官是美國人的推薦。美國人喜歡衛，把他看作政治上的「自由派」，欣賞衛在緬甸的作戰，認為衛有做軍事統帥的資格。蔣之所以接受，據美國當時駐瀋陽的副領事威廉・斯多克斯（William Stokes）說，是因為「蔣正焦頭爛額地努力想從美國那裡得到更多的武器裝備和金錢」。

衛立煌接到蔣的召喚時，人在巴黎。他馬上跟駐法國的蘇聯大使館聯繫，通過他們跟中共聯絡。從此他跟毛互相配合，做的第一件事是按毛的意思，把國民黨軍隊集中在幾個大城市裡，使百分之九十的東北一槍不發地成了共產黨的地盤，這些大城市變成紅海中的幾個孤島。

蔣介石要衛立煌把部隊撤到南大門錦州，做好撤進關內的準備。美國軍事顧問巴爾也是這個意見。可是毛要衛把部隊都留在東北，以便中共「關起門來打狗」。衛立煌於是無視蔣介石的再三命令，拒絕調動部隊。蔣介石呢，非但不撤衛的職，反而一連幾個月跟他無休止地爭來爭去，一直爭到十月十五日，中共奪取錦州，關上了東北的大門，把國民黨幾十萬大軍關在裡面。中共跟著一個個圍攻國民黨軍隊孤守的大城市，十一月二日攻克瀋陽後，全東北都屬於毛了。

鑒於衛立煌在東北的表現，蔣介石撤了他的職，把他軟禁起來。許多人呼籲要對他軍法從事。但蔣介石對他的高級將領或政敵都絕少槍斃，就連監禁也很罕見，衛立煌瀟灑地去了香港。一年後，中共政權宣告成立，衛馬上給毛發了一封熱情的賀電，充滿了「英明領導」、「輝煌勝利」、「偉大領袖」、「歡騰鼓舞，竭誠擁護」、「雀躍萬丈」等字眼。只是他本人不肯到大陸去生活，在一九五一年跟美國中央情報局聯繫，請求支持他做所謂「第三種勢力」的領袖。直到一九五五年他才回大陸，一九六〇年在北京去世。毛對他後來的這番表現嗤之以鼻，對姪兒毛遠新說：「衛立煌就是在香港做生意賠了本才回來的，衛立煌這樣的人，人家都看不起，難道敵人看得起他？」衛在毛的勝利上所起的關鍵作用，中共從來不提。

遼瀋戰役期間，毛澤東住在北平西南二百四十公里的西柏坡。戰役一九四八年十一月初結束後，毛命令林彪指揮下的一百三十多萬人馬入關，準備打後來知名的「平津戰役」。

華北有六十萬國民黨軍隊，總指揮是抗日名將傅作義，直接指揮綏遠抗戰的就是他。雖然他不是祕密中共黨員，但他身邊也有共產黨人，包括他的女兒。毛特地指定傅的女兒搬來跟傅同住，隨時報告他的一舉一動。傅作義與中共的關係，蔣介石不是完全不知情，但沒有採取任何行動。

十一月，面對就要來臨的林彪大軍，傅作義思前想後，下決心瞞著蔣介石向中共求和。他對蔣政權已失去信心，覺得打不贏中共，打也沒用，只會徒然使城鄉被毀，生靈塗炭。他特別害怕百萬大軍的無情戰火，會把他深愛的古城北平夷為廢墟。他想及早結束戰爭。傅作義對共產黨統治並無幻想，他曾公開地說共產黨將帶來「殘酷」，「恐怖與暴政」。把華北和六十萬軍隊交給中共，這個責任使傅作義心情非常矛盾。他經常自己打自己的耳光，以頭撞牆，咬火柴頭想自殺。

蔣介石很清楚傅作義的精神狀況，十二月十二日他在日記裡寫道：「宜生〔傅作義字〕大受刺激，其精神亦受到嚴重威脅，似有精神失常之象」。但是他不解除傅的軍權，甚至在傅堅決地請求辭職時，還給他來了個「萬難照准」。

通過傅作義女兒的報告，毛對傅的情況了解得清清楚楚。他發覺從這樣一個必敗的對手身上，可以獲得更多的好處：毛要讓全中國看到是他打敗了傅作義這員名將。從十一月起，傅作義不斷派人聯繫要求「起義」，毛澤東給他來了個拖延戰術，不說同意也不說不同意，拉著他又保持距離，給他希望又教他瀕於絕望。與此同時，毛調兵遣將，把傅的軍隊一支支吃掉。這時的傅已完全失去了做統帥的心理條件。在中共圍攻新保安的關鍵戰鬥中，戰地的一位軍長電話問傅：「是否還向北平集中，還是就在這裡會戰？」「究竟怎麼辦？」傅停了一下，沒精打采地說：「你看著辦吧！」

當時軍長就想：「事情要壞了」。

直到中國第三大城市天津於一九四九年一月十五日落入毛手，顯示出他的戰無不勝之後，毛才對傅作義幾個月前就一再請求的交出北平、交出華北的和平意向點頭。然後毛立即顛倒事實，宣布傅作義只是在天津失陷、兵臨城下的最後關頭，「戰敗了，一切希望都沒有了」，才接受關心、愛護北平的毛的「和平解放」。這就是毛誇耀的平津戰役。實際上，華北完全可以無戰事。平津戰役根本不需要打。毛為了樹立自己的軍事天才形象，無端浪費了數萬人的生命。傅作義一九七四年在大陸去世。

跟「平津戰役」幾乎同時，一場真正的大戰——「淮海戰役」（「徐蚌會戰」）在華中地區進行，從一九四八年十一月打到一九四九年一月，雙方參戰人數上百萬。戰役以國民黨失敗告終，蔣介石政權的垮臺成了定局。

這場大戰中，國民黨方面不乏地位重要的紅色代理人。戰役開始四十八小時，分別潛伏了二十年和十年的中共祕密黨員張克俠、何基澧便率部「起義」，敞開了戰區的大門。

最主要的破壞者是在蔣介石總部身居要職的劉斐和郭汝瑰。他們的職責包括制定軍事計畫，他們也理所當然地制定錯誤計畫，提出使國民黨軍步步挨打的致命建議。把情報不斷傳遞給中共那就更不在話下。

蔣介石格外垂青的是郭汝瑰，有段時間差不多每天都給他打電話，對他言聽計從。那時，戰區指揮官已經對郭起疑，蔣的二兒子緯國也向蔣揭發過他。蔣雖然漸漸對他失去信任，並沒有採取什麼措施，最後不過把他調到四川當軍長，這還是劉斐的建議。在四川，郭汝瑰在中共到來時帶領整支部隊投降。

到一九四九年一月，百分之八十的蔣軍被打垮，遼闊的長江以北成了毛的天下。國民黨大員紛紛倒戈。一月七日，毛電告斯大林說：蔣手下的「許多要員」都找上門來做交易，前國防部長「白崇禧對我們的人說：中共有什麼命令我都會立刻去完成」。*毛說他要這些來找中共的人留在國民黨內，等待最佳時刻，必要時甚至可以假裝抵抗。

儘管長江是一道阻止中共軍隊南下的天然屏障，蔣介石的海軍也不可小覷，但一個個舊諜新叛使得這道天險成了一條淺清待涉的小溪。南京、上海門戶洞開。毛在一月九日至十日間發給斯大林的電報充滿信心地說，他的政府「能在夏天成立」，或「更早一點」。

蔣介石的失敗，還在於他「家庭觀念重」。他曾為了使斯大林放回兒子經國而讓中共得以生存發展。作為國家元首，他的核心圈子小得可憐，就是妻子美齡宋家的幾個人。行政院長、財政部長大部分時間是大姊靄齡的丈夫孔祥熙，孔氏夫婦因此成為鉅富。接替孔祥熙的戰後行政院長是妻兄宋子文。宋完全不能勝任內戰風暴中的治國重責，他無法控制派到淪陷區去接收的官員。蔣介石本人寫道：「京、滬、平、津各地軍政黨員，窮奢極侈，狂嫖濫賭，並借黨團軍政機關名義，占住人民高樓大廈，設立辦事處，招搖勒索，無所不為。」影響廣泛的《大公報》稱國民黨政府的接收為「勝利的災難」。

日本投降時，蔣介石和他的政府正處在風光之巔，轉瞬間他們就跌跌撞撞地走下坡路。物價飛漲、囤積居奇、搶購成風成了城市的流行病。在宋子文「開放外匯市場」的政策下，孔、宋兩家控制的公司利用特權，撈取了巨額外匯，進口美國商品牟取暴利。面對民眾的憤怒，報界的譴責，監察院的彈劾，參政會議員的尖銳質詢，宋子文在一九四七年三月一日辭職。蔣介石下令調查，調查報告說宋、孔兩家的公司在短短八個月中，攫取了三億八千多萬美金的外匯，高達國家同期售出外匯的百分之八十八。這使那些並不腐敗的國民黨人怒氣沖天，老百姓對政府更是傷透了心，把他們叫作「一幫強盜」、「吸血鬼」。蔣介石無法制止他妻子家族的腐敗，也使他進一步失掉了美國的人心。

對蔣的親戚的調查報告，當局祕而不宣。國民黨機關報《中央日報》搞到一份，七月二十九日在報上發表，全國譁然。在蔣夫人生氣地給她丈夫打了個電話後，《中央日報》奉命發表聲明，說前日刊登的調查報告「漏列小數點」，把孔、宋套匯的數字從三億一下子降到三百萬。

蔣介石不斷讓他的個人感情，決定他的政治、軍事政策。他就這樣失去了中國大陸——失給一個完全沒有這些弱點的人。

---

* 沒有跡象表明白崇禧為中共做了任何事。

30 贏得內戰

一九四六～一九四九年　五十二～五十五歲

毫無惻隱之心是毛澤東的最大優勢。一九四八年中共攻打長春時，因強攻不得手，改變用圍困絕糧的辦法，欲迫使長春守敵投降。五月三十日，林彪下令：「要使長春成為死城！」守長春的是鄭洞國將軍，他拒絕投降。由於城裡五十萬平民的存糧只能維持到七月底，鄭將軍要平民離城。

毛澤東批准了林彪的作法：「嚴禁城內百姓出城。」「只有帶槍和軍用品的人才能放出。」這是為了鼓勵國民黨軍人投誠。毛對林彪說：鄭洞國「人老實，在目前情況下（即老百姓挨餓的情況下）有可能爭取起義、投誠」。雖然他自己沒有憐憫之心，毛很懂得這一人之常情，懂得怎樣利用它。可是儘管鄭洞國內心「極度痛苦、絕望」，他沒有想過投降，一直堅持到最後。

圍困長春三個月後，林彪向毛報告：「圍困已收顯著效果，造成市內嚴重糧荒……居民多賴樹葉青草充飢，餓斃甚多。」對鄭洞國要老百姓出城的做法，林彪說：「我之對策主要禁止通行，第一線上五十米設一哨兵，並有鐵絲網壕溝，嚴密接合部，消滅間隙，不讓難民出來，出來者勸阻回去。此法初期有效，但後來飢餓情況越來越嚴重，飢民便乘夜或與白晝大批蜂擁而出，經我趕回後，群集於敵我警戒線之中間地帶（「卡空」），由此餓斃者甚多，僅城東八里堡一帶，死亡即約兩千。」

林彪還說：「不讓飢民出城，已經出來者要堵回去，這對飢民對部隊戰士，都是很費解釋的。」飢民們「成群跪在我哨兵面前央求放行，有的將嬰兒小孩丟下就跑，有的持繩在我崗哨前上吊。戰士見此慘狀心腸頓軟，有陪同飢民跪下一道哭的，說是『上級命令我也無法』。更有將難民偷放過去的。經糾正後，又發現了另一偏向，即打罵捆綁以致開槍射擊難民，致引起死亡。」

甚至鐵石心腸的林彪也建議「酌量分批陸續放出」難民。報告上交毛後，沒有回音。林彪熟悉毛「默否」的老花樣，便自行做主，在九月十一日發出命令：「從即日起，阻於市內市外之長難民，即應開始放行。」但是這一指示未能實行，原因只可能是毛否決了它。只有對共產黨有用的人才被放出。某難民回憶道：「我們家是九月十六號那天走的，在『卡空』待一宿就出去了。是託了我老伴的福。他是市立醫院X光醫生，那邊缺醫生」。

攜槍逃亡的國民黨官兵及其家屬受到特別歡迎，沿途熱情關照優待。留在「卡空」裡的老百姓呢，活過來的人說，吃的是「草和樹葉子。渴了喝雨水，用鍋碗瓢盆接的。這些喝光了，就喝死人腦瓜殼裡的，都是蛆。就這麼熬著，盼著，盼開卡子放人。就那麼幾步遠，就那麼瞅著，等人家一句話放生。卡子上天天宣傳，說誰有槍就放誰出去。真有有槍的，真放，交上去就放人。每天都有，都是有錢人，在城裡買了準備好的，都是手槍。咱不知道。就是知道，哪有錢買呀！」

當時的長春市長記道：市民大批餓死是在「九月中旬」以後，那時「北地長春，業已落葉鋪地」，供人們充飢的唯一食物也沒有了。五個月的圍困下來，中共進入長春時，長春人口從五十萬減少到十七萬。就是中共的官方數字也承認餓死十二萬人。

參加圍城的中共官兵說：「在外邊就聽說城裡餓死多少人，還不覺怎麼的。從死人堆裡爬出多少回了，見多了，心腸硬了，不在乎了。可進城一看那樣子就震驚了，不少人就流淚了。很多幹部戰士說：咱們是為窮人打天下的，餓死這麼多人有幾個富人？有國民黨嗎？不都是窮人嗎？」

長春發生的事被嚴密封鎖。有幸離城的難民都發了「難民證」，印著四條「難民紀律」，其中一條是：「不得造謠生事及一切破壞行為」，嚴禁他們傳播餓死人的真相。中共粟裕大將說，利用餓死平民來迫使守城的國民黨投降這一長春模式，在「若干城市採用」過。只是粟裕大將沒有說是哪些城市。

毛毫不留情地利用平民為戰爭服務。「解放區」大多數青壯年男子被徵入中共不斷擴大的軍隊，或當為前線服務的民工。後者數字尤其巨大，在遼瀋戰役中，直接支前的民工達一百六十萬，二伕一兵。平津戰役中的民工數是一百五十萬。淮海戰役中高達五百四十三萬。這一支龐大的隊伍在前線修工事、運彈藥、抬傷員、送飯菜。

農活歸留在家裡的婦女幹，幫她們的只有小孩、老人跟殘疾人。她們還得照料傷病員，洗補軍服，做無窮無盡的軍鞋，給軍隊和民工碾米磨麵做飯。家家戶戶都要出糧，在淮海戰役期間農民出的糧達到二億二千五百萬公斤。* 為了提供做飯的燃料，農民拆掉自己的草房。大軍搭的橋、鋪的路上，有不少農家的房梁。

在中共「解放區」，人們的全部生活都成了戰爭機器的一部分。這就是毛的「人民戰爭」。

是什麼使農民「踴躍支前」，用毛的話說，「長期支持鬥爭不覺疲倦」？中共宣傳說靠的是搞「土地改革」。沒錯。但那是什麼樣的土地改革呢？

毛澤東式土改的主要內容是由中共派「工作組」到農村，組織「鬥地主」大會。會上對那些相對富有的人家和其他犧牲品，打罵折磨，甚至施以酷刑。提到土改，人們說起的都是這些記憶。分土地倒成了其次。

為了讓「工作組」的幹部們知道具體應該怎麼辦，一九四七年三月到六月，毛派專門整人的康生，到晉西北的郝家坡去創造典型。郝家坡第一天鬥爭大會後，康生對幹部和積極分子總結說：「我們對地主太客氣了」，「要指著鼻子罵」，「要提出讓他傾家蕩產，要教育農民敢於同地主撕破臉鬥爭」，「要死人，但死也不怕。」「多死點地主分子沒關係。」

康生指示把整家人作為鬥爭對象。鬥爭大會上，妻子跟丈夫一道被推搡著跪在瓦渣上，被吐唾沫、用鞋底抽嘴巴，被剝下衣服，被廁所裡舀來的糞淋在頭上。孩子們被別的孩子喚作「小地主」，打得頭破血流。康生站在一邊微笑地看著。

「地主」這頂帽子可以戴在任何人頭上。郝家坡早已在共產黨統治下多年，富人地也賣了，人也窮了，按中共《怎樣劃分農村階級成分》的標準，這裡就找不到地主了。沒有鬥爭對象怎麼行呢，康生規定群眾不喜歡的人可以作為鬥爭對象。於是村民們嫉妒、怨恨的人，通姦的人，便成了靶子。

康生的土改模式是幹部們的教科書。和彭德懷一道在一九五九年廬山會議上仗義執言的周小舟

---

* 食品也用來做向國民黨軍隊勸降的心理戰武器。一個老兵對作家桑曄講到他在攝氏零下十度的天氣裡，被困了整整一個月，「連皮帶和皮鞋底子都煮了吃」。「過陽曆年那天，我在前沿刨出來個凍得硬梆梆的死耗子，連毛都沒褪乾淨，生著就下肚了。多少年來我還是覺得那死耗子好吃極了。」「一到吃飯的鐘點解放軍那面就開喊，『小蔣介石們快過來投降吧，我們還有紅燒肉，今天剛宰的大肥豬』……當官的把能想出來的辦法都使上了，還是擋不住人跑。」

的夫人說：「我親身看了那個土改，想起來很難受。鬥地主，其實不是什麼大地主，只是勞動力缺乏，請個工人，種種地，就叫地主了。鬥的時候，搭個架子，把那些人吊起來。我看見的一個村子裡，四根繩子一齊吊了四個人。」其中一個是女的，「丈夫死了，女的那時都是小腳，在田裡做工是很不容易的，於是請個長工進來。他們問她糧食藏在哪裡？為什麼房裡糧食不多？我知道她家並沒有很多的地，沒多少糧食，但逼，逼供信，就要你交。他們把她的上衣剝掉，她有個吃奶的小孩，奶水往下滴，小孩在地上哭著爬著要舔奶吃……人們都把頭低下來不敢看。」「村子裡男女老少都要來，連小孩子都要來看，強迫著來。叫你舉手，你是不敢不舉手的，不舉手你也會遭殃。幹部有的是痞子幹部，真正的老實農民到那時惹不起那些痞子幹部。」

周小舟和夫人反對這類做法。但他們接到的指示說，這是受壓迫受剝削的窮人翻身復仇的正義行為。當時的口號是「群眾要怎麼辦就怎麼辦」。毛實際上要的是幹部們鼓勵暴行。周小舟等人被指責為阻礙群眾運動，被當作「石頭」「搬掉」。

毛對土改的暴行知道得一清二楚。一九四七年八月十六日到十一月二十一日，他在陝北佳縣。根據給他的報告，那裡的土改：「有用鹽水把人淹在甕裡的。還有用滾油從頭上燒死人的。」有個地方甚至「規定誰鬥地主不積極，就用亂石頭打死。」

毛那年底住陝北楊家溝時，不引人注意地去觀看了鬥爭大會。會上的殘忍作法連出身貧雇農的警衛也覺得「過火」。會後，他跟警衛們講到土改中的各種刑罰如「吊、打、拉、磨、殺等」，「有的甚至連小孩子也鬥」。

一九四八年初，中共占領地區擁有一億六千萬人口，絕大部分在農村，都經歷了土改。中共政策是百分之十的人口是「地主富農」，這意味著僅就這兩種人，還不算康生新加上的鬥爭對象，起碼一千六百萬人成為受害者。死亡難計其數。

土改的結果，據給毛的報告是「人人都害怕」，「農村極度緊張」。同情中共的美國記者杰克．貝登（Jack Belden）在河北看到土改後說：「恐怖的手段越來越厲害，人口中相當一部分被消滅。」「在中共地區的農民中出現了前所未有的恐懼與謹小慎微。」

毛澤東的目的達到了。中共要農民出兵、出伕、出糧、出錢時，他們大都一句怨言也不敢發，還得表現積極。

山東農民負擔決定性的淮海戰役。毛嫌那裡的土改製造的恐怖氣氛不濃，於一九四七年底派康生去搞第二次土改。康生對鬥爭對象採取「不管有無罪惡一律予以肉體消滅」的政策。有一個鎮，康生到來前沒有什麼暴行發生，來了以後一百二十人被打死。有的罪名是「同情地主」，其中兩個年僅七歲，被兒童團的一幫孩子折磨死。正是山東的第二次土改，為淮海戰役的勝利奠定了雄厚的人力物力基礎。

毛也利用土改想使中共幹部學習殘忍，適應殘忍。大多數新黨員都得下鄉參加土改「受鍛鍊」，其中一個是毛二十五歲的兒子岸英。岸英雖然在斯大林的蘇聯長大，像土改那樣的場面他還從未經歷過。一九四七到一九四八年，毛派他去跟康生當學生，在康生領導的土改工作組裡充作康生妻子的姪兒，化名小曹。不久岸英就充滿苦惱，他在日記裡寫道：「我來到郝家坡不到十天，在思想上已經發生了問題。」他受到很多批評，說他「思想有右傾的嫌疑」。他睡不著覺，「晚上躺在床上，我左思右想地檢討了一翻〔番〕，難道我的思想真是含有右傾成分嗎？」他責怪自己的「小資產階級味道」，「我還沒有無產階級化」。他感到「無限的痛苦。這種痛苦使我流下了好久沒有流過的眼淚。」

兩個月後，岸英給父親寫信說，他「認清了自己所站的無產階級立場。」「不把農村中的階級鬥爭掀起到最高程度，是不能發動廣大農民群眾的。」

但是岸英仍對土改保持了相當的反感，這在他的「工作筆記」裡明顯反應出來。筆記詳細記載別人講給他聽的一次「萬人大會」。岸英記道，大會足足開了一個星期，攪得老百姓「『小搬家』，『大搬家』（大會前一天各村各路真是人仰馬翻，大車小輛，男女老少扶老攜幼……）」。開始那天，「天氣很冷，凍得大家都說：『今天真要活凍死個人，真是受罪！』」「第三天讓各村研究鬥爭對象，另一方面組織預演鬥爭。」「第五天進行鬥爭。指定地點方向」，「讓所有群眾聽到口令將武器（梭鏢）舉起來，並喊幾聲殺殺殺」。一個村把鬥爭對象打倒在地、宣布勝利時，「一響炮一擂鼓，其他村也沉不住氣了，大家都爭先鬥爭勝利，於是會場更加亂的不可收拾，結果打死八名。」「有一些不是地主也被鬥了。第六天召開祝捷大會，選舉新村幹。大會提拔的積極分子，一部分是流氓地痞偽軍狗腿」。「萬人大會的結果，許多農民只弄了二斗糧食，這是翻身嗎？」

厭惡土改暴行的中共黨員，紛紛上書反對。中共領導中也有人擔心這樣搞會使中共失去民心，影響奪權。但對毛來說，要奪權就得這樣搞，民心從來不是最重要的。毛只是在恐嚇農民的目的達到之後，才於一九四八年初制止了暴行。

毛清楚黨內反對土改暴行的呼聲很高，為了保持自己一貫正確的形象，轉嫁黨內憤怒的矛頭，他裝作這些事他都不知道，推出劉少奇作替罪羊。三月六日，毛給劉寫信說：「請你們加以檢討。」劉開始還想為自己辯護：「我要負責的，但不是說，各處『左』的偏向錯誤就是我的主張。」後來他就大包大攬了，對中共高級幹部說：土改的責任，「大多數與我個人有關」，「直到毛主席系統地提出批評並規定了糾正辦法，才得到糾正。」至今中共幹部提起土改，罵的還是劉少奇。

劉少奇承認錯誤只限於中共黨內，對普通老百姓一句道歉話也沒有。身在國統區的人不是不知道土改的暴行，但他們既無力阻擋毛勢如破竹的攻勢，又對國民黨沒太多好感，只能是聽天由命，盡量朝好處想中共。

國民黨軍官徐枕曾想把土改的真相告訴他家鄉寧波的親戚故舊，他「舌枯唇爛，聲嘶力竭地，來一人說一遍」，但「沒法勸醒他們的迷夢，反而引起他們的反感」。有的說：「這種話都是國民黨宣傳，怎能完全相信。」有的說：「現在在武力戰爭中，這種清算鬥爭沒收私人財產不過只是過渡時期一種手段，將來長治久安了怎會還能如此呢？」還有的說：「抗戰淪陷，日寇占領時期，一樣過去了，共匪來了總不能說比日寇還要壞。」

國統區的人看到的是國民黨的腐敗和劣行。國民黨自己的高官通敵，卻專門抓殺手無縛雞之力的知識分子、青年學生。有個親國民黨的學生一九四八年四月給親蔣的胡適寫信說：「政府不能那麼糊塗，那學生全看成共產黨，哪裡來的那些個共產黨呢？」四個月後他再次寫信說：「學生中不會有幾十、幾百的共產黨……現在又大批的殺戮，真是太殘忍了。」雖然國民黨的殺戮跟毛的比起來是小巫見大巫，但是它遭到報紙大加撻伐，街頭巷尾議論紛紛，朝野一片怨聲載道，不少人認為跟蔣介石比起來，毛澤東還要好些。

即使這樣，真正信仰共產主義的也只是少數。一九四九年初，共產黨勝利在望時，在上海工人中，據毛告訴斯大林的使者米高揚（Anastas Mikoyan），國民黨遠比中共號召力大。中共開進廣州時，蘇聯領事留心到那裡「幾乎一個共產黨地下黨員也沒有」，「沒有人出來歡迎」。在華中，林彪一九五〇年一月對蘇聯情報人員說：「群眾對改朝換代沒有太大的興趣。」

一九四九年四月二十日，一百二十萬中共大軍以排山倒海之勢橫渡長江，二十三日奪取蔣介石的首都南京。國民黨二十二年的統治崩潰了。這天，蔣介石飛回老家溪口，心裡明白這是最後一次回老家了。蔣含著淚長時間地在母親墓前徘徊跪拜，依依不捨離去。接著，一艘軍艦載著他駛向上海，以後又輾轉到了台灣。

蔣介石的住宅、祠堂及其他建築物受到毛澤東的保護。毛請求斯大林派飛機、潛水艇助他進攻台灣，時間在一九五〇年，「或更早一點。」他告訴斯大林有好些紅色代理人跟隨蔣「逃」去了台灣，位居要職，可以裡應外合。但斯大林不肯冒跟美國對抗的風險，毛只好把計畫束之高閣。*

不管蔣介石多麼仇恨中共，他逃跑時沒有實行焦土政策。他帶走了一部分寶貴的故宮文物和飛機，但當他打算把幾個主要搞電子的工廠搬去台灣時，卻由於主管工礦的孫越崎的抵制而未能如願。孫等人把所有的重要工業設施都完整地交到中共手裡。蔣介石臨走時給中國工業造成的全部損失，遠不及蘇聯人掠奪東北的損害。毛繼承下來的不是一個千瘡百孔的爛攤子，而是一千座「幾乎未有一點破壞」（陳毅語）的工廠、礦山，一個初具規模的工業體系，包括六十八家軍工廠——外帶一整套現成的政府經濟、行政管理體系。蔣介石的無情，真是不能跟毛澤東比。

一九四九年春天，在梨花夾道的春光裡，春風得意的毛澤東從西柏坡進了北京城。毛選中了城中心的前皇帝御苑中南海作正式官邸。中共中央和國務院也在這個「山水之間，千姿萬態，莫不呈奇獻秀於几窗之前」的美麗庭園裡辦公。

毛搬入前，中南海進行了好幾個月的大清理、大修繕。這時的毛住在西郊著名風景區香山。居民被遷走，香山搖身一變成了「勞動大學」，山門口還掛了塊牌子。牌子吸引了不少青年來報名入學。中共只好再掛一塊牌子說：勞動大學的準備工作還沒有做好，現不招生，何時招生，請看報上廣告。

中南海裡，蘇聯的掃雷專家帶著工兵排用掃雷器反覆搜索，充作人工掃雷器的戰士們還一步步把各個角落都走了一遍。毛的警衛措施嚴密又不顯眼，所謂「內緊外鬆」，連熟透了保衛工作的斯大林的翻譯也沒看出來。毛的這套做法使許多西方人天真地以為中共領導人深受老百姓愛戴，不需要警衛。某法國記者一九五四年看見周恩來跟印度總理尼赫魯（Jawaharlal Nehru）驅車駛過天安門，議論說：「要暗殺周恩來之容易，簡直就是小孩子的玩藝兒。」

儘管警衛天衣無縫，毛澤東在「登基」前夕，看見突然出現的陌生人時，會緊張害怕得發抖。老朋友劉英到香山去看毛後回憶說：「毛主席情緒很高，江青拿出油果子等招待，談得很知己。」「問到毛主席的身體，江青說他別的沒什麼，就是見了生人會發抖。我一下沒有聽明白，說今天見到我不是挺好嗎！毛主席接過話頭笑著說，你是老朋友，又不是生人。」

一九四九年十月一日是「開國大典」。毛登上與中南海一箭之遙的高大宏偉的天安門城樓，宣布中華人民共和國成立。這是他第一次在數以十萬計的人群前露面。從此以後，在天安門城樓上檢閱大眾成了毛慶典活動的一部分。儀式是跟蘇聯人學來的，但同樣作檢閱的紅場列寧墓，比起天安

＊斯大林幫毛鎮壓了西北沙漠地區強烈反共的穆斯林部隊。斯大林對毛說：「可以很容易地由大炮對付。我們可以給你四十架飛機，一下子就能把那支騎兵部隊一掃而光。」一位蘇聯高級外交官嘴裡「嗒嗒嗒」的，手比劃著機關槍掃射的樣子，對我們描述蘇聯空軍是怎樣在戈壁灘消滅穆斯林騎兵的。

門矮了太多。

開國大典這一天，毛在天安門城樓上發表演講：他執政二十七年中唯一的一次。往後他頂多呼呼口號。念稿子時毛不斷清嗓子，不像個激勵人心的演說家，內容又平淡無奇，大半是一長串名單。這個「人民共和國」，將為人民做些什麼，他一個字也沒有提。

廣場上人們高呼「毛主席萬歲！」毛看起來也很興奮激動，在城樓上走來走去，朝下面人群揮手，有時他走到擴音器前喊一聲：「人民萬歲！」毛就這樣當上了五億五千萬中國人至高無上的統治者。

31 登基之初

一九四九～一九五三年　五十五～五十九歲

國民黨到共產黨的政權交替，沒有出現大的無政府狀態。中共軍隊一路前進，一路接管所有社會機構，招收受過教育的男女青年，在共產黨老幹部領導下緊鑼密鼓地工作起來。大部分舊職員原封不動地留下，經濟照常運作。工廠開工，商店開門。工商業國有化、農業集體化，要在幾年後才實行。

在最初幾年，由於實行寬鬆的經濟政策，中國從十多年戰火中迅速恢復，百業俱興。死亡率下降。

但新聞媒體馬上被嚴格管制，公眾輿論頃刻不復存在。殘餘的武裝反抗被毫不手軟地鎮壓下去。

毛有一個能幹的班子，由劉少奇和國務院總理周恩來執掌。一九四九年六月，毛派劉少奇到蘇聯，把整套蘇聯模式搬來中國。兩個月之中，劉跟斯大林見面六次。斯大林還從來沒跟哪位外國領導這麼頻繁地會見過。劉參觀了工廠和集體農莊，與蘇聯各部門領導開了無數次會。數百名蘇聯專家很快被派來中國，有的在劉返程時同車而至。毛還沒有正式宣告政權易手，一個斯大林式的極權框架已經擺好，只等套上去。

勝利了，毛沒有大赦天下。他搞的第一個運動是殺人：鎮壓反革命。毛維持政權靠「運動」而不靠法律。他從心底討厭任何法律，曾對斯諾說自己是「和尚打傘，無法無天」。*

鎮反於一九五〇年十月發動，毛親自掌舵，叫公安部長把報告「直接送給我」。運動對象一類是「土匪」，包括捲入武裝反抗毛政權的人；一類叫「特務」，囊括所有為國民黨情報機關工作過的人。國民黨政權的基層幹部全體當上了靶子，上層國民黨官員則受保護優待，以引誘海外國民黨人來歸。毛說：「我們殺的是些『小蔣介石』。至於『大蔣介石』……我們一個不殺。」

說稍微不滿的話也受到鎮壓。有一句奇怪的話曾在華北數省不脛而走：「毛主席派人下鄉割蛋，送給蘇聯去造原子彈。」「割蛋」就是閹割男人生殖器的意思。在村子裡，夜間要是誰大吼一聲：「割蛋的來了！」全村便會四下逃散。當時中共在華北農村徵糧出口蘇聯，使這「謠言」應運而生。後來，毛接到報告說：殺了一批人以後，「謠言平息，社會秩序安定。」

鎮反中，毛一個指示接著一個指示，嫌他的各省領導太手軟，太「右傾」，要他們「大捕大殺」。與此同時進行的是占人口三分之二的「新解放區」的土改。在這兩場運動中，被槍斃、被打死、被逼自殺的人大約三百萬左右。** 毛希望每一次殺人都達到殺雞儆猴的效果，要公開進行。一九五一年三月三十日，他指示：「很多地方，畏首畏尾，不敢大張旗鼓殺反革命。這種情況必須立即改變。」在毛的督促下，北京一地就開了三萬次公審槍決大會，到會的達三百四十萬人次。一個一半中國血統的英國姑娘目睹了在北京市中心開的一次大會，公審兩百人，然後當眾槍斃，腦漿濺在旁邊的人身上。躲過了這些大會的人常常躲不過遊街示眾的場面，或看著大卡車拉著滴血的屍體穿街而行。

毛要的是全體人民參加鎮反，要他們都受到恐嚇。在這一點上，毛比斯大林和希特勒走得更遠。要不是考慮到有些人能當勞動力使用，毛殺的人還會更多。他說：有些人「犯有死罪」，但殺了他們會「損失了大批的勞動力」。於是數百萬人被「寬大處理」，送進在蘇聯專家指導下建立起來的勞改營。勞改意味著在最荒蕪的地帶，污染最嚴重的礦井，幹最累最苦的重活，聽最不堪忍受的訓斥。身體虛弱的、性格倔強的，往往就死在這些黑暗的集中營裡。除了累死病死的，槍斃的，自殺的更不計其數。

在整個毛統治期間，死在監獄、勞改營裡的人，和被槍斃的人，總數大約有兩千七百萬。*** 一種典型的毛式懲罰方式叫「管制」，決定了二十七年中數千萬人的命運。這些人生活在監獄外的監視中，一有運動就揪出來批鬥一番，平時終日戰戰兢兢，不知道哪一天大禍臨門。他們的家人也備受歧視欺負。這批社會罪人的命運天天都在提醒著周圍的人：不要得罪共產黨。

鎮反時，全國每個工廠、村莊、街道，都成立了「治安保衛委員會」，成員是一般平民，往往是最愛管閒事的積極分子。他們的職責不僅是監視政府眼裡的罪犯，而且是所有老百姓。毛政權還確立了一項最根本的控制方式：從一九五一年七月起，全國實行「戶口制」，人人都必須有固定的居住、工作之地，沒有人可以隨意遷居、換工作。

利用鎮反，政府也收拾了刑事犯。土匪、黑幫、搶劫、殺人、聚賭、販毒、嫖妓，都在打擊之列。由於共產黨組織嚴密，鐵面無情，下得了手，社會治安很快變得空前的好。到一九五二年底，

* 毛政權也有一些法律的門面，被判刑者可以「上訴」。但上訴通常被算作「態度惡劣」、「抗拒改造」，要加重判刑。

** 毛在最高國務會議上講鎮反中殺了七十萬人。這個數字不包括土改中被打死的。從各類資料中可以得出結論，土改中被村民打死的人數，至少相當於被政府槍斃的人數。自殺的人數大致相當被殺的人數。

*** 據估計，毛統治下的囚犯人數每年約一千萬。因各種原因造成的死亡人數，平均每年應不下百分之十。

販毒基本上絕跡，妓院也一掃而空，妓女被組織起來參加勞動。

毛澤東再三說他的殺、關、管「是非常必要的，沒有這一手不行」。「這件事做好了，政權才能鞏固。」

在大殺中國人的同時，有兩個外國人被處死：義大利人李安東（Antonio Riva）和日本人山口隆一。他們的罪名是企圖在一九五〇年「十一國慶節」時用迫擊炮炮打天安門城樓，刺殺毛澤東。這兩個人在國慶前一天跟幾個外國人一道被捕，十個月後被押著站在吉普車上遊街示眾，然後在北京天橋附近當眾槍斃。第二天的《人民日報》大字標題，說他們是「美國政府間諜特務企圖舉行暴動」，幕後指揮是其實早已離開了北京的美國原駐華武官包瑞德（David Barrett）。

警衛森嚴的天安門廣場和周邊地帶，一萬警察，一萬武裝部隊，滿廣場高度警覺的中國人。孤零零幾個外國人，動了在這裡謀殺毛的念頭，這好像是個講給小孩子聽的故事。二十年後，周恩來在邀請包瑞德訪華時，含含糊糊地向他道歉，等於承認這事是子虛烏有。

假造這個案子的目的是激起反美情緒，那時正值朝鮮戰爭（韓戰）。另一個目的是打擊在中國擁有三百三十萬信徒的天主教會，被捕的人中就有梵蒂岡在北京的主要代表、義大利人馬迪儒（Tarcisio Martina）。毛對梵蒂岡跨國度的巨大權威很感興趣，津津有味地詢問來訪的義大利人。正因為它的號召力和能量，天主教會對毛是個威脅。中共接管了天主教辦的學校、醫院、孤兒院，誣衊教士、修女吃孤兒院裡孤兒的心肝，用孤兒做醫藥試驗。

宗教、準宗教團體，或作為「反動組織」鎮壓，或置於嚴格管制之下。幾乎所有的外國教士都被驅逐。跟他們一道被趕走的還有外國生意人和記者。到一九五三年，中國基本上沒什麼非共產黨國家的外國人了。

一九五一年底，毛把注意力轉移到鎖緊國家的錢櫃上，反貪污，反浪費，反官僚主義的「三反」運動開始。反貪污是主要目的。貪污犯叫「老虎」，貪污舊幣一億元（合一九五五年幣制改革後新幣的一萬元）的叫「大老虎」，要判死刑。

從古到今，中國人都希望有個清廉的政府，官員們不中飽私囊。人們對三反熱烈擁護，心想這是共產黨在剷除腐敗。人們不曾意識到，國家錢櫃裡的錢，是從全國老百姓那裡拿來的，但錢櫃只有一把鑰匙，攥在毛一個人手裡，他想怎麼用就怎麼用，與老百姓的利益無關。

為了把錢櫃鎖得牢牢的，毛不斷給各部部長、各省和軍隊領導傾盆大雨般的發電報，要他們捉「大老虎」，還定下指標：「全國可能需要槍斃一萬至幾萬貪污犯才能解決問題。」他激勵各省競賽「捉虎」，威脅說「違者不是官僚主義分子，就是貪污分子」。找老虎的方式是坦白和檢舉。三百八十三萬政府工作人員，還不算軍隊的，靠這些辦法審查。刑訊時有發生。最後抓出的「大老虎」比毛預定的要少得多。

三反的另一個靶子是「浪費」。實際上，運動本身造成的浪費更多。建設國家急需的管理人員、技術人員被關在屋子裡開會搞運動，一關幾個月，業務陷於停頓。在東北，生產降低一半。一九五二年二月十四日，天津彙報說：「自三反以來，內外交流、城鄉交流停滯，對天津經濟已發生重大影響。批發商業成交較前減少一半；銀行不貸款，銀根很緊；私人不買貨，也無心賣貨；工業生產開始下降；稅收顯著減少。一部分直接受到影響的勞動人民已在叫苦。」

三反開始不久，毛又搞了個「五反」：反對行賄、偷稅漏稅、盜騙國家財產、偷工減料和盜竊經濟情報。運動對象是「資產階級」。按毛上臺初期的政策，這些人的財產沒有被沒收，企業商業還在繼續經營。五反的目的，是使他們從此誠惶誠恐地照共產黨的要求幹，而且通過罰款沒收，從他們那裡擠出錢來。

在上海，因五反跳樓而死的多到居然有了個諢名：「降落傘部隊」。一位目擊者說：「在上海目睹此慘狀，心裡一直有個問號，既然自殺為什麼不跳黃浦江，死也少受罪，若干年後遇到上海一個南來的資本家談及此事才明白。原來跳黃浦江被水沖走了，中共不見死屍指逃亡去香港，家屬便不得了，所以只有跳樓而死。」據當時民盟中央參與三反、五反的周鯨文先生估計，兩場運動中，自殺者有二、三十萬人。

雖然毛澤東的中國沒有傳統意義上的貪官污吏，這並不等於中共幹部生活得跟老百姓一樣。在吃、住、行、醫療、孩子教育等民生問題上，毛政權給他們按職位高低規定了普通人望塵莫及的特權。

毛自然是不「貪污」的，整個中國國庫就是他的荷包。中國的錢怎麼花，沒有第二個人有最後決定權。他也不像一般專制者那樣有什麼瑞士存款。那些人存款是預防某一天被推翻。對毛來說，這一天永遠不會到來。他決不允許這一天到來。

毛的生活是什麼樣的呢？是不是像他和他的後繼者宣傳的那樣「艱苦樸素」呢？出現在人前時，不管是公開還是私下，毛都不給人一種驕奢淫逸的印象。他不喜歡豪華，一般人眼中的奢侈品，不論是金子鑄的水龍頭還是價值連城的古董名畫，都與他無緣。然而，他並非為了人民的利益在犧牲自己，只是他所要的東西不同。凡是他想要的，他都隨心所欲地拿取，對國家錢財毫不顧惜。

毛喜歡別墅。起碼有五十多所別墅在全國各地為他建起，北京一地就有五所。大部分他從未涉足。這些別墅往往地處優美的風景區。一旦中選，整座山或整片湖岸、海岸便被封閉起來，專供毛享用。這些地方通常有過去留下的精美住宅，毛一聲令下，它們就被拆掉，給他另蓋房子。毛總是要新房子，從安全舒服的角度設計，由他的警衛部門監工建造。房子都得防彈防炮，有的還防原子彈。絕大部分是同一式樣，進門一間特大的大廳，左右兩翼各一排房間，外觀像一座鋼筋水泥的大倉庫。

毛的別墅都是平房，他不喜歡住樓房，據身邊人說是怕困在樓上下不來。天花板特別高，有的高過兩三層樓。毛喜歡氣派宏大。六十年代中期在南昌市外蓋的一所，叫「八二八」，大約十三公尺高，好似一個灰濛濛的大飛機庫。大部分別墅的走廊之寬，非一般人所能想像。毛死後有些別墅改成招待所時，在走廊裡造起一排房間，餘下的地方還可以容一條正常的走廊。

毛最早的別墅大概是北京城西的「新六所」，一進京就開工修建。陸續又建別的，三反、五反照建不誤。有一所在海濱勝地北戴河，一九五四年完工。北戴河從二十世紀初就是避暑勝地，有六百多座有錢人的別墅，但沒一所合毛的意。按照他的標準，都不安全。毛的新別墅建在一個山凹裡，面向大海，背後是鬱鬱蔥蔥的山，裡面整個被工兵掏空，為毛修建成萬無一失的防空洞和隧道。只有極少數中共領導和他們的家屬、隨從才可以靠近。

一九五二年，毛的警衛領導人羅瑞卿傳口信給湖南，要他們在省會長沙給毛造一幢房子，說「主席可能回家鄉看一看」。湖南領導不知道建房是否真是毛的意思，因為時逢三反、五反，大興土木好像說不過去。到北京去問，沒有答覆。他們把自己的寓所騰出來，翻新裝修，加設洗手間，安裝蹲式馬桶。但毛沒有回來。他們恍然大悟，原來造別墅是毛的意思。直到別墅「蓉園」落成後，毛才回長沙。後來，蓉園旁邊又給毛修了一幢大同小異的別墅，名曰「九所」。毛的故鄉韶山一個村子就造了兩幢別墅。其他省當然都盼著毛的光臨，聽到上邊傳話：「主席來了也沒個地方住。」於是都紛紛破土動工。

為了防備不時之需，毛的別墅都有通向附近軍用機場的直達線，有的是火車專線，有的是地下車道。毛有時住在停於軍用機場內的專列上。一國之主的毛好像生活在隨時有生命危險的戰場。

毛外出時有三套旅行工具待命：火車、飛機、輪船。他一旦上天，全中國所有的飛機都得落地。專列說開就開，其他火車全部讓道，鐵路運輸也跟著被打亂。

毛喜歡游泳。在那個游泳池極為罕見的貧窮年代裡，他為自己造了不少游泳池。第一個在玉泉山，建於三反中，根據毛自己的數字，「建造費五億」（舊幣）。三反中私用公款一億就算「大老虎」，要判死刑。毛後來沒去游過，嫌池子太小。在中南海裡面，為他建了個室內游泳池。中南海本來已經有個室外游泳池，毛進京以前對公眾開放。毛進中南海後，內部的人，頭些年還可以在毛不游的時候去游泳，到後來，兩個游泳池都歸他獨佔。

游泳池的水是靠鍋爐房把水蒸氣用管子輸入來燙熱的。讓它們保持溫暖，以待毛的駕臨，耗資浩大。

毛是個美食家，愛好的食物來自全國。他愛吃武昌魚，於是武昌魚便用飛機運來，放在裝滿水的塑膠袋裡，充上氧氣。為了味道鮮美，毛吃米要求米與穀殼之間的薄膜不能碾去。有一次毛嘗出他吃的米薄膜沒有了，對管家說他因此缺乏維生素，得了腳氣病。管家連忙叫玉泉山農場準備一碗飯的米（毛每頓吃一小碗飯），用磚頭輕輕磨掉穀殼，留下裡面的薄膜，管家親自跑到玉泉山把米拿回來，總算使毛的下一頓飯吃得滿意。

玉泉山農場專為毛生產大米，據說那裡的水特別好。「玉泉」從前供給宮廷飲水，現在澆灌毛的水稻。毛喜歡的蔬菜，以及肉類牛奶，由另一個叫「巨山」的特殊農場供給。毛鍾愛的茶是中國最好的龍井，產在一座特別的小山頂上，在每年最適宜的季節，採下來送進北京。毛的食物都經過化驗檢查。做飯時管家站在廚師旁邊看著，也負責嘗菜，「嘗味道，嘗安全」。毛的廚房離他吃飯的地方相當遠，怕油煙味鑽進毛的鼻子裡。炒菜得現炒現吃，工作人員便提著一道道菜飛快地來回跑。

毛不喜歡洗澡，一九四九年以後就沒洗過。他喜歡的是讓人用熱毛巾天天給他全身擦澡。他不洗頭，喜歡享受理髮師給他篦頭的快感。毛也喜歡舒舒服服地每日一按摩。他不愛進醫院，醫院的設備加最好的大夫上門服務。要是毛不高興見他們，他們就留在那裡等候召見，有時一等幾星期。

毛不講究衣著，他愛的是舒服。他的鞋多年不換，因為舊鞋才舒適。必穿新鞋了，他讓警衛戰士替他穿鬆了再穿。他的浴衣、毛巾、毛巾被都補了又補，一床毛巾被有五十四個補丁。但它們可不是平常的補丁，是拿到上海去請手藝最好的師傅精緻地織補的，費用比買新的不知高過多少倍。這不是什麼「艱苦樸素」。世界上許多隨心所欲的巨富和極權者，常有這類享樂怪癖。

當然，一國領袖享受些奢華、別墅，沒有什麼了不起。毛的不同是，他一邊盡情揮霍，一邊把自己打扮成節約的楷模，要全中國人民都在極端艱苦中過日子，對挪用國家財產遠不如他的人無情懲罰，乃至槍斃。

在性生活方面，毛統治下的人民忍受比清教徒還清教徒的約束。分居兩地的夫婦一年只有十二天探親假，千百萬中國人成年累月沒有機會做愛。私下的性發洩可能帶來公開的羞辱。有個華僑回到祖國，有次忍不住手淫，第二天被迫在宿舍床頭貼出供眾人嗤笑的「自我批評」。

毛本人的性生活卻是完全的放縱。一九五三年七月九日，解放軍總政治部批發了為中央警衛團選拔文工團員的決定。彭德懷一語道破，說這是「選妃」。後來這成了整彭德懷的一條罪狀。彭的反對不起作用，部隊文工團成了毛的應召站。毛在各地的別墅，也都挑選了對毛胃口的護士、服務員，隨叫隨到陪毛睡覺。

毛偶爾給女友們一點補貼，有時也給身邊人或親戚一點錢。數目最多不過幾百塊，但毛總是每一筆都仔細親自交代。多年來他的管家每隔一段時間要向他報一次帳，毛不時還察看帳目。

毛補助身邊人的錢是從中央特別會計室拿出來的，「特會」存著他的稿費。那年頭中國絕大多數作家的作品都不許出版，而人人都得「讀一輩子毛主席的書」，毛著作的銷量可想而知。據毛身邊人說，一九六〇年代，毛的稿費達兩百萬元以上。這在當時簡直是天文數字。與此相比，毛身邊一般工作人員一年工資大約四百多元，有的農民一年辛苦到頭才得現金不過數元。

毛的中國產生了一個獨一無二的百萬富翁：毛澤東。

32 與斯大林較勁

一九四七～一九四九年　五十三～五十五歲

同國民黨的內戰剛勝利在望，毛便躍躍欲試，要在斯大林的全球勢力範圍內插一腳。毛希望有個斯諾式的人物來助他一臂之力。但莫斯科已禁止毛再接待斯諾。他只能轉而求其次，用二流美國記者安娜・路易斯・斯特朗（Anna Louise Strong）。斯特朗在西方完全不具備斯諾的名聲，人們認為她不過是共產黨的傳聲筒。

一九四七年，毛派斯特朗周遊列國，為他宣傳。臨行前，毛給了她一套文件，囑咐她「轉交給全世界的共產黨，特別是給美國、東歐共產黨領導人看看」，要她「不必拿到莫斯科去」。斯特朗遵命寫了篇文章〈毛澤東思想〉（*The Thought of Mao Tsetung*），外加一本書，題為《中國的黎明》（*Dawn out of China*），頌揚毛「用馬克思、列寧做夢也沒有想到的方式解決每一個具體問題」，「整個亞洲可以從中國學到比蘇聯更多的東西」，還說毛的著作「完全可能影響了歐洲有些政府戰後的模式」。這些話明擺著在奪斯大林的風光。斯特朗的書在蘇聯出不了，在美國出版時美共刪去一半。但書的全文在印度和好幾個東歐國家出版了，包括正跟斯大林頂著幹的南斯拉夫。

斯大林盤算著採取什麼辦法教訓毛，讓毛知道誰是大老闆。一九四七年十一月三十日，毛看著內戰勝券在握，向斯大林提出訪問蘇聯的要求。斯大林的機會來了。

十二月十六日，斯大林辦公室給毛回電說歡迎他訪蘇。電報由阿洛夫大夫轉給毛。阿洛夫大夫同時收到指令，要他彙報毛的反應。第二天，他電告斯大林：毛「非常高興」，「可以說是興奮得手舞足蹈」，「馬上說：『好極了，我三個月後可以動身』。」

三個月過去了，斯大林沒有發來邀請函。毛等了又等，中共收復延安那天，毛再向阿洛夫大夫提起，說他打算五月四、五號起程。斯大林回電說「好」。毛要求把兩個蘇聯醫生都帶上，說是健康緣故，其實是防備他不在時宿敵王明直接跟莫斯科聯繫。斯大林回電說可以，但是有意不表示同意毛的另一個要求：訪問東歐。

五月十日，毛自己定的起程日子已過了幾天，斯大林突然來電推遲訪問。春去夏來，再也不見斯大林提及邀毛訪蘇的事。毛著急要走，這時他已與中共其他領導人匯集在西柏坡，人人都知道毛要去莫斯科見斯大林，而且就在這幾天。說走說了半天，斯大林仍不來邀請，毛大失面子。為了不讓王明以為有了鹹魚翻身的希望，六月二十五日，王明又出了一次「醫療事故」。

七月四日，毛沉不住氣了，給斯大林發了封電報，說他打算十天後出發：「我決定近期訪問您。」「無論如何我們都得要在這個月十五號動身。」他要斯大林派兩架飛機。

十四日，毛自定行期的前一天，天上不見飛機，地上阿洛夫大夫卻傳來斯大林的電報：「告訴毛澤東：鑒於糧食收穫季節在望，黨的高級領導都要在八月份離開莫斯科到各省去，十一月才回來。因此，中央委員會敬請毛澤東同志把他對莫斯科的訪問推遲到十一月底，以便有機會會見所有中央負責同志。」

全蘇聯的領導人都要離開莫斯科四個月到外省去收莊稼？毛澤東訪蘇非得推遲到有名的俄羅斯隆冬？這顯然是在耍毛。阿洛夫大夫向斯大林彙報毛的反應：毛掛著一絲微笑聽著，嘴裡說：「好，好。」但他問阿洛夫：「在蘇聯，他們真的這麼看重糧食收穫，所有的中央領導人都要下去？」阿洛夫說：「我認識毛澤東六年多了，如果我對他的瞭解是正確的話，他的微笑，他的『好，好』，並不表示他真正滿意」。「米大夫對我說七月十五日毛澤東問他同樣的關於糧食收穫的問題。」「他本來信心十足就要上路，箱子都收拾好了，皮鞋也做了，還做了件呢子大衣」，「顯然，這場訪問對他非常必要。」

毛意識到他的野心惹惱了斯大林，連忙採取措施補救。八月十五日，他得知華北大學準備提出「主要的要學習毛澤東主義」後，馬上否決了這一提法，說這是「無益有害的，必須堅決反對這樣說」。他還下令把文件中「毛澤東思想」改為「馬列主義」。九月二十八日，毛發給斯大林一封討好的電報，請求斯大林讓他去蘇聯。毛首次用斯大林喜歡聽的別號「大老闆」稱呼斯大林：「請讓我本人面見大老闆，親口向大老闆彙報情況，這至關緊要。」

斯大林見毛低了頭，便放下身段，十月十七日，給毛回了封友好而不失居高臨下的電報，說他歡迎毛十一月底來。毛吃了定心丸。只是國內戰局的發展使他不得不自己主動推遲訪蘇行期。

但在關鍵問題上，毛對斯大林是寸步不讓。國共內戰接近尾聲時，一九四九年一月，南京政府要求和談。斯大林要毛答覆「中共主張同國民黨進行談判」。毛大為光火。阿洛夫大夫報告斯大林說，毛「比起平常來說話更不客氣」。斯大林得知後第二天補發一封電報向毛解釋，說他的提議完全是做樣子，為的是讓全世界看到繼續內戰的責任在國民黨。斯大林說：「我們為您擬的答覆，目的只是為了破壞南京方面所提議的和平談判。」

毛的想法是一天和平也不能給國民黨，哪怕做做樣子也不行。他對斯大林說，他要的是南京政府的無條件投降，「我們已無須採取政治上的迂迴策略。」毛還史無前例地教斯大林怎樣說話。當時南京政府請求蘇聯調解，毛對斯大林說：「我們認為您應該這樣回答——」斯大林的貼身中國顧問對我們說，斯大林身邊的人都覺得斯大林「受了毛的訓」。

斯大林當然不會善罷甘休，第二天就給毛來了篇長篇說教，說拒絕和談有損公眾形象，還危言聳聽地說可能導致西方武裝干涉。毛根本就不相信什麼西方干涉，但也不想叫斯大林下不了臺，他策略地找了個辦法。當天中共發表聲明，開出一系列和談條件，等於是叫國民黨無條件投降。然後毛電告斯大林，巧妙地引用斯大林的原話，似乎這一聲明是按斯大林的指示辦的：「在破壞同國民黨的和平談判，將革命戰爭進行到底這一基本方針上，我們同您的意見完全一致。」斯大林也順勢下了臺階，第二天回電：「我們已經達成完全一致的意見」，「這件事就此了結。」

斯大林再次感到毛這個人的確不簡單。他對南斯拉夫等共產黨人說：毛不聽話，但是個能成事的。一月十四日，斯大林要毛再次推遲訪蘇，說「中國此時的局勢缺您不行。」斯大林提出即刻派權威的政治局委員來見毛。

得知斯大林又要延期，毛的第一反應是把電報往桌上一扔，說：「隨他去吧！」等靜下來一想，毛明白斯大林其實是看重他。斯大林還從來沒派政治局委員到任何共產黨打內戰的國家去過，更不用說那個國家的政府跟蘇聯還有外交關係。一月十七日，毛回電說「非常歡迎」斯大林的使者。

米高揚在一月三十日到達西柏坡。在給斯大林的彙報裡，米高揚說毛「高興已極，感謝斯大林同志的細心關懷」。跟米高揚一道來的還有一直在東北為中共修復鐵路的科瓦廖夫，做毛和斯大林之間的聯絡員。

米高揚到的第二天，國民黨政府由南京搬到廣州，隨同搬去的只有一個外國大使：蘇聯大使羅申。二月一、二日，毛沒有出席跟米高揚的會談，以示不快。周恩來受命請米高揚解釋，米高揚說：「這是很正常的。不僅對我們的共同事業無害，恰恰相反，還有助於它的發展。」這理由當然說服不了毛。斯大林後來對劉少奇解釋，說大使搬去廣州是為了收集情報。毛不依不饒，拿羅申出氣。羅申被斯大林派到毛的中國來做首任大使時，設宴招待中共領導人，毛坐在那裡整晚一言不發，蘇聯外交官稱毛「露出一副不屑一顧的樣子」。

儘管心懷不滿，毛仍讓米高揚喜出望外。他對蘇聯跟蔣介石政府一九四五年簽的損害中國領土權益的協定，沒有提出任何異議，反而說它是「愛國的」。米高揚向斯大林彙報說：毛再三強調說，斯大林是中國人民的導師，是全世界人民的導師，他是斯大林同志的信徒，隨時準備接受指示。毛有意降低自己作為領袖、理論家的地位，說他沒有對馬克思主義做出新的貢獻，等等。可是米高揚也告訴斯大林：「毛澤東的這些話並不真代表他這個人，也不代表他對自己的真實看法。」

那時南斯拉夫的鐵托（Josip Broz Tito）由於表現出太多的獨立性剛被斯大林開除出共產主義陣營。毛竭力表示他不會成為鐵托式的人物，在米高揚面前批南斯拉夫，甚至還引用斯大林遠在一九二五年對南斯拉夫民族主義的批評。

毛的意圖是先爭取斯大林同意他領導亞洲。當米高揚向他提起亞洲共產黨之間的關係時，毛馬上提出成立「亞洲情報局」。斯大林在這之前成立了「共產黨情報局」，成員只有歐洲的共產黨，毛認為這是斯大林示意亞洲共產黨可以有另外一個組織。毛對米高揚說，他已經計畫好了亞洲情報局的成員，列舉了朝鮮、印度支那、菲律賓等，一旦在中國掌權後，立刻可以幹起來。

米高揚的反建議是成立以毛為首腦的「東亞」情報局，一開始只包括三個成員：中國、日本、朝鮮，以後再逐步增加。這比毛期待的範圍小得多。

米高揚同毛討論勢力範圍的第二天，斯大林通過米高揚向毛發出強烈暗示：你的野心不要太大了！具體方式是命令毛逮捕為毛到處遊說的斯特朗的美國同事李敦白（Sidney Rittenberg）。斯大林說他倆是美國間諜網成員，《真理報》公布了斯特朗在莫斯科被捕的消息。

毛按斯大林的意思逮捕了在西柏坡工作的李敦白。在蘇聯，隨著斯特朗進監獄的還有曾風雲一時的鮑羅廷。斯特朗請他幫忙在蘇聯出版她頌揚毛的書，鮑羅廷為之奔走。現在他也跟著倒楣，刑訊逼問要他交代跟毛的關係。

面對斯大林的「項莊舞劍，意在沛公」，毛並不緊張。他領會到了斯大林對他的警告，但更多地看到斯大林的讓步：東亞可以考慮給你，不要把手伸到美國、歐洲去。斯大林在和毛劃分勢力範圍，對毛，這是何等的成就！

此時的王明，自知沒法子扳倒毛，轉而對毛極盡恭維之能事，說毛澤東思想「是馬列主義在殖民地半殖民地的具體運用和發展」。不僅是東亞，甚至不僅是亞洲，而且是全球的「殖民地半殖民地」。王明搔到了毛的癢處，搔得毛格外舒服。在一九四九年三月十三日七屆二中全會上，毛浮想聯翩：「照王明的提法，則有點劃分『市場』的味道。世界上殖民地半殖民地的範圍很寬，一劃分開，就似乎是說，斯大林只管那些工業發展的地方，而殖民地半殖民地歸我們，可是有那麼一個國家，提出不買你的貨，而要直接到莫斯科去買貨，這又怎麼辦呢？……比如，拿日本來說，按照王明的提法，它現在算歸我們，將來美帝國主義撤走以後，它又該歸斯大林管了，這豈不是笑話？當然，我們不要忙於想寬了，先把中國自己的事情做好。」

毛澤東做的夢，已經是在與斯大林瓜分世界了。

劉少奇這年夏天訪問蘇聯，委婉地想讓斯大林把建立東亞情報局這一設想付諸實施。劉少奇是這樣引出話題來的：他問斯大林中國是否應該加入那個只有歐洲國家參加的「共產黨情報局」。斯大林答道：「我認為沒必要，中國應當組織一個東亞共產黨聯盟」。這似乎是確認毛在東亞的領袖地位了，但其實不然，斯大林緊接著又說：「蘇聯橫跨歐亞大陸，也將參加這個聯盟。」蘇聯一進來，毛還有什麼領袖可當呢？顯然，斯大林改變了主意，眼下還不願放手。

斯大林繼續用抓人來向毛發警告。劉少奇在莫斯科時，阿洛夫大夫進了監獄。克格勃頭子阿巴庫莫夫（Viktor Abakumov）親自審問他跟「美國、日本間諜」毛澤東的關係。蘇聯人特地找到為劉少奇做翻譯的師哲，叫他揭發阿洛夫。斯大林用這種方式告訴毛，他在整毛的「黑材料」，要毛收斂他的野心。*

羽翼已豐的毛毫不示弱。毛建國後第一個國際性共產黨會議「亞洲澳洲工會代表會議」，訂於一九四九年十一月在北京召開。這是毛通向世界舞臺的跳板。斯大林對大會召開事先點了頭，但過後又想不開了，或者改地方開。毛讓劉少奇寫信給蘇聯人說：「會議仍應如期在中國召開。它的籌備工作不應停止，開會地點亦不應改變。」劉許諾說，大會只作一般的號召，不進行任何組織工作，意思是毛不會藉開會之機建立由他領頭的世界性機構。

大會如期開幕，劉少奇在會上大談「毛澤東的道路」，一次也沒提斯大林或者蘇聯的榜樣。劉說：「中國人民走過的路就是殖民地半殖民地人民應該走的路」，「這些地區的革命人民不可能不走

* 在毛那裡工作過的蘇聯人後來都死得不明不白。阿洛夫不久坐飛機出了事。米大夫在陪同毛訪蘇後消失得無影無蹤。鮑羅廷一九五一年死於酷刑之下。駐延安的孫平一九五三年去世。據他的兒子、奧林匹克舉重冠軍、蘇聯解體後的總統候選人尤利．烏拉索夫（Yuri Vlasov）說，孫平是被克格勃的貝利亞（Lavrenti Beria）用緩慢釋放毒性的毒藥毒死的。

這條路，誰要想迴避它誰就將犯錯誤。」毛還違反了他不進行任何組織工作的諾言。十一月二十三日，劉少奇向大會宣布將成立一個「聯絡局」，總部設在北京。毛的意圖是用這個機構作指揮別國的工具。

毛我行我素，斯大林又能拿他怎麼樣？當蘇聯代表索洛維約夫（Leonid Soloyyov）指責劉少奇的講話「極左」時，斯大林反過來罵索洛維約夫是「工賊」，要他向毛作檢查。毛主持了這次檢查會，第一次聽蘇聯高級官員當著中共其他領導人的面向他道歉。毛然後以勝利者的姿態，請斯大林原諒索洛維約夫。

毛很清楚斯大林眼前的讓步預示著新的暴風雨的來臨。但他也很清楚斯大林不可能像開除鐵托那樣對付他。毛擁有中國，擁有人類四分之一的人口，極大增強了共產主義陣營的分量。毛還要讓斯大林為他服務，逐步實現自己的野心。

33 和大老闆作交易

一九四九～一九五〇年　五十五～五十六歲

毛澤東最有求於斯大林的，是幫助他建立一流的軍事工業體系，使中國成為全球軍事大國，為他擴張勢力範圍作後盾。

為了達到這個目的，他必須要讓斯大林相信：最後的大老闆還是你。毛對米高揚一再表示對斯大林的忠誠，在聯絡員科瓦廖夫面前，也作了好些表演。科瓦廖夫向斯大林報告說，毛有一次「跳起來，高舉雙手，連呼三聲：『斯大林萬歲！』」除了這些口頭上的花樣，毛還採取了一個所有東歐共產黨國家都未採取，連斯大林本人也沒有指望的極端行動：同西方不建立外交關係。西方那時已經與共產主義陣營形成兩軍對壘。毛告訴科瓦廖夫：「我們巴不得所有資本主義國家的大使館都從中國一去不復返。」毛要讓斯大林放心，他在以斯大林為首的共產主義陣營待定了。

跟西方切斷關係也有國內的考慮。毛擔心西方人在中國會給自由派人士和反對他的人增加勇氣，使他們存有一線希望。他對米高揚說：「西方承認只會有利於美、英的顛覆活動。」毛為中國制定了這樣一個外交政策：「打掃乾淨房子再請客」。這一句聽起來禮貌客氣的話，實際上殺機四伏。

西方在中國的影響很強。正如毛對米高揚所說：「中國知識分子的許多代表人物都是在美國、英國、德國、日本受的教育。」幾乎所有現代教育機構都是西方人，特別是傳教士辦的，要不就是在西方影響下建的。劉少奇在一九四九年夏天寫給斯大林的報告裡說：除了報章雜誌、新聞通訊社以外，僅美國和英國在中國就辦了三十一所大學、專科學校，三十二所教會教育機構，二十九座圖書館，二千六百八十八所中學，三千八百二十二個傳教機構和一百四十七所醫院。

毛澤東需要這些機構培養的人才幫他管理、發展城市。人們常說毛代表農村，其實他關心的是城市，進城前夕他告訴中共高層，城市搞不好「我們就會站不住腳」。改造知識分子，把他們親西方的傾向，從西方教育裡學來的思想方式清除掉，是毛「打掃乾淨房子」的目標之一。

人們一般認為中共建國之初沒跟美國和西方建交，是因為美國不承認中共政權。事實上，毛故意採取了一系列敵對動作，使西方不可能承認中共。中共攻占瀋陽後，中共幹部最初對美、英、法領事館是友善的。但毛很快就制定了「擠走」這些領事館的方針，周恩來告訴米高揚：「我們叫他們的日子過不下去，不得不走。」「我們的目標是把東北擋在鐵幕後面，除了蘇聯和人民民主國家〔東歐〕一概不跟外國政府打交道。」美國駐瀋陽總領事瓦爾德（Angus Ward）和領事館成員被軟禁起來，瓦爾德後來被指控搞間諜活動而驅逐出境。以同樣敵對的姿態，中共軍隊進入南京後，闖入美國大使司徒雷登（John Leighton Stuart）的住宅。

對英國，毛也表現得火藥味十足。中共橫渡長江時，「紫石英（Amethyst）」號等英國軍艦停在江面。毛的命令是：凡是「妨礙我渡江作戰的兵艦，均可襲擊，並應一律當作國民黨兵艦去對付」。四十二名英國水手在炮擊下斃命，「紫石英」號受創滯留江上。在英國，憤怒的海員痛打英國共產黨領袖波立特（Harry Pollitt），打得他傷重住院。反對黨領袖丘吉爾在國會發言，責問為什麼「在中國海上沒有一兩艘航空母艦」，使英國能夠「有效地進行報復」。

斯大林害怕西方武裝干涉，把蘇聯捲了進去。他令駐遠東的蘇聯部隊進入全面戰備，一面給毛打電報，叫毛不要張揚跟蘇聯的關係：「我們認為宣傳蘇聯與民主中國之間的友誼現在不是時候。」毛調低調門，要部隊：「避免和外國軍艦發生衝突」，保護外交人員，「首先是美、英外交人員」。他一度下令停攻上海，考慮到這裡西方利益最集中，是最可能引起西方干涉的地方。

但很快毛就恢復了進攻，一九四九年五月底拿下上海。毛深信，西方不會莽撞地武裝干涉中國。為了萬無一失，毛同時採取「兵不厭詐」的計策。五月三十日，周恩來找一個中間人帶信給杜魯門總統，說中共領導人分兩派，一派是以劉少奇為代表的親蘇的「激進派」，一派是以他本人為代表的親西方的「自由派」，如果美國支持他，他也許可能影響未來的中國對外政策。這番話讓一些美國人焦急等待，等待中共哪天投入西方的懷抱。

毛還派人同美國大使司徒雷登談判。司徒雷登是個「中國通」，一廂情願地以為他能給美國和毛做月老。其實正如毛的談判使者、後來的中國外交部長黃華所說：「毛和周並非尋求〔與美國的〕友好關係，他們的目的只有一個，即防止美國大規模武裝干涉，在最後關頭救了國民黨。」

到大局已定時，毛公布了他的關門政策。六月三十日，《人民日報》上發表毛的署名文章，宣布外交上「一邊倒」。這不只是重申中國屬於共產主義陣營，而且意味著在最近的將來不與西方國家建交。為了加強效果，幾天後，美國駐上海的副總領事奧立佛（William Olive）在街上被抓去痛打一頓，不久死去。美國立刻召回大使。七月底，當「紫石英」號逃離時，毛下令狠打，「紫石英」號多處中彈，緊靠一艘中國客輪以作掩護，結果客輪被炮彈擊沉。

毛向斯大林鄭重申明，他要「等一等，不急於要西方國家承認」。斯大林很高興，在這句話下畫了道著重線，批道：「很好！不急最好。」

與西方割斷關係是毛澤東給斯大林準備的見面禮。一上台，毛就急於去見大老闆。這不僅是非有不可的禮儀和面子，他同斯大林還有交易要做。

一九四九年十月底，周恩來上門告訴蘇聯大使，毛希望在斯大林十二月二十一日七十大壽時，到莫斯科去給斯大林祝壽。斯大林點了頭，但他利用這個機會貶低毛。毛剛把世界四分之一的人口納入共產主義陣營，斯大林卻沒有給他應有的待遇，把他作為英雄來歡迎。毛去蘇聯只是全球一大堆給斯大林祝壽的共產黨領導人中的一個。

毛十二月六日離開北京赴莫斯科，一生中第一次出國旅行。代表團裡沒有一個其他中共領導人，最大的官是祕書陳伯達。科瓦廖夫一語道出了毛的心思：毛知道斯大林一定不會善待他，他丟臉時「不想有中國人在場」。「臉」就是權。斯大林的羞辱會損害他在同事中的權威。同斯大林首次見面時，毛甚至連中國駐蘇大使王稼祥也不讓參加。

首次見面是毛到莫斯科的當天。毛向斯大林再次重申他「一邊倒」的政策，說：「好幾個國家，特別是英國，都在積極地爭取想要承認中華人民共和國。但是我們不急於建交。」

毛還做了別的姿態。他來莫斯科時曾希望簽訂新的中蘇友好條約，取代蘇聯與蔣介石簽訂的舊條約。可是，當他聽見斯大林說，廢棄舊條約會牽涉雅爾達協議，蘇聯決定「暫時不改動這項條約的任何條款」時，毛立即表示贊同：「對我們的共同事業怎麼有利，我們就怎麼辦」，「目前不必修改條約。」毛主動請求蘇聯繼續保持舊條約給蘇聯的領土特權，說它們「與中國的利益一致」。

作為回報，毛擺出了他的要求：幫我建立一支強大的軍隊，一個全面的軍事工業系統。

對毛的要求斯大林需要權衡。軍事強大的中國對他有利有弊：利在能增強他領導的共產主義陣營的力量，弊在有全球野心的毛會如虎添翼，威脅斯大林本人的地位。

毛被送到遠離莫斯科的斯大林的二號別墅，一幢安著竊聽器的大屋子。一連數日毛被晾在那裡，從落地大玻璃窗看窗外的雪景，朝身邊工作人員發脾氣。何時同斯大林正式會談遙遙無期。斯大林派一個個底下人來看毛，但他們沒事可談，就像斯大林對莫洛托夫所說：「去看看他到底是個什麼樣的人物」。科瓦廖夫報告斯大林說，毛「很生氣，很焦慮」。斯大林回答道：「我們這裡有很多外國客人，沒必要專門給毛澤東同志特殊待遇。」

莫斯科那時聚集著全世界的共產黨領導人，毛想見他們，他們自然也想見毛，毛畢竟剛取得自「十月革命」以來共產黨世界中最大的勝利。但斯大林拒絕讓毛見任何一個外國黨領袖，只讓匈牙利平庸無奇的拉科西（Matyas Rakosi）跟毛說了幾句不關痛癢的話。斯大林死後，毛一次對意大利共產黨代表團說，他曾提出想見意大利共產黨領袖陶里亞蒂（Palmiro Togliatti），但「斯大林千方百計不讓我見」。

儘管一肚子不滿，斯大林七十大壽那天毛還是做得很像樣，引人注目地為斯大林鼓掌。斯大林看上去也對毛格外親切，讓毛坐在他右手邊主賓的位子。《真理報》報導說，毛是唯一講話後全場起立致意的外國領袖。文藝演出結束時，全體觀眾起立朝毛坐的包廂歡呼：「斯大林！毛澤東！」拉科西說這樣的場面莫斯科大劇院還從來沒有過。毛也朝觀眾呼口號：「斯大林萬歲！」「光榮屬於斯大林！」

第二天，毛要求跟斯大林會談，說：「我僅僅是來祝壽的嗎？我是來辦事的。」他的用語還色彩十足：「難道我來這裡就是為天天吃飯、拉屎、睡覺嗎？」

就連這三樣生理活動毛也不順心。吃的方面，蘇聯主人送來的只有冰凍魚，毛生氣地對衛士說：「告訴我們的廚師，只能給我做活魚吃，如果他們送來死魚就給他們扔回去！」拉屎呢，他一向有便祕的毛病，又只習慣蹲式馬桶，別墅裡的坐式馬桶使他沒法子方便。睡覺他又不喜歡鋼絲軟床，受不了鴨絨枕頭，按按枕頭說：「這能睡覺？頭都看不見了。」他讓人換上自己的蕎麥枕，把床墊掀掉，鋪上中國大使館送來的木板。

發脾氣之後兩天，毛見到了斯大林。但斯大林閉口不談毛上次提出的建設軍事大國的要求，只談上次沒談到的問題，即毛與越南、日本、印度等亞洲共產黨的關係。斯大林在觀察毛的野心到底有多大。觀察完畢，又是許多天沒有消息。在此期間，毛本人五十七歲的生日無聲無息地過去。毛整天待在別墅裡用電報處理中國國內問題。他後來說，「我往斯大林家裡打電話，那邊竟回答說斯大林不在家，讓我有事找米高揚。」「科瓦廖夫來，問我去不去參觀，我說沒興趣，我說這次不是專來替斯大林祝壽的，還想做點工作。」「我拍了桌子，罵了他王八蛋，我的目的就是請他去告訴斯大林。」斯大林給他打了幾次電話，但都是寥寥數語，又言不及義。毛無可奈何，隨員看得出他心情「非常寂寞」，「非常鬱悶」。

毛想了個高招來調動斯大林：「打西方牌」。在他那安著竊聽器的屋子裡，他談論著中國準備和「英、日、美等國做生意」。他剛到莫斯科時曾告訴斯大林，他不急於同英國建交，但此時他指示同英國加速談判，英國很快在一九五〇年一月六日承認毛的中國。英國通訊社說，毛被斯大林軟禁起來了。這個風聲，很可能是毛的人放出的。

元旦那天，毛告訴斯大林的使者，英國將要承認中國。毛後來說，就在這一天，「我收到了一份由斯大林簽署的毛澤東對報界的談話稿」。「斯大林同志改變觀點了。他起草了一個我的談話稿，他給我當祕書。」毛說是英國幫了中國的忙，承認了中華人民共和國，促使斯大林態度的改變。

從斯大林起草的答記者問中可以看出，斯大林願意和他做交易。毛馬上把周恩來以及管工業、貿易的部長們召來莫斯科進行具體談判，特別指示：「坐火車（不是坐飛機）來」。坐飛機就得坐蘇聯飛機，毛在暗示他不信任蘇聯人。

毛繼續「打西方牌」。一月十二日，因為西方傳言說斯大林把毛扣起來了，美國國務卿艾奇遜（Dean Acheson）在美國華盛頓的全國出版俱樂部發表演講，指責蘇聯「正在吞併中國北部的省分……把它們併入蘇聯」，外蒙古已經「完全」被吞併，東北是「半吞併」，內蒙和新疆也快了。斯大林當即派莫洛托夫來告訴毛，他必須以中國外交部的名義發表聲明，駁斥艾奇遜，蘇聯、蒙古也將採取同樣行動。毛答應了，但卻用地位相對低級的新聞總署署長胡喬木的個人名義發表談話，談話中還把已經獨立的外蒙古與中國的省分相提並論，好像外蒙古還是中國的一部分。

一月二十一日，這篇談話一登上《人民日報》，斯大林即刻把毛「擒拿」到克里姆林宮，由莫洛托夫當炮筒訓斥毛是「中國的鐵托」。斯大林還有意叫頭天剛到的周恩來也來聽毛挨罵。儘管周恩來對毛說來是個像「太監」一般的角色，毛不在乎在他面前受辱，但毛還是怨氣沖天。

斯大林明白剛與外蒙建立了外交關係的毛並不是真的要爭外蒙古主權，*毛是在出氣。教訓毛一頓後，斯大林希望重歸於好，請毛和周去他別墅晚宴。路上，斯大林請毛和周坐在後排主座上，他和翻譯師哲坐在對面加座上。師哲回憶道：

* 為了保險起見，斯大林後來還是要求雙方就外蒙地位問題正式交換備忘錄。

在車上，大家都沉默不語，氣氛像鉛塊一樣沉悶。為了打開局面，我先同斯大林閒聊了幾句，然後問他：「你不是答應過要到我們代表團的住處去做客嗎？」

他立即回答：「我是說過，現在也沒有放棄這個願望。」

他的話還未講完，毛主席問我：「你和他談的什麼？不要請他到我們那裡去做客。」

我立刻承認我同他談的正是這個問題。

毛主席說：「把話收回來，不請他了。」

斯大林好似也懂得我們在談什麼，於是問我：「他說什麼？」

我回答：「是我們之間的話。」

大家都一言不發，氣氛沉重得又像灌上了鉛。大家就這樣沉默地坐了三十分鐘。

接下來，「晚宴的氣氛仍舊冷清、無聊，絲毫沒有歡快和喜慶。主席仍然沉默著，一言不發。」斯大林邀請大家跳舞，「儘管有三四個人輪番拉毛主席上場，也始終沒有成功。宴會和舞會更增添了不快之感和格格不入的氣氛，最終還是不歡而散。」

一九五〇年二月十四日，中蘇雙方簽訂了新條約。蘇聯給中國三億美元貸款，分五年交付，第一年的交付數只有應付款的三分之一（二千萬美金），其餘的扣下償還從前從蘇聯買的武器裝備。全部貸款都用於軍事，被稱為「軍事貸款」。貸款的一半（一億五千萬美金）專門用來裝備海軍。斯大林同意幫助毛建設五十個大型工業項目，但這只是「恢復和改造」原有的鋼鐵、煤礦、鐵路、電力等基礎設施，距離毛想要的一流軍工系統相差何止萬里。

斯大林給的很少，但拿走的很多，這些都隱藏在祕密附加協定和合同裡。東北和新疆的「工業的、財政的、商業的」活動都只許蘇聯參與。當時中國可開採的礦產集中在這兩個地區，毛實際上是把中國主要礦產的開採權都給了蘇聯。毛自己把這兩個地區叫做「殖民地」。二十多年後他對美國人說，蘇聯當時「拿去了半個新疆，叫做勢力範圍，滿洲國〔原文如此〕是蘇聯的另一個勢力範圍。」又一份祕密協定還規定，中國極寶貴的戰略原料鎢、錫、銻在十四年內只准賣給蘇聯。這意味著中國百分之九十以上可供出口的原料，都不能在世界市場上以最佳價格出售。

一九八九年，鄧小平對戈爾巴喬夫（Mikhail Gorbachev）說：「從鴉片戰爭起，列強侵略、欺負、奴役中國，對中國造成損害最大的是日本，最後實際上從中國得利最多的是沙俄，包括蘇聯一定時期、一定問題在內。」這最後一點毫無疑問指的是毛澤東同斯大林簽的損害中國利益的祕密協定。斯大林死後，赫魯曉夫（Nikita Khrushchev）承認這些協定對中國不公正，主動廢除了它們。

這些祕密條約按中共的尺度堪稱「賣國」。毛審閱有關簽約的社論時，把所有可能使人猜測的字句，像「補充協定」、「及其附件」等全部刪去，從莫斯科發標明「限即刻到」的火急電報給看家的劉少奇和負責新聞的胡喬木，令他們立即照辦，「至要至要！」一九五〇年三月，報紙上不小心報導了中、蘇兩個合股公司的消息，劉少奇寫道：「消息發表後，已經在北京學生中引起了極大的波動，懷疑這兩個協議是否要損害中國主權，許多青年團員提出質問，要求解釋，甚至有罵蘇聯侵略、人民政府賣國者，並有要求退團及向人民政府請願者。」要是年輕的中國人知道了祕密協定的詳情，非上街不可。

在斯大林的堅持下，中國不僅對在華工作的蘇聯專家付以極優厚的報酬，給他們和他們的家庭極優裕的生活條件，還付錢給這些人在蘇聯的工作單位，作為對它們「損失」的賠償。這些人還享有「治外法權」，如果犯了罪一律由蘇方處理。長期以來，中共指責「帝國主義欺負中國」的最重要一點，就是「治外法權」。毛如今偷偷把它請了回來。

簽約後，毛懇求從來不出克里姆林宮參加宴會的斯大林，到莫斯科「大都會飯店」來出席中方舉行的答謝宴會。毛反覆說：「希望你，斯大林能蒞臨。我們希望你能出席一下，如果健康狀況不允許，你可以隨時提前退席，我們不會認為這有什麼不合適。」

斯大林決定給毛面子，說他「決定破例接受你們的邀請」。晚上九點，斯大林來了，帶著一瓶自己喝的酒。幾百客人誰也不知道斯大林會來，一瞬間全驚呆了，接著爆發出暴風雨般的掌聲和「斯大林萬歲」的歡呼聲，爭睹斯大林的人群差點把玻璃門擠碎。

斯大林不僅是來給毛面子的，也是來向毛下警告書的。在祝酒中他提到鐵托，說鐵托脫離共產主義陣營大家庭，想走自己的道路，可這條路行不通，南斯拉夫人民遲早要回到大家庭裡來。斯大林曾一再把毛比作鐵托，他的意思很清楚，當鐵托沒有好下場。斯大林此時正著手進行暗殺鐵托的計畫。

但對這個大老闆，毛並無多少懼怕感。簽約儀式上，記者給身材高大的他和相對矮小的斯大林照相時，斯大林向前移了一步。事後祕書提及此事，毛微笑著說：「這樣就一般高了嘛！」

這次訪蘇，遠遠沒有滿足毛的胃口，他要從斯大林的虎口裡扯出肉來，還得打別的主意。

34 毛澤東斯大林為什麼要打朝鮮戰爭

一九四九～一九五〇年　五十五～五十六歲

在劃分勢力範圍方面，毛澤東的進展也不大。斯大林只是把越共交給了他。斯大林是一舉三得：既讓毛高興，又能在亞洲有效地擴展共產主義陣營，援助越南的巨大費用自然也由中國負擔。

越共領袖胡志明十分親華，在中國住過多年，去過延安，說一口地道的中文。毛一直在出資、出力支援他。儘管他與中共關係非同一般，為了體現大老闆的地位，斯大林還是要由自己親自把越共分配給毛。

在毛訪蘇期間，斯大林把胡志明召到莫斯科，對胡說援越由毛負責。胡志明成為共產黨領袖中唯一跟毛會談的人，還跟毛同乘火車回到中國。

自此，越南問題毛事必躬親，大至戰略計畫，小到戰場細節。首先是把越共的根據地與中國連成一氣，就像當年中共打通蘇聯一樣。中國國內通向越南的公路於一九五〇年八月完工。接著中共幫胡志明打贏了「邊界戰役」，中國援助從此源源而至。八月十九日，毛告訴斯大林的使者尤金（Pavel Yudin），他準備訓練六、七萬越共軍隊。正是因為背靠中國，越共才得以打了二十五年的仗，先趕走了法國人，再趕走了美國人。

毛不久就開始「毛化」越南，搞毛式土改鬥地主，中國顧問甚至坐在臺上宣判越南本地人死刑。毛式土改為越南人所深惡痛絕，好些越共領導人強烈反對，就是胡志明也進行了抵制。

一九五〇年九、十月間，毛暫緩了在越南的軍事行動，以便集中精力打朝鮮戰爭。

二十世紀初淪為日本殖民地的朝鮮，在二次大戰日本戰敗後，被沿著北緯三十八度線一分為二，南邊駐紮美國軍隊，北邊駐紮蘇聯軍隊。一九四九年三月，北朝鮮首相金日成看見中共軍隊就要奪取全中國了，著急了，到蘇聯去想說服斯大林幫他打南朝鮮（南韓）。斯大林拒絕了，怕跟美國打起來。金日成於是求毛幫忙，派他的國防部副部長來北京見毛。毛明確表態支持，說等他拿下全中國再開戰。毛說北朝鮮「最好是在一九五〇年上半年舉行全面進攻」。毛著重說：「如果必要，我們可以悄悄派些中國部隊給你們。」中、朝兩國人膚色一樣，美國人「認不出來」。

這時候，毛的意思還是祕密派兵進去，喬裝成朝鮮人，而不是公開與美國對陣。訪蘇期間毛有了改變。他要公開同美國作戰——只有這樣他才能從斯大林那裡拿到他想要的東西。毛設想的交易是：我幫你打敗你的敵人美國，你給我軍事工業、勢力範圍。毛之所以敢打，是因為他擁有千百萬可充當炮灰的中國人。他相信美國不可能跟他比賽死人，他不會被打敗。打朝鮮戰爭還給他提供了一個處理上百萬在國共內戰後期投降的國民黨部隊的辦法：把他們大量派去朝鮮。

斯大林收到了金、毛之間聯系的報告。一九五〇年一月十九日，蘇聯駐平壤大使什特科夫（Terentii Shtykov）又電告斯大林：金日成很激動地請求允許他發動進攻，強調說，毛曾向他許下諾言，中國戰爭一旦結束就來幫他的忙。三十日，斯大林叫什特科夫告訴金日成，說「可以幫助他」。這是第一份斯大林同意發動朝鮮戰爭的文獻。斯大林改變主意是因為毛要參戰。兩個月後，斯大林把金日成召來莫斯科，對他說：中國人現在可以專心對付朝鮮問題了，我們有了成敗攸關的條件——北京的支持，我們可以採取更積極的行動來統一朝鮮了。斯大林要金「必須依靠毛，毛對亞洲事務的瞭解再高明不過」。*

從斯大林的角度看，中國和北朝鮮同美國打一場大仗對他有說不完的好處。第一他可以做軍火商。第二他可以試驗自己的新式裝備，特別是米格飛機，還可能獲得某些美國軍事技術。第三他可以摸摸美國的底，在跟共產主義陣營對壘上，美國到底能走多遠。

但最使斯大林動心的還是中國人能消滅並牽制大量美國軍隊，使世界權力平衡倒向對蘇聯有利的一邊。斯大林的全球夢包括在德國、西班牙、意大利等若干歐洲國家奪權。他在給毛的電報裡說：共產黨面對一個絕無僅有、而且轉瞬即逝的良機，那就是在資本主義陣營裡，德國和日本這兩個主要軍事強國都剛剛戰敗，如果共產主義陣營和資本主義陣營之間打第三次世界大戰的話，「我們應當害怕這一前景嗎？我認為，我們不應當害怕」，「如果大戰不可避免，那麼讓它現在就來吧，與其幾年後打，不如現在就打」。

毛澤東很清楚斯大林的夢，反覆向斯大林表態：可以依靠他來實現這個夢。毛一再告訴斯大林的聯絡員尤金：美國可能在朝鮮投入三十到四十個師，但是中國軍隊會把他們「碾」得粉碎。

金日成入侵南朝鮮後，聯合國安理會很快通過決議派聯合國軍隊支援南朝鮮。蘇聯駐聯合國的代表馬利克（Yakov Malik）本來可以行使否決權，否決這一決議，但人就在紐約的馬利克沒有到會。馬利克曾向斯大林要求去安理會，斯大林親自給他打電話，叫他不要去。派聯合國軍隊的決議

* 西班牙共產黨領袖卡里約（Santiago Carrillo）告訴我們：金日成曾對他說，朝鮮戰爭是金發起的，毛比斯大林更早、更堅決地支持他。

於是得以通過。

蘇聯拒絕行使否決權的舉動，一直使人們大惑不解，都說蘇聯錯過了阻止西方出兵的機會。實際上，斯大林是故意讓聯合國通過決議，想要以美軍為首的聯合國軍隊進朝鮮，好讓毛的士兵們把他們「碾」得粉碎。

毛要幫金日成打仗了，斯大林自然要讓他當金日成的頂頭上司。但斯大林得讓金明白，大老闆還是他。當他首次電告金日成同意打南朝鮮時，毛正在莫斯科，斯大林對毛一字未吐，反而命令金日成不許向中國人露出一點風聲。在毛回國以後，斯大林才把金日成接來莫斯科，跟他討論作戰方案。

五月十三日，蘇聯飛機把金日成送到北京。一下飛機金直奔毛處，向毛宣布斯大林已經同意了。當晚十一點半，毛派周恩來到蘇聯大使羅申那裡去核實。第二天一早，斯大林的話來了：「北朝鮮可以著手行動；可是，這個問題應該與毛澤東同志本人討論。」十五日，毛對金日成表示無保留的支持：「如果美國參戰，中國將派兵入朝。」毛澤東特意排除了蘇聯軍隊的捲入：「蘇聯同美國有三十八度線的協議，不方便直接參與軍事行動；中國沒有這種約束，可以全面援助北部。」毛主動提議馬上在中朝邊界部署大軍。

金日成同斯大林制定的計畫得到毛的認可，斯大林十六日來電最後點頭。六月二十五日，北朝鮮的軍隊越過三十八度線，侵入南朝鮮。

美國總統杜魯門於二十七日宣布派兵入朝。同時他改變了對台灣的「不干預」政策，決定保衛台灣。由於這一政策改變，毛和他的後繼者們都只能對台灣隔海興嘆。

八月初，北朝鮮軍攻占了百分之九十的南朝鮮。美軍增援迅速趕到，九月十五日在三十八度線以南的仁川登陸，把北朝鮮軍截為兩半，緊接著準備向北進攻。二十九日，金日成急電斯大林，請大老闆叫中國派「志願軍」。

十月一日，斯大林告訴毛：履行諾言的時刻到了。斯大林的電報先推卸責任說：「我現在遠離莫斯科在度假，跟朝鮮的事有點隔膜。」接著他委婉而客氣地下命令：「據我看，如果您認為可能派兵援朝的話，您應該起碼派五、六個師向三十八度線進發」，「他們可以稱為志願軍」。

毛馬上作出反應。十月二日凌晨二時，他要已經派到中朝邊界的部隊「隨時待命出動，按原定計畫與新的敵人作戰。」

決心已定的毛，在臨戰前，才召開政治局會議，想聽聽同事們的意見，看有沒有自己還沒想到的地方。對毛來說，政治局不是做決定的機構，而是為他提參考意見的智囊團和他的決定的執行者。這次，他特別要求智囊們暢所欲言，著重擺一擺出兵的不利條件。絕大部分人反對出兵。周恩來採取了模稜兩可的立場。反對聲音最高的是林彪。毛澤東後來曾講出兵「是一個半人決定的」。一個是他，半個是周恩來。反對意見包括：美國具有完全的制空權，大炮優勢是四十比一，美國可能轟炸摧毀中國大城市及工業基地，甚至可能朝中國扔原子彈。

這些問題毛都知道，他也曾為此多少天睡不著覺。毀了中國對他本人有百害而無一利。毛最終把賭注押在美國不可能打到中國本土來。中國的城市和工業基地也會有蘇聯空軍保衛。毛不相信美國會扔原子彈。不過，他還是為自己採取了以防萬一的措施：待在有堅固防空設施的玉泉山。

十月二日，毛起草了一封給斯大林的電報，說他「決定出動中國軍隊到朝鮮和美國人作戰」。

這之後他意識到自己一向對出兵顯得太積極，從未談過困難，不利於同斯大林討價還價。毛壓下已起草的電報，發給斯大林另外一封，故意表現得猶豫不決，說：中國出兵「多半會帶來極嚴重的後果」，「多數同志認為對此持慎重態度是必要的」。「因此，目前最好暫時不派出軍隊。」毛怕斯大林把他的話當真了，特地說：「我們尚未作最後決定，希望能同您商量。」

與此同時，為了給出兵鋪路，毛假裝給美國一個「警告」，派周恩來演了場有聲有色的戲。十月三日凌晨，周把印度駐華大使潘尼迦（Kavalam Madhava Panikkar）從睡夢中叫醒，要他告訴全世界，如果美國軍隊越過三十八度線，「我們不能坐視不顧，我們要管。」為什麼中國政府不直接發表聲明，而繞個彎透過一個在西方說話沒人聽的大使？顯然毛有把握這個「警告」會被置之不理，他便能以「美國把戰火燒到中國大門口」為理由出兵。

十月五日，聯合國軍隊已經推進到了朝鮮北部，斯大林對毛感到有些不耐煩了。他回答毛那封「暫不出兵」的電報說：「我上次向您提出派五、六個師的中國志願軍，是因為我很瞭解，中國領導同志作出過一系列聲明，說他們準備好了派幾個軍去支援朝鮮同志。」這裡的「中國領導同志」顯而易見是指毛。斯大林是在提醒毛，朝鮮戰爭是毛最先積極要打的。

毛只是想抬高身價。收到斯大林的這封電報時，他已經指定了入朝總司令：彭德懷。十月八日，他下令組成志願軍，「迅即向朝鮮境內出動」，當天電告金日成：「我們決定派遣志願軍到朝鮮境內幫助你們」。他同時派周恩來、林彪到蘇聯，向斯大林要武器。路上，林彪給毛發了封長長的電報，再次勸毛回心轉意，放棄出兵。派強烈反對出兵的林彪去見斯大林，毛有他的用心。他想讓林彪對斯大林多說、說夠出兵的困難，以便從斯大林那裡得到盡可能多的東西。

周、林於十月十日到達斯大林在黑海畔的別墅，當晚談了一夜，直到黎明五點鐘。斯大林答應賣給中國飛機、大炮、坦克等軍事裝備，周恩來連價格也沒問，他知道不管多少都非買不可。斯大林曾許諾派「一個空軍師，一百二十四架飛機，提供空中掩護」。可現在他忽然說派不出了，蘇聯空軍尚未準備好，要等兩個月。沒有空軍掩護，志願軍只好在地面上等著挨美國飛機炸。周恩來、林彪堅持說蘇聯空軍掩護決不可少，爭來爭去斯大林也不鬆口。最後，斯大林打電報給毛說：中國不必出兵。

用毛後來的話，斯大林說：「算了吧！」斯大林這是在將毛的軍，明知毛想出兵，非出兵不可。果然，毛馬上就不爭了，說：「不管蘇聯出不出空軍，我們去。」十月十三日，他打電報給周恩來：「應當參戰，必須參戰，參戰利益極大，不參戰損害極大。」周恩來看完電報後，一言未發，雙手抱著頭，陷入深深的沉思。毛怕周不把他的意圖傳達透澈，雙管齊下，通知蘇聯駐華大使羅申，中國一定出兵。

中國，就這樣在一九五〇年十月十九日被毛投進了朝鮮戰爭。

35 難發的戰爭「財」

一九五〇～一九五三年　五十六～五十九歲

中國志願軍入朝參戰時，金日成正敗得一塌糊塗。兩個月後，志願軍把聯合國軍趕出了北朝鮮。金現在說話不算數了，毛在朝鮮有四十五萬人，是他七萬五千殘兵敗將的六倍。十二月七日，志願軍收復平壤，金把戰爭指揮權交給了中國人。彭德懷打電報給毛說：「金同意組成聯合指揮部，今後不再直接干預指揮。」聯合指揮部司令是彭德懷，毛澤東接管了金日成的戰爭。

志願軍打到三十八度線時，彭德懷向毛要求停下來，說運輸線太長：「目前部隊糧、彈、鞋、油、鹽均不能按時接濟，主要原因是無飛機掩護，隨修隨炸。」毛拒絕停下來，十二月十三日，他覆電彭德懷：「我軍必須越過三十八度線。」

志願軍不久攻占南朝鮮首都漢城（首爾）。斯大林給毛賀電的熱度遠遠高過對毛奪取中國的祝賀。斯大林還特意指出，毛的勝利是「針對美國人的」。

十二月十五日，杜魯門在電臺上宣布全國進入緊急狀態，這在第二次世界大戰或以後的越南戰爭中都未曾發生過。杜魯門用嚴峻的語言對美國人民說，他們的家庭和民族「現在面臨巨大的危險」。幾個星期的工夫，在零下幾十度的冰天雪地裡，中國人把美國人往後趕了兩百公里。國務卿艾奇遜說美國軍隊遭到一百年來「最慘的失敗」。

中國的勝仗代價沉重。彭德懷十二月十九日報告毛說：「大衣和棉鞋多數未運到，棉衣、被毯，多被敵機燃燒彈燒掉，不少戰士穿單鞋，甚至還有部分人打赤腳。……目前正值大雪，氣溫已降至零下三十度，戰士在體力削弱，凍壞腳者無法走和沿途露營情況下，可能發生不可想像之損失。」一九五一年一月二日，中共負責志願軍後勤供應的李富春告訴蘇聯人，有的整支部隊死於嚴寒。

志願軍打仗靠「人海戰術」，用他們的唯一優勢——人多——跟西方的炮火拚。英國名演員麥可．凱恩（Michael Caine）曾在朝鮮戰場作戰。他告訴我們，他出身窮困家庭，剛去朝鮮時對共產主義頗帶同情，但戰場的經歷使他從此厭惡這個制度。他親眼目睹中國士兵像大海波浪般一潮一潮地往前衝，用身體消耗西方的子彈。他當時就想：他們連自己人的生命都不顧惜，我怎麼能指望他們關心我呢？

中國軍隊的勝利沒能持久，一月二十五日，聯合國軍隊發動反攻，形勢逆轉。中方的傷亡極其慘重。二月二十一日，憂心似焚的彭德懷趕回北京去見毛。一下飛機他驅車直奔中南海，聽說毛住在玉泉山別墅，他匆匆趕去。警衛告訴彭毛正在休息，彭德懷焦急之下，做了件無人敢做的事：他推開警衛，闖進毛的寢室，把毛叫醒，向毛講述朝鮮局勢如何嚴重。毛聽後說：「朝鮮戰爭能速勝則速勝，不能速勝則緩勝，不要急於求成。」

幾天後的三月一日，毛澤東向斯大林陳述了他的作戰方針：「敵人不被大部消滅，是不會退出朝鮮的，而要大部消滅這些敵人，則需要時間。因此，朝鮮戰爭有長期化的可能。」他告訴斯大林，他準備用中國的人力來跟美國拚消耗。「在過去四個戰役中，中國志願軍戰鬥的和非戰鬥的傷亡及減員已超過十萬人，正將補充老兵新兵十二萬人；今明兩年準備再有傷亡三十萬人，再補充三十萬人」。「總之，」毛說，「我軍必須準備長期作戰，以幾年時間，消耗美國幾十萬人，使其知難而退」。

中國軍隊一入朝，毛馬上行動起來，向斯大林要軍事工業。他派他的海軍司令去莫斯科談海軍建設問題。跟著去的是談判建立航空工業的代表團。在航空工業方面，毛相當成功，莫斯科簽訂了協議，幫中國建工廠，先修理、維修飛機，再在三到五年內過渡到製造，屆時年產三千六百架殲擊機。轟炸機的製造也在討論之中。中國在朝鮮戰爭結束時擁有世界上第三大空軍，有大約三千架飛機，包括先進的米格機。

一九五一年五月，毛派總參謀長徐向前率「兵工代表團」到蘇聯去索要中國在朝使用的各種兵器彈藥的製造藍圖，要求蘇聯幫助建設軍事工業。代表團提出買六十個師的武器裝備，對此斯大林滿口答應。但建兵工廠就不一樣了。徐向前說：一連數月，「兵工生產問題遲遲不見答覆，我著急得很，左催右催，沒有結果」。徐發電報問毛怎麼辦，毛覆電說：不管怎樣，耐心等待。最後，蘇聯只同意轉讓幾種兵工技術資料，其他的一概不談。

這時朝鮮戰爭已經打了一年，美國空軍把北朝鮮炸得千瘡百孔。金日成眼看著他將來統治的會是一片廢墟，面積可能比當初的還小，他急於結束戰爭。一九五一年六月三日，他祕密到中國，建議同意聯合國早已提出的停戰談判。

毛不想停戰，斯大林還遠遠沒有滿足他對軍事工業的要求。但他不反對臨時停火。志願軍這時正吃敗仗，急需喘口氣。毛派東北負責人高崗同金日成一道去見斯大林，既談臨時停火，也催幫助建設軍事工業。斯大林談完後打電報給毛，避而不提軍工，只說了句讓毛開心的話，把金日成視為毛的部下：「今天見到了您在東北和朝鮮的代表。」斯大林同意臨時停火。朝鮮停戰談判在七月十日舉行。

幾個月內，大多數問題都很快解決了，毛和斯大林扭住一個問題不放：戰俘遣返問題。當時聯合國軍手上有兩萬中國戰俘，大部分是原國民黨官兵，不願意回到共產黨統治下的大陸去。美國堅持自願遣返，*毛要全部遣返，命令談判代表：「一個也不能放！」這一句冷酷的話使朝鮮戰爭多打了一年半，中國多死了幾十萬人，朝鮮死的人更多。金日成本人是一心想接受美國的條件，勸毛說沒必要去爭那幾個政治上不可靠的國民黨。金的話沒用。

邊談邊打一年以後，一九五二年七月十四日，一度信心百倍要征服南朝鮮的金日成，給毛發電報，哀求毛接受妥協，結束戰爭。美國轟炸下的北朝鮮，就像美國國務卿臘斯克（Dean Rusk）說的：「再沒什麼東西可炸了。」北朝鮮人口降到生存線之下，大約三分之一的成年男子死亡。

毛當即給金日成回電拒絕。「不接受敵人〔自願遣返〕的提議只有一個害處，」毛說，「就是朝鮮人民和中國人民志願軍多死些人。但是……」毛接下去在「但是」後面大做文章，說死人有好處：「鍛鍊了人民，使他們獲得了與美帝國主義作鬥爭的經驗。」回電結尾處，毛說他要向斯大林報告，看大老闆怎麼說。

金日成怕大老闆看出他不堅定，不等毛通知他斯大林如何作答，即刻給毛回電，說毛當然是「正確的」，他自己也決心打到底，只請求再給他些軍援。金同時主動發電報給斯大林，可憐巴巴

---

* 美國的立場是基於二戰結束後戰俘遣返帶來的悲劇，當時西方送歸斯大林的許多戰俘，後來被斯大林殺害或監禁，在西方引起強烈震撼。所以無論從人道或從政治考慮，美國都決不接受強迫遣返。

地解釋他為什麼動搖。

斯大林在十七日給毛回了封兩行字的電報：「我們認為您對停戰談判採取的立場是完全正確的。今天，我們接到平壤的報告，金日成同志也贊成您的立場。」

一個月後，斯大林、周恩來有一段隱含殺氣的對話。據會談紀錄，周先說中國準備戰爭再繼續兩到三年，斯大林問起朝鮮領導人的態度，說「美國人沒有嚇倒中國，能不能說他們也沒有嚇倒朝鮮？」

周恩來說：「基本上可以這麼說。」

斯大林顯然有些不相信地說：「要真是這樣的話，那倒還不錯。」

周恩來改口說：「朝鮮是動搖了……從朝鮮某些領導人身上，甚至可以感到恐慌。」

斯大林說他「已經從金日成給毛澤東的電報裡看出了恐慌。」

周恩來說：「是這樣。」

顯然，對金日成而言，斯大林、毛澤東的確比美國轟炸更可怕，他們一句話就能推翻他。戰爭，就這樣繼續了下去。

一九五二年八月，毛派周恩來去莫斯科見斯大林。首先是表功。八月二十日第一次會談時周說：「毛澤東相信戰爭繼續下去對我們是有利的，它把美國拴在朝鮮，使美國無法打新的世界戰爭。」斯大林誇獎說：「毛澤東說得對，這場戰爭使美國人坐臥不安。」周接著斯大林的話頭強調中國的作用，說：「是中國在朝鮮戰爭中打先鋒，使美國無力打第三次世界大戰了。」斯大林讚賞地說：「美國人是根本沒能力打大規模的戰爭，特別是在這場朝鮮戰爭以後。」斯大林還加上幾句

「笑話」，說：「美國的強大強大在什麼地方？美國人的主要武器不過是長筒絲襪、香菸、這個那個商品。他們想征服世界，可是拿小小的朝鮮也沒辦法。」

毛的參戰讓斯大林可以藐視美國了，該斯大林給他回報了。周恩來開口就向斯大林要求援建一百四十七個項目，「都為軍事需要服務」。這中間有生產戰鬥機的、艦艇的、坦克的，周要求「一家工廠一年出產一千輛輕型坦克，另一家四、五年內出產中型坦克」。

斯大林的反應是拿些漂亮話來搪塞，什麼「中國一定要很好地武裝起來，」「中國一定要成為亞洲的旗艦。」斯大林就這樣一直敷衍下去，到死他也沒有對周恩來的單子點頭。

周恩來見斯大林的另一目的，是確立毛的勢力範圍。自從斯大林決定打朝鮮戰爭以來，他同意毛把手伸進日本、菲律賓、馬來亞等亞洲國家。日本共產黨人來北京籌備組織與朝鮮戰爭配合的武裝行動。在東南亞，緬甸共產黨游擊隊尤其活躍，正朝中國邊境運動，以期打通中國，接受軍援軍訓。來中國受訓的還有未來的柬埔寨紅色高棉領導人波爾布特（Pol Pot）。

周恩來談起東南亞時，好像中國已經主宰著它的命運。在九月的會談中，周說：「在跟東南亞國家的關係中，中國的方針是和平地施加影響，而不是派兵進去。」他說對緬甸是這樣，「對西藏也是一樣。」斯大林見周把西藏跟緬甸相提並論，語帶諷刺地說：「西藏是中國的一部分，中國軍隊當然得進駐西藏。至於緬甸，你們應該小心行事。」斯大林又添上一句：「緬甸是應當有個親中國的政府。」

周提起將要在北京召開的亞洲太平洋地區「和平大會」。這是毛要主導亞太地區必走的一步，他需要斯大林認可。斯大林說既然開會是中國的主張，應該讓中國起主導作用。周恩來追問，蘇聯代表團「將起什麼具體作用」。斯大林挖苦地說：「和平。」

周恩來明知斯大林不滿，仍然繼續說，希望趁十月蘇共「十九大」時，中共代表劉少奇與到會的亞洲共產黨領袖會談。周問：「是否可以利用這個機會同印尼共產黨代表在莫斯科談黨的問題。」

斯大林含糊地答道：「現在還很難說……」

周恩來進一步提要求說：「日本同志也將到會，他們很可能也想討論黨的問題。」

斯大林迴避表態，說：「在這個問題上，老大哥當然不能拒絕幫助小弟弟。等劉少奇來了再說……」

周恩來步步緊逼：「劉少奇來的意向就是要談，他將帶來有關材料。」

斯大林不得不說：「如果中國同志想談，當然我們不會反對。」但他又想阻撓，緊接著說：「如果不想談，那麼什麼也不必談。」

周恩來很堅決：「中國同志絕對肯定想談。」

毛澤東兩年多前在莫斯科時，斯大林曾不許他見任何人。今非昔比，斯大林只好說：「既然如此，我們會找到時間談。」

目的達到，周恩來說了句讓大老闆寬心的話：「希望我們所有要談的問題，都能得到斯大林同志的指示。」

斯大林嘲諷地問：「指示？還是建議？」

周恩來回答：「從斯大林同志的角度來說是建議，但是對我們來說就是指示。」

周恩來的綿裡藏針代表了毛澤東新起的強硬。

斯大林故意在毛和毛的同事之間製造衝突。九月初，彭德懷和金日成同來莫斯科，參加朝鮮戰爭打響後唯一的一次蘇、中、朝三邊會議。斯大林在一天會後破格把彭德懷叫到一邊，單獨談了一陣，沒有叫周恩來。周報告了毛，毛大為生氣。彭德懷解釋說，斯大林談的只是北朝鮮人虐待戰俘的問題。毛疑心未消。

下一個是劉少奇。十月份劉到莫斯科出席蘇共「十九大」，斯大林對他的親密程度超乎尋常。劉的翻譯師哲注意到，斯大林「甚至談及他個人的處境、心情」。周恩來後來說，斯大林對毛訪蘇「還不如對少奇同志訪蘇時熱烈」。

十月九日，《真理報》刊登了劉少奇在頭一天代表中共向「十九大」致的賀詞，大字標題把劉稱為中共「總書記」。這個頭銜在除中共以外的各國共產黨中都是第一號人物，莫斯科很清楚中共沒有「總書記」。這樣的登法不是失誤，正如蘇聯駐英國大使對我們說的：「《真理報》在那個年代不可能失誤。」這是斯大林故意搗鬼，提醒毛，他可能讓劉少奇取代毛。

劉少奇當即寫信給斯大林的副手馬林科夫（Georgi Malenkov）申明：中共中央現在沒有總書記，全黨「均在毛澤東同志的領導之下，以毛澤東同志為主席」。劉沒有驚惶失措，「十九大」結束後，他按照原計畫留在蘇聯跟亞洲共產黨領導人會談。毛最想染指的是印尼共產黨，而印尼共又遲遲不來，毛要劉見了印尼共才走，劉只好在蘇聯等下去，直到第二年的一月六日。

這天夜裡，在斯大林主持下，劉與印尼共產黨領袖艾地（D. N. Aidit）、尼約托（Njoto）等人開會，中共正式「接管」印尼共。會開到第二天清晨才結束。艾地走到雪地裡，扔雪球慶賀。他沒想到，十二年後的一九六五年，毛的領導將把他跟數十萬印尼共產黨人送上死路。跟艾地等人的會一開完，劉少奇當天就離開莫斯科回國。

隨著朝鮮戰爭的繼續，毛澤東向斯大林索要軍事工業的頻率也越來越高。一九五二年十二月十七日的一封電報長達八頁紙。一九五三年二月二日，新任美國總統艾森豪威爾（Dwight Eisenhower）在國事演說中暗示他可能對中國使用原子彈。毛立刻就向斯大林要原子彈技術。

艾森豪威爾以為他的話會嚇住毛，殊不知這正是毛迫不及待想聽到的。第一顆原子彈扔下以後，毛外表上作出一副輕蔑的樣子，說原子彈不過是「紙老虎」。實際上，他迷上了這個大規模殺人武器。訪蘇時，他看了蘇聯原子彈試驗的紀錄片，回去後說：「這次到蘇聯，開眼界哩！看來原子彈能嚇唬不少人。美國有了，蘇聯有了，我們也可以搞一點嘛。」管經濟的薄一波說：「那個時候，毛主席在各種會議的場合幾乎都要提到我們沒有原子彈的問題，毛主席講來講去著急啊！」艾森豪威爾提到美國可能使用原子彈後，毛派核專家錢三強趕赴蘇聯去見斯大林，要這個夢寐以求的寶貝：你要是不想跟美國打核戰爭，你就得讓我擁有原子彈。

這一招將了斯大林的軍，因為蘇聯同中國有同盟條約，一方挨打，另一方也得捲進去保護它。斯大林不想讓毛擁有原子彈，但他怕艾森豪威爾真會扔原子彈。這促使斯大林決心結束朝鮮戰爭。根據看到了俄羅斯最高機密檔案的蘇聯沃克戈洛夫將軍（Dmitri Volkogonov）的披露，斯大林在二月二十八日決定結束戰爭，告訴蘇共領導人他第二天將採取行動。就在當天晚上，他突然腦溢血，幾天後的三月五日死去。

導致斯大林腦溢血，毛澤東的壓力，說不定也有一份。斯大林在他最後一頓晚餐上談到朝鮮戰爭，把在朝鮮老打不贏，同沒能把南斯拉夫的鐵托留在共產主義陣營這兩件事聯繫起來。斯大林還談起共產國際早年在遠東的工作。晚餐後，斯大林讀的最後一份報告內容是暗殺鐵托失敗。從斯大林的話題，到他看的文件，都跟毛有關係。*

毛澤東到蘇聯大使館去弔唁斯大林。使館工作人員稱他含著眼淚，有點兒站立不穩，周恩來痛哭失聲。事實上，斯大林的死是毛澤東的解放。

三月九日，天安門廣場召開追悼大會，全國舉哀，規定的紀律裡有一條：「不准笑！」天安門城樓上掛著斯大林的巨幅畫像，儀式以毛向遺像鞠躬、獻花圈開場。會上有多人講話，但毛沒講。他也沒到莫斯科去給斯大林送葬。江青那時在蘇聯，去向斯大林的遺體告了別。周恩來受命出席紅場上舉行的葬禮，同蘇聯領導人一道跟在斯大林的棺材後面走。那天天氣特別冷，不怕冷的周恩來只穿著件薄薄的大衣。走在周後面的捷克黨首腦哥特瓦爾德（Klement Gottwald），幾天後也一命嗚呼，說是「感冒」，實際上是酗酒過度。在布拉格舉行葬禮時，周恩來也去了，碰上英國共產黨領導波立特，向周要了五千五百英磅重修倫敦的馬克思墓。

三月二十一日，以馬林科夫為首的蘇共新領導人與周恩來開了一夜的會，對周說他們決定結束朝鮮戰爭，要是毛合作的話，他們願意賣給毛九十一座大型軍工企業。這些都是斯大林迄今拒絕出售的。蘇共新領導人不像斯大林把毛看成是對他個人的威脅，他們認為軍事上強大的中國對共產主義陣營是件好事。

但毛不停戰。他想要的一樣東西還沒得到：原子彈。周恩來參加斯大林葬禮時，曾再次提出這個要求。此時仍在蘇聯的錢三強代表團一再請求核技術轉讓，都被莫斯科拒絕。錢三強等人在蘇聯「賴」了三個月，這三個月正是毛拒絕停止朝鮮戰爭的三個月。五月，蘇共新領導人給毛發了「最

---

* 一九九四年，發動朝鮮戰爭的四十四年後，金日成因心臟病突發死去，死時坐在椅子上，手裡攥著俄羅斯政府即將解密的關於朝鮮戰爭內情的文件。

後通牒」。

朝鮮戰爭期間，共產黨一方指責美國在中、朝兩國使用細菌戰。被俘的美國空軍被迫供認扔細菌彈。中共至今指控說美國「布撒細菌即達八百零四次之多」，而宣布的死亡人數只有八十一個。當時在朝鮮的兩位蘇聯將軍，北朝鮮總參謀長南日的顧問索茲諾夫（Valentin Sozinov），和北朝鮮軍的主要醫藥顧問斯里瓦諾夫（Igor Selivanov），都對我們說，他們沒有見到任何細菌戰的痕跡。斯里瓦諾夫特別說，以他的職位，要是扔了細菌彈他不可能不知道。其他蘇聯將領、外交官也異口同聲說沒扔。

「捏造細菌戰」當初毫無疑問斯大林是點了頭的，如今蘇共新領導把它變成罪名，給毛施加壓力，要他停止朝鮮戰爭。外交部長莫洛托夫說細菌戰是中方「故意捏造」的，給北朝鮮方面「造成既成事實」。北朝鮮官員對蘇聯人說：「細菌彈很可能是中國飛機自己投下的。」

五月二日，蘇聯新任駐華大使庫茲涅佐夫（V.V. Kuznetsov）遞交給毛一封空前嚴厲的信，說：

> 蘇聯政府、蘇共中央委員會被給予了錯誤的信息。報紙上關於美國在朝鮮使用細菌武器的大肆宣傳，是建築在虛假的消息來源上。對美國的指控是虛構的。

信中「建議」北京不要再提這些指控，並說蘇聯方面「參與捏造這一指控的人將受到嚴厲懲罰」。蘇聯駐北朝鮮大使拉茲瓦也夫（V.N. Razuvayev）已經被召回，關進了克格勃的監獄。

庫茲涅佐夫大使在五月十一日深夜把信交到毛手上，周恩來也在座。據庫大使向莫斯科報告，毛說關於細菌戰的宣傳是「根據前方的彙報」，「要確定這些彙報的精確度是很難的」。「如果你們發現了造假，那麼這些來自下面的彙報就是假的。」庫大使顯然奉命要詳細描述毛的反應，他說他「注意到毛澤東表現得有點緊張，不斷地掐斷香菸……到會見快結束時，毛才鎮定下來，開始有說有笑。周恩來的舉動是刻意的嚴肅，也有些不安。」

從對細菌戰的否定，到莫斯科聲色俱厲的用語，毛看出不結束朝鮮戰爭不行了。第二天凌晨，蘇聯大使離開後，毛做出決定，結束朝鮮戰爭。

蘇共新領導人一心要緩和與美國的緊張關係，毛知道他得不到原子彈了。他召回錢三強，接受了軍工項目。他通知停戰談判代表接受美國方面堅持了十八個月之久的自願遣返戰俘的方案。

兩萬一千三百七十四名中國戰俘中，三分之二拒絕返回大陸，大多數去了台灣。回到大陸的從此被當作「叛徒」、「特務」，在一次次整人的運動中歷盡苦難，直到毛死。毛還向金日成建議，扣下當時北朝鮮祕密關押的六萬南朝鮮戰俘。金日成把他們分散在北朝鮮最偏僻的角落裡做苦工。他們中的倖存者也許今天還在那些地方。

一九五三年七月二十七日，朝鮮停戰協議簽字。這場歷時三年，導致數百萬人死亡、不計其數的人傷殘的戰爭，終於結束了。

中國赴朝參戰的至少三百萬人，起碼死亡四十萬人。中國官方數字是十五萬二千人，但鄧小平對日本共產黨領導人，康生對阿爾巴尼亞的霍查（Enver Hoxha），都承認是四十萬。志願軍副司令洪學智也說：「我們在朝鮮戰場上犧牲了幾十萬同志」。蘇聯官方文件認為中國死亡人數為一百萬。*美國死亡人數三萬七千人，英聯邦一千二百六十三人，其他國家一千八百人。在這場戰爭中，據估計南朝鮮包括平民在內的死亡人數大約有一百萬，而北朝鮮更高達二百五十萬人。

這場大戰打下來，金日成一寸土地也沒拿到，他的國家反而變成一片焦土。毛澤東得到了什麼？勢力範圍的擴大，航空工業的起步，和蘇聯簽了幾十個軍工項目。但戰爭使中國每年百分之六十以上的國民經濟總產值被吞噬，還背上了從蘇聯那裡貸款購買軍火的沉重包袱。更不用說數百萬中國人傷殘死亡。

在那無數葬身異地的中國人中，有毛澤東的長子岸英。他在志願軍總部給彭德懷當俄文翻譯，在美國空襲中被炸死。那天是一九五〇年十一月二十五日，他剛到朝鮮一個月，年紀只有二十八歲。

一年前他才結婚，妻子劉思齊是毛澤東的乾女兒，兩個年輕人相識有幾年了。一九四八年，岸英告訴父親他想結婚，毛勃然大怒，衝著他大吼，岸英又嚇又急又氣，走出毛的屋子就暈倒在院子裡。他兩手冰涼，人們趕緊用暖水袋給他暖手，滾燙的暖水袋把手燙出兩個大水泡，他也毫無知覺。毛的大怒也許帶些「性」妒忌。思齊長得文雅出眾，在毛身邊待了好些年。岸英又跟毛提過幾次，毛都不鬆口，後來終於說可以，但得等到一九四九年「十一國慶」以後。新婚剛一年，岸英就走了。按照共產黨的紀律，他沒告訴妻子他到哪裡去。思齊也沒問，但她猜到他是去了朝鮮。

毛澤東的祕書葉子龍按照周恩來的指示，把岸英的死訊報告給毛。葉記得很清楚，毛「聽後久久沒有說話」，然後「自言自語：『打仗嘛，怎麼會沒有傷亡呢？』」「我回到自己辦公室，過了一會兒，江青來到我這裡流了一陣眼淚，可能是毛澤東把岸英犧牲的消息告訴她了，可她同岸英的關係一直不怎麼樣。」根據葉的觀察，毛澤東本人「硬是沒有流露出十分痛苦的表情」。

兩年半多的時間，岸英的死訊一直沒人告訴他年輕的遺孀。朝鮮戰爭還在打的時候，她沒覺得丈夫長久的沉默不正常，在共產黨裡待久了，她明白搞祕密工作的人常常這樣。但是一九五三年夏天，停戰協議簽訂了，岸英還是沒有消息，她感到奇怪了，去問毛，毛這才告訴她岸英早已去世。在這兩年多的時間裡，她幾乎每星期都見到毛，寒暑假也跟毛一塊兒過，毛從來沒有表現出任何悲傷，一點讓她覺得事情不對的樣子也沒有。相反地，毛還不時談到岸英，還開玩笑，完全不像談已死的人，就像岸英還活著一樣。

* 這些犧牲並未讓北朝鮮感激中國。當我們要求參觀平壤的中國參戰紀念館時，當局一口回絕；我們問中國的犧牲人數，當局兩次拒不作答，最後答覆是：「可能一萬。」

36 軍事工業化的起步

一九五三～一九五四年　五十九～六十歲

斯大林繼任者賣給毛的九十一個大型項目，連同斯大林從前答應的五十個，使毛得以在一九五三年六月十五日推出稱作「總路線」的中國工業化藍圖。鮮為人知的是，這些項目是以軍事工業為核心，毛的工業化實質上是「軍事工業化」。

毛要在十年到十五年，或至多再長一點時間內，實現這個目標。他反覆交代的是要「快」，「提前完成」，「超額完成」，說速度是「靈魂」。為什麼這麼急呢？毛澤東有一個說不出口的理由：他要在他活著的時候，中國就變成軍事大國，使他在全世界「說話有人聽」。

毛快六十歲了。在談起工業化時，他經常說到歲數生死問題。一次對中央警衛團戰士講話，他一邊說：「大家努力幹，用十五年時間實行工業化」，一邊冷不丁地說：「孔夫子是七十三歲死的。」毛的意思是：他完全可能活得比孔夫子長，他能看到中國實現軍事工業化。又一次，他講到再過三個五年計畫，就超過英國時，他說他也有個五年計畫：「最好再活十五年，我就心滿意足了。能超額完成當然更好。」

早在一九一八年，毛就表示過，他對身後名利完全不感興趣。這種徹底唯物主義思想貫穿了他的一生。一九五〇年在莫斯科參觀列寧墓，毛對隨行人員說：列寧的遺體保存得很好只是為了他人，「從個人看，人一死就什麼也不知道了，保存遺體也就沒有必要了。」

毛既不追求流芳千古，也不在乎遺臭萬年，對他死後天塌地陷都不關心。他去世的時候，沒有留下任何遺囑，也沒有指定接班人。而且，不像絕大多數中國父母，不像中國歷代皇帝，更不像蔣介石，毛澤東完全不在乎斷子絕孫。在朝鮮戰爭中死去的岸英既是長子，又是毛唯一頭腦健全的兒子，可是岸英沒有孩子，原因是岸英的妻子當時在上學，不想要孩子。毛澤東沒有向岸英兩口子表示過希望他們生孩子。

一九五三年，以軍工為核心的第一個五年計畫開始。周恩來曾把計畫草案呈報斯大林，斯大林看到軍工在預算中占的比例時，說：「這個比例太不平衡了，即使在戰爭時期，我們的軍事開支也沒有這樣高。」「問題是我們能不能生產出這麼多的設備。」從中國官方公開的數字看，「一五」時期，軍事開支和以軍事工業為中心的重工業投資，占總開支的百分之六十一。真實的數字更大，以後越來越大。

而國家花在教育、文化、醫療衛生上的全部錢加在一起，也不過是可憐的百分之八點二。西方人長期以為毛時代的醫療免費，實際上，享受這類福利的只有城市裡一部分人。對佔中國人口大多數的農民和城市底層人民來說，除了治療急性傳染病以外，醫療從來不免費，而且普遍缺醫少藥。

中國從蘇聯進口的企業稱為「蘇聯援建項目」，給人的印象是這些項目都是蘇聯送的。其實每一顆螺絲釘都是中國人花錢買的，而付款方式大多是出口食品和其他農產品。周恩來在國務院說：「我們同蘇聯的貿易是賣出農產品，換回機器」。根據官方的《當代中國對外貿易》，整個五十年代，「出口商品主要仍是大米、大豆、植物油、豬鬃、腸衣、生絲、豬肉、羊絨、茶葉、蛋品等」。毛曾對印尼總統蘇加諾（Achmed Sukarno）說：「說老實話，我們沒有好多東西〔出口〕，無非是一些蘋果、花生、豬鬃、大豆。」

中國耕地只佔世界百分之七，人口卻佔世界百分之二十二。這是世界上少見的土地寶貴到不能大量飼養牲口的國家，人民少有肉、奶製品吃。中國人的蛋白質來源主要靠大豆、植物油、蛋品、豬肉，主食是稻麥。這些食物向來匱乏，糧食傳統上更是依賴進口。管經濟的陳雲說，大清帝國、北洋軍閥、國民黨都是靠進口糧食，向美國、加拿大、澳洲買糧食。而如今，食品要大批出口，大米居首位。

一九五三年十月，中共中央指示外貿部：糧食、大豆、植物油等，「必須想盡一切辦法擠出來，以供出口。」次年七月，又一道命令：「有些商品如肉類，應該壓縮國內市場的銷售，保證出口。有些商品如水果、茶葉和各種小土產，應盡先出口，多餘的再供國內市場銷售。」

在「擠」、「壓」政策下，受害最重的是農民。毛政權用嚴格定量的辦法，保證城市人口有基本食品，而農民就沒有保障了。為了限制城市人口，農民不准搬進城裡，不准進城找工作。他們被終身釘死在自己的村子裡，子孫後代難有出頭之日。傳統上，中國農民享有充分的遷徙自由，可以通過本事發財致富，可以通過讀書出人頭地。毛政權對農民的限制和壓迫在中國歷史上是空前的。*

有一次，周恩來答應向東德出口大豆時說：「我們的人要是挨餓是在鄉下，不像你們的人在城裡。」意思是：中國挨餓的人外人看不見。

毛澤東一方面出口農產品，一方面卻不向農業投資。一度管農業的鄧子恢對部下說：「我們發展農業生產，是靠農民的兩個肩膀、一個屁股。」就是說靠農民的手工勞動和糞便。

在如此可憐的條件下從事生產的農民，不但要償付毛從蘇聯、東歐進口的大量軍工設備，還要支付毛為了擴大勢力範圍而有求必應的慷慨贈送。中國不但把北朝鮮、北越等窮國養起來，還對比它富得多的歐洲國家也大給特給。羅馬尼亞舉辦青年節，毛一口氣就捐贈了三千噸植物油。而中國產油地區的農民這時一年一人只許留用一公斤，除了做飯還要點燈。一九五六年匈牙利事件後，儘管匈牙利的富裕程度與中國比有天壤之別，毛大筆一揮，贈送了價值三千萬盧布的食品，外帶三百五十萬英鎊的「貸款」。毛的「貸款」，他反覆說，是不需要償還的。

一九五三年六月，東德人民鬧事。毛馬上送給東德專制政權價值五千萬盧布的食品。東德還想多要，要求用機器償付。這些機器當時在中國沒用，外貿部決定不要。但是毛下令接受，說什麼「他們比我們苦得多，我們不能不管。」毛還在這些荒唐的話下面加圈加點，以示強調。正是中國的食品，使東德得以取消定量配給制度。

毛的慷慨解囊，中國人民是沒有資格過問的。享受滿足感的只有毛。毛送了東西便以老師自居，要東德的烏布利希（Walter Ulbricht）在「鎮壓反革命」上搞徹底，還建議他們學習中國建長城，把「法西斯」關在外面。幾年後，柏林圍牆還真的修起來了。

世界上最富有國家的對外援助，也極少超過國民生產總值的千分之五，美國在二十世紀末的外援遠低於萬分之一。可是在毛澤東時代，中國這樣一個一貧如洗的國家，外援居然曾達到財政支出的百分之六點九二（一九七三年）！

毛很清楚農民在餓飯。一九五三年四月二十一日，他在一份報告上寫道：「全國大約有百分之

---

* 這就是為什麼在毛統治下，城裡人都怕下放農村。下放意味著全家、子子孫孫從此生存沒有保障。毛利用這一懲罰手段使城裡人聽話。

十的農戶要遭春荒夏荒，缺乏口糧，甚至斷炊」，這種狀況「年年如此」。

在這樣的狀況下出口食品，必然導致農民大批餓死。毛的第一副手劉少奇不希望有這樣的後果。他也想中國工業化，但他希望步子走得緩一些，先提高人民生活水準，建立適當的經濟基礎。劉在高層反覆講了他的設想，強調「不可以先發展重工業」。所謂重工業，在毛時代就是以軍工為核心的工業。劉解釋說：「重工業積壓資金很厲害，需要大批資金才能建立……我們沒有別的辦法籌錢，只有一個辦法，靠人民節省……現在人民生活很苦。」劉說：「農民要穿新衣服，要買襪子，要穿鞋子，要『梅蘭芳』的鏡子，要肥皂，要毛巾。他們需要各種東西，他們的孩子要讀書。」劉的看法是應該先滿足這些要求。而毛澤東從來沒有說過這類具體的關心人民生活的話。

劉少奇比毛澤東小五歲，出生地離韶山只有幾公里。他一九二一年去莫斯科，二十三歲時在那裡加入了共產黨。同學們說他深沉文靜，幾乎沒有什麼個人愛好，時間都花在學習俄文、看書、思考問題上，從來不閒聊天。不少女孩子被他吸引。劉認識毛是在一九二二年回到湖南後，兩人並非一見如故，也沒有特別的交情。直到三十年代後期，劉支持毛利用日本人打垮蔣介石、擴張共產黨的主張，他們才成了同盟。毛在一九四三年把他提拔成自己的主要助手，一九四五年去重慶、一九四九年去蘇聯時，都依靠劉看家。

在毛網羅的人才中，劉的能力是最全面的。毛對他有知遇之恩，他也兢兢業業地報答。他的祕書寫道：「為了適應毛主席的沒有任何規律的生活習慣，所以他也逐步地使自己習慣了通宵達旦地工作。毛主席召集會議沒有固定的時間，有時上午，有時下午，有時晚上，有時凌晨。而且要求很急，祕書一通知就是『現在就來』。有時少奇同志的汽車還沒到，毛主席的祕書就又來電話催。……有時少奇同志正在睡覺，我們叫醒他後，因安眠藥正在起作用，他總是顯得很疲倦、很難受，這時，他連衛士泡好的濃茶也來不及喝一口，立刻驅車趕到毛主席的住處。」

最令毛寬心的是，劉守口如瓶，謹慎小心，沒有取代他的野心。軍事工業化使毛劉之間產生了嚴重的分歧，焦點是中國到底是要不顧一切地搞軍事工業，還是先發展民生經濟，提高人民生活水準。

劉是毛的政策的頭號執行人，毛得確保劉按照他的意旨辦事。在多次對劉的觀點表示不滿之後，毛感到他得給劉點「顏色」看看，使劉能對他說一不二。毛的動作選擇在斯大林死亡之際。在這之前，毛不想給在毛劉間製造嫌隙的大老闆以可乘之機。

斯大林病危時，劉正患闌尾炎住院。毛對他封鎖了有關斯大林的消息。斯大林死後，中蘇友好協會給蘇方發唁電時，雖然劉是會長，但唁電卻不署他的名字，而是劉手下人的名字。這在禮節上完全是說不過去的。在天安門廣場上召開的追悼大會也沒通知劉參加。

五月十九日，毛寫給劉一封尖銳的信：「凡用中央名義發出的文件、電報，均須經我看過方能發出，否則無效，請注意。」毛還在「否則無效」四個字下面加上了著重號。寫完以後，毛似乎覺得言猶未盡，立刻又寫了一封（收信人加上周恩來、彭德懷）：「（一）請負責檢查自去年八月一日（八一以前的有過檢查）至今年五月五日用中央和軍委名義發出的電報和文件，是否有及有多少未經我看過的……，以其結果告我；（二）過去數次中央會議決議不經我看，擅自發出，是錯誤的，是破壞紀律的」。這樣的聲色俱厲在兩人的關係中迄今為止很少見。

六月十五日，毛在推出軍事工業化綱領的政治局會議上，當面譴責劉的觀點，不點名地指責他「右傾」。開會當天，中央警衛團把警衛中央常委的一批官兵突然調出中南海，調出北京城。之前，三月初毛開始給劉顏色看的時候，中央警衛團就在逐個了解成員的情況。

政治局會議後，毛在幾個場合打擊同劉親近的人。其中一位是財政部長薄一波，毛在全國財經會上搞了個「批薄射劉」。接著毛又親自授意東北局組織部長在組織工作會議上影射劉和所謂劉的人是叛徒內奸（因為他們坐過國民黨的監獄）。僅以這個罪名，劉少奇面臨的就決不只是一個丟官的問題。

毛讓劉在煎熬中度過了幾個月。突然，十二月二十四日，毛向政治局宣布他要外出度假，由劉少奇主持在北京的日常工作。這等於說劉還是第二號人物，好比把已在懸崖邊上就要掉下去的劉一把拉回生路。劉如釋重負，馬上按毛的意思挨個找中共領導層的人檢討自己，最緊張時三天三夜沒有睡覺。毛達到了目的：他狠狠地懲罰了劉少奇，使他的總管對軍事工業化綱領不敢再有二話。

毛整劉少奇的同時，給人一種印象，他要用主管東北的高崗來取代劉。高崗全心全意擁護毛的總路線，為了劉少奇的觀點同劉屢動干戈。毛示意他喜歡高崗，不喜歡劉，向高崗放風，他有意以高代劉。在毛的默許下，高把毛的話透露了出去。不少人以為高上劉下已成定局。

誰知，晴天一聲霹靂，毛依然用的是劉少奇，反而清洗了高崗，給高安上「分裂黨以圖奪取黨和國家權力」的罪名。這是毛掌權以來第一次高層清洗，而清洗對象又完全出人意料。達賴喇嘛那時正到北京，隨行人員對他說這是個凶兆。我們在四十五年後見到達賴喇嘛時，他想談的第一個話題就是高崗問題。

毛早就有了搞掉高的想法。他先利用高和高手下的人打劉，然後利用高打劉這一點，來清洗高。高崗的倒楣可以說是禍從口出。他是「東北王」，經常跟蘇聯人打交道，他同蘇聯人說話沒什麼忌諱，甚至把中共政治局內的爭論也告訴斯大林的聯絡員科瓦廖夫，說政治局內有個以劉少奇為首的「親美派」。毛在莫斯科時，斯大林把科瓦廖夫根據高崗談話寫的報告交給毛。高崗還對其他蘇聯人說劉少奇對資產階級太軟弱，抱怨周恩來，說他跟周在朝鮮戰爭問題上發生過「嚴重爭執」。

高崗是個不拘小節、口沒遮攔的人。早在十年前，到延安去的一對英國夫婦就留意到：「在我們訪問過的共產黨人中，高崗是最不謹慎的。」當時根本沒人知道高崗是何方神聖，這對夫婦特別提到他，顯然對高崗這一特點印象極深。

對毛澤東來說，跟外人談論中共領導圈內的事是不可容忍的，特別是還傳到了斯大林耳朵裡。清洗高崗對人們是個警告：對蘇聯人，他們的口閉得越緊越好。毛搞軍事工業化全仗蘇聯，跟蘇聯人將有很多來往，中國人一來二去放鬆了，可能像高崗一樣真跟蘇聯人建立起「兄弟關係」。這對毛的權力是一種潛在威脅。在鞏固權力這個問題上，毛總是不怕一萬，只怕萬一，防患未然，未雨綢繆。毛怕中國人跟蘇聯人親近，但又不能阻止他們來往，只能在中國人腦子裡設一道堅固的障礙，把他們跟蘇聯人無形地隔開。

不久，毛利用高崗一事要全體中共高幹交代他們同蘇聯人的一切關係：「這裡講一個『裡通外國』的問題。我們中國有沒有這種人，背著中央向外國人通情報？我看是有的，比如高崗就是一個。」「這樣的事就不要幹了。」「要講就經過中央去講，至於情報，不要去通。」什麼叫「情報」？毛故意不說清楚，人們為了保險起見，乾脆什麼話也不跟蘇聯人說。

毛派周恩來在打倒高崗的會議上做主要攻擊人，自己不出場。一九五四年二月周作長篇發言時，服務員事先得到通知，會議中間不許給茶杯上水，「任何人不許進去。」因為會開得太長，與會的領導們禁不起沒茶水喝，一個服務員被指定進去添水。他看到周恩來正站在前面講話，口氣非常激烈嚴厲。他還是第一次看到周這個樣子。周知道他的角色就是凶神惡煞，怕高崗衝動起來加害自己，派他信賴的陳賡、宋任窮破例地帶槍進入會場。

高崗沒想到毛會這樣設圈套陷害他，他傷心、失望，在二月十七日觸電自殺，但沒死成。這一絕望的企圖帶給他更多的聲討。周恩來說這是「叛變黨的行為」，表現了高「仇恨黨、仇恨同志」，高必須「沉痛認罪，徹底交代」，「必須長期加以管教。」高被關在家裡，六個月後，他偷偷存夠了安眠藥，結束了自己的生命。

在共產黨世界裡，要收拾某人最好說他有個「反黨集團」，而不是一個人單幹。於是毛給高崗拈來個同夥：中央組織部長饒漱石，說他們是「高饒聯盟」。其實高、饒二人並沒有什麼關係。毛搞饒漱石的原因與饒從前在中共情報機構裡任要職，一度主管對美情報有關。軍事工業化的推出，使毛需要跟海外打交道。從饒開頭，毛對跟海外有千絲萬縷聯繫的中共情報網進行了一場「大掃除」，把他不信任的情報人員全部抓了起來。其中最著名的是潘漢年。饒漱石成為中共高層中罕有的「關死犯」，一九七五年三月死在獄中。

敲響高崗喪鐘的兩天之後，一九五三年十二月二十六日，毛澤東紅光滿面地同身邊工作人員一起慶祝自己的六十大壽。他比平時多喝了葡萄酒，吃了長壽麵，還一反不吃水果的習慣，吃了壽桃。他邊吃邊聽喜愛的京劇錄音，在大腿上打著拍子跟著哼哼。在座人看得出，毛的情緒異常的好。怎麼能不好呢？斯大林死了，軍工項目到手了，劉少奇馴服了，高崗清洗了。

第二天，他來到風景如畫的杭州，一進門就叫準備打麻將。三十二年前，開完中共「一大」，他曾來過這裡。那時，他是個窮教員，旅費還是俄國人出的。如今，他以中國最高統治者的身分舊地重訪。一座建於十九世紀末的面湖背山的別墅「水竹居」，被選為他的下榻處。莊園周圍的園林山巒，包括康有為的住宅康莊，共同為毛組成一座占地五百四十畝的大莊園。園子裡小橋流水，荷塘竹亭，棕櫚樹為江南山水點綴著熱帶顏色，整個西湖盡收眼底。防空洞就在背後的山中。

莊園的主房是一幢嶺南特色加海外風光的精緻樓閣，裡面的一根根梁、一條條柱、一扇扇門、一堵堵窗，都經過主人精心挑選，千里迢迢運來，甚至來自海外。可是毛只有住在鋼筋水泥的庫房般的毛式房子裡，才感到安全。「西湖第一名園」上的這朵奇葩被一拆而光。

毛愛上了西湖的景色。每天爬山，哪怕細雨濛濛。在盛開的梅花樹下，毛聞香吟詩，跟身邊工作人員聊天說笑。攝影師侯波把毛的愉快情緒留在照片上：胖胖的毛澤東在陽光下笑逐顏開。

不久一場幾十年罕見的大雪給毛遇上了，他在清晨七點鐘通常酣睡的時候起床觀雪景。冬去春來，一次出遊，侯波採了一把野花遞給毛，沒人知道花叫什麼名字，毛說：那就叫它侯波花吧。

一天爬到山腰亭子裡，毛看見遠處一座草房著了火，房子裡的人只來得及抱出幾件行李，無能為力地看著火焰把家燒光。侯波回憶道：

「哎呀，著火了！」我驚叫著。

毛澤東回過身來，看了一眼，不慌不忙地說：「著火好。燒了好，燒了好。」

咦，著火還好，他怎麼說這樣的話？

「不燒了，他就老住茅草房。」

「那燒了，他住哪裡呀？人家蓋不起瓦房才住草房呀！」

他沒有回答我的問題，好像沒聽見似的……自言自語地說：「唉，落了片白茫茫大地真乾淨！」

這是《紅樓夢》裡的一句話。毛不光是在念詩句，他也在抒發喜歡毀滅的一面，年輕時他就對毀滅心嚮往之。

看著草房被燒掉，毛說：「這叫不破不立」。可毛是管「破」不管「立」的。在他統治下，農民蓋房全靠自己。就是在城裡，除了給有特權的人蓋公寓，給工廠建宿舍，幾乎沒有給老百姓蓋什麼房子。

掌權四年多了，毛才著手修「憲法」。草案上說國家「保護全體公民的安全和一切合法權益」。毛在「全體公民」旁畫了兩條豎線，寫道：「什麼是公民？」

有人提議把這部憲法叫「毛澤東法」，毛否決了。憲法對毛如同廢紙一張，他不久乾脆就把它扔進廢紙簍裡。

又一天，毛進了一座山上的寺廟，裡面為他的安全「清了場」，只有一個瞎眼和尚。大殿供桌上的香爐旁邊擺著竹籤筒，毛叫侯波給他抽支籤。侯波抱起木筒搖了搖抽出一支，然後按籤上的號碼在壁櫥裡找出籤詩，上面寫著：「家裡家外不安寧。」這樣的籤詩自然不便給毛看，侯波急忙重新找了一張吉利的籤詩給毛送過去，毛看了哈哈大笑。

第一支籤把毛的狀況一語道中。江青幾天後帶著女兒李訥來杭州跟毛過春節團圓，但不久就哭泣著要了架飛機離開了。杭州是出麗人的地方，毛心猿意馬，應接不暇。此後毛來杭州四十一次，一半為的是「美人」。毛喜歡單純天真的少女。

毛對他夫人的性慾早就淡了。四十年代後期，蘇聯大夫阿洛夫就給他看過跟江青「性方面問題」的病。後來，江青生了嚴重的婦女病，毛更加失去跟她做愛的興趣。江青曾長時間在蘇聯治病，化名尤素波娃（Yusupova），得名於她在雅爾達住過的豪宅（斯大林本人在雅爾達密會期間也住過）的前房主，刺殺拉斯普丁（Rasputin）的尤素波夫王公（Prince Yusupov）。毛無所顧忌的尋花問柳使江青實在難以忍受。中南海的舞場邊，後來新添了個「休息室」，放上張床。跳舞中毛把一個或幾個女孩子帶進去「玩兒」。休息室隔音，外面聽不見裡面的聲色追逐。毛和女孩子在幹些什麼，誰也清楚。在眾目睽睽下，毛毫不在乎。

一天晚上，江青獨自在中南海的湖邊流淚，毛的大夫李志綏經過那裡，吃了一驚。她控制住自己，對李說：「大夫，不要同別人講。主席這個人，在政治鬥爭上，誰也搞不過他，連斯大林也沒有辦法對付他。在男女關係的個人私生活上，也是誰也搞不過他。」寂寞，抑鬱使江青的心理越來越不平衡，人也越來越難伺候。她常常把一腔怒氣發洩在身邊工作人員身上，張口就罵，有時還動手打人。

在杭州的一九五四年那個春天，毛的家內不安寧，家外呢，劉少奇心力交瘁，高崗欲死不能。全國上下，隨著軍事工業化的起步，從農民口中奪糧的風暴就要來臨。

37 向農民開戰

一九五三～一九五六年　五十九～六十二歲

為了擠出農產品以供出口，毛政權在一九五三年秋制定了「統購統銷」政策。中共宣傳說這是為了糧食分配更公平合理，以免有人食不果腹，有人囤積居奇。還說國家只是購買餘糧，農民會有基本口糧留下。這一政策實際上是把農民的產品全部拿走，只留下維持生存和再生產的部分。

毛政權定了個人均「口糧」標準，依據的是傳統南方農村「不飢不飽」的水準：四百斤「貿易糧」。但這個標準很少達到。毛去世的那年，人均口糧僅為三百八十一斤。對農民的口糧，毛說：「有些地方只要二百八十斤糧食就夠了，有的只要二百二十斤糧食」。

民盟中央的周鯨文下鄉調查，問起北京西郊一位老農民收穫的情形。老農說：「收成還不錯，那有什麼用，收了多少自己也吃不飽。」「土改分地以後，我分了這塊地，一年忙到死，也混不了一家幾口人的生活。未等秋收先把你的糧叫政府號下了。先交公糧，然後統購，給你剩下的糧食簡直不夠一家人吃，一年至少缺三個月的糧，全家是吃稀粥，煮點野菜，雜七雜八混吃一頓。統購賣糧所得的那點錢，還不夠完雜稅，和各樣官派的開銷，什麼冬學費、清潔費、村公所辦公費、報紙費、買公債等等，這些費用是說不完的。你想賣點餘糧的錢能夠用嗎？」

在毛的故鄉湖南鄉下，一個軍屬說：「表面上每家每人有三四百斤口糧，實際上誰也沒有那麼多。」「到頭來我得挨幾個月的餓……不但我一家如此，我的鄰居，他們也是這樣。」國家對農民說，糧不夠吃的可以買「返銷糧」。返銷糧遠不能滿足農民的需求，毛還不斷告誡幹部們：「現在有的地方糧食銷多啦！」

對農民挨餓，毛的答覆是要農民用餵豬的「薯葉填補」，一九五五年八月三日批示道：「教育農民吃少點，吃稀一點，國家則要盡可能減少銷售，以免在一般農民有糧季節吃得過多」。

薄一波後來說：「國家徵購過頭糧的現象比較普遍，農民生產的糧食，大多都給收購上去了，所剩無幾。」他還說：統購中「亂批亂鬥、逼死人命等現象都發生過」。這樣的暴力早在毛預料之中，他和徵購政策的策畫人陳雲一九五三年十月一日在天安門城樓上特地討論過這項政策的嚴酷後果。第二天，毛在政治局擴大會議上說徵糧是打仗：「一面對付出糧的，一面對付吃糧的」。毛要以農民為敵，特別說：「馬克思、恩格斯從來沒有說過農民一切都是好的。」陳雲接著向各省管糧食的傳達毛的指示，要他們準備全國一百萬個村子有十分之一，即十萬個村子，出現「逼死人或者打扁擔以至暴動」。陳雲叫在座的放心，這是不會危及共產黨統治的，他舉例說：滿洲國也搞過嚴厲的強行徵購，「但就是這樣，如果蘇聯紅軍不出，滿洲國還不倒。」換言之，共產黨是垮不了臺的，不管它怎樣對農民巧取豪奪。

徵糧制度實行一年之後，到一九五五年初，全國已是一片天怒人怨。無數報告飛向毛的案頭，報告說農民如何「吃樹皮、草皮」，如何「賣子女」，如何「老弱者躺在床上餓死」。中共設有若干從基層收集反映的管道，毛要控制這個大國，必須隨時了解真實情況。中央警衛團戰士回家探親，毛要他們寫報告，講村子裡的情況。他們筆下出現的是一幅幅黑暗的圖畫。有的說：「缺糧戶達到百分之五十。今春沒有東西吃，只好吃樹葉。」有的說：「每人每天只能吃到一兩米，完全靠上山挖野生植物吃，有人因此中毒身亡。」

各地的反應還有：「社會主義在哪裡呢？現在就不給油吃了！」「光叫生產加油，沒有油吃還加油呢。」「共產黨把我們當魚鷹，脖子一壓，大魚小魚都吐光了。」當時在廣東省任職的趙紫陽，在調查報告裡描述基層幹部如何用捆打、搜屋、封家等辦法逼著農民交糧。有一個村子「將一老嫗封在屋內，至上吊自殺」。在他調查的高要縣，「全縣因逼糧造成的自殺事件一百一十一起。」

一些有正義感、有勇氣的人上書毛和中央政府。全國人大副委員長黃炎培給毛寫信說，他的江蘇家鄉，「一般居民生活苦，尤其是農民特別苦，農民說：我們吃不飽，哪有力氣去種田呢？」

毛不為所動，反而整黃炎培，說：「黃炎培，得意得不得了，整了他一下。」毛還理直氣壯地說：「缺糧戶，也不是一年到頭都缺糧，頂多缺四個月」，「頂多六個月」。有的高級幹部用「良心」這個概念懇求毛手下留情。毛斥責他們說：「在這件事情上，我們是很沒有良心哩！馬克思主義是有那麼凶哩，良心是不多哩」，「良心少一點好。我們有些同志太仁慈，不厲害，就是說，不那麼馬克思主義。」

為了便於徵糧，一九五五年中期，全國農村實行合作化。沒有合作化，個體農民是先收穫，再上繳給國家。這就使農民可能藏糧。中國農民有幾億，要挨個檢查談何容易。合作化後，收成從田野裡直接到國家手裡，再由國家分發給農民，國家對收穫全盤控制。

合作化對毛的另一個好處是能監督農民勞動。個體農民出工收工、幹多幹少是自己的事，合作化後就身不由己了。一九五六年元旦，《人民日報》社論要今後農民幹活時間加倍，婦女下田做工：「農村中的男勞動力，在黃河淮河一帶，有些地方，從前每年只能做工一百多天，合作化之後，可以做工兩百多天，女勞動力過去不使用或較少使用，合作化之後就使用上了，也可以每年工作一百多天或二百多天了。」

為了強行推行合作化，毛提出：「反革命五年抓一百五十萬，每年三十萬」，「我主〔張〕多抓」，「大捉特捉是重點」。

農村合作化是中國完備極權體制的重要一步。工商業國有化也同時進行。對城市工商業者，毛沒有像對農村地主富農那樣狠，原因是實際的。毛說：「資產階級要比封建地主有用的多，有技術和管理能力」——儘管這些能力在他統治下大都被浪費掉了。中國燦爛的手工業像霜打的鮮花一樣萎縮，維修保養等服務行業大批關門。用劉少奇的話來說：「我們一搞社會主義，反而什麼都沒有了。」

為了使城市裡的人規規矩矩，毛搞了個運動叫「肅反」。一千四百三十萬職工受到「審查」，方式是「坦白檢舉」，既有精神恐嚇的公審大會，也有肉體折磨的所謂逼、供、信。辦公室、住宅樓、禮堂、書齋都成了關人的地方。毛說暗藏的反革命分子佔受審查人的大約百分之五左右，下指示說超過比例須得到批准。也就是說在這場運動中，至少有七十一萬五千人被打成反革命。

和肅反運動一起來的是對文藝自由的進一步封殺。毛掌權以來已以他特有的徹底性搞了一個又一個摧殘文化的運動，像「思想改造」、批判電影《武訓傳》等等。僅就電影業來說，一九五〇年還有三十九部劇情片出品，一九五二年就只剩五部了。一九五四年，毛搞了一場批判胡適等流亡海外、深具影響的中國文人的運動。一九五五年，他轉過頭來對付留在大陸的、保持著獨立精神的文化人。毛選中了胡風。五月，胡風被公開批判，投入監獄。直到二十多年後毛死了，才重見天日，但已精神失常。

給胡風定罪的重要依據是胡風和朋友之間的來往信件，裡面有書生議政，有牢騷怨言。毛把這些放在報上發表，以此說他們是「反革命集團」，嚇得人們不敢在通信中談論國是。一九五六年初，毛說：「一九五五年上半年是那樣的烏煙瘴氣，陰霾滿天」，「到處罵我們，黨內黨外都說我們不行，就是為幾顆糧食，下半年不罵了。下半年有幾件喜事，豐收和合作化是兩件大喜事，還有肅反也是喜事。」

對毛來說，最大的喜事是拿到了朝思暮想的原子彈技術。早在一九五三年，毛就曾用拖著朝鮮戰爭不停戰的辦法，想要蘇聯人給他核技術。但蘇聯人不點頭，毛只好停戰。一九五四年七月，毛作出一副要打台灣的樣子，周恩來被派赴莫斯科告訴蘇共，毛決心要「解放台灣」。事實上，毛知道他的軍隊沒有渡海能力打台灣。他製造濃烈的戰爭空氣，目的是刺激美國威脅使用原子彈。這樣一來，跟他有結盟關係的蘇聯會因擔心被拖進戰爭，而幫中國造原子彈，讓中國能自己對付美國。

九月三日，中共軍隊向國民黨占領的金門島開炮，引發了第一次台海危機。炮打金門不久，蘇聯頭號人物赫魯曉夫來北京參加中共建國五周年慶典，還帶來好些蘇共領導人，這在斯大林時期是不可思議的。赫魯曉夫想消除兩國間的芥蒂，主動提出取消斯大林同毛簽訂的條約中損害中國利益的祕密附件。他還答應除現有的一百四十一個項目外，再賣給中國十五個大型企業，同時給中國一筆五億二千萬盧布的新貸款。

毛就勢提出要赫魯曉夫幫他造原子彈，說是為了抵禦美國人。赫魯曉夫問他美國為什麼要朝中國扔原子彈，毛說因為「台灣危機」。赫魯曉夫沒有勸毛不要因台灣問題而引發核大戰，他在回憶錄裡寫道：「原因是我們認為統一中國領土的舉動是無可非議的。」赫魯曉夫只勸毛不要造原子彈，說：我們這個大家庭有核保護傘就行了，無須大家都來搞。須知那東西既費錢費力，又不能吃，不能用。假使目前要搞核武器，把中國的全部電力集中用在這方面是否足夠，還很難說。那麼其他各項生產事業怎麼辦？國計民生怎麼辦？

毛擺出一副樣子，好像赫魯曉夫的話傷了他的民族自尊心。赫魯曉夫雖然心裡不痛快，但還是答應考慮幫中國建設一個核反應堆。

赫魯曉夫走了以後，毛加緊了對國民黨控制的沿海島嶼的轟炸，導致美國總統艾森豪威爾與台灣簽訂《共同防禦條約》。毛繼續攻占沿海的一系列島嶼，扯開架式準備進攻金門、馬祖，給人他不惜一切要打台灣的印象。一九五五年三月十六日，艾森豪威爾暗示他可能使用核武器，在記者招待會上說：為什麼不能像用子彈或者別的什麼彈一樣使用原子彈。

赫魯曉夫不想捲入跟美國的核武對抗，將來也不想捲進去。他答應向毛提供核技術。毛的目的達到了，台海危機結束了。

造原子彈毛也有了原料。這時蘇聯專家剛在廣西省發現了鈾礦。毛興奮已極，把它稱作「福音」，馬上召來地質部負責人劉杰。劉杰回憶道：「寒暄以後，主席讓我彙報鈾礦石的情況。我把鈾礦石放在桌上，又用計數器對著鈾礦石作表演，當計數器在鈾礦石上面晃動便發出『嘎、嘎、嘎……』的聲音時，毛主席感到非常好奇，他天真地笑了，並自己拿起計數器，也學我的樣子在鈾礦石上晃了晃，於是又聽到了『嘎嘎』聲。總理也在旁邊樂得合不攏嘴。」「臨走時，毛主席、周總理把我們送到門口。毛主席拉著我的手說：『劉杰啊……這是決定命運的事喲，你可要好好地幹啦！』」

事後開慶祝宴會，毛舉杯祝酒：「為了我們能儘早有自己的原子彈，乾杯！」

四月，蘇聯正式簽約幫助中國搞兩個發展原子彈的必需之物：一座重水反應爐和一台迴旋加速器。中國成為核大國就此起步。一組組中國科學家立即赴蘇受訓。十二月，在蘇聯科學家協助下，一九五六年至一九六七年十二年發展核工業的大綱訂出。毛的喜悅就不用說了。他對祕書說：他很高興，一九四九年全國解放時都沒有這樣高興。他感到自己已在世界之巔，氣概沖天地說要「把地球管起來！」

要實現核工業的十二年計畫，毛需要更多的農產品來償付。他制定了個有關農業的十二年計畫，即《一九五六年到一九六七年全國農業發展綱要》。《綱要》要求農民到一九六七年時年產一萬億斤糧食，徵糧將按照這個標準。這個數字是毛根據十二年中需要多少農產品出口推算出來的，比歷史最高年產量一九三六年的三千億斤，高出兩倍多。

這個指標完全不切實際，遭到幾乎整個政治局的反對。出聲最高的是負責編制國民經濟計畫的周恩來，為他撐腰的是劉少奇。大家都很清楚，如按《綱要》徵糧，已經在餓飯的千百萬農民就得餓死。

一九五六年二月，一向順從的周恩來把計畫中的以軍工為核心的重工業投資砍掉大約四分之一。周知道中國沒有條件買毛要的所有的東西。他的打算是集中資金發展核工業和主要項目，把次要項目放一放。其實不放也不行，中國沒有足夠的鋼鐵、水泥、木材等物資。周的這一舉動，被稱為「反冒進」。

毛要的是所有項目一齊上馬。毛對經濟是外行。薄一波說，毛那時要聽管經濟的部委彙報，但聽得非常吃力：「毛主席十分疲勞。有次聽完彙報，他帶著疲乏的神情，說他現在每天是『床上地下、地下床上』……聽完彙報就上床休息。」累的原因是：「彙報材料很不理想，只有乾巴巴的條條或數字，沒有事例，使他聽起來非常吃力。」一次，聽一位部長彙報，毛緊皺眉頭，抬起頭來說，這是使他強迫受訓，比坐牢還厲害。周恩來某次檢討說，他給毛的報告是材料數字一大堆，沒有故事性。

數字跟毛無緣。南斯拉夫第二號人物卡德爾（Edvard Kardelj）跟毛打交道後說：「數字對他是不必摳死的。比方說，他說：『要兩百年的時間，或者四十年。』」蘇聯在華經濟總顧問阿爾希波夫（Ivan Arkhipov）對我們嘆著氣說，毛對經濟「完全不通，一竅不通」。

毛對自己想達到的目標卻一點兒也不糊塗。四月一次政治局會議上，毛叫把砍掉的部分加回去。政治局沒有從命，堅持他們的意見。毛怒而宣布散會。會後周恩來去找毛，想說服毛，最後實在無法時冒出一句，說他「從良心上不能同意」毛的做法。周恩來跟毛講良心，使毛怒不可遏。但毛無可奈何。

毛的同事們跟他頂撞，原因是毛的要求太過分，後果太嚴重。這時莫斯科發生的一件大事，也使他們的膽子格外壯。這年二月二十四日，赫魯曉夫在蘇共「二十大」上做祕密報告反斯大林，譴責斯大林的肅反殺人、獨斷專行，還有斯大林的工業化措施。中共領導人現在紛紛就這些問題批評斯大林。劉少奇說斯大林的錯誤第一是「肅反擴大化」，還有「農業上犯錯誤。蘇聯至今沒有解決農業問題」。張聞天說：「蘇聯內政主要錯誤是沒有把農業搞好，糧食問題始終沒有解決。」「太偏重於工業，特別是重工業。蘇聯輕工產品幾十年無改進，我在蘇聯當大使時去商店幾乎沒什麼可買。糧食也一直很緊。……值得從中吸取教訓。」四月二十日，周恩來在國務院說：「優先發展重工業是對的，但忽視了農業就會犯大錯誤。蘇聯和東歐人民民主國家的經驗都證明了這一點。」

在這些問題上對斯大林的批評打在毛澤東身上。毛不能允許，規定對斯大林必須「三七開」，「正確是七分，是主要的；錯誤是三分，是次要的。」錯的三分不是別的，僅是斯大林怎樣虐待了毛：「這些事想起來就有氣。」

但毛不能公開跟赫魯曉夫翻臉。赫魯曉夫代表共產主義陣營的「老大哥」。毛離不開赫魯曉夫，他的軍工項目、原子彈，都得從赫魯曉夫那裡來。赫魯曉夫出其不意地大反斯大林，也讓毛對他刮目相看。毛覺得這個人不簡單，多次若有所思地講：「赫魯曉夫有膽量，敢去碰斯大林」，「這確實需要點勇氣。」毛拿不準赫魯曉夫，他得小心從事。就是在這樣的心態下，當他的同事們贊同赫魯曉夫而反對他的政策時，毛沒有一榔頭打過去。他忍下了。無從發洩的怒火使他拂袖而去，離開北京到了外省。中國各省的「第一書記」，都是毛特別挑選的。

毛這次離開北京的方式不同以往。他在深夜親自給空軍司令劉亞樓打電話，要他準備飛機。毛一向認為飛機危險而不願意坐，上次還是在一九四五年，他不得不飛到重慶去跟蔣介石談判。毛這次要坐飛機了，可見他是多麼迫不及待地要離開北京。

毛第一次坐由中國人駕駛的飛機。為了照顧他的生活習慣，機艙裡放了張木板床。登機前一刻，機組人員才得知乘坐飛機的是毛。這是五月三日早上，一個難得的好天氣。毛跟機組握手，接著站著不動，良久不作聲。劉亞樓提醒他上了飛機後，他坐下再度陷入沉思，手裡夾著的香菸菸灰結得老長也未彈去。突然他像醒過來似的命令起飛。

首站是武漢，湖北省委第一書記王任重在候機大廳裡立了座毛的立體塑像，這大概在全中國尚屬第一。當時赫魯曉夫剛譴責了斯大林搞個人崇拜，毛對塑像表示不滿意，叫王任重「一定要搬掉，不然唯你是問。」王翻來覆去地想，搬好還是不搬好，最後決定不搬，塑像就留了下來。

毛從武漢飛往廣州，接他的是另一個對他五體投地的省委書記陶鑄。江青也在那裡。毛的別墅是美麗的大莊園「小島」，靠在珠江邊上。因為毛來了，江上交通運輸都停了下來，附近江面也封鎖起來。毛的隨從奉命不許見客，不許寫信，不許打電話，更不必說出門走一走了。天氣又悶又熱，毛的房間裡放了五桶冰塊也無濟於事。花園裡的熱帶花草茂盛，蚊子到處亂飛，從香港買來滅蚊的DDT殺蟲劑，但漏網分子眾多。毛怪工作人員滅蚊不力，發了脾氣。

真正使毛心情煩躁的是北京。劉少奇、周恩來繼續地不聽話，還在那裡砍軍工項目。五月底，毛離開廣州飛回武漢。他要用游長江的方式，給劉、周們發出一個嚴厲而又意味深長的警告：他身強力壯，有體魄、有決心鬥到底。

長江寬闊流急，游泳似乎有風險。但就像毛的警衛所說，毛游泳「是有限度的，沒有把握和冒風險的事他是不會做的」。後來他想游三峽，警衛告訴他那裡的水情險惡，他就沒有游。在武漢，王任重帶領幾十個人先試游，找暗流，探漩渦。當毛游泳時，若干訓練有素的警衛按照規定的位置，把毛圍起來，使他萬無一失。旁邊還有三條船，以便他略感不適或有任何不測時，可以隨時上船。

毛連游了三天。風大，浪也高，但是毛怡然自得，寫了首詞，稱自己是「不管風吹浪打，勝似閒庭信步」。最後那天下著小雨，長江兩岸組織了幾萬人從遠處觀看毛游泳，「毛主席萬歲！」的口號聲不斷。

在北京，六月四日，政治局進一步決定更多的項目下馬。毛在這天下午回到北京，他的「回鑾」並未影響同事們的決心。

十二日，劉少奇把他安排寫的「反對急躁情緒」的《人民日報》社論送給毛看。社論批評說：「一切工作，不分輕重緩急，也不問客觀條件是否可能，一律求多求快……齊頭並進，企圖在一個早晨即把一切事情辦好」，「貪多圖快而造成浪費」。社論還說：急躁情緒「首先存在在上面」，

「下面的急躁冒進有很多就是上面逼出來的」。毛後來說，社論「尖銳地針對我」。他在稿上批了三個字：「不看了」，就退給了劉少奇。儘管毛明顯惱怒，社論照樣在二十日登出。

這時的毛心裡很不踏實，甚至比跟斯大林較勁時還不踏實。毛了解斯大林，但赫魯曉夫是個未知數。赫魯曉夫摒棄了斯大林主義，天曉得這個莽漢下一步會幹什麼。特別是赫魯曉夫剛把匈牙利的斯大林信徒拉科西弄下了臺。金日成的同事們，為赫魯曉夫反斯大林所鼓舞，也差點兒把看去地位牢不可破的「偉大領袖」在八月黨的全會上選下臺。

毛澤東本人面臨他掌權以來的第一次黨代表大會：「八大」。大會即將在九月召開，改期是不可能的，赫魯曉夫時期的新精神是按章程辦事，大會宣傳也已作出。毛擔心他要是跟政治局鬧翻了，逼急了他們也許會在黨代會上對他來這麼一手，比方說給他一個有職無權的職位，或者是把他的政綱的災難性後果在大會上公開，這樣一來把他選掉也未可知。共產黨的黨代會當然都是精心操縱的，但問題是誰來操縱，毛平時都是靠政治局，現在政治局跟他處在「交戰」狀態。莫斯科派來參加「八大」的代表又是米高揚，正是此人在幾個星期前具體策畫把拉科西拉下馬。

為了使「八大」不會危及自己，毛採取了一系列措施。首先是提醒同事們不要想入非非。九月十日，「八大」開幕前的一次預備會議上，毛彷彿推心置腹似的說：「有些話我過去也沒有講過，我想在今天跟你們談一談。」接著他長篇大論地講起從前他受到的各種處分、打擊，「包括『開除黨籍』、開除政治局候補委員，趕出紅軍等，有多少次呢？記得起來的有二十次。」毛承認：「我是犯過錯誤的。比如打仗。」「長征時候的土城戰役是我指揮的，茅台那次打仗也是我指揮的。」毛還說：「肅反時我犯了錯誤，第一次肅反肅錯了人。」如此等等。毛的坦誠並非心血來潮作檢討，他是在強調：再犯錯誤，造成再大的災難，我毛澤東也垮不了，誰也奈何不了我。

毛的主要步驟還是表現得通情達理，願意讓步。他同意在黨章中不提「毛澤東思想」。當然，他用別的辦法來補償。黨章報告中把他稱為英明領袖，「從來厭棄對於個人的神化」。反個人崇拜的潮流被他導向對他有利的方向。「朱總司令萬歲！」這類口號一律不准喊了，中共其他領導人的肖像一律去掉，只留他一個人的肖像。毛對外國人說起時，好像他是不得已而為之：「過去我們遊行中拿著馬、恩、列、斯的像，拿著幾個中國人——毛、劉、周、朱的像和兄弟黨領袖的像。現在我們採取了『打倒一切』的辦法：誰的像都不拿……但是有五個死人——馬、恩、列、斯、孫的像，和一個活人——毛澤東的像還掛著。掛就掛吧。」

毛在別的方面也給人印象他在妥協。「八大」推崇法制，劉少奇的政治報告說要「著手系統地制定比較完備的法律，健全我們國家的法制」。毛澤東統治的法寶「搞運動」被批評為：「助長人們輕視一切法制的心理」。不過，「八大」一完，法制也就完了。

毛最大的讓步是同意他的以軍工為核心的工業化走得慢一點。在政治報告上，毛刪去他喜歡的口號：「又多、又快」；允許把他「十五年」內實現工業化的提法改成「在一個相當長的時間內」；忍耐了對他的批評，如暗示他犯了「『左』傾的錯誤」，「冒險主義的錯誤」，「脫離經濟發展的正確比例，使人民的負擔過重」。

由於毛的退讓，軍工項目減少，一九五六年人民吃糧水準是毛二十七年統治下最高的：四百一十斤。一九五七年，經毛點頭，軍工投資繼續下降百分之二十一。

一年工夫，他將捲土重來。

38 打掉赫魯曉夫的權威

一九五六～一九五九年　六十二～六十五歲

赫魯曉夫批判斯大林幾個月不到就遇上了麻煩。一九五六年六月，波蘭波茲南市（Poznan）的「斯大林工廠」爆發了罷工遊行，導致五十多個工人死亡。在全國此起彼伏的反抗局勢下，斯大林時期被監禁的前波蘭共產黨總書記哥穆爾卡（Wladyslaw Gomulka）重返政壇。哥穆爾卡追求獨立於莫斯科的民族主義政策。十月十九日，莫斯科通知毛說，波蘭反蘇情緒高漲，他們考慮採取武力。

斯大林死後，毛一直想坐共產黨陣營的第一把交椅。開頭他對赫魯曉夫還摸不透。如今他看出：「赫魯曉夫這個人也能捅漏子」，「多災多難」，「可能日子也不太好過」。毛越來越自信，覺得他可以挑戰赫魯曉夫。正好，波蘭事起，毛決計做波蘭的保護人。

毛又擔心弄不好會適得其反。他在床上待著想了一天，第二天召開政治局會議，聽眾人發議論。大家都附和毛。毛便穿著一身睡衣把蘇聯大使尤金召進臥室，叫尤金馬上打電話告訴赫魯曉夫：如果蘇聯出兵，我們將公開譴責你們。毛一再重複，講得很嚴厲。

毛的警告到達莫斯科之前，赫魯曉夫已經決定不出兵波蘭。但毛不想放過這個機會，他派劉少奇去蘇聯，指責蘇共是大國沙文主義，要莫斯科公開作「自我批評」。毛的目標是讓赫魯曉夫丟臉。

就在這時，匈牙利事件爆發。匈牙利人民追求的不僅是民族主義，而且要推翻共產黨統治。十月二十九日，蘇聯決定從匈牙利撤出蘇聯紅軍。紅軍一走，匈牙利的共產黨政權肯定垮臺。若是共產黨陣營不復存在，毛澤東又怎麼談得上坐第一把交椅呢？剛剛還在譴責蘇聯「武裝干涉」的毛，轉身向莫斯科強烈要求：蘇軍不能走。

十一月一日，莫斯科改變主意，蘇軍留下了，血腥地鎮壓了起義。事實證明，東歐衛星國離不開蘇軍。毛看出，這種狀況的根源是東歐國家鎮壓反對派手軟。他早就在勸說東歐，向他學習，大殺「反革命」，不要依賴蘇聯坦克。在匈牙利事件初期任總理的赫格居斯（Andras Hegedus）告訴我們，毛一九五四年就這樣告誡他，說鞏固權力非靠鐵腕暴力不可。當毛聽說南斯拉夫的鐵托逮捕了自由派對手吉拉斯（Milovan Djilas）時，彭德懷注意到：「主席很高興，臉都紅了。」

波匈事件後，毛採取迂迴戰術繼續跟赫魯曉夫爭權。一九五七年一月，他派周恩來去反蘇情緒高漲的波蘭，說共產主義陣營應該有個帶頭的，要哥穆爾卡同意宣布「以蘇聯為首」。毛料到波蘭人決不會同意，他的目的是引出哥穆爾卡的話：還是以你們為首吧。

使毛失望的是，哥穆爾卡對這個提法聽也不要聽，周恩來一說他就皺眉頭。* 遊說波蘭未遂，毛當即轉向同樣反蘇的南斯拉夫，南斯拉夫在斯大林死後與共產主義陣營的關係已經「解凍」。毛指示正在那裡訪問的彭真，單獨會見鐵托總統，以蘇共聲譽不好，沒人聽它的

---

* 東歐當時流傳著一個政治笑話：一個人去買茶葉。店主說：「我們有俄國茶，有中國茶，你要哪一種？」他答道：「那我還是喝咖啡吧！」

為理由，請鐵托同中國一道發起世界各國共產黨最高級會議。在毛看來，誰發起會議就等於誰為首。這時的毛正在內部罵鐵托、罵哥穆爾卡，說他們是右派的祖師爺。毛主動找上門去不過是想利用他們。可惜鐵托聽彭真說完以後，表示沒有興趣，連參加也不能保證。

毛再度努力要蘇聯領導人當眾出醜的計畫也沒有成功。周恩來在莫斯科教訓蘇聯領導人，要他們公開承認犯了大國沙文主義的錯誤，並按毛的調子重新評價斯大林。憤怒的蘇聯人一口回絕。未能如願以償的毛，在各省書記會議上說：「我在電話裡跟恩來同志說，這些人利令智昏，對他們的辦法，最好是臭罵一頓。什麼叫利呢？無非是五千萬噸鋼，四億噸煤，八千萬噸石油。這算什麼？這叫不算數。你無非是在地球上挖了那麼一點東西，變成鋼材，做成汽車飛機之類，這有什麼了不起！」毛把自己的不得志歸咎於中國缺乏經濟實力。

赫魯曉夫沒有懲罰毛。他有求於毛。波匈麻煩一波未平，國內危機一波又起。一九五七年六月，莫洛托夫、馬林科夫和一幫老斯大林分子聯合起來企圖推翻他。赫魯曉夫挫敗了這個企圖，各國共產黨都表態支持，就是毛澤東遲遲不出聲。赫魯曉夫只好派米高揚到杭州去見毛。米高揚的翻譯告訴我們：毛聽米高揚談了大半夜，然後把手懶懶地朝坐在沙發後面的前駐蘇聯大使王稼祥揮揮：「老王，電報呢？」其實支持赫魯曉夫的電報早已就緒，「毛無非是想要我們派個高級領導來求他。」毛不可能不支持赫魯曉夫這個贏家。

赫魯曉夫還需要毛更多的合作。共產主義世界空前的最高級會議即將於「十月革命」四十周年時在莫斯科召開，赫魯曉夫生怕毛拆他的臺。

毛表示可以參加這次會議，但有一個條件，蘇聯要保證轉讓製造原子武器以及運載手段的材料、模型。莫斯科反應積極。十月十五日，最高級會議開幕前三個星期，中國核武器製造史上的一個里程碑——「國防新技術協定」在莫斯科簽字。蘇聯給中國一個原子彈模型。蘇聯各部接到的指示是：「提供中方一切東西使他們能夠自己造原子彈。」大批導彈（飛彈）專家調往中國。據一位專家說，連蘇聯自己的導彈項目也受到影響，造成「混亂」。中國原子彈、導彈的試驗場也是蘇聯專家幫助定下的。

不顧蘇聯「原子彈之父」庫爾恰托夫（Igor Kurchatov）的強烈反對，赫魯曉夫派最好的核專家弗洛比約夫（Yevgenii Vorobyov）到中國幫助策畫原子彈製造。弗洛比約夫在華期間，中國核科研人員從六十名增加到六千名。周恩來在中共高層說：蘇聯「把整個藍圖給我們」，「凡是它一種定型的東西，包括原子彈、導彈這些東西，都願意給我們。這是最大的信任，最大的互助。」赫魯曉夫後來說：「我們給了他們不少東西。」米高揚插話說：「是我們幫中國建的核工廠。」

蘇聯的技術轉讓大大加速了中國原子彈的建造。中方談判代表報告毛，有蘇聯這些「極慷慨」的援助，中國的軍事力量將在五年內「躍進」到一個嶄新的水平。

一九五七年十月四日，蘇聯發射了世界上第一顆人造衛星，在太空技術上超過了西方。毛立刻迷上了衛星，他說：「我們也要搞人造衛星。我們要拋就要拋大的。要幹就要幹一二萬公斤的。也許要從較小的拋起，但我們也要從一兩千公斤開始。」（蘇聯的衛星重八十三點六公斤。）毛的衛星技術從哪裡來？還得向赫魯曉夫要。

一九五七年十一月二日，毛飛去莫斯科開共產黨陣營最高級會議。有六十四個共產黨代表參加，其中十二個是執政黨。為了表現自己在陣營內與赫魯曉夫平起平坐的地位，臨行前，毛向蘇聯建議大會宣言僅由他和蘇聯兩家簽署。

這一招沒能奏效。但大會宣言只由中、蘇兩方起草。毛也受到特殊待遇，是唯一下榻克里姆林宮的外國領袖。寢室裡特地為他安上木板床，抽水馬桶上搭了個平臺改成蹲式。在「十月革命」前夕的慶祝儀式上，赫魯曉夫和他手拉手出現，高爾基大街和紅場上的遊行隊伍揮舞著中國國旗，高呼：「毛和中國萬歲！」

毛能夠爭得這樣的地位，靠的是中國人多，有的是人為共產黨世界打仗。毛跟赫魯曉夫一塊計算過，打起仗來每個共產黨國家根據自己的人口能出多少軍隊，結果中國比蘇聯連同所有衛星國加在一起還多一倍。有位蘇聯官員當時對芬蘭共產黨領導人說：「我們再不用害怕美國了，中國軍隊和我們同中國的友誼，改變了整個世界形勢，美國根本拿我們沒辦法。」毛深知人口眾多是他的無價之寶，回國後他否決了計畫生育。在此之前，中共曾想實行計畫生育，毛本人也還沒拿定主意。莫斯科之行使他打定主意，中國人多多益善。

為了表現他高於與會者的地位，毛拒絕了大會要每個講話人事先遞交講稿的規定：「我沒有講稿，我要想到哪兒說到哪兒。」毛確實沒用講稿，但他的即興演說，經過了仔細的準備。進入大廳前，他處於思想高度集中狀態，中山裝領扣沒扣好，翻譯幫他扣時，他混然不覺。

毛也是唯一一個坐在座位上，而不是站著講話的人。毛談到核戰爭：「要設想一下，如果爆發戰爭要死多少人。全世界二十七億人口，可能損失三分之一；再多一點，可能損失一半。……我說，極而言之，死掉一半人，還有一半人，帝國主義打平了，全世界社會主義化了，再過多少年，又會有二十七億，一定還要多。」在場的意大利代表英格勞（Pietro Ingrao）對我們說：大廳裡聽眾感到震驚、生氣，感到「人」對毛無非是數字，死人他滿不在乎，核戰爭他毫不介意，還挺歡迎。

南斯拉夫首席代表卡德爾聽毛講完後想：「再清楚不過了，毛澤東想要戰爭。」就連信仰斯大林主義的法國共產黨也很反感。

毛反駁了希望改善人民生活的傾向，說：「有人說窮是壞事，我看窮是好事。越窮越要革命。人人都富裕的時代是不堪設想的……熱卡太多了，人就要長兩個腦袋四條腿了。」他的觀點跟斯大林死後共產黨世界不希望戰爭，更在乎生活水準的風氣背道而馳。

毛見了各國共產黨領導人，但這些人感到他說話不著邊際，無法當真。英國共產黨本是個微不足道的小黨，可是毛對英共領袖戈蘭（John Gollan）說：「等待最好的時機行動，英國會是你們的。勝利以後不要把他們〔資產階級〕都殺了，把他們養起來。」毛對能力有限的保加利亞共產黨領導人日夫科夫（Todor Zhivkov）說：「你又年輕又聰明，社會主義在全世界勝利以後，我們推舉你做全世界人的領袖。」聽者中相信的只有日夫科夫自己。

毛本想此行能振臂一呼，應者雲集，但儘管對他感興趣的人不少，響應他的人寥寥無幾。毛略帶失落感地對哥穆爾卡說：「我們樹矮，蘇聯樹高。中國從人口上說是個大國，從經濟上說卻是個小國。我們產的鋼只有五百萬噸……而蘇聯是五千萬噸。」他要和赫魯曉夫在經濟實力上比高低的情緒在大會最後發言中表現得十分強烈：「赫魯曉夫同志告訴我們，十五年後，蘇聯可以超過美國。我也可以講，十五年後我們可能趕上或者超過英國。」

雖然樹矮，毛也要壓赫魯曉夫一頭，他同赫魯曉夫談話，就像老師對學生：「你的個人脾氣不好，很容易傷人……有什麼不同意見，讓人家講出來以後，慢慢談。」「任何一個人都要人支持。一個好漢也要三個幫，一個籬笆也要三個樁。這是中國的成語。中國還有一句成語，荷花雖好，也要綠葉扶持。你赫魯曉夫同志這朵荷花雖好，也要綠葉扶持。」聽到拿他比作荷花，在場人看到蘇聯領袖「把頭垂下，臉脹得通紅」。*

更令赫魯曉夫屈辱的是，毛當著六十四國代表的面，提起幾個月前那場企圖搞掉赫魯曉夫的政變，稱搞陰謀的帶頭人莫洛托夫為「老同志，有很長的鬥爭歷史」，說赫魯曉夫的路線僅僅是「比較正確」。毛講到這裡時，整個大廳陷入死一般的沉寂。會外毛也常常說：「我們熱愛莫洛托夫。」毛三番五次讚美莫洛托夫的原因是，莫洛托夫一九五五年曾說毛可以與蘇共「共同領導」共產主義陣營。

對這些輕蔑、侮辱，赫魯曉夫有切膚之痛，在回憶錄中說：毛是個「自大狂」，「毛認為他是上帝的特使。他很可能認為上帝是他的特使。」但是，赫魯曉夫都忍了——為了共產主義陣營的團結。毛很清楚赫魯曉夫的這個弱點，無論他怎樣欺負赫魯曉夫，赫魯曉夫也不會跟他決裂。他將不斷利用這一點來為自己服務。

從莫斯科回來以後，毛對蘇聯的購貨單又添加了一項：當代武庫中的王牌核潛艇。一九五八年六月，周恩來寫信給赫魯曉夫要求提供生產核潛艇的技術、設備，此外還要航空母艦和其他軍艦。這一次赫魯曉夫沒有照單發貨。他建議中、蘇建立一支共同艦隊，越南也參加。這樣中國既有了核潛艇，蘇聯也可以借用中國直通太平洋的海岸線。蘇聯大使尤金七月二十一日向毛提出合作的建議。

毛當然不會同意，他要的是建造和擁有自己的核潛艇。但他抓住蘇方建議借題發揮。第二天他把尤金叫來，當著其他中共領導人的面大發雷霆，說：「你們昨天把我氣得一宿沒有睡覺。」他把合作建議上升到民族感情、主權問題：「你們只搞了一點原子能，就要控制，就要租借權。」「你們就是不相信中國人，只相信俄國人。俄國人是上等人，中國人是下等人，毛手毛腳的。」發火之餘，毛露出他的真實目的：「你們幫助我們建設海軍嘛！」「我們打算搞二三百艘這種潛艇。」最後毛要求：「請赫魯曉夫同志來北京。」

赫魯曉夫按毛的要求於七月三十一日飛來北京。毛板著臉到機場去接他，沒有紅地毯，沒有儀仗隊。落座後，赫魯曉夫不斷解釋，說他根本沒有想控制中國的想法。毛仍然表現得好像他的民族自尊心受了莫大傷害，站起來指著赫魯曉夫的鼻子聲色俱厲地說：「我問你，什麼叫聯合艦隊！」他還裝作賭氣地說：要是「我們沒有核潛艇艦隊，將來索性把海岸都交給你們，你們去打好了。」毛的表演把赫魯曉夫矇住了，許諾幫助中國在黃河或其他河流邊「建立一個製造潛水艇的大工廠，大量生產潛水艇」。

赫魯曉夫走後不久，八月二十三日，毛突然炮轟金門，一口氣朝這個最靠近大陸的國民黨海島，發射了三萬枚蘇製炮彈，引發了第二次台海危機。美國又以為毛要打台灣。沒人知道的是，毛在故伎重施，以迫使蘇聯人給他核潛艇和其他最新的軍事技術。

美國艦隊駛入台灣海峽，九月四日，國務卿杜勒斯（John Foster Dulles）宣布美國不但堅決保衛台灣，而且也要保衛金門，威脅要轟炸大陸。赫魯曉夫緊張了，怕蘇聯被拖進與美國的軍事衝突中去，第二天派外交部長葛羅米柯（Andrei Gromyko）來中國。毛要葛羅米柯放心，說：當前我們不會打台灣，也不會打美國，不至於引起世界大戰。但毛又讓蘇聯人感到，他將來和美國必有一戰。

---

* 毛想讓人覺得他充滿哲理，說話用了很多中國成語。這些成語很難翻譯。一個意大利代表說：「大家都不知道毛在說些什麼，我記得我們的翻譯雙手托頭，一副無可奈何的樣子。」

毛接著嚇唬蘇聯人，對葛羅米柯說，他希望同赫魯曉夫交換意見，看核戰爭爆發了怎麼個打法。他暗示蘇聯屆時將被整個毀掉，問葛羅米柯：這樣一場世界大戰之後，「我們應當在哪裡建立社會主義世界的首都呢？」言外之意是莫斯科那時不復存在。毛建議在太平洋上人造一座小島，作為社會主義世界的新首都。葛羅米柯聽得毛骨悚然，不想把這些話寫在發回莫斯科的電報裡，但想想還是寫了，起草電報的助手說毛的這番話引起了莫斯科的特別注意。

嚇唬了葛羅米柯後，毛給他吃定心丸：我們的方針是我們自己來承擔這個戰爭的全部責任。我們同美國周旋，我們不要你們參加這個戰爭。我們不會拖蘇聯下水。當然，前提是，你們得幫我們，使我們能獨自對付美國。

赫魯曉夫九月二十七日給毛寫信說：「感謝您願意獨自承受打擊，而不把蘇聯捲進去。」赫魯曉夫同意幫助毛建立完整的現代武庫。毛的要求得到滿足，他以國防部長彭德懷的名義寫了一紙聲明，宣布暫停炮擊金門。第二次台海危機解除。

十月十四日，毛給赫魯曉夫寫信說，他十分樂意讓中國獨自承受美國的核武打擊：「為了最後勝利，滅掉帝國主義，我們願意承擔第一個打擊，無非是死一大堆人」。當然，毛澤東自稱的「我們」，準備「死一大堆」的中國人民，是沒有被徵求意見的。*

這次台海危機帶給毛的是：赫魯曉夫批准轉讓一系列尖端技術，一九五九年二月四日簽訂了驚人的「新技術援助協定」，規定蘇聯幫助中國建造整套先進武器、軍艦，包括常規動力導彈潛艇、潛對地彈道導彈等。第一次台海危機使毛從莫斯科挖出了原子彈的祕密，四年後的第二次，使他所得更豐。

從一九五三年毛首次推出軍事工業化綱領以來，他的購貨單膨脹了不知多少倍。每一次膨脹都加深一次毛的根本困難：怎麼擠出農產品去償付。一九五六年，當政治局反對時，他只能以下馬項目來讓步，因為赫魯曉夫的權威使他有所顧忌。如今，他不必擔心赫魯曉夫，他已經把赫魯曉夫的威信從中共領導中一掃而光。從此毛說了算。

* 毛不久恢復了炮打金門，但只是象徵性的，單日打，雙日停。這種典型的毛式揮金如土令總參謀長黃克誠深感不解，問毛：「既然我們並不準備真打，炮轟的意義就不大，打大炮花很多錢，搞得到處都緊張，何必呢？」毛無言以對，只有指責黃是個「『右』的參謀」，不久黃被打倒。昂貴的炮彈朝金門島傾瀉了二十年，直到一九七九年一月一日，中、美建立外交關係，毛澤東也已經死了。

39 殺雞儆猴的反右派運動

一九五七～一九五八年　六十三～六十四歲

毛澤東向來的做法是用恐怖開道。一九五六年受挫後，他感到要使他的軍事工業化得以騰飛，必須再度祭起恐怖的法寶，把所有可能的、潛在的批評聲音打啞，從上到下消除一切障礙。

選什麼樣的人當犧牲品，以什麼藉口來清洗他們，是毛那年冬天反覆思考的問題。他整天半躺在床上，吃飯坐在床沿，起床只是去上廁所。

毛選中了知識分子。傳統上他們是民族的聲音。迄今為止，毛讓他們過比普通老百姓優裕的生活。有名的、有成就的，待遇甚至優於中共高幹。只是他們失去了表達思想的自由，不停地被迫搞「思想改造」，接受強制性的精神折磨。毛說：「有些外國人說，我們的思想改造是洗腦筋。我看也說得對，就是洗腦筋嘛！」洗腦還不算，他們在接二連三的政治運動中備受打擊。

知識分子中，首當其衝是民盟等「民主黨派」的成員。為了擺樣子，毛允許這些人在政府內任職，甚至國務院部長一類的高職。他們有頭腦，有影響力，有一般人得不到的資訊，還有中國知識分子為民請命的傳統。他們的批評聲音一向使毛很不舒服，在內部罵他們是「歷史上包下來的一批王八蛋」，說：「每年召開人民代表大會，政協會議，總是要對付他們一場。通過法案，他們都舉手，下去視察就找岔子」。「一個是法制，一個是農民苦，一個是沒肉吃。總的是社會主義有沒有優越性。」毛要把他們清除出去。

這些人同中共高層如周恩來，有千絲萬縷的聯繫。整他們可以起敲山震虎的作用。

為了整這批人，毛設了個陷阱。一九五七年二月二十七日，毛在民主黨派人士眾多的最高國務會議上講了四個小時的話。他顯得通情達理，批評斯大林「殺錯了很多人」，給人印象是中共將來不會再殺人了。他借用成語，說中國要「百花齊放，百家爭鳴」，要人們起來批評共產黨，監督共產黨，幫共產黨「整風」。講話錄音事後專門放給不在場的民主黨派人士聽。三月一日，毛再次對他們講話，請他們批評中共，特別聲明「言者無罪」。

沒人猜到毛鼓勵人們暢所欲言，是為了用他們說的話作藉口鎮壓他們。這個意圖，毛只透露給了少數幾個親信，其中有上海地區的負責人柯慶施。四月初，毛在杭州對這些人說，他歡迎批評共產黨的講話，已使知識分子「猶豫情緒變得比較開朗」，開始「鳴放」了。他說：「鳴好鳴壞由他們自己負責，反正總有一天要整到自己頭上來。」「我們要放，要硬著頭皮，讓他們攻！」「讓牛鬼蛇神都出來鬧一鬧……讓他們罵幾個月。」毛說他是在「放長線釣大魚」。他後來還用過類似的字眼來形容他的策略：「蛇不讓它出來怎麼能捉它，我們要叫那些王八蛋出現唱戲，在報紙上放屁，長長他們的志氣」，「我們是一逼一捉」。「引蛇出洞」是對毛的陰謀的貼切描述。

毛的陷阱設得很成功。一旦高壓的蓋子稍稍鬆動，對共產黨的不滿就像潮水一樣湧出，傾瀉在兩個特許的場地上：大字報和座談會。這兩種方式不像印刷品發行面廣，影響面大，只局限在小範圍內。

北京大學的第一批大字報裡，有沈澤宜、張元勳的一首詩：〈是時候了〉。

是時候了，
　年輕人
　　放開嗓子唱！
把我們的痛苦
　和愛情
一齊都瀉到紙上！
不要背地裡不平，
　背地裡憤慨，
　　背地裡憂傷。
心中的甜、酸、苦、辣
都抖出來
　見一見天光。
……
昨天，我還不敢
　彈響沉重的琴絃。
我只可用柔和的調子
　歌唱和風和花瓣！
今天，我要鳴起心裡的歌，
　作為一支巨鞭，

鞭笞死陽光中一切的黑暗！
為什麼，有人說，團體裡沒有溫暖？
為什麼，有人說，牆壁隔在我們中間
為什麼，你和我不敢坦率地交談？
為什麼……？
我含著憤怒的淚，
向我輩呼喚：
歌唱真理的弟兄們
快將火炬舉起
為火葬陽光下的一切黑暗!!!

尖銳的矛頭直指共產黨專制制度的，有王書瑤的大字報：「斯大林錯誤的原因是什麼呢？是因為他驕傲了。但是他可以破壞法制、進行獨裁、進行瘋狂地屠殺的保證又是什麼呢？」他認為，無論是蘇共還是中共都「害怕說出問題的原因，是由於共產黨對國家政權的絕對控制，國家權力的高度集中。」張錫錕把中共統治比作「希特勒統治」。數不盡的抨擊中還有這樣一些話：

「現在的政府不保護公民權利的狀況，還不如封建王朝和蔣介石。」

「憲法自一九五四年通過以後，有的被徹底破壞了，有的有名無實」，「把憲法當作手紙」。

「親身經歷過三反、五反、肅反這些運動的人，想起來就感到心驚肉縮，毛骨悚然。」「真是人人自危，社會大恐怖。」「鬥的場面，比坐牢難受多了。」

「民主化」是人們充滿激情的要求。岑超南一針見血地寫道：「毛主席說：發揚民主，鼓勵批評，只有理論價值罷了，當人民的公民權利在實質上還沒有保證的時候，當打擊、報復、暗害盛行時，批評者地位沒有保障時，當你的命運還被掌握在領導的手裡時，鼓勵批評，不過是對批評的諷刺。」「要真正整風，首先要把一切不民主的制度一掃而空！」

「法制」與民主連在一起。監察部副部長王翰要求司法部門獨立於中共領導：「監察機關從屬於誰，就不能監察誰」。最高人民法院刑事審判庭庭長賈潛說：「政策是政策，法律是法律，我們是司法不是司政策」，「審判員只需服從法律，再不必有什麼黨的領導了。」著名劇作家吳祖光問：「對於文藝工作者的『領導』又有什麼必要呢？誰能告訴我，過去是誰領導屈原的？誰領導李白、杜甫、關漢卿、曹雪芹、魯迅？誰領導莎士比亞、托爾斯泰、貝多芬和莫里哀的？」

中共最諱莫如深的外交政策也不乏人批評。國民黨時期的雲南省主席、中共同路人龍雲說「抗美援朝戰爭的經費，全部由中國負擔很不合理」，主張壓縮對外援助。略知內情的人把大把撒錢的援外叫作「打腫臉充胖子」。

政權毫無透明度，人民毫無知情權，被譴責為「有意識地愚民」。北大的呵欠伯這樣結束他的大字報：「在魚米之鄉吃南瓜而肚子脹，吃草根而餓死農民的消息，確有所聞，報上卻隻字未見，豈不引人深思。」

為農民呼籲的人尤其多。朱慶圻從報上看到政府經常舉行宴會，為了歡迎蘇聯國家主席伏羅希洛夫，曾舉行上千人的盛大酒會，他問道：「既然我們公開承認我國人多經濟落後，實行公開的統購統銷政策，宣傳要勤儉辦社、勤儉辦國，為什麼還要這樣大擺國際場面？」「特別是在農村出現了『黨員土皇帝』的稱號，甚至採用打罵、禁閉等方式強迫農民賣餘糧」。這位勇敢的作者警告說：「要知道農民由於對統購統銷施行的不滿是會將毛主席的像丟在廁所內的。」

這些盛開的百花中，一般民眾只能看到少數被掐頭去尾的幾朵。毛澤東非常仔細地掌握著什麼可以在報上發表，指示說：「機關學校出大字報的消息，報紙不應登載」。毛格外強調不准串聯，說：「反動分子將到本機關本學校以外的工廠學校去活動，要預作布置，實行擋駕。」學生們出的刊物被宣布為「反動刊物」，編輯受到「逮捕和法辦」的威脅。由於嚴密的控制，中國的百花無論怎樣合民意，在大地上都只是脆弱分割的斑斑點點，不可能開成一片，不可能對毛的政權造成任何像匈牙利事件那樣的威脅。

六月六日，毛讀到一份內部簡報，上面說北京大學某學生寫了篇題為〈我的憂慮和呼籲〉的文章，說黨中央開始分裂，毛是主張「鳴放」的，遭到中共黨內保守勢力的反擊，有人想逼毛下台。毛封鎖訊息的結果竟使他被誤會成了自由派的先驅。北大有人大聲疾呼要大家「團結在毛澤東——赫魯曉夫的周圍」，還有人天真而充滿感情地寫道：「看來我們親愛的毛澤東同志處在十分困難的地位……」毛在內部簡報上批語說：「完全造謠，但值得注意。」幻想有毛的支持會使人們更大膽，採取更多的方式反抗。毛決定「引蛇出洞」立即停止。

第二天，毛以《人民日報》社論的形式發動了反右派運動，說右派正在向共產黨挑戰，要共產黨下台。中共的鎮壓機器就此啟動。

六月十二日，毛把一份他親自署名的通知〈事情正在起變化〉印發全黨，除了「黨內不可靠的人」。他把寫文章的時間定為五月十五日，在文章裡說，他迄今為止搞的都是「釣魚，或者說：誘敵深入，聚而殲之。」毛不能讓他的黨以為他是自由派，那樣他們也會自由派起來。

在這份通知裡，毛把右派的人數定為知識分子的百分之一到百分之十。結果，中國五百萬知識分子中，至少五十五萬被劃為「右派」。他們中也有什麼「反黨」的話都沒說的，硬戴上帽子來填比例。毛痛恨的民主黨派人士被一網打盡，包括民盟負責人交通部長章伯鈞、森林工業部長羅隆基。就像把不搭界的高崗、饒漱石拉在一起打成「高饒反黨集團」一樣，毛硬把冤家對頭的章伯鈞、羅隆基湊成「章羅同盟」。

毛需要知識分子。但是搞政治的，搞社會科學的如作家、藝術家、歷史學家，毛不需要。他要的是科學家、技術人才。九月八日，中共特別發了一個《關於自然科學方面反右派鬥爭的指示》：「要區別社會科學和自然科學的不同情況，區別對待。特別是對於那些有重大成就的自然科學家和技術工作人員，除個別情節嚴重非劃不可者外，應一律採取堅決保護過關的方針。」「對有較高科學成就的，不可輕易劃為右派，必須劃的，也應『鬥而不狠』；對有的人，『談而不鬥』。」「對在日內瓦會議後爭取回國的歐美留學生，一般要『不劃不鬥』。」為毛搞核武器的更是備受優待。

毛著重打擊的是為農民仗義執言的人。《人民日報》連篇累牘地「駁斥『農民生活苦』的無恥讕言」。龍雲的罪名之一是「強調這裡餓死人，那裡餓死人。」孫中山大本營軍需總局局長羅翼群曾說農民「接近餓死的邊緣」。他所在的廣東省組織了一場二十多天的農村「視察」，讓他吃夠了苦頭，由《人民日報》跟蹤報導。「每天，他只要一出門，就有幾百人甚至幾千人圍上來」。一天，他的去路「被幾萬憤怒的群眾擠得水洩不通，連汽車都上不去。大家高呼，要繼續和羅翼群辯理，有人恨得想用傘柄戳他……一路上，沿街店戶的商人、店員、小販也都圍上來，痛罵羅翼群。」車身上貼滿了詛咒他的標語。

毛的手段既有鬧劇，也有殺人。毛後來對中共高層說他如何「開捉戒，開殺戒，湖南鬥十萬，捉一萬，殺一千，別的省也一樣，問題就解決了」。

殺人是為了殺一儆百。湖北省漢陽縣的三名教師、圖書管理員為此倒在刑場上。他們的罪名是煽動漢陽一中的學生鬧事。這個縣城的初中生罷課並上街遊行，抗議教育經費又要縮減，嚴重影響農村，「二十個初中畢業生中，只有一個能升入高中」。他們要求擴大招生比例，縮小城鄉招生差別。這一事件被定性為「小匈牙利事件」，全國報紙都刊登了對他們的死刑判決。可以肯定，死刑是毛澤東一錘定音，他在宣布死刑的頭一天（九月五日）到達武漢。他來之前，當地法院對是否判死刑意見不一。

毛政權把少得可憐的教育經費集中在城市裡，特別是「重點學校」，主要培養一小部分從事科學和其他「有用」科目的人才。廣大農民的孩子能認幾個字就行。給縣城學校，國家好歹還投一點錢，村子裡的小學幾乎分文沒有。農家子弟受高等教育的機會微乎其微。

即使在城市裡，一九五七年的教育經費也受到一次大削減。五百萬高小畢業生中，百分之八十不能升學。而一百萬初中生中的八十萬畢業後不能上高中。「小匈牙利事件」的鎮壓就是為了防備憤怒的星星之火形成燎原烈焰。

反右運動中槍斃的不少，自殺的更多。住在頤和園裡的人早上起來散步，經常會看到樹上吊著一兩個人，還有跳湖自殺的，身體插入湖底淤泥裡，兩隻腳露出水面。

大部分右派都經歷了鬥爭大會，儘管沒有拳打腳踢，橫眉瞪眼的辱罵也難以忍受。他們的家庭從此成了賤民。為了保護孩子，也為了保護自己，許多人跟右派離了婚。無數家庭就這麼拆散了。

多數右派被遣送到邊遠的地方做苦工。毛需要勞動力去開墾處女地。新華社記者戴煌後來描述他在北大荒的日子：攝氏零下三十八度的天寒地凍，他們一百多人睡在一間自己匆匆搭起的大窩棚裡，麥稈兒苫頂，「窩棚內生了地塘火，也是『火烤胸前暖，風吹背後寒』的零下十幾度，許多人只得穿著鞋和衣而臥。」「窩頭、玉米渣子、黑麵饃雖管夠，但菜極少，有時只有幾粒黃豆鹹菜，甚至連鹽都缺少。」

「我們每天早晨四點多鐘就起來，直到晚上七、八點鐘才休息，是地地道道的『日出而作，日落而息』。在這十五、六個小時內，除了吃三頓飯和洗臉洗腳的時間外，基本上都是在不停頓地勞動，要抽空兒寫封信或洗件衣服，簡直就成了一件十分困難的『任務』。很多人不得不帶著一些硬紙頭，工間一有小歇就把硬紙頭放在膝蓋上寫起來，一封信往往要寫好幾次才草草寫完。髒衣服和泥襪子只好堆在屋外牆腳下，洗澡更成了一大奢望。」

苦工的內容，像在原始森林裡伐木，是右派們從來沒幹過的，鋸樹中被砸死、砍傷的不計其數。一邊幹，一邊還要聽「奴隸主對待奴隸般的訓斥」：「你們不要忘記你們是來勞動改造、認罪服法的！你們可不要調皮搗蛋、偷奸耍滑！」

戴煌，這位把北大荒栩栩如生留給後世的記者，是在知道毛澤東搞「引蛇出洞」後挺身而出的。他感到「骨鯁在喉，非吐不可」，給毛寫了一封長信，說：中共特權階級正在全國各地形成和發展中。在這個新特權階級舉行著大大小小、形形色色的宴會和酒會時，「數以萬千計的災民在啃著草根樹皮呢！」戴煌反對對毛的神化：「在我們國家裡，做了一件什麼好事，或完成了什麼工程，都要向人民說這是『黨的英明』、『毛主席的領導』；甚至連炊事員做好了飯，也要說這是由於『毛主席的領導』。」這個勇敢的人警告毛：「不要自負為英明的神吧！」

戴煌的妻子跟他離了婚，全家都受到牽連，「我的一個正在小學執教的年方二十歲的姪兒，患了心尖瓣狹窄症，公家只要出二百元給他動了手術，就可以挽救這條年輕的生命，但有人說他是我這個大右派的姪兒，他本人又尚未被轉正，就眼睜睜地看著他死去了」。戴煌自己九死一生，從北大荒活著回來了。他還算幸運，無數中華民族的精英永遠地長眠在那遙遠的流放之地。

封殺了知識分子反對的聲音，毛澤東集中精力對付中共領導中他認為拖了他軍事工業化後腿的人。首先是左右手劉少奇和周恩來。毛的策略是「打周儆劉」。

一九五八年初，毛在杭州、南寧、成都，開了三次由他唱主角、地方大員唱配角的會議。會上他指斥周「到和右派差不多的邊緣，只剩了五十米了」。毛把周一九五六年縮減重工業建設規模的「反冒進」，跟「匈牙利事件」相提並論，說：「這兩件事，都給右派猖狂進攻以相當的影響」。周不得不一次次作檢討。毛在二月分解除了周外交部長的職務，當即傳出周行將垮台的風聲，外交部的高級幹部受到鼓勵公開批周。

毛也激烈指責周手下管經濟的人，使這些人惶惶不安。南寧會議期間，第一機械工業部部長黃敬，徹夜不眠在房間裡不停地來回走，受不了壓力發了精神病。毛的大夫去看他，只見他「語無倫次，精神恍惚。不斷地說：『饒命啊！饒命啊！』」在送他去廣州住院的飛機上，黃敬突然跪在同行者面前，磕頭說：「饒了我吧。」不到三個星期，他就死在醫院裡，死時才四十六歲。*

* 黃敬是江青的第二任丈夫。一九三二年他們結婚時，他是個二十歲的激進學生，江是個十八歲的圖書管理員。在黃的影響下，江青參加了中國共產黨。同毛結婚後，江青曾數次約他「談談」，但都被黃敬斷然回絕。這些私事同毛給黃敬施加的壓力並無關係，毛似乎從來沒有嫉妒的感情。一九四五年在重慶，毛還特地邀請江青的另一前夫唐納出席招待會，會上介紹見面時，毛握著唐納的手含笑說：「和為貴！」唐納為江青曾兩度自殺，毛或許對他有些好奇心。毛掌權後，唐納定居巴黎，在那裡終老。

五月，毛令周在即將召開的加速軍事工業化的「八大」二次會議上，面對一千三百六十名代表，當眾作檢討，主要談他如何犯了反冒進的錯誤，被右派分子利用來向黨猖狂進攻，反右運動才使他「開始覺醒」。

寫這樣一份檢討使周恩來痛苦萬分，他整整花了十天時間，天天關在屋子裡，鬍子不刮，衣衫不整，往日的翩翩風度蕩然無存。寫檢討的方式是周說一句，祕書記錄一句，祕書看到他五六分鐘說不出一句話來，建議自己走開，讓他安靜地構思。「周恩來同志同意了我的意見，當時已經深夜十二時了，我回到宿舍和衣躺在床上，等候隨叫隨去。……在第二天凌晨二時許，鄧大姊把我叫去，她說：『恩來獨坐在辦公室發呆，怎麼你卻睡覺去了？』」鄧穎超同祕書到了周的辦公室，和周爭論了很久，要他寫。周繼續口授時，「幾乎流出了眼淚」。周選擇鄧穎超做夫人，本來就不是出自愛情，而是「能一輩子從事革命」，鄧正合周的要求。

周的檢討終於叫毛滿意了。這次大會氣勢洶洶，用《人民日報》的話說，是「反對混入黨內的右派分子、地方主義分子、民族主義分子的會議」。後兩項罪名針對的是各省領導中為本地老百姓說話的人。其中有河南省委第一書記潘復生。他說過這樣一些話：河南地少人多，水旱災害不斷出現，但上繳的糧食太多，以至於「農民家無隔夜之糧」，「牲口死亡很多，人拉犁拉耙」。他希望少調些糧出省。會上他受到批判，取代他的是善於發表「誰說災區人民苦得不得了」、「巧婦能為無米炊」等妙語的吳芝圃。

劉少奇在會上作的工作報告是自己打自己的耳光，不點名地批判他本人在一九五六年說的「寧可慢一點好」這一類話。小組會上，地方大員對劉進行圍攻，說他批評得不夠，語氣太輕。像周恩來一樣，劉選擇了跟毛走。其他管經濟的人也紛紛作檢討。

毛事先已準備好，誰不聽話，就打成搞陰謀的反黨分子：「不經合法手續」，「進行反對活動」。但到閉幕會上講話時，他提綱上寫的這類話都沒有講。不必講了，人人都已俯首聽命。

劉仍然做毛的副手。周恩來感到威信掃地，他問毛「繼續擔任國務院總理是否適當」。毛叫他繼續幹，連外交也還讓他管，儘管他已不再是外交部長。毛很清楚，論到在外國人面前給他的政權臉上貼金，沒人趕得上周恩來。接替周當外交部長的陳毅後來不無自嘲地說，中國外交都是毛決策，周直接管，他這個外交部長無非是個「大招待員」。

在「八大」二次會議上，毛作了一項十分重要的人事任命：把他的老搭檔林彪提拔為黨的副主席。這使得毛在核心領導中有了一個可靠的同盟。

毛開始強化對他本人的個人崇拜。毛的個人崇拜在赫魯曉夫批判斯大林後稍有收斂，現在毛為它全面翻案。一九五八年三月，他在成都會議上說：「問題不在於個人崇拜，而在於是否是真理。是真理就要崇拜，」「必須崇拜，永遠崇拜，不崇拜不得了」。他毫無邏輯地說不贊成個人崇拜的人「有個人目的，就是為了想讓別人崇拜自己」。他手下的大員陶鑄說：「對主席就是要迷信。」柯慶施說：「我們相信主席要相信到迷信的程度，服從主席要服從到盲目的程度。」

搞對毛的個人崇拜，主要靠報紙，不僅識字的人看得到，不識字的也知道，因為中國那時有集中起來聽讀報的規矩，不想聽也得聽。毛搞了一連串基層視察，使報紙有機會大登特登。毛在成都附近一個合作社聊了聊天，報上馬上告訴全國人民：「社員們都說：能夠看到毛主席，是一輩子最大的幸福；毛主席看了自己社裡的莊稼，是全社最大的幸福。」毛在十三陵水庫鏟了幾鏟土，這幾鏟土大概是毛執政以來的唯一一次勞動，《人民日報》頭版跟著就是一篇妙文：「當毛主席鏟土的時候，在周圍聚集上萬的人以幸福的眼光仔細看著毛主席怎樣把一鍬一鍬的土送進柳條筐裡。毛主席剛一放下鐵鍬，一個叫余秉森的解放軍戰士，馬上用自己的衣服把這張鐵鍬包起來。他激動地說：『看到這張鍬，我們就想起了毛主席，這樣，我們的幹勁就會更大。』」所有這一切都在報上詳細報導，使全國人民明白這是他們對毛應有的態度。

八月十三日，毛破天荒進了家餐館：天津「正陽春」。他理所當然地被認出來了——怎麼可能認不出來呢？他不僅在餐館門口下車，還在樓上餐廳裡打開紗窗，探出頭去。「毛主席！毛主席！」人們開始驚呼，很快數萬人擠在樓前街上歡呼跳躍，喊著「毛主席萬歲」。祕書擔心他的安全，建議毛離開，用身材相仿的警衛戰士把人群吸引走。毛拒絕了。他來餐館就是被看的。他知道他不會有任何危險：來前沒人知道，餐樓離人群很遠。環繞餐館的人也肯定是事先安排的，就像毛參觀的別處一樣。毛幾次在樓上窗前亮相揮手，人群更是不可遏止地激狂。毛事後對中共高層不無得意地說：「我在天津參觀時，幾萬人圍著我，我把手一擺，人們都散開了。」毛儼然已是上帝。

40 大躍進：「中國非死一半人不可」

一九五八～一九六一年　六十四～六十七歲

有了精心培植的個人崇拜，有了中共領導的集體就範，有了反右造成的萬馬齊喑，毛終於得以加速他的軍事工業化進程。一九五三年他首次推出這個綱領時，曾把實現的時間定為「十年到十五年」，現在他把期限縮短到八年，七年，五年，甚至三年。這個過程他叫作「大躍進」，於一九五八年五月「八大」二次會議拉開序幕。

毛政權宣傳說，大躍進是為了中國「在一個比較短的時間內趕上一切資本主義國家，成為世界上最先進、最富強的國家之一」。但這個目標跟提高人民生活水準毫無關係。六月二十八日，毛在軍委擴大會議小組長座談會上說：「目前太平洋實際上是不『太平』的，將來歸我們管了才算是『太平』洋。」林彪插話說：「×年後，我們一定要造大船，準備到日本、菲律賓、舊金山登陸。」毛接著說：「造船還要幾年才行？一九六二年我們有××──××萬噸鋼，有××萬台工作母機，生產能力就大了。」（數字在文獻原件中略去）

八月十九日，毛以同樣的氣概對省委書記們說：「將來我們要搞地球管理委員會，搞地球統一計畫。」毛搞大躍進，就是要稱霸世界。

大躍進的主要內容是大規模地從蘇聯和東歐進口以軍工為核心的重工業項目。這就意味著食品大量出口。當毛要赫魯曉夫賣昂貴的核潛艇技術設備時，赫魯曉夫問毛怎樣付費，毛的答覆是：蘇聯要多少食品，中國就可以出口多少。為了名正言順地從農民手中奪糧，毛硬說一九五八年有了神話般的大豐收。在他示意下，各省領導紛紛宣布各自省內的糧食產量將會激增。比如，毛最喜歡的柯慶施聲稱，他管轄下的華東地區這年的產量將比上一年增長百分之七十。新上任的河南第一書記吳芝圃，也提出高於通常產量幾倍的收穫數字，被毛封為頭號模範。

六月是夏收時節。在各省領導給特別聽話的基層幹部打招呼後，這些基層幹部便宣稱他們那裡有了奇蹟般的收成。毛的宣傳機器接著鼓吹一連串「高產典型」，把它們叫作「放衛星」。六月十二日，《人民日報》報導河南省遂平縣衛星農業社「小麥每畝產量達到了三千五百三十斤」，十倍於實際產量，被稱作「衛星田」。後來官方說，這些都是基層幹部和農民「頭腦發熱」的「吹牛浮誇」。《人民日報》何時成了人民的聲音？它從來就是毛的喉舌。

很快全國出現了不少「衛星田」，通常是把幾塊田的莊稼移到一起。這些弄虛作假的典型不是給上級、不是給毛看的，恰恰相反，是上邊安排來給下邊的人看的。各地農村的基層幹部被組織起來參觀，讓他們回去也編造同樣的高產。那些不肯睜眼說瞎話的基層幹部被批判撤職，讓位給敢吹大牛的人。天文數字般的高產充斥全國報刊。*

到了七月底，《人民日報》社論正式宣布：「只要我們需要，要生產多少，就可生產出多少糧食來。」毛澤東於八月四日公開指示：「應該考慮到生產了這麼多糧食怎麼辦的問題。」一月二十八日，毛才在說：「中國地大物博，只有那麼一點田，但是人口多。沒有飯吃怎麼辦？無非少吃一點。」「吃那麼多把肚子脹那麼大幹啥，像漫畫上外國資本家那樣。」毛的話翻雲覆雨，為的都是從農民那裡把糧食擠出來。

九月，《人民日報》報導了最高紀錄的「水稻衛星」，廣西省環江縣畝產十三萬斤！這顆衛星是野心勃勃的縣委書記逼著放的，結果這一年環江縣上報的糧食產量是實際數字的三倍多，國家下達的徵糧任務是上一年的四點八倍。

這是無論如何也交不出來的。在環江，在全國，政府以高壓手段強迫農民交糧。八月十九日，毛親自對省委書記下令說：「馬克思與秦始皇結合起來」，「調東西調不出來要強迫命令。」「強迫命令」在中共的語彙中是動武行凶的意思。全國鄉村到處是「逼糧會」，到處是捆、打、吊。

為了使暴力師出有名，毛一而再，再而三地指責農民和基層幹部「瞞產私分」。他反覆說：「生產小隊普遍一致瞞產私分，深藏密窖，站崗放哨」，農民「白天吃蘿蔔纓，晚上吃大米」。毛還用鄙夷的口氣說：「瞞產私分，名譽很壞，共產主義風格哪裡去了！農民還是農民，農民只有如此。」

毛澤東清楚得很，農民沒有糧可私分。一九五八年十一月十八日，雲南省向毛報告省裡因腫病而大批死人。腫病就是吃不飽造成的。毛的批示是拿下級做替罪羊：「雲南這個錯誤就是主要出於縣級幹部」。一九五九年四月十七日，他收到一組文件，報告半個中國缺糧，他為文件擬了個標題：「十五省二千五百一十七萬人無飯吃大問題」。但他的反應是做戲。他指示把文件用「飛機送到十五省委第一書記手收，請他們迅即處理」。毛既不說明如何處理，更沒有鬆口要他們少徵糧食。

毛一方面需要農業增產，一方面又不肯給農業投資。他的宗旨是不花錢，或少花錢，最大限度地使用人力。搞大躍進靠的是奴役勞動。水利是發展農業的關鍵，毛就叫農民去修水利，一分工錢不給，美其名曰「大搞群眾運動」。自一九五八年起的四年內，一億農民被投入大大小小的堤壩、

---

*「衛星田」完成了使命後，上面就不讓幹了。誰都知道它們糟蹋糧食，影響收穫。

水庫、水渠工程裡，移動的土石方足以建造九百五十條蘇彝士運河，而使用的工具大多只有手工的鋤頭、榔頭、鐵鏟之類，靠農民自帶。勞作時吃的東西得自己出，經常還得在露天搭起棚帳，權作棲身之地。

安全無從談起，工傷事故如家常便飯，醫療也基本上沒有。死亡率高到什麼程度呢？毛談到修水利時，常把挖的土方數和死人數連在一起。一九五八年四月上旬，毛召集各省談水利工程，表揚了兩個省：吳芝圃的河南和曾希聖的安徽。毛說：「吳芝圃講搞三百億方，我看得死三萬人；曾希聖講搞兩百億方，我看得死兩萬人」。甘肅省副省長等幹部把這樣搞水利叫作「秦始皇磨民」，「是人命換來的」。這批幹部被打成「右派反黨集團」。

對水利工程，毛追求的是立竿見影，他推崇「三邊」式：邊測量、邊設計、邊施工。地理查勘等不可缺少的程式被當作陳規舊習推翻，「三邊」很快成了「四邊」，多了個「邊修改」。

如甘肅省的「引洮上山」工程，修一條長達一千四百公里、翻越八百餘座山嶺的大水渠，把洮河引到黃土高原。參加施工的十七萬民工在高山大壑裡挖洞穴居，席地裹衣而臥，下工後在山裡採野菜合著自帶的乾糧充飢。他們先挖了幾個月的隧道，發現不行，上面決定劈山修明渠。幹了幾個月又不行，又改修隧道。三年過去了，葬身在工地的民工，最少也有兩千多人，工程「血淋淋」地下馬了，官方自己承認：一畝地也沒澆上。

像「引洮上山」一樣，大躍進中的大部分水利工程都是浪費。許多修到半途，修不下去，只好停工。蓄水量一億立方公尺以上的大型水庫，開工的有五百多座，一年多以後就減掉了兩百座。建成的有不少毛還在世時就坍塌了。其中有人類歷史上最大的蓄水工程垮壩慘案，發生在一九七五年的河南。短短幾小時內，板橋與石漫灘兩座大型水庫、數十座中小型水庫的一整套水庫群，在一場大暴雨中相繼潰決，淹死人數達二十四萬。（官方說法是八萬五千六百多人。）毛死前沒垮的，在他死後繼續遺禍於人。一九九九年，有三萬三千座水利工程被列為危險建築，隨時可能給下游地區帶來滅頂之災。

毛的增產辦法包括用人工深翻土地：「用人海戰術，把耕地全部翻一遍。」另一個辦法是密植。這需要多施肥料——要增產無論用什麼法子都得多施肥料。可是毛在最需要化肥的一九五八年後期反而決定「不走化肥的道路」，「進口化肥也要減少。」毛不願意花外匯，要求「搞得中國除了人之外就是一個豬國」，「養豬就有肥料，肥料多就能增產糧食……肉食就吃不完，出口換鋼鐵，外匯就多。」可是靠什麼養豬呢？毛沒有行得通的辦法。事實上，一九五七到一九六一年，中國的豬減少了百分之四十八。

為了肥料，中國農民祖祖輩輩絞盡了腦汁，能夠想到的肥源都已經用上了。在增產指標壓力下，人們只好拆自己的茅草房作肥料。燒飯的油煙不是滲進草屋頂了嗎？還有那土壘的牆，那也有肥力啊！百萬農民的家就這樣毀掉了，沉進了「屎湖尿海」。

增產之外還得省糧，毛的心思轉到圍殲那些吃糧食的麻雀身上。全國老少遵命揮舞竹竿掃帚，敲打鐵鍋鋁盆，要嚇破麻雀的膽子，使牠們不得停下歇息，最後筋疲力盡墮地被捉。殊不知，別的鳥兒跟著玉石俱焚，以鳥為天敵的莊稼害蟲橫行霸道。昆蟲學家痛陳利害的上書被置之不理。*

---

* 毛曾慫恿北朝鮮的金日成仿效中國的打麻雀運動。金為了敷衍毛也訂了一個「懲罰麻雀的三年計畫」。但他按兵不動，等到毛的運動不了了之，他的計畫也就束之高閣。

大躍進中還有一場災難：大煉鋼鐵。毛規定一九五八年中國鋼鐵產量為一千零七十萬噸。這個指標是這樣來的：六月十九日晚，在中南海的游泳池旁，毛問冶金部長：「去年是五百三，今年可不可以翻一番？」冶金部長迎合說：「好吧！」

正規的鋼鐵廠受命「多裝快煉」，日夜加班連軸轉。但「洋爐子」不管怎樣被濫用，還是遠不能完成毛的指標。毛叫全國人民造「土爐子」。被「強制性」（毛的話）捲進土法煉鋼的人起碼有九千萬。

煉鋼需要廢鐵，人們家裡的鐵器便交了出去，有用沒用的都交，哪怕生活必需品，像門上的鐵環，做飯的鐵鍋鐵鏟，婦女頭上的鐵髮夾。寶貴的農具也填進了怎麼也填不滿的土高爐。當時有這樣的口號：「交一把钁頭就是消滅一個帝國主義，藏一個鐵釘就是藏一個反革命。」為了大煉鋼鐵需要的燃料，長滿森林的山被砍禿，農民的草房被扒掉。人們一天二十四小時圍著土高爐轉。收穫季節到了，收莊稼只剩下婦女兒童，大片莊稼爛在地裡。

毛一心惦記著他的「一千零七十萬噸」，每次見到管經濟的人，他都要拿手指頭當計算器，一根根扳著算時間：今年還剩多少天？「鋼鐵尚未完成，同志仍需努力！」到年底，《人民日報》終於以套紅標題報導指標達到。但就像毛自己承認的：「只有四成是好的。」這四成實際上是正規鋼廠煉出來的。土高爐出產的最多不過是生鐵，大多連生鐵也夠不上，是些毫無用處的「牛屎疙瘩」。赫魯曉夫挖苦地把土高爐叫做俄國「茶炊」。連幾船從蘇聯高價買來的高質合金鋼，也被地方幹部偷偷扣下來送進了「茶炊」，成了廢物。毛後來自己也說：「我是成事不足，敗事有餘。」

至一九五八年底，中國上馬修建的大型企業高達一千六百三十九座，然而，只有二十八座建成投產。多數成了「騸子工程」，半途而廢的比比皆是。被浪費掉的設備不少是花巨資從蘇聯買來的，因為沒有基礎設施而閒置一旁，任其生鏽報廢。

投產的設備像人一樣沒日沒夜地用，不得片刻休息。重大事故不斷，幾個月內最少有三萬多工人死於嚴重工傷。鼓起勇氣提意見的專家被當作「白旗」拔掉，毛號召人們唾棄他們的知識，說：「對於資產階級教授們的學問，應以狗屁視之，等於烏有，鄙視，藐視，蔑視」。重金聘來的蘇聯專家告誡中方要照章辦事，但毛鼓勵幹部「破除迷信」，不要當「賈桂（即奴才）」。一九五九年六月，蘇聯副總理、冶金專家扎施亞科（Aleksandr Zasyadko）訪華回去後，向赫魯曉夫彙報：「他們簡直把我們的東西都糟蹋了。」就連那位非常親華的總顧問阿爾希波夫說話也沒用。他對我們說：「我請周恩來和陳雲勸毛不要瞎指揮，但毛不聽。他們告訴我：對不起，毛主席不同意蘇聯方面的意見。」

毛不惜一切代價的貪多求快，反而使他的軍事大國夢更加遙遠。生產出來的飛機、坦克、軍艦一直受到質量問題的困擾。毛要送給胡志明一架直升飛機，飛機倒是運到邊界了，但工廠不敢送出手，怕胡伯伯坐上去機毀人亡。

四年大躍進是一場對人力、物力不可估量的浪費，在世界歷史上獨一無二。毛式浪費與別的浪費資源、效率低下的國家不一樣，沒有任何人像他那樣強迫本國人民拚死拚活地生產出一堆堆廢品。

大躍進時，人們真是累到了極點。毛說：「不休息，這是共產主義精神。」他不斷要大家互相「競賽」、「挑戰」。只見水利工地上，肚子裡空空如也的男女老少一天十多個小時，或挑著一百來斤的擔子奔跑，或掙扎著飛快地挖土。山路上挑水澆莊稼的人們也在小跑。守著土高爐的人就更不用說了，高爐雖是廢物，可是不能停火，人們得晝夜往裡填東填西，往外刨這刨那，常見有人累昏在地。

餓著肚子不得休息地幹活導致惡性傳染病蔓延。離北京不遠的河北邯鄲地區，傷寒波及到二十一個縣市。毛指示：「把各種疾病大大消滅」，他要的是確保「出勤率達到百分之九十以上」。

一九五八年夏天，中國實行農村人民公社，把全國幾億農民集中在兩萬六千多個公社中。毛說公社的好處是：「大，好管」，「便於管理」。第一個公社，查岈山衛星人民公社，就是在他的模範省河南搞起來的。經過毛修改、被他稱為「寶貝」的公社章程，規定社員的生活全部圍繞著一個中心：勞動。九千三百六十九戶社員得「交出全部自留地，並且將私有的房基、牲畜、林木等生產資料轉為全社公有」。他們得「根據有利生產和便於領導的原則」集中居住。「社員原有住宅的磚瓦木料，由公社根據需要逐步拆用。」他們必須「積極參加勞動」，「服從指揮調動」。人民公社實質上就是一個個大勞動營，人民公社制就是農奴制，五億五千萬中國農民成了農奴。

毛甚至設想過取消他們的姓名，而代之以號碼。這一設想在河南等地試行過，地裡勞動的人們，背上縫著大號碼。毛的意思是抹掉他們「人」的象徵，把他們變成一群埋頭苦幹的人面牲畜。

社員只能在公共食堂吃飯。在家開伙不但不允許，連鍋、灶都被砸了。不出工就沒有飯吃。「扣飯」成了常見的懲罰，基層幹部不高興誰了，就叫誰挨餓。

為了吃上飯，無奈的農民往往搬到食堂去住，男女老少擠在一處，隱私當然是沒有的，家庭生活也無從談起。各自的房屋因無人照料，在風吹雨打中坍去。劉少奇一九六一年春返鄉視察的記錄上，有一個天華大隊，公社化前有一千四百一十五間房屋，現在幾經橫禍，只剩下破爛不堪的六百二十一間。

公共食堂初建時，正是毛澤東宣布中國糧食太多時，基層幹部於是放手讓農民敞開肚子吃。這樣的吃法只持續了一兩個月。至今相當多的人仍以為敞開肚子吃是大饑荒的原因，其實它只是讓大饑荒來得更早更猛，一九五八年尚未過完就已經有大批人餓死。三年後，毛滿心不情願地同意解散食堂時，農民歡喜之餘，卻發愁無鍋無灶，有的無家可歸。

餓得虛弱無力的農民還得幹沉重的體力勞動。不幹不行，有幹部監督，用安徽鳳陽一個副大隊長的話說：「群眾是奴隸，不打罵不扣飯就不行。」基層幹部的窮凶極惡往往是不得已，他們不這樣做就會失掉監工頭的特權，自己和全家就會淪入「奴隸」的境地。

這些幹部也是獄卒，把農民死死關在他們的村子裡。中國傳統上老百姓遇到天災人禍還可以有「逃荒」一條生路，毛政權把這叫作「盲目外流」而一再嚴禁，有農民這樣痛訴：「日本鬼子來，我們還可以跑，今年（一九六〇年）我們哪都跑不掉，活活在家管死了。我家六口人，死掉四口人。」

由於飢餓，農民不得不「偷」自己辛勤種植的糧食，特別是還不懂事的孩子。基層幹部的一個主要任務是抓偷。八十年代的調查報告《鄉村三十年》裡有這樣一些記錄：喬山大隊總支書記、大隊長「一天就活埋四個小孩，埋達腰深才被家人苦苦哀求扒出來。有的小孩扒出來後，拉了一褲子屎，有的回家嚇得生了病」。段橋生產隊長「用繩勒社員楊四喜小孩的脖子，放下後已斷氣（後被救）」。殷澗公社趙窯生產隊長「逮住一個偷青的小孩，用刀砸劈了小孩的四個手指」。「三小隊支書指使親信『將社員吳開聰的兩個小孩（偷青）用鐵絲把兩人的耳朵串在一起，掛在牆上的釘子上，並取笑的對孩子說：『你們倆打個電話吧』！」

大躍進時，毛想把「人民公社」引進城市。但相對複雜的城市不容易變成農村那樣的勞動營，這個嘗試最終不了了之。毛對城市的方針是：「生產第一，生活第二。」城市在他眼裡應該是純工業生產基地。站在天安門城樓上，毛看著那時宮殿、廟宇和寶塔林立的北京城，對北京市長說：「將來從這裡望過去，要看到處處都是煙囪！」

城裡人靠食物定量苟延殘喘，也有不少人餓死。當時在北京的波蘭學生羅文斯基（Jan Rowinski）描述說：「生活的圖景彷彿是慢動作，三輪車夫每踏一腳都用盡全力，騎自行車的人好像怎麼也蹬不動，路人眼裡透著無神無助。」城裡人的肉食定量一九五七年一人一年還有五點一公斤，到一九六〇年降到只有一點五公斤。政府要人們吃「代食品」，其中一種是像魚籽似的含有蛋白質的小球藻，養在人尿中，吃起來非常噁心。周恩來帶頭品嘗了這「食物」後，全國城市居民的蛋白質來源就指望它了。

波及全國的大饑荒自一九五八年起，持續至一九六一年，以一九六〇年為最烈。這一年，根據中共自己的統計數字，人均熱卡吸收量僅達一千五百三十四點八。城市家庭婦女的熱卡量，據一向為中共代言的作家韓素音說，最高不過一千二百。而在臭名昭著的納粹集中營奧斯威辛（Auschwitz），苦役犯的每日熱卡量還有一千三百到一千七百。

為了活命，有被逼得吃人肉的。《鄉村三十年》記載：安徽省鳳陽縣僅一九六〇年春就「出現了人吃人的殘酷事件六十三起」，其中一對夫婦「將親生的八歲男孩小青勒死煮著吃了」。鳳陽或許還不算最壞的，在大饑荒中餓死三分之一人口的甘肅省通渭縣，吃人相當普遍。一個公社書記後來對來訪的記者說：「我家那個村裡一個不到三十歲的婦女把自己女兒的肉煮著吃了。她男人從新疆回來找女兒，村裡人都替她打掩護，瞞過去了，因為村裡吃過人肉的不少。那時人們餓急了，餓瘋了，提著籃子出去，看看倒在路邊的死屍上還有可吃的肉，就割回家去。你們去看看公社門外蹲在那裡曬太陽的人，他們中就有一些是吃過人肉的。」

在所有這一切發生的同時，中國的倉庫裡囤滿了等待出口的糧食和其他食品，由軍隊或民兵把守。波蘭學生羅文斯基親眼看見「水果成噸的爛掉」。可是上面有規定：「餓死不開倉。」*

為時四年的大躍進使大約三千八百萬中國人餓死、累死。

這個數字是這樣算出來的。根據一九九五年出版的、由中國人口學家楊子慧等編著的《中國歷代人口統計資料》，一九五八到一九六一年中國人口死亡率分別為：百分之一點二，百分之一點四五，百分之四點三四，百分之二點八三。在它們前後三年的死亡率平均百分之一點零三（一九五七：百分之一點零八，一九六二：百分之一，一九六三：百分之一）。比平均死亡率高出的就是非正常死亡率。用非正常死亡率去除這四年的中國人口，得出非正常死亡人數共三千七百六十七萬。

這個數字被劉少奇證實：他在大饑荒中的一九六一年初告訴蘇聯大使契爾沃年科（Stepan Chervonenko），已經有三千萬人非正常死亡。這是二十世紀最大的饑荒，也是人類有史以來最大的饑荒。而這完全是人為的，是蓄意的。中國的糧食出口僅一九五八、一九五九兩年就高達七百萬噸，可以為三千八百萬人每天提供八百四十熱卡。這還不包括肉類、食油、蛋品等大量的出口。如

---

* 糧食還被大量用來提煉高純度的酒精，作核工程的燃料。一九五八年九月八日，毛宣布中國糧食太多吃不完後，在最高國務會上說要給糧食「找工業方面的出路，例如，搞酒精作燃料」。光是我們所知的導彈試驗，每一枚消耗一千萬公斤糧食。

果沒有出口，中國人一個人也不會餓死。

大躍進一開頭，毛就告誡中共高層做好大批死人的思想準備。在為大躍進揭幕的中共「八大」二次會議上，他大談死亡是「白喜事」：「是喜事，確實是喜事。你們設想，如果孔夫子還在，也在懷仁堂開會，他二千多歲了，就很不妙。講辯證法，又不贊成死亡，是形而上學。」「〔莊子死了妻子以後〕鼓盆而歌是正確的」，「人死應開慶祝會」。

乍一聽來，毛好像是信口開河講哲理。但這代表他的政策。安徽一個公社黨委書記被帶去看餓死的人堆時，幾乎是在重複毛的話：「人要不死，天底下還裝不下呢！……人有生就有死……」有些地區規定死人後「不准哭」，「不准帶孝」。

毛甚至還大講死人的實用價值。一九五八年十二月九日，他對八屆六中全會說：「人要不滅亡那不得了。滅亡有好處，可以做肥料。」據《鄉村三十年》記載，有地方人死了埋在田裡，上面種上莊稼。

毛多次說過為了他的目標，他準備以無數中國人的生命作代價。一九五七年，他在莫斯科對蘇聯領導人說：「為了世界革命的勝利，我們準備犧牲三億中國人。」在「八大」二次會議上，他說：「人口消滅一半在中國歷史上有過好幾次。」他從漢武帝說到宋朝，都是幾千萬幾千萬地死人。「原子仗現在沒有經驗，不知要死多少，最好剩一半，次好剩三分之一」。

毛早就知道他搞大躍進，中國會大批死人。一九五八年十一月二十一日，毛對中共高層講：除了「大辦水利」以外，「還要各種各樣的任務，鋼鐵、銅、鋁、煤碳、運輸、加工工業、化學工業，需要人很多，這樣一來，我看搞起來，中國非死一半人不可，不死一半也要死三分之一或者十分之一，死五千萬人。」毛明白這樣說話太露骨了，猶抱琵琶半遮面地說：「死五千萬人你們的職不撤，至少我的職要撤，頭也成問題。」但他沒有下令不幹，反而示意要下面的人幹，把責任推給他們：「你們議一下，你們一定要搞，我也沒辦法，但死了人不能殺我的頭。」

41 國防部長彭德懷孤軍奮戰

一九五八～一九五九年　六十四～六十五歲

大躍進的頭一兩年，中共政治局內只有一個人起來反抗，他就是國防部長彭德懷。

彭德懷的窮苦出身使他跟農民更有感情。他後來在獄中寫成的《自述》說：「我常常回憶到幼年的遭遇，鞭策自己不要腐化，不要忘記貧苦人民的生活。」中共執政後，他對毛澤東在全國各地修別墅，招文工團員伴舞伺寢等，屢表不滿。

赫魯曉夫一九五六年譴責斯大林之後，彭欣賞他的「非斯大林化」，反對個人崇拜。看到《軍人誓詞》上第一條是「我們要在毛主席的領導下——」，他說這個寫法有毛病，「現在的軍隊是國家的，不能只說在哪一個人領導之下。」

彭對毛的軍事工業化也持不同意見，不贊成「國家進口的最新式機械，多數是用在國防工業或與國防工業有關的工廠」，說：「和平時期的國防建設，一定要適合國民經濟的發展。」

雖然彭讓毛不舒服，但毛一直還用他，因為他在幾個關鍵時刻與毛合作，比方率領「志願軍」打朝鮮戰爭。就是在朝鮮戰爭後，毛任命他為國防部長。但毛又故意製造重疊交叉的指揮系統，拒絕澄清國防部與總參謀部的權限關係，使彭不斷陷入糾葛之中，權力和威信受到嚴重影響。

一九五八年五月毛發起大躍進時，把他的老搭檔林彪提拔為黨的副主席，這使林位居彭之上。毛把彭和一千五百名高級軍官集中起來「整」了兩個多月「風」，讓他們一天到晚開會，當面互相攻擊。這種所謂的「批評與自我批評」，自延安以來一直是毛進行控制的利器，用它來破壞人們彼此的關係，破壞人的心理平衡，叫大家提心吊膽，不得安寧。這次整風把軍隊高層搞得四分五裂。*焦頭爛額的彭向毛要求「不擔任國防部長的工作」，毛未准。

八月，在北戴河，彭聽到毛宣布天方夜譚式的糧食產量指標。聯想到毛一開口就向蘇聯人提出要造兩三百艘核潛艇，彭警覺出高徵購就要開始，農民就要大批餓死。九月三日晚上，彭德懷突然失蹤了。中央警衛團派人四處尋找，最後在一處僻靜的海灘上看見彭獨自在月光下來回踱步。彭滿面陰沉地回到住處，一夜未眠。

之後，彭去北方視察。一路上，他看到農民已經在挨餓。他領教了毛的「大煉鋼鐵」，招待所服務員向他訴說家裡「房子被拆了，果樹也砍了，把木料拿去給『小土群』當柴燒」，「有的煮飯鍋也砸了，把廢鐵拿去當了原料。」火車經過毛的模範省河南時，他看到密密匝匝的土高爐，拉車的、挑筐的、扛鐵鍬扛梯子的人群圍著高爐川流不息，從高爐裡騰起的熊熊大火遍地延伸。他俯在車窗口凝視良久，掉轉頭對祕書說：「這一把把火會把我們的家底燒光！」

十二月初，毛在武漢宣稱他天方夜譚式的糧食產量已經達到。彭說：「糧食沒有那麼多。」管農業的人把他堵了回去，說：「老總呀！你這也懷疑，那也懷疑，怎麼辦呢？」

彭回家鄉了解情況。他的老家烏石離韶山不遠。彭的看法得到証實：「實際收穫的糧食數字沒有公布那樣多」，他感到「這樣的造假數字，真是令人可怕。」他看到農民被強迫幹活，「有的地區

---

*毛利用整風，清洗了一批軍中高級將領，目的是清除蘇聯對中共軍隊的影響。由於蘇聯在幫毛建設現代化的軍隊，軍中高層同蘇聯有密切來往，毛怕削弱他對軍隊的控制，以清洗為警告，要人們和蘇聯人保持距離。

打人竟成了風氣，完不成任務打，出工遲到也打，說話不好聽也有挨打的。」過度勞累「致使不少婦女發生子宮下垂和停經的疾病」。

彭少年時代的夥伴現在都六十來歲了，住在號稱「幸福院」的人民公社敬老院裡。他們揭開食堂的鍋給彭看，鍋裡是清湯菜葉，只有幾顆米，沒有油。他們的床數九寒天還是光光的篾蓆，連褥單也沒有，被子也破爛不堪。彭看看鍋，看看床，再看看他們菜色的臉，緊鎖眉頭忍不住說：「名字好聽，幸福院！什麼幸福院？」

彭用個人的錢捐給敬老院兩百元。給了幼兒園兩百元，幼兒園床上也沒有被褥，不少孩子在生病。彭離開家鄉時，一位因傷殘回鄉的老紅軍把一張紙條塞進他的手心，上面寫著：「請為人民鼓嚨呼！」

十二月十八日，彭遇到管經濟的薄一波，對他說糧食產量絕沒有毛公布的那樣高，決不能在此基礎上徵糧。薄有同感。但當彭提議聯名給中央發電報表示意見時，薄害怕了，說還是各自反映好。彭自己發了封電報給毛，力請降低徵糧數字。

毛沒有回音。就在半個月前，毛剛彈了一番死人沒關係的老調，說：「托兒所死幾個娃娃，幸福院死幾個老頭……如果沒有死亡，人就不能生存。自從孔夫子以來，人要不滅亡那不得了。」

彭德懷沒有什麼辦法制止毛的胡作非為。身為國防部長，他手裡並無軍權，所有部隊調動都得經過毛批准。彭開始考慮從國外尋求幫助。

在當時的情況下，彭的唯一希望是蘇聯。赫魯曉夫反斯大林的暴政，他或許會給一些幫助？當然，這個希望是渺茫的。但心急如焚的彭德懷，感到非試一試不可。

彭德懷早就收到若干對東歐軍事代表團回訪的邀請。去東歐會經過莫斯科。毛明顯表示他不想彭接受邀請，一九五八年七月十七日批示說，回訪得取決於「時局許可與否」。中共高層都知道毛忌諱他手下的人跟外國有關係，這事就擱下了。彭回鄉視察之後，於一九五九年一月八日主持軍委會議，決定由他率團於「五一」國際勞動節後回訪東歐。報告毛後，毛沒有回覆。二月十六日，彭異乎尋常地催毛同意：「大家都認為不應再加推託。因此，準備在四月下旬派一個軍事代表團去德，然後即到其他六國訪問。」毛在二十八日批覆：「照辦。」

毛猜到彭為什麼急於出訪。四月五日，他當著全體中央委員忽然問道：「彭德懷同志來了沒有？」然後他發了一通身邊人從未見過的大脾氣，說彭：「你是恨死了我的」，「你彭德懷是一貫反對我的」，「我是人不犯我，我不犯人；人若犯我，我必犯人！」

毛顯然是警告彭，同時他也故意刺激彭：「看了湘劇《生死牌》，那劇中的海瑞，很有勇氣，敢於批評皇帝。我們的同志哪有海瑞勇敢？我已把《明史．海瑞傳》送給彭德懷同志。」

彭看出毛猜到了他心中的念頭。何去何從？彭內心的激烈交戰不難想像。那天晚上，他在辦公室一人長久地踱步，低頭沉思。祕書進來向他請示第二天的日程時，吃驚地發現向來不談私事的彭若有所感地對他說：「我現在很思念劉坤模同志！」劉是彭的前妻。彭的現任妻子是個循規蹈矩的「好」黨員，從她那裡彭是不可能指望得到支持的。

四月二十日，彭出訪前夕，東歐國家大使館為代表團舉行招待會。會上，彭不顧毛定下的任何談話必須有中國翻譯在場的規矩，把蘇聯大使尤金和蘇聯翻譯請進單獨房間。他對兩人講起了大躍進。這位翻譯告訴我們：「彭顯然是想引大使談大躍進，試探大使對大躍進的看法。」彭的試探是小心翼翼的，「只是從他問的問題上，和他談話的口氣上，可以聽出他對大躍進持反對立場。」尤金大使嘟嘟囔囔說了些大躍進的「積極」方面。翻譯回憶說：「深深印在我腦子裡的，是彭元帥悲哀而複雜的眼神，既為他的國家擔憂，又要為它爭取一條出路。」

在東歐，彭也沒有得到任何同情。東德的烏布利希說他從報上看到中國農業獲得奇蹟般的豐收，問可不可以多給東德一些肉，使東德能趕上西德的肉食消費水準，每人每年八十公斤？在中國，即使是城市裡，每人每年定量也不過兩三公斤。

聽了烏布利希這番話，彭德懷沉默了許久，說：「各地報紙宣傳都有很多假話，糧食肉類不是很多，而是很缺。」烏布利希這個老牌斯大林主義者自己也虛構過不少數字，當然明白彭所言不差，但他無動於衷。中國老百姓挨不挨餓跟他沒關係，中國只要能供給他食品就行。正是中國的食品，使東德在上年五月取消食品配給制度。*

同烏布利希談話以後，彭德懷對中國代表團苦笑著說：「我們的老百姓要知道人家要我們幫助他們每年吃上八十公斤肉，不知作何感想！」他的下一站是捷克斯洛伐克，又是向中國要食品的國家。彭告訴他們中國老百姓很苦，換上他們的國家恐怕要上街遊行了。可是捷克人也充耳不聞。彭看出東歐都是「在我們這個乾骨頭兄弟身上刮油」。一九五八年，東歐與中國機器換食品的貿易達到了最高峰。整個旅途彭德懷的情緒都很壞，常常獨自沉思，一聲聲長吁短嘆。**

彭的最後一站是阿爾巴尼亞。他五月二十八日到達時，赫魯曉夫也剛到。兩人隨後見了面。此事使毛寢食不安。

其實赫魯曉夫並不是為彭德懷而來。他沒有帶中文翻譯。阿爾巴尼亞的薩森島（Sazan Island），是蘇聯在地中海的核潛艇基地。赫魯曉夫的親自出馬，是為了阻止阿爾巴尼亞和中國在核潛艇方面達成什麼交易。

對赫魯曉夫是指望不上了。有跡象表明，彭德懷可能考慮過「兵諫」。六月十三日他一回到北京，就試探能否以運糧救荒的理由調動軍隊。他對他的知心朋友、時任總參謀長的黃克誠提起調兵。據彭德懷獄中《自述》說，黃顯出「為難的表情」。彭、黃到底談了些什麼，至今仍是個謎。但兩人談話的風聲傳到毛的耳朵裡，後來彭在獄中被反覆審問調兵的事。

彭德懷動不了兵，只能不斷把饑荒的情況上報給毛。坐火車看見窗外蓬首垢面、衣衫襤褸的人民，彭對同行的其他領導人說：「要不是中國工人農民好，也會要請紅軍的！」他鼓勵他們也向毛反映情況。

彭在東歐時，毛安插在代表團裡的眼線監視著他的一舉一動。毛把彭的出國訪問稱為「聞味」。彭一事無成，毛安心了。

毛此時面臨一個大麻煩。糧食出口計畫第一、二季度沒有完成。基層幹部對飢餓的農民下不了手。毛屢次說：「幾億農民和小隊長聯合起來抵制黨委。」就連聽話的省委書記們，在毛指名要他們對分配的徵糧指標表態時，也保持沉默，有的吞吞吐吐講困難。毛感到必須搞一場整人運動來掃除障礙。本來就想清洗彭的毛，決定用彭作頭號靶子來掀起運動。

---

* 當數千萬中國人餓死之後，烏布利希仍繼續向毛要食品。一九六一年三月，周恩來約見東歐各國駐華使節，說明中國農產品出口困難，希望減少貿易額，推遲和撤銷一些訂貨。波蘭表示合作，但東德拒絕考慮，派人來中國要求中國履行合同，繼續供應大豆、大米、油脂等。周恩來生氣地說他們是「德意志高於一切」，但還是給了東德兩萬三千噸大豆。

** 此行也使彭德懷預見到未來的毛的陵墓。他說：「領袖遺體看到了列寧、斯大林、哥特瓦爾德、季米特洛夫，每個國家都搞一個。亞洲國家大概將來也要搞。」

一九五九年六月二十日，彭從東歐歸來一個星期，毛乘專車離開北京南行。走走停停，晚上火車停在專道上，毛睡在車裡。天很熱，車廂裡的電風扇沒開，以防毛著涼，只放了一大盆冰。毛跟隨行的其他男人一樣，光著脊梁，只穿條褲衩。（這趟出行之後，中國從東德給毛買了輛帶空調的專車。）毛游了長江、湘江。對從不洗澡的毛來說，這就算是洗澡了。

二十四日，毛叫祕書給北京打電話通知在長江畔的避暑勝地廬山開會，指定了參加會議的人。清洗就要開場了。這次要對付的是老資格的、最桀驁不馴的彭大元帥。毛似乎想親自了解一下人們在餓肚子時對他的反應。他的火車這時正停在韶山附近，毛忽然決定回鄉。

三十二年了，這是毛第一次回鄉，儘管他的火車經常路過韶山。當地早給他蓋了別墅，叫「松山一號」，隨時恭候他的駕臨。韶山的「階級敵人」也早都遷走，怕他們撞上毛，或前來瞻仰的外國人。

毛在韶山住了兩個晚上。他要鄉親們對他「講真話」，鄉親們也就壯膽說了些心裡話：畝產收成誇大，說實話的挨鬥挨打。一位老人質問：「現在吃食堂，搞集中，男男女女要分開住……像個什麼世道？」人們講得最多的，還是吃不飽飯。從前韶山是「一身一口，七擔二斗」，折合九百二十五斤糧一年，現在吃糧數不到從前的三分之一。這還是在毛的故鄉，享受各種特殊照顧。毛請大家吃飯，他們狼吞虎嚥地把桌上的飯菜一掃而空。

鄉親們的真話，沒有一句支持毛的政策。但毛也看得很清楚，再牢騷滿腹，人們也不敢指責他，有的還得以歌頌他的形式發怨氣，說：「您老人家的政策到下面就變了卦。」「主席，要是您不回，我們都快餓死了呀！」有個年輕人敲著飯缽訴苦：「飯缽叮噹響，餐餐吃四兩（老秤四兩折合新秤二點五兩），做事冇有力，全都懶洋洋。」毛把臉一沉對他說：「現在還有三四兩，總比過去吃百家飯（指乞討）好吧？」雖然毛的話根本不是事實（他從前說韶山人「易於致富」），可是沒人敢頂撞他。接著他文不對題地下指示：「忙時多吃，閒時少吃，搞好節約，計畫用糧。」沒人敢問他這指示從何落實。毛針對村民的意見對隨行的省委書記大言不慚地說：「這是在告你的狀，這些是你管的範圍，你要把這些意見記起來。」做了替罪羊的書記也只能默默地聽著。

毛的造神運動已使他凌駕於眾怒之上。民不聊生，人們仍對他歡呼萬歲，他跟將近三千人握了手，手都握紅腫了。「松山一號」別墅的一個年輕服務員很有代表性。她回憶道：毛來的時候，招待所所長把她叫去，要交給她「一個最好的光榮的任務」——洗毛的內衣褲。她想：「毛主席的衣服，不得了的。一定要把它洗好。衣服一身都汗濕透的，都黃了。我想到毛主席，世界人民的領袖，生活是這麼的艱苦。衣服是絲綢的，我怕搓，就輕輕地揉，洗壞了怎麼交得了差。曬出去我怕讓別人看到，看到就怕搞破壞。我坐在辦公室，坐一下，就到外面去看一下，隨時去摸一下。沒有電，*不能電燙，我就把它放在玻璃板下壓。」「我現在一穿衣服就想到毛主席。」

毛澤東以必勝的信心上了廬山。

長江邊一千五百公尺高的廬山是古人學道求仙的地方，生活在這裡也有些飄飄欲仙的味道。山裡的雲時聚時散，時濃時淡，從峽谷裡奔馳而上，一瞬間便把街上的行人包裹起來，路邊閒談的人會忽然失去了對象。有時可見一朵白雲從一扇開著的窗戶飄進來，轉個彎兒從另一扇窗戶飛出去。

---

* 一九六〇年五月十八日，當毛再次經過此地時，四百七十名工人冒著八級大風，架上了通往韶山的電線，以備毛回韶山，可是毛沒有回去。

「不識廬山真面目，只緣身在此山中」，蘇軾的著名詩句再貼切不過地形容出廬山的變幻莫測。

十九世紀後期，歐洲人最先看中了廬山作避暑之地。從山下難耐的濕熱上得山來，人全身立刻一爽。在廬山的中心牯嶺，各式西洋風格的別墅有八百多座。蔣介石把這裡作為自己的「夏都」，常住在一幢原屬於英國人的別墅裡。一九四八年夏天，他最後一次來，把別墅以他夫人「美齡」的名字命名為「美廬」，叫石匠把他題的字刻在大門外的岩石上。

「美廬」如今成了毛的下榻之處。毛這是第一次上廬山。一天他看見石工正在鏟去「美廬」二字，連忙擺手制止。

蔣介石是坐滑竿上山的。中共修了條七、八公里長的環山公路。毛的車要上公路時，從山頂到山腳所有車輛一律不許通行，他居住期間全山封山，遠近老百姓都被臨時遷走。毛的保安措施之嚴密，遠超過蔣介石。「美廬」他嫌不夠安全，另造了一幢巨型倉庫似的毛式建築，防彈防炮，取名「蘆林一號」，緊挨著水庫，以便毛隨時游泳。「蘆林一號」是在大饑荒最嚴重的時期修建的。

毛把廬山會議稱作「神仙會」，要一百多名與會者來「讀書」，暢所欲言地談「國內形勢」，「放鬆一下」，把妻子、孩子也帶來。第一次住進歐式建築的孩子大開眼界，領略了石頭牆壁和抽水馬桶。天天飯菜豐盛，連工作人員用餐每頓也有八、九個菜。晚上不是看戲就是跳舞，戲有毛親自點的《思凡》、《驚夢》之類，舞廳設在天主教堂，歌舞團的伴舞女郎由大客車載著上山。起碼一個女演員和廬山療養院的一個護士，很快在夜間被召到毛的住處「談話」。

彭德懷被毛點名上廬山開會。汽車行至牯嶺路口，警衛人員舉旗示意停車，說「一組」（毛的代號）在休息，請彭和其他中共領導人下車步行。為彭挑選的一百七十六號別墅，離毛的別墅只有一百多公尺，與彭德懷來往的人盡入眼底。

會議一九五九年七月二日開場。毛一開始不開全體會議，把與會者按管轄數省的行政大區分成六個小組，每組由他信得過的大區第一書記執掌，把誰說了什麼直接向毛彙報。凡是不利於毛的聲音，都無法越出小組之外。想知道其他小組的人說了些什麼，只能通過「會議簡報」。簡報由毛控制，只登毛想要人看的，其餘一律不登。

彭德懷被分配在西北組。從第一次發言起，他就把批評矛頭直指大躍進，直指虛假的收穫數字，差一點說毛撒謊：「毛主席家鄉的那個公社，去年搞的增產數，實際沒有那麼多，我去了解實際只增長百分之十六……國家還給了不少幫助和貸款。主席也去過這個社，我曾問主席，你了解怎麼樣，他說沒有談這個事。我看他是談過。」

第二天他又提到毛的責任問題：「一千零七十萬噸（一九五八年鋼鐵指標）是毛主席決定的，難道他沒有責任？」以後的發言裡，他要麼抨擊毛的腐化（「好多省都給毛主席修別墅」），要麼告誡毛不要為所欲為：「濫用這種威信是不行的。」他反對為了出口而剝奪老百姓，說「農村四個月不供油」不行，不能搞「內銷服從外貿」。

但是，正如毛算計好的，彭的這些話都只有小組的人聽見，簡報上一字未登。毛不開全體會議，使彭沒有機會把他的意見傳達給予會者。彭一天比一天沮喪，感到會開得不死不活。十一日下午，彭突然接到會議祕書處通知，說會議就要結束。這增加了他的急切心情，要把自己對大躍進的意見在會議結束前讓與會者知道。第二天，他坐下來給毛寫信，十四日送交毛。信的語氣比小組發言溫和得多。他希望這樣一來，毛能把信印發與會者，大家讀了信後能響應他，促使毛改變大躍進政策。

這封信也正是毛所想要的，他要以此為題目來清洗彭。十六日，毛把信印發了大會。毛已經對彭觀察了兩個星期，看彭跟誰來往，他好「一鍋端」。彭德懷曾想過找同盟軍。他知道張聞天也反對毛的政策，曾請張聞天看他給毛寫的信。張怕被說成是搞陰謀，不敢看，彭便念給他聽。張聽了一段，借故倉皇離去。毛把「搞陰謀」跟「裡通外國」一樣定為滔天大罪，其實毛自己才是「搞陰謀」和「裡通外國」的大師，要不然他哪裡有機會進得了紫禁城。正如斯大林的副手莫洛托夫所說，只有一個人允許搞陰謀，那就是大老闆本人。

七月二十三日，毛出其不意地首次召開全體會議。大會採取臨時通知的辦法，使任何人都沒有機會串聯。毛一上來就說：「你們講了那麼多，允許我講個把鐘頭，可不可以？吃了三次安眠藥，睡不著。」這口氣好像是有人不讓他講話。毛用這種蠻橫不講理的架勢說話，為的是造成一種吵架的氣氛，使得任何理性的辯論都不可能。他故作發火狀，把大躍進的災難輕描淡寫地說成是：「無非是一個時期豬肉少了，頭髮卡子少了。沒有肥皂……」接著他亮出了殺手鐧：要是不聽他的話，「那我就走，到農村去，率領農民推翻政府。」「人民解放軍跟你走，我就上山打游擊。」「我看解放軍會跟我走的。」毛這是告訴在座的：要麼跟我，要麼跟彭，你們跟彭，我們就兵戎相見，來個你死我活。

人人都知道鬥不過毛。連彭德懷本人也臨陣怯場，沒有站起來針鋒相對地說明自己的觀點。

為了強調解放軍會跟毛走，毛把他的老搭檔、軍中威望不亞於彭的林彪元帥召上山來。在隨後的會議上，林彪說「只有毛主席能當大英雄」，「你我都是丘八」。毛拿出他慣有的軟硬兩手，一方面嚇住人們，一方面擺出妥協的姿態，表示願意降低徵糧數量，減少鋼鐵指標，壓縮軍工投資，還答應給農業投資一點錢。所有這些讓步他都在廬山會議後一一推翻。

毛把彭德懷和另外幾位跟彭來往，並批評了他政策的人打成「反黨集團」，有總參謀長黃克誠，外交部副部長張聞天，湖南省委第一書記周小舟。毛把廬山會議擴大為中央全會，以黨的決議正式譴責他們。決議是毛念的，念完也不走走舉手表決的過場，就自己宣布一致通過。

幾番批鬥後，彭德懷被送到北京郊外的掛甲屯軟禁，其他人也受到懲罰，他們的家庭一夜之間成了罪人。黃克誠夫人在嚴重打擊下一度精神失常。這個「反黨集團」中最年輕的人是毛的祕書李銳，毛對他的懲處也最為嚴酷。他經歷了近百次批鬥會，然後被流放到北大荒勞動。妻子同他離婚。有次他想要張孩子們的照片，卻收到這樣一封回信：「你對我們還有感情，而我們要同你劃清界線。照片現在不能給。」廬山會後二十年，他的生命大半在監獄、勞改農場孑然一身地度過，還被判過死刑。可是，一切折磨，一切痛苦，都未能摧毀這位頂天立地的人。在當今中國，他仍以他的才思智慧、敢做敢為，為中國人放聲疾呼。

廬山會議後，林彪做了國防部長，在軍隊裡清洗同情彭的人。林彪賣力推行毛的個人崇拜，一九六〇年初，下令部隊背誦毛著作中的「警句」，這就是後來《毛主席語錄》的開端。毛對林彪的做法大加讚賞，他對澳大利亞毛派領袖希爾（Edward Hill）說：林彪「發明了一個新方法，就是編語錄。」「孔夫子的《論語》是語錄，佛教也有語錄。」毛接著提到基督教的《聖經》。顯然在毛看來，他說的話足以同這些不朽的經典媲美。

一場「反對右傾機會主義分子」的運動橫掃全國，打擊對象大多數是那些抵制從農民口中奪糧、相對心軟的基層幹部。鄧小平一九六二年五月說：這次運動被整的「全國估計總有一千萬，影響的人總有幾千萬」。替換他們的是心狠手辣的人。

挨整的人中有醫生，罪過是診斷出大批人生病死亡的原因是飢餓。醫生王善身在被問到為什麼浮腫病治不好，少了什麼藥時，說了一句：「少一味糧食！」他被開大會批鬥，扔進監獄。浮腫病同餓飯有關係，連病名在不少地方也不准提，被隱諱地稱作「二號病」。多年後毛還對醫生們耿耿於懷，說：「困難時期為什麼有那麼多高血壓，那麼多肝炎，還不就是你們醫生給找出來的！」

廬山會議後的第二年，一九六〇年，中國因人為的原因餓死二千二百萬人。這在世界歷史上從未有過。

毛的廬山一行也影響了他的前妻賀子珍後半生的命運。二十二年前，因為無法忍受毛跟其他女人胡搞，以及對她的漠不關心，子珍離開延安去了蘇聯。在那裡，她精神崩潰，關進一家精神病院，過了兩年與世隔絕、夢魘般的生活。一九四六年秋，她出院了，反應有些遲鈍，但人恢復了正常。回國後，毛不讓她進京，多年來她一人獨居，沒見過毛。

廬山會議時子珍正住在山下的南昌。毛心血來潮，想見她一面。七月七日，他派江西省委書記的妻子接子珍上山，特地交代不要說是來見他，怕子珍「過於激動因而觸發舊疾」。毛很清楚子珍禁不起情緒波動。女兒嬌嬌曾告訴他，一九五四年子珍偶爾聽到收音機裡傳出毛講話的聲音*，當場發病，很久才恢復過來。

毛只關心子珍見到他之前不要發病。使者受命哄子珍：「今年南昌太熱，省委請你到廬山去休息幾天。」子珍欣然前往，一路上說說笑笑，非常愉快。晚上九點鐘，她被帶進毛的住所，突如其來看見毛站在面前。她精神當即失常。

跟毛分手時，毛說：「時間不早了，我們明天再見面，再談談。」但轉過身，毛下令第二天送子珍下山。子珍被強行送下山去。她不停地問：「為什麼要讓我下山？主席說好同我再見面的……」這次發病比以往任何一次都嚴重，連女兒也認不出來。在南昌，她不時蓬頭垢面，神情淒惶地衝到省委的大門口，要找江西省委問個清楚，是誰從中作梗破壞她與毛的再次會面。有一天下著傾盆大雨，她渾然不覺地立在雨中，對著省委的大門。守門的戰士說她是瘋子，她身邊的工作人員看到她病成那樣，忍不住心酸落淚。從此，她在精神分裂症的反覆發作中，走完了餘下的一生。

＊毛不允許播放他的講話，事後電台受到查處。

42 西藏的災難

一九五〇～一九六一年　五十六～六十七歲

毛對西藏的戰略，從來都是武力征服。一九五〇年一月二十二日他跟斯大林會晤時，要求蘇聯派飛機幫他運部隊進攻西藏。斯大林答道：「你們準備進攻，很好，是該制服西藏人了。」斯大林還建議毛向西藏和其他邊疆地區移民，說：「新疆的漢族人還不到百分之五，應當增加到百分之三十……所有的邊疆地區都應當多遷移些漢族人去」。這成了中共的政策。

一九五〇到一九五一年，兩萬中共部隊進逼西藏。但是毛意識到他不可能派進足以佔領全西藏的大批軍隊，因為沒有公路運兵運糧草，士兵不習慣高原氣候，當地武裝也不可小視。毛決定搞談判，裝作他將給西藏自治權。他上演了一齣英明君主的戲，承認達賴喇嘛在西藏的領袖地位，送給這個年輕人電影放映機之類的禮物，對西藏代表團也說著寬心話。但同時，兩條通向西藏的公路緊鑼密鼓地修了起來。

一九五四年九月，十九歲的達賴喇嘛到北京去出席橡皮圖章式的人民代表大會。他在北京待了半年，毛跟他至少見了十幾次面，每次都和藹可親，要讓他沒有戒心。毛作了調查研究，知道達賴對科學感興趣，對他說：「我知道你是喜歡新東西的，我也喜歡。我們有很多共同之處。」毛跟他討論教育改革。達賴喇嘛對我們說：「毛的危險性也就在這裡，他說的話總好像是對的！」毛也以君主的身分教訓他，跟他大談「宗教是毒害人民的鴉片」。

為了保護西藏人的利益，達賴喇嘛申請加入共產黨。中共沒有同意。他繼續跟毛搞好關係，回西藏後寫信給毛，信中夾著一朵西藏的鮮花。毛手書的覆信簡直稱得上情意綿綿：「親愛的達賴喇嘛：一九五五年七月六日給我的信收到了，很高興。我時常想念你，想念你在北京的時候我們相處的那種愉快的情形。何時再能和你見面呢？……很高興地看到你在信裡附寄的西藏鮮花，我在這裡也附寄一朵給你。」

一九五六年初，公路通車，毛開始變臉。他首先在康巴藏區搞「改革」，鬥爭上層，收繳槍支，實行徵稅，破壞宗教。那裡的五十萬藏民立刻反了，到三月底已經拉起一支六萬人的隊伍，有五萬桿槍。其他藏區的「武裝叛亂」也如野火一般燃燒蔓延。毛只得動用軍隊，靠圍剿、重炮，甚至空中轟炸，才把反抗鎮壓下去。

這樣的幾乎全民性的參與造反，以及藏軍的強悍善戰，使毛得出結論：在西藏「現在還不是實行改革的時候。」「我們已經等了好幾年，現在還必須等待。」

兩年過去了。在大躍進中，當饑荒出現時，藏民又揭竿而起，在他們聚居的幾個省，都發生了武裝反抗。藏民有一些得天獨厚的條件，他們靠遊牧為生，有馬，有槍支。他們還有自己的語言、自己的宗教，能祕密組織起來而不為中共所知。

在青海，武裝起義遍及全省。毛在一九五八年六月二十四日批示嚴厲鎮壓，同時說：「西藏要準備那裡的可能的全局叛亂。亂子越大越好。」次年一月二十二日，他再次批示，在西藏，「總要來一次總決戰，才能徹底解決問題。」西藏有「一支鬥志較強的萬人叛亂武裝」，「這是我們的嚴重敵人。但這並沒有什麼不好，反而是一件好事，因為有可能最後用戰爭解決問題。」

一九五九年三月十日，西藏人風聞達賴喇嘛可能被劫持去北京，在拉薩暴動了。數千人上街遊行，高呼：「漢人滾回去！」第二天，毛電令中共駐西藏部隊，放達賴喇嘛逃走。如果達賴喇嘛在中共軍隊鎮壓中被打死，世界輿論將對毛很不利，特別是在毛想搞好關係的中國周邊的佛教國家和印度。十七日夜晚，達賴喇嘛逃出拉薩，奔向印度。他的逃離一經證實，毛就下達作戰方針：「全力抓住敵人在拉薩市區，勿使逃走，以便主力到達，然後聚殲。」

隨著戰爭而來的是宣傳戰。四月七日，毛給管西藏事務的官員寫信了解西藏情況，特別詢問：「貴族是否有殺人權？是否私立審判，使用私刑？……有人說對反抗的喇嘛剝皮、抽筋，有無其事？」「有人說〔喇嘛廟裡〕搜出人皮不少，是否屬實？」在毛親自主持下，二十九日，媒體宣傳運動揭幕，把西藏描繪成人間地獄，抽人筋、剝人皮、挖人眼睛。毛的軍隊是正義之師，是去拯救西藏人民的。本來漢人對西藏就有偏見，毛的宣傳更讓人們以為西藏是個野蠻落後的地方。

當然，西藏過去的神權統治有黑暗的一面。但毛管轄下的西藏要黑暗得多。地位僅次於達賴的班禪喇嘛一九六二年寫給周恩來的七萬言書中，淋漓盡致地說明了這一點。班禪喇嘛曾支持中共「解放西藏」，甚至在一九五九年拉薩暴動後還擁護中共「平叛」。他描寫的一九五九年到一九六一年在西藏發生的事，周恩來本人和管理西藏事務的李維漢，都承認是事實。這使七萬言書格外有分量。

班禪喇嘛寫道：「過去西藏雖是被黑暗、野蠻的封建統治的社會，但是糧食並沒有那樣缺，特別是由於佛教傳播極廣，不論貴賤任何人，都有濟貧施捨的好習慣，討飯也完全可以為生，不會發生餓死人的情況，我們也從來沒聽說過餓死人的情況。」

一九五九年和一九六〇年兩年中，農牧業產品「收購過頭，甚至連香袋內的糧食和糌粑也收了，對翻出隱藏幾升糧食和糌粑的人家，也進行鬥爭……對大多數家戶，進行了搜查，把居民自己庫存的糧食、肉類、酥油等，差不多都挖光了。」「不少居民的口糧很緊，有的斷糧，肉類、酥油、清油等極缺，連燈油也沒有。甚至買不到燒柴。人們恐慌著急，叫苦連天。」

「我們藏區以前作為馬驢、牛、黃牛飼料的油渣、麥糠等，也成為人的難得的有養分的香的食物了。」「別說稍微能吃的一切草類，就連不能吃的樹皮、樹葉、草根、草籽也採集了許多，加工後和那點糧食摻合起來作為豬食一樣的稀糊糊給人們吃，就是這也很有限，不能果腹。由於這種藏族歷史上從來沒有過的、人們做夢也想不到會有如此嚴重的飢餓之痛苦，人民群眾抵抗不住這種殘酷地折磨，群眾的體質日益衰弱。所以一些地方感冒等一些小小的傳染病就會使達到百分之數的人輕易地成批死亡，有些地方也有不少人因為斷了糧而被直接餓死，因此有些地方，也有些全家人死光的現象。」

班禪喇嘛寫七萬言書的時候，到藏區各地視察。在青海，他看到「許多百姓連吃飯的碗都沒有」。他掏錢買碗送給老百姓，並對中共官員憤怒地說：「過去只有俗人向僧人布施，群眾向活佛奉獻，沒有聽說過活佛買碗給群眾。舊社會要飯的手裡還有個破碗。蔣介石、馬步芳統治青海十幾年，藏族老百姓也沒有窮到連個碗都買不起的地步。」

西藏人民還受到毛式的殘酷批鬥，班禪喇嘛的家裡「從我父親開始一個個都挨鬥了」。「被鬥者雖然沒有特別嚴重的罪行和過錯，也要捏造許多嚴重的罪行，並予誇大，隨心所欲，顛倒是非等，不僅毫無根據，一個比一個更尖銳激烈、更粗暴、更狂妄、更矜誇過火地肆意進行誣陷」。「鬥爭一開始，大喊、怒吼幾下，同時拔髮揪鬚，拳打腳踢，擰肉掐肩，推來掀去，有些人還用大鑰匙和棍棒加以毒打，致使被鬥者七竅流血，失去知覺而昏倒，四肢斷折等，嚴重受傷，有的甚至在鬥爭時，當場喪命。」不少人被迫「投河或以武器自殺」。

由於西藏武裝起義的全民性，青壯年男子被大批逮捕關押，「可以斷言，藏族中我們的親人除了婦女、老頭、小孩和極少數的青壯年外，就所剩無幾了。」

在監獄裡，看守不把藏民當人看：「殘酷無情地惡言恫嚇，恣意毒打；並故意把地勢高低和寒暖差別很大的南北上下的關押犯，遷來遷去，以致水土不服，衣被不能暖體，褥墊不能防潮，帳篷、房屋不遮風雨，食不飽腹等等，生活十分困苦淒慘，還讓起早摸黑的勞動，並由於把最重最苦的勞動活交那些人去幹，因而使那些人不可抵禦地出現體力日衰，疾病很多，加以休息不充足，醫療不完善，使大量關押犯遭到非正常的死亡。」班旦加措喇嘛曾在監獄裡度過多年，他告訴我們，他和別的囚犯被用鞭子抽打著拉犁。

對戰場上被打死的藏民的處理也令人髮指。班禪喇嘛在毛死後的一次會議上講到：「果洛地區打死了許多人，把屍體從山上拖下來，挖個大坑埋在裡面，把死者的親屬都叫來宣布：『我們把叛匪消滅了，今天是喜慶的日子，你們在屍體坑上跳舞。』」

與對西藏人民的暴虐同時發生的，是對西藏文化的摧殘。當時有個「三大」運動，第一「大」就是「大破壞」。西藏的一切生活方式都被認為是「落後的、骯髒的和無用的」，要「破壞」。毛最致力於消滅的是宗教，早在與達賴喇嘛見面時，他就講西藏喇嘛太多，不利於增加勞動力發展生產。如今在西藏的寺院裡，班禪喇嘛說：「竟有讓喇嘛站一邊，尼姑和俗女站一邊，強迫他（她）們互相挑選〔配偶〕。」「掀起了消滅佛像、佛經、佛塔等的滔天浪潮，把無數佛像、佛經、佛塔燒毀，拋入水中，扔在地上，拆毀和熔化，對寺廟、佛堂、瑪尼牆、佛塔恣意進行了瘋象闖入般的破壞。」「把《大藏經》用於漚肥的原料，專門把許多畫的佛像和經書用於製鞋原料等，毫無任何道理；由於做了許多瘋子也難做出的行為，因而使各階層人民詫異透頂，心緒混亂至極，極度灰心喪氣，眼中流淚，口稱：我們的地方搞成了黑地方（西藏俗語中把沒有宗教的地方稱為黑地方）等而哀號。」

破壞後的西藏，班禪喇嘛說，就像「炮彈摧毀，戰爭剛結束的樣子，目不忍睹。」「西藏有大、中、小寺廟兩千五百餘座，而民改（中共的「民主改革」）後由政府留下來的僅只有七十多座，減少了百分之九十七多」。僧尼人數「減少了百分之九十三」，從十一萬多人下降到七千人。

使西藏人民最為痛苦的還有死人不准超度：「按我們藏人的習慣，人死後若不進行超度，就被看成是對亡人不孝敬、殘酷無情而極為惡劣的。因而一段時間人們說：『我們死的太遲了，如果早死一點，還能得到超度，現在死就像死了狗一樣，氣一斷就會被扔到門外去。』」

在藏區視察時，班禪喇嘛見到以下場景：「不少越過基層幹部的各種阻撓之難而來朝拜的藏族群眾，不論男女老幼，一見我就想起了一個時期來的痛苦，情不自禁流出眼淚，他們中的一些大膽的人，流淚哀呼：『勿使眾生飢餓！勿使佛教滅亡！勿使我雪域之人滅絕！為祝為禱！』」

在這些傷心事的激勵下，班禪喇嘛勇敢地寫了「七萬言書」。到了毛澤東手裡，毛大怒。不久，班禪喇嘛就被批判鬥爭，身陷囹圄近十年，直到毛死後才重見天日。

43 「毛主義」登上世界舞台

一九五九～一九六四年　六十五～七十歲

克里姆林宮一九五九年二月簽約幫助毛建造核潛艇等先進武器，是蘇聯軍事技術轉讓的高峰。但就在協議的醞釀過程中，赫魯曉夫心裡已經打退堂鼓了。

促使赫魯曉夫改變主意的有這樣一件事。一九五八年九月，一枚美國最新式的「響尾蛇（Sidewinder）」空對空導彈從一架台灣飛機上完整未爆地落在中國國土上。赫魯曉夫緊急要求中方讓蘇聯專家研究這枚導彈，但中方聲稱他們找不到導彈。赫魯曉夫的兒子、本人也是導彈專家的謝爾蓋（Sergei Khrushchev）回憶道：「第一次，父親感到『兄弟般的友誼』上有著很深的裂痕。第一次，他思索到底該不該向中國提供最新軍事技術，教他們怎麼造導彈和核彈頭。」

赫魯曉夫決定施加壓力，「他按下R-12導彈的技術說明不發。這下問題解決了，『響尾蛇』馬上就找到了。」

「響尾蛇」已被中方拆開，關鍵的導向系統不見了。赫魯曉夫在回憶錄裡寫道：「我們認為這是無理的，是侮辱我們。任何人處在我們的地位都會感到痛苦。我們對他們沒有祕密，什麼都給了他們。而他們得了件寶貝，卻不讓我們分享。」赫魯曉夫得出結論，毛只是利用蘇聯為他的私利服務，心裡想的不是共產主義陣營的利益，毛「急不可耐地要統治世界」。他下令拖延核技術轉讓。一九五九年六月二十日，他停止供應中國原子彈樣品和技術資料。

這對中國不是致命打擊，因為中國此時已經掌握了製造原子彈的基本技術。但毛明白，以後赫魯曉夫就靠不住了。

九月，赫魯曉夫訪問美國。以前還沒有蘇聯領袖這麼幹過。赫魯曉夫相信有可能同西方「和平共處」。離開美國後，他來到中國參加中共國慶十周年慶典，敦促毛與西方搞緩和。

赫魯曉夫對資本主義世界的態度給了毛一個歷史性的機遇。如果毛豎起反旗，那些一心要靠暴力推翻資本主義政權的人們，就會棄赫魯曉夫而擁戴毛。當時的世界大背景看起來對毛也十分有利。非洲正在反殖民主義，無數人想打游擊戰爭，毛本來就被他們認為是游擊戰的專家，而赫魯曉夫不是。沒有掌權的共產黨，想要上台不靠暴力前景渺茫。毛展望著未來：「馬克思主義、列寧主義大發展在中國，這是毫無疑義的。」「東歐各國和世界各共產黨不相信他們〔蘇聯〕而相信我們。」

但毛眼下還不能和赫魯曉夫徹底分手。蘇聯的軍事技術轉讓，雖然有了限制，但沒有停止，一九六〇年轉讓的設計圖紙達一千零十份，比一九五八年還多。毛想抓緊時間先把蘇聯技術拿到手，「中國將在八年內相當強大起來。」毛浮想聯翩。八年之後，赫魯曉夫「將完全破產」。

毛的策略是「分而不裂」，豎旗要有分寸。一九六〇年初，中共開始在全世界宣傳毛澤東思想。

一九六〇年正是大饑荒最嚴重的時候，怎麼可能有人相信毛主義呢？毛毫不擔心，他自有一套滴水不漏的控制系統，讓外國人按他的需要去看，去聽。要矇外國人容易得很。美國中央情報局一九五九年二月對中國食品生產量的判斷是「大幅度增長」。法國名作家西蒙．波娃（Simone de Beauvoir）訪華時，陪同她的中國女伴雖然會說法文，但沒有上面許可不能跟她直接用法文交談。

波娃訪華歸去大談什麼「毛並不比羅斯福等人更專制，新中國的憲法保證了權力不可能集中在一個人手裡」。她還寫了厚厚一本書，名叫《長征》（*The Long March*），索引有個條目是「暴力」，後面一排字：「毛論述如何避免暴力。」絕大部分中國人被密封在國門之內。駐外的外交官被無窮盡的「涉外紀律」困得死死的，什麼必須「二人同行」，什麼諸事「事前請示，事後彙報」，動輒有裡通外國的嫌疑，無怪乎中國外交官在海外的名聲是舉止呆板。中共首批派出國的大使大都是將軍們。毛接見他們時半開玩笑地說：「你們不會外文，但是還要你們去幹外交，因為首先你們跑不了。」而這些大使們大半去的還是共產主義國家。

出了國而敢於說真話的，是一小批冒著生命危險泅水到香港的叛逃者。他們把大饑荒的真相告訴世界。可惜，很少西方人相信他們。

毛的謊言在西方卻大有市場。當法國社會黨領袖（後來的總統）密特朗（François Mitterrand）在一九六一年訪華時，毛對他說：「我再重複說一遍，中國沒有饑荒。」大家都把這話當真。一九六〇年，未來的加拿大總理特魯多（Pierre Trudeau）來了一趟，回去後同別人合作寫了本天真的書：《兩個單純的人在紅色中國》（*Two Innocents in Red China*），書中特別批駁外部世界對大饑荒的報導，說中國沒有饑荒。甚至像前聯合國糧農組織負責人波爾德沃（John Boyd-Orr）爵士這樣的專家也輕易受騙，一九五九年訪華後大發議論說，中國的糧食產量從五五年到五八年翻了整整一番，中國人「看來都豐衣足食」。英國那位容易上當的陸軍元帥蒙哥馬利（Bernard Montgomery）在一九六〇、一九六一兩次訪華後宣稱：「中國沒有大規模的饑荒，只在有的地方糧食不足。」他顯然不覺得「糧食不足」是毛的過錯，見到毛時一個勁兒鼓勵毛抓住權力不放，說：「中國需要主席，您可不能離開這艘船不管。」

有這樣的西方人，毛要掩蓋饑荒易如反掌。他還特地邀來三個文人幫他搞宣傳：斯諾、韓素音、英國的格林（Felix Greene）。格林為BBC電視臺對周恩來作了一次採訪，從頭到尾只見周恩來在念稿子。

要在世界舞臺上推銷毛主義，大把花錢是少不了的。一九六〇年一月二十一日，與外交部、外貿部平行的中國對外經濟聯絡總局成立，專門負責向外國贈送現款、食品等。就在大饑荒最嚴重的年份，外援激增。

在提供外援的國家裡，中國是最窮的，卻是最慷慨的，借出去的債是不要還的。說到提供武器，毛的口頭禪是：「我們不是軍火商。」意思是中國的軍火不要錢白送。

送錢最多的地方是印度支那，毛執政期間至少送了兩百多億美金。在非洲，毛送給正在打法國人的阿爾及利亞的無償援助難以數計。在拉丁美洲，古巴的切．格瓦拉（Che Guevara）一九六〇年十一月訪華，毛一口氣就給了六千萬美金的「貸款」，周恩來特別告訴格瓦拉，這錢「可以經過談判不還」。

在共產主義陣營內，毛只爭取到一個又小又窮的阿爾巴尼亞。為了拉住霍查，一九五八年，毛給了這個只有三百萬人的國家五千萬盧布。一九六一年一月，毛跟蘇聯的分裂加劇，指望霍查幫忙罵赫魯曉夫，又給了他五億盧布！還用外匯從加拿大買小麥送給阿爾巴尼亞。靠著中國的食品，阿爾巴尼亞人不知「定量」為何物。這一切都發生在中國數千萬人餓死的時候。阿爾巴尼亞跟北京談判的主要代表希地（Pupo Shyti）對我們說：「在中國，我們當然看得到饑饉。可是，我們要什麼中國就給什麼，我們只需要開開口。我感到很慚愧。」有時中國官員不願給，只要跟毛一說，毛馬上就出面責備他們。

毛把大量的錢花在分裂各國共產黨，建立「毛主義黨」上面，由康生負責。各國應聲而起了一批「吃毛飯」的人。只要拉起一個組織，唱唱毛的頌歌，跟著就領錢享福。在阿爾巴尼亞檔案館裡，有一份資料寫道，康生發牢騷說，委內瑞拉的幾個「左派」取走了中國經阿爾巴尼亞資助他們的三十萬美金後就不見了。荷蘭情報部門乾脆設立了一個偽裝的毛主義黨來收集情報，錢呢，自然由中國出。美國中央情報局中國問題專家（後任駐華大使）李潔明（James Lilley）告訴我們，看到可以如此容易地派人進中國，他們簡直樂壞了，找了些人高呼毛萬歲，建立毛主義黨，中共出錢養這些人，邀請他們去中國。不過，美國情報當局很快發現這些間諜去了中國也沒用，他們與社會完全隔絕。*

毛澤東選擇了列寧九十周年誕辰紀念，發表了〈列寧主義萬歲〉等文章，作為「毛主義」宣言。赫魯曉夫沒有受到指名攻擊，南斯拉夫的鐵托做了替身。

文章在一九六〇年四月發表後，趁著「五一」勞動節，中共從亞、非、拉請來七百多名同情者，把他們作為毛主義陣營的核心。毛接見了好幾組人，報紙上大加宣揚，說這些外國人如何表達對毛的「敬愛」，如何唱〈東方紅〉。毛親自逐字逐句推敲了這些報導。

六月五日，世界工聯理事會在北京召開，有來自五大洲六十多個國家的代表，其中好些是火藥味很重的工會領袖，不願聽命於莫斯科。這是毛掌權以來在中國開的最重要的國際大會。毛讓政治局全體出馬，大力遊說代表們，說和平共處是騙局。因為不能直接譴責蘇聯，法國、義大利共產黨被挑出來當靶子，說它們是帝國主義的臣僕。與會的義大利代表佛阿（Vittorio Foa）告訴我們，中國的態度充滿敵意，把他們嚇壞了，擔心會挨打，決定誰也不要單獨行動。甚至阿爾巴尼亞的代表努許（Gogo Nushi）也大為震驚，私下裡管中共領導叫「土匪」。

「中國人在朝我們臉上吐痰，」赫魯曉夫說。莫斯科認為世界工聯理事會事件是中蘇分裂的開端。美國中央情報局也這麼認為。代理局長卡貝爾（Charles Cabell）事後對美國國家安全會議說，中國的行為「對蘇聯領導是一場極大的挑戰，赫魯曉夫不能不迎頭痛擊」。中蘇間的裂痕第一次被外界看到了。

同月二十一日，赫魯曉夫對聚集在羅馬尼亞首都布加勒斯特的五十一個國家的共產黨代表講話，強烈抨擊毛澤東關於世界要靠戰爭進入社會主義的斷言。「社會主義在全世界的勝利不必依靠世界大戰，」他說。「只有瘋子和狂人現在才想再打一次世界大戰。」那只會使「數百萬人民在戰

＊為了對外宣傳的需要，一張便條就可從銀行取走大筆現金。有個膽大的中國人看到有機可乘，也嘗試撈些錢進腰包。這個人叫王倬，是外貿部的一名科員。一九六〇年三月，他偽造了一張假冒周恩來批示的便條，從中國人民銀行總行取走了二十萬元現金。便條寫道：「總理：主席辦公室來電話告稱：今晚九時西藏活佛舉行講經會，有中外記者參加拍紀錄影片。主席囑撥一些款子做修繕寺廟用。這樣可以表明我們對少數民族和宗教自由的政策。」「周恩來」用毛筆批示：「請人民銀行立即撥出現款二十萬元。」另有小字批道：「為避免資本主義國家記者造謠，一、要市場流通舊票；二、十元票，每捆要包裝好看一點。七時務必送到民族飯店趙全一收。」

就這麼一張紙，中國人民銀行總行就把兩大麻袋二十萬元現金交到民族飯店大堂一個自稱趙全一的人手裡。大家都沒當一回事，只是在銀行打電話問周恩來辦公室這筆錢如何下帳時，才發現這是假冒的。

這是毛上台以來最大的「詐騙案」。破案在天羅地網一般的北京不消說是輕而易舉。公安人員去逮捕王倬時，只見他有四個驚恐哭泣的小孩子，最大的才十一歲。王倬弄錢是為了讓他們吃飽飯。他家對面是一幢華僑住的小樓，華僑有國外匯來的錢可以在國家特殊商店買高價食品。王倬在日記裡寫道：「錢！錢！錢！做夢都想弄錢……」。

爭的巨焰中死去」，「就是在共產主義的死敵中，有理性的人還是佔大多數。」這些話不啻說毛是個瘋子，跟他結盟還不如同西方共處。赫魯曉夫在會外用更尖銳的語言對中共代表彭真說：「你們想支配一切人，你們想支配世界。」「你們既然那麼愛斯大林，你們把斯大林的棺材搬到北京去好了。」他對其他蘇聯領導人說：「我一看到毛就像看到斯大林一樣。一個模子裡澆出來的。」

彭真發現在布加勒斯特完全沒人聽他講毛的路線。毛承認：「我們在布加勒斯特是孤立的。一個黨也不支持中國。就連阿爾巴尼亞也不支持。」這樣徹底的孤立大大出乎毛的意料，他原先還以為他的觀點會得到「積極反應」。毛也沒料到赫魯曉夫會這樣毫不留情地攻擊他，以往都是他欺負赫魯曉夫。在這種形勢下分裂，對毛有百弊而無一利，特別是毛還需要蘇聯的軍事技術。當赫魯曉夫拒絕把毛的任何提法寫進會議公報時，彭真問：「一個字都不能修改？」赫魯曉夫答：「一個字都不能修改。」毛只好叫彭真在公報上簽字。

赫魯曉夫此時完全看透了毛，回蘇聯後就宣布把蘇聯在華的一千多名專家全部撤走，同時停止幫助中國建設尚未完工的一百五十五個項目。毛低估了赫魯曉夫。蘇聯的報復對毛的打擊不小，中國科學家雖說已經掌握了製造原子彈的技術，導彈技術還沒有完全學到。他們只得用一切手段爭分奪秒地搶著在蘇聯專家離開前學習，友好的蘇聯專家也盡量幫助他們，把自己的筆記本拿給他們拍照。拍照甚至在「歡送蘇聯專家」的舞會過程中進行，由女文工團員們把專家的監護人拖在舞場上。然而，杯水車薪，毛的導彈工程，乃至整個軍事工業化進程，都陷入混亂。

毛只得設法挽回。十一月在莫斯科開八十一國共產黨會議時，中共採取了和好的態度。毛親自到蘇聯大使館出席「十月革命」紀念日，一九六一年元旦給赫魯曉夫發了封極力稱頌他的賀電，好像什麼彆扭也沒發生。兩國有了某種程度的和解。最後，蘇聯同意在一百五十五個未完成項目中，繼續幫助建設六十六項，但毛沒有得到他最渴望的先進軍事技術。

毛澤東後來把大饑荒說成是蘇聯「撕合同、撤專家」的結果。直到今天很多中國人還相信他。事實上，赫魯曉夫取消軍工項目只會有助於緩解饑荒，因為用來買這些軍工項目的食品就不必出口了。

但是，食品出口絲毫未減。毛堅持要用它們來提前還清欠蘇聯的債。本來欠蘇聯的債按中蘇協定應該十六年還清，但毛決定五年還清，要老百姓「勒緊腰帶」。就在這一年，中國人餓死兩千兩百萬。

毛把提前還債說成是他「要爭這口氣」。實際上，毛的政策從來不建築在「爭氣」的基礎上。毛要的是蘇聯繼續依賴中國食品（蘇聯從中國進口的食品佔總進口的三分之二），這樣毛就可能誘使赫魯曉夫繼續賣給他軍工項目。

毛還謊稱赫魯曉夫在大饑荒時「逼債」。但正如中國外交部給毛死後的領導人提交的情況簡介指出，蘇聯在饑荒時從來沒有向中國討過債，更不用說「逼債」了。是毛自己要還，不僅要還，還硬要從十六年提前到五年還清。

蘇聯當時駐華大使契爾沃年科告訴我們，蘇聯人很清楚中國屍橫遍野的饑荒：「你根本不用搞任何調查，只需要駕車從北京飛機場進城就知道了。樹上都沒有葉子。」葉子都被飢餓的人們吃光了。莫斯科授命他拒絕中國的出口食品，有時候載糧食的船隻被蘇聯人謝絕接受。中國方面非給不可。有一次，中方對蘇聯主動提出增加肉類出口，蘇聯人問怎麼可能增加？答覆是：「不關你的事！」

赫魯曉夫不但沒有逼債，而且還減輕了中國的債務。他重新調整了盧布對人民幣的兌換率，使中方得益。據蘇聯計算，這一調整把中國欠的債降低了百分之七十七點五。

一九六一年二月，赫魯曉夫主動向毛提出借給中國一百萬噸糧食和五十萬噸古巴蔗糖。毛接受了蔗糖，但婉拒了糧食。這並非出於「爭氣」。就在此時，赫魯曉夫表示願意向中國轉讓米格-21戰鬥機的製造權，毛二話不說馬上就要。

這一段時間，毛對赫魯曉夫既搞緩和，也挑刺兒。東德當時駐北京的一名外交官對我們說，冷戰的象徵柏林圍牆一九六一年夏天修起來之後，周恩來對東德人說，毛認為這是赫魯曉夫向美帝國主義投降的表現。

赫魯曉夫得時時防備毛，特別是在下一著大棋時。一九六二年十月，他祕密把核導彈運進古巴。這是他執政十年中最冒險的行動，事涉同美國的核武對抗。為了不讓毛在這個時候跟他搗蛋，赫魯曉夫給了毛一個大甜頭：支持毛打印度——儘管這是對跟蘇聯友好的印度的背叛。

中國跟印度的矛盾主要是邊界問題。中國不承認英國統治時期給兩國劃下的邊界，要求重新談判。印度認為邊界已定，沒有必要再談判。雙方僵持不下。隨著邊界衝突一天比一天糟，中國方面在一九六二年五、六月間開始暗中準備作戰。周恩來後來對美國人說：印度總理「尼赫魯越來越趾高氣揚」，「我們想叫他不要太得意了。」

打這一仗的決心毛是不容易下的。毛不想與印度為敵。中國原子彈基地在西北部羅布泊，美國要偵查這個基地，U-2高空偵察機從台灣起飛飛不到，可是從印度能很容易飛到。事情的發展也證實了他的顧慮：中、印邊界戰爭之後，印度允許美國U-2飛機從印度茶巴提亞（Charbatia）基地出發，給中國第一顆原子彈爆炸拍了照。

毛還擔心他打印度會造成兩面受敵的局勢。當時，蔣介石正積極準備反攻大陸，他相信饑荒會使人民歡迎他打回來。毛對蔣介石的威脅很當真，在面對台灣的東南沿海集結重兵，自己也鑽進了北京西山的防空洞。

毛想弄清楚蔣介石到底會不會打，再決定是否與印度開戰。他派人向美國人了解。中國自一九五五年以來，一直在華沙同美國進行大使級談判。中國代表從美國大使那裡得到了爽快的答覆：美國決不會支持蔣介石進攻大陸，蔣也承諾，未經美國同意，不發動進攻。

最讓毛不放心的還是蘇聯。當時中國石油的主要來源靠蘇聯。赫魯曉夫在以往的中印邊界衝突中，公開不支持中國，以後又答應賣給印度可以在高原條件下飛行的先進的米格飛機，而且轉讓技術使印度能夠製造米格-21。

十月到了，喜馬拉雅山的酷冬就要降臨，可以進攻的時間不多了。毛授命向蘇聯駐華大使契爾沃年科試探莫斯科對中國打印度的態度。赫魯曉夫抓住這個機會採取了一個令人吃驚的步驟。十四日，他率領蘇共全體政治局委員為即將離任的中國大使劉曉舉行了熱情的歡送宴會。會上赫魯曉夫敲敲杯子後講話，說如果中、印發生邊界戰爭，蘇聯將站在中國一邊，蘇聯將暫緩向印度出售米格-21。過後，他讓中方知道他在古巴祕密部署核導彈，希望中方給他支持。

赫魯曉夫是在跟毛作交易，毛心裡有了底。十月二十日，古巴導彈危機爆發的前夕，中國軍隊在兩段邊界上向印方發起進攻。五天後，古巴導彈危機正值高峰，《真理報》發表社論支持中國。赫魯曉夫此舉對尼赫魯如晴天霹靂。

在中印邊境，中國軍隊迅速摧毀印軍陣地，推進了一百五十多公里。打了勝仗，毛澤東主動停火撤兵，由雙方各自掌握一些有爭議的土地。中印邊境到現在也還是那時留下的樣子。毛達到了他打這一仗的目的：保證邊境長期安定，使他沒有後顧之憂地辦全球大事。尼赫魯心力交瘁，十八個月後因腦溢血去世。毛想當亞非拉國家的領袖，從此少了一個對手。

中印邊境戰爭還在進行時，古巴導彈危機基本上解決。赫魯曉夫答應從古巴撤出導彈，換取美國不侵犯古巴的承諾。毛馬上抛開不給赫魯曉夫製造麻煩的交易，利用古巴對赫魯曉夫不徵求它同意就和美國成交的不滿情緒，想把古巴拉出蘇聯營壘。中國到處舉行浩大的聲援古巴的遊行，影射蘇聯出賣古巴利益。毛不斷給古巴領導人發電報，說蘇聯不可信賴，慫恿古巴人阻止赫魯曉夫撤出導彈和飛機。當時格瓦拉特別反對蘇聯同美國的協議，毛希望利用他和卡斯特羅（Fidel Castro）間的分歧，把格瓦拉拉到自己一邊來。

毛的努力沒有奏效。不過他也得到些好處。當一枚美國先進火箭發生故障落到古巴時，古巴人沒有把它交給蘇聯，卻在蘇聯同中國之間「拍賣」，中國買到些關鍵性部件，對改進中國的導彈起了不小作用。

同美國達成協議後的赫魯曉夫，也變了臉，中印邊境戰爭還在打時，《真理報》十一月五日的社論就明顯地不支持中國。

但兩人都還想留有餘地。赫魯曉夫想保持共產黨世界表面上的完整，毛想從蘇聯再挖出些核武器機密。這樣的狀況維持到一九六三年七月，蘇聯同美、英簽訂了部分禁止核武試驗的條約，中心是禁止簽約任何一方搞核武擴散。這意味著蘇聯對毛完全沒用了。*

這下毛才完全撕破臉皮，公開指名道姓地「批赫魯曉夫」。毛說：「豺狼當道，焉問狐狸」，

「擒賊先擒王，矛頭對準赫魯曉夫」。毛掀起一場「反對修正主義」的「公開論戰」，組織人馬寫了九篇當時中國人人皆知的文章，總稱「九評」。這實際上是在世界上給「毛主義」大作廣告。毛給修正主義下的定義是：「在現代修正主義者的眼裡，生存就是一切，生存哲學代替了馬克思、列寧主義。」今天的人們大概很難想像曾有過這樣一個時代，反對「生存」，還可能有號召力。但毛主義正是這樣一個主義：它根本否定人民對生存的要求與權利。

---

* 美國總統肯尼迪（John F. Kennedy）搞這個條約就是想擴大蘇聯同中國的裂痕。

44 國家主席劉少奇的「突然襲擊」

一九六一～一九六二年　六十七～六十八歲

大躍進開始時，劉少奇雖然不滿，行動上仍隨波逐流。當大饑荒鋪天蓋地而來，彭德懷在廬山大聲疾呼時，剛當上了國家主席的劉少奇沒有跟彭站在一起。

但劉少奇心裡越來越不安。到一九六一年初，他知道全國已餓死了三千萬人。這年四、五月間，他回到湖南老家去視察。故鄉行使他親眼目睹人民的極度苦難，給了劉少奇巨大的心理衝擊，他下決心要設法制止毛。

回鄉期間劉少奇去探望他的姐姐。姐姐早年出嫁的家庭在共產黨掌權後算作「地主」，是「階級敵人」。她偶爾給劉寫信講到艱難的生活，劉回信給她講些冠冕堂皇的大道理。如今他帶來的是更人情味的東西：五斤大米、兩斤餅乾、兩斤糖果、九隻鹹蛋、一瓶豬油。他看到姐姐躺在床上滿臉泛黃，昏暗的眼睛充滿淚水，死灰色的嘴唇不停地顫抖說不出話來。她挨餓受凍患了病，臥床不起已經有好些日子了。劉少奇問起姐夫，她雙手捂著臉，嗚嗚地痛哭起來。她的丈夫剛死去，原因是吃了半塊女兒像寶貝一樣留給他的糠粑粑，餓癟的腸胃無法消化，活活憋死。沒有醫生可看，沒有醫院可去，人死在青筋暴起，大汗淋漓的痛苦翻滾中。

這位姊夫曾在劉少奇當上國家主席以後，給劉寫過一封信，講了村民們餓肚子的真實情況。信被截下來，他被扣上「破壞大躍進」的帽子受批鬥，被綁在水塘邊的樹上任北風撕打，快要凍昏過去時才放回家。

劉少奇走了一路，一路都聽到這樣的故事，看到令人心碎的景象。他看得出人民痛恨共產黨，痛恨他本人。在他家老屋旁的電線桿上，一個十二歲的孩子用木炭寫了五個大字：「打倒劉少奇！」這個孩子的家裡一年餓死了六口人，母親死後他抱著嗷嗷待哺的弟弟到處找人餵奶，弟弟在他懷裡斷氣。那時候「寫反動標語」要當作反革命處理。劉少奇叫當地幹部不要抓他，說這「可以理解，不要怪他」。

劉還下令地方當局不得懲罰「偷」食物的農民，說：「社員這樣想，你拿得我就拿不得？你大拿我就小拿。」這等於說共產黨政權對老百姓像強盜一樣，劉少奇的痛心疾首可見一斑。

他甚至公開向老百姓道歉，臨別時對村民說：「四十年沒有回過家鄉了，沒想到父老鄉親們今天的生活這麼苦，沒想到解放十多年了家鄉還是這麼貧困……看到這些，我心裡很難過，我對不起大家，對不起各位父老鄉親呀……」他哽咽得說不出話來，低低地向大家鞠了一躬。

回到北京後，劉少奇在中央工作會議上說：「我看是到時候了，再不能繼續這樣搞下去了。」

秋收在即，毛澤東在一九六一年八月再上廬山，決定徵糧數字。毛、劉之間的爭論和緊張關係，連江西省一位負責人的十幾歲兒子都注意到了。這個男孩在廬山上的人工湖裡游泳。他看見毛來了，坐在湖中一個三十多平方公尺的木頭平台上，身邊簇擁著警衛與歌舞團女演員。男孩興奮地爬了上去，對毛說他游泳喝了水。毛說：「這算什麼，喝一萬口水才能學會游泳，你就喝了幾千口。」學游泳得喝水是毛常用的比喻，跟「交學費」一樣，是他把中國經濟搞得一塌糊塗的藉口。

不一會兒，劉少奇由四個警衛陪著也游過來了，上平台以後，他跟毛一句話也沒說，連頭也沒點一下。小小平台，兩人各自坐一頭，各抽各的菸。男孩納悶地想：「他們為什麼不說話呢？」

毛的其他同事也勸他改變政策。周恩來到河北老根據地視察回來後對毛說：「除了樹葉、鹹菜、野菜以外，就沒有東西了，硬是沒有存糧。」毛聽了煩得要死。在廬山上，有一次周恩來發言，毛插話說：「錯誤就是那麼一點，有什麼了不得！」

毛最終答應了降低徵糧數字，比他在年初時定的降低百分之三十四。這一來，一九六一年餓死的人比上一年減少一半，可還是餓死了近一千二百萬。

毛的讓步有部分原因是眾多工業項目由於缺乏鋼鐵、煤炭、電力等而不得不「下馬」。下馬當然是好事，可是精簡下來的兩千六百萬人卻被簡單地扔回到飢餓的鄉下去。這些人中大多數是在過去三年中從農村招上來的。人類有史以來還沒有哪個政府把這麼多人任意地趕來趕去。毛讚揚道：「我們的中國人民、我們的廣大幹部，好呀！叫做兩千萬人呼之則來，揮之則去，不是共產黨當權，哪個黨能辦到?!」一朝回到村子裡，這些人便失去了在城裡享受的定量供應的糧食，和微薄的福利待遇。

點頭答應降低徵糧數字的同時，毛警告廬山上的中共要員們：「現在是退到谷底了」。周恩來離開廬山後對他的部下說：「今年為了緩農民的氣，在廬山把糧棉油的徵購數目搞低了。」「但是，不能說明年還是這樣。農村明年就得回升。」

由於來年又要餓死更多的人，毛擔心會有人對他採取激烈手段，他用一種別出心裁的方式發出警告。當時英國陸軍元帥蒙哥馬利訪華，毛在接見他時說：「我隨時準備滅亡。」接著他講了五種死法：被敵人開槍打死；坐飛機摔死；坐火車翻車翻死；游泳時淹死；生病被細菌殺死。最後說：「這五條，我都已準備了。」毛跟外國人的談話政治局的人能看到，毛這是在告誡他們：我隨時都有準備，你們不要心存妄想！

毛對他性命的擔憂不是沒有根據。甚至在中央警衛團裡，在那些保衛他的人中，對他都是怨聲載道。警衛團負責人汪東興一九六一年初給毛的〈關於中央警衛團的思想情況的報告〉說：「戰士董方會說：『毛主席住在北京，知道不知道農民生活？糧食打那麼多都到哪裡去了？』戰士許國亂說：『叫人們吃菜是不是毛主席下的命令？中南海修建工人每月六十斤糧食還沒勁呢，農民光吃菜和白薯，吃不到糧食。不能不管老百姓的死活。』」「戰士張立臣說：『現在農村老百姓吃的連狗都不如，過去狗還能吃到糠和糧食，現在人餓得沒勁，小豬餓得站不起來。社員反映說：『毛主席是不是叫我們餓死。』」中央警衛團因此受到狠狠的清洗。

近在眼前的威脅是在黨代表大會上被選掉，或者落到有職無權的地步。最了解毛的林彪在筆記裡寫道：「他最大憂慮在表決時能佔多數否。」一九六一年九月，照黨章規定中共應該開「九大」。毛得盡一切努力避免「九大」。

早在一九五九年，毛已經感到中共高層對他政策的強烈不滿。他在四月的講話提綱裡寫道：「如果你們不投我的票了，拉倒。」隨後的大饑荒強烈地震撼了中共幹部，有代表性的是安徽一九六一年元月開的五級幹部擴大會。「會上講話的有百分之九十以上是家裡死了人的，他們在吐（冤）氣時，百分之百的悲痛流淚。會場上看到他們哭，特別是大量人口死亡的情景，都十分沉痛。絕大部分同志都被感動得心痛流淚多次。有不少人自上午訴苦開始，到下午七點鐘散會終止，眼淚都沒有乾過，尤其是婦女，哭得更厲害。」

中共幹部和他們的家庭都得勒緊褲帶，一人一個月二十來斤糧、幾兩油、一點點肉。在中南海的紅牆內，劉少奇的身邊工作人員因為吃不飽飯，把花園和草坪改成了菜地。飢餓使毛的幹部們幾乎人人都渴望改變政策。

毛把責任推到基層幹部頭上，說問題的原因是「壞人當權，打人死人，糧食減產，吃不飽飯」。他又怪罪於蘇聯「現代修正主義」。他還說中國發生了「特大的天災」。根據氣象記錄，大饑荒的幾年不但沒有全國性的天災，天氣還比一般年景好。幹部們對全面情況不了解，毛的嫁禍於人還能騙些人。但是，看到全國人人都在餓肚子，大批餓死人，幹部們不能不感到自己的黨總是有點什麼問題。

為了喚起對他本人的好感，毛向全黨宣布他要「跟全國人民同甘共苦」，不吃肉了。的確，在一個短時間內他不吃肉了，但他在吃魚，毛最喜歡吃魚。在大饑荒期間，他還對以肉食為主的西餐發生了興趣。一九六一年四月二十六日，毛身邊工作人員會同廚師為毛精心制定了一份西餐菜譜，包括七大西菜系列：魚、蝦、雞、鴨、豬肉、羊肉、牛肉。魚蝦類列有：「蒸魚布丁、鐵扒桂魚、煎（炸）桂魚、軟炸桂魚、烤魚青、莫斯科紅烤魚、吉士百烤魚、烤青菜魚、菠菜煮魚、鐵扒大蝦、烤蝦圭、蝦麵盒、炸大蝦、咖喱大蝦、罐燜大蝦、軟炸大蝦、生菜大蝦」等等。雞類包括：「黃油雞捲（雞排）、軟煎雞排、雞肉餅、雞肉元、大王雞肉餅、雞肉絲、罐燜雞、紅燜雞、蔥頭燜雞、青菜燜雞、紙包雞、雞丁敏士、椰子雞、奶油雞」。豬肉類有：「烤豬排、烤豬腿、炸豬里脊、炸豬排、溜豬排、法國豬排、義式奶豬」等等。至於牛羊肉，毛不是很喜歡，但也有不少品種：「羊肉串、烤羊腿、烤馬肉、白燴羊肉、煎羊排、煎羊肝、牛扒、煎牛肉、咖喱牛肉、伏太牛肉、酸牛肉、燴牛尾……」

毛身邊工作人員看得到毛在吃什麼，他們自己和家人吃的又是什麼。毛對他們說他的好東西都是「人民給我的待遇」，別人「沒有權利」享用。毛的管家偷偷拿了點毛的食品回家，被發現後送到北大荒勞動改造，從此杳無音信。

由於資訊封鎖，人們根本不了解毛的真實生活。他的女兒李訥那時在大學住校，在學校裡跟大家一樣餓肚子。毛很高興她這樣，他要的就是人們看到他的女兒也在挨餓。李訥周末回家可以吃到好東西。一次她從家裡帶了點回學校，毛知道後說「影響不好」，火氣上來還拍了桌子。毛要人們以為他在跟大家共患難。結果，李訥一九六〇年得了浮腫病，月經也停了，第二年乾脆休學待在家裡。

但即使毛製造了個「共患難」的形象，又能怎麼樣？那也填不飽肚子啊。人們餓得太慘了，生活中最基本的東西也沒有。比方說，肥皂成了稀罕物件，因為造肥皂用的油類都出口去了。毛發議論說：「可以不造肥皂嘛，我可以一輩子不用肥皂嘛！」當上面傳達說毛如何「艱苦樸素」、不用肥皂時，有的幹部背地裡反唇相譏：「他當然不用，他什麼事也不幹！」還有些相當高級的幹部甚至彼此議論：「他怎麼不死嘛！他死了別人好工作嘛！」毛對眾人的反感當然有所風聞，女兒嬌嬌去給楊開慧掃墓時，聽見人們咒罵毛，回來告訴了毛。毛也知道有人在說：「要是過去發生這種情況，早就該『下詔引咎』了。」

受軟禁的彭德懷一九六一年十月被允許回鄉一次。從地方幹部到普通村民都聽說他為老百姓仗義執言受了罪，給了他英雄般的歡迎。一兩千人湧到他下榻的老屋來看他，有的拖著半飢半飽的身子走了一百多公里路。人們跟他有說不完的話，彭德懷天天不停地講，嗓子都講啞了。

如果這時候按黨章規定召開「九大」，毛真有可能會被選掉。文革中「四人幫」之一張春橋道明了毛的擔心：「想想多可怕，如果運動〔文革〕前召開『九大』，很可能劉少奇當主席，毛主席做名譽主席。」

幹部們紛紛要求召開黨代會，討論這前所未有的大災難。毛澤東決定「九大」「不開了」。他想了個主意，開一個不存在選舉問題的大會。全國各部委、省市、地縣、大廠礦，都派第一、二把手等幾個人來北京開會。

這就是一九六二年一月的「七千人大會」，中共黨史上規模最大的會議。這是一次里程碑式的會議，因為大饑荒就是在會後停止的。可是人們至今不知道，這一成就的取得，是由於劉少奇在會上對毛搞「突然襲擊」。

毛召開七千人大會，完全沒有改變政策的意思。他在提議開會的時候指鹿為馬地說：「現在不是沒有東西（指農產品），豬是少，但其他有，就是收不上來。」毛還說一九六二年要大抓一年，各方面都要「躍進」。毛想讓大會像橡皮圖章一樣認可他的政策，逼代表們回去後繼續橫徵暴斂。

毛照老辦法把參加會議的人按行政大區分成小組，由大區的第一書記掌握，使代表們在頂頭上司面前不敢亂說話。一月十一日大會開始那天，沒有開全體會議宣布開幕，代表們每人領到一份事先準備好的《書面報告》，要他們在小組內學習討論。毛這是在給大會定調子。報告說：「我們的國內形勢，總的來說，是好的。」「我們最困難的時期已經度過了」，「將進入一個新的大發展的時期」。報告提到「缺點和錯誤」，但具體是什麼？責任何在，隻字不提。

代表們得到通知，要講責任就只能講自己的責任，「不要把責任往上推，往下推。」有人給省委提了意見，被一棒子打回來，叫他們「發言要端正」。正如一位勇敢的代表給毛和中央寫信說的：開會就是「大家坐在那裡磨時間」。

磨時間毛很中意。會場設在天安門廣場上的人民大會堂，與中南海遙遙相望。毛在那裡有間套房，照他一貫的保密作風叫「一一八」。每天毛躺在大床上，由女伴陪著翻看大會簡報，看各組人都說了些什麼。他的計畫是一月二十七日來個僅此一次的全體會議，由劉少奇念討論後的《書面報告》，然後宣布大會結束。這個過場一走，他的政策，過去的、未來的，還有他本人，就等於被大會集體認可。

一月二十七日，一個值得載入史冊的日子。在這天的全體會議上，一向謹慎小心的劉少奇，當著毛澤東的面，對著七千名中共政權骨幹，講了一番跟《書面報告》迥然不同的話。劉說，形勢不好，「人民吃的糧食不夠，副食品不夠，肉、油等東西不夠；穿的也不夠，布太少了；用的也不那麼夠。就是說，人民的吃、穿、用都不足。」「我們原來以為，在農業和工業方面，這幾年都會有大躍進。……可是，現在不僅沒有進，反而退了許多」。劉又說：「產生困難的原因是『三分天災，七分人禍』」，「天災的確不是那麼嚴重」。他甚至暗示要重新考慮毛的治國方針：「三面紅旗〔總路線、大躍進、人民公社〕，我們現在都不取消，都繼續保持……但是再經過五年、十年以後，我們再來總結經驗。」

毛澤東一貫把他製造的災難說成是「一個指頭和九個指頭的關係」。劉少奇直接針對毛說：「過去我們經常把缺點、錯誤和成績，比之於一個指頭和九個指頭的關係。現在恐怕不能到處這樣套。」毛馬上插話說：一個指頭和九個指頭這種地區不少。劉反駁說：「可是，全國總起來講，缺點和成績的關係，就不能說是一個指頭和九個指頭的關係……你不承認，人家就不服。全國有一部分地區可以說缺點和錯誤是主要的，成績不是主要的。」

劉的講話在與會者心裡激起強烈共鳴。有國家主席出頭，當天的小組討論就像洪水開了閘，與前些天大不一樣。幹部們爭先恐後地發言，說出自己的真實想法，反對大躍進政策再繼續下去。激烈的聲音一浪高過一浪。

毛做夢也沒想到，自己親手提拔的劉少奇居然會來這麼一下。劉不念《書面報告》，是毛會前同意的，說劉可以「放開講一講」。毛的狂怒不難想像。但毛壓住怒火。劉顯然有七千名中共政權骨幹的支持，毛不能跟他們硬碰硬。他也不能把代表們現在就放走，要先把對他的損害減少到最低程度再說。於是毛裝作他跟劉之間並無不同政策的樣子，宣布延長會議，對代表們說這是讓他們「出氣」：「白天出氣，晚上看戲，兩乾一稀，大家滿意。」背地裡，他把最後一句改為「完全放屁」。

毛採取緊急步驟，把老搭檔、國防部長林彪即刻推出來保駕。一月二十九日，再開全體會議時，第一個講話的就是林彪。林彪大談這些年只是有「一些缺點」，是必要的「付學費」，說什麼「事實證明，這些困難恰恰是由於我們有許多事情沒有按照毛主席的指示去做而造成的，如果按照毛主席的指示去做，如都聽毛主席的話，那麼，困難會小得多，彎路會彎得小一些。」「毛主席的思想總是正確的」。林講完後，毛第一個鼓掌，跟著自己向大會宣布：「林彪同志講了一篇很好的講話。」林彪救了毛。

只是在這時，毛才膽敢威脅劉少奇。誇獎林彪後，他不陰不陽地說：「少奇同志的口頭報告，口說無憑，也請他整理一下。」「口說無憑」四個字，埋下了殺機。

林彪講話之後，毛叫各省領導和中央管農業的、管經濟的，一一上台檢討自己，承擔責任，為他開脫。

劉少奇明白事情糟了。據他夫人講，他喃喃地說：「林彪來，又那麼說，有問題。」掌握軍隊的元帥這樣百分之百地站在毛一邊，用的又是強詞奪理的專橫講法，立刻使代表們小心翼翼，不敢放開揭問題，更不敢抨擊毛。結果，大會沒有像劉希望的那樣徹底改變毛的政策。

毛總得對七千人有個交代，在三十日那天做了個「自我批評」，這是掌權以來的頭一遭。他仔細地遣詞造句，給人的印象是他在以高姿態承擔責任：「凡是中央犯的錯誤，直接的歸我負責，間接的我也有份，因為我是中央主席。」但既然承認犯了錯誤，毛只好改變政策。他被迫容忍從一九六二年起，把徵糧指標大幅度降低。數千萬人因此免於一死。

二月七日，七千人大會一結束，毛就甩袖子去了上海，跟親信柯慶施待在一起。在隨後的日子裡，毛眼看著劉少奇和周恩來、陳雲、鄧小平等人，對他的政策作了大量修改。雖然基本核項目未受影響，但核潛艇一類昂貴而又不切實際的項目停止了。軍工投資減少了，而對民生工業的投資大增。向世界推銷毛主義的努力也受了點挫折，一九六二年的外援幾乎等於零。毛的大把對外撒錢，但凡知道點內幕的人沒有不心痛的，曾具體承辦對外軍援的總參外事局常務副局長朱開印說：「每看到一次援助協議的簽署後外國人的笑臉時，我內心就會產生一種對人民犯了罪的沉痛之感！」

對農業的投資史無前例。許多地方還實行「包產到戶」、「責任田」，緩解了饑荒。就是在為這一政策辯護的背景下，鄧小平說了那句著名的話：「黃貓、黑貓，只要捉住老鼠就是好貓。」城裡人的工作時間縮短了。人民得以休養生息，多了一些家庭生活和個人支配的時間。不到一年，人民的生活明顯改善，也很少再餓死人。

中共政權甚至允許一批人出境。通常試圖越境的人抓住後不是勞改就是槍斃。這次當局在通往香港的邊界鐵絲網上開了個大口子，讓五萬人逃出去。那些天香港新界遍野都是人在跑，抓住這個千載難逢的機會往外跑。邊防軍還幫助把小孩舉起來送過鐵絲網。

一九六二年，中國享受著毛上台後罕有的放鬆的時光。劉少奇等人為一九五九年廬山會議後被打成右傾機會主義分子的一千萬人平反，同時試圖給五七到五八年打的右派分子「摘帽」。文學藝術有了點欣欣向榮的景象。正是在這一年，班禪喇嘛敢於把他的七萬言書交給周恩來。西藏的狀況有了好轉，抓的人在放，有的寺廟在修復，藏民的生活方式、風俗習慣得到些尊重。

劉少奇在七千人大會上的「突然襲擊」對毛的驚嚇，在毛掌權後還是第一次。毛最害怕突然襲擊，只有這才可能使他轉瞬間失去權力。毛恨劉少奇，恨之入骨。他也恨參加會議的人，因為他們跟劉站在一起，迫使他改變政策。復仇成了毛刻骨銘心的願望。這就是為什麼在數年之後，毛發起文化大革命，讓劉少奇、與會的絕大部分人、以及他們代表的其他幹部，都飽受折磨，甚至付出生命的代價。就像江青所說：毛「七千人大會憋了一口氣，直到文化大革命才出了這口氣。」文革不光是復仇，也是大換班。毛看得很明白，現有幹部不願意按他的意圖來管理國家。他要清洗他們，換上另一套人馬。

參加七千人大會的不少人既佩服劉少奇，又為劉擔心。劉本人也知道，這是他一生中最大的轉折點，毛決不會饒了他。但是面對數千萬人繼續餓死的前景，劉少奇於心不忍，不得不鋌而走險。在這一段「非常時期」裡，通常沉默寡言、喜怒哀樂不形於色的劉，是不尋常的衝動，不尋常的慷慨激昂，有著「豁出去」了的氣概。

幾年過去了。劉少奇等人在著力於恢復中國的元氣，而毛澤東，他在策劃復仇。

45 有原子彈了！

一九六二～一九六四年　六十八～七十歲

大饑荒過去了，經濟復甦了。在容忍劉少奇等人經濟政策的同時，毛澤東逐步把他念念不捨的一些項目重新扶上馬去，如人造衛星和核潛艇。當他聽說現代武庫中有一種新的很厲害的殺人武器叫「死光」（激光）時，毛當即拍板，說：「死光，搞一批人專搞，叫他們吃飯不做別的。」更多的人力、物力、財力，還是集中在搞原子彈。一九六二年十一月，「中央專門委員會」成立，周恩來當主任，指揮數十萬人的龐大協作體系，保證兩年內爆炸第一顆原子彈。無數次的轟爆試驗，每一次，全國通訊線路都有將近一半被佔用，整個國家，工業也好，民生也好，不斷地停電停水，交通停止。

毛夢寐以求的第一顆原子彈就要爆炸了，他提心吊膽，怕毀於一旦。這不是杞人憂天。在一九六三年美、英、蘇三國簽定部分禁止核試驗條約時，肯尼迪指示談判代表哈里曼（Averell Harriman）：「設法探知赫魯曉夫對限制、阻止中國核發展的意向，了解他是否願意由蘇聯採取行動，或者接受美國採取的行動。」赫魯曉夫拒絕了。肯尼迪在八月一日的記者招待會上說：奉行斯大林主義的中國政府堅決要把戰爭作為取得最後勝利的手段，一旦擁有核武器，中國就會變成「二戰以來我們所面臨的最大的潛在危險」。「我們希望採取步驟消除這一危險。」肯尼迪認真考慮了對中國的核設備進行空中襲擊，包括摧毀設在蘭州的化工廠，使之看去像是事故。對設在包頭的鈈廠，他的顧問說可能要動用核武器才能炸毀。

肯尼迪十一月被刺後，繼任的約翰遜（Lyndon Johnson）總統考慮過空降台灣特務人員，炸毀羅布泊核試驗基地。羅布泊坐落在戈壁灘上，與外部社會隔絕。但空中襲擊完全可能奏效。毛的擔心就在這裡。

一九六四年四月，毛得到報告，蘑菇雲那年秋天可望升起。毛立刻著手杜絕他的核設施遭受襲擊的可能性。蘇聯方面，毛的辦法是拉住赫魯曉夫，提醒他中國仍然是共產主義陣營的一員，讓他下不了手。四月十二日，第一顆原子彈爆炸細節決定後的第二天，毛親自修改了給赫魯曉夫七十壽辰的賀電。賀電原來準備寫上分歧和爭論，毛改成「〔分歧〕只是暫時的，一旦世界發生重大事變，」他就會跟赫魯曉夫「共同對敵」。對赫魯曉夫，毛親筆加上「親愛的同志」幾個字，結尾處還著意使用中蘇友誼鼎盛時的套語：「讓帝國主義和各國反動派在我們的團結面前顫抖吧，他們總是會失敗的。」這封電報發表後，看慣了中、蘇之間氣勢洶洶打筆戰的人著實吃了一驚。「十一」國慶節前夕，毛又再次讓蘇聯人詫異。他熱情地跟蘇聯代表打招呼，拉著對方的手反覆說：一切都會好起來的，我們的人民會站在一起的。

使毛不安的主要是美國。他的計畫是拿美國軍隊作「人質」，使美國不敢對他的核設施輕舉妄動。當時美國在南越有一萬五千多軍事顧問。毛要激化越南戰爭，以誘使美國增兵，就像後來周恩來對埃及總統納賽爾（Gamal Abdel Nasser）所說，讓美國軍隊最大限度捲入越南，作為「我們的保險政策」，「因為他們將有很多人在我們跟前，他們派越多的部隊到越南，我們越高興，這樣我們就能給他們以血淋淋的打擊。他們將離中國很近，在我們的手掌中。他們就是我們的『人質』。」

北越人要的是戰爭逐步降級，告訴毛他們的政策是「不主動惹美國」。毛為了自己的目的，不斷鼓動他們擴大戰爭，說：「打得不痛不癢，不好解決問題。索性鬧大了，好解決問題。」「恐怕應當多派些部隊過到南邊去」，「用不著怕美國干涉，無非就是再來一次朝鮮戰爭。中國軍隊已經做好了準備，如果美國冒險打到北越，中國軍隊就開過去。我們的軍隊想打仗了。」

毛還慫恿越共把戰爭擴大到周邊國家，使他的「人質」越多越好：「最好也要派幾千人到老撾去，這個國家二百多萬人口，打了幾年，打不出什麼名堂。應該想個辦法，搞三四千人，編成六七個營，訓練成不信佛教，能打仗的軍隊」。他特別強調幫助泰國共產黨搞武裝力量，因為美國在泰國有軍事基地。

為了給美國明確的信號，周恩來親臨南海艦隊，要它進入全面備戰，準備進攻南越。南海艦隊領到三千萬元搬家費，把艦隊搬到離越南更近的湛江。毛在中越邊境部署了三十到五十萬軍隊，準備一抬腳就跨進越南。

周恩來對坦桑尼亞（Tanzania）總統尼雷爾（Julius Nyerere）說，為了保衛中國的核設施，中國將進入越南行動，「無論有沒有越南的同意」。周請尼雷爾把這一點轉告美國政府，說：「美國如果轟炸中國，我們將用我們認為必要的方式進行還擊。那時候，戰爭就沒有界限了。」

毛也害怕美國轟炸他的整個軍事工業系統。因為這些工廠大多擺在一覽無遺的平原上，毛要把它們搬進內地的大山裡。

這些內地的崇山峻嶺被稱為「三線」，沿海地區叫「一線」，中國其他地區為「二線」。一九六四年六月，毛下令，為了應付「原子彈時期」，全國來個工業大「搬家」，把一線的重要工廠、科研機構，全部或部分搬遷到三線。一千一百多個主要企業於是被大動干戈地拆掉，千里迢迢地搬進山溝裡。有的企業鑽進掏空的巨大山脈，有的隱蔽在一劈兩半的山間。一切從零開始，基本設施如鋼鐵、電力工廠全都重新建立。有的核設施甚至一式兩份，以備萬一。這一場大折騰歷時十年，最高峰時至少吞噬了全國投資的三分之二，造成的浪費比大躍進還大。

從戰略上講，搞「三線」是荒謬的。三線的絕大部分企業都完全依賴陸地交通，路一斷許多連水也沒有。用油這時主要依靠遠在千里之外的東北平原上的大慶。大搬家根本不能有效地保護中國軍工。

由於毛澤東一如既往地堅持要快，三線工廠的建設往往來不及做必要的地質勘探。僅選址不當就使建築費加倍。匆促建成的廠房禁不住洪水、地震、危岩、泥石流的危害，不得不經常停工，有時甚至整個車間被埋。許多昂貴的如坦克、船舶製造廠，大興土木卻永遠建不成。有一份研究報告說：或許最大的失敗是甘肅的酒泉鋼廠，整整花了二十七年才出鋼。

浪費的人力和無謂的犧牲更是無法計算。參加三線建設的有四百萬人，修工廠、鋪鐵路、開礦藏，工作和生活條件都極其艱苦。山洞裡的廠房通風透氣設備極差，人在裡面待一會兒就噁心窒息。許多工廠建在當地人早已搬走的放射性污染帶，使職工中癌症和異常病發病率特別高。水和其他生活用品都嚴重缺乏。死人的事經常發生。由於搬遷，無數家庭被拆散達二十年之久。只是在毛死了以後，一九八四年，當局才開始解決「職工夫妻兩地分居問題」，照顧「年滿四十歲、工齡滿二十年，在三線艱苦地區工作滿八年以上的幹部和工人」。

在毛把中國投入這樣的瘋狂中去時，不管是劉少奇還是其他中共領導人，都未置一詞。毛一開頭就對他們說他的主意已定：「沒有錢，拿我的稿費去搞。」毛示意這次誰也不會餓死累死，說「不要鬧一九五八年、一九五九年、一九六〇年」。三線雖然在經濟上是荒唐的，但不涉及政治迫害。這就已經是謝天謝地了。

中國的第一顆原子彈於一九六四年十月十六日在羅布泊上空爆炸成功。這一帶曾見識過造福人類的「絲綢之路」，絲綢、香料、寶石的貿易，文化藝術的交流，使受益的古國遍布歐亞大陸，從中國一直到地中海岸。兩千年後，羅布泊卻目睹了毀滅的烈焰。

選址在羅布泊是蘇聯人幫的忙。工程兵官兵、科技人員在這裡安營紮寨，在「早穿皮襖午穿紗」的嚴酷氣候和無休止的大漠風沙裡，年復一年地住乾打壘的土屋和帳篷，過著與家庭和外界隔絕的難以忍受的日子。

爆炸這一天，毛澤東守候在人民大會堂內他的套房「一一八」裡。旁邊等著三千名大型歌舞劇《東方紅》的演職人員。這場為毛個人崇拜推波助瀾的歌舞劇，由周恩來任「總導演」。

原子彈爆炸的消息傳來，大廳裡毛頌歌〈東方紅〉樂聲驟起，頂燈、壁燈一排排大放光明。毛澤東隨著樂聲滿面含笑地走進燈光裡，身後是他的同事們。毛一面向三千人揮手致意，一面讓周恩來講話。周走到麥克風前說：「毛主席讓我告訴你們一個好消息，我們的第一顆原子彈爆炸成功啦！」一開始，人群鴉雀無聲，不知所措，人們事先沒接到指示，不知道該怎樣反應。周提示道：「你們可以忘情的高興，但有一條，別把大會堂的地板給震塌了呀。」人們歡呼蹦跳起來，一個比一個顯得激動。

毛澤東是唯一公開歡慶原子彈這個大規模殺人武器爆炸成功的國家領袖。私下裡，他以「詩」抒情：「原子彈說爆就爆，其樂無窮！」

到處都組織了慶祝活動。中國人這是第一次聽說他們的政府在製造原子彈。不少人感到驕傲，認為有了原子彈中國就強大了。人們以為造原子彈靠的是「自力更生」，蘇聯起的決定性作用被隱瞞下來。

大饑荒不過是兩三年前的事，有人心裡在嘀咕製造原子彈花了多少錢。為了平息不滿，周恩來特地在內部說這顆原子彈只花了幾十億人民幣。據專家估算，事實上花的錢是四十一億美元（按一九五七年的價）。這些錢要是用在國際市場上買小麥，可以給全國人民在兩年中每人每天增加三百熱卡，可以使大饑荒中餓死的三千八百萬人一個都不會死。也就是說，為了毛的第一顆原子彈而死的中國人，是美國在日本扔下的兩顆原子彈合起來炸死的人的一百倍。

46 不安的歲月，受挫的歲月

一九六二～一九六五年　六十八～七十一歲

一朝經濟好轉，毛就停止了「包產到戶」、為受害者平反等開明措施，斥之為「單幹風」、「翻案風」。毛加強了個人崇拜，對他的歌頌逐漸充斥了學校教科書、出版物、媒體。人們睜眼就看到三呼萬歲的口號，耳邊響起的音樂都是「爹親娘親不如毛主席親」。

毛重啟政治迫害，拿小說開刀。一九六二年九月，他說：「現在不是小說、刊物盛行嗎？利用小說來進行反黨活動，這是一大發明。」針對讀書人，他說：「書讀的越多越蠢。」「書可以讀一點，但是讀多了害人，的確害人。」毛本人似乎不怕被「害」，他的特大木板床的一邊總是堆滿了書。為了以防書落下來打著他，睡人的一邊床腳墊高了一點。毛最喜愛的消遣是待在床上看書。但是他不要中國人民看書，要讓他們保持愚昧狀態。毛對中共高層講：我們需要「愚民政策」。

一九六三年春，毛的刀伸向傳統戲。毛本人其實是個戲迷，收藏了兩千多盤磁帶唱片，還能同演員討論演唱風格。看戲是他少數戴眼鏡的時候，他也看得非常投入。有一次看《白蛇傳》，他哭出了聲，毫無顧忌地擤鼻涕，高潮時還一躍而起，褲子都掉了下來——原來衛士為了他看得舒服，在他坐下後幫他鬆了褲帶。

毛澤東愛看戲並不妨礙他一上台就對大批戲劇宣判死刑。現在他要把傳統戲全部趕下舞台。首先做了刀下鬼的是「鬼戲」，戲中屈死的冤魂向害死他們的人報仇索命。看見這些舞台上的復仇者，毛難免不會想起他的政策害死的幾千萬人。

一九六三年底，毛把炮火對準整個藝術領域：「各種藝術形式——戲劇，曲藝，音樂，美術，舞蹈，電影，詩和文學等等，問題不少，人數很多，社會主義改造在許多部門中，至今收效甚微。許多部門至今還是『死人』統治著。」他說這些藝術都是「封建主義和資本主義的」，有「大問題」。就連歌頌共產黨的作品，也以這樣那樣的理由被打成「毒草」。藝術家下放勞動，接受「改造」，一九六四年二月毛以他特有的風格說：「要把唱戲的、寫詩的、戲劇家、文學家趕出城，統統轟下鄉……不下去就不開飯」。

中國傳統建築也成了犧牲品。中共掌權後不久，牌坊和城牆就被不分青紅皂白地推倒。一九五八年，對北京八千處古蹟，毛只讓保留七十八處。連北京市長彭真都竭力反對，最後這一計畫當時沒有完全實施。但由於毛的堅持，幾百年歷史的城牆、城門樓還是大多被拆掉，拆城牆的土填平了市內一座美麗的湖。毛在一月二十八日講：「南京、濟南……〔省略號係原文〕的城牆拆了我很高興。」他嘲弄心疼古蹟的知識分子：「有的人為了拆城牆傷心，哭出眼淚，我不贊成。」「北京拆牌樓，城牆打洞，張奚若也哭鼻子，這是政治。」破壞古蹟的「勞動」，知識分子還必須參加。中華民族燦爛文明的標誌，就這樣一片片從地球上被抹去。

毛在不少場合都表示過他對中國建築的討厭。在為大躍進鋪路的南寧會議上他說：「北京、開封的房子，我看了就不舒服，青島、長春的房子就好。」另一回插話時說：「青島、長春最好。」北京、開封是古都，而青島從前是德國殖民地，長春是日本建來作滿洲國首都的。

毛不許建造中國傳統式的房子。執政初期，建築設計師們沿襲過去的民族風格蓋房子，被斥為「復古主義」受到批判。一九五九年中共建國十周年時要修一些紀念性建築，基本上是模仿蘇聯。

這些建築還算稍有美感，但是鳳毛麟角，其餘的不是工廠，就是醜陋省錢的火柴盒式的水泥住宅。

天安門廣場原來有十一公頃。但毛要的是「能容納一百萬人集會的世界上最大的廣場」。於是廣場擴大了四倍，變成一片其大無比的水泥地。充滿古城風味的建築被一掃而光。

毛的「打倒」清單上還有寺廟和古墓。一九六四年底，他以前的祕書胡喬木寫信給他，說杭州「蘇小小墓等」正在被「清理」當中，「您多年以前就提出的主張，在現在的社會主義革命新高潮中總算有希望實現了。」毛在這段話旁批道：「這只是一點開始而已。」「今日僅僅挖了幾堆朽骨，便以為問題解決，太輕敵了，且與事實不合……至於廟，連一個也未動。」

甚至連花草，毛也不容。一九六四年七月，他對「宮廷大總管」汪東興說：「擺設盆花是舊社會留下來的東西，這是封建士大夫階級、資產階級公子哥兒提籠架鳥的人玩的。」「現在要改變。」「你們花窖要取消，大部分花工要減掉。」

毛要把中國變成一個文化大沙漠，這裡沒有文明，沒有人性，沒有溫情，只有一群充滿獸性的人頭畜生，為他幹活，作他血腥清洗的工具。在這一點上，毛比希特勒、斯大林更極端。希特勒尚且允許一些非政治性的藝術存在，斯大林保存了俄國的古典文化。毛還為此批評斯大林，一九六六年二月說：「他對俄國和歐洲的所謂經典著作卻無批判地繼承，後果很壞。」

毛澤東的扼殺文化不得人心。就像人不喜歡挨餓一樣，沒人願意過沒有娛樂、沒有色彩的生活。毛的幹部們從上到下給他來了個陽奉陰違，一些非政治性的、「無害」的娛樂活動和文藝形式繼續存在，花草依然茂盛。一九六二到一九六五這幾年中，毛暫時無可奈何。

但在這個期間，毛對全國人民的洗腦運動卓有成效。其中一個是「學習雷鋒」。毛用死去的士兵雷鋒做榜樣，要大家都變成雷鋒似的人。有一份雷鋒日記，說雷鋒如何一想到毛就去「做好事」，如何為了毛「上刀山、下火海」也心甘情願。「聽毛主席的話」，做「螺絲釘」，毛安到哪裡就在哪裡老老實實地幹，被表彰為最崇高的理想。抹煞個人與個人崇拜相輔相成，完全無私與極端自私正好配套，前者是對中國人民的要求，後者屬於毛澤東。前者為後者服務。

雷鋒還代表毛刻意想培植的一個觀念：人人必須仇恨。雷鋒日記裡最有名的一首詩寫道：「對待同志要像春天般的溫暖……對待敵人要像嚴冬一樣殘酷無情。」仇恨的邏輯是：「對敵人的仁慈就是對人民的殘忍。」

該仇恨誰呢？毛樹立了一個靶子：赫魯曉夫。原因？他搞修正主義。中國報紙上連篇累牘的是譴責赫魯曉夫和修正主義的文章，在每週的「政治學習」中灌輸給全國人民。這些遙遠的敵人就這樣在人們腦子裡紮下了根。到毛整劉少奇的時候，他把「中國的赫魯曉夫」這頂帽子戴到劉頭上，而得罪了毛的中共幹部都被說成是「搞修正主義」。

毛第一次用「中國的赫魯曉夫」這個字眼，是在一九六四年六月八日的中共高層會議上。劉少奇馬上明白毛是針對他的，毛復仇的一天就要到了。除了束手待斃，劉唯一的出路是設法加強自己的地位，使毛不容易對他下手。這時搞的「四清」運動，就是劉少奇用撤換魚肉村民的基層幹部的辦法，爭取人心。不久，莫斯科出了一件事，給了劉少奇另一個機會。

這年十月十四日，赫魯曉夫在「宮廷政變」中下台。當時中國導彈在研製方面遇上了難以逾越的難關，毛急需蘇聯的技術，他想跟勃列日涅夫（Leonid Brezhnev）等蘇聯新領導人改善關係。幾天之內，周恩來就對蘇聯駐華大使契爾沃年科說，毛「極希望」增加接觸，有意派代表團去莫斯科祝賀「十月革命」節，請蘇聯發邀請。

蘇聯新領導人也對重修舊好很感興趣，把赫魯曉夫下台的事在公開宣布前先通知了毛。但很快地，他們便意識到，只要毛在台上，改善關係的前景黯淡。契爾沃年科告訴我們，他是怎樣得到這種印象的。「我到毛的住處大約是晚上十一點。毛聽到消息後，沉吟片刻說：『你們做得好，但是還不夠。』會見完畢毛送我出門。汽車發不動，我的司機拿了個桶跟毛的警衛到廚房去取水。毛站在熄火的汽車旁，月光閃閃地照在湖上。他說：『還有些事你們要改，你們的主席團還沒都做到。』」毛要蘇聯改變黨綱，否定對斯大林的批判。這對蘇聯新領導人來說是完全不可能的。結果，在周恩來率團訪蘇時他們試探了一下，看中共能否搞掉毛。

十一月七日，克里姆林宮舉行的「十月革命」節招待會，周恩來和中國代表團走來走去向老相識們敬酒。蘇聯國防部長馬利諾夫斯基（Rodion Malinovsky）帶著蘇聯的主要中文翻譯走到周恩來跟前，冷不防對周說：「俄國人民要幸福，中國人民也要幸福，我們不要任何毛澤東，不要任何赫魯曉夫來妨礙我們的關係。」周恩來勃然變色，對馬利諾夫斯基說：「你的話我不懂。」立刻轉身走開。馬利諾夫斯基又轉向因林彪生病主持軍委日常工作的賀龍元帥，說：「我們現在已經把赫魯曉夫搞掉了，你們也應該效仿我們的榜樣，把毛澤東也搞下台去。這樣我們就能和好。」馬利諾夫斯基還使用了粗野的語言：「我穿的元帥服是斯大林的狗屎，你穿的元帥服是毛澤東的狗屎。」賀龍跟他爭執起來，隨即中國代表團離開了宴會大廳。

這天晚上，周恩來大半夜未眠，起草給毛的電文，報告事情經過。第二天，勃列日涅夫率領四位同事來到中共代表團駐地，周恩來正式提出抗議，要求他們澄清。勃列日涅夫道了歉，說馬利諾夫斯基喝醉了，不代表蘇共中央。可是，馬利諾夫斯基酒量很大，就算是喝醉了說胡話，作為蘇聯國防部長，鼓動中國總理和軍隊負責人搞政變，蘇聯領導事後卻沒有處罰他。所有跡象表明，馬利諾夫斯基的話是裝醉故意說的，以試探周、賀。蘇聯當時對華主要情報官員在我們訪問時回答：「我們了解到我們不可能把周恩來和毛澤東割開。」

馬利諾夫斯基事件使毛澤東疑心大起，懷疑中共高層有人跟蘇聯合夥要密謀推翻他。對毛來說，只要沒有蘇聯插手，中共黨內什麼樣的反對者他都能對付。彭德懷在一九五九年，劉少奇在一九六二年，兩次都未能動搖他的地位。可如果克里姆林宮下決心搞掉他，和他的黨內反對者裡應外合，那就是另外一回事了。從外蒙古到北京只有五百公里遠，一路坦蕩平原，中國沒有有效的反坦克武器，無法阻擋蘇聯坦克的推進。就在馬利諾夫斯基事件發生的第二個月，根據毛的指示，中國軍隊開始在通向外蒙古的平原上堆築形同龐大碉堡的「人造山」，以抵禦蘇聯坦克。

這些人造山按設計每座高二十至四十公尺，正面寬二百五十至四百公尺，縱深一百二十至二百二十公尺。天文數字的錢投了進去，石頭和土方從遠方運來，在山裡建立了鋼筋水泥的工事。凡是見過這些山的人，包括美國前國防部長施萊辛格（James R Schlesinger），都認為靠這幾座孤零零的人造山來擋住蘇聯坦克大縱深、寬正面的進攻，根本不可能。後來這項工程不了了之。

毛相信明智的周恩來不會幹政變這種沒有把握的事。周從此更是戰戰兢兢地避嫌。離開莫斯科的時候，他感慨萬端地說，他以後將很難再來蘇聯了。的確，中共執政後他訪問蘇聯十次，這是最後一次。這也是毛在世時最後一個中共高級領導對蘇聯的訪問。就連跟蘇聯領導人在第三國會面也得迴避。一九六九年九月，胡志明去世，周恩來不得不去參加葬禮，這就產生了會碰上蘇聯領導人的問題。為了跟蘇聯領導人錯開，周恩來不顧越南人的反對，在葬禮前硬跑到河內去，向胡志明的遺體告別，然後匆匆飛走。胡志明葬禮舉行時，中國只派了一個級別較低的代表團參加。

在文革中，任何跟蘇聯的關係都被當作「蘇修特務」來嚴加審訊，尤其在中共高層。那位不幸被馬利諾夫斯基擋住說話的賀龍元帥，更是毛澤東疑心的焦點。賀和大批部下被抓起來審問，賀本人於一九六九年悲慘地死在囚禁之中。

賀龍一案受株連的最高將領是國防部副部長、裝甲兵司令許光達大將。在被關押的十八個月裡，他受審四百一十六次，多次遭到嚴刑拷打，最後死在馬桶上。許光達是在馬利諾夫斯基事件後唯一去過蘇聯的高級將領。那是一九六五年五月，中、蘇之間在原子技術合作方面藕斷絲連，總得有人去。許去了以後，毛又懷疑他在克里姆林宮與自己的政敵之間穿針引線，馬上撤回在蘇聯杜布納原子研究所（Dubna nuclear centre）的全部中方人員，與蘇聯核技術的關係從此一刀兩斷。

當馬利諾夫斯基事件發生時，毛並沒有叫周恩來馬上回來。周按原計畫繼續跟蘇聯領導人和一隊隊外國代表團會見。十一月十四日，周回到北京，毛率領全體領導人到機場歡迎。這是給莫斯科遞信號：中共的團結牢不可破。可是蘇聯人看出了破綻。在機場的蘇聯外交官觀察說毛看上去氣色糟透了，「好像要虛脫一般」。

這是毛最不安的時刻。劉少奇乘機鞏固自己的地位。他的辦法是召開全國人民代表大會，以再度當上國家主席，同時借助當選來造聲勢，樹形象，搞一點對自己的個人崇拜。

上一屆全國人大是一九五九年開的。本屆按憲法應該在一九六三年開，但毛不發話。他想在整劉少奇的時機成熟時再開，一開就把劉搞掉。馬利諾夫斯基事件發生後，在劉少奇的主持下，當月二十九日就做出了召開全國人大的決定，而且開幕時間定在十二月二十一日，還不到一個月的準備時間。劉算準了毛此時心中無底，不敢否決開會，也不敢否決他當主席。毛看出了劉的用心，怒氣沖沖地說：「現在就交班，你就做主席，做秦始皇。」

毛只拒絕在開人大之前照慣例召開中共中央全會，這在毛當權時絕無僅有，毛以此表示對劉的不認可。人大開幕的前一天，毛在政治局會議上以談「四清」為名，借題發揮罵劉：「有那麼多步驟，我就不贊成。」「你專搞老實人，不會辦事。」「中國的秦始皇是誰？就是劉少奇。」

會場外，毛對他熟悉的陶鑄夫婦發作道：「有人就是往我的頭上拉屎尿！」陶鑄夫婦猜到他指的是劉少奇。幾天後是毛的七十一歲生日，毛破例地請劉少奇赴宴。毛幾乎從不請他的共產黨同事吃飯，與他們的社交僅限於在跳舞會上。那天吃飯前，毛的女兒李訥聽說爸爸要在人民大會堂請客，也要跟著去，毛對李訥說：「你今天不能去，爸爸我要罵娘。」席間毫無喜慶氣氛，在滿座鴉雀無聲的緊張空氣裡，毛嬉笑怒罵，大講「有人搞獨立王國」，搞「修正主義」。稍知情的都明白他的鋒芒所指。

可是，沒有人順著毛說話，沒有人參加對劉的攻擊，只有毛從前的祕書陳伯達除外。陳伯達看到毛對劉不滿，在第二天的「全國工作會議」上發言，把毛的話從「理論」上加以發揮。毛對他的擂鼓助威感激有加，當夜把在安眠藥力下昏昏沉沉的陳伯達找去面授機宜，說他要搞掉劉少奇。陳伯達成了最早知道毛意圖的人。文革開始時，陳被毛提拔為中央文革小組組長、中共第四號人物，根源就在這裡。

一九六五年一月三日，劉少奇再度當選國家主席。全國上下組織了歡慶活動，和他一九五九年首次當選時大不相同。街頭敲鑼打鼓的遊行隊伍拿著彩旗，舞著獅子，放著鞭炮，並排舉著毛和劉的像。報紙上連篇累牘地報導：「毛主席劉主席都是我們最愛戴的領導人」。很明顯，在中共高層，有相當多的人在暗暗為劉使勁。劉在制止饑荒上的功勞使他有了眾多支持者，就連毛的親信也覺得劉「行」，「有辦法」，跟他「感到對路」，而同毛疏遠。甚至還有人建議，劉當選時在天安門城樓掛劉的像，而不掛毛的！（當時毛的像只在節慶時才掛在天安門城樓上。）劉趕快否決了這個提議。

正在選舉劉的當兒，劉夫人王光美被召到人民大會堂的「一一八」。劉當選後走進來，看見妻子在場，一愣。毛劈頭蓋腦辱罵了劉一頓，仇恨之意溢於言表。劉跟妻子僵坐在那裡，默然對視。毛知道劉少奇夫婦相愛至深，他要王光美在場，看丈夫受辱，也是教劉明白他的妻子難逃厄運。

毛對劉的切齒痛恨都這麼明顯了，高層也沒有誰站出來跟毛一起罵劉。相反地，人們為「兩個主席之間的爭執」表示焦急，無所適從，出來「勸架」，叫劉少奇要顧全大局，要謹慎，要尊重毛澤東。劉去找毛作「自我批評」，又在政治局會議上檢討「對主席不夠尊重」。毛狠狠地說：「這不是尊重不尊重的問題，而是馬克思主義同修正主義的問題。」

斯大林曾針對鐵托說過：「我動一根小指頭，世界上就沒有鐵托了。」學斯大林學到家的毛澤東也對劉少奇說：「你有什麼了不起，我動一個小指頭就可以把你打倒！」但事實上，眼下毛要打倒劉少奇並不那麼輕而易舉。他還真有點扳不動劉呢。

毛發出宣戰的信號：上井岡山。六年前，當彭德懷起來反對他的政策時，毛曾威脅說：要是人們不跟他走，他就「上山打游擊」。他這次真上山了，警告聲分外響亮：我不是說說了事，說到做到！

毛從來出行都是說走就走，這次不一樣，上井岡山「醞釀」了好久，同事們都通知到了。蹲式馬桶準備好了，派人沿途走了一遍，途中的「階級敵人」關的關，送走的送走。

上路後，毛的座車預備了兩套，以轉移視線。隨行的中央警衛團官兵身著便衣，像好萊塢電影裡的幫會打手一樣，把槍支藏在樂器盒子裡。

毛一九六五年二月底離開北京。他走走停停，觀察劉少奇等的反應。四月九日在武漢時，消息傳來，跟他最親近的上海第一把手柯慶施，患胰腺炎被誤診，在四川成都死去。六十三歲的柯，偏偏在這個時刻死於醫療事故，不由毛不頓生疑竇。他在武漢住了下來，四月二十二日，把老搭檔林彪召來單獨長談，交了打倒劉少奇的底。毛要林把軍隊牢牢掌握住，不要讓在中央主事的劉插進手去。

五月十九日，劉少奇接見在北京召開的軍委作戰會議成員。林彪本來說身體不好不去參加接見，但臨時忽然出現。會見結束，劉宣布散會時，林站起來說他還有話要講。他批駁國家主席已經認可的與會者的發言，表明他才是他們的領導，劉少奇的話不算數。

有林彪在北京盯住劉，毛放心地於五月二十一日開始上井岡山。毛在山上住了七天，哪裡也沒去，就在賓館的附近散散步。本來他打算去從前住過的八角樓看看，正邁腳出車時，猛然聽見有響聲。這是遙遠的山坡上採石工人在砸鐵釺，但山裡聲音傳得遠。毛馬上把已踏在地上的一隻腳縮回車裡，要司機即刻開走。

直到臨離開井岡山前幾分鐘，毛才接見了一些當地人。他們被組織起來在賓館外向毛歡呼，看著毛登車離去，到這時他們才知道毛在山上。從毛到來，到他走後相當一段時間裡，井岡山與外界的聯繫和交通全部中斷。

毛住的賓館是大躍進中為他修的，可毛不滿意。他走後又動工照他通常的標準重建了一座別墅。只是毛再沒回來過。

毛在井岡山上時，劉少奇在北京努力把自己的形象提到毛的高度。五月二十七日，《人民日報》頭版出現了一篇文章，用的完全是「個人崇拜」的語言和口氣：

山格外的青，水分外的綠……十三陵水庫的景色，呈現出從來沒有過的壯麗。下午三點多鐘，兩輛汽車在水庫的西南岸停了下來。從車上步下兩位身材魁梧、和藹可親的人，邁著穩健的步伐，向水邊走去。

正在水庫裡游泳的首都高等院校學生和解放軍戰士，遠遠就認出這是我們最敬愛的領袖毛主席和劉主席，人群中立刻響起一片歡呼聲：

「毛主席來游泳啦！」

「劉主席來游泳啦！」

青年們看到毛主席和劉主席紅光滿面，精神煥發，只覺得一股幸福的暖流傳遍全身。毛主席和劉主席撥開萬頃碧波，肩並肩地向前游進。

游泳的事發生在一年前的六月十六日，不是什麼新聞。這時突如其來把它作為特寫發表在頭版，顯然是有意安排為劉作宣傳，選擇的時機是毛遠在井岡山上，《人民日報》負責人可以推說無法請毛過目。後來這些負責人在文革中都被整得死去活來。

回北京之後，毛沒有立即對劉少奇採取行動。他很可能是想等「第二次亞非會議」開完後再動作。會議定於六月在阿爾及利亞召開，劉少奇作為國家主席同很多亞非國家元首打過交道，在會議前夕清洗劉會給毛造成不良影響。毛對這次會議寄予了無限希望，打算通過它進一步確立自己在發展中國家的領袖地位。他派周恩來去完成這個任務。

第一次亞非會議十年前在印尼的萬隆舉行。那次周恩來在新獨立的發展中國家的領導人中留下了良好印象。自那以來，中國有了原子彈，毛澤東又不斷慷慨撒錢收買人心。萬隆會議的明星尼赫魯已不在人世，毛唯一的擔心是蘇聯參加，有蘇聯出場毛就唱不成主角了。中方花了大量精力遊說發起國不邀請蘇聯。

印尼的蘇加諾總統由於是萬隆會議的東道主，有最後裁決誰被邀請的特權，毛不惜重金來籠絡他，還提出派軍隊支援他打馬來西亞。最使蘇加諾傾心的是中國許諾為他訓練製造原子彈的科學家。同樣的許諾中國也對埃及等主要發展中國家做出。*結果蘇聯未被邀請。

正是為了給毛「拉選票」，中國撒出了一筆巨款：修長達兩千公里的坦贊鐵路。坦桑尼亞總統尼雷爾為修建這條從內陸的坦桑尼亞經贊比亞（Zambia）通印度洋的鐵路尋求資助，被西方拒絕。中國告訴他：「毛主席說了，帝國主義不幹的事，我們幹，我們幫助你們修。」這條鐵路到底有多大用處，毛是不關心的。其實連尼雷爾本人對該不該修也猶豫不決，哪怕鐵路由中國白送，錢、材料、人力都是中國出。周恩來還得說服尼雷爾，居然謊稱中國修鐵路的材料、人員都有餘裕，如果不修坦贊鐵路也就浪費了。這項工程耗費了中國十億美金。毛輕飄飄地說：「沒有什麼了不起嘛。」

第二次亞非會議開幕前十天，東道國阿爾及利亞發生軍事政變，本·貝拉（Ahmed Ben Bella）總統下台。毛曾竭力拉攏本·貝拉，嫌外交部寫給本·貝拉的信「打官腔」，親自動筆，稱本·貝拉是「親愛的兄弟」，「我希望看到你。全中國人民準備熱烈歡迎你。」本·貝拉一倒台，毛立馬翻臉不認人，要周恩來宣布支持新領導人布邁丁（Houari Boumedienne），按原計畫開會。

絕大部分亞非國家都不想此時去阿爾及利亞開會。中國外交官們四下活動，拚命想說服他們去，到處碰壁。尼雷爾總統坦率地對中國外交官說：周恩來總理是我最敬佩的政治家，但我很不理解周總理為何堅持如期在阿開會。本．貝拉是非洲公認的反帝、反殖鬥爭的英雄。他的被捕，無論從理智上或感情上，我都不能接受。尼雷爾說：中國政府的堅決態度和中國所進行的積極活動，超過了布邁丁政權，這已引起一些人的驚奇、懷疑，甚至不滿，有損於中國和周總理本人的崇高聲譽。

會議延期了。在對中國懷疑日盛的情緒下，埃及等國提出邀請蘇聯參加。毛當不了老大了，中國轉而宣布不參加。第二次亞非會議沒開成。

毛又氣又急。他迫切希望能來點成功，以平衡挫折。正好這時印巴戰爭爆發。三年前，毛曾痛快淋漓地打敗了印度，這次他想跟巴基斯坦左右夾攻印度，再來一場勝仗。巴基斯坦跟中國相當接近，是得到中國援助最多的非共產黨國家之一。

毛把部隊調到邊界，發了兩份最後通牒式的照會，限令印度政府在九月二十二日午夜前，拆除所有「侵略工事」。印度的答覆是和解的，說「雖然印度政府深信它的軍隊沒有在西藏境內修築工事」，它願意「進行一次聯合調查」，如果發現有，「不會反對拆毀它們。」中方的答覆是：「沒有必要進行調查」，「印度方面確實有侵略工事設在中國境內」。毛把中國拉到戰爭邊緣。

＊其實毛無意與他人分享核技術，後來埃及總統納賽爾要求周恩來履行諾言時，周叫他「自力更生」。

就在中方限期到期的前一天，巴基斯坦接受了聯合國要印巴雙方停火的決議，告訴毛，不停火無論外交上還是經濟上代價都太大。毛極力勸他們打下去，可巴基斯坦不願打。無奈之餘，毛只好放棄了打印度的念頭。沒有巴基斯坦配合，毛難有把握單獨取勝。上一次打敗印度得益於出其不意，如今印度有了準備。為了體面地下台階，中方宣布「印軍偷偷摸摸平毀侵略工事狼狽逃竄」——其實印度什麼也沒做。

在急於成功的心態下，毛到處發動「武裝鬥爭」。在泰國，他培植起來的、以華僑為主的共產黨，在八月七日首次與政府軍交火。這一天從此被稱為「開火日」，以失敗告終。

最大的慘敗發生在印尼。當時印尼共產黨有三百五十萬人，在非共產黨國家中人數最多。斯大林把它劃歸毛管。*日本共產黨總書記宮本顯治對我們說，中共一直在鼓勵印尼共和日共：「只要有奪權的機會，就奮起以武裝鬥爭奪權。」宮本與艾地曾在一九六四年討論過這個問題。日共的態度是謹慎，而艾地卻信心十足，覺得只要毛看準了就有把握成功。

亞非會議坍台後，八月，毛告訴印尼共奪權的時機到了。中方對艾地說，給親華親共的蘇加諾總統看病的中國醫生，診斷出總統的腎臟有嚴重問題，將不久於人世，機不可失，時不可待。印尼共的奪權是奪軍權。蘇加諾總統不掌握軍隊，軍隊高層強烈反共。中國曾不斷敦促蘇加諾把軍隊拿過來，在蘇加諾協助下，印尼共加緊滲透軍隊，以致過於樂觀地相信它能祕密掌握陸軍的一半、空軍的三分之二、海軍的三分之一。印尼共的奪權計畫是：把反共的軍隊首領抓起來殺掉，然後蘇加諾出面接管軍隊，軍隊裡的共產黨人則保證部隊服從命令。

九月三十日，蘇加諾總統警衛部隊營長翁東（Untung）中校率人逮捕處死了印尼陸軍司令和其他五個主要將領。毛在跟宮本顯治的談話中把這一事件稱為「印尼共產黨的武裝起義」。可是，一個未曾預料到的變故使全盤計畫土崩瓦解。密謀者中有一人偷偷把「九．三〇」行動計畫通知了陸軍將領蘇哈托（Suharto）。蘇哈托本人不在處決的名單上，他做好準備，等逮捕處死完畢後，立即出面控制軍隊，在全國掀起血腥大屠殺，直殺了數十萬共產黨人、同情者和無辜平民。印尼共產黨領導人幾乎被一網打盡，上了斷頭台，只有一名政治局委員逃脫，尤索夫．阿吉托若夫（Jusuf Adjitorop），他當時在中國。三十年後他仍然在那裡，我們見到他時，他已是一位灰心失望的老人。

蘇加諾總統被迫讓位。蘇哈托將軍建立起一個反華、反共、迫害華僑的軍事獨裁政權。毛澤東把一敗塗地的責任推在印尼共頭上。日本共產黨中央委員會向我們提供了毛同日共領導人的談話記錄，毛說：「印尼共產黨犯了兩個錯誤。第一，他們盲目相信蘇加諾，過高估計了黨在軍隊裡的力量。第二，他們動搖了，沒有打到底。」其實，印尼共根本沒有還手之力。蘇哈托的大屠殺其殘暴，其凶猛，其迅雷不及掩耳，是中共在蔣介石手裡從來沒有經歷過的。跟蘇哈托比起來，蔣介石對中共簡直可以算得上「仁慈」。

一九六五年快要過去了，毛澤東在全球是失敗連連。滿腹挫折感的他，掉轉頭向國內的政敵猛撲過來。

---

* 一九六三年九月，周恩來把印尼共領袖艾地召到廣東溫泉城市從化，與胡志明和老撾共產黨負責人會晤，在戰略上把印尼和印度支那聯繫起來。

47 發動文革的一場討價還價

一九六五～一九六六年　七十一～七十二歲

一九六五年十一月，毛澤東終於開始了策畫多年的大復仇、大清洗：「整我們這個黨」。由於工程浩大，毛決定一步步來，首先從文化領域入手。這就是為什麼大清洗名為「文化大革命」。毛用江青打頭陣。毛看中她是個心狠手辣的人，曾對家裡人說：「江青這個人很毒，比蠍子還毒。」說著毛伸出小指頭勾了一勾，作出蠍子尾巴的樣子。

毛要江青準備一份綱領性的文件，指責文藝界在中共掌權後，被一條「反黨反社會主義的黑線」統治。這份文件後來簡稱為《紀要》。毛需要林彪合作，以軍隊名義搞《紀要》，表示有槍桿子支持。十一月二十六日，江青打電話給林彪夫人葉群，把毛的意思告訴林彪。林答應全力協助。

毛跟林的近四十年的搭擋關係，在中共內絕無僅有。毛容忍了林的我行我素。在毛統治下，人人都得公開自摑耳光，美其名曰「自我批評」，但自尊心極強的林彪從來不做這類事。對毛的寬容，林投桃報李，每當毛需要時，總是召之即來，為毛效力。林取代彭德懷任國防部長後，發明了《毛主席語錄》，在軍隊大搞對毛的個人崇拜，使軍隊在餓死幾千萬人的大饑荒中，仍然對毛唯命是從。林還在七千人大會上化解了毛的危機。

然而，林彪在家裡，經常發些對毛不恭不敬的議論，如說毛「言行不一」，「愛玩權術」。林的公開擁毛、捧毛，為的是自己的野心：要當中國的第二號人物。據葉群筆記，林對她說，他要做

「恩〔格斯〕之於馬〔克思〕，斯〔大林〕之於列〔寧〕，蔣〔介石〕之於孫〔中山〕」。為此，他要「把大擁，大順作為總訣」，「要一步一趨，得一人而得天下。」

這位未來中國的第二號人物是個怕這怕那、忌東忌西、奄奄如癮君子的怪人。他怕水怕到多年不洗澡，由工作人員用乾毛巾擦身。連山水畫他都不敢看，大海就更不必說了。他在北戴河海濱的別墅坐落在山上，四下林石密布，確保看不見海。海軍與國防部長因此絕緣。林又怕風，來訪者走路，葉群要不時提醒：「慢點走。走快了會帶出風，他怕風。」

林是一個心地不善的人。葉群在筆記裡說他是「一個專門仇恨人，輕視（友情、子女、父兄——無意趣）人，把人想得最壞最無情，終日計算利害，專好推過於人們，勾心鬥角互相傾軋的人」。

林的死敵是總參謀長羅瑞卿，毛最寵信的人。羅精力充沛，能力過人，毛諸事都通過他。因為林總是處在養病之中，毛給軍隊下的命令，也常常交給羅辦。羅多年負責保衛毛的安全，毛對他完全信任，親切地叫他「羅長子」，說：「羅長子在我身邊，天塌下來，有他頂著。」「羅長子往我身邊一站，我就感到十分放心。」這樣的話毛是不輕易說的。

林彪對羅的嫉妒逐漸加深，一九六五年初打主意搞掉羅。十一月，他接到江青的電話，知道毛需要他了，他的機會到了。三十日，他派妻子到杭州見毛。當時他住在離杭州不遠的蘇州。葉群帶去林彪一封親筆信，還有十一份「揭發」羅瑞卿的材料。這是林正式要求毛為他犧牲羅。

十二月一日夜裡，毛把林彪接到住處，許諾林取代劉少奇做他的第二號人物。毛還要林在大批清洗共產黨幹部後，統領軍隊出面把中國管起來。

林彪提出要先除掉羅瑞卿：「不解決羅瑞卿的問題，軍隊可能發生分裂。」林彪跟毛這樣討價還價，表明他很清楚，毛要搞文化大革命，只能依靠他。其他元帥一個也靠不住。

這時，毛搞文革剛起步，就已經遇到強大的抵制。毛要公開批判新編歷史劇《海瑞罷官》，這齣戲講的是明朝大臣海瑞為民請命，被皇帝罷官的故事。毛說皇帝是影射他，海瑞指的是彭德懷。可是中共管文藝的一直不肯批判這齣戲。最後，在毛安排下，江青找上海善打棍子的評論家姚文元寫了篇批判文章，十一月十日在上海發表。

《海瑞罷官》的作者是北京市副市長吳晗。中共領導們當然明白，這篇批判文章有來頭，沒有毛點頭決不可能出現。但是《人民日報》拒不轉載。江青在上海的聯繫人張春橋說：「我們天天等北京消息，天天看，天天盼，北京就是不理睬。」全國大多數省的報紙也不轉載。人們厭煩整天批這批那，在沒有毛明確指示的情況下，用裝糊塗的辦法抵制這篇文章。

北京、全國敢於這樣做，是因為負責文化事務的彭真給他們撐腰。彭真在上海與毛力辯，說《海瑞罷官》跟彭德懷沒有關係，不是影射毛。彭真是毛長期忠實的追隨者，毛信賴他，讓他管北京，也管中共日常事務。由於他所處的地位，彭真能感到毛這次要整的，決不只是一個吳晗，恐怕要禍及全黨。彭真忠於他的黨，不希望這個黨被毀掉。

彭真又是個不怕事的人。當時日本共產黨人問他關於《海瑞罷官》的事，彭真答道：「這本來不是個政治問題，是個歷史劇。可是毛主席說它是政治問題，真麻煩！」在外國人面前抱怨毛，這簡直是不可思議。

《人民日報》總編輯吳冷西明白他是在抗拒毛。在一次聚會上，毛要吸菸的把菸舉起來，然後說：「看來在這個問題上我也是少數。」在場的美國人李敦白注意到：「這句話說了以後，我看見吳冷西臉色變得慘白，身體一硬，停止了做筆記。毛剛才說的話中有什麼東西嚇壞了他。」

吳又拖了一個星期，直到周恩來通知他，這是毛的指示，吳才於十一月三十日轉載了姚文。但他把文章登在第五版「學術討論」專欄，以示這不是黨在號召開展整人的政治運動。吳不久便鋃鐺入獄。毛對他的繼任者唐平鑄說：「吳冷西不聽話，不知你唐平鑄聽不聽話？」唐緊張得要死，連「一定聽毛主席的話」也忘了說。

一篇按毛的意思寫的文章，要發表出來如此艱難，可見中共這部貫徹毛命令的機器，已不再按毛的意圖運轉。毛亟需林彪出場相助。就是在十一月三十日這一天，林彪派葉群去見毛，提出要整羅瑞卿。第二天毛、林會面後，毛忍痛割愛，答應了林彪。

十二月八日，毛突然召開政治局會議，葉群講了十個小時的話，說羅是「野心家」，要林彪「把國防部長的位置讓給他」，野心大得像個「無底洞」。葉群不是政治局委員，連老資格的高幹也不是，如此以夫人身分，在政治局會議上大講特講，實在是破了共產黨的規矩。

羅瑞卿沒有出席此會，幾天後他接到大禍臨頭的通知。這個身材高大、生龍活虎的人，腿一下子軟到沒力氣走上樓梯。

羅被軟禁起來。但林彪還是不滿意，他要置羅於死地，要毛給羅定「篡黨篡軍」的大罪。毛沒有滿足林的願望，說羅「還沒有反對我」。

於是林對毛來了個按兵不動。一九六六年一月二十一日，江青來找林，商量寫那份《紀要》。林表面上答應，可背後通過總政治部主任蕭華對為江青組織的寫作班子交代：「江青同志是個病人……疑心重，脾氣大，對她講話，要多聽少說」，「對地方文藝工作情況，不要隨便表態。」結果二月份寫出來的稿子被江青認為「根本不行」。

在毛林僵持期間，國內外發生了一系列事情。二月，劉少奇支持彭真，向全國發出「二月提綱」，中心是不要用政治罪名整文化人。彭真還把毛特別強調的「《海瑞罷官》的要害是罷官，是為一九五九年被我們罷了官的彭德懷張目的，彭德懷也自稱是海瑞」這一段話，在形成文件時刪去了，沒有往下傳達。毛看到這份文件時，勃然大怒，覺得自己被架空了。

「二月提綱」發出後，彭真飛到四川，說是去視察三線工程。到省會成都的當天夜裡，他卻幹了一件驚人的事：祕密去見兩個月前被毛澤東遣送到這裡的彭德懷。二彭到底談了些什麼已無從知曉，但瞞著毛來見彭德懷，又只有他們兩人在場，他們很可能談到能否動用軍隊制止毛——「兵諫」。雖然彭德懷處在軟禁之中，沒有權力，但他在軍隊裡仍享有極高的聲譽，有一批對他依然忠心耿耿的老部下。他軟禁在北京時，好幾個人曾冒著風險偷偷去看他，還有一位公安部副部長。

彭真剛離開四川，賀龍又去了，也說是視察三線。蘇聯國防部長馬利諾夫斯基曾要這位元帥搞掉毛。毛疑心他們到四川去商量發動政變，後來指控他們搞「二月兵變」。*

這段時間，毛吃的安眠藥量，據他身邊人說，足以殺死一個正常的人。就是醒著的時候，他也要服大量的鎮靜劑。

一波未平，一波又起，彭真似乎還想跟蘇聯取得聯繫。克里姆林宮邀請中共派代表團出席即將召開的蘇共「二十三大」。自從馬利諾夫斯基事件以來，毛不要任何領導人去蘇聯。三月初討論這個問題時，大家都說不接受蘇聯邀請。幾天後，彭真卻要劉少奇再開一次會覆議，在會上他力主派人赴蘇，說：上次會議討論時認為不宜參加，現在可考慮從另一角度看，可以參加。劉少奇審慎地說：上次會議已有定論，並且已報告毛主席；現在從另一角度來考慮，議一下是可以的。會後，劉同意了彭真的建議。彭真接著幾次打電話給祕書班子，要他們起草報告給毛。沒人敢起草，最後彭真自己寫了一份報告。也許，彭真是想借用蘇聯的力量來制止毛。毛收到報告後不久，就指控彭真企圖「搞政變」，「裡通外國」。

毛澤東最怕他的同事們夥同蘇聯搞掉他。上年十一月，當他發動文化大革命時，他首先採取的步驟之一，是解除熟悉俄語的中央辦公廳主任楊尚昆的職務，把楊調到千里之外的廣東去。作為中辦主任，楊的職責包括負責中共同莫斯科的聯繫。後來，楊被關進監獄，要他交代他和其他中共領導人同莫斯科的關係。同樣身陷囹圄受到反覆審訊的，還有中共高層的俄語翻譯們。

毛還懷疑楊尚昆對他搞竊聽。毛對他講話的記錄一向敏感，不喜歡存檔，上台前，他給蘇聯人發了電報後常常劃根火柴把底稿燒掉。掌權後，他經常叫聽他講話的人不要記筆記。但毛的話是「最高指示」，沒有白紙黑字，下面的人怎麼去貫徹執行？毛不得不允許筆記或錄音，中央辦公廳在五十年代後期開始安裝錄音設備。有次錄音員不小心跟毛的女友開玩笑，說毛跟她在專列上的事，他「都聽到了」。毛的女友大驚，報告了毛。毛當即下令拆除所有錄音設備，銷毀所有錄音帶。負責處理錄音帶的官員告訴我們，他認為這些寶貴的歷史資料被抹掉太可惜，就大膽作主把錄音內容先抄下來再抹，後來乾脆不抹了，都保存了下來。他膽敢這樣做，後台是彭真。彭真對他說：「看著辦，能留就留，我去跟主席說，就說都毀了。」

毛的住處、開會的地方、乘坐的汽車全部都檢查了，沒有發現竊聽器，但毛心裡始終不踏實，被捲入錄音事件的人後來都受到審問，有的被整死。毛懷疑錄音是個大陰謀，跟蘇聯人有關係。

---

* 毛的疑心決定了四川負責人李井泉的命運。李本來是毛喜歡的人，毛把彭德懷弄到四川就是讓李把彭管起來。文革中，李受到監禁，妻子也因絕望而自殺。

蘇聯人此時的舉動也令毛惶恐不安。一九六六年一月，蘇聯最高領導人有史以來第一次訪問外蒙古。勃列日涅夫之後，國防部長馬利諾夫斯基也去了。蘇蒙簽訂協定，蘇軍開進外蒙古，在中國邊境擺開重兵，蘇聯坦克離北京只有五百公里，而且一馬平川。外蒙古領導人澤登巴爾（Yumjaagiyn Tsedenbal）因毛在前些年曾企圖推翻他而格外敵視毛。他積極與蘇聯配合，聲稱要在中國開展「反對毛澤東集團的鬥爭」。勃列日涅夫同毛沒打過交道，卻在幾年前劉少奇訪蘇時陪劉到處參觀，一塊坐橫跨西伯利亞的火車旅行，兩人相處融洽。如果劉少奇、彭真與蘇聯內外呼應，毛的命運的確有倒懸之危。

就是在這些背景下，毛同意了林彪的要價，讓羅瑞卿問題「升級」。三月，突然召開批羅會議，氣氛驟變，人們挨個發言譴責羅為「野心家」、「陰謀家」、「定時炸彈」。三月十八日，羅跳樓自殺。他沒有死，但雙腳粉碎性骨折。自殺成了新的罪名，使他遭到更加殘酷的批判鬥爭。後來開批鬥會時，他無法走路，批鬥者就用籮筐把他連拖帶拉地弄上台，殘肢搭拉在筐外。

羅瑞卿跳樓的第二天，江青給林彪寫信。林該幫毛幹事了。江青要求林表態支持她重新寫過的《紀要》。毛對《紀要》做了十一處修改，把標題從「江青同志召集的部隊文藝工作座談會紀要」，親筆改為：「林彪同志委託江青同志召集——」以點明林彪的支持。林彪表態全力支持毛的文革，以自己和軍隊的名義要求「徹底搞掉」「文藝黑線」，「把這一場革命進行到底」。

林彪的立場帶動了周恩來。迄今為止，周的態度模稜兩可。現在他明確告訴彭真，他要「和毛主席保持一致」。毛、林、周三位一體，毛勝券在握。

四月十四日，《紀要》發到全國。一個月後，政治局開擴大會，宣布北京市長彭真、總參謀長羅瑞卿、中央辦公廳主任楊尚昆、中央宣傳部長陸定一為「反黨集團」。毛沒到會，只傳令會議通過他事先準備好的打倒這四個人的《通知》。四人中有兩人到會，他們跟在座的其他人一樣不知所措，只能聽天由命。劉少奇主持會議，儘管劉清楚毛的目標最終是自己。劉平常不動聲色，這次他難以自制。當得知《通知》稿一個字也不能改，一個標點符號也不能動時，他激動地說：「開政治局擴大會議叫大家討論，提了意見不改，連幾個字都不改，這不是獨斷專行嗎？」他接著問彭真：「對通知有什麼意見？」彭真無可奈何地答道：「沒有意見。」劉少奇顯然希望他勇敢地站出來說點什麼，再追問一句：「是贊成，還是反對？」彭真垂下頭，默默無言。劉只好叫同意《通知》的舉手。人人都舉了手，包括彭真，包括劉少奇本人。這就是後來稱為文革宣言的《五．一六通知》。「反黨集團」不久便被投入監獄。

毛向隨後到訪的北越領袖胡志明說這四個人「是國民黨的人」。胡志明問他這怎麼可能，毛的回答是：「我們還沒有確鑿的證據，只是懷疑。」

林彪在這次會議上把毛要清洗的人罵為「王八蛋」。他宣布誰要是反對毛，就要「全黨共誅之，全國共討之」。這句殺氣騰騰的話，他一連說了兩遍，說時還像宣誓一樣，舉起右臂，握緊拳頭，目光帶著威脅掃視全場。

林的講話裡直言不諱大談「政變」，這在講究意識形態的共產黨世界是件稀罕事。林說：「最大的問題，是防止反革命政變，防止顛覆，防止『苦跌打』。」林警告在座的，毛預防政變已經好幾年了，尤其是「最近幾個月」，他「調兵遣將，防止反革命政變，防止他們佔領我們的要害部門、電台、廣播電台。軍隊和公安系統都做了布置。毛主席這幾個月就是做這個文章。」他還透露：「毛主席為了這件事，多少天沒有睡好覺。」

毛的確做了許多準備。他對阿爾巴尼亞的國防部長說：「我們增加了兩個衛戍師。現在北京有三個陸軍師、一個機械化師，一共有四個師。所以，你們才能到處走，我們也才能到處走。」中央警衛局遭到清洗，一個副局長被整死，兩個僥倖活了下來，唯一剩下沒挨整的是毛的大總管汪東興。同樣徹底換班的是公安部門。公安部的副部長們（部長是毛信得過的謝富治），北京市公安局的局長，都被抓起來，原因是他們在歷史上同劉少奇有關係。內蒙古自治區負責人、蒙古族的烏蘭夫也成了階下囚。蘇聯在外蒙古陳兵百萬，毛怕邊境這邊有內應。

林彪一邊為毛護駕，一邊處理了點個人的事情。四人「反黨集團」裡，除羅瑞卿以外，他還憎恨另一個人：中宣部長陸定一。陸的夫人嚴慰冰幾年內往林家寫了五十多封匿名信，罵葉群性生活亂，是延安著名「托派」王實味的情婦，說林的孩子不是林的。有的信寄給林的孩子們，描寫葉群如何做愛。信上署名有時用大仲馬（Alexandre Dumas Pere）《基度山恩仇記》（*The Count of Monte Cristo*）中的「基度山」。嚴慰冰其實是個精神病患者，本來該送醫院，卻被林彪送進了監牢，在那裡度過了九死一生的十二年。

在大談「政變」的政治局會議上，林彪把一張紙放在每個出席者的面前。瞠目結舌的高官們看到：

我證明：

一、葉群在與我結婚時是純潔的處女，婚後一貫正派；

二、葉群與王實味根本沒有戀愛過；

三、老虎、豆豆是我和葉群的親生子女；

四、嚴慰冰的反革命信，所談一切全係造謠。

林彪

一九六六年五月十四日

一本正經的政治局裡，還從來沒有遇到過如此教人尷尬的場面。

林彪的行為看起來荒唐，其實有很實際的目的。他就要在中國政治舞台上叱吒風雲了，然而他最不喜歡開會、見人，得靠妻子替他辦事。葉群的名譽不洗乾淨不行。林彪是在為葉群「正名」。

充滿活力的葉群性慾旺盛，但從林彪那裡她既得不到性滿足，又得不到愛情。林彪對她冷冰冰的，讓她覺得像「小媳婦受氣」，「如同伴著殭屍」。她對林彪還不得不裝出一副順從溫情的樣子。生理上寂寞難耐，精神上充滿痛苦，她性情變得乖僻反常，毒打女兒林豆豆，逼得豆豆兩次自殺未遂。在長期壓抑的環境裡，葉群跟江青一樣變得歇斯底里，如今要從搞政治陰謀和政治迫害中尋找釋放——儘管她整人不像江青那樣惡毒。她的主要作用是做林彪的助手。

毛澤東同林彪的討價還價完成了，文化大革命的浩劫降臨了。

48 浩劫降臨

一九六六～一九六七年　七十二～七十三歲

一九六六年五月底，專為毛搞大清洗的中央文革小組（簡稱「中央文革」）正式成立。名義上的組長是陳伯達，實際掌權的是江青，康生做「顧問」。「中央文革」同林彪、周恩來一道成為毛的新「內閣」。劉少奇的倒台只是時間問題。

為大清洗開道，對毛的個人崇拜被推到瘋狂的頂點。每天的《人民日報》頭版都有一欄「毛主席語錄」，經常還有毛的巨幅照片。毛像章鋪天蓋地，兩、三年中生產了四十八億枚。毛的像印了十二億張，《毛澤東選集》印了八億套，超出全中國人口數量。這年夏天，以「小紅書」著稱的《毛主席語錄》也上了市，全國人民人手一冊，走到哪裡，舉到哪裡，天天要念，要背，要搖晃。

社會上掀起了恐怖的浪潮。毛挑天生好鬥的青少年學生作製造恐怖的工具，拿學校老師當犧牲品。從街頭巷尾到處豎起的高音喇叭裡，從《人民日報》一篇又一篇的文章裡，學生們得知學校由「資產階級知識分子」統治著，教的都是「毒草」，老師把他們「當敵人」，用考試來「迫害」他們。考試從此取消。學生被號召「保衛偉大領袖毛主席」。沒人解釋老師怎麼可能加害偉大領袖，也沒人說明偉大領袖到底出了什麼事。

學生們動了起來。他們本來就有強烈的政治參與慾望，這種渴望迄今完全受到壓制。現在毛允許他們在他操縱下參與政治。他們激動地建立組織，按毛定好的調子、設下的框架行事。

六月二十四日，北京清華附中學生貼出大字報，結尾署上的是一個響亮的名字：「紅衛兵」。意思是要保衛毛澤東。與一九五七年校園裡的大字報迥然不同，這裡毫無人性，毫無思想，除了蠻橫就是亂罵：「什麼『人情』呀……都滾到一邊去！」「我們就是要粗暴！」「我們就是要把你們打翻在地，再踏上一隻腳！」毛播下的「對敵人要狠」的種子正在破土而出，多年精心灌輸的對他的無條件崇拜現在開花結果。那些血液裡躁動著暴力，最容易受煽動的青少年，就這樣開始了為毛的衝鋒陷陣。

毛下令學校從六月十三日起停課。他說：「現在停課又管飯吃，吃了飯要發熱，要鬧事，不叫鬧事幹什麼？」六月十八日，北京大學校園裡設起了所謂「鬥鬼台」，幾十個教師、幹部被抓到人群前亂打亂鬥，臉上塗墨汁，頭上戴高帽子，罰跪、揪頭髮、連打帶踢，婦女被亂摸私處。暴行在全國蔓延，自殺成風。

毛在外省掌握局勢。他是頭年十一月發動文革時離開北京的，南下到中國腹地，八個月中不停地換地方住。六月全國動亂四起時，他鬧中取靜，住進了一所他還從未涉足過的格外幽靜的別墅：韶山村外「滴水洞」。那是毛七年前回韶山時授意建的。他當時在水庫裡游泳，對周圍好似世外桃源的僻靜動了心，對湖南省委第一書記周小舟說：「咯個地方倒很安靜，我退休後，在這兒搭個茅棚給我住好嗎？」周小舟不久被打成彭德懷反黨集團的成員，「茅棚」也暫時沒修。第二年，毛又對接任的張平化再提此事，於是有了稱作「二〇三工程」的滴水洞：一座鋼筋水泥的單層巨廈。整片山全部封閉，居住的農家一概遷走，後來又在「洞」內添了防地震、防原子彈的特別房間。造價是天文數字，修的時間正是大饑荒最嚴重時。毛在這裡一共住了十一天，再也沒有回來過。

毛的灰色住宅不協調地坐落在柔和的青山綠水間，四周山花爛漫。房子背後是毛家老祖宗的墳地，面對龍頭峰，是塊風水寶地。毛看到很高興，跟他的警衛們談開了早年風水先生怎樣把這裡稱作「龍脈」。

雖然毛回「家」了，但一個村民他也沒見。在去滴水洞的路上，有個打柴的小姑娘好奇地朝忽然駛過的汽車看了一眼，恰好毛掀開窗簾往外觀看，被小姑娘瞧見了，興奮地回去報告了村裡人。很快，公安人員就找到她家，警告她說：「你看錯人了，車裡坐的不是毛主席。你再不准亂說了！」村子裡特地開了會，告訴老百姓不要「亂想」。毛任何外人都不見，除了看書，批閱文件，就是思索問題。散步不超過三百公尺，甚至人到水庫跟前也沒有下去游泳。

六月底，毛回北京的形勢成熟了。途中他逗留武漢，七月十六日在成千上萬的人觀看下，在長江裡游泳一個多小時。就像十年前一樣，這是一場「政治游泳秀」，毛在向他的政敵發信號：以七十二歲的高齡，他有這樣的體魄、精力和決心來打垮他們。毛的信號也是發給全國人民，特別是年輕人的：「跟隨毛主席，在大風大浪中前進！」無處不在的高音喇叭，配著音樂反覆喊這句口號，把已經躁動的頭腦煽得更加狂熱。這次游泳的宣傳規模之大，連在外國也出了名，好些外國人提起毛時，都知道他的「游泳」。

七月十八日，毛回到北京。他立即召集中央文革小組會議，天天同主持日常事務的周恩來見面，過問詳情。他異常忙碌，整天不是開會就是找人談話。毛沒有搬回他在中南海的房子「豐澤園」，說是剛維修過的房子住起來不舒服。其實，他是怕房裡裝了竊聽器，或更可怕的東西。他搬進一個最意想不到的地方：中南海室內游泳池的更衣室。在那裡他住了整整十年。

就是在這幾間單調的更衣室裡，毛製造了「紅八月」的大恐怖。八月一日，他給那些發誓「我們就是要粗暴！」「就是要把你們打翻在地，再踏上一隻腳！」的清華附中紅衛兵寫信，「表示熱烈的支持」。他把他的信，連同紅衛兵凶神惡煞的大字報，印發給他幾天前剛下令召開的中共八屆十一中全會，要與會的各地大員支持紅衛兵。這些人中的大部分不久將被毛清洗，但眼下毛用他們來推動紅衛兵的發展。他們的孩子們組織了紅衛兵，紅衛兵在全國勢如燎原之火。

八月五日，在高幹子女成群，毛的兩個女兒也曾就讀的北京師大女附中，學生們第一次活活打死了自己的老師，五十歲的副校長卞仲耘。這位四個孩子的母親，被強迫挑重擔子來回跑，女學生們用皮帶抽她，用帶釘子的木棍打她，用開水燙她。卞仲耘就這樣被折磨至死。當天晚上，學生到北京飯店請示北京新領導怎麼辦。沒有任何人發話叫她們住手。

八月十八日，掌權以來第一次穿上軍裝的毛，站在天安門城樓上檢閱數十萬紅衛兵。紅衛兵從此在全國、全世界出了名。打死卞仲耘的北師大女附中紅衛兵，獲得了派代表給毛戴紅衛兵袖章的「殊榮」。現場廣播說：「北京師大女附中的紅衛兵宋彬彬給毛主席戴上了紅衛兵袖章。毛主席問她：『你叫什麼名字？』她說：『叫宋彬彬。』毛主席問：『是不是文質彬彬的「彬」？』她說：『是。』毛主席說：『要武嘛！』」在「毛主席萬歲！毛主席萬歲！」的背景歡呼聲中，現場女播音員說：「敬愛的毛主席，您的話我們記住了。」

宋彬彬改名「宋要武」，北師大女附中改成「紅色要武中學」。北京紅衛兵被派去全國教授如何打人，如何剃「陰陽頭」，如何叫挨打的人舔自己流在地上的血。上海市上海中學的一名前紅衛兵回憶道：「北京紅衛兵南下，穿著軍裝，繫著武裝帶，非常神氣，對我們說：『你們這裡怎麼這麼文質彬彬，一點革命氣氛都沒有？』我當時弄不懂他們說的『革命氣氛』是指什麼。一個北京來的女紅衛兵從腰上解下皮帶就開始示範怎麼抽人。」

為了讓全國紅衛兵更好地學習北京的榜樣，為了讓他們明白毛是他們的靠山，毛鼓勵他們來北京「朝聖」，下令旅行、吃、住都不要錢。四個月內，總共一千一百萬青少年來到首都，毛在天安門廣場和長安街上七次接見他們，每次的人群都如山如海，若癡若狂，而又井然有序。

在紅衛兵暴行中受害的不光是老師。毛在八月一日給紅衛兵的信中格外稱讚了「北京大學附屬中學紅旗戰鬥小組」。這個組織已經在做一件特別的事：把同學按家庭出身劃分為「紅五類」、「黑五類」，由「紅五類」對「黑五類」進行各種凌辱。《人民日報》報導毛在天安門城樓接見他們，稱他們為「以敢於衝鋒陷陣聞名的戰鬥組織」。據對紅衛兵運動有深入研究的王友琴博士描述，在打死卞仲耘老師的北師大女附中，紅衛兵強迫「黑五類」站在教室前面挨鬥，拿一根長繩子繞過挨鬥者的脖子，把她們拴成一串，動手打她們，逼她們「交代反動思想」和父母的「罪行」，要她們不斷說：「我是狗崽子，我是混蛋，我該死。」

在這些榜樣的帶動下，把無辜的孩子變成犧牲品的做法遍及全國學校。當時有個著名的對聯：「老子英雄兒好漢，老子反動兒混蛋」。不少高幹子弟愛把這句話掛在嘴上。他們哪裡知道他們的「英雄」父親才是毛的真正目標。

讓小孩子做犧牲品，無疑得到毛的鼓勵。四川省負責人從北京開會回來後，對他做紅衛兵領袖的兒子講會議精神：「文化大革命是共產黨跟國民黨鬥爭的繼續。原來我們跟他們鬥，現在我們的子女跟他們的子女鬥。」

毛接著把紅衛兵暴行從校園引向社會，首當其衝的是文化人和文化。八月十八日在天安門城樓上，站在毛身旁的林彪，號召紅衛兵「大破」「舊文化」。最早被搗毀的是傳統的商店招牌、街道名稱。長髮、裙子、高跟鞋成了那些在街頭揮舞剪刀的大孩子的犧牲品。從此以後多年，中國人只能穿平底鞋和千篇一律的上衣和褲子。

八月二十三日，毛在中央工作會議上說：「我看北京亂的不厲害」，「北京太文明了」。當天下午，一群群紅衛兵，多是女中學生，來到北京市「文聯」的大院裡。那時候，紅衛兵有了自己的「制服」：綠軍裝（有的是父輩傳下來的，有的是染的）、紅袖章，手拿小紅書，腰上繫著帶銅釦的寬皮帶。那天日頭特別毒，作家們被集中在文聯院子裡，在「××站出來！」的喝聲下一個個出列，脖子上被掛上事先準備好的大木牌，上面寫著各自的名字，冠以「牛鬼蛇神」、「反動權威」等罪名。紅衛兵用銅釦皮帶劈頭蓋腦地朝他們打去。

作家們接著被塞進大卡車，運到曾是孔廟的首都圖書館。那裡集中了北京各劇團的大量戲裝、道具，紅衛兵用它們點起一堆熊熊大火，把幾十位中國最著名的作家、藝術家和演員按倒跪在火堆旁，對他們棍棒交加。挨打受辱的有年近七十的作家老舍，第二天，他投湖自盡。

打人的地點、火燒的道具、被打的人物，都經過事先策畫安排，用來代表「舊文化」。受害者們是中國家喻戶曉的人物，迄今為止被官方尊為「人民藝術家」，拿他們做毒打對象毫無疑問是最上層的決定，鬆散結合起來的少年紅衛兵只是打手。

為了使這天的暴行順利進行，毛在八月二十一、二十二兩天，給軍隊和公安人員分別下令，不准他們制止學生：「絕對不許動用部隊武裝鎮壓革命學生」，「嚴禁出動警察鎮壓革命學生」，「放空槍進行威嚇也絕對不允許」。

「八・二三」後，紅衛兵暴行在全國升級，「抄家」開始。當局把犧牲品的姓名、地址交給紅衛兵，讓他們去抄這些人的家。像四川的負責人，就要專管「民主黨派」的「統戰部」，把非黨知名人士的名單交給兒子做領袖的紅衛兵組織。

八月二十四日，公安部長謝富治要警察同紅衛兵「取得聯繫」，「供給他們情況，把五類分子〔中共統治下的『階級敵人』：地主、富農、反革命分子、壞分子、右派分子〕的情況介紹給他們」，幫助他們抄家。有人問：紅衛兵打死人怎麼辦？謝答道：「打死了就打死了，我們根本不管」，「如果你把打人的人拘留起來，捕起來，你們就要犯錯誤」。針對心有疑慮的人，謝說：「連周總理都支持。」

有了上面的引導，血腥的抄家席捲全國。紅衛兵超越名單的局限，到處破門而入。他們燒書、撕畫、砸唱片、毀樂器，凡是沾「文化」邊兒的東西都在掃蕩之列。貴重物品被沒收，主人遭受毒打。在《人民日報》「好得很！」的歡呼聲中，不少人在自己家裡被打死。有的被拖到電影院、戲院、體育場，那裡如今是刑訊的地方。一九六六年八月，大街小巷到處是紅衛兵抄家的腳步聲，拷打審訊的怒喝聲，受刑者的痛苦呼叫聲。

八月三十日，周恩來列了一份「應予保護的幹部名單」。後來，人們常引用這張單子，說紅衛兵抄家打人是中央文革小組指使，周恩來插手進來保護受害者。事實上，單子上的人都是毛澤東要保護的，「中央文革」的事周恩來也都管。名單要保護的不過幾十個人，而據後來的官方統計，從八月二十四日到九月十日，僅在北京就有三萬三千六百九十五家被抄，打死的有一千七百七十二人。

毛也曾偽善地說：「要文鬥，不要武鬥」。不少紅衛兵得以用這句話作盾牌逃避打人，挨打的也希冀以此保護自己。可是，打人的、被打的，都看得很清楚，行凶的人完全不受懲處。暴力當然也就繼續了下去。

毛要紅衛兵抄家還有實際的目的：把民間尚存的財富挖出來送進國庫。據後來的官方數字，北京紅衛兵在一個月的時間內為毛政權增加了黃金十萬多兩、白銀近三十五萬兩，還有無數現金和名貴的書、畫、文物。有些文物用來出口換外匯。

抄家所得放在文物管理處，對毛、林、周、康生、陳伯達五位政治局常委的家庭開放。江青選中的有一只十八K金的法國懷錶，錶上鑲有近百顆珍珠、寶石，在「咱們不白拿，給錢」的「原則」下，她付了人民幣七塊錢。類似的毛政權的所謂「不腐敗」的表現，還包括領導人開會喝茶付茶葉錢。至於眾多的別墅，成群的僕人，隨叫隨到的專用飛機、火車，還有無數其他特權好處，都是一分錢也不用付的。

愛文物的康生從抄家中所獲甚豐。管抄家物資的人說，康生經常自己來挑來選，「一鑽進庫房就是半天」，「在抄家的時候，康老還特意囑咐過我，說誰誰家的東西出來時，讓我告訴他。」

愛看書的毛澤東則開出長長的書單，把抄家得來的數千冊古舊書據為己有。用紫外線照射消毒，這些書便堂而皇之地擺上偉大領袖會客室的一排排書架。以這些書為背景，毛會見了來自世界各國的領導人，同他們合影留念。他們無一不為這些書所顯示的毛的博學傾倒，基辛格（Henry Kissinger）感慨地說他好似身在「學者的書齋」。美國人有所不知的是，「書齋」倒像納粹元帥戈林（Hermann Goering）用來陳列從猶太人那裡搶來的畫的畫廊，那裡的書留著真正主人的斑斑血跡。

毛政權用紅衛兵抄家還解決了其他實際問題。其中之一是住房的極度匱乏。中共掌權多年，基本上沒為一般城市居民造過新房子。如今，被抄的人家被迫擠進一兩間小屋子，把其他房間騰給趁火打劫的鄰居。同一個屋頂下住著的人們，就像仇敵一樣彼此痛恨。

許多家庭在抄家後被趕出北京，下放到農村。毛政權一直在想辦法減少城市人口，因為他們得為城市人提供基本生存條件，而放到農村就不用管了。在北京，不到一個月的抄家浪潮中，將近十萬人被趕下鄉去。據作家鄭義描述，在北京火車站的大廳裡，一群隨父母被驅逐出京，即將登車起程的孩子們被勒令在大廳裡跪成一片，一夥身著黃綠軍衣，臂帶紅袖章的紅衛兵用皮帶抽打他們，甚至有人拎起開水壺，朝著孩子們淋去，大廳裡一片慘號。

在抄家狂潮中，凡是家裡有書、有藝術品的人，都日夜提心吊膽，生怕紅衛兵闖進來看見，全家遭殃。嚇壞了的人們或者自己動手燒書，或把心愛的書拉到廢品店當廢紙賣，或把珍藏的藝術品藏來藏去最後還是在恐懼中毀掉。毛澤東幾乎把「文化」從中國人的家庭裡一掃而光。家庭之外，一大批古蹟，中華文明的標誌，也被紅衛兵掃蕩破壞。僅北京一地，一九五八年保存下來的六千八百四十三處文物古蹟，有四千九百二十二處在一個月中全部毀掉。

古蹟中的佼佼者受到保護。單子上自然有天安門城樓，毛還需要站在上面受大眾歡呼。它們由軍隊進駐，有的關了門，人民也就無緣涉足。中國最著名的建築師梁思成，曾反對毛要「從天安門城樓望出去，看到處處都是煙囪」的「城市建設指示」，認為「那情景實在太可怕了」。他被抄家批鬥，寶貴的藏書大部分被毀，一家大小被趕到一間二十四平方公尺的小屋裡。在攝氏零下十度的嚴寒裡，小屋的牆上、地上結著厚厚的冰霜，窗上的玻璃被外面的小孩一塊塊打碎。梁思成不斷在病中，幾年後默默去世。

人們一般認為紅衛兵對文化的摧殘是「亂打、亂砸」，中心是一個「亂」字。事實上，大部分行動並非自發，而是毛政權指使的。在「八．二三」毛說「北京太文明了」之前，紅衛兵沒有破壞文物古蹟。毛發話的那天，第一處古蹟才被砸：頤和園佛香閣的釋迦牟尼塑像。之後破壞重要古蹟時，上邊常派有專家到場，把最寶貴值錢的文物挑出來送進國庫，其他的拉到工廠作廢銅爛鐵鎔掉，或到造紙廠化作紙漿。

在破壞文化上，毛政權是導演。這突出表現在對孔子故居孔府的大破壞上。孔子是中國文化的代表，他的家也是文物薈萃的寶庫。歷代帝王來這裡朝拜，修建了宏大的古建築群，留下了大量碑刻和無數藝術品。文革開始，當地人接到命令砸孔府。人們不忍心下手，於是「中央文革」專門把北京師範大學紅衛兵派來。出發之前，紅衛兵到天安門廣場，舉起拳頭，用當時特有的語言，「向最最敬愛的偉大導師、偉大領袖、偉大統帥、偉大舵手毛主席莊嚴宣誓」，誓詞說孔子「是毛澤東思想的死對頭」。砸碑時，「中央文革」的指示具體到可砸什麼，不可砸什麼，「以明清劃線」。山東省博物館的文物專家到場告訴紅衛兵該保留哪塊碑，紅衛兵便在上面寫一個「留」字。

江青是毛毀滅文化的主要助手。在她的嚴厲管制下，文革十年，直到毛去世，書絕大多數被禁，只出了幾本所謂小說，差不多每頁都有黑字體的毛語錄。畫倒是有幾幅，歌倒是有幾首，無一不是歌頌毛的。舞台被江青的八個「樣板戲」獨霸，銀幕上也只有寥寥幾部欽准電影。數千年文明的中國，成了名符其實的文化沙漠。

一九六六年九月中旬，毛感到他在共產黨內上上下下搞大清洗的時機成熟了。他讓林彪在天安門城樓上向紅衛兵宣布：「這次運動的重點，是鬥爭那些黨內走資本主義道路的當權派。」簡稱「走資派」。但究竟誰是「走資派」毛沒說明。他也不知道全國眾多的幹部誰反對過他，誰對他忠誠。毛的辦法是先把他們全部打倒，換上新的人後，再一個個審查他們。至於忠實於他的人受冤枉、受委屈，毛是不在乎的。

毛的工具此時不再以高幹子弟為主體，而是遍地開花的、專整「走資派」的「造反派」組織。

一九六七年一月，毛開始利用造反派來打倒走資派。

共產黨的控制一點也沒有放鬆。一份份中央文件明文規定：不許搶檔案（中共給人人都立了檔案），不許為以往政治運動迫害的人翻案，不許「階級敵人」「混入革命群眾組織」，「更不准他們自己建立組織」。把矛頭指向毛澤東或中共的人，不是被監禁，就是被槍斃，其中知名的有林昭、遇羅克。

對毛來說，造反派的用場是幫他懲罰失去權力的走資派，方式是寫大字報攻擊，開批鬥會，打罵侮辱，遊街示眾等等。這也挺對不少造反派的胃口。他們有的恨領導，乘機報復。有的想往上爬，看到這是一條捷徑。那些早就手癢癢以打人為快事的，那些虐待狂們，現在是過癮的時候了。

第一個被打死的高級幹部是煤炭部長張霖之，時間是一月二十一日。他曾對毛和毛的大躍進表示不滿。兩年前毛開始說要整「黨內走資本主義道路的當權派」時，劉少奇問他誰是這樣的當權派，毛不假思索地脫口而出：「張霖之就是！」如今，在江青親自導演下，張霖之被多次殘酷批鬥，一位目擊者偷偷在日記中寫到：

> 一九六六年十二月二十八日……
>
> 張部長被送至台上，強行按倒跪下。他使勁抬頭，李××，戴×猛撲上前，用力壓。接著，又有四個人一齊踩在他的小腿上，讓他無法再站。又有些人拿著一根釘著木牌的棍子插進衣領，張部長拚力反抗，棍上的倒刺把他的耳朵、臉、鼻子都劃破，順著脖子淌血。會剛開完，李××和一群人扭著張的胳膊串過大、小禮堂遊鬥，後又到院裡鬥，大門口鬥。張部長站在一把凳子上，上衣被扒光，在零下十七度的嚴寒裡凍著。他遍體鱗傷，雙手舉著木牌，又氣又

凍，全身哆嗦。有幾個傢伙說他站得不直，就用小刀子捅他、割他……

一九六七年一月十二日……

汾西礦務局的李××來京，還帶來一個特製的六十多斤重的鐵帽子。……鬥爭會一開始，幾個小子就拎著鐵帽子往張部長頭上扣。他雙腿打戰、臉色蠟黃，汗珠直往下掉。不到一分鐘，鐵帽子就把他壓趴在台上，口吐鮮血。這麼折騰了三四次，張部長已奄奄一息，昏死過去。

最後，打手們把一個大鐵爐掛在他的脖子上，用皮帶鐵頭打裂他的後腦骨，他就這樣死去。有專人拍照，照片送到了周恩來手裡——毫無疑問，也到了毛澤東的眼前。

毛並不喜歡為後世留下紀錄，也不想張揚他統治的殘暴，為什麼照相？答案最可能是他要看這些照片，看他的敵人受罪心裡痛快解氣。一些批鬥大會還拍了電影，毛在他的別墅裡看錄像。有的批鬥大會的影片也在電視上放映，配的音樂是樣板戲。當時很少私人有電視，造反派被組織起來觀看。

毛很清楚他從前的同事、部下們在受什麼樣的罪。紀登奎副總理曾回憶，毛問他挨了多少次鬥，紀說他挨了幾百次鬥，坐了「噴氣式飛機」。「毛主席聽了，哈哈大笑。他老人家還親自學做噴氣式的樣子，低頭、彎腰、並把兩手朝後高高舉起，逗得大家哄堂大笑。」

在這樣的日子中過了兩三年，百萬幹部被流放到鄉下的「五七幹校」，待遇僅比勞改犯好一些。被放逐到五七幹校的還有文化人：作家、藝術家、學者、演員、記者，在毛的新社會裡沒有他們的容身之地。

取代各級幹部的是軍隊。一九六七年一月，官兵們受命進駐全國每個單位。此後幾年中，成為新當權者的有近兩百八十萬人次，其中五萬成為縣以上中高級負責人。在這批人的領導下參與管理的有造反派代表，還有留用的老幹部，以保持政權的運作照常進行。如今的軍隊什麼都管，國防倒成了其次。當擔任海防任務的李德生部被調去安徽接管內政時，李請示周恩來：「萬一有情況怎麼辦？」周答道：「仗，恐怕十年打不起來」。毛不相信蔣介石會打進來。

三月間，學生們被召回學校，儘管在那裡他們什麼也學不到。以往的教學秩序、方式、內容不復存在。教育恢復正常，是毛死後的事了。

社會上，人們照常上班，商店照常開門，銀行照常營業，醫院照常看病，工廠、礦山、郵政、交通，大體上都在運轉。軍工企業比以往抓得更緊，給了更多的投資。農業生產不比往年差。中國沒有失控。

然而，人們的生活有了巨大的變化。變化主要在業餘時間。娛樂如今全然消失，取而代之的是學不完的「紅寶書」，念不完的《人民日報》社論，開不完的使人頭腦麻木、情緒緊張的會議，參加不完的批鬥大會，看不完的對「走資派」和其他「階級敵人」的「噴氣式」。殘忍的暴力成了公眾日常生活的組成部分，每個單位都設有自己的牢房，稱作「牛棚」，折磨著自己單位的人。無書可讀，無雜誌可看，無電影可觀，無戲劇可欣賞，收音機裡也絕無輕音樂可讓人放鬆。唯一的歌舞來自「毛澤東思想宣傳隊」，在噹噹響的樂聲中揮舞著小紅書，唱著語錄歌，雄赳赳、氣昂昂地蹦跳著。就連江青的八個樣板戲，老百姓也難以看到。

毛的新當權者們有一項重要的工作：審查被打倒的幹部們，看他們是否反對過毛，抵制過毛的指示。這些幹部們每人都有一個「專案組」。在最上層的是「中央專案組」。這個極端祕密的機構由周恩來任組長，康生為副，組員是陸海空三軍調來的中級軍官，專門審查毛想審查的人。毛特別關注的是中共上層有沒有人同蘇聯合謀想推翻他。因為蘇聯國防部長馬利諾夫斯基曾對賀龍說要他「搞掉毛」，所以軍隊系統的第一要案是賀龍專案。案子株連整個賀龍從前的部下，賀本人死在監禁中。中央專案組權力極大，決定抓誰、審誰、拷打誰，也對誰該受什麼處置向毛提出建議。組長周恩來的簽字落在許多逮捕證、處理報告上，包括建議判處死刑的報告書上。

在同事、部下備受苦難時，毛的日子過得是依然故我。中南海的舞會仍舊為他舉辦，伴舞女郎用大汽車運進運出，有的也上了他的大床。在被斥為「淫穢」而早就禁止的「遊龍戲鳳」之類樂曲中，毛依然踱步似的跳著舞。隨著時間的流逝，同事們一個個從舞廳裡消失，有的被清洗，有的失掉了作樂的興趣，漸漸地，舞池裡的領導人只剩下毛一個。

在沒被打倒的政治局成員中，一九六七年二月爆發了一場反抗，反對文革給他們的黨和幹部造成的災難。對毛一直忠心耿耿的譚震林，在大饑荒時管農業，對毛也沒有怨言，這次忍不住了，對中央文革小組發作道：「你們的目的，就是要整掉老幹部，你們把老幹部一個個打掉。幾十年的革命，落得家破人亡，妻離子散。這一次，是黨的歷史上鬥爭最殘酷的一次，超過歷史上任何一次。」第二天，他給林彪寫信說他到了「忍無可忍的地步」，「我想了好久，最後下了決心，準備犧牲。」外交部長陳毅說：「文化大革命是歷史上最大的逼供信」。

可是，這批人畢竟跟毛多年，對毛誠惶誠恐。毛對他們發了一通雷霆之怒，他們就像霜打的小草一樣蔫了下來，向毛作了檢討。毛左有林彪，右有周恩來，顯然是無往而不勝。對這些反抗了他的人，毛用造反派懲罰他們，懲罰夠了又給他們些甜頭吃吃。反抗被毛輕易地壓了下去。

不那麼容易壓倒的幹部中有一位蔡鐵根大校。他不僅在日記裡譴責毛，甚至還在流放之地和幾個朋友談論上山打游擊。他被以反革命罪判處死刑，是文革中被槍斃的最高級軍官。行刑前，他向獄中的難友道別，然後從容赴死。

在一般老百姓中更有許多壯麗的英雄。其中一位是個十九歲的姑娘、德語學生王容芬。在參加了一九六六年八月十八日天安門廣場上的紅衛兵集會後，她的反應遠遠超過了時代局限——她覺得這「和當年的希特勒簡直沒什麼區別」。她給毛寄出這樣一封抗議書：

> 請您以一個共產黨員的名義想一想：您在幹什麼？
> 請您以黨的名義想一想：眼前發生的一切意味著什麼？
> 請您以中國人民的名義想一想：您將把中國引向何處去？
> 文化大革命不是一場群眾運動，是一個人在用槍桿子運動群眾。
> 我鄭重聲明：從即日起退出中國共產主義青年團。

同樣內容的一封信她用德文寫出。把這封信帶在身上，她到藥店買了四瓶ＤＤＴ殺蟲劑，然後走到蘇聯大使館附近，把毒藥一瓶瓶喝下。她想讓蘇聯人發現她的屍體，把她以死來反抗文革的事傳向世界。可是，她醒來是在公安醫院裡。她被判處無期徒刑，在監獄裡受到非人的磨難。有一次看守把她的手擰在背後，上了半年的「背銬」，吃飯是滾在地上用嘴啃看守扔進來的窩窩頭。當背銬終於取下來時，鎖已經鏽住，用鋼鋸才鋸開，手已經動不了。這位不凡的女性活下來了，活到了毛澤東死的一天，活到了走出牢房的一天，精神絲毫不減。

49 復仇

一九六六～一九七四年　七十二～八十歲

一九六六年八月五日，在劉少奇以國家主席身分會見了贊比亞代表團之後，毛澤東通過周恩來打電話給劉，要劉不要再見外國人，也不要再公開露面。同一天，毛寫了針對劉的「大字報」：〈炮打司令部〉。兩天後當著劉的面把這篇文章印發給中央全會，向中共高層公開了劉的倒台。毛散發文章之前，特意把不愛開會的林彪接來會場，給他撐腰壯聲勢。林彪緊接著正式取代劉當上了中國的第二號人物。

毛開始收拾他最痛恨的人了。他從整王光美入手。毛知道劉倆口子是恩愛夫妻，整在王光美身上會痛在劉少奇心上。

王光美出身官宦家庭，父親在民國時代曾任中國農商部代理總長，母親是著名的教育家。一九二一年父親在華盛頓開會時王光美出世，取名「光美」以作紀念。光美畢業於美國教會辦的輔仁大學物理系，一九四六年，她本來準備接受密西根大學的獎學金，由於親共的母親的影響，決定不去美國了，參加了共產黨。在中共根據地，人們記得打麥場上的跳舞會裡，她穿著白襯衣、藍色工裝褲，秀麗而洋氣。劉少奇邁著穩穩的步子，穿過舞場，走到她面前，微微一鞠躬，請她跳舞。這個舉動在當時很特出，一般是女孩子們主動過來請首長跳舞。有過幾次不幸婚姻的劉少奇，愛上了優雅而有大家風範的王光美。他們於一九四八年結婚。

在七千人大會上，劉捋了毛的虎鬚。面對臨頭大禍，王光美沒有像有的夫人那樣勸丈夫向毛磕頭請罪，反而與丈夫配合默契，協助丈夫鞏固地位，使毛難以對他下手。*一九六六年六月，毛在學校挑起暴力時，劉想制止混亂，派「工作組」進校管理。王光美成了清華大學工作組的成員。在清華，她同二十歲的激進學生蒯大富發生了衝突。蒯大富對政治的興趣最初出於正義感，十三歲時他給北京寫信狀告基層幹部腐敗、欺壓老百姓。文革開始後，《人民日報》把文革稱為「爭奪領導權的鬥爭」，蒯開始有了權力慾。在一次工作組召開的大會上，他跟一幫學生把工作組轟下台，向工作組奪權。根據劉少奇的指示，蒯大富被工作組關了十八天。

七月三十一日晚，蒯大富接到通知，到清華招待所去，有人要見他。他等到凌晨兩點鐘，在沙發上睡著了。有人搖醒了他，門外是汽車煞車的聲音。突然，周恩來走進來。蒯大富說，他當時「特別吃驚，做夢也想不到周恩來會到跟前來」。他站起來，「有受寵若驚的感覺」。周恩來請他坐，他「根本連坐也不敢坐，屁股挨著沙發那麼一點」。周恩來「很輕鬆」地、「非常有魅力」地、「很容易溝通」地讓他放鬆下來，接著說自己來是「受主席的委託，向你了解清華的文化大革命的情況」。周恩來的問題是關於工作組的，當然也關於王光美。儘管周帶來一個速記員，他自己也做筆記。蒯一直講了三個小時，到太陽升起。周說他還有工作要先回去，約晚上派車來接蒯，到人民大會堂再繼續談。晚上他們又談了近三個小時。由於蒯大富對劉少奇夫婦的不滿，他成了毛手頭上整劉的利器。

十二月二十五日，毛七十三歲生日前夕，在「中央文革」指示下，蒯率領五千名造反派學生在北京遊行，散傳單，呼口號，卡車上安裝的高音喇叭大喊：「打倒劉少奇！」國家主席垮台的消息便以這種方式向全國公開，報紙上仍隻字不提。利用蒯大富，毛裝作打倒劉是「造反派的要求」。

一九六七年元旦，毛對劉的「新年問候」是派中南海造反派到劉家，在屋裡屋外寫滿侮辱劉的大標語。過了兩天，又一群人闖進劉家，圍攻劉少奇夫婦，「勒令」他們做這做那。這類事接二連三，都是精心策畫的——只除了一件事。

那是一月六日，蒯大富的手下把劉的孩子平平扣起來，然後給劉家打電話說平平出了車禍，被汽車軋斷了腿，現在醫院裡，需要家長來簽字後動手術截肢。劉少奇夫婦焦急萬分，一同跑去醫院。造反派本來只是想把王光美騙出來鬥爭一番取樂，沒想到劉少奇也來了，嚇了一跳。蒯大富說：「同學們根本沒想到劉少奇也會來，嚇著了，也知道不敢動劉少奇。前幾天，十二月二十五日，我們喊打倒劉少奇。劉少奇真在跟前時，還不敢喊。中央沒有指示，不敢貿然行動，怕犯大錯誤。這種打倒，我們心裡也是有數的，政治上的打倒，走馬燈似的來回轉，你也說不清什麼時候就變。沒有得到中央明確指示，將來追究責任，你負擔不起的。所以我們同學就說：劉少奇你回去，王光美留下。」這番自白道出了造反派的自知之明，他們不是真正的造反者，只是工具。

因為這場戲不是上面安排的，中央警衛團的一個排降臨了，帶走了劉少奇。學生們緊張地草草鬥爭了王光美半個小時。這時電話響了，蒯大富說：「我拿起電話，把我嚇了一跳，對方說：『我是周恩來。孫岳同志（周的祕書）到了你那裡？』我說到了。他說：『王光美你不是也鬥了嗎？』我說鬥了。他問：『鬥完沒有？』我說鬥完了。他說：『那叫孫岳同志帶回來，不准打，不准侮辱，聽見沒有？』我說聽到了，我沒有打，沒有侮辱。我說放心，馬上讓孫岳帶過去。他就把電話掛

---

* 就是在這個背景下她被捲進了「四清」，搞了個「桃園經驗」。桃園的打擊對象是大隊黨支部書記吳臣，原因是吳「胡作非為，敲詐勒索，貪贓枉法」，大饑荒中打人，「有人證的，是三十一個人，三十九次」。吳臣被撤職。

了。一分鐘不到，又來電話，這次是江青來的電話。我唯一的一次接江青的電話。我一拿起電話就聽江青在電話裡哈哈笑。她說：『你們把王光美弄過去了，你們幹嘛，瞎鬧呀？你們不要打，不要侮辱。』她重複周恩來的話，說：『總理不放心，他要我打電話給你，你們鬥完了趕快把王光美送回來。』」

蒯大富要江青放心。針對劉少奇夫婦的唯一一場自發行動就此告終。

周恩來這樣關切是因為毛整劉有他的步驟。一月十三日夜裡，毛把劉用車接到人民大會堂一一八廳，同劉進行了一次單獨談話。造反派的那場鬧劇毛完全知道，明知故問：「平平的腿好了沒有？」他建議劉讀幾本書，特別提到《機械唯物主義》和《機械人》，說是海格爾（Ernst Haeckel）和狄德羅（Denis Diderot）寫的。從書名可以看出，毛是要劉少奇不要太「機械」，太死板，要劉違心地認罪。劉沒有照毛說的辦，而是向毛再次要求辭去一切職務，下鄉當農民種地。他要求毛結束文革，只懲罰他一個人，不要整其他幹部，不要讓國家再受損失。毛不置可否，只向劉告別，要劉保重身體。就這樣，毛把跟他共事將近三十年的副手送到門口，送上死路。

幾天後，劉的電話被強行拆除，他的家成了與世隔絕、牆壁地上滿是侮辱性標語的牢房。四月一日，毛通過「中央文革」的戚本禹在《人民日報》發表文章，不點名地宣布劉是「黨內最大的走資本主義道路的當權派」。緊接著，由周恩來批准，蒯大富組織了一場有三十萬人參加的對王光美的批鬥會。會前，周同蒯詳細討論了議程。開會時，周恩來辦公室同蒯的組織保持著密切的電話聯繫。

一向嫉妒王光美的江青乘機報了私仇。王光美以國家主席夫人身分陪劉少奇出國，穿著漂亮的衣服，戴著首飾，而江青待在中國哪裡也去不了，這些美麗的東西可望而不可即。她對蒯大富說：「王光美當時在印尼丟盡了中國人的臉，還戴項鍊！」「穿那些衣服與蘇加諾吊膀子」。她叫蒯大富「把那些東西找出來，給她戴上穿上！」蒯回憶道：「江青是暗示——而且是明示——就是要羞辱王光美，我們怎麼批都行。」

於是蒯的人把一件中國旗袍罩在王光美身上。因為天冷，光美穿著毛衣，緊身的旗袍被硬套在上面，繃得鼓鼓囊囊的。脖子上給她掛了一串乒乓球，表示珍珠項鍊。整個大會都拍了新聞紀錄片，蒯大富事後看了。

要是毛本人也看了，他能看到，王光美沒有屈服。在批鬥會前的審問中，她針鋒相對地為自己、為丈夫辯護，表現出出眾的勇氣和機智。審問者要她「交代」劉少奇的「罪行」，她說：「劉少奇沒有罪，叫我交代什麼？」審問者剛說：「三反分子的臭老婆，我們早定你——」，王光美打斷他們的話說：「中國的婦女、中國的女共產黨員是獨立的。」在她就要被帶上台去面對幾十萬人狂呼「打倒」口號、似乎要把她撕成碎片的場面時，審問者問她：「王光美，你怕不怕？」她平靜地說：「我怕什麼。我不怕。」她帶來了毛巾、牙刷，準備好從這裡就進監獄。

幾十年後，蒯大富帶著敬意談起王光美：「她很堅強。叫她低頭她不肯，當時同學一定要叫她低，使力強壓，硬按，一下把她壓得跪下了。她立刻又爬起來。王光美她是不服氣，她那個時候對毛澤東很有意見，但是不敢說。戚本禹的文章她就公開反駁，說我沒有講過那些話，為什麼叫我檢查，這不是無產階級革命家所做的事。她還是很堅強的。」事後，王光美給毛澤東寫信抗議。

劉少奇也給毛寫信抗議，還不止一次，毛的答覆是懲罰升級。七月十三日，毛離開北京去外地，臨走時讓戚本禹代理中央辦公廳主任，負責整劉少奇等人。毛一走，幾十萬造反派就奉命在中南海牆外安營紮寨，架設了上百個高音喇叭，日夜不停地衝著中南海內聲嘶力竭地咒罵劉少奇，什麼「把你這條老狗揪出中南海」，什麼「你這不齒於人類的狗屎堆」。劉的下級被人群牽來引去，在牆外輪番批鬥。

在這場鬧劇的高潮中，劉收到「勒令」，要他寫檢討，「老老實實向毛主席低頭認罪」。「勒令」表面出自北京某學院的造反派，給人印象好像這是「群眾要求」。但通知劉按「勒令」調子寫檢討的，卻是毛的大總管汪東興。顯而易見，這是毛一手操縱的。劉斷然拒絕了毛的要求。王光美拿起安眠藥瓶子朝劉晃晃，意思是她願與劉一同自盡。劉對她搖了搖頭。他們倆都沒出聲，知道有竊聽器，怕安眠藥被沒收。

毛明白劉少奇的勇氣很大程度來自他的妻子，下令把兩人分開。七月十八日，劉少奇夫婦接到通知，說兩人當晚將被分別批鬥。他們預感到這將是生離死別，三十多年後，王光美回憶起那一時刻：

> 此時，我只對他說了一句：「這回真要和你分別了！」就怎麼也忍不住，眼淚流了下來……傍晚，我完全平靜下來，等著來人揪鬥了。少奇生平唯一的一次為我打點行裝，拿出我的衣服放好，整整齊齊。在最後的幾分鐘，我們面對面地坐著……這時，一向不愛說笑的他，卻說：倒像是等著上花轎的樣子。我也跟著他笑起來。

批鬥會結束後，他們被分開看管。他們最後又見了一面，那是八月五日，毛〈炮打司令部〉一文問世一周年。蒯大富計畫大搞一場批鬥會，組織幾十萬人，「把劉少奇揪到天安門廣場，搭一個大平台，把他們抓出來鬥。江青支持我們的意見，她把意見整個地原封不動地轉給中央。」蒯大富連台子都搭好了。可是毛掂量再三，否決了這個做法。他一直對外國人聲稱野蠻低劣的批鬥方式和語言都是紅衛兵搞的。如果出現在天安門廣場，外國人無疑會認為這是毛的支使，對他「世界革命領袖」形象將十分不利。外國「毛主義者」們許多已經對毛的大清洗非常反感了。西歐毛派中最老資格的共產黨人、比利時的傑克・格瑞巴（Jacques Grippa），自己曾在納粹集中營裡受過刑，知道受折磨的滋味。他寫信給劉少奇表示支持。信寄到中南海，被退回來，上面寫著：「查無此人。」

毛還有一怕，怕劉少奇夫婦開口。迄今的批鬥已使他領教了他們銳利的反駁。斯大林在清洗政敵時曾搞過假模假樣的公開審判，因為他的政敵事前已乖乖就範。毛不敢對拒絕就範的劉少奇夫婦搞這套把戲。他只得決定在中南海內部由中央警衛團的戰士穿著便衣，跟中南海工作人員一道批鬥他們。

八月五日那天，中國第二、第三號最大「走資派」鄧小平、陶鑄，也在中南海自家的院子裡同時挨鬥。毛要打倒他們，是因為他們不願同毛合作搞文革。毛仇恨他們的程度遠不如像對劉少奇，對他們的批鬥也就溫和了不少。陶鑄夫人曾志是毛早期的朋友，毛對她格外開恩。批鬥會上，當她丈夫被揪著「坐噴氣式」，挨打受罵時，她還可以坐著。曾志看見人群裡有個女人跳起來要抓她，這時有人朝那女人搖搖頭，女人馬上就放開了手。曾志明白，這是毛在保她。

她也清楚，毛的保護是有條件的。當患癌症的陶鑄被流放外地時，汪東興問她要不要陪陶鑄去。大家都明白，曾志要是去了，就會惹惱毛，她和唯一的女兒也就完了。於是，她和丈夫商量後決定不去。陶鑄孤單地死在合肥。

劉少奇在中南海批鬥會上，沉著地反駁衝著他咆哮的人群，但很快就被震耳欲聾的口號聲打斷，小紅書向他劈頭蓋臉地打去。他和妻子被亂扯亂拉，頭髮狠狠地揪向後面，讓他們扭曲的臉對著照相機和電影攝影機。這些鏡頭是給毛看的。操縱批鬥會的中辦代主任戚本禹的祕書，擔心鬥得不夠狠，怕拍到鏡頭裡「氣氛不夠」，一度宣布休會，重新布置。批鬥會再開始時，從電影裡可以看到，劉少奇被打倒在地，一堆人對他又踩又踢。

劉的孩子們，包括六歲的小女兒，被帶到會場看父母挨打受辱。毛的女兒李訥也在場，做毛的特別觀察員。

毛也許很解氣。但他不可能看不出，他打不垮劉少奇夫婦的意志。批鬥會上有一刻，王光美突然掙脫扭住她的人，撲到丈夫身邊，一把緊緊抓住他的衣角。在拳腳交加下，他們倆掙扎著死死地手拉著手，挺直身子互相對視。

王光美為她的無畏加倍付出了代價。一個月後，她被正式逮捕，罪名是「美國特務」，外加「國民黨特務」和「日本特務」。她在秦城監獄度過了十二個春秋。有相當長時間，她只許坐在鋪板上，不許走路，一年半沒有放過風，致使她多年腰不能直。專案組建議槍斃她，被毛澤東否決，毛要讓王光美生不如死。

王光美的親屬也受到牽連。七十多歲的母親被多次揪鬥並關進監獄，幾年後死在裡面。劉的孩子被趕出家門，有的被批鬥，有的被關押，一個被逼得臥軌自殺。至於劉少奇本人，他備受煎熬的囚室，就是他在中南海的住處，離毛的房子不過一箭之遙。

劉這時快七十歲了，與妻子訣別後不到幾個月，身體就完全垮了。他多年來靠安眠藥睡覺，現在藥量被大大減少，同時又強迫他改變多年來為了與毛的作息時間同步而形成的白天睡覺夜裡工作的習慣，白天不准他睡覺。這使劉永遠處於一種無法睡眠、神思恍惚的狀態。他多次暈厥，一條腿拖拉著抬不起來，吃飯由臥室到餐廳，二十幾公尺遠，要走半個小時到四十分鐘。吃飯時，手嘴不能配合。

一九六七年十二月二十日，有關部門的報告說，原則是讓劉半死地活著：「能保證劉吃飽，餓不死就行。」致命的病，像肺炎、糖尿病，給治，醫生來診病時先罵劉一通。對劉神經病變引起的神志不清、大小便失禁等，則聽之任之，讓病況一天天嚴重。一九六八年五月十九日的〈劉少奇情況反映〉，用毛澤東時代的典型語言寫道：「〔劉〕裝糊塗的事越來越多。比如用梳子、肥皂刷牙，襪子穿在鞋上，短褲穿在長褲外面，有時把兩條腿穿在一個褲腿裡，裝瘋賣傻，盡出醜態。」

這年夏天，毛兩次通過汪東興對醫護、看守人員說，對劉「要把他拖到『九大』，留個活靶子供批判。」治病不是為了救人，而是為了「保護活證據，向『九大』獻禮。」毛想在「九大」上把劉開除出黨。要是那時劉已經不在人世，這幕戲就會失掉光彩。「九大」一過，就可以任「活靶子」死去。

到十月，劉少奇已是靠鼻胃管灌食維持生命，隨時都可能死亡。開「九大」的時機對毛還不成熟，毛只得匆忙召開了個中央全會，把劉開除出黨。「全會」不全，出席者只佔中央委員的百分之四十七，其他的都被清洗掉了。全會還撤銷了劉的黨外職務——國家主席，連「人大」的過場也不走。

毛給劉定罪的調子是把劉打成「特務」。這樣既可以置劉於死地，又避免涉及到毛。毛怕人向劉提問，怕劉開口回答問題，連劉的專案組也不許審訊劉，甚至見劉也不准。這在辦案上恐怕還是件新鮮事。為了找「罪證」，專案組大肆抓人，五十年代由蘇聯設計的「中國第一政治監獄」秦城，在文革初期擴建一倍半，關的不少是跟劉有關的人。一九六六年第一名囚犯，代號「六六〇一」，就是曾在劉少奇與斯大林之間做過翻譯的師哲，逼他交代的問題有「斯大林是怎樣發展劉少奇當特務的？」同時關在這裡的還有美國人李敦白，四十年代他與王光美有過一面之交，現在逼他承認是他把王光美，甚至劉少奇，發展為美國情報部門的特務。李敦白看得出來，審訊他的人儘管歇斯底里地叫喊，自己也不相信這一指控。被關押的國民黨特務頭子沈醉也反覆被審，要他說王光美是軍統特務。

被審的人大都盡了最大努力不撒謊。堅持說真話的人中有兩位是前中共領導李立三、張聞天。為此，他們和家庭都遭到監禁，兩人也過早地辭世。李立三夫人李莎是俄羅斯人，三十年代李立三在蘇聯大肅反中坐牢時，曾共過患難。這位為愛情付出巨大犧牲的女性，如今在毛澤東的鐵窗後度過了漫長的八年。

劉少奇專案組的成員也有不願造假證據的，專案組因此三次換人，兩名負責人鋃鐺入獄。當然，捏造證據跟拿不出證據一樣危險。毛在一九六八年五月八日說：「整出來的劉少奇的材料，也不能全信。比如說他一九四六年冬季和美國勾結，組織反共同盟軍，要美國大規模出兵打共產黨，並且要沈其震經過司徒雷登介紹去見杜魯門、艾奇遜。有的材料是故弄玄虛，是騙我們的，要我們的。美國大批出兵，當時國民黨都還不願意呢。」最後專案組只好羅列一串莫須有的罪名，說劉少奇是「叛徒、內奸、工賊」。這份《審查報告》由周恩來在中央全會上宣讀。專案組曾建議對劉處以極刑，毛不同意。要劉死他有別的法子。

劉死前的痛苦毛一清二楚。不僅有呈送給他的報告，還有為他拍攝的照片。從其中兩張可以看到，劉在極度難受中緊緊握住兩個硬塑膠瓶子，瓶子被他捏得變了形，成了兩個「小葫蘆」。「九大」開幕時，毛用完全無動於衷、連假慈悲也不屑於裝的聲音宣布：劉快死了。

劉少奇到死也保持著尊嚴。一九六八年二月十一日，他曾為自己寫了最後一份答辯，中間提到毛早年就是個專制者，二十年代初期他在毛那裡開會時就「根本無法發言，最後，總是照毛主席的意見辦理。」為了這些話，江青等人氣急敗壞，批示說劉「惡毒的攻擊了偉大領袖毛主席」，「反革命放毒要批臭」等等。任這些人去暴跳如雷，劉少奇從此一個字不寫，一句話不說，用沉默表示他獨特的抗議。

一九六九年十月一個寒冷的夜晚，劉在一床被子下半裸著身體，被抬上飛機送往開封。當地醫生要求給劉透視診病，上面不准。在劉病危時要求送醫院或會診搶救，也被拒絕。死亡在十一月十二日到來。在一個夜深人靜的時刻，劉的屍體被祕密運往火葬場火化，臉用白布包著。火葬場的人接到通知說死者患有急性傳染病，要他們全部離開，只留兩名工人看爐點火。火葬單上填的是假名字。

劉少奇的死極端保密，毛直到嚥氣也沒敢對中國人民公布。權勢熏天的人在除掉政敵後往往喜歡張揚慶祝。毛卻怕人知道，怕劉的死訊傳出會激起人們對劉的同情。劉死後的那些年，毛不斷在媒體上批劉，給人印象劉還活著。毛雖然報了仇，但心虛已極。

除了劉，毛最恨的人要數彭德懷了。毛讓他也吃夠了苦頭，結果是同樣的不能令他稱心如意。文革開始後，毛派北京地質學院造反派到四川把彭抓來北京。造反派領袖朱成昭，在回京的火車上同彭德懷長談，彭把廬山會議的大致情況講給他聽。他幡然醒悟，佩服彭德懷，不僅一路保護彭，回北京後還給毛寫信，說整彭整錯了。信寄出後，朱成昭從幾十萬人的指揮轉眼變成階下囚。牢獄多年，他仍不後悔。另外一個造反派首領，北京航空學院的韓愛晶，在批鬥彭時打過彭。後來韓對自己的行為非常後悔。

在北京，彭被幾十個單位輪番批鬥，被大皮鞋當胸踢，被木棍打斷骨頭，在批鬥台上昏過去、醒過來。由於毛懷疑他曾跟赫魯曉夫商討過倒毛，他被提審二百六十餘次，最後精神出現錯亂。在監獄裡，他寫下一生的經歷，對毛的指控做出堅決的反駁。一九七〇年九月完成的自述結尾寫道：「我仍然挺起胸脯，大喊百聲，問心無愧！」

彭體魄強壯，他受的磨難也就比劉少奇長久——一直持續了八年，直到一九七四年十一月二十九日，他終於倒在直腸癌下。像劉一樣，他的火化也在極端保密的狀況下進行，用的是假名字。像劉一樣，他的死在毛生前也沒有敢公布。

50 新當權者

一九六七～一九七〇年　七十三～七十六歲

一九六七年初，毛澤東清洗了數以百萬計的各級幹部，主要用軍隊的人來替換他們。但軍隊立即給毛帶來新的難題。新當權者中必須有造反派參加，而號稱造反派的組織多如牛毛，誓不兩立，毛只能靠軍隊來選擇。不少軍隊幹部傾向選擇比較溫和的派別，用中國當時的話說，就是不那麼「左」的人。如果讓軍隊這樣幹下去，文革等於沒有搞。

不遂毛意的地方之一是他愛去游泳的武漢。軍區司令員陳再道出身窮苦農民，十八歲參加紅軍，從排長一直升到上將。陳對文革非常反感，不加掩飾地表示過對劉少奇的同情。他在湖北「解放」了一大批幹部，解散了下手最狠的造反派組織，抓了它們的骨幹。一九六七年五月，溫和派們聯合起來成立了一個號稱擁有一百二十萬之眾的「百萬雄師」，陳支持這個組織加入新當權者的行列。

七月中旬，毛親自出馬來到武漢，叫陳再道改變立場。毛以為此舉易如反掌，打算在陳再道照辦後，用武漢給全國軍隊做榜樣。

令毛澤東大吃一驚的是，當他的指示被傳達給陳再道，說「百萬雄師」不算造反派，是「保守組織」，武漢軍區支持它是「犯了方向路線錯誤」後，陳當面頂撞毛說：「我們不承認犯了方向路線錯誤。」

一般的「百萬雄師」成員，還有跟他們交上朋友的軍隊官兵，反應更為強烈。七月二十日凌晨，他們湧上大街遊行示威，反對這個指示。幾百輛卡車載著數萬手持長矛鐵棍的工人，上千名帶槍的官兵，車頂架著機關槍，到處是沸騰的憤怒情緒。人們只敢公開反對「中央文革」，但矛頭暗地裡指向毛。他們看到神祕的「東湖賓館」的燈亮著，猜到毛來了住在那裡，車上高音喇叭對著賓館大聲抗議。大街上出現的標語有「江青靠邊站」、「毛主席受了蒙蔽」。陳將軍收到許多聲援信，其中一封請求他用他的權力，「一不做，二不休……把這些不要歷史、不要文化、世界上空前的獨裁分子從地球上消滅」。

接下去數百名老百姓跟帶槍的戰士，衝進毛住的東湖賓館大院裡，直衝到離毛住的樓不遠處，把住在另一幢樓裡的「中央文革」成員王力一頓飽打後抓了去。

自掌權以來毛的安全還未受到過這樣的威脅。剛從武漢返回北京的周恩來，立馬轉身再飛武漢，帶來二百多名全副武裝的中央警衛團人員。周把當年做地下工作的一套拿出來，到武漢後等到天黑，再乘汽車駛向毛的住地，還換了衣服，戴上墨鏡。七月二十一日凌晨兩點，毛乘夜色從東湖賓館後門尷尬離去。三套交通工具同時待命：專列、專機、長江上還有艦艇。毛先說坐專列走，上了專列，他又說乘專機。趕到機場後，他沒有上自己的專機，上了另一架飛機。機長問飛哪裡，毛答：「先飛起來再說。」等飛機升空後毛才下令飛往上海。

這是毛最後一次坐飛機，對他而言也是逃命。荷槍實彈的人群居然闖進他的住地混亂地擁擠抓打，這簡直是不可思議。成千上萬的群眾遊行，對他的指示公開表示敵意，遊行的隊伍中還有武裝軍人。當偉大領袖以來，毛還沒有這般狼狽過。

留在武漢的周恩來把王力保了出來，見到王力時同他擁抱，把自己幾天未刮鬍子的臉同王力的臉貼來貼去，還流了眼淚。王力坐飛機回到北京時，特意先到的周恩來在機場率領數萬人歡迎他。天安門廣場舉行了百萬人大會聲討武漢，王力、周恩來登樓，林彪主持。

陳再道被撤職，由忠於林彪的武漢空軍將領劉豐代替。捲入抗議事件的部隊被改編，有的官兵押送農場勞改。「百萬雄師」被解散，不肯屈服的被武力打垮。據後來官方統計，打傷打殘打死的軍人、幹部、老百姓多達十八萬四千人。陳再道和幾名同事被召到北京，「坐噴氣式」，拳打腳踢，陳低頭彎腰六、七個鐘頭，被踢倒在地。這一切都不是發生在街頭的批鬥會上，也不是發生在不見天日的地牢中，而是在周恩來主持的政治局會議裡，打手們是空軍司令吳法憲率領的高級軍官。即使在流氓當道的文革中，政治局會議成了打人場所也還是獨一無二。在世界政治史上恐怕也屬首創。

武漢發生的事使毛又氣又急，他認為百分之七十五的軍隊幹部靠不住，決定在軍內搞清洗，抓「軍內走資派」。

但毛很快改變了主意。他已經打倒了大部分地方幹部，軍隊裡不能再過多地樹敵。軍隊的穩定至關緊要。毛裝作軍隊受衝擊不是他的意思，是「中央文革」幾個人假傳聖旨，把王力、關鋒、戚本禹三人先後拋出做替罪羊。王力是八月三十日被捕的。一個月前，他還是耀武揚威的武漢事件英雄，在天安門城樓上受到百萬大眾的歡呼。歡呼的對象不是毛，這是絕無僅有的。榮耀的頂端也埋下了王力倒楣的根子。看到王力站在天安門城樓上，對著攝影機，一邊是林彪，一邊是周恩來，毛澤東心裡不痛快，說王力現在「膨脹起來了，要消腫」。王力跟著就進了監獄。

軍隊穩定了，但用誰、選誰做新當權者，還是需要解決的問題。毛不得不靠林彪，也不得不讓林彪把軍隊的管理機構變成林的私家班子。一九六七年八月十七日，毛授權林彪成立「軍委辦事組」，負責管軍隊。「辦事組」成員是葉群外加幾個親信將軍，他們不僅靠林飛黃騰達，有的還靠林救了性命。

其中之一是總後勤部長邱會作。文革初期，邱受到殘酷批鬥，肋骨被打斷，肩胛骨骨膜、肌肉斷裂，造成終身殘廢。他暈過去又被冷水潑醒再打。就在他覺得自己快要不行了的時候，林彪的手令到來，下令放他。他事後給林的效忠信說：「一九六七年一月二十五日零點四十分，是我新生的時刻，是我一輩子、是我妻子兒女一輩子不能忘記的時刻……」

邱會作再度掌權後，對整過他的人進行大肆報復，監禁刑訊了四百六十二人，虐待的花樣中包括逼著受關押者吃浸透糞便的饅頭、踢生殖器等。八人死亡。

邱從小在「革命隊伍」長大，看到過太多共產黨的無情。長征前夕，他和幾個孩子受命把黨的文件捆成包，用布包好，用蠟封住，拴在石頭上沉下雩都河。當他們爬上岸時，發現等待他們的不是領導的誇獎，而是保衛部門黑洞洞的槍管。像無數嚮導和其他知情人一樣，按規矩得殺了他們滅口。只因為某要人路過看見時講情，他們才逃過了刀下鬼的命運。

林彪建立私家班子的胃口越來越大。毛曾派親信楊成武當代理總參謀長、軍委辦事組組長。林彪要把楊成武拉入自己的圈子，不果，轉而要搞掉楊。一九六八年三月，林彪迫使毛把楊投入監獄。同時身陷囹圄的還有空軍政委余立金、北京衛戍區司令員傅崇碧。楊、余、傅的三個位子，都是林彪想要的，他換上了自己的人。毛甚至讓中央軍委常委也停止辦公，所有元帥靠邊站，不再發給文件，一切大權交到林彪手中。毛只保持一項最要緊的權：調動一個營以上的兵力要他的許可。

林彪安插黃永勝當總參謀長。儘管黃是跟毛上井岡山的，毛連他的樣子跟名字也對不上號。情場老手的黃，不久成了葉群的情夫。黃、葉之間的關係在一次長達三小時的電話中顯露無遺。這次電話後來官方發表了錄音，說是林彪的兒子林立果偷錄的，但毛搞竊聽的可能性不能排除。錄音這樣說：

葉：我再就是怕你追求生理上的滿足闖出禍來。我跟你說，我這個生命同你聯繫在一起的，不管政治生命和個人生命。

……

葉：我的孩子，還有新潮〔吳法憲之子〕，我們的加在一起，至少有五個吧。五、六員大將，他們將來不會矛盾，一人把一個關口，也是你的助手嘛。

黃：呃？太感激你了！

葉：在北戴河都沒講。而且我又採取了那個措施。萬一要有〔懷孕〕，如果弄掉的話，我希望你親眼看我一次。〔哭聲〕

黃：我一定來！一定來。你不要這樣，這樣我也難受。

葉：再就是你不要因我受拘束。你對周圍的人，可以開開玩笑。我不能老陪著你，我這裡也忙。我心中不狹窄，你跟別的女人，可以跟她們熱一點，不要顧慮我，我甚至把她們當小妹妹一樣。

黃：那我不贊成。我只忠於你一個。

葉：你喜歡別人，也可以。但有一條，嘴巴要特別嚴。如果她講出去，把我牽連上，那就會發生悲劇。我家也會發生悲劇。

……

葉：我覺得我們要處理得好的話，對於你有好處，對我有好處，對於我們後代都有好處。你相信嗎？

黃：相信！相信！相信！

既有熾熱的真情，也有冷峻的政治打算，新總長的命運便跟林家拴在一起了。林彪把空軍建成他的基地。他的親信把他二十四歲的兒子、小名「老虎」的林立果提拔為作戰部副部長，向空軍宣布林立果可以「指揮空軍的一切，調動空軍的一切」。林的女兒豆豆當上了空軍報副主編。

在把軍隊交給林彪的前後，毛曾設想過建立「第二武裝」，像納粹衝鋒隊那樣的隊伍，由他稱為「左派」的造反派組成，去打垮「保守派」。一九六七年「七·二〇」武漢受驚後，毛滿懷對「保守派」的痛恨飛到上海。八月四日，上海文革中最大的一場武鬥發生。經過若干天組織準備的十多萬「左派」，手持長矛鐵棍，把兩萬五千名所謂「保守派」包圍在黃浦江邊的上海柴油機廠，衝進去一陣毒打，一天下來九百多人受傷，許多人落下終身殘疾。為了防止被圍的人逃掉，東海艦隊派軍艦堵在江口。要調動軍艦，沒有毛安排絕對不可能。武鬥時有兩架直升飛機在天上盤旋拍電影，攝影師們兩天前就在現場架設了攝影機，最後拍成一部兩個半小時的紀錄片，「左派」有組織地看了，毛也在別墅裡看了。他後來把指揮這場武鬥的王洪文提拔為中國第三號人物，祝賀王說：「看了你們的電影，你們打了個勝仗。」

「八・四」大武鬥的當天，毛下令成立「第二武裝」。他給江青寫信，說要「武裝左派」，「我們為什麼不能武裝左派？他們打我們，我們就可以打他們。」

發槍給平民這道命令給毛帶來了他無法控制的大亂子。到底誰是「左派」是一筆攪不清的糊塗帳。沒有哪派敢自稱「保守派」。以安徽為例，那裡的兩派組織都說自己是「左派」，都有響噹噹的革命名字：一派稱「好派」，因為他們宣布奪了省委的權，說他們的奪權「好得很」；一派稱「屁派」，因為他們說對方的奪權「好個屁」。由於「左」的標準含混不清，軍隊把槍發給他們認定的「左派」。另一派不服，便去奪槍，時有軍內同情者暗中相助。於是大批人手中有了武器，真槍實彈的武鬥蔓延開來，全國城鎮變成了大大小小的內戰戰場。中共掌權近二十年來第一次有了失控的危險，第一次滑向無政府狀態。

毛不得不在九月五日下令全國各地收回已發槍支。但收槍不那麼容易。他後來對阿爾巴尼亞國防部長說，四川省收繳了三十六萬支槍，還有許多沒收上的。民間有了槍，「土匪」悄悄出現在邊遠地帶。

除了在控制嚴密的上海組成一支裝備了武器的上百萬人的隊伍外，毛放棄了在全國建立「第二武裝」的設想。毛也只好停止劃分「左派」、「保守派」，要各派團結起來。但各派都陽奉陰違，繼續爭權，武鬥停不下來。

人們不上班了。經濟遭到破壞。軍事工業，甚至核武器工業，自文革以來第一次受到嚴重干擾。就連毛的個人安全也受影響。有個造反派學生想像自己是個偵探，在毛外巡時暗暗地尾隨毛，從北京一直跟到杭州，消息來源是他在毛的保衛人員中的朋友。雖然兩人都很快被發現關進監獄，但毛的安全工作還從來沒有如此鬆懈過。

一年之後，不管北京怎樣三令五申，武鬥仍在進行。不聽話的人中最知名的是蒯大富，他一心要把清華大學反對他的組織徹底打垮。無論上面怎樣叫他住手，他也不聽，說自己打的是「保守派」，按毛主席的指示該打。毛只好親自出面制止他，同時也拿他做典型，警告全國大大小小的派系組織。

一九六八年七月二十七日，四萬名赤手空拳的工人派進清華收繳武器。蒯下令抵抗，五名工人被打死，七百多名被打傷。第二天，他應召去人民大會堂。完全出乎他的意料，毛澤東也在場。他一頭撲在毛懷裡號啕大哭，哭了好幾分鐘——恐怕是破天荒頭一個在毛懷裡哭的外人。毛也哭了——感情、理智不能兩全，他慪氣。感情上毛恨不得把「保守派」全部打垮，但理智上毛為了政權不能不恢復秩序。他對蒯大富和其他在場的造反派學生領袖說，派工人去繳蒯大富的械是他的意思，要是有人不服，再繼續武鬥，就要由軍隊「包圍起來」，「實行殲滅」。蒯等學生領袖都乖乖地保證回去照辦。

毛的講話要點和學生領袖們的保證向全國公布。緊接著大學生們被分配到全國各地，學生組織就此解散。蒯被分到偏僻的寧夏當工人。隨後，一千萬中學生上山下鄉。總共離開城市的有一千六百萬青年，為毛政權解決了失業問題。中國的紅衛兵運動也煙消雲散。

在非學生的造反派中，武鬥依然連綿不斷。不聽話的被一概打成「五．一六」分子。蒯大富因為聲名在外，被硬拉為「五．一六總後臺」，受到「隔離審查」的處置。因「五．一六」遭殃的造反派據估計上千萬，其中三百五十萬被關押。

為了建立、鞏固文革新政權，中共國家機器製造的暴力，其程度遠超過派系之間的武鬥。這一事實再清楚不過地表現在一九六八年夏的廣西省。那裡毛任命的第一把手韋國清將軍，不惜動用機關槍、迫擊炮和大炮，鎮壓反對他的人。

廣西全省颳起了「紅色恐怖」風暴。賓陽縣的新當權者、六九四九部隊副師長傳達上面的指示說：簡單的槍斃不足以嚇人，「當運動起來，積極分子開始用槍殺幾個問題不大，但我們要引導用拳頭、石頭、木棍打，這樣才教育群眾」。「現在告訴你們一些底：這次運動要對敵人砸死的大約三分之一或四分之一。」就這樣，從七月二十六日到八月六日的十一天內，全縣被殘忍殺害的「階級敵人」達三千六百八十一人。與之相比，文革頭兩年，被打死或迫害致死的「只有」六十八人。在這場風暴中，廣西死了大約十萬人。

當局組織了「殺人樣板會」，教人怎樣行凶，有些地方，政法幹部親自示範。就是在這種濫打狂殺的空氣中，廣西吃人成風。最有名的武宣縣，毛死後的官方調查於一九八三年登記了有名在案的七十六個犧牲品。吃人往往發生在批鬥大會後，被鬥者被立即處死，身體上那些據說好吃的部分，如心、肝、生殖器，在人還沒完全死去時割下來當場烹調，擺所謂「人肉宴席」。

一個叫鄧記芳的農民，唯一的罪名是地主的兒子。在清澈純淨的濉江水畔，他被五、六個人用松枝壓住手腳，一人用菜刀把胸膛剖開，掏出心肝切細由眾人分享。開膛的凶手在作家鄭義訪問時已八十六歲了，他豪氣十足地說：「是我殺的，誰來問也是這個話。……不怕！那麼多群眾支持，殺的又是壞人，不怕！……冤鬼報仇？哈哈，幹革命，心紅紅的！毛主席不是說：不是我們殺了他們，就是他們來殺了我們！你死我活，階級鬥爭！」

全國上下建立新政權的一九六八年，是文革大屠殺登峰造極的一年。那年毛搞了個「清理階級隊伍」運動，要把全國所有的成年人全部審查一遍，造一個大「另冊」，把新、老「階級敵人」全部放進去，對他們加以不同懲處。「階級敵人」類別多達二十三種，挨整的達數千萬，比以往任何運動迫害的人都多。

一個目擊者看到安徽當時的頭面人物是怎樣決定誰應該被槍斃的。他懶洋洋地隨手翻著公安部門每月上報的可殺的「反革命」花名冊，不時打著官腔說：「這個還留著嗎？殺了算了。」又翻一頁：「這個呢，也殺了吧。」他問身邊人：「這個月江蘇殺多少？浙江呢？」身邊人回答後，他說：「我們殺個中等數吧。」人的生命便結束在這官腔的尾音下。

受害最深的省分之一是內蒙古。毛很早就懷疑有人要把內蒙分裂出去，跟外蒙古合併。那裡的負責人滕海清將軍為此搞了場大清查。根據毛死後的官方調查，被清查的人，有被頭頂上釘釘子的，有被割舌頭挖眼睛的，有被鼻孔裡塞上火藥點著火的，有婦女被用棍子強姦的。一個叫金雪雲的回族女幹部，被兇手們用鐵鉗將牙齒一顆顆拔掉，又把鼻子耳朵擰掉，然後打死。在這次清查中，根據官方的數字，三十四萬六千多人遭到殘酷迫害，一萬六千二百二十二人致死。受牽連的高達一百萬人，百分之七十五是蒙古族人。

另一個慘遭不幸的是雲南。文革前的省委書記趙建民曾積極反對毛餓死人的政策，支持劉少奇，於是有了子虛烏有的「趙建民特務案」。僅此一案，根據官方數字，將近一百四十萬人受到審查，打死逼死一萬七千多人。

雲南新當權者譚甫仁將軍，自己於一九七〇年十二月被人槍殺，是毛統治下被刺殺的最高級官員。在毛的中國，刺殺極其罕見。刺客叫王自正，是軍區保衛部保密員。他跟譚個人無冤無仇，恨的是中共政權。早在一九四七年，他在河南家鄉參加了一支國民黨武裝，那支武裝槍殺了當地一名共產黨村幹部。時隔二十年，在「清理階級隊伍」中，他家鄉的村民寫信給當局檢舉他。儘管他早已隱姓埋名，遠走他鄉，儘管中國是如此之大，他個人是如此之小，他還是在一九七〇年四月被查出來，拘留審查。他知道等待他的命運是什麼，在日記裡寫道：「不是死刑，也要勞改終身。我的老婆孩子也得受牽連」。他決心殺掉當地的最大人物譚甫仁，要的是「影響更大，發洩心頭之恨」。一天夜間，他設法逃出關押地，先溜回家向愛妻告別，再潛入軍區大院保密室，用他知道的密碼鎖號碼開了保險櫃，偷了裡面的兩支手槍和二十發子彈，然後翻牆進入譚的住地行刺成功。當抓他的人來到他面前時，這個獨特的復仇者開槍打傷兩人後舉槍自殺。

一九六九年四月，大換班後的新政權由中共「九大」正式確立。「八大」是一九五六年開的，儘管黨章規定每五年開一次黨代表大會，毛拖了十三年，把所有反對他的人都清洗乾淨了，才放心地開了會。

當「九大」代表的標準是「忠於毛主席」，表現方式是「對敵鬥爭狠」。「九大」的會場人民大會堂裡沒有階級敵人，代表們就用爭先恐後跳起來呼喊「毛主席萬歲」來表示忠心，在毛講話時尤其熱鬧。短短六百四十九字，不到兩頁紙，毛足足念了二十多分鐘，大部分時間被衝他歡呼的口號淹沒。這樣的鬧劇並不是毛期待的，他要的是這些人有效率地替他幹事。毛逐漸顯得不耐煩了，最後草草打住。事後他要大會祕書處對喊口號的時機、內容及領喊人員做出嚴格規定。

「九大」的政治局常委除毛以外有林彪、周恩來、陳伯達，康生。「中央文革」這時停止活動，江青進了政治局。同時進政治局的還有葉群及林彪的親信們，包括總參謀長黃永勝。百分之八十一的中央委員是新人，其中將近一半來自軍隊，廣西、雲南、內蒙古的新當權者都在內。林彪本人被史無前例地寫進黨章，稱作毛的「親密戰友和接班人」。

大清洗就此結尾。但殺人仍以各種名目繼續進行。從一九六六年到一九七六年毛去世，起碼有三百萬人死於非命。一九七八年十二月十三日，中共領導葉劍英在中央工作會議上說，文革「包括受牽連的在內，受害的有上億人，佔全國人口的九分之一」。

51 玩火險些燒身

一九六九～一九七一年　七十五～七十七歲

毛澤東聲稱搞文革是為了阻止蘇聯式的「修正主義」在中國出現。開「九大」之前，他決定在中蘇邊境來一場小規模的、可以控制的衝突，打一場勝仗，以體現對蘇聯的勝利。

中蘇邊境長達七千公里，自雙方交惡後摩擦不斷。毛選擇打仗的地方是烏蘇里江上一個無人居住的小島，叫珍寶島。這個地點選得很妙，因為珍寶島位於烏蘇里江主航道中心線靠中國一側，蘇聯對該島的主權要求沒什麼理由。

一九六九年三月二日，中方用經過專門訓練的部隊伏擊了蘇聯巡邏隊，打死三十二名蘇聯軍人，中方的傷亡也在五十到一百人之間。蘇聯立即運來重炮和坦克，在十四日深夜打響了一場大得多的戰爭，蘇聯導彈射入中國領土二十公里。死亡人數蘇聯是六十，中國八百。美國中央情報局的照片專家說，烏蘇里江的中國一岸「被蘇聯大炮轟得密密麻麻盡是彈坑，好似月亮的表面」。蘇聯人顯然是認了真了。

蘇聯反擊之狠使毛澤東吃了一驚。他擔心蘇聯會入侵，在上層內部講到蘇聯「打進來」的可能性。他立即下令「不要打了」。就連蘇軍隨後對珍寶島進行狂轟濫炸，中方也沒有反擊。

一個星期後，中蘇間從前的熱線出乎意外地響了，蘇聯總理柯西金（Aleksei Kosygin）要找毛或周恩來講話。這時的中、蘇兩國已經有三年幾乎連外交關係也沒有，接線員不知所措，只能拒絕接通。柯西金的翻譯試了三次，第四次被接線員臭罵一頓。毛考慮到此舉會進一步激怒克里姆林宮，第二天，當中方發現蘇軍往珍寶島方面移動時，他立刻要外交部通報蘇聯，中方「準備進行外交談判」，言外之意就是中國不想打仗。毛最怕的是蘇聯在他開「九大」時來個突然襲擊，「九大」還有十天就要在北京開幕了，他不能不出席。

「九大」直到結束才對外宣布，其保密狀態前所未有。一千五百名代表和幾百名工作人員就像被監禁在住地，大門緊閉，一律不許外出，電話全部撤銷，臨街的窗戶不得打開，還要拉上窗簾。去人民大會堂會場時，代表們坐的車在市區裡先兜一個大圈子，再從側門分散開進院內，人隱蔽地從便門進入會場。

四月一日開幕那天，天安門廣場上人民大會堂的正門，像平常一樣空空蕩蕩，好像沒事一般。會堂向外的門窗被厚厚的窗簾遮得嚴嚴實實，使人影、燈光透不出去。

毛的提防不是沒有道理。幾個月後的八月十三日，蘇聯選擇了對它有利的新疆鐵列克提地區，派大批坦克、裝甲車深入到中國境內，把一支中國邊防部隊包圍起來後全部殲滅。

莫斯科也還考慮過用原子彈襲擊中國的核設施，為此探詢了美國政府的態度。憂心忡忡的毛打破自己定的不同蘇聯高層來往的方針，同意柯西金一九六九年九月在河內參加完胡志明的葬禮後，歸國途中來北京。蘇聯總理被限於待在飛機場。去機場跟他會面的周恩來開門見山就提蘇聯對中國核基地施行核打擊的問題。但他沒能從柯西金那裡得到蘇聯不會動手的保證。一週後，周再次給柯西金寫信，請他確認中蘇雙方同意互不使用核力量進攻對方。蘇聯總理的回信有意不確認周所說的「默契」。

這時一家倫敦報紙刊登了有克格勃背景的蘇聯記者維克多．路易斯（Victor Louis）的文章。路易斯前不久剛訪問了台灣，是人們所知道的第一個蘇聯派赴台灣的使者。路易斯文章裡說克里姆林宮討論了空襲中國核基地的問題，同時還有計畫幫中共換領導人。

毛緊張萬分。十月十八日，蘇聯邊界談判代表團要來北京進行邊界談判。毛和中共核心怕飛機載來的不是談判者，而是往下扔的原子彈。毛跟林彪在蘇聯飛機到來前便遠走高飛。毛十五日去了武漢，林十七日去了蘇州。十八日那天，林彪平常的午休也不休了，自始至終跟蹤蘇聯飛機的航程，直到北京報告看到蘇聯人從飛機上走下來，他才放心地去睡午覺。

周恩來留在北京堅守陣地，搬進了市郊西山防原子彈的軍事指揮中心。他在那裡待到一九七〇年二月。江青也待在西山，也許是監視周吧。

在這一場持續近四個月的戰爭風險中，整個中國軍隊進入緊急戰備狀態，疏散了九十四萬多人、四千一百架飛機和六百多艘艦艇。全軍重新開始了自文革以來處於停滯狀況的軍事訓練。

中南海被挖了個底朝天，建造了一個巨大的可防原子彈的防空洞，這個洞由一條可並行四輛汽車的絕密通道跟天安門、人民大會堂、林彪住宅毛家灣、專為毛和其他領導人設立的三〇五醫院（儘管毛一次也沒進去過）連接起來，一直通往西山的祕密軍事中心。全國老百姓也被組織起來在城市裡大挖防空洞，耗資之巨，就不必說了。毛因打錯算盤帶來的這場戰爭風險，讓中國人又一次大受折騰。

這番虛驚之後，毛回到他根深柢固的信念：沒有哪個國家，包括蘇聯，真會發瘋到想侵略中國。為了保險，毛跟蘇聯人拉關係。一九七〇年五一勞動節在天安門城樓上，他特意跟蘇聯的邊界談判代表打招呼，說他希望跟蘇聯做「友好的鄰邦」。很快，大使級關係恢復了，新的蘇聯大使幾個月後來到北京，蘇聯襲擊的可能性更加遙遠。

仗打不起來，但毛繼續在國內大搞「備戰」，備戰的空氣有利於加緊搞軍事工業。

當軍事大國稱霸世界仍然是毛念念不忘的夢。文革大換班後，他強調「以戰備為綱」，高速發展軍工。僅核工業建設一項，一九七一到一九七五年的投資總數，就規定為前十五年投資的總和。而這時中國人均收入比貧困不堪的索馬里（Somalia）還低。林彪等人順著毛的意思提出大增軍工投資，「什麼比例不比例」，要「比洋人還要洋」。那時中國在進口糧食。江西的新掌權者程世清將軍，知道毛希望把這筆錢花在軍工上，就提出不用進口糧食了，每年需要的糧食由江西包下來。這意味著江西上交的糧食將增加六倍。江西老百姓已經是喘息在生存線上了，這樣一來他們怎麼活呢？只要能討毛的好，新掌權者是什麼也不顧的。

政治基礎鞏固了，軍事工業可以騰飛了，毛心情舒暢。一九七〇年八月，他第三次上廬山，開「九屆二中全會」，為下一屆「全國人大」作準備，制定他需要的經濟計畫。從悶熱的平原驅車上山後，他迫不及待地想游泳。一到住地就脫下衣服一頭扎進水庫。警衛勸他說水太涼，他出汗太多，他也不聽。在年輕人都起雞皮疙瘩的冰冷的水裡，他一連游了半個多小時，有說有笑，連說：「好舒服啊！」毛七十六歲了，身體是出奇的健壯，胃口好得令廚師和管家驚服。他還能繼續倒海翻江。

但就在這時，一件出乎意料的事發生了：毛澤東和林彪鬧翻了。

52 和林彪翻臉

一九七〇～一九七一年　七十六～七十七歲

直到此次廬山會議，毛澤東同林彪這對搭檔，合作得頗為順利。

文革四年，林彪為毛提供了軍隊支持，毛也最大限度地滿足了林彪的權力慾望。中共長期以來不准提拔老婆的規矩被打破，葉群同江青一道進入政治局。毛甚至還容忍了對林彪也搞個人崇拜。人們手舞小紅書，先喊：「敬祝毛主席萬壽無疆，萬壽無疆」，再喊：「祝林副統帥身體健康，永遠健康！」

在廬山，毛忽然意識到，他給林彪的權力太大了，大得威脅到了自己。一開頭是一件似乎無傷大雅的事，關於設國家主席的問題。毛不想當主席，因為當了就免不了出國訪問，免不了做許多禮儀上的雜事，都是他不想幹的。但是毛又不願意要林彪當。前國家主席劉少奇對他是一場惡夢。毛要把這個職位乾脆取消。但是林彪要留著這個職位，自己起碼當個副主席，否則在政府裡他名不正，言不順，二號人物的身分體現不出來。他只是個國防部長，在總理周恩來之下。政治局五個常委中（毛、林、周、陳伯達、康生），另外三個都贊成林彪，要毛當主席，毛是孤零零一票。三個常委都把林的利益置於毛的意志之上，這陣勢本身就是林彪權力的驚人表現。

使毛更加氣惱的是，林在八月二十三日開幕大會上講話時，不經他同意就把設國家主席的意見向會議宣布。林講完話後，毛的大總管、中央警衛局局長汪東興慷慨激昂地發言支持林，說：「熱烈希望毛主席當國家主席，林副主席當國家副主席」。汪東興明知毛多次講過不設國家主席，可他還是反其意而行之。這樣一個毛把生命都託付給他的人，居然把林的話看得比毛的重要。

汪東興這樣做有他的苦衷，要生存不能不討好林彪。他看到，同樣是毛的親信的羅瑞卿、楊成武，在得罪了林彪後的下場。而且這次在廬山，毛又準備為了林而犧牲另一個他倚重的人：中共第七號人物張春橋。

五十三歲的張春橋是文革開始後，毛越級從上海提拔到最高層來的，看中他善於給毛的所作所為打上漂亮的意識形態包裝。讓人們以為毛搞文革真是為了什麼「理論」，什麼「主義」，張春橋功不可沒。

張戴眼鏡，不苟言笑，目光叫人莫測高深。林彪一幫人給他起了個綽號叫「眼鏡蛇」。他跟林彪保持距離。愛在下屬中挑事的毛又曾對林說過，林年紀大了，張春橋可能來接班。林更視張為仇敵，不時把手下人收集的告張春橋狀的材料送給毛。這次在開幕大會上講話前，林告訴毛他想批張，毛點了頭。林講完話後，到會的人紛紛討張，要求對張「千刀萬剮」。

毛警覺到，林的權勢到了幾乎一手遮天的程度。即使得到毛的歡心的人，要想不倒台還得靠上林。毛不寒而慄。

他馬上著手改變這種狀況，在會上宣布不設國家主席，制止對張春橋的攻擊，停止討論林彪講話。毛把他從前的祕書、第五號人物陳伯達拋出來做替罪羊，軟禁後投入監獄。陳跟林彪靠得太緊，失去了毛的信任。

毛要林在中共高層「表一個態」，說他受了陳伯達的騙。毛這是要林做檢討。林婉拒了。毛並不意外，他曾說：「林彪在我身邊待了幾十年，我對他的性格和做法很了解，他是不會寫檢查的，此人從來不做自我批評。」毛也從來沒有逼過他。現在毛感到不逼他不行了，可是林彪非常固執，不肯讓步。在長達四十年的合作之後，毛林搭檔開始散架。

這次廬山會議在九月六日不圓不滿地結束後，毛採取了連串步驟削減林的權力。他把林圈外的將領調來執掌北京的軍權，並插入軍委領導班子。毛的女友中跟林家沾邊的，被清出中南海。

毛並不希望跟林彪徹底決裂，新當權者多是林彪班子選拔的人。對林削權而不清洗，毛行事得格外小心。無窮無盡的謀畫、顧慮消耗了毛的大量精力。這年冬天，他得了肺炎，年屆七十七歲的毛突然老了，從此疾病纏身。

要削弱林的權勢，關鍵是要林當眾做檢討，林就是不做。林明白一意孤行的結果是什麼。一向孤獨的他如今更加沉默寡言，極少會客，也不談天，獨自在室內踱步，有時看點電影。他口授了一封信給毛，意思是毛不能清洗他，文革的成果得靠他鞏固。在葉群的堅持下，這封信沒有發出。毛是不能容忍有人威脅他的。

林有條出路：逃往海外。毛從前的整肅對象在面臨刀俎之災時，逃亡的不乏其人：張國燾三十年代投向國民黨，王明五十年代避難蘇聯。林彪握有空軍，出走是不難的。最明顯的目的地是蘇聯，他在那裡前後住過四年，葉群能說點俄文，從前還有個情夫是位蘇聯軍官。但是林彪顯然對共產黨政權缺乏信心，他把蘇聯只定為後備之路，第一選擇是英國殖民地香港。

林的計畫是先飛靠近香港的廣州，那裡的將領們對他絕對忠誠。跟這些人聯絡，踩熟這條路線，林仰仗兒子立果。一九七〇年十一月，廬山會議毛林失和後不久，林立果就開始見廣州軍區、民航的人。他的好友時常去廣州，建立祕密據點，準備小型武器、通訊設備、汽車，學駕直升飛機。林立果的哥兒們都對他很仗義，搞這一系列活動，沒有人告密。

二十多歲的林立果在文革開始時是北京大學物理系學生。不像一般高幹子弟，他對參加紅衛兵很不積極，只是在同學勸說下才勉強加入，但很快就離開了。他沒有狂熱，對打人、整人沒有興趣。他是個善良的人。他也是個花花公子，女朋友不少。爸爸媽媽視他為心頭肉，媽媽更是派人到全國各地「選美」，要給寶貝兒子挑個完美的妻子。最後林立果選中了一位既美麗性感、又聰明有膽識的姑娘張寧。他同她一起聽他熱愛的西洋搖滾音樂，對她說：「總有一天，我會讓中國人知道世界上還有這麼好的音樂！」

聽西洋音樂只是林立果作為林彪兒子享有的無數特權之一。他能看到進口的西方科技刊物，看得愛不釋手，對西方發達的科技十分傾心。他本人喜歡發明設計軍事設備，頗有些成果。最重要的，一些只有林彪、葉群才有資格讀到的高層絕密文件，他也能夠看到，這使他訊息廣泛，了解內情，思想難得的開放。

有了不受禁錮的頭腦，林立果看透了毛的暴政。一九七一年三月，他和三個朋友湊在一起，把他們的思想傾瀉在紙上。他們這樣寫到中國的現狀：

——黨內長期鬥爭和文化大革命中被排斥和打擊的高級幹部敢怒不敢言。

——農民生活缺吃少穿。

——青年知識分子上山下鄉，等於變相勞改。

——紅衛兵初期受騙被利用，已經發〔原文如此〕充當炮灰，後期被壓制變成了替罪羔羊。

——機關幹部被精簡，上五七幹校等於變相失業。

——工人（特別是青年工人）工資凍結，等於變相受剝削。

這些話是《「五七一工程」紀要》的一部分，「五七一」這個名字是林立果取的，因為它跟「武起義」同音，代表了他的願望，就是搞武裝政變，推翻毛的暴政。這幾個年輕人要跟毛政權對著幹，「用民富國強代替他『國富』民窮」，要「使人民豐衣足食、安居樂業」。他們譴責毛為「中國歷史上最大的暴君」，行的是「法西斯主義」，「不僅挑動幹部鬥幹部、群眾鬥群眾，而且挑動軍隊鬥軍隊、黨員鬥黨員，是中國武鬥的最大倡導者」。「今天甜言蜜語拉的那些人，明天就加以莫須有的罪名置之死地；今天是他的座上客，明天就成了他的階下囚」。「他是一個懷疑狂、虐待狂」，「把中國的國家機器變成一種互相殘殺，互相傾軋的絞肉機」。

這些見解在當時的環境下真是鳳毛麟角，難能可貴。林立果還給毛取了個外號：「B－52」轟炸機，說毛肚子這麼大，裡面裝的都是壞主意，一個主意就是一顆炸彈，掉下來能炸死一大片人。

林立果和朋友們討論了如何刺殺毛。立果是中國的克勞斯．馮．施道芬堡（Claus von Stauffenberg），一九四四年企圖刺殺希特勒的德國軍官。但他和朋友們的主意都只是空想，如「利用特種手段如毒氣、細菌武器、轟炸……」，沒有跡象表明他們準備了這些武器。毛對武器的控制和部隊的調動，以及個人的保衛措施，都無懈可擊。另外，正如《「五七一工程」紀要》所說，「群眾對B－52的個人迷信很深」。（具有諷刺意味的是，這在很大程度上是林立果的父親造成的。）結果，這幾個年輕人不敢把他們的計畫透露給掌管軍隊的林的親信，對其他朋友也絕口不提。林立果給了林彪和葉群一份，他們似乎沒有給他出什麼主意，但也沒有提出非議。

就在立果起草《紀要》的那個月，毛決定召開有一百來人參加的會，聽林彪管軍隊的幾員大將做檢討。毛派周恩來到北戴河林彪的住處，要林參加會議，「講幾句話」。周恩來勸了林兩天，差不多到了求林的地步，林不冷不熱地拒絕了。這對毛的權威無異是極大的蔑視，毛大動肝火。四月二十九日，會議最後一天，周恩來受命做總結，說軍委領導「在政治上犯了方向路線的錯誤」，「走錯了路線」。

林彪也火了，以他獨特的方式反擊。兩天後是五一勞動節，中共領導們得在天安門城樓上露面，誰不露面就表明出了麻煩。可是，那天晚上看煙火時，林彪連影子也沒有。毛和柬埔寨的西哈努克親王（Norodom Sihanouk）與夫人坐在一桌，對面林彪的位子在那裡空著。周恩來緊張地盯著空位子，不時起身打電話去催林彪。燄火開始好長時間了，林才姍姍而至，沉著臉，慢騰騰走到桌前落坐。

攝影師杜修賢這樣描繪當時的場景：「我看到林彪坐下來，手腳快，先來了一張，根本不準備發表的，想等他們倆〔毛和林〕講話。但他倆誰也不理誰。我們電影電視對著，等著他們講話。林彪起來了，走了。我以為他到廁所去了。等他半小時還不來。我想林副主席上廁所怎麼上這麼長時間？其實他早走了。我們全愣了。會一散，總理問我，你給林副主席拍照了沒有？我說他坐了不到一會兒就走了。總理說：我問你拍了沒有？我說只拍了一張。他說：電影電視呢？我說我不清楚。總理把他們都叫來，訓得一塌糊塗。訓得一些老人到現在都記憶猶新。」

林彪坐了「不到一分鐘」，跟誰也沒打招呼，看也沒看毛一眼。

林當然知道毛不會饒了他。就在那個月，林立果到廣州查看去香港的路線。他到了羅湖橋頭，離香港近到隨行人怕對面警察開槍。

六月，林彪又再度同毛發生抵觸。羅馬尼亞領導人齊奧賽斯庫伉儷（Nicolae & Elena Ceausescu）來訪，毛通知林彪參加會見。林彪說他「在出汗」，不肯去。葉群大哭起來，給他下跪，他才勉強去了。坐了不久，聽見毛話裡有話，旁敲側擊地刺他，他就起身離開接見大廳，坐到外面椅子上耷拉著頭，弄得工作人員不知怎麼回事，都很害怕。這之後，林立果再去廣州，乘直升飛機飛繞香港邊界。

八月，與林彪翻臉一年了，毛下決心清洗林彪。十四日，他去外地巡視，給一些主要省份的領導「打招呼」。這些人大多是林彪提拔的，毛得弄確實他跟林攤牌時，他們不會跟林走。一路上，毛不斷地針對林說：「有人急於想當國家主席，要分裂黨，急於奪權。」雖然毛叫聽他講話的人不准向林報告，有幾個林的鐵桿親信還是把毛的話傳給了林家。

這些話在九月六日傳到。林彪夫婦和立果決定馬上逃走。他們此時住在北戴河林家別墅裡，山海關機場就在附近。八日，立果和好友周宇馳從那裡飛去北京，預備出逃的飛機。林彪給了他們一紙手令：「盼照立果、宇馳同志傳達命令辦。 林彪 九月八日。」在北京軍用機場，負責調配飛機的人依條繞過規定的程序，給林立果調了飛機。

林立果不想就這樣逃走，他還想做番努力刺殺毛。這時毛正在上海地區，那裡掌權的有忠實於林的軍人，他們甚至還負責一部份毛的外圍保衛工作。在這最後的關頭，看來林彪同意立果一試，葉群對此舉更是雙手贊成。林立果在北戴河與未婚妻吻別時對她說：「萬一出了什麼事，你什麼也不要講，我不連累你。」

在北京，林立果要空軍副參謀長王飛組織攻打江青等人居住的釣魚台，對他說毛所在的「南邊」也會同時行動。王飛沒有表示驚詫，可是他的回答卻令人失望，他說他「無法說服部隊行動」，而且，「北京市不准帶武器進城，不等你到釣魚臺，就把你攔住了。再說，北京衛戍區部隊很快就會到，就是衝進去，也跑不了。」

林立果找的另一個人是空軍軍官江騰蛟，中國最年輕的將軍。由於各種原因，他恨透了毛澤東。林立果讓他負責在上海附近行刺毛，他答應了。幾個密謀者在一起考慮了不同的方案。一個是用火燄噴射器和火箭筒打毛的專列，一個是調高射炮平射毛的專列，一個是派他們在上海的人趁毛在專列上接見時帶武器上車動手，等等。但這些方案都無法實施。毛的專列上有祕密探測儀器，武器帶不上去。車身是加固防彈的，打不進去。高射炮一旦朝毛的專列方向移動就會被發現。他們又想起一個主意：轟炸毛的專列。他們找的投彈人是朝鮮戰爭的空戰英雄、空軍作戰部長魯珉。魯珉害怕了，說沒有轟炸機可派，回家讓當醫生的妻子給他眼睛裡揉上鹽水和過期的金黴素，使眼睛紅腫，住進了醫院。密謀者們還想了別的主意，但都解決不了關鍵問題：任何能行刺的兵器都靠近不了毛澤東專列。

緊張討論了兩天，林立果激動地揮舞拳頭高喊，說他嚥不下這口氣，要拚個魚死網破。萬般無奈下，十日，他派好友劉沛豐飛北戴河，請他父親下令給總參謀長黃永勝，幫助他們。林彪寫了封親筆信，傍晚帶回北京。這封信沒有交給黃。看來密謀者們信不過黃，怕他背叛他們。

接下去一切都太遲了，十一日，毛乘專列離開上海。得知這個消息後，林立果的幾個朋友自告奮勇，要在「十一」國慶節那天駕直升飛機去撞天安門。林立果流著眼淚說：「這樣不行，我不允許你們這樣做。」

暗殺計畫就此告吹，林立果決定回頭走外逃的路，先飛廣州，再去香港。九月十二日晚，他乘林彪的專機「三叉戟」，飛回北戴河，準備第二天出走。

當天下午，毛回到北京，專列停在北京郊外豐台車站。他接見了北京軍區負責人，一開始聽取的是軍隊代表團近日訪問阿爾巴尼亞的情況報告。會後回到中南海，一切都像往常出巡歸來一樣。負責警衛的官員們回家休息去了，有的吃了安眠藥。毛也上床睡了。顯然他對暗殺密謀全無所知。

就在毛寬衣就寢時，林彪這邊活動緊張。林立果晚上九點回到北戴河，跟父母商定第二天一早外逃。他們對工作人員說早晨六點飛大連，那是林彪常去的地方，大家都覺得很自然，沒人懷疑。就在這時，林立果走出了致命的一步：他告訴姐姐林豆豆，要她預備「明天早上六點行動」。比立果年長兩歲的豆豆，跟弟弟不一樣，是個聽毛話的姑娘。林彪、葉群都不想把出逃計畫告訴她，怕她接受不了去揭發。可是林立果怕姐姐在他們逃走後「有危險」，說服了父母，在幾天前把計畫對她講了，要帶她一起走。正如她父母預見的，豆豆嚇壞了。這個被毛的專制邏輯扭曲的天真女孩子，認為逃亡國外就是叛國，就是大逆不道。儘管立果提醒她，她熱愛的父親「身體這麼弱，關進監獄能活幾天？」這樣明白有力的道理也不足以讓她清醒。九月十二日晚，當立果通知她第二天早上出逃時，她立刻跑去向警衛部隊報告。這一行動導致了全家的覆亡。

警衛部隊連忙打電話給周恩來。周開始查問飛機調動情況，特別是林彪的專機「三叉戟」。立果的朋友給林家通了氣。林彪感到了周恩來的懷疑，決定不等天明馬上走。他同時決定不飛廣州，改採備用方案經外蒙古飛蘇聯。這條線在中國領空的飛行航程短，只要一個多小時。

林立果打電話告訴朋友們路程的改變，通知在山海關機場的「三叉戟」機長做好起飛的準備。他沒想到周恩來的查問源於姐姐，要豆豆準備「現在就走！」林豆豆又跑去警衛部隊報告，然後躲在那裡。

豆豆的失蹤使出逃更加緊迫。大約十一點五十分，林、葉、立果一行，匆忙乘車馳向山海關機場。林彪的衛士長跟著上了車，當車衝過警衛部隊駐紮的路口，部隊示意停車而不停時，他意識到林彪這是外逃。他想到要是他做了「叛徒」，老婆孩子就完了，於是大叫「停車」，隨即開門跳下車去。數聲槍響，有一發打中了他的手臂。他說是林立果打的，有人說是自傷，為的是保護自己。

警衛部隊的車跟在林彪車後緊追。半個多小時後，林彪的車在山海關機場的「三叉戟」機旁嘎然停下，後面追他的一輛吉普車離他只有二百公尺。葉群一下汽車就喊：「有人要害林副主席，我們要走了！」林立果拿著手槍，也喊著：「快！快！快！飛機快起動，飛機快起動！」飛機發動了，登機的梯子沒有到，一行人匆匆忙忙攀著一架小梯子爬進駕駛艙。

「三叉戟」於零點三十二分急促起飛，載著林家三口人，加上立果的朋友和林彪的座車司機。機組九個人裡只有機長和三個機械師得以登機。機械師們剛來得及做飛機起飛的種種技術準備，正要加油時，林家人就趕到了。在葉群「快把油車開走！」的命令下，飛機起飛時未來得及加油，只有機存的十二噸半油。根據飛行高度、速度，這些油可供「三叉戟」飛兩到三小時。

兩小時後，飛機早已順利離開中國領土，來到外蒙古草原上空。因為大半時間都低空飛行以躲避雷達，耗油量大，機上的油只剩大約二點五噸了，油表警告燈已經亮了好一陣子，駕駛員不敢再飛下去，必須馬上降落。一九七一年九月十三日夜裡兩點三十分，林彪的專機在土質鬆軟的草原上迫降著陸時起火爆炸，機上九人全部罹難。

林彪的專機起飛後不久，吃了安眠藥正睡得暈沉沉的毛澤東被周恩來叫醒。毛睡覺的屋子是中南海游泳池的更衣室，在五十公尺長的池子一端，電話在池子另一端的警衛值班室，監視林彪飛機的人用電話隨時向毛報告。電話響時，大總管汪東興（此時已被毛原諒）來回奔走，把最新消息報告毛，再跑過去發指示。林的飛機一點五十分過邊境，毛有一個多小時的時間採取行動。根據中共「周恩來生平研究小組」組長高文謙先生披露的周在「九．一三」當晚寫給毛的信，可以斷定，林彪的飛機不是毛打下來的。

當時供毛選擇的辦法只有一種，就是派飛機攔截。毛不讓攔截。他信不過林彪親信密布的空軍。相反地，他下了一道「禁空令」，全國飛機都不許起飛，陸軍進駐所有機場，設置障礙物阻止飛機升空。只是在林立果的三個朋友幾小時後乘直升飛機從北京向境外飛去時，才派了八名信得過的飛行員升空迫降。直升飛機在北京郊區降下後，三個朋友約好一同自殺，兩個對自己開了槍，第三個曾說他要把最後一顆子彈留給B–52毛澤東，在最後一刻向天放了空槍。

毛身邊工作人員得到命令「做好打仗的準備」，衛隊進入一級戰備，中南海、釣魚台都挖起工事，怕林彪的人進攻。毛轉移到人民大會堂一一八廳，那裡室內有電梯下到通往西山的地下通道。跟隨毛二十七年的警衛隊長說，他還從來沒見過毛顯得這樣筋疲力盡，這樣生氣。

毛在不眠中待到十四日下午，直到周恩來帶來好消息，林彪的飛機墜毀在蒙古草原。這對他是「最理想的結果」。毛高興了，為了慶賀，還喝了一向不沾的茅台酒。*

---

* 蘇聯派克格勃專家扎格沃斯丁將軍（Aleksandr Zagvozdin）到蒙古，去確認死的是林彪。扎格沃斯丁告訴我們，他把屍體挖出來看了，返莫斯科後他的上司不滿足，把他又派了回去，在天寒地凍裡重新掘出林彪、葉群的屍體，在大鍋裡煮了以後頭骨運到莫斯科，跟林彪醫療檔案中的X光照片比對。勃列日涅夫和安德羅波夫（Yuri Andropov）終於確信死者是林彪。

毛的興奮很快被罩上陰影。十四日當天審訊林立果的朋友江騰蛟，發現了暗殺毛的密謀。這是中共高層第一起暗殺他的企圖，對毛的震動之大無以復加。而且參與密謀的人不少，但沒有一個出事前出來告發。毛幾天幾夜睡不著覺，吃多少安眠藥也無濟於事。他發燒，咳嗽不停，躺下不能呼吸，只好日夜坐在沙發上，坐了三個星期，長了褥瘡，心臟也出了問題。十月八日，他會見埃塞俄比亞（Ethiopia）的海爾．塞拉西皇帝（Haile Selassie）時，只說了寥寥數語，周恩來早早地結束了會見。林彪出逃前一天才見到毛的官員，吃驚地發現毛一個月不到，形容全非。

毛絞盡腦汁地改進本來已嚴之又嚴的安全措施。所有負責警衛他的人都得詳細報告跟林彪、葉群的關係。中央警衛局副局長張耀祠給毛的書面檢討包括：「一九七〇年春節，葉群還讓保密員送來三斤竹筍、兩隻死野雞。為了表示我對她的謝意，我在七〇年春回送過葉群二十斤橘子。」

毛要張「今後注意幾條」：

一、不要拉關係；
二、不要串門子；
三、不要請客送禮；
四、不要請人看戲，看電影；
五、不要同別人照相。

圍繞著毛的是一個多麼無情無趣，多麼陰冷慘淡的世界啊！

更大的問題是如何清理軍隊，林彪的人到處都是。毛無法弄清誰捲入了要刺殺他的密謀，誰是林彪的死黨。在號召空軍機關副部長以上幹部揭發林彪父子的會上，有一位跑到樓頂上高呼反對毛的口號，然後跳樓身亡。

誰來管軍隊？毛無奈只得起用葉劍英元帥。歷史上葉是毛的追隨者，因為直言反對文革，被毛打入冷宮，一度囚禁在家，他的好幾個孩子和親戚此時還在監獄中受罪。

地方上，毛不得不重新起用被他打倒的老幹部。這些人文革中被整得家破人亡、死去活來，大多數現在「五七幹校」變相勞改。毛在這些人心中已不再是神了。中央警衛局一位前副局長的話頗有代表性：「什麼毛主席，什麼黨中央，到這個時候，我什麼都不想了，我只想我的孩子。」

毛很清楚這一點，重新起用的事做得勉強緩慢。這時出了一件事。一九七二年一月六日，因反對文革而受打擊的陳毅元帥患癌症去世。追悼會定在十日，規定小規模、低規格。連照片多大、花圈多少、參加人數，都有限制，會場的取暖火爐也只准生兩個。毛澤東無意出席。

儘管報紙上沒有公布，但陳的死訊還是傳開了。大群老幹部聚集在醫院外面，要求向遺體告別。人群的情緒不但是悲痛，而且是激憤。毛能感到人們的矛頭對著他，意識到他必須做姿態來平息這些老幹部的怒氣。既然他不得不用他們，他就得安撫他們。

追悼會前，毛身邊人看到他焦躁不安，「一臉陰霾」，「板著面孔，沒有一句話說」。追悼會即將開始的最後一刻，他才決定出席。他要藉此向老幹部表態，他是好人，迫害他們的是林彪。他對陳毅的遺孀說，林彪「要把我們這些老人都搞掉」。這話被廣泛傳播。報紙上又登出一張毛在追悼會上的照片，毛看上去一副痛苦模樣，悲痛欲絕的陳毅夫人雙手緊緊挽住他的胳膊。老幹部們看了，對毛又泛起了好感。

陳毅追悼會那天天氣嚴寒。毛因為被迫幹他不情願幹的事，心頭冒火，拒絕穿戴整齊。身邊人要給他披上棉大衣，他擺手不要，只在睡衣外罩上一件呢大衣，衣著單薄地待在追悼會那個冰涼的房間裡。七十八歲的他，回去就病了，病勢越來越嚴重。二月十二日，他突然休克，心臟停止跳動，一陣緊急搶救後才甦醒過來。

毛在身體上、政治上都很虛弱了，他不得不容忍加快重新起用老幹部的步伐。文革以來的一套嚴酷作法，有了改變。監獄裡對犯人的虐待減少了，殘酷的批鬥會停止了。受林彪牽連的人雖然被集中看管起來（包括林豆豆），但同毛一向的做法相比，他們簡直可以說是在受優待。最令人驚異的是，那些參與密謀刺殺毛的人，竟沒有一個被槍斃。

文革這些年來，中國人生活裡充滿了野蠻，文明絕跡，整個社會箍得緊緊的，讓人窒息。一位意大利心理分析家訪華後驚嘆道，他從未見過如此多緊張不堪的神情。現在人們終於可以緩緩氣了。幾本舊書、幾支舊曲、幾處古蹟、幾叢花卉，重新進入了生活。雖說允許的範圍極其有限，一九七二年的春天到來時，隨之而來的是一縷和煦的陽光，一絲輕鬆的氣息。

53 樹不起來的「毛主義」

一九六六～一九七〇年　七十二～七十六歲

毛澤東在一九六八年十一月對澳大利亞毛主義黨的領袖希爾說，他認為「這個世界需要統一」。「蒙古人、羅馬人、亞歷山大大帝、拿破崙、大英帝國，都想統一世界。今天的美國、蘇聯，也想統一世界。希特勒想統一世界，日本想統一太平洋地區。但是他們都失敗了。照我看，統一世界的可能性並沒有消失。」「我認為，這個世界是能夠統一的。」

毛顯然認為這個角色非他莫屬。他說美國、蘇聯都不行：「這兩個國家人口太少，到處打起來人力就不敷分配。而且，它們都怕打核戰爭。他們不怕別的國家死人，可是怕自己的人口死掉。」哪個國家人口最多呢？哪個國家的領導人不怕自己的人民死掉呢？自然是中國，自然是毛澤東。他夢想著在不久的將來如願以償：「再過五年，我們的國家就有條件了」。

正是為了實現統治世界的野心，毛發展核武器不惜一切代價。一九六六年十月二十七日，中國在本土進行了一次攜帶核彈頭的導彈試驗。沒有任何一個核國家敢這樣做，因為稍有偏差就等於自己往自己人民頭上扔下一顆原子彈。這枚核導彈在中國西北部穿行八百公里，飛行軌道下有人口稠密的城鎮。這種類型的導彈在不攜帶核彈頭的冷試驗中，曾屢出差錯。三天前，毛指示做這次試驗時說：「這次可能打勝仗，也可能打敗仗，失敗了也不要緊。」他不在乎原子彈掉在自己人民頭上。

參加試驗的人都準備一死。發射團的人寫了遺書，交到毛的桌上。落彈區基地司令員把他的指揮部設在一座山頂上，他說：「一旦導彈出現偏差，如果落在前面，我們可隱蔽在山後；如果在山後爆炸，我們可隱蔽在山前。山頂成了我們進退依託的屏障。其實，這完全是一種自我安慰。」

幸好發射成功。這當然是「毛澤東思想的偉大勝利」。但成功是僥倖的。負責導彈研究的七機部一院副院長說：該導彈進入小批生產階段時，「問題接踵而來。」「故障表現非常相似，都是在起飛不久即向前翻滾，所不同的只是時間早晚而已。其中的一枚剛起飛二十二秒，就向前翻滾在空中墜毀。」官方懷疑「階級敵人破壞」，科學家有的被迫害致死。在這樣的高壓氣候下，毫不奇怪，毛生前未能擁有他嚮往的洲際導彈。中國的第一枚洲際導彈是一九八〇年發射成功的，那時毛已死了好幾年。

一九六六年十月的那次成功，也許有個外來因素。納粹德國的一名主要導彈專家皮爾茲（Wolfgang Pilz）當時祕密在中國工作，一位印度外交官在北京看到他跟三名德國同事一起。皮爾茲來中國前曾在埃及主持核武器研製工作，但中國用高薪和更好的技術條件把他引誘了來。中國也曾努力引誘別的德國核專家，可是美國出更大的價錢把他們弄到美國去了。

十月試驗成功後，毛十分樂觀。十二月十一日，周恩來在主管核武器製造的「中央專委」會上說：各種導彈，包括洲際導彈，要「全部在這四年內解決」。

一九六七年六月十七日，中國氫彈爆炸成功。毛更加樂觀了。七月七日，他在接見參加試驗人員時說：「新武器、導彈、原子彈搞得很快，兩年零八個月出氫彈，我們發展速度超過了美國、英國、法國、蘇聯，現在世界上是第四位。」毛也許忘了，這樣的發展速度很大程度上得益於蘇聯的幫助。

雄心勃勃的毛對核試驗人員說：「我們中國不僅是世界革命的政治中心，而且在軍事上、技術上也要成為世界革命的中心，要給他們武器，就是刻了字的中國武器（除了一些特殊地區），就是要公開地支持，要成為世界革命兵工廠。」

在這樣一種趾高氣揚的心態下，毛把對自己的個人崇拜在全世界推向高峰。「宣傳毛澤東思想」成為中國外交政策的首要任務。官方自吹自擂地宣布「世界已進入毛澤東思想的新時代」，不惜血本地把小紅書推銷到一百多個國家去，聲稱「這是世界人民的大喜事」，「世界人民最愛讀毛主席的書」，「喜得這紅寶書，就像久旱逢甘露，霧航見燈塔。」中國對外人員傾巢而出，逼著人家頌揚毛。

緬甸是一個例子。中國外交官向華僑和緬甸國民散發小紅書和毛像章，規定華僑學校的學生老師揮舞小紅書、佩帶毛像章、唱語錄歌、向毛的肖像三呼萬歲等等。緬甸政府認為這些舉動是對它的權威的挑戰，在一九六七年中下令禁止。毛生氣了，要外交機構鼓勵華僑公開抵抗緬甸政府的法令，流血死人在所不惜。這引起緬甸全面排華，禍及所有華僑。

毛讓他扶植起來的緬甸共產黨大打內戰，推翻緬甸政府。一九六七年七月七日，他說：「緬甸政府反對我們更好，希望他同我們斷交。這樣我們可以更公開地支持緬甸共產黨。」周恩來在人民大會堂召見在中共五十四軍受訓多年的緬共骨幹，要他們「返回緬甸鬧革命」。這批人的中國妻子隨著他們去了緬甸。當初緬共骨幹為了找妻子，在大街上到處看，看上哪位漂亮姑娘，由陪同的中國軍官出面問女孩的單位住址，然後到她單位去進行政治審查，合格後單位領導找女孩談話。女孩們有的受寵若驚，有的不情願。對不情願的要「做工作」，說這是「政治任務」，直到答應為止。

緬共的營地裡掛著毛的像，每天要向毛的像敬禮，背毛語錄。打了勝仗開慶祝會，對著台下的緬甸老百姓，宣傳隊唱的是「毛主席語錄歌」，跳的是「忠字舞」，喊的是「世界人民的偉大領袖毛主席萬歲，萬歲，萬萬歲！」和在中國沒什麼區別。

中國國內建立了祕密營地，訓練外國的毛主義者。其中一個在北京西山，內容包括如何使用武器炸藥。「毛澤東思想」是每日必修課，雷打不動。

在這位「世界革命人民的偉大領袖」的光環上，有一大污點：香港、澳門仍然是西方殖民地。要收回它們再容易不過，只要截斷中國大陸供水供食品就行。當毛指責赫魯曉夫「對美帝國主義實行投降主義」時，赫魯曉夫曾反唇相譏，說印度的尼赫魯剛剛收回了葡萄牙殖民地果阿（Goa），港澳的「殖民主義者放的屁不會比果阿的更香吧？」赫魯曉夫挖苦說，毛是住在「殖民主義者的廁所旁邊」。香港、澳門於是便成了毛的一塊心病。有一次他主動對從英國統治下獨立的索馬里總理舍馬克（Abd-irashid Ali Shermarke）說：香港「是特殊情況，我們暫時不準備動它。這一點也許你們不了解。」

毛不願收回港澳完全出於實用目的。香港是中國最大的外匯來源，是獲得西方軍工技術設備不可或缺的要道。中國要進口的都在美國禁運的單子上，大多得通過香港暗地做交易。毛只能把香港留在英國人手裡，方針是「長期打算，充分利用。」

在香港有一大批台灣情報人員，他們所幹的事之一是向美國政府提供西方公司破壞禁運的情報，使西方公司因為怕受到美國制裁而不敢放手作交易。這批人是毛的眼中釘。為了把台灣情報網除掉，毛政權不惜採取極端手段。一九五五年的「克什米爾公主號（Kashmir Princess）」事件就是例。

那年四月，周恩來要去印尼萬隆開「亞非會議」，中國包租了印度航空公司的「克什米爾公主號」，可乘一百來人，從香港飛往印尼。台灣特務以為周恩來會乘這架專機，擬出一個在香港機場往飛機上放定時炸彈的計畫。中國政府在三月就獲悉這一計畫，但是沒有採取任何行動阻止它，沒有告訴印度航空公司，沒有告訴英國駐北京代辦處，沒有告訴香港當局，更沒有告訴乘客——十一名中共幹部和外國記者。飛機在空中爆炸，這十一個人和五名機組人員做了犧牲品。

飛機剛一落海，中共馬上宣布是台灣特務在飛機上放了炸彈。周恩來向港英當局提供了一系列台灣特務名單，要求把他們驅逐出香港。英國政府人士懷疑：「這起事件完全可能是中國自己製造的，他們做得出來……即使不是自己製造，他們也只想利用它而不想制止它。」英國人以為製造這起事件的目的僅僅是「以犧牲自己人的生命，來做反對我們的宣傳材料」。

為了與大陸保持良好關係，港英當局滿足了周的要求，在一年中遞解了四十多名台灣重要諜報人員出境，儘管沒有任何立得住腳的證據證明這些人犯了什麼法。蔣介石在香港的情報網幾乎破壞殆盡。毛政權得以經香港跟西方祕密做成了好幾筆為核工業服務的大生意，僅一筆就花了中國三百萬兩黃金。

文革開始後，毛政權在香港也搞起了對毛個人崇拜的活動，受到港英當局的壓制。毛感到有必要讓全世界看見他才是香港真正的主人。一九六六年十二月，澳門葡萄牙軍隊對抗議的人群開槍，打死打傷二百多人。隨後，葡澳總督被迫在毛的大肖像下當眾認錯道歉。毛想在香港也上演這一幕。

一九六七年，毛政權製造要收回香港的假象，鼓動香港左派四處暴動，在香港放了八千多枚「真假炸彈」，讓香港人流了不少血。七月八日，周恩來派中共士兵穿著便衣偷越邊境，在當天的衝突中槍殺了五名警察。這次行動是外交部的人在中國境內的沙頭角監督實施的。殺警察的目的是刺激警方報復，以造成更多的死傷，壓港英當局認錯。

但英國人寸步不讓，反而逮捕了數千左派，重創了左派陣營。毛無計可施：他不能收回香港。周恩來解釋毛的話說：香港現狀不變。周還特別擔心英國人會歸還香港，幾次在內部憂心忡忡地說：「搞不好，要搞出一個提前收回香港。」

英國人摸準了毛的底牌，將了毛一軍。毛下不了台，只得在北京進行報復。八月二十二日，一萬多暴民放火燒了英國駐華代辦處，把英國外交官和他們的家人陷在裡面幾乎燒死，英國代辦被粗暴地揪鬥，英國婦女被流氓侮辱。

這段時間，一連串其他國家駐華使館、機構也同樣成了毛洩憤的對象。遭到圍攻打砸的有蘇聯、蒙古、印尼、印度、緬甸大使館，都是官方批准的，由外交部告訴紅衛兵誰可圍，誰可攻，誰可砸。從百萬人遊行示威把使館圍得水洩不通，密密麻麻地貼滿大字報、大標語，到在毛巨幅畫像下用高音喇叭破口大罵；從砸家具燒汽車，到對外交官和夫人孩子推搡恫嚇，一邊喊：「打死他！打死他！」

就連北朝鮮也未能倖免。金日成不服毛管，毛曾支持北朝鮮領導中的「延安派」設法推翻他。金把這些人抓的抓，殺的殺，其餘趕到中國。據北朝鮮官方文件，毛後來「再三為中共不正當地干涉朝鮮內政表示歉意」，按金的要求把留在北朝鮮的中國軍隊全部撤回。中蘇分裂時，金又不站在毛一邊。毛怒上加怒。一九六七年一月，專管在國外搞顛覆的康生對阿爾巴尼亞領導人說：「金日成應該被推翻，這樣朝鮮的局勢就能改觀。」在圍攻使館的浪潮中，紅衛兵衝著北朝鮮大使館高呼：「打倒金胖子」。金日成以牙還牙，給平壤的「毛澤東廣場」改了名字，把朝鮮戰爭紀念館中關於中國的部分全部關掉，跟蘇聯靠得更近。

到一九六七年九月底，中國同建交或半建交的四十八個國家中的近三十個都捲入了外交紛爭，有的外交關係降格，有的關閉大使館。「十一」國慶節的時候，天安門城樓上只有稀稀拉拉的幾個外國人。毛後來說這段時間是「極左派當權」，都是他們的錯。事實上，中國外交從來沒有離開過毛澤東的掌握。

推銷毛主義在西方獲得一些成功。小紅書在知識分子和學生中一度走紅，有人把毛當作「哲學家」。深具影響力的法國作家薩特（Jean-Paul Sartre）甚至說毛的「革命暴力」是「道德」的，「道德」二字他還加了著重號。

可是，大多數「毛主義者」，不是對毛抱著不實際的幻想，就是喜歡標新立異，再不就是「吃毛飯」的。他們並不真聽毛的話。毛主義黨成員屈指可數。一九六八年西方學生鬧事時，不少打著毛的旗幟，毛滿懷希望地說這是「歐洲歷史上的新氣象」，把在中國受訓的西歐人派回去搞組織領導。結果一事無成。

在亞非拉，毛派組織帶來的也只有失望。在非洲，扎伊爾（Zaire）總統蒙博托（Joseph Mobutu）告訴我們，毛見到他時半開玩笑地對他說：「真是你嗎？蒙博托？你知道我花了多少錢來推翻你啊，甚至要把你幹掉。可你還是活著。」毛提起他曾資助的蒙博托的對手，說：「我們給他們錢和武器。就是他們不會打，打不贏啊，那我有啥辦法啊！」

毛在中東也白費心血。在一九五六年的蘇彝士運河危機中，他曾想扮演指導者的角色，十一月三日給埃及一份「反侵略戰爭的軍事部署和戰略方針」。可納賽爾總統沒當作一回事。納賽爾的主要顧問赫克爾（Mohamed Hasanein Heikal）告訴我們，毛的建議被擱在一大堆來往電報的底層。毛提出派給埃及二十五萬「志願軍」，納賽爾沒有接受。毛還向埃及提出：「我們可以給無代價的援助。」「你們能還就還，不能還就算了」，如果埃及硬要還，「過了一百年以後再還吧。」中國贈給埃及兩千萬瑞士法郎的現金，並在中埃貿易上故意讓中國吃虧，埃及得利。納賽爾要的是軍火，毛指示「無償援助」。可是，中國只能出產步兵輕武器，埃及不需要。毛心有餘而力不足。

一九六七年六月的「六日戰爭」中，毛又給納賽爾寄了一份「人民戰爭」計畫，要納賽爾「誘敵深入」，退到西奈半島，甚至退到另一個國家蘇丹的首都喀土穆去。納賽爾謝絕了，耐著性子解釋說：「西奈是塊沙漠，打不了人民戰爭，那裡沒有人民。」毛一怒之下轉過頭來支持反納賽爾的勢力。可毛始終未能在中東建立起任何毛派組織。

毛失敗的原因之一是他硬要別人在他和蘇聯之間做出選擇。拉丁美洲就是如此。他在古巴身上花了不少錢，要拉古巴反蘇，但卡斯特羅不聽他的。卡斯特羅在毛活著時從未訪問過中國。一九六六年一月二日，他在群眾大會上抨擊中國，說中國在供應大米的問題上向古巴施加經濟壓力，以逼迫古巴跟著它走。一個月後，他進一步指責中國企圖在古巴軍隊中策反。毛說卡斯特羅是「豺狼當道」。卡斯特羅說毛是「一堆大糞」。

毛把希望寄託在卡斯特羅的戰友格瓦拉身上。格瓦拉一九六〇年第一次訪華時，毛對他異常親密，拉著他的手問長問短，說他讀過格瓦拉的文章，很讚賞他。格瓦拉也恭維毛，但毛最終未能拉住他一起反蘇。一九六七年他被殺害後，康生對阿爾巴尼亞國防部長說：「拉丁美洲的革命進行得很不錯，特別是在格瓦拉失敗以後。」

毛一生都沒能看到一個像樣的拉美毛派組織。祕魯的毛派「光明之路」（Shining Path），是在毛死後四年的一九八〇年才成立的，領導人加日曼（Abimael Guzman）也自稱「世界革命領袖」。成立那年，他們紀念毛的生日，在首都利馬的街燈上吊著死狗，狗身上裹著標語，罵鄧小平是「狗崽子」，背叛了毛的路線。

即使是毛所在的亞洲，毛也處處受阻。最慘的是「失去」越共。越共是斯大林一九五〇年劃歸毛「管」的，多年來毛出錢出人，幫越共先打法國，再戰美國。但毛把越共當棋子使用，導致越共反目為仇。

一九五四年，毛軍事工業化起步，需要從西方購買禁運物資。他把法國作為打破禁運的缺口。那時法國同越共在打仗。毛的計畫是讓越共擴大戰爭，「以增加法國內部的困難」（周恩來的話），在法國人焦頭爛額時，中國站出來幫法國跟越共達成協議，以換取法國在向中國出口戰略物資問題上的通融。

四月，解決印度支那和朝鮮問題的日內瓦會議召開，周恩來率中國代表團參加。開會前一個多月，毛就已經決定要在會上達成停戰協議。但是他沒有向越共交底，而是給越共領導人印象，他支持他們一直打下去。當時奠邊府戰役正在進行。毛於四月四日指示中國駐越共軍事總顧問韋國清轉告越共*：「爭取雨季前（五月初）結束奠邊府戰役，利用雨季休整補充。八月或九月開始向琅勃拉

* 毛參與指揮越共的戰爭。朝鮮戰爭時，他縮小了越戰的規模。一九五三年五月，他一決定在朝鮮停戰，就把大批中國軍官從朝鮮直接派去越南。打奠邊府戰役，中國起了重要作用。中國搞到法國絕密的戰略部署「納爾瓦計畫」（以法

邦和越曾（萬象）進攻，解放該兩城」。這兩個城市是老撾的雙首都。毛要越共「積極準備本年冬季至遲明年初春開始向河內、海防地區進攻，爭取一九五五年解放三角地區〔紅河三角洲〕。」

越共五月七日攻下奠邊府，法國政府六月十七日垮台。做交易的時刻到了。六月二十三日，周恩來在瑞士會見新任法國總理孟戴斯．弗朗斯（Pierre Mendes-France），和他商定了停戰方案。

回轉身周要越共接受這個方案。越共領導人不願意簽字。黎筍後來回憶說：周表示，「要是越南人還想繼續打，只好自己管自己，他不會再幫忙，他壓我們停戰。」越南戰爭沒有中國就打不下去。胡志明要主持談判的范文同總理簽字，范流著眼淚簽了。黎筍受命向越南南方的部隊報告這個消息：「我坐著牛車到南方去，一路上，同胞們都來歡迎我，都以為我們打了大勝仗。真是太痛苦了。」越共對中共的不信任感從此而生。而法國著手放寬對中國的禁運。

多年來，中國可說是北越唯一的資助者。一九六五年初，蘇聯新上任的勃列日涅夫等人開始大量援越，提供打美國飛機最需要的高射炮、地對空導彈等重武器。毛怕蘇聯取代他做越共的保護人，勸蘇聯人不要管越南的事。他對蘇聯總理柯西金說：「北越人民沒有蘇聯的幫助也打得很好……他們能靠自己的力量把美國人趕出去。」他還說：「越南人民自己能照顧自己，空襲炸死的人不多，而且死一些人也沒有什麼了不起。」中共領導人建議蘇聯「在西邊其他地方對付美帝國主義」。

毛也竭力想說動越共拒絕蘇聯援助。周恩來對范文同總理說：「沒有蘇聯援助更好，我是不贊成蘇聯志願人員去越南的，也不贊成蘇聯援越。」周甚至對胡志明說：蘇聯援越的目的「是改善美蘇關係」。哪怕周恩來有三寸不爛之舌，這樣的勸說也實在欠缺說服力。

毛沒有辦法阻止越共接受蘇援，更沒有辦法拉越共同蘇聯決裂。他想通過親華的胡志明掌握越共，但胡在越共領導人中並非說一不二。胡經常住在中國，曾向中方表示想找一位中國夫人，中方也給他物色了一位。但越共否決了這一婚姻，說他們的領袖保持獨身對事業更有利。毛要維持他對越共的影響，唯一的辦法是多給錢，多給物資，多派士兵。*

即使這樣，越共也不買帳，未經毛同意就在一九六八年四月三日宣布同美國談判。周恩來責備他們說：「好多人都不明白為什麼你們要急急忙忙發表這個聲明。……這是世界人民的看法。」周居然還把美國黑人領袖馬丁．路德．金（Martin Luther King）於四月四日被害怪在越共頭上，說「如果你們的聲明晚一兩天發表，暗殺也許根本就不會發生。」

談判時，毛想插上一手。周對越共說，中國比越共更有談判經驗。越共不予理會。毛的報復是讓周拒絕接待來要援助的越南黨政代表團，理由是中國領導人「國內事忙」。但毛最終還是不得不繼續向越共大把撒錢。要當世界革命領袖，他不能不站在打美國人的越共背後。

越共不僅不聽毛的，還在他的眼皮子底下發展自己的勢力範圍。儘管中國給老撾共產黨人大量援助，老撾人還是選擇了追隨越共。一九六八年九月，老撾領導人幾次委婉地請中國聯絡組組長「回國休假」，中方只得撤走。老撾同越共一樣，與莫斯科越來越貼近。

到六十年代末，世界「反美」領袖仍然是蘇聯，而不是毛。中共官員在大小場合喋喋不休地指

國將軍納爾瓦Henri Navarre命名），由韋國清交給胡志明。正是根據這份情報才決定打奠邊府這場決戰。一九五四年五月，在大量中國的軍事援助下，大獲全勝。

*從一九六五到一九六八年，中國向北越派出三十二萬多人的軍隊，包括十五萬多人的高炮部隊，有的到一九七三年才回國。這些部隊使北越得以騰出兵力到南越打仗，有的還有中國顧問隨行。

責蘇聯給帝國主義幫忙，聽眾常常聽得不耐煩，替他們臉紅。不止一次，有人站起來叫中共的人閉嘴。美國官方也得出結論：毛主義在發展中國家不再構成威脅。毛清楚他的失敗。一九六九年，他對中央文革小組說：「我們現在孤立了，沒有人理我們了」。毛認為那些「毛主義」組織簡直沒用，削減了對它們的援助。

一九七〇年三月十八日，柬埔寨發生政變。被推翻的西哈努克親王堅信政變是美國中央情報局幹的，決心同美國戰鬥到底。西哈努克在政變第二天從蘇聯到中國。毛請他留在中國。越南戰爭已由此變成整個印度支那的反美戰爭，印支三國之一的首腦西哈努克流亡中國，毛希望通過做西哈努克的靠山，樹立起反美領袖的形象。

西哈努克留在中國後，中國給他提供了七個廚師、七個糕餅師傅，還從巴黎專門給他空運鵝肝。他有自己的專列，出國旅行時有兩架飛機，一架載他的行李和禮品。毛對他說：「告訴我們你們需要什麼，可以提出來。我們可以多為你做點事。沒有什麼了不起嘛。」西哈努克一提錢，抱歉給中國增加負擔，毛就說：「我請你給我們多增加一點負擔。」

祕密住在中國的「紅色高棉」領導人波爾布特在中方壓力下同西哈努克合作。中國曾支持「紅色高棉」要推翻西哈努克。兩年前的一九六八年三月，西哈努克公開指責北京「玩骯髒的把戲」，說「紅色高棉是他們一手造出來的」。「就在前兩天，我們才繳獲了一大批各式武器，都是從中國運來的。」

如今西哈努克成了毛的寶貝。毛以西哈努克的名義召開印支三國高峰會議，會議四月在廣州舉行。開幕時中國發射了第一顆人造衛星，向與會者和全世界顯示實力。衛星繞著地球播放毛的頌歌〈東方紅〉。毛接見放衛星的有功之臣時，樂得合不攏嘴，一再說：「了不起啊！了不起啊！」

毛然後以全球反美鬥爭領袖的口氣發表「五．二〇」聲明，題目是：「全世界人民團結起來，打敗美國侵略者及其一切走狗！」他登上天安門城樓，西哈努克站在身旁，由此時還得勢的林彪面對五十萬人宣讀聲明。

為了念這個聲明，病懨懨的林彪打了一針興奮劑。出場前，西哈努克注意到，林「看去好像輕飄飄有點管束不了自己，他不時打斷毛，手舞足蹈，滔滔不絕地大聲發表反美演說」。到他講話時，林拖著長長的顫聲說：「我要發表講話！——我講講關於越南——兩個越南——半個越南——」這樣顛三倒四了幾句之後才言歸正傳，但還是把「巴勒斯坦」念成了「巴基斯坦」。

聲明點名譴責美國總統尼克松（Richard Nixon）。喝醉了酒的尼克松暴怒之餘，下令調動軍艦。但他很快鎮定下來。國家安全顧問基辛格對他說，毛「除了口頭上鼓勵鼓勵越南以外，拿不出什麼東西」。美國人於是對毛的聲明沒有反應。即使在印支戰爭中，西方人看重的也是越南。倫敦《泰晤士報》（*The Times*）稱：西哈努克「要想重返政壇得依靠越南」。基辛格開口閉口談的都是「河內對柬埔寨的野心」。

毛對西方不把他當回事大為光火，罵基辛格是「臭知識分子」，「大學教授根本不懂外交」。毛想了一個別的辦法讓自己處在世界的聚光燈下：把美國總統「釣」來中國。

54 尼克松上鉤

一九七〇～一九七三年　七十六～七十九歲

毛剛掌權時，為了讓斯大林放心地幫他建設軍事大國，他沒有同美國建立外交關係。斯大林死後，毛希望建交了，但由於朝鮮戰爭，美國不願理睬中國。雖然兩國開始了大使級談判，整個關係仍處在凍結狀態。毛選擇了劍拔弩張的反美姿態，把它作為「毛主義」的標記。

一九六九年，新上任的美國總統尼克松為了抗衡蘇聯，結束越戰，公開表示有意與中國改善關係。毛沒有接話。一九七〇年「五．二〇」反美聲明石沉大海後，毛決定主動邀請尼克松來中國。毛並非要同美國和好，而是想向全世界顯示，尼克松找上門來，他代表世界反帝力量和美國對談。

十一月，周恩來通過跟中美雙方關係都不錯的羅馬尼亞發出訊息，說歡迎尼克松來北京。這個邀請於一九七一年一月十一日抵達白宮。尼克松在上面批道：「我們不能表現得太積極」。基辛格後來說，他一月二十九日覆信時，「沒有提總統訪問的事」，「現在還談不到這一步，談這事可能引起麻煩」。

毛繼續等待機會。

三月二十一日，中國乒乓球隊到日本參加世界錦標賽。這是文革以來首次出國的體育團體之一，由毛親自批准。為了不顯得離奇，球員們經特許不必揮舞小紅書。但他們有嚴格規定：不和美國隊員握手，不與美國人主動交談。四月四日那天，美國球員科恩（Glenn Cowan）偶然上了中國代表團的大巴士。世界冠軍莊則棟看見大家都用不安、懷疑、冷漠的眼光注視著他，車上沒有一個中國人和他說話搭訕，便走過去同他說了幾句話。這兩名運動員握手的照片登時成了日本報紙的頭條新聞。當毛的護士兼助手吳旭君把登在《參考》上的這條消息念給毛聽時，毛眼睛一亮，笑著讚許說：「這個莊則棟，不但球打得好，還會辦外交。」

這時，美國球隊表示希望訪華，中國外交部按照既定政策決定不邀請。毛批准了外交部的報告。

毛顯然對自己的決定不滿意，整天都心事重重。那天晚上十一點多鐘，他先吃了安眠藥，再由吳旭君陪同吃晚飯。毛的習慣是同身邊一兩個工作人員一道吃飯，晚飯前吃安眠藥，吃完就睡覺。毛的安眠藥藥力極強，有時他吃著飯就發作了，一頭栽在桌子上，工作人員需要從他嘴裡把沒嚥下去的飯菜掏出來。為此毛晚飯不吃魚，怕魚刺。吳旭君回憶道：

吃完飯時，由於安眠藥的作用，他已經睏極了，趴在桌子上似乎要昏昏入睡了。但他突然說話，嘟嘟噥噥的，我聽了半天才聽清他要讓我給外交部的王海容打電話，聲音低沉而含糊地說：「邀請美國隊訪華。」……

我一下子楞了。我想，這跟白天退走的批件意思正相反呀！……毛平時曾交代過，他「吃過安眠藥以後講的話不算數」。現在他說的算不算數呢？我當時很為難……

過了一小會兒，毛抬起頭來使勁睜開眼睛對我說：「小吳，你還坐在那裡吃呀，我讓你辦的事你怎麼不去辦？」

毛平時一般都叫我「護士長」，只有談正經事或十分嚴肅時才叫我「小吳」。

我故意大聲地問：「主席，你剛才和我說什麼呀？我盡顧吃飯了，沒聽清楚，你再說一遍。」於是，毛又一字一句、斷斷續續、慢慢吞吞地把剛才講過的話重複了一遍。……「你都吃過安眠藥了，你說的話算數嗎？」我急著追問。

毛向我一揮手說：「算！趕快辦，要來不及了。」

毛一直硬撐著等吳辦妥了這件事才安然睡去。

毛的這一決策在西方造成了轟動性的效應。中美敵對多年，破天荒突然邀請美國團體，而且請的是體育團體，人人都感興趣。美國人來了以後，魅力十足的周恩來使出渾身解數，讓他們感到「令人眩目的歡迎」（基辛格的話）。美國報紙天天充滿興奮激動的報導。一位評論員寫道：「尼克松目瞪口呆地眼看著這條新聞從體育版躍上頭版。」毛就這樣製造了誘惑尼克松訪華的環境。在這樣的輿論氣氛中訪華，對尼克松在政治上有百利而無一弊，尤其是第二年就要大選。

周恩來不失時機地在四月二十一日再邀尼克松訪華，尼克松馬上在二十九日表示同意。據基辛格說：「尼克松簡直興奮得不能自已，甚至想不先派打前站的去中國，生怕這會減少他訪問的光彩。」

毛不僅釣來了尼克松，還釣來了喜出望外的見面禮。基辛格七月祕密來華為尼克松訪問鋪路時，主動提出，要是尼克松一九七二年再度當選總統，就在一九七五年一月之前承認北京，全面接受北京的條件，把台灣一腳踢開。儘管美國跟台灣有共同防禦條約，周恩來對基辛格說起台灣來好像這個島子已經在北京的口袋裡了。基辛格只做了個軟弱無力的姿態：「我們希望台灣問題能和平解決。」他沒有要周答應不使用武力。*

尼克松還提出幫中國馬上進入聯合國。基辛格說：「你們現在就可以佔據中國席位，總統要我先跟你們討論這個問題，我們然後再決定公開的政策。」

基辛格的禮品盒裡裝的不止這些。他提出要把美國同蘇聯打交道的內容都報告中國，說：「你們想知道我們跟蘇聯談些什麼，我們就告訴你們什麼，特別是限制戰略武器的談判。」幾個月後，基辛格對中國使者說：「我們告訴你們我們跟蘇聯人談些什麼，可是不告訴蘇聯人我們跟你們談些什麼。」未來的副總統洛克菲勒（Nelson Rockefeller）在聽到美國告訴了中國什麼情報時，簡直「驚呆了」。情報之一是蘇聯軍隊集結中國邊境的情況。

在印度支那問題上，基辛格做出兩項重大承諾。一是十二個月內撤出所有美國軍隊，二是拋棄南越政權。他說：「一旦和平到來，我們將在一萬英里之外，河內仍在越南。」意思是，越南將是越共的天下。

基辛格甚至主動許諾在尼克松的下一任期內把「大部分，乃至全部美國軍隊」撤出南朝鮮，對共產黨國家是否會再度入侵南朝鮮隻字不提。

這些見面禮是不要回報的。基辛格強調說他不要求中國停止援越，連希望毛政權少罵點美國也沒提。從會談紀要可以看出，周恩來用的是對敵的口氣：「你應當回答這個問題」，「你必須答覆那個問題」，「你們的壓迫，你們的顛覆，你們的干涉」。基辛格不但不為美國辯護，連周說的中國因

* 基辛格這次訪華的檔案直到二〇〇二年才解密。在這之前他寫的回憶錄裡，基辛格聲稱那一行「只是略略提到台灣問題」。檔案解密後問起他時，他承認：「我那樣說是非常不幸的，我很後悔。」

為是共產主義國家，所以不會侵略別國這樣一個可笑的邏輯也接受了。基辛格在跟越共談判時，對方稍微提了提美國政府的不是，基辛格一口給他頂回去：「你有什麼資格說我，你代表的是這個星球上最暴戾的政權之一。」可是周說美國在越南「殘酷」時，基辛格沒問一句：「你們對自己的人民呢？」對周的聲討，基辛格的事後感覺是「非常動人」。

第一天談判完，毛一聽彙報，自大心理立刻膨脹起來。他對外交官們大剌剌地說美國是「猴子變人還沒變過來，還留著尾巴」，「它已不是猴子，是猿，尾巴不長。」「這是進化嘛！」周呢，形容尼克松是「梳妝打扮，送上門來」。毛看出，他可以從尼克松那裡得到他想要的東西，無須付出代價，既用不著收斂暴政，也沒必要降低反美調子。

基辛格祕密來訪之後，尼克松即將訪華的消息向全世界公開了。一九七一年十月，基辛格再度來華為總統做準備。那正是聯合國每年一度辯論中國席位之時。美國是台灣的主要保護人，國家安全顧問自己都在北京，等於為中國開了綠燈。十月二十五日，北京取代台北進入聯合國，接管安理會的否決權。

這時距林彪出逃剛一個月，毛還沉陷在沮喪之中。進入聯合國和尼克松來訪這兩樁大事驅散了陰霾，使毛情緒高漲。對著聚集在他周圍的外交官們，他又說又笑，興致勃勃地一連講了近三個小時。他拿起聯合國提案表決表，一邊指，一邊說：「英國、法國、荷蘭、比利時、加拿大、義大利，都當了紅衛兵……」

毛當即指示去聯合國的代表團，繼續把美國當作頭號敵人譴責：「要旗幟鮮明」，「要點他們的名，不點不行」。以反美領袖的姿態登上世界講壇的一天到了。

尼克松到來的九天前，毛突然休克，差一點死去。尼克松就要來了，這給了他迅速恢復的精神激勵。他那時身體腫脹，特別做了新衣新鞋。因為治病需要大量的醫療設備，這時毛睡在建在游泳池之上的大會客廳裡。要在這裡見尼克松了，醫療設備被挪到大廳一角，連床在內用屏風隔開。會客廳四壁都是書架，擺滿了舊書，使美國人為毛的學識讚嘆不止。

尼克松到達的那天早上，毛急不可耐地不斷詢問美國總統到了哪裡。聽說尼克松到了釣魚台住地，毛馬上要見他，一刻也不願意等。尼克松正準備淋浴，據基辛格說，周恩來「有點不耐煩」地催促他上路。

在這場一共六十五分鐘的會見中，尼克松努力要跟毛討論世界大事，而毛總是把話題扯開，顧左右而言他。毛不想有把柄落在美國人手上。為了嚴密控制會談紀錄，中方拒絕美國翻譯在場。對這一違背外交慣例的要求，尼克松未表示異議就接受了。當尼克松建議討論「台灣、越南、朝鮮這類當今大事」時，毛不屑地說：「這些問題不是在我這裡談的問題，這些問題應該同周總理去談。這些麻煩事我不想管。」「我可不可以建議你少聽點彙報？」當尼克松繼續按自己的思路談「找到共同點來建立一個世界結構」時，毛答也不答，轉頭問周恩來：「現在幾點了？」接著說：「吹到這裡差不多了吧？」

毛特別注意不說讚賞尼克松的話。尼克松、基辛格一個勁地奉承他，比方尼克松說：「主席的著作推動了一個民族，改變了世界。」毛只以居高臨下的口氣說過尼克松一句好話：「你的《六次危機》（*Six Crises*）寫得不錯。」

尼克松又說：「我讀過主席的詩詞和講話，我知道主席是個哲學家。」毛沒理他，反而把話題扯到基辛格身上。

毛：他不是個哲學博士嗎？

尼：他是個大腦博士。

毛：今天叫他來當主講人怎麼樣？

尼克松講話時，毛不時打斷他，說：「我們兩人不能壟斷整齣戲嘛，不讓基辛格博士發言是不行的。」等到基辛格加入進來，毛又並沒有真要聽他的意見，而是在跟基辛格瞎扯，談什麼「用漂亮姑娘做掩護」。

毛對尼克松的無禮，是對美國總統的試探。毛得出結論：跟尼克松打交道可以得寸進尺。訪華結束時中美要發一個聯合公報，毛要在公報裡譴責美國。他對他的外交官說：「他們不是講什麼和平、安全、不謀求霸權嗎？我們就要講革命，講解放全世界被壓迫民族和被壓迫人民」。公報於是採取了一個獨特的方式：「各說各的」。中方的是火藥味十足的不點名的反美宣傳，而美國方面只有一句不痛不癢的影射中國的話，說它支持「個人自由」。毛政權對人民的壓制美國人不是看不見，隨同尼克松來訪的政治評論家巴克列（William Buckley）就發現不管美國人走到哪裡，一個老百姓也見不到。他問中國官員：「你們的人民都到哪兒去了？」官員答道：「人民？什麼人民？」巴克列反唇相譏說：「中華人民共和國裡面的人民！」

毛雖然謹慎地要保持反美旗手的形象，還是受到從前盟友們的攻擊。最激烈的是阿爾巴尼亞，霍查給毛寫了封長達十九頁的信，稱毛跟美國來往是「骯髒事」。毛再憤怒，也不能跟他翻臉。阿國雖小，畢竟是毛從蘇聯陣營拉出的唯一東歐國家。為了堵霍查的嘴，毛只有多給錢。

最令毛頭疼的還是越共。基辛格第一次訪華前腳走，後腳周恩來就作為安撫使節去了河內。越共領導人疑心毛要用他們跟美國做交易，給了周好一頓教訓。黎筍說：「越南是我們的國家，你們沒有權利跟美國討論越南問題。」尼克松訪華後，周恩來再去河內。西哈努克親王這時也在那裡，他因尼克松的到來而憤然離開北京。西哈努克描繪剛跟越共領導人談判完的周恩來，說，周「看上去疲憊不堪，還在為他的北越『同志』指責他的那些話氣得不知所措，跟他通常的樣子判若兩人。」為了繼續拉住越共，毛別無他法，也只有像對阿爾巴尼亞一樣多給錢。中國援越款項從一九七一年起上升到前所未有的高度，最高峰是一九七四年。

對這些國際「盟友」的賄賂等於對中國老百姓的加劇掠奪。受賄的還不只是盟友。尼克松訪華後，隨著越來越多的國家承認中國，中國向越來越多的國家提供經濟援助。一九七〇年之前，受援國是三十一個，之後突增到六十六個。人口只有三十萬的歐洲國家馬爾他（Malta），生活水準遠遠高過中國，居然一九七二年四月一次就從中國拿到兩千五百萬美元的援助。以什麼做交換呢？馬爾他總理明托夫（Dom Mintoff）回國時佩戴著一枚毛像章。一九七一到一九七五年間，中國平均每年外援佔國家財政總支出的百分之五點八八，全世界絕無僅有。

而中國人大多在挨餓。對毛的老根據地陝北一帶的農民來說，一九七三到一九七六年——尼克松訪華後到毛去世的幾年——是除了大饑荒外最飢餓的日子。

人們常說尼克松訪華打開了中國的大門。但實際上，只有少數幾個西方人能進來，中國老百姓出不去，祖國依然像個鐵桶般的監獄。沾尼克松光的中國人微乎其微。這些享有特權的人，有的經過嚴格的政治審查後送到西方去學語言，有的輾轉看到幾本剛翻譯的外文書，包括尼克松的《六次危機》，有的在嚴密監視下見見來訪的海外親戚。

未經許可跟外國人交談可能招來大禍。毛政權的控制措施嚴厲到什麼程度，可以從尼克松訪華期間一件「小事」看出。總統要去上海一天，那正值春節，成千上萬上山下鄉的知識青年回滬探親。為了預防不測，他們被全部勒令返回農村。

尼克松訪華的受益者是毛澤東和他的政權。尼克松為了自身的利益，為了大選，在西方給毛正名。尼克松大談毛等人「對事業的忠誠」，基辛格稱他們為「清教徒式的、保持了革命純潔性的一組人」，說「他們將在道德上向我們提出挑戰」。睜著眼睛說瞎話的尼克松部下說：「在毛的領導下，中國人民的生活得到了極大的改善。」尼克松最喜歡的福音派傳教士格蘭姆（Billy Graham）也讚美毛的「美德」。毛一躍而在西方主流社會成了誘惑力十足的人物。

好奇的全球政要紛紛前來見毛。墨西哥總統埃切維利亞（Luis Echeverria）去和毛會面時，隨行人員爭著要跟他去，都快打起來了。政要們事先不知道能否見到毛，到了中國，得隨時聽從召喚。毛什麼時候方便，什麼時候心血來潮，就什麼時候召喚。政要們哪怕飯吃到一半也得放下飯碗。澳大利亞大使告訴我們，儘管他的尿快憋不住了也不敢上廁所，怕召喚突然來了他被丟下。日本首相田中倒是上了廁所——是在毛的住處。毛陪他到廁所門口，並站在那裡等他。加拿大總理特魯多其實並沒有要求見毛，正開著會，周恩來突如其來地宣布休會，催他起身，又不告訴他是去見毛。

毛在西方政要面前毫無顧忌地宣揚專制獨裁。他對法國總統蓬皮杜（Georges Pompidou）說：「拿破崙的辦法最好，解散國會，誰治理國家由他來指定。」英國前首相希思（Edward Heath）對毛說他很吃驚，怎麼天安門廣場上還有斯大林的像，斯大林殺了數百萬人。毛一擺手表示殺人不算什麼，說：「他是個偉大的馬克思主義者嘛。」毛在西方政要心目中是個充滿哲理的人。澳大利亞總理惠特拉姆（Gough Whitlam）對毛提出的一個關於達爾文的問題，未能圓滿答覆，事後學著毛的語言給毛寫信說，他要做「自我批評」。到一九九七年了，世人對毛已有相當了解了，基辛格還稱毛為「哲學家」，聲稱毛的目標是「追求平等」。

毛喜歡接見外國政要，見他們一直見到臨終。身體糟到透不過氣來，就在旁邊小桌上的報紙或書底下，放一根輸氧管，靜靜地往他噴氧氣。接見意味著他在世界舞台上繼續放光。

尼克松的來訪給毛打開一道門，使他感到有可能從美國得到些先進軍事技術和設備。他對北朝鮮的金日成直言不諱地說：「搞這些關係只有一個目的，就是為了獲得發達技術。」

要達到這個目的，毛非得讓美國把他看作盟友才行。可是做盟友跟他一向擺出的反美姿態反差太大，怎麼才能讓美國人接受呢？毛的策略是竭力渲染「蘇聯威脅」，讓美國人感覺，毛認為蘇聯入侵中國已迫在眉睫，不得不和美國聯盟。從基辛格第一次訪華，毛就開始吹風，到基辛格一九七三年二月來時，毛乾脆直接提出建立聯盟。毛對基辛格說：「我們應當搞一條橫線——美國、日本、中國、巴基斯坦、伊朗、土耳其和歐洲。」這些國家除中國之外都是美國的盟友。據基辛格記載：周恩來「呼籲我們牽頭組織一個反蘇聯盟」，中方希望這個聯盟「由美國領導」。

基辛格果然中計，在給尼克松的彙報裡說：「蘇聯問題成了我們全部談話的中心」。「中蘇衝突是不可能消除的，中國光靠自己的能力無法與蘇聯對抗。」基辛格對他小圈子裡的人說：「什麼二十五年雙方的誤解啊，這都是瞎話。中國人要的是打起仗來我們幫他。」基辛格向中方擔保：「我們會把對中國的入侵看作是對美國國家安全的威脅。」

誇張「蘇聯威脅」為的是騙取美國的寶貝。這一手法在毛不是什麼新鮮事。一九五四、一九五八年，他兩次掀起台灣海峽危機，利用美國扔原子彈的威脅，從赫魯曉夫那裡獲取使中國核武器工業起步和發展的關鍵性援助。如今毛又喊起「狼來了」。

為了讓美國人相信他們真可能與中國結盟，毛給他們提供了另一個理由，即他們有一個共同的敵人：越共。基辛格帶著這樣的印象離去：「在印度支那，美國和中國的利益幾乎是平行的。統一的、在印度支那起主導作用的共產黨越南，對中國是個戰略夢魘。」這麼說，毛用中國老百姓多年忍飢挨餓擠出的錢，扶持的不是「同志加兄弟」，而是敵人？

毛還順著基辛格的愛好奉承他的桃花運。會議記錄裡毛說：「有謠言說你快不行了？（笑聲）在座的婦女可都不滿意啊。（笑聲，婦女笑得特別響）她們說要是博士不行了，我們就沒事幹了。」「你要不要我們中國婦女？我們可以給你一千萬。（笑聲，特別是婦女的笑聲。）」

一九七三年三月十六日，尼克松給毛寫了封絕密的信，聲明維護中國領土完整是美國外交政策的「基礎部分」，許諾中國一旦受到攻擊美國將使用武力保衛中國。基辛格設立了一個極其祕密的小組，由四、五個他稱為「最好的軍官」組成，專門研究美國能為中國做些什麼。考慮的方案包括一旦開戰向中國軍隊空運美國核炮彈、戰場核導彈等。小組認為唯一可行的方案，是把載核武器的美國戰術轟炸機運到中國，從中國機場對蘇聯軍隊發動核打擊。美國人居然在考慮運核武器到中國土地上來了。

基辛格、尼克松明白他們考慮幹的是一件在美國難以想像的事。基辛格說：「哪怕是像艾力克斯·艾克斯坦（Alex Eckstein）那樣的喜歡中國的自由派呆子們，要是你跟他們說跟中國配合打仗，他們也準會發六百次心臟病。」

美國之外，尼克松、基辛格盡量幫毛獲得西歐軍事技術。基辛格七月六日對毛的使節黃鎮說：

> 我已經跟法國外交部長說了，我們有意要加強中華人民共和國的武裝能力。我們會盡全力鼓

勵我們的盟友加快滿足你們提交的國防訂貨單。

尤其是，你們要勞斯萊斯〔Rolls-Royce，軍用航空引擎〕技術。根據現有的法規，我們不得不反對出售這項技術。但是我們已經跟英國人商量了個程序，使他們可以賣給你們。我們會要正式反對這筆交易，但僅此而已，別把我們公開的姿態當真。

引擎是飛機的心臟，這項決定解決了中國軍用飛機的「心臟病」問題。西方技術或許還給陷入困境的中國導彈事業注射了一劑強心針。負責導彈工業的七機部是同勞斯萊斯公司談判的主要對手。基辛格也暗地裡鼓勵英國、法國把嚴格禁運的核反應堆技術賣給中國。

蘇聯人對這一切略有所聞。勃列日涅夫在一九七三年六月警告尼克松、基辛格說：「如果中美之間形成了軍事關係，這將帶來極嚴重的後果，將迫使蘇聯不得不採取激烈的措施。」這番事關美國國家安全的話，基辛格沒有報告美國政府，反倒馬上通報給中國使節黃鎮，黃鎮人就待在尼、勃會談的洛杉磯以南的「西部白宮」。基辛格對他說：「這次談話我們沒有告訴我們政府裡的任何一人，你得絕對保密。」

尼克松訪華據說是為了減小同蘇聯打仗的危險。因為有了毛澤東，這個危險非但沒有減小，反而增大了。

55 周恩來的下場

一九七二～一九七四年 七十八～八十歲

尼克松訪華後不久的一九七二年五月中旬，例行尿檢發現周恩來得了膀胱癌。政治局委員什麼時候可以治病、如何治病，得由毛來決定。醫生們要求及早檢查治療，必要時動手術，強調說癌症尚在早期，周本人還沒有任何症狀，有百分之八、九十的治癒率。

五月三十一日，毛批示了：「第一，要保密，不要告訴總理和鄧大姐；第二，不要檢查；第三，不要開刀」。最後第四條不是治病，而是：「加強營養和護理」。

不許給周治病，毛的藉口是周「年紀大了」，「心臟不好」，「開刀沒用」。可是毛本人七十八歲了，比周大四歲，心臟病嚴重得多，他的醫療組裡卻有準備手術的外科醫生和麻醉師。

毛不讓周治療的原因之一是，他要周一天二十四小時地為他工作，接待尼克松訪華後川流不息前來覲見的外國政要。從四十年代初，周就是毛離不開的外交總管。抗戰中，他多年住在蔣介石的陪都重慶，以他特有的魅力、才幹和事必躬親，在西方人裡為中共爭取了不少同情者。日本投降國共內戰初起時，他把杜魯門總統的特使馬歇爾迷惑得暈頭轉向，使馬歇爾無意中為毛征服中國立下了汗馬功勞。中共掌權後，外交政策都是毛制定，周執行。一九七一年，跟周見了三天面，基辛格就情不自禁地給尼克松呈上這麼一首對周的讚美詩：

我跟周的廣泛交談好似一席豐盛的中國大宴，色香味一應俱全，花樣繁多，餘香滿口。這是數千年文化傳統的結晶，由經歷豐富的老手烹飪，享用的環境又不事雕琢，恰到好處。這一席有許多道菜，有的甜，有的酸……〔等等，等等〕席終時，就像所有中國美餐完畢一樣，心滿意足，而又意猶未竟。

周恩來這顆在西方人面前璀璨的明星，一到毛澤東身邊便收斂光彩，低聲下氣。基辛格注意到他如何馬上「矮了一截」。日本首相田中角榮訪華歸來後說：「在毛面前，周完全不起眼。」幾十年來，周為毛服務是如履薄冰，鞠躬盡瘁。毛生了病，他像孝子般的關心，甚至先嘗給毛用的藥，先試驗毛的眼藥水，說是「看對眼睛有沒有刺激」。但如今，周得了癌症，毛卻不准他治。毛要的不僅是周馬不停蹄地為他服務，更重要的，他要比他小四歲的周死在他前面。

醫生們奉命不得透露實情，但周從頻繁驗尿和醫生躲躲閃閃的表情中猜到了。他嘴上不說，心裡著急，自己查閱尿細胞學一類的醫書。毛選擇這個時候，要周對三百多名高層幹部詳細檢討所謂過去犯的「路線錯誤」。林彪摔死後，周成了第二號人物，黨、政、軍都歸他管。毛要削弱周的地位，損害他的形象。

毛又把一九三二年偽造的周脫黨的〈伍豪啟事〉翻出來，向這些高級幹部公布。周當年就因害怕這份啟事而一再順從毛的意志。文革中，毛曾把它抖出來，以嚇唬周。現在毛更把這件本來只有極少數人聽說的事，擴散到整個高層，還發給各省存檔。

為寫自我檢討，周恩來度過了辛苦的日日夜夜，每天鬍子也不刮，飯也吃得很少，最後臉都浮腫了，兩腿腫到膝蓋以上，連鞋也穿不下。一九七二年六月十到十二日，他一連講了三個晚上，開口閉口「補過贖罪」，損自己損得如此可憐，聽眾心裡都為他感到痛苦。周說：「你們了解我的歷史上的錯誤後，就會破除迷信……你們有權利要求我改好，如果還改不好而錯誤犯的又大，你們有權要求中央討論，輕則警告，重則撤職」。最後，他特別聲明：「我一直而且永遠自認為，不能掌舵，只能當助手。」這是他在向毛保證，他沒有取代毛的野心，請求毛放心。

這時的周過著一種現代政治史上獨一無二的雙重生活。公開場合裡，他是個使世界政要眼花繚亂的外交高手，被不少人認為是平生所見的最富吸引力的政治人物。視線之外，他卻是個低三下四的畏縮之輩。

一九七三年初，周的膀胱癌嚴重惡化，尿裡出現大量肉眼看得見的血。只是此時毛的大總管汪東興等人才正式把實情告訴周。當醫生們請求全面檢查治療時，毛於二月七日透過汪東興喝斥他們：「七老八十，做什麼檢查！」

到了二月中旬，基辛格來北京，周幫著毛唬弄他，毛對周的表演稱心如意。三月二日，周乘勢懇求毛讓他治病。毛好歹點了頭，又打了個主意拖延治療，命令醫生只檢查，不治療，檢查治療要分「兩步走」。

主治醫生意識到：「所謂分『兩步走』僅是一種說法，實際並沒有第二步。」他決心冒著惹怒毛的風險，在做膀胱鏡檢查時把癌症病灶灼掉。鏡檢前，周夫人鄧穎超對醫生說：「你們知道嗎，要分兩步走。」主治醫生說：「我們按照中央的指示辦，只是，大姐，如果我在檢查的時候看見有一塊小石頭，如果順便拿出來，就不用再走第二步了。是否還要留著，再用一次麻醉，留到第二步？」鄧穎超同意「順便拿出來」。

三月十日，周恩來終於在癌症發現十個月後第一次做了膀胱鏡檢查，醫生把「小石頭」也「順便」燒掉了。周醒來以後聽說癌細胞「燒掉了」，還裝出毫不客氣的樣子，對醫生說：「不是讓你們分兩步走嗎？」但大家都看得出他心裡其實很欣慰。周高興地請醫療組成員吃了一頓北京烤鴨。醫生們惴惴不安，不知毛會不會怪罪他們。不久，毛處打來電話，說：「主席的原話，醫生們兩步併一步走做得好，感謝他們。」生米煮成熟飯，毛樂得做好人，醫生們也安了心。但這不是徹底的手術。

毛在對美關係上的好心情沒有持續多久。六月二十二日，尼克松與勃列日涅夫簽訂了《蘇美防止核戰爭協定》。當毛看到外交部的分析文章，說這表示「美蘇主宰世界的氣氛更濃」時，他焦躁不已。尼克松訪華曾激起他的幻想，用基辛格的話說，「戰後兩極世界的日子一去不復返了」，毛也成了一極。如今他發現，世界仍是兩極，他費盡心力仍未能與美蘇平坐平起。而代價是他的反美形象一落千丈。毛對身邊的王洪文、張春橋生氣地說：「我這幾年名聲不好，世界上唯一的馬克思、一盞明燈是在歐洲。那個地方，放個屁也是香的，奉為聖旨。你奈何得了我嗎？敝人就是右傾機會主義。」

周恩來成了毛的出氣筒。跟美國打交道，明明是毛在運籌帷幄，但世界輿論卻把功勞算在周恩來身上（尼克松對基辛格也有類似的嫉妒）。毛七月四日對政治局發話說周「搞修正主義」，周又再次卑躬屈膝地做檢討。

十一月，新任國務卿的基辛格再度訪華，帶來了更壞的消息。九個月前，基辛格曾許諾說：一九七四年期中選舉後，華盛頓將著手與北京建交，可現在他說美國的「國內局勢」不允許美國馬上同台灣斷交。毛至死未能得到台灣，也未能看到美國承認他的政權。

對毛更大的打擊是，在軍事技術方面，基辛格只提出給一個能預測蘇聯導彈進攻的「預警」系統，還由美國人控制。周恩來說：「我們得研究研究。」從此基辛格再也沒聽到結果。毛看出，美國的東西不是那麼好拿的。中方從此停止談論與美國的聯盟。基辛格後來對蘇聯駐美大使承認，他「過去把蘇聯肯定會進攻中國當作考慮政策的基點，是錯誤的」。

毛把挫折歸咎於「水門事件」（Watergate）。這樁醜聞使尼克松位子不穩，不敢採取冒風險的政策。毛對基辛格說：「你們國家為什麼老鬧那個什麼屁『水門事件』？總而言之，這個事我們不高興。」在外國來訪政要面前，他總是大罵水門，對法國總統蓬皮杜說他不懂為什麼這麼「小題大做」？對泰國總理克立（Kukrit Pramoj）他反問道：「一個錄音機有什麼關係？」「難道統治者就不應該有權統治嗎？」一九七四年五月，尼克松搖搖欲墜時，毛請英國前首相希思「幫他一個忙，教他渡過水門難關」。

八月九日，尼克松因水門案被迫辭職。「水門事件」不僅使美國總統丟了位子，也叫毛澤東死了心，他的軍事大國夢只能是個夢了。毛整八十歲了，重病纏身，心有餘而力不足，終於無奈地承認了現實。

毛的失意很快就衝著美國人表現出來。會談取消，合作停滯。基辛格看出，中美關係「在很大程度上凍結起來了」。他隨後幾次來中國，中方「不是冷若冰霜，就是拖時間」。毛兩年沒見他，背後不斷說他的壞話。英國前首相希思記載毛對他說：「基辛格不過是個滑稽的小人物，他每次來見我都怕得要死。」一九七五年十月二十五日，基辛格再見到毛，談判尼克松的繼任者福特（Gerald Ford）總統訪華事宜時，他重新提起美國的軍事援助，以為毛還會感興趣。但是毛說：「軍事方面的問題，現在不談。」那年年底，福特訪華，毛禮貌地接待他，但沒什麼熱情。

毛的失望和怒氣主要發洩在周恩來身上。基辛格在那個分水嶺式的一九七三年十一月的訪問中，注意到周「一反常態，似乎躊躇拘謹」，「往常的犀利和才智煥發不見了」。基辛格一走，政治局就批周，外交部跟周共事幾十年的人，對他興師問罪，說他在跟美國人打交道中「犯了右傾錯誤」。這時周癌症復發，尿裡又出現大量鮮血，在批他的會上，他時時還得離席去排血。周的慘狀每天由外交部裡兩位與毛關係親密的年輕女士描繪給毛聽，一個是毛的表姪孫女王海容，一個是毛的英文翻譯唐聞生。毛批周的指示也由她們向政治局傳達。

毛自然也用上了他的夫人。江青罵周「喪權辱國」，「投降主義」，「迫不及待」地要取代毛。當周起而為自己辯解時，江青不耐煩地打斷他：「你這個人就是囉嗦！要談實質性問題！」周說：「我不知道什麼實質性問題。」江要他交代：「基辛格來訪時有沒有犯過賣國主義的錯誤！」

周一邊挨整，一邊照常工作。十二月九日，他陪同毛接見尼泊爾國王、王后。據目擊者說，貴賓們走後，毛笑著對周說：「總理啊，你挨整啦，聽說他們整得你不亦樂乎啊！」「總理可憐啊，被這幾個娘們整得好苦。」周離開後，那兩個「娘們」——王海容、唐聞生——抱怨毛把責任推到她們身上：「你怎麼能這麼說話？」毛仍舊嘻嘻笑著說：「就是嘛，就是你們整的嘛。」毛顯然很開心。

從那次接見後發表的照片上可以看出，周沒坐通常坐的沙發，而是坐在一張為隨從安排的椅子上。這樣的設計不光是公開羞辱周。在共產黨世界裡，位子的排法預示領導人的升降。中南海裡的工作人員，見到周的隨員時都躲著走了。

毛還要用周，發話說不要再整了。一九七四年一月，在周的直接負責下，中國從南越當局手裡奪取了西沙群島，趕在越共「戰友」攻佔南越之前，把這一片具有戰略價值的海島搶到手上。

周病情越來越重，出血速度快過排血速度，血塊堵住尿道口，使每次小便都是一場痛苦的掙扎。周不得不又跳又蹦，又翻又滾，想把堵在尿道口的血塊撞開。因為失血太多，周每星期要輸兩次血。有一次正輸著血，周微微睡著了，房門下邊塞進來一張紙條，要他去開政治局會議。醫生請求給周二十分鐘的時間，讓他輸完血。可幾分鐘以後，又一張紙條塞進來，這回是鄧穎超寫的，要醫生「叫醒總理去參加會議」。周只略帶不悅地說：「馬上拔掉針頭，我起床開會去！」後來醫生們聽說，那次政治局會議並沒有什麼要緊的事非得周立刻出席不可。

醫生們要求給周做手術。一九七四年五月九日，張春橋傳達的聖旨是：「目前手術不能考慮，這一條給你們堵死。」無奈的周找負責他醫療事宜的四位中共領導人，通過他們懇求毛。毛模稜兩可地說：「見完拉扎克（Tun Razak）再說。」拉扎克是馬來西亞總理，預計在五月底訪華。周恩來在五月三十一日同他簽訂了中馬建交公報，第二天，六月一日，住進了醫院。在癌症發現兩年之後，他第一次做了手術。這一延誤使周恩來死在毛澤東之前。

毛終於准許周做手術，原因是他自己病得厲害，眼睛快瞎了，身子不聽使喚，走路要人扶。毛不想把周逼急了。

周手術一個多月後，得到驚人消息：毛得了一種罕見的不治之症，只有兩年可活。周決定不把這個消息報告毛。

毛有了死期了。知道了這一點，周恩來變了，對毛，他不那麼害怕了。

56 江青在文革中

一九六六～一九七五年　七十二～八十一歲

江青至今被說成是文革的罪魁禍首，是蒙蔽毛的邪惡女人。其實，中國的任何政策，都不是她制定的，她執行毛的意志。她在毛死後這樣形容自己：「我是主席的一條狗，主席叫我咬誰我就咬誰。」她先為毛執掌中央文革小組，後任政治局委員。文革浩劫，她有一份責任。她是毛毀滅中華文化的主要幫凶。

她利用文革為自己幹了不少壞事。受害者之一是演員王瑩。幾十年前，王瑩主演了一個江青想扮演的戲劇角色，以後又同丈夫雙雙赴美，在白宮為羅斯福總統夫婦演出，大出風頭。王瑩死在獄中。

江青有一怕，怕她年輕時在上海的緋聞，以及在國民黨監獄裡不清不白的事暴露出來。她把早年的同事、朋友、情人，乃至對她忠心耿耿的保姆，都投入監獄，有的就死在裡面。

一九五八年，由於毛發表了一首思念前妻楊開慧的詞，江青和毛大吵一架。氣頭上她給電影導演鄭君里寫信，問前夫唐納在巴黎的地址。這一輕率舉動，多年來一直是江青的心病。文革有了權，她馬上把鄭君里和別的幾個朋友抓起來，把他們的家翻了個底朝天，搜尋那封信。鄭君里說信早已燒掉了，但江青不信，把他在獄中折磨至死。

當江青的權力達到頂峰時，就像毛在征服中國的前夕見到生人會發抖一樣，她也產生了對生人的恐懼。她的祕書楊銀祿記錄了一九六七年上任時前任對他說的話：江青「特別怕聲音，還怕見生人，一聽到聲音，見到生人，就精神緊張，出虛汗，發脾氣。」「你在短時間之內先別見她，盡量躲著她，如果實在躲不開，你也不能跑，一跑就壞了。」

楊祕書在屋裡憋了整整二十四小時。當他小心翼翼地走出辦公室時，江青的護士走過來，輕聲要他馬上回去，解釋說江青快要起床了，「她特別怕見生人，如果你現在被她看見就麻煩了。」

楊在釣魚台十一號樓待了三個多月，成天躲在辦公室裡。前任走後（進了監獄），一天，江青打鈴叫祕書。楊寫道：

> 我膽戰心驚地走進她的辦公室。一進門，我看到她仰坐在沙發上，兩腳和小腿搭在一個軟腳墊上，在那裡懶洋洋地看文件。她聽到我進入她的辦公室，臃腫的眼皮，都沒抬一下，就問道：「你就是楊銀祿同志吧？來了一段時間了吧？」
>
> 「是，我叫楊銀祿，已經來了三個多月了。」我的心情雖然緊張，但還是以在部隊時的習慣，乾脆俐落地回答了江青的提問。

幾句問答後，「這時，她抬起頭，睜大眼睛瞪了我幾眼，不高興、不滿意地說：『你不能站著跟我說話。你跟我說話的時候，你的頭不能高於我的頭。我坐著，你就應該蹲下來跟我說話。這點規矩他們沒有告訴你？』」

當祕書按照江青的規矩蹲在她的右前方一公尺處，和她說話時，江青又發了一頓無名火：

江青……很生氣地說：「我今天原諒你，因為你剛來，還不了解我的習慣。以後，不允許你那樣跟我說話。你說話的聲音那樣高，速度那樣快，像放機關槍似的，使我感到頭疼，使得我出汗。如果由於你說話不注意音量和音頻，把我搞病了，你的責任可就大了。」說著，就指了指她的額頭，大聲說：「你看，你看呀，我都出汗了！」

這時，我有意壓低聲音說：「請你原諒，我今後一定要注意說話的聲音和速度。」江青皺著眉頭，拉著長音，大聲而不耐煩地問道：「你在說什麼？我怎麼沒聽清楚，你說話的聲音又太小了。如果我聽不清你說的是什麼，心情也會緊張，也會著急出汗，你懂嗎？」

她沒有等我再說什麼，就急忙說：「好好好。」擺手叫我趕快出去。

江青隨時可能以莫須有的罪名把一個人送進監獄。周恩來到她那裡去開會，他的隨從寧可坐在冰天雪地下的車裡挨凍，也不願進她的樓裡取暖，怕被她撞見禍從天降。有一次，周的衛士長成元功負責一個會議的安全保衛，江青的警衛員事先給他打電話，說江青剛起床，沒有吃飯，要他準備點吃的。江青到了，成元功請她先吃飯。成回憶道：「她看了我一眼，就走了。進了會場，她找到總理，說：『成元功擋在門口不讓我進，你們在搞什麼，開什麼會？』她跟總理大吵大鬧一個多小時。」周對她解釋了又解釋，把她的警衛員召來對證，她仍不依不饒，罵：「成元功，你是一條狗。」兩天後又對周說：「成元功從歷史上就是個壞人，長期以來限制我跟總理接觸，不讓我見總理。」周恩來只得把跟了他二十三年的衛士長從身邊趕走，成進了准勞改營：「五七幹校」。

毛不擔心江青的耍潑胡鬧不得人心，他就是要用她在中共高層製造一種人人提心吊膽，朝不保夕的氣氛。在毛面前，江溫順得像隻小貓，只有毛能夠帶給她災難。

一九六九年「中央文革」解散後，江青沒有具體的行政職務，有了閒工夫。她打牌、騎馬、養寵物，甚至還養了隻猴子。北京市中心的北海公園自文革以來對老百姓關了門，是她遛馬的地方。她差不多每天晚上都要看外國影片，那也是幾個人的特權。

江青的生活方式極端奢侈。她愛好攝影，於是軍艦在海上遊弋，高射炮對空發射，博得她哈哈大笑地說：「真過癮，今天我可搶拍了好鏡頭。」廣州一個專為她修的游泳池，用的是幾十公里外運來的礦泉水。路為她新闢，使她得以舒適地遊山玩水。開路不那麼容易。有的離她住處不遠，工程兵不准用炸藥，怕響聲嚇著她，只好用火燒、水激等辦法來砸開石頭。她一時心血來潮，可以叫專機把一件大衣從北京送到廣州，也可以叫空軍的大型運輸機把一張臥榻從青島運來北京。她的專列，像毛的一樣，隨時想走就走，想停就停，客貨列車都要讓路，運營計畫也要打亂。江青非但不感到慚愧，反而說：「為了我休息好，玩得愉快，犧牲一些別人的利益是值得的。」

「別人的利益」包括鮮血。江青總是在尋找養生駐容之道，林彪夫人葉群告訴她，有一個訣竅是輸年輕人的血。於是中央警衛團挑了幾十個警衛戰士，檢查身體後選了四個人，再從中間挑了兩個把血輸給江青。輸完血後，江青請他們吃飯，對他們說：「你們為我輸了血，你們的血和我的血同時在我的體內流動，你們一定會感到很自豪的吧？」接著便告誡他們：「為我輸血的事，你們不要到外邊去說了，你們要知道，中央領導人的身體情況是嚴格保密的，你們就當個無名英雄好了。甘當無名英雄也是光榮的。」

興奮之餘，江青報告了丈夫。毛反對說：「身體沒有大的毛病，輸血是不適宜的。」她這才作罷。

江青的身體沒什麼問題，有問題的是她畸形的神經。她每天要吃三次安眠藥才能在凌晨四點左右入睡，日間也要吃兩次鎮靜劑。白天在室內，三層窗簾全部拉得緊緊的，讓陽光一丁點也透不進去。落地燈打開，燈罩上卻蓋著一塊黑布。祕書說：「我們要是一個人在她的室內工作，還真有點害怕」。

她怕聲音怕到了荒謬的地步。連細雨聲，風吹草動聲，鳥唱蟬鳴聲，她都反感，並且叫嚷：「聲音太大啦，受不了啦！」有時捂著耳朵，閉著眼睛，緊鎖眉頭，搖晃著腦袋，命令工作人員轟鳥、趕蟬、打樹葉、砍竹子。

怕聲音怕得最厲害的時候，工作人員走路時不准穿鞋，兩條腿叉開，兩隻胳膊抬起來，以免發出摩擦聲。工作人員在她旁邊時，不准大聲呼吸；嗓子癢了，也不准咳嗽。她住在北京的釣魚台，這是一個有四十二萬平方公尺的大庭園，她住的樓在園子中心。可她還抱怨說不安靜，把隔壁的玉淵潭公園——北京僅有的幾個對老百姓開放的公園之一——也關閉了。廣州的別墅「小島」坐落在珠江畔，江青一駕到，附近的水路交通便停運，遠處的一個船廠也停了工。

江青的房間溫度冬天必須保持攝氏二十一點五度，夏天二十六度。她覺得溫度不對時，哪怕溫度錶指到她要求的度數上也無濟於事，她會破口大罵：「你們在你們的後台指示下，在溫度錶上弄虛作假。」「你們合夥來對付我，有意傷害我！」有一次，她說她房子裡「有風」，護士無論如何找不到風源，她就抄起一把大剪刀狠狠地向護士扔去，護士躲閃得快才沒有受傷。

「為我服務就是為人民服務」——江青常常這樣告誡身邊工作人員。

一九七一年「九．一三」後，林立果暗殺毛和攻打釣魚台的密謀曝光，江青常常做噩夢，有一次夢見林彪夫婦燒焦的屍體追趕她。她惶惶不可終日，對人說：「我總感到我快死了，活不了多久了，好像明天就會大禍臨頭了。老是有一種恐懼感。」

林彪出逃前，江青曾到青島避暑，讓六艘大軍艦在海上轉來轉去供她拍照。她玩兒得很高興，只是不滿當地的廁所。坐在痰盂上大小便，又說硌得屁股疼。於是工作人員先用充了氣的游泳圈墊在痰盂上，後又做了個便凳，周圍靠上軟沙發，權作臨時馬桶，江青由護士攙扶著大小便。一天夜裡她自己起來小便，由於吃了三次安眠藥，她迷迷糊糊坐不穩摔倒了，折斷了鎖骨。林彪出逃後，江青硬說這樁事故是林彪謀殺她的陰謀的一部分，說是她的安眠藥裡有「內奸和特務」放的毒。她鬧得天翻地覆，把所有的藥封存起來，拿去化驗，把醫護人員關在一間屋子裡，由警衛員看守，然後一一帶到周恩來和政治局委員面前受審。周恩來從晚上九點一直陪她說話到凌晨七點，好歹讓她安定了下來。

尼克松伉儷一九七二年二月的訪問對江青好似一劑興奮劑，她終於可以扮演中國第一夫人的角色了。隨著各國政要的接踵而至，江青期望受到全世界的矚目，想找個外國人來寫她的傳記，像當年斯諾寫毛澤東一樣。那年八月，美國女學者維特克（Roxane Witke）受邀前來採訪她、寫她。江青同維特克談了六十個小時。

毛最初批准了這一做法，但江青的口無遮攔又讓他生氣。據陪同她的外交官張穎記載，江對維特克說：「你不是想了解我個人的生活嗎？哈哈，你別看我現在領導著全國文化大革命，從前呀，我年輕的時候，可是富於感情，我個人的生活是非常羅曼蒂克的。」「我最喜歡上海，你們外國人說是冒險家的樂園，有點道理，上海的小調我都喜歡。那真是非常有味道，我還唱哩，背給你聽……」接著江青細聲細氣地哼起了上海小調：「我呀我的小妹妹哩，捨也捨不得離……咿呵呀呵唉……」，接著咯咯笑道：「我一到上海呀，男朋友可多去了。喏，就是追逐我的人，我都可以數出名字來，他們還使用各種手段哩。以後都成了知名人士，現在又被打倒啦，哈哈……」

在場的中國陪同人員你看我我看你，不知江青還要說出些什麼「大逆不道」的東西。江青越說越來勁：「有趣的一次，是你們美國人，是一個水兵，也許是喝醉酒了，搖搖擺擺在上海外灘走著，向我迎面走來，他站在我面前，擋住我的路，向我敬了一個軍禮：兩腳一併，咯嚓一聲。我回頭想走開，那傢伙嬉皮笑臉向我走近來，雙手也伸過來了，哼，想佔便宜！我抬手就給他一巴掌。他還是笑嘻嘻，又是咯嚓一聲，敬了個軍禮，還說對不起呢。你們美國人，還是懂禮貌的……」

江青滔滔不絕地說她如何崇拜美國明星嘉寶（Greta Garbo），如何熱愛好萊塢電影《飄》（*Gone With the Wind*），說她「看過大概有十遍了，每看一遍都很感動」，還不屑地反問道：「中國能拍出這樣的電影嗎？」——好像中國電影的凋萎跟她和她丈夫都毫無關係。江青這樣歌頌《飄》，讓毛的新聞總管姚文元有點不安，姚輕輕地插了一句：「從歷史觀點來看，內容是有缺點的。她〔作者〕同情奴隸主。」江青的回答有點令人摸不著頭腦：「我沒有看到電影中讚揚三K黨（Ku Klux Klan）。」

最後，按毛的意思，江青談話的記錄只有一部分給了維特克。維女士後來出版了一本江青傳。其他紀錄稿全部放進保險箱，上鎖加封條，進了外交部保密室。

毛沒有因此禁止江青在外國人面前露面，但露面的機會遠不如她渴望的那麼多。丹麥首相哈特林（Poul Hartling）一九七四年訪華，江青陪同他和夫人觀看演出，但國宴沒有她的份兒。不甘心的她，就在國宴開始前趕去，把哈特林夫婦留住，高談闊論，讓四百名出席宴會的人等了半個多小時。哈特林夫婦感到她的舉止「傲慢」、「賣弄」，他們為她感到難堪。美國游泳隊來訪時，沒有安排她接見，她就偷偷在游泳池的玻璃牆外看他們練習，事後一疊聲嘆息說：「真是美呀！……游得真好，姿勢很美，速度又快……」江青本人在維特克面前謝絕下水，理由是：要是「群眾」看見她游泳，「會過度激動」。

除了熱望接觸外國人，江青渴求的還有女性化的服裝。在她丈夫統治下的中國，女人只有臃腫難看的衣褲可穿，江青也受到限制，只能在個別場合穿裙子。尼克松訪華時，在總統眼中「粗魯、好鬥」的江青，陪總統夫婦看「樣板戲」《紅色娘子軍》。她為那天穿什麼衣服煞費苦心，非常想穿件連衣裙，又怕在人民大會堂的眾目睽睽下太顯眼，最後忍痛放棄了這個念頭。菲律賓的第一夫人伊梅爾達·馬科斯（Imelda Marcos）穿著華麗的菲律賓國服來訪，江青卻只有毛式服裝加軍帽，與這位從前的「菲律賓小姐」相形見絀。馬科斯夫人看出江青從眼角嫉妒地打量她。

正是為了跟馬科斯夫人比美，江青設計了中國婦女的「國服」：無領對開襟的上衣加半長的百褶裙。當女運動員穿著它在海外參加運動會的照片發表時，女人們哪怕再嚮往裙裝，也覺得不美而嗤之以鼻。但江青畢竟開了頭，裙裝不再是「違禁品」。文革剪裙子將近十年之後，或飄逸、或莊重的裙子又小心翼翼地重新出現在許多女人身上。

為了把她設計的衣裙由官方定為「國服」，江青頗費了一番心思。政治局反對，不願拿錢給全國女人做耗費布料的百褶裙。江青想讓毛干預，讓得毛歡心的女友穿上給他看。當毛聽說衣裙是江青設計的，把臉一沉說：「快去脫下來，一點都不好，以後不要要她的東西！」

如今的江青要見毛還得討好毛的女友。文革開始後，她跟毛分開居住。初期，她因為管「中央文革」，隨時可以見到毛。後來，她的政治作用小了，見毛就不那麼容易了，經常是她來到毛的住地，毛不讓她進來。毛討厭她。毛越這樣，她越不顧一切地要接近毛。作為毛的妻子，卻見不到毛，江青害怕，心中無底。她於是對毛的女友獻殷勤，送衣料啊、毛衣啊，甚至送稀罕的瑞士手錶，希冀她們在毛跟前替她求情。有一次，她以「檢查衛生」為名闖入毛的住地，毛要她「滾」，事後對警衛生氣地說：她要是「再闖，就抓起來！」

一九七五年十二月二十六日是毛八十二歲生日，也是他最後一個生日。那天，江青獲准來了，帶來兩樣毛喜歡的菜。毛待她好像她不存在，視而不見，聽而不聞，一句話也沒有。她待了一陣子，無趣而傷心地走了。生日晚餐，毛是跟五個女孩子一道吃的，有女友，有身邊工作人員。

做毛的女友不像皇室的王妃情婦，沒有珠寶首飾，沒有千嬌百寵，毛用她們為自己服務。在毛最後的一兩年，寢室只許兩位女性隨意進出：張玉鳳和孟錦雲。張從前是毛專列上的服務員，後來做了毛的祕書，孟是文工團的演員。她們倆做毛身邊一切事情，四個小時輪換一次，日夜隨叫隨到，睡覺也不敢脫衣服。她們的家庭生活少得可憐，鮮有周末休息。

孟錦雲很想離開，請張玉鳳幫她在毛面前說說，說她快三十了，「真想要個小孩呢」。毛的回答是：「等我死了，她再要吧。」張玉鳳本人有個女兒，中國那時沒有嬰兒食品，女兒得吃她的奶。可她不能每天回家，只得把奶擠在瓶子裡，把瓶子放在毛的冰箱裡，有機會回家時帶去。嬰兒吃這樣的奶生了病，她焦急不堪。由於天天心裡都惦記孩子，給毛讀文件有時會不由自主地念起女兒的名字來。難處再大，毛也不考慮給她減少工作負擔。

毛看上的女人很少有拒絕他的，但他的英語翻譯章含之似乎是個例外。一九七二年底的一天，見外賓後，毛把長相秀雅的章留下，叫到工作人員的屋子裡，激動地對她說：「你心裡沒有我！你心裡就是沒有我！」章巧妙地答道：「主席，這麼說我擔當不起，我心裡怎麼沒有你，全中國人民心裡都有你。」毛讓她走了，繼續用她做翻譯，還把她深愛的後來與之結婚的喬冠華提拔為外交部長。但是毛也要外交部的人幾度整喬。

毛與江青的獨生女李訥是毛最年幼的孩子，生於一九四〇年，長在毛身邊，年幼時的天真呢喃曾給毛帶來歡樂，使他放鬆。李訥十四歲時給毛寫過這樣一封充滿愛意的信。

親愛的爸爸：

你在睡覺嗎？一定睡得很香吧？

你一定奇怪，我為什麼突然要寫信給你。事情是這樣：在你過生日的時候，我想給你送禮，一塊手絹還沒有繡成，你的生日就過去了。而且也繡得很不好，於是我就沒有送。因為我知道你不會生氣，你是我的好爸爸，對嗎？這次媽媽的生日就要到了，就趁此補補吧，我送的東西也許你不喜歡，但這是我親手做出來的。東西雖然小，但表示我的心意：我願我最親的小爸爸永遠年輕，慈祥，樂觀，你教導我怎樣生活，怎樣去做人，我愛你呀！小爸爸，我願你永遠活著和我們生活在一起。

熱烈愛著你的女兒

吻你

毛希望女兒長大後對他政治上有所幫助，從小便照此培養她。一九四七年中共撤離延安時，儘管她只有六歲，毛要她等國民黨軍迫近時再走，對她說：「看看飛機轟炸，聽聽炮聲，也是個鍛鍊。大人需要鍛鍊，小孩子也需要鍛鍊。」江青替女兒擔憂，哭著要先把女兒送走，毛大怒，把飯桌猛然一掀，飯菜撒了一地，喝道：「你滾蛋！小孩子不能走，我就要她在這裡聽聽炮聲！」

李訥上的大學是北大，學的是中國現代史。據她說她並不喜歡這個科目，但黨號召幹部子弟帶頭學，她就學了。文革開始時她剛畢業，二十六歲，毛派她去《解放軍報》，替他把住軍隊喉舌。她先做特派記者，在全國各地收集文革情況，當毛的耳目。一九六七年八月，她通過兩度奪權，把軍報抓在手裡，原先的領導人以各種罪名打倒、關押。軍報接著掀起了對她的個人崇拜。辦公室乃至宿舍家庭都貼滿了向她「學習」、「致敬」的標語，大會小會上，「誰反對肖力（李訥的化名）同志誰就是現行反革命」，「誰反對肖力同志就打倒誰」是必呼的口號。報社特地開闢一間「肖力豐功偉績」展覽室，展覽她騎的藍色自行車、喝水用的大白茶缸，說是表現了她「艱苦樸素的作風」。

李訥變了。剛來時她還挺謙虛，口口聲聲說：「爸爸要我來向叔叔阿姨學習。」現在她自己坐在沙發上，讓老編輯站在面前，咬牙切齒地發火：「你給我立正！」「我恨不得槍斃你！」她宣告她要在軍報實行王道與霸道「王、霸雜用」的方針。認識李訥的人都說她頭腦並不出眾，這樣的用語顯然不是她想得出來的，而是她爸爸教的。

在這位人稱「天上掉下的毛姑娘」的統治下，軍報百分之六十以上的人以反對她的罪名受到殘酷迫害，其中有她的朋友，就因為在小事上對她表示過不同意見。

一九六八年初，毛把軍隊管理全部交給林彪時，李訥離開了軍報。她馬上接管了同樣重要的職位：中央文革辦事組組長。為了把這個位子空出來，她媽媽把李訥的前任送進監牢。李訥在這個位子上一直待到「九大」中央文革小組解散。

毛的設想是讓她管北京。但一九七二年，李訥得了精神病，此後多年時反時復，直到毛死後才漸漸痊愈。據了解她的人說，李訥不像她父母，並不以整人為賞心樂事，對無休止地迫害人的生活逐漸感到不能忍受。有一次，她認識的中央辦公廳副主任王良恩自殺。當江青的祕書奉命給李訥送去批王簡報時，她粗略看了一下題目，就生氣地大喊：「叫我看他媽的這些幹什麼?!」猛一下把這疊簡報從窗戶扔到院子裡，散落了一地，說：「以後不要再給我送這些亂七八糟的東西給我看，我早就煩透了！」

李訥渴望溫情。江青從前曾給她很多的愛，如今也像毛一樣，把母女關係局限到冷酷的政治領域。李訥快精神崩潰了，靠吃大量的安眠藥來求得短暫的睡眠，她沒有可以交心的人。作為一個年輕女人，她自然期望愛情，但沒有男人敢向她求愛，也沒有媒人願意自找麻煩來引線穿針。三十一歲那年，她主動向一個年輕服務員求婚。她寫信給毛請求批准時，毛問了帶信人幾個簡單的問題，在信上批道：「同意。」給她的結婚禮物是毛自己也沒看過的一套馬克思、恩格斯全集。

婚禮父母都沒有參加。江青不滿意女婿，認為他是個僕人，配不上女兒。結婚後一段時間，李訥經常感冒發燒，儘管這跟「性」南轅北轍，江青怪罪到女婿身上，說他「身體有毛病」，命令他去醫院檢查。不久，她說女婿「有坐探的嫌疑」，把他送去外地。李訥的婚姻很快瓦解，精神幾近崩潰。

一九七二年五月，李訥生了個男孩，給她陰鬱的生活帶來光明。但歡樂是短暫的。江青因為看不起女婿，也看不起這個外孫，不認他是毛家的後代，沒抱過他一次。毛對孫兒、孫女沒有興趣和感情。

李訥得了精神分裂症。毛很少見她了，對她的身體、精神狀況也沒有多少關心的表示。文革後，李訥重新結了婚，過著正常人的日子。對文革中發生的許多事，她「全忘了」。

毛的另外一個女兒嬌嬌（李敏）不是個搞政治的人。她十二歲從蘇聯回國時，是個帶著異國情趣的漂亮小姑娘，穿著俄羅斯式的薄呢裙子，腳上一雙當時中國少見的皮鞋，舉止洋味兒十足，說話都是俄文。毛對她充滿愛意，管她叫「我的小外國人」，還請一些領導人到家裡來，向大家炫耀他的「洋寶貝」。那時嬌嬌快樂極了。長大成人後，她不能再給毛童稚時的樂趣，政治上又幫不了毛，見毛的機會就越來越少了。在毛的晚年，好幾次，她來到中南海大門口，請求見爸爸，但毛不讓她進去。後來她也患了精神病。

毛的長子岸英死於朝鮮戰爭。唯一活著的次子岸青腦子有病。毛給他提供了舒適的生活，但不把他當作家庭成員。毛常說他家有五口人：他、江青、兩個女兒和姪兒遠新。

毛遠新是毛的弟弟澤民的兒子，從小在毛家長大。文革初期他才大學畢業不久，幾年之中就當上了瀋陽軍區政委，為毛把持毗鄰蘇聯的東北。他在東北幹的最著名的事，是下令槍斃公開反對文革、反對江青的女共產黨員張志新。儘管槍斃是祕密的，又有一套阻止犯人說話的措施，如在脖子上套一根繩索，一說話就拉緊，當局還是對張志新的聲音萬一傳出怕得要命，在臨刑前割斷了她的喉管。

毛遠新是毛信賴的自家人。毛在生命的最後一年，派他做自己與政治局之間的聯絡員。毛遠新有所不知的是，四十年代初期他父親在新疆被捕被殺，毛曾有意見死不救。

毛是他遺棄的第二任妻子楊開慧被害的直接原因，對第三任妻子賀子珍的精神錯亂也負有責任。毛給幾乎所有家庭成員都帶來悲劇，最後輪到的是江青。毛先盡量利用她充當打手，使她成了人人痛恨的對象，然後又用她做擋箭牌，以保障自己生前的安全。江青在毛死後不到一個月被捕，就是毛和他的「反對派」交易的結果。一九九一年五月十四日，江青在監禁中自盡。

57 鄧小平迫毛讓步

一九七三～一九七六年 七十九～八十二歲

毛澤東生命的最後兩年中，中共領導中出現了一個強有力的「反對派」，核心人物是鄧小平。他在毛死後實行改革開放，改變了中國的航向。

鄧是四川人，比毛小十一歲。一九二〇年十六歲時，他飄洋渡海去法國勤工儉學，在那裡成為共產黨人，受周恩來領導。法國的五年使他愛上了牛角麵包、葡萄酒、奶酪等法國食品。若干年後，他還多次把巴黎咖啡館跟家鄉四川的茶館相提並論，特別提起義大利廣場旁邊的一個小咖啡館，他常去那裡喝咖啡。

同在法國的中國人形容他是個「四川小孩子，矮矮的，胖胖的……總是跳跳蹦蹦，走到這一角同人說笑話，又走到那一角同人開玩笑。」數十年的共產黨生涯把他演變為喜怒哀樂不形於色的寡言的人。寡言的一個好處是他喜歡開短會，中共奪取大陸後他負責大西南，開的第一次軍政委員會全體會議只花了九分鐘，與一次開會講了九個鐘頭話的周恩來迥然相異。有人說，周的風格是舉輕若重，鄧是舉重若輕。鄧處事果斷，不少複雜的政務是在橋牌桌上解決的。

從法國鄧被驅逐出境，到了蘇聯。長征時，他是中央祕書長；抗戰中，他是八路軍最高指揮之一；國共內戰期間，他前後任淮海戰役和渡江戰役總前委書記，管轄兩個野戰軍。這兩個戰役開始前，毛澤東對他簡短而信任地說：「交給你指揮了。」從五十年代中期起，他是中共的「總書記」。

對毛的政策，鄧賣力地執行。反右運動，他是毛的主要臂膀。但在大躍進時，鄧轉而反對毛導致大饑荒的政策，支持劉少奇。毛注意到他迴避自己，說：「鄧小平從來不找我，從五九年到現在，什麼事情不找我。」「鄧小平耳朵聾，一開會就在我很遠的地方坐著。五九年以來六年不向我彙報工作。」「鄧小平對我敬而遠之。」

毛發動文革時，曾一度考慮過要鄧做他的左右手。可是鄧不贊成毛搞文革，不為所動。毛把他打成「第二號最大的走資派」，軟禁在家，孩子和繼母被趕出家門。鄧被批鬥抄家，但不像劉少奇被整得那樣慘，他一直有夫人陪伴。毛整人整到什麼程度是經過精心安排的，根據他仇恨的程度。毛說：「鄧小平要批」，但「要把他同劉少奇區別一下」。毛欣賞鄧的能力，留著鄧以備不時之需。

即使是有「區別」也還是災難。一九六八年五月，鄧的大兒子樸方跟一個女兒被用黑布蒙上眼睛，抓到北京大學去，逼他們揭發鄧小平。在這所中國著名的最高學府，六十多個遭到監禁的人被拷問致死，或自殺。樸方不堪凌辱而跳樓，造成終身殘廢，從胸部以下全部失去知覺。鄧和妻子一年以後才得到消息。幾天幾夜，鄧的妻子不住地哭，後來對鄧的繼母說，她覺得活著真是不如死了好。

一九六九年十月，鄧小平夫婦被放逐到江西，由持槍的警衛監管，每天去拖拉機廠做工。離京前，鄧跟癱瘓的樸方一面也沒見上。在流放地，有一天，最小的兒子從上山下鄉的地方來看父母，面黃肌瘦，穿得破破爛爛。假期結束，兒子不能不在一個小雨天離開。鄧心裡難受，當天面色蒼白、冷汗淋漓地倒在工廠地上。

一九七一年六月，癱瘓的樸方終於獲准被送來江西，當鄧看到他從前活蹦亂跳的兒子殘廢成什麼樣子時，他的傷心溢於言表。江西的夏天濕熱難耐，怕兒子長褥瘡，鄧和妻子每天數次幫他翻身，替他擦澡。這是件很勞累的活，因為樸方個子大，小名「胖子」。

鄧後來說，文化大革命是他一生中最痛苦的日子。一天夜裡，他在惡夢中大聲喊叫，把全樓都驚醒了，以為出了什麼事。痛苦中他進行著反思。結果是，在毛死後，他摒棄了毛搞的那一套，改變了中國。流放中的他默默地鍛鍊身體，等待機會回到政治中心去。

機會終於來了：「九・一三」。樸方經常用家裡帶短波的收音機聽外國電台。這在中國當時是要坐牢的，推行這項嚴酷政策，鄧本人也有份兒。可如今他默許兒子「收聽敵台」。正是從外國電台廣播中，鄧一家猜到了林彪出事。

對這一消息，毛政權層層往下傳達，鄧兩個月後同工廠工人一起聽到。文件裡提到「林彪迫害老幹部」。念文件的說：「毛主席對老幹部是不會置於死地的。老鄧就坐在這裡，他可以作證。老鄧，你說是不是呀？」鄧小平紋絲不動地坐著，面無表情，沉默不語。

回家關上房門後，他一改往常不同家人談政治的規矩，和他們一樣興奮激動。兩天之後，他提筆給毛寫了被打倒以來的第一封信，要求工作。他感到他有可能東山再起，林彪倒了，毛看來不得不否定文革了。

沒有回信。周恩來第二年五月被診斷出癌症，毛也沒有召鄧入京。毛嘗試在文革既得利益者中培養周的接班人，選擇了上海造反派頭目王洪文。三十七歲的王原是某紡織廠保衛科幹部，他長相英俊，有些號召力，但談不上有治國的本領。毛派飛機把他接到北京，開始訓練他，一年之後，在中共「十大」上，把王提為僅次於周的第三號人物。

王洪文顯然無法替代周。澳大利亞的惠特拉姆總理訪華，在毛那裡見到王，發現他緊張得不得了，整個會見一個字也沒說，只在最後沒頭沒腦地蹦了一句出來。會見時惠特拉姆曾提起一九二七年的「南昌起義」，周恩來感嘆說年輕的王那時還沒出生。會見完畢，客人準備走了，王突然侷促不安地尖聲說：「總理，你說南昌起義時我還沒出生，可是我也幹了很長時間的革命。」

這樣的人自然不能教毛放心。一九七三年初，周的病勢惡化。毛不起用鄧小平不行了。他把鄧接來北京，先讓鄧做了副總理，主要負責接待外國人。鄧不像周恩來那樣有風采，會見外國人時不斷吐痰，令好幾個政要都惴惴不安，但他畢竟有政治家的風度。

這年年底，周的癌症進一步惡化，尿裡的鮮血止不勝止。毛做了一項重大決策：讓鄧主管軍隊。為此，他恢復了鄧政治局委員的身分。鄧是唯一可以保持軍隊穩定的人。王洪文在軍隊的影響等於零，林彪死後毛任命的軍隊主管人葉劍英元帥，分量又不夠重。

給鄧這樣的權力對毛來說是場賭博。但毛的賭注押對了。毛活著時，鄧沒有對他人身造成任何威脅，就是毛死了，鄧也不准公開批毛，儘管他拋棄了毛的主要遺產。

毛把鄧提上政壇中心，但在鄧周圍擺上自己的人，主要是他「命名」的「四人幫」：王洪文、張春橋、江青、姚文元。康生當時已因癌症行將就木。「四人幫」代表著毛的政策。

鄧回京不久便同周恩來和葉劍英建立了自己的「聯盟」。這三人中，鄧、葉是文革的受害者，而周是助紂為虐的人。為了奉迎毛，周甚至把自己的家「西花廳」改名為「向陽院」，意思是心向紅太陽毛澤東。他唯一的養女孫維世在文革中受到監禁，原因在於她曾給中共高層做過俄語翻譯，見過許多蘇聯領導人，包括斯大林。毛懷疑他周圍所有跟蘇聯有來往的人，把她也抓了起來。江青落井下石，因為孫長得很美，毛對她也似曾有意。孫慘死在獄中。儘管周恩來據說對她愛慕傾心，周沒有伸手救她，死後他還批示調查「是否自殺或滅口」，好像孫真的捲進了什麼「陰謀」。

鄧對周幫毛搞文革是不滿的。毛死後他講，周在文革中「說了好多違心的話，做了好多違心的事」，雖然他緊接著又聲稱「人民原諒他」。一九七三年春回京後，鄧於四月九日去看望病中的周。他們有近七年沒見面了。一開頭，兩個人對坐無言。終於，周開口了，第一句話是：「張春橋是叛徒，但是主席不讓查。」周向來謹小慎微，這次他不僅要一棍子打死毛的親信張春橋，而且直接抱怨毛澤東。他的話是經過仔細斟酌的，目的是向鄧表態：他要跟鄧站在一起，反對文化大革命。此話一出口，鄧便了解了周，再看到周病瘦得不成樣子，原諒了周。兩人開始長談，從此成了盟友。

這是一個轉折點。毛的兩個最重要的同事攜手結盟。鄧還常去軍隊的重地西山見另一個盟友葉劍英，與葉配合默契。毛的同事「串通一氣」，這向來是毛的大忌，如今成了現實。

鄧等人得以結盟，歸根到底是由於年邁的毛病得不輕。終身的嗜好抽菸就是在此時忍痛戒掉的。眼睛半瞎，他對自己的安全比以往更加擔心。身邊工作人員接到規定：「走路要響一些，好讓他知道有人進來了，免得他不知道嚇著。」視力模糊不能看書，一生手不釋卷的毛難以忍耐，他叫人把一些文革中禁止出版的古典文學作品印成大字本看。為了印這些大字本，北京、上海各建了一個印刷廠，每冊印刷量五本上送毛。為了保險多印了幾本，作為檔案封存。參與注釋、校點的學者一本也不許保留。隨著毛的視力越來越壞，大字本的字號也越來越大。當毛發現即使用放大鏡也看不清這些特大號字時，他忍不住痛哭起來。他只得靠工作人員讀書給他聽。

一九七四年七月十七日，毛離開北京到南方去。不久，眼疾診斷出來了，是白內障，成熟後用小手術很容易摘除。雖然等它成熟要等一年，毛也長吁了一口氣。他在南方待了九個月，這是他一生最後一次出行。

為毛檢查身體的結果還發現，他患了一種極少有的運動神經元病，大腦延髓和脊髓內主宰喉、咽、舌、手、腿的神經細胞逐漸變質壞死，身體逐漸麻痹癱瘓。由於喉、咽、舌功能失調，食物和水會流入氣管囤積肺中，引起肺部反覆感染。在最後階段，不僅無法吞嚥，而且無法呼吸。這是不治之症，根據毛現有的病狀，他只能活兩年。

醫生們依彙報程序報告了毛的大總管汪東興。汪報告了周恩來。正是在聽到這個消息之後，周的膽子大壯，雖然外表上，他對毛是照常的恭順。

周的盟友鄧、葉也得到這一消息。他們決定不通知「四人幫」，連毛的夫人江青也不告知。告訴江青是自找麻煩。兩年前毛休克，她罵醫護人員是「特務」、「反革命」。周恩來找她討論毛的病情，她反說周要逼毛交權。可是，這次不告訴她毛的病情，不光是怕她亂指控，更重要的還是政治鬥爭的需要。

毛本人也被瞞著。他要是知道自己只能活兩年會怎麼反應，誰也不敢說。醫生們對毛說他的身體很好，還可以活很多年。有一個外來的醫生說了句：「主席的病不好治啊！」馬上就被送了回去。對病狀的解釋是上了年紀之類的話，毛半信半疑。為了保證把毛蒙在鼓裡，真實病情對他貼身的工作人員一律封鎖。

知道了毛來日無多，再加上周恩來本人也病入膏肓，鄧——周——葉聯盟行動起來，要讓毛指定鄧做周的接班人，把一大批文革中打倒的老幹部任命到關鍵位子上。十二月，周拖著病體飛往長沙，帶著人事安排的名單去見毛。毛對這些老傢伙在京城做些什麼心知肚明，他有留守北京給他通風報信的「四人幫」。江青說她對看到的「咄咄怪事」，感到「觸目驚心」。但是毛沒有辦法管束鄧、周、葉等人，軍隊在他們手裡。「四人幫」對軍隊毫無影響力，毛又無法在軍中新建一支與鄧、周、葉抗衡的力量。他力不從心。

怪病纏身的毛一天天衰弱下去。剛離開北京南下時，他還可以在院子裡散散步。幾個月後，他就只能拖著步子一點一點蹭。十二月五日，他在長沙的游泳池裡只划了划水，發現手腳實在划不動，那天便成了他與終身愛好的游泳訣別的一天。游泳池邊，毛發出一聲長長的嘆息，這是意志力極強的毛從未發出過的聲音。跟他二十七年的警衛隊長聽到時驚呆了，不敢相信自己的耳朵。肌肉萎縮器官失調的結果，毛說出的話越來越不清楚，飯菜也不斷掉進肺裡，他不斷地嗆著，肺部不斷地感染。毛只能側躺在床上由人餵飯。

在這樣的狀況下，毛只能認可周恩來送上的人事名單，特別是任命鄧小平為第一副總理，代行周恩來之職。毛沒有完全示弱，他把張春橋提拔為不論在政府還是在軍隊都僅次於鄧的人物，而且把媒體讓「四人幫」牢牢把持，使他能夠直接向全國發號施令。

鄧、周、葉的策略是先利用張春橋、江青歷史上的污點打擊他們，把他們搞掉，以架空毛。十二月二十六日毛八十一歲生日那天，周以嚴肅的神情對毛講這兩位有「嚴重政治歷史問題」。毛說他早就知道了，意思是有問題又怎麼樣？

一向俯首帖耳的周，竟然膽大包天地當面把毛的妻子和親信打成敵人。毛知道他面臨一番惡戰，他和「四人幫」一邊，同鄧、周、葉以及重新任職的老幹部對陣。

此時鄧在全國大批起用文革中被「打倒」的老幹部。毛指示「四人幫」在一九七五年三月透過媒體發起一場針對這批人的「批經驗主義」運動。四月，毛回北京後，鄧當面向毛表示反對這場運動。毛被迫說同意鄧的意見，把運動怪到「四人幫」頭上，叫江青做檢討。五月三日，當著整個政治局，毛停止了批經驗主義的運動，說：「我犯了錯誤，春橋的文章，我沒有看出來。」這樣帶表白性的認錯在毛是破天荒。毛明白自己的虛弱，到會的人都看得到，他眼睛幾乎全瞎，說話嘟嘟囔囔，一副日薄西山、氣息奄奄的樣子。這是毛最後一次主持政治局會議。

會上，毛反覆講「三要三不要」：「要搞馬克思主義，不要搞修正主義；要團結，不要分裂；要光明正大，不要搞陰謀詭計。」他的意思是：不要否定文化大革命，不要跟我分裂，不要搞陰謀害我。這是毛對中共最上層的老傢伙們提出的請求。那段時間，毛三番五次對他們講「周勃安劉」的故事：在劉邦死後，軍事長官周勃與丞相陳平合謀，剷除掌握了政權的呂后一黨，使漢室重新成為劉家天下。當時，人人皆知江青以呂后自詡。毛講的故事給老傢伙們一個信息：你們不妨也像周勃、陳平一樣，搞掉江青一黨——等我死了以後。

聽毛講故事的有軍隊將帥，他們在文革中吃足了苦頭，現在由鄧周葉聯盟委以重任。他們不跟毛翻臉則罷，要是翻臉，毛就岌岌可危了。儘管張春橋、王洪文被安插進軍隊，也無濟於事。

一九七五年六月，軍隊對毛進行了一次示威。那是賀龍元帥去世六周年紀念日。賀龍因為不幸聽見了蘇聯國防部長馬利諾夫斯基說要「搞掉毛」的話，成為毛疑心的焦點，慘死在監管中。軍方決定為賀龍舉行「骨灰安放儀式」。毛無法阻止，只能規定「不治喪，不致悼詞，不獻花圈，不報導，不宣傳」。在軍方支持下，賀龍長女給毛寫信，指出賀龍一案牽連了一大批軍隊的人，對賀龍後事的這種做法在軍隊行不通。毛只好答應安放儀式怎麼搞由周恩來安排，但強調一點：「不登報」。

儀式籠罩在一派悲痛的氣氛中，周恩來以體重僅三十來公斤的垂危之軀，掙扎著前來參加，並且感情衝動地致了悼詞。他一進會場就喊著賀龍遺孀的名字，扶著她的肩膀，聲淚俱下地說「我很難過」，「我沒有保住他啊！」

周措辭很巧妙，「保」而沒「保住」，根子在他的上峰：毛。周需要洗刷自己，他是賀龍專案的負責人，賀的死，以及賀部下的入獄、受刑、死亡，他都有責任。人們對他有氣，他很清楚。他緩緩對在場的人說：「我的時間也不長了。」就這樣，他爭取了同情，把人們的不滿導向了毛。

毛從來是拿別人做替罪羊的，不習慣別人把責任贈還給他。他非得要報復周不可。七月二十三日，他在岳飛〈滿江紅〉的激昂曲子陪伴下，做了左眼白內障摘除手術。手術只花了七分鐘，結果完滿，毛十分高興。

眼睛復明使毛信心大增，兩個星期後他便搞了個評《水滸》、批「投降派」運動，說：「《水滸》這部書，好就好在投降。做反面教材，使人民都知道投降派。」這是毛影射周恩來。周心裡明白，幾十年過去了，〈伍豪啟事〉這一紙謊言還可能會在他死後敗壞他的名聲。九月二十日，在做一個大手術之前，術前鎮靜劑用過了，醫生都等著周，他仍花了一個小時反覆斟酌他就〈伍豪啟事〉做的自我辯護，用顫抖的手簽上字，交給他夫人，才放心地躺上了手術車。進手術室前一刻，他對周圍的人大聲說：「我是忠於黨、忠於人民的！我不是投降派！」

幾天後，鄧見到毛，對批《水滸》運動明確表示不滿。毛又把過失推到江青身上，用他喜愛的辭藻罵道：「放屁！文不對題！」運動不了了之。

鄧有了權後幹的一件重要的事，是把提高人民生活水準擺上議事日程。文革中，誰提生活水準誰就是搞「修正主義」。在毛統治中國四分之一世紀後，絕大多數人的生活仍困苦不堪。即使在相對優越的城市裡，衣食等必需品都處於嚴格定量之下。說到「住」，三代同室的情況比比皆是。城市人口增加了一億，但蓋的新房子寥寥無幾，老房維修幾乎不存在。一九六五到一九七五年的十一年間，整個城市建設的投資，包括水、電、交通、排污等，不到同期以軍工為核心的重工業投資的百分之四。這些年中，對醫療、教育的投資，比中共上台初期本來就小得可憐的比例，還少了一半多。農村更是一貧如洗，大多數農民吃不飽飯，有的地方成年大姑娘沒有衣服穿只得赤身裸體。「革命聖地」延安，老百姓比四十年前共產黨剛到時還窮。延安城裡滿是飢餓的乞丐，有外國人來瞻仰聖地時，官方便把他們「收容」起來，遣送回鄉。

毛澤東對他的「子民」的境況知道得清清楚楚。從收集下情的管道來的文件，毛每天都讀，或是讓人念給他聽。一九七五年九月，他對越共領導人黎筍說：「現在天下最窮的不是你們，而是我們。」哪怕越南燃燒了三十年不停的戰火，經歷了美國的狂轟濫炸，中國人還是窮過越南人。然而，當鄧小平設法發展經濟，改善人民生活時，毛的「四人幫」卻說：「寧長社會主義的草，不要資本主義的苗。」

鄧幹的另一件事，是使荒蕪的文化領域有了點生機。這時上演了幾部劇情片。儘管它們無一不是歌頌共產黨的，江青仍然對它們橫加攻擊，用漂亮女演員也成為罪名。

老百姓看不到電影，毛卻想看什麼就看什麼，「解放後」的，「解放前」的，香港的，西方的。他特別喜歡坐在家裡欣賞戲曲。名角兒們便從流放地被召回，在空蕩蕩的北京電影廠、電視台攝影棚裡，專為毛錄音拍戲。沒人對他們解釋為何來演唱這些早就被禁的「反動黃色」的東西，只有人警告他們不許問問題，不許交談，不許向任何人提起。錄像由電視轉播車從毛的住宅外，直接發送給毛獨家欣賞。

因為他的政策，鄧小平不時同江青發生爭執，有時拍桌子罵她，成了除她丈夫外這樣對待她的第一人。鄧也當面對毛譴責江青，並鼓勵電影導演和其他文化人給毛寫信告她的狀。鄧的做法就是否定文革，而毛把文革看作他一生做的兩件大事之一（另一件是把蔣介石趕到台灣）。毛不能讓鄧得逞。一九七五年十一月，他要鄧主持做一個肯定文革的決議，等於要鄧自己把自己限制起來。

鄧拒絕做這個決議，說：「由我主持寫這個決議不適宜，我是桃花源中人，『不知有漢，無論魏晉。』」他是當著一百三十名高級幹部的面說這番話的，態度強硬。毛只好放棄做決議一事。但他同時也決心再次打倒鄧小平。

周恩來、葉劍英都曾勸鄧不要操之過急，等毛死了再說。但是鄧不願意等，他估計他可以逼毛讓步。鄧看到的是毛的極度衰弱，但他見不到的是，在這衰朽的軀殼下，毛保持著不可摧毀的意志和慣有的老謀深算。

一九七六年一月八日，七十八歲的周恩來去世。鄧的主要盟友一死，毛馬上行動，把鄧的職務實質上解除，將他軟禁在家，在全國搞「批鄧」。對葉劍英，毛也同時下手，以「生病」為名拿掉了他的軍職。毛指定「老實」不起眼的華國鋒接替周恩來，同樣不知名的陳錫聯代換葉劍英。毛用他們而不用「四人幫」，是因為「四人幫」太不得人心，毛希望盡量減小對他決策的阻力。

周恩來的死成為導火線，點燃了舉國上下長期壓抑的對文革，乃至對毛的奔騰怒火。頭一年，鄧在台上時，「謠言滿天飛」，把周塑造成一個為老百姓嘔心瀝血，跟「四人幫」鬥爭，受「四人幫」迫害的悲劇英雄。人們對他的死表現了真誠的悲傷。媒體受命低調宣傳，大家更加憤慨。當周的遺體從醫院運到八寶山公墓火化時，北京一百多萬人自發肅立幾十里長街兩側為周送行，形成了毛政權下從未有過的壯觀景象。追悼會那天，就連毛謹慎寡言的祕書張玉鳳也問他：「主席你是不是去參加總理的追悼會？」毛翹了翹他半癱的腿，說他走不動。可人們把毛不出席看作是他故意貶周。不久後是春節，毛的住宅放了鞭炮，中南海裡的人悄悄傳說，這是毛在慶祝周的死亡。

四月初，火山終於在清明掃墓時分爆發。人群匯集在天安門廣場，用花圈與詩歌悼念周恩來，聲討文化大革命。同樣聞所未聞的是，人群搗毀了企圖清場的警車，放火燒了「四人幫」組織的民兵指揮部。這場暴動，就發生在離中南海咫尺之遙的地方。

毛政權用血腥手段恢復了天安門廣場的「秩序」。江青喝茅台以資慶祝，毛批示：「士氣大振，好，好，好。」鎮壓在全國進行，不過已是強弩之末。

雖然鄧小平並不是天安門抗議活動的後台，可是廣場四周松樹上掛的許多與「小平」同音的小瓶子，叮叮噹噹地響著人群對他的擁戴。毛害怕鄧同人民結合起來，下令把鄧從軟禁的家中抓走，關在北京的另一個地方。

毛沒有用殘酷的方式來對付鄧，相反地，他發話要保護鄧。這並不是因為毛對鄧念念不捨，他是怕鄧在軍隊的追隨者憤而採取激烈措施，威脅到自己的權力和生命。軍隊實際上仍在葉劍英的掌握中。葉在西山住地，每天接見川流不息的軍隊將領，直接針對毛的話，說他沒有病，「誰也休想趕我走」。在朋友中間，葉對毛的稱呼已不再是尊稱「主席」，而是「拿摩溫」，英文number one（「一號人物」）的音譯。雖無貶義，也是不恭。

在葉的住處，將帥們半公開地討論他們應該採取什麼行動。外號「鬍子」的王震將軍對葉說：把「四人幫」「弄起來不就解決問題了嗎？」因為怕竊聽器，葉打著啞謎，先伸出右手，握緊拳頭，豎起大拇指，向上晃兩晃，然後把大拇指倒過來，往下按了按。「鬍子」將軍猜明白了：大拇指指的是毛，他在世時不宜輕舉妄動，等去世以後再說。「鬍子」將軍找到他從前的下級汪東興，代表軍方囑咐他要保護好鄧小平。

毛清楚西山裡出出進進在搞什麼名堂，但他在軍隊新任命的人完全無力抗衡，他本人命在旦夕，無回天之力。他只好聽之、任之。就在這樣焦躁無奈的情緒下，他的心臟病六月初大發作，把他撂在死亡的門口。

毛的病危通知發給了政治局和主要大夫。當時鄧的夫人因眼疾住在專給高層——包括被打倒的高層——看病的三〇一醫院，一位跟她親近的醫生把毛病危的消息告訴了她。這樣一個絕密消息馬上被透露給主要政敵，標誌著毛的鐵腕已鬆弛到何等地步。鄧一得知這個消息，就在六月十日給毛寫信要求回家，等於是要求釋放。

毛不敢拒絕，在月底病情好轉時答覆：「可以同意」。鄧的歸期被延遲了幾天，因為朱德元帥在七月六日以九十高齡去世。朱德在文革中受了不少罪，毛怕他的死也像周一樣引起全國抗議浪潮，怕鄧捲進裡面去。抗議浪潮沒有出現，毛才在七月十九日放鄧回家。鄧在深夜被一輛汽車悄悄接走。

這一次鄧只關了三個月。雖然放出來後仍是軟禁，畢竟鄧是跟一大家子親人住在一起。毛奈何不了他。

58 最後的日子

一九七四～一九七六年　八十～八十二歲

仇恨、失意、自憐，籠罩著毛澤東最後的日子。這些早就在他的性格裡躁動的情緒，在生命臨近終結時，由毛賦以特殊的表現方式。他喜歡六世紀庾信的〈枯樹賦〉，為一度繁盛的大樹枯萎凋零感懷傷情。按詩人的原意，大樹所以沒落，是因為在移植中傷了根本，作者借此感慨自己飄零異地的身世。但一九七五年五月二十九日，毛對注釋詩文的學者提出異議，說大樹的遭遇「不是移植問題」，「是由於受到了急流逆波的沖蕩和被人砍伐等等的摧殘所造成的」。以樹喻人，毛當然想的是自己。幾天前，鄧小平和他的同盟者剛逼著他屈辱地當眾認錯，說「我犯了錯誤」，取消了針對他們的政治運動。用江青的話來說，鄧等人是在「欺負主席」。

而毛在一九七六年七月還不得不放鄧回家。就在這時，他讓祕書把〈枯樹賦〉給他讀了兩次，然後自己開始背誦，用微弱、吃力不清的聲音慢慢地背，句句都是傷感之情：「……前年種柳，依依漢南；今看搖落，淒愴江潭；樹猶如此，人何以堪。」這是毛一生中所讀、所聽的最後一首詩詞。

在大限將臨的歲月裡，毛痛恨的不只是鄧，周恩來也在其中。早在一九四一年，毛曾寫過九篇痛罵周恩來等人的文章，語言尖酸刻薄，毛一直不便發表它們。一九七四年六月，毛不得不讓周做了第一次手術。他由於自己病重而不敢把周逼狠了，唯一洩憤的方法是重讀那九篇文章。毛死前一個月，又讓人把這些心愛之作讀給自己聽，回味宣洩的快感。

毛在「九篇文章」中對當時的盟友劉少奇曾稱讚有加。重讀時毛把對劉的讚詞從文章中全部劃掉。

重讀這些文章，毛或許還想著文章針對的主要對象王明。一九七四年三月二十七日，王明死在莫斯科。四十年代，毛曾想毒死王明，後來不得不放王明移居蘇聯。據赫魯曉夫和王明的兒子王丹之說，毛還下過一次手，結果王明沒死而他兒子的愛犬被毒死了。王明對於毛是一顆定時炸彈，他不時做反毛的對華廣播，文革中還計畫飛返中國，在新疆建立根據地，以圖推翻毛。這個計畫由於蘇聯不支持而未實行。

從四十年代中毒以後，王明就不斷生活在病重、病危之中，最後幾年，生命更似一縷游絲。他的內臟全被腐蝕壞死，到後來什麼都不能消化，一點點東西，要嚼三、四個小時，算一頓「飯」。毛幾乎所有從前的同事都已魂歸西天，多數的死同他有關。然而，這些死對他都有些「美中不足」。王明死在他鞭長莫及的蘇聯。劉少奇、彭德懷死了，毛不敢公諸於世。周恩來的死激起天安門廣場大示威。林彪逃出了國境，差點就安然無恙，而且留下一道擺脫不了的暗殺他的陰影。鄧小平呢，還活著，享受著天倫之樂。

毛自我感覺是個失敗者。幾十年苦苦追求也沒能稱霸世界。原子彈有了，可是「有彈無槍」，已有的導彈能把它準確地射過邊境就不錯了。巨額投資的中國軍工產品質量差得一塌糊塗，而且浪費奇大，效益奇低。毛一九七五年接見海軍負責人時伸出小指頭，萬般遺憾地說：「我們的海軍只有這麼大！」毛會見基辛格時，扳著指頭數著說：「世界上只有兩個超級大國。我們落後。美國、蘇聯、歐洲、日本、中國、我們是倒數第一。美國、蘇聯、歐洲、日本、中國——你看看。」福特總統訪華時，毛對他說：「我們只能放空炮」，「罵罵人」。

一九七四年，毛生前最後一次努力要爭做世界領袖。這次毛仰仗的不是軍事實力，而是中國人民的貧困。他重新劃分「三個世界」，把貧困作為「第三世界」的定義，這樣一來他便是當之無愧的第三世界領袖。毛的確被恭維為第三世界領袖，但享有此稱號的人不少。第三世界並不聽命於毛，毛也沒起什麼領導作用。就像一位美國外交官所說：「是與不是有什麼兩樣呢？」

即使毛培植起來的人也拒絕接受他的領導。柬埔寨的紅色高棉一九七五年奪權沒有毛的援助是辦不到的。導致柬埔寨人口四分之一死亡的波爾布特掌權後來見毛，毛誇獎他的奴隸營式的統治，說：「你們取得了偉大的勝利，一舉消滅了階級。」住在中國享福的西哈努克親王被毛送回柬埔寨，在軟禁的環境裡給紅色高棉作招牌。儘管毛給了波爾布特無窮的好處，波爾布特卻完全不領情。親毛的柬埔寨領導人克．米（Keo Meas）被拷打致死，檔案上這樣寫著：「這條可憐蟲的死是罪有應得。你這個腐朽的雜種，竟膽敢說柬埔寨共產黨是在毛的影響之下。」

在世界舞台上，毛能抓住的只是一個模糊的光環。尼克松的女兒朱莉（Julie）來訪時戴著一枚毛像章，她後來寫道：「他的反應簡直像個孩子，興奮得不由自主地緊緊抓住我的手。」為了持續保持知名度，毛見外國政要一直見到臨死前三個月。可這些會見有損他的領袖形象。泰國領導人說他們進房時毛在「打呼嚕」。新加坡總理李光耀描繪道：毛說話哼哧嘟噥，頭歪倒在沙發背上。從當時拍的照片上可以看到，毛臉如蠟像，兩腮下墜，口角流涎。一九七六年五月底，毛看到他接見巴基斯坦總理布托（Zulfikar Ali Bhutto）的照片後，再不見外國人了。

毛因未能實現做世界領袖的雄心而傷感。他的傷感不是為他的國家和人民。為了他的夢，為了他的權力，他給中國帶來巨大災難，造成七千萬人在和平時期死亡。對此毛沒有表示過任何遺憾。他心頭只有自己。毛後期很愛哭，任何使他聯想到征服中國的輝煌——像看宣傳電影中中共軍隊進北京——和現在的失意，都能教他淚飛頓作傾盆雨。他身邊工作人員常見他「激動得淚如泉湧」。自我憐憫，這就是毫無憐憫之心的毛澤東臨終前最強烈的情緒。

毛這時喜歡的古典詩詞，抒發的都是英雄豪傑「壯志未酬身先死」的感情。這份感情使他與全世界的「壯志未酬」的大人物認同。其中最顯著的是因水門事件下台的美國總統尼克松。毛一而再、再而三對他表示同情。尼克松離開白宮不久，毛託菲律賓的馬科斯夫人給他帶話，問候他，請他來中國。尼克松的女兒和丈夫戴維・艾森豪威爾（David Eisenhower）第二年來華受到驚人的熱烈歡迎。毛對朱莉說：「馬上給你父親寫信，說我想念他。」朱莉回美國後，中國駐美聯絡人員告訴她說，毛「把你看作一家人」。這樣的話，毛一生中大概沒有對第二個外國人說過。

一九七六年二月，尼克松再度來訪。為了此行，毛派了架波音七〇七，載上外交部的禮賓司長，專程到洛杉磯去接他。這個姿態也是聞所未聞的，特別是中國飛機很有可能被扣下，做為中國沒收美國在華財產的抵押。與尼克松重逢時，毛以茶代酒，跟尼克松碰杯。尼克松走時，毛步履艱難地陪他到門口，無限惆悵地同他告別。毛就是把尼克松接來道別的，為尼克松上演的文藝節目裡，毛特意安排了他心愛的古典詩詞演唱，其中有王安石的〈桂枝香・金陵懷古〉：「念往昔，繁華競逐。嘆門外樓頭，悲恨相續。」有薩都剌的〈百字令・登石頭城〉：「一江南北，消磨多少豪傑。」有張元幹的〈賀新郎・送胡邦衡謫新州〉，裡面更嘆道：「天意從來高難問，況人情老易悲難訴。」

對尼克松，這些都是對牛彈琴，他聽得枯燥無味，疲倦已極。毛是在為自己抒發感情——儘管他不在場。

毛的傷感情懷還有一個寄託者，他就是被毛趕到台灣的蔣介石。為了防止蔣捲土重來，毛屠殺了數以百萬計的中國人。一九七五年四月五日，八十九歲高齡的蔣介石死在台灣，臨終留下遺言，棺材不落土，要等到共產黨垮台後葬到大陸去。令人想不到的是，毛澤東私下為他舉行了一場個人的追悼儀式。

那天，毛只吃了一點點東西，沉默莊嚴地把張元幹的送別詞〈賀新郎〉的演唱錄音放了一天。這首詞只有幾分鐘長，反覆播放便形成一種葬禮的氣氛。毛時而靜靜地躺著聽，時而用手拍床，擊節詠嘆，神情悲愴。詞裡寫道：

> 目盡青天懷今古，
> 肯兒曹恩怨相爾汝！

這兩句意思是：你我都是胸懷古往今來和國家大事的人物，不是那些卿卿我我談論兒女恩怨私情的人。毛在跟蔣介石談心。詞的最後兩句，原文是：「舉大白，聽〈金縷〉」，表示滿腔悲憤，無可奈何，只能借飲酒寫詞聽唱來消愁。為蔣介石送葬後幾天，毛仍念念不能釋懷，下令把這兩句改為「君且去，不須顧」，重新演唱錄音。這一改，使送別的意味達到高潮，送朋友流亡外地變成了生離死別。毛向蔣介石做了最後的告別。

尼克松、蔣介石都是被推翻的，在毛生命的最後歲月裡，他最擔心的，就是自己被推翻。埃塞俄比亞的海爾．塞拉西皇帝，他只見過短短的一次，沒什麼交情。可是，皇帝被軍事政變趕下台，一九七五年死在監獄裡時，毛著實傷心了一番，不斷說：「做得好好的一個皇帝，為什麼要把別人推翻呢？怎麼會落到這個下場呢？」

正是這種擔心，驅使他對鄧小平等人暗示：別動他，盡可以在他死後清除江青一黨。毛只求自己生前不出事，對他死後天塌地陷毫不關心。毛沒有指定「接班人」。

毛其實根本就不相信他打的天下會長久。死前他只有一次對為他管事的華國鋒等人說了幾句關於未來的話。未來在他腦子裡是「動盪」，是「血雨腥風」，是「你們怎麼辦，只有天知道。」

毛沒有留下任何遺書，也沒有向任何人交代遺言——儘管足足有一年，他知道自己死期已近，有充裕的時間預備遺囑。

毛生命的最後幾個星期在中南海內一所其貌不揚的房子裡度過。房子是專為他修的，可以防地震，只有代號，叫「二〇二」。一九七六年七月底，北京被近鄰唐山市的一場七．八級特大地震所震撼。毛身邊工作人員把他匆匆抬進那裡。

地震造成的死亡人數多達數十萬，官方說二十四萬，非官方估計是六十萬。如果中國當局接受國際援助的話，傷亡本可以大為減輕，但毛政權對外國援助一概拒絕。在北京和其他城市裡，千百萬人睡在露天，「四人幫」控制的媒體卻號召人民「在廢墟上批鄧」。

九月二日，江青要出北京，來徵求毛的許可。毛先說不同意，後來她又要求，毛便答應了。三天後，毛突然喪失神志，江得到通知立即返京。這時毛床邊有以華國鋒為首的政治局成員晝夜值班，回來後的江也參加，但站在毛的床後，因為毛一清醒看見她，就顯得煩躁反感。毛的兒女一個也不在身邊。

九月八日，毛從昏睡中醒來，喉嚨一陣咯咯咯響，他想說什麼話。在毛身邊十七年的理髮師兼服務員周福明把一支筆塞進毛的手中，毛的手抖了半天，在理髮師舉起的紙上艱難地畫了三條歪歪扭扭的線。喘息了一會兒，他又慢慢地抬起手，吃力地在木板床上點了三點。理髮師猜到了毛要什麼，原來是毛要看日本首相、自民黨總裁三木武夫的消息。毛從來沒見過三木，對他也沒什麼特殊興趣，此時對三木的掛念，緣於自民黨內正在進行一場激烈的權力鬥爭，要把三木趕下台。

關於三木的材料拿來了，毛的女友兼護士孟錦雲用手托著給毛看。毛看了幾分鐘，昏迷過去了。這份關於又一個政府首腦將要倒台的材料是毛最後的讀物。

不久，毛聲音微弱地對孟說：「我很難受，叫醫生來。」這是毛說的最後一句話。以後他再也沒從昏迷中醒過來。一九七六年九月九日零時十分，毛澤東死了。他的腦子直到臨終都保持清晰，清晰地轉動著一個念頭：他自己，和他的權力。

尾聲

今天的中國，毛澤東的像仍然高掛在天安門城樓上，他的遺體停放在天安門廣場的中心。中共現任領導人自稱是毛的繼承者，竭力維持著毛的神話。真實的毛，依然鮮為人知。

謝辭

我們首先要向數百名受訪者致以深深的謝意。沒有他們就沒有這本書。需要著重強調的是，書中觀點與他們無關。

下列人士慷慨提供資料、解答疑惑、大力引介，我們由衷地感謝他們。如有疏漏之處，我們願致上歉意，待再版時訂正。由於眾所周知的原因，在中國大陸為我們提供寶貴幫助的人士中，有些名字我們不能提及。對此我們非常遺憾。

Eric Aarons、Aldo Agosti、Aziza Allard、Kirill Anderson、Eugenio Anguiano、Oscar Armstrong、麻生和子女士、Ivo Banac、Luciano Barca、Mr & Mrs C.D. Barkman、Antony Beevor、Edward Behr、Csaba Békés、Prof. Gregor Benton、Prof. Barton Bernstein、Prof. Charles Bettelheim、Praful Bidwai、Prof. Herbert P. Bix、Dennis Bloodworth、Nenne Bodell、Countess Resy Bonacossa、Dominique & Christian Bourgois、Horst Brie、Marina Brodskaya、Aleksandr Bukh、Boriana Buzhashka、Lord (Peter) Carrington、Prof. Carolle Carter、Fr John Carven、Fr Santiago Cepeda、張玉法教授、陳兼教授、陳鵬仁教授、蔣永敬教授、秦孝儀教授、周維朋先生、Thomas B. Cochran、Dr Alex Colas、William Colby、Les Coleman、Prof. Richard Crampton、Bernard R. Crystal、崔光中先生、David Cutler、Prof. Alexander Dallin、John Paton Davies、Fr Thomas Davitt、Prof. Wolfgang Deckers、Prof. Lev Delyusin、Jonathan Demme、Veselin Dimitrov、Prof. John Dower、Harald & Elke

Einsmann、Carlos Elbirt、Robert Elegant、Hans Magnus Enzensberger、Prof. Grant Evans、Edmund Fawcett、Prof. Roland Felber、Prof. Stephan Feuchtwang、Léo Figuères、傅聰先生、Guido Franzinetti、Prof. Edward Friedman、藤井宏昭先生、不破哲三先生、高安華女士、Sam Gerovich、Patrick Gilkes、Siegmund Ginzberg、John Gittings、Antonio Giustozzi、Sir Alastair Goodlad、Aleksandr Grigoriev、Tom Grunfeld、A. Guindi、Edward Gurvich、Dr Jürgen Haacke、Lord Hailsham、David Halliday、Eric Hanson、Harry Harding、Dr Hope M. Harrison、John Haynes、Dieter Heinzig、Sir Nicholas Henderson、Jim Hershberg、Fr Jeroom Heyndrickx、Stefan Hermlin、Andrew Higgins、Lord (Geoffrey) Howe、Lord (David) Howell、胡志強先生、Peter Huber、Sir Christopher & Lady Hum、熊景明女士、衣復恩將軍伉儷、Lord (Peter) Inge、稽偉女士、Nelson Jobim、Monty Johnstone、Jong Fangling、Prof. Harold Kahn、Prof. Thomas Kampen、加瀨英明先生、加瀨俊一先生、Maneesha Kaul、Prof. Pauline Keating、Dr Edward Keene、Michael Keon、Vladimir Khanjenkov、Dr Sergei Khrushchev、Prof. Ben Kiernan、Takuji Kimura、Gen. Yuri Kobaladze、Hanako Koyama、Ina Krymova、Rishat S. Kudashev、Dr Peter M. Kuhfus、Boris T. Kulik、郭冠英先生、黑川紀章先生、Andrei Lankov、Eugene K. Lawson、Boyka Leader、Dr Andrei M. Ledo vs ky Dr Milton Leitenberg、Rob Lemkin、李大壯先生、Helmut & Marianne Liebermann、Georges Liébert、Maria Sofia Lilli、Dr Frederick Litten、劉紹唐先生、Gary Lundell、Lorenz Luthi、Peter Lyon、Fr Patrick McCloskey、Sir Colin McColl、Prof. Gavan McCormack、Prof. Ruth McVey孫崎亨先生、John Maher、Sean Malloy、Prof. Giorgio Mantici、Anto Marden、Aglika Markova、Barry Martin、Fr Michel Masson、James Mayall、Sonny Mehta、Werner Meissner、George Melly、Dr Jonathan

Mirsky、Eileen Moffett、Simon Sebag Montefiore、森原公敏先生、Aziz Naim、Kazuko Nakajima、Kujtim Nako、Premier Fatos Nano、Prof. Vitaly Naumkin、Sir Richard Needham、Richard Neustadt、Ngo Manh Lan、Ngo Thi Minh-Hoang、Nguyen Co Thach、折田正樹先生、Prof. Alexander Pantsov、Gabriel Partos、Fr James Perluzzi、Leonid S. Polevoy、Prof. David Pollard、Brian Pollitt、John W. (Bill) Powell、Lord (Charles) Powell、Wen & Michael Powles、Fr P. Pycke、Sergey Radchenko、Prof. Kimmo Rentola、Lord (Gordon) & Lady Richardson、Florentino Rodao、Peter Rodman、Helge Ronning、Prof. Robert Ross、Lord (Jacob) Rothschild、Rosa Rust、Lord (John) Sainsbury、坂口明先生、桑曄先生、Bernd Schäfer、Fritz Schatten、Prof. Michael Schoenhals、Prof. Stuart Schram、Kathryn Seitz、Prof. Mark Selden、Aldo Serafini、Rostislav Sergeyev、John Service、Hugh Seymour、邵玉銘教授、盛慕真教授、Sokol Shtylla、Zamir Shtylla、Prof. Harry Shukman、Larry Shyu、Vasily Sidikhmenov、Boris Slavinsky、Daniel Southerland、Tilman Spengler、Sergei Stanishev、Sir Nicholas Stern、William & Jadwiga Stokes、Richard Stolz、Judy Stowe、Dr Viktor Sumsky、給田英哉先生、井上隆史先生、鄧永鏘先生、Prof. William Taubman、札西慈忍先生、Dick Taverne、Fr P. Taveirne、Jay Taylor、Prof. Frederick Teiwes、Anne Thurston、Victoria Tomkinson、Count Francesco Tonci、Tong Kraisak、唐德剛教授、Thomas Torrance、Tania Tourlakova、Nasir Tyabji、Oleg Troyanovsky、Achin Vanaik、Nicholas Villiers、Lyuba Vinogradova、Stephen Vizinczey、Peter von Bagh、William Waack、Bob Walther、王丹之先生、S. G. Wheatcroft、J. Williams、Paul Wingrove、吳唯實先生、楊佳先生、余茂春教授、Gen. Yu Song Choi、張章先生、張曙光教授、Dr Valentina Zhuravlyeva、James Zobel、Suzanna Zsohar。

我們特別感謝以下人士的幫助：Aleksandr Borodin、William Burr、陳永發教授、Prof. Fred Halliday、Col. James Jordan、Lida Kita、Dr Alexandre Mansourov、Connie Rudat、Roger Sandilands、Andrei Sidorov、Konstantin Shevelyov、Viktor Usov、Michael Wall、Robert Wampler、Lisa & Stanley Weiss、Prof. Arne Westad、Col. William J. Williams、薛憶溈先生。

在成書過程中，藍登出版集團（Random House）的美國Knopf出版社編輯Dan Frank對文稿提了極其寶貴的意見；英國Cape出版社的編輯Dan Franklin，以及Alex Milner、Steve Cox等有關人員，付出大量心血。我們的代理人Gillon Aitken，助理Alexandra Adamson，也出力不少。中文版十五年來由香港開放出版社出版，總編輯金鐘先生對書的一貫支持，我們銘記在心。台灣麥田這次出版修訂版，做了無數細緻的工作，我們十分感謝。

最後，對張樸所作貢獻，我們的感激已寫入中文版「自序」中。

張戎　喬·哈利戴

Jung Chang & Jon Halliday

採訪名單總覽（☎：表示電話採訪）

中國大陸

（其中十五位僅為見面交談）

一、家人、親友、老同事

毛新宇：孫子
毛澤連：堂弟
王會悟：與丈夫李達是毛早年的朋友，中共「一大」見證人
李淑一（偕兒子柳曉昂）：老朋友
李訥：女兒
易禮容：老朋友
張文秋：親家
曹全夫：毛澤民女婿
曹耘山：毛澤民外孫
曾志：老朋友，陶鑄夫人
劉思齊：大兒媳，乾女兒

劉英：老朋友，張聞天夫人
鄭超麟：一九二四年跟毛一同在上海工作，一九二七年「八‧七」會議參加者
蕭克：井岡山時期老紅軍
韓瑾行：親戚
羅章龍：老朋友

二、身邊工作人員

（包括祕書、翻譯、警衛、服務人員、醫護人員、女朋友）

王鶴濱，田雲玉，吳連登，李越然，李錦，周福明，孟錦雲，封耀松，胡秀雲，師哲，高智，商來保，張玉鳳，陳惠敏，章含之，賀清華，閻明復，謝靜宜

三、中共重要人物的家人

王丹之：王明兒子
王光美：劉少奇夫人
王寧：周小舟夫人
申在望：李井泉兒子
朱仲麗：王稼祥夫人
何平生：何長工女兒
李英男：李立三女兒
李特特：李富春與蔡暢的女兒

李莎：李立三夫人
林立衡（林豆豆）：林彪女兒
林肖俠：張浩兒子
胡敏：邱會作夫人
夏伯根：鄧小平繼母
秦吉瑪：博古女兒
張清林：林彪女婿
張寧：林彪兒子林立果未婚妻
陳昊蘇：陳毅兒子
陶斯亮：陶鑄與曾志的女兒
劉湘屏：謝富治夫人
劉詩昆：葉劍英女婿
薛明：賀龍夫人
謝飛：劉少奇前妻
羅平海：羅章龍兒子
羅點點：羅瑞卿女兒
譚勝遠：譚震林女兒

四、為中共領導服務的工作人員

王生榮：中央警衛局副局長
王汝欽：林彪衛生員，警衛員
成元功：周恩來多年衛士長
呂厚民：攝影師
杜修賢：攝影師
官偉勳：葉群祕書
侯波：攝影師
徐肖冰：攝影師
康一民：中央辦公廳機要室副主任
張佐良：周恩來的醫生
郭文：姚文元祕書
楊俊：劉少奇機要祕書
鄔吉成：中央警衛處（警衛局）副處長
靳山旺：宋慶齡警衛祕書，周恩來衛隊長
劉玉芹：李訥內勤
劉繼純：林彪警衛參謀
錢嗣傑：攝影師

五、重要歷史事件見證人

水靜：江西省委第一書記楊尚奎夫人
王力：中聯部副部長，中央文革小組成員
王凡西：著名「托派」
王殊：資深外交官
王遵芨：延安時期親歷者
司馬璐：延安時期親歷者
朱鐵錚：賀龍專案組副組長
江文：審訊江青的檢察員
吳祖光：著名劇作家
李建彤：小說《劉志丹》作者
李效黎：延安時期親歷者
李普：新華社副社長
李雲：三十年代中共派給宋慶齡的聯絡員
李銳：毛澤東祕書，中共組織部常務副部長，著名毛澤東研究專家
李瓊：揚帆夫人
沈容：王光美同事
金樹望：中共上海地下工作人員，延安時期親歷者
侯政：長征中中央紅軍幹部修養連連長

胡萍：毛澤東飛機駕駛員，空軍副參謀長
夏衍：著名劇作家，文化部副部長
秦川：《人民日報》主編
袁鏡身：中國建築科學研究院院長
高粱：資深外交官
陳應謙：中國醫科大學副校長，延安時期親歷者
揚帆：上海市公安局長，「潘漢年、揚帆案」主要成員
華君武：漫畫家，延安時期親歷者
黃火青：西路軍倖存者，最高人民檢察院檢察長
楊翊：資深新華社記者、外交官
楊超：延安時期親歷者，周恩來祕書
溫濟澤：延安時期親歷者
圖們：審理林彪、江青兩案具體負責人之一
廖蓋隆：中共中央黨史研究室副主任
趙棣生：新華社總編室副主任（副主編）
蒯大富：紅衛兵造反派領袖
鄭興和：空軍司令部軍務部裝備計畫處處長，曾捲入林彪案
余湛邦：張治中機要祕書
魯珉：空軍作戰部部長

穆欣：中央文革小組成員

錢三強：著名核科學家

謝和賡：中共祕密黨員，先後在白崇禧身邊、美國做地下工作

羅孚：香港《新晚報》主編

蘇菲：毛澤東的美國醫生馬海德的夫人

六、各個歷史時期的見證人

王大章，史達政，伍一曼，伍彭清，曲磊磊，朱洛筠，李大重，李秀珍，周純，邱路光，張小霽，張延生，張貽玖，陳凱歌，劉東林，魏璐詩

七、歷史學家、中共黨史學者、作家

丁抒☎，尹騏，毛秉華，牛軍，王友琴☎，王玉祥，王年一，王行娟，朱正，朱玉，朱冰封，何定，何迪，吳弘達，吳啟權，宋永毅☎，宋科（辛子陵），李丹慧，李春林，李海文，沈志華，東生，林英，金沖及，金振林，俞國錄，師東兵，馬振犢，高文謙，張正隆，張希，張德祥，曹仲彬☎，曹春榮，許春華，陳東林，陳兼，章學新，程中原，黃崢，楊步生☎，楊奎松，溫銳，葉永烈，董保存，廖心文，劉家駒，劉斌珍，劉曉農，鄭義☎，盧弘，戴晴，魏京生，嚴家其，顧保孜，權延赤，龔育之

台灣

歷史見證人

毛家華：南京國民參政會參政員
王昇：國防部總政治作戰部主任
衣復恩：蔣介石專機機長，空軍總部情報署署長
李煥：蔣經國左右手，行政院長
俞大維：國防部長
胡秋原：政界與文化界的要角
秦孝儀：蔣介石的祕書
郝柏村：蔣介石侍衛長，行政院長
高魁元：蔣介石總統府參軍長，林彪的黃埔同學
（郭天佑先生代為訪問）
張學良：東北軍統帥，「西安事變」的主角
陳立夫：「中統」創始人之一
陸鏗☎：南京《中央日報》副總編輯
楊西崑：資深外交官
蔣緯國：蔣介石的次子
蔡孟堅☎：捕獲顧順章行動的主持人

錢復：蔣介石的英文助手，外交部部長

世界各地

（曾與毛會見交談過的人，以粗宋體標出）

阿爾巴尼亞

阿利雅（Alia, Ramiz）：總統。

貝利紹娃（Belishova, Liri）：政治局委員；中蘇分裂的見證人。

馬果・科摩（Çomo, Maqo）：農業部部長；一九五九年彭德懷、赫魯曉夫在地拉那（Tirana）出席宴會的目擊者。

阿吉姆・法谷（Fagu, Agim）：籃球明星；多次訪問中國。

涅澤米葉（Hoxha, Nexhmije）：最高領導人恩維爾・霍查的夫人。

阿迪爾・帕克拉米（Paçrami, Adil）：文化部部長；黨報總編輯。

熱夫・普勒米（Pllumi, Zef）：因中國問題入獄二十二年的天主教牧師。

巴什吉姆・謝胡（Shehu, Bashkim）：總理謝胡（Mehmet Shehu）的兒子。

希地（Shyti, Pupo）：計畫委員會副主席；對中國的首席貿易談判代表。

澳大利亞

艾瑞克・愛倫斯（Aarons, Eric）☎：一九五〇年代初澳共赴華學習組組長。

費思棻（FitzGerald, Stephen）：駐北京大使。

比利時

馬德林・格列巴（Grippa, Madeleine）：毛主義黨領袖。

賽爾日・佩儒（Pairoux, Serge）：毛主義者。

丁德曼（Tindemans, Léo）：總理。

巴西

若昂・阿馬佐納斯（Amazonas, Joao）：毛主義黨領袖。

費南達・普列斯特斯（Prestes, Fernanda）☎：毛澤東的兒子在蘇聯時的同學。

尤利・普列斯特斯（Prestes, Yuri）：毛澤東的兒子在蘇聯時的同學。

柬埔寨

賀南宏（Hor Namhong）：外交部部長；一九七〇～一九七五年隨西哈努克流亡北京。

丹麥

哈特林（Hartling, Poul）：總理。

哈特林夫人（Hartling, Elsebeth）。

埃及

阿卜杜勒・馬吉德・法利德（Farid, Abdul Magid）：納賽爾總統的祕書長。

赫克爾（Heikal, Mohammed Hasanein）：納賽爾總統的左右手；外交部部長；《金字塔報》總編輯。

法國

愛德華・貝爾（Behr, Edward）：一九六四年在華的資深記者。

安德烈・貝當古（Bettencourt, André）：外交部部長。

熱內・布洛克（Bloch, René）：戴高樂的核子計畫負責人。

里奧・費格雷斯（Figuères, Léo）：一九五〇年法共派往胡志明處的代表。

金・梅德摩瑞（Meadmore, Jean）：一九四〇年代駐南京外交官。

包若望（Pasqualini, Jean）：中共勞改營囚犯。

雅克・韋爾熱斯（Vergès, Jacques）：毛主義者，律師。

德國

霍斯特・布里（Brie, Horst）：東德駐北京的外交官。

費路（Felber, Roland）：一九五〇年代在中國的東德學生；中國問題專家。

伊娃・蕭（Siao, Eva）：毛澤東老友蕭三的夫人；曾居住延安。

茹絲・韋納（Werner, Ruth）：蘇軍情報局重要成員；一九三〇年代與名牌間諜左爾格在上海同事。

馬庫斯・沃爾夫（Wolf, Markus）：曾出席一九五〇年毛澤東在莫斯科向斯大林告別的宴會；東德情報部門負責人。

香港

丹・葛洛文（Grove, Dan）：美國聯邦調查局香港分站站長。

匈牙利

赫格居什（Hegedüs, András）：總理。

約瑟夫・史札爾（Szall, Jozsef）：駐北京的外交官。

巴爾納・塔拉斯（Tálas, Barna）：駐北京的外交官。

印度

達賴喇嘛：流亡的西藏領袖，

考爾（Kaul, T.K.）：尼赫魯的外交政策顧問。

彼得・馬塔（Mahta, Peter）☎：「克什米爾公主號」事件發生時「印度航空公司」香港辦事處主任。

賈蓋德・辛・梅塔（Mehta, Jagad Singh）：與中國進行邊境談判的首席談判代表。

班旦加措：西藏喇嘛：中共勞改營囚犯。

白春暉（Paranjpe, Vasant V.）：尼赫魯、毛澤東會談的翻譯。

蘭加納坦（Ranganathan, C.V.）：駐北京大使。

納昔爾・賈比（Tyabji, Nasir）：尼赫魯問題專家。

印尼

尤索夫・阿吉托若夫（Adjitorop, Jusuf）：一九六五年印尼共政治局的唯一倖存者；流亡中國。

薩巴姆・西雅堅（Siagian, Sabam）：印尼駐澳大利亞大使，《雅加達郵報》總編輯。

伊朗

阿里那吉・阿列罕尼（Alikhani, Alinaghi）☎：一九六〇年派赴中國。

伊拉克

諾里・阿卜杜勒拉札克（Abdulrazak, Nouri）：亞非人民團結組織祕書長。

愛爾蘭

盧克・歐萊禮（O'Reilly, Luke）：中共上台初期在江西的天主教牧師。

意大利

盧西亞諾・巴卡（Barca, Luciano）：意共領導人。

佛阿（Foa, Vittorio）：工會領導人；一九六〇年中蘇開始公開分裂的目擊者。

佛朗哥・葛拉佐西（Graziosi, Franco）：微生物學家；朝鮮戰爭中細菌戰調查小組成員。

英格勞（Ingrao, Pietro）：意共領導人；一九五七年出席莫斯科高峰會。

奈德・佐蒂（Jotti, Nilde）：意共領袖陶里亞蒂的伴侶；一九五七年出席莫斯科高峰會。

魯吉・里貝羅・朗哥（Longo, Luigi Libero）：一九五七年莫斯科高峰會的翻譯；意共第二號人物的兒子。

歐士瓦多・佩薛（Pesce, Osvaldo）：毛主義者。

日本

有末精三：戰時軍事情報及原子彈計畫的領導人。

衛藤瀋吉：中國問題專家。
不破哲三：日共主席。
藤田公郎：資深外交官。
藤原昭：中國問題專家。
秦郁彥：中國問題專家。
金澤幸雄：著名的毛派記者。
小泉清一：一九四〇年代在中國的情報官，負責中共事務。
前田光繁：在延安居住過的戰俘。
三笠宮崇仁：裕仁天皇的弟弟；一九四〇年代在中國的軍官。
宮本顯治：日共總書記。
中嶋嶺雄：中國問題專家。
二**階堂進**：內閣官房長官。
野坂參三：日共主席。
清水正夫：松山芭蕾舞團團長。
立木浩：日共幹部；長期居住中國。
竹內實：研究毛澤東的主要學者。

北朝鮮

姜相鎬：朝鮮戰爭期間的內務部副部長。

馬來西亞

陳平：馬共領袖；流亡中國。

墨西哥

歐亨尼奧・安吉亞諾（Anguiano, Eugenio）：駐北京大使。

考烏特莫克・卡德納斯（Cárdenas, Cuauhtémoc）：墨西哥市市長；總統候選人。

路易士・埃切維里亞・阿爾瓦雷斯（Echeverria Alvarez, Luis）：總統。

新西蘭

法蘭克・寇納（Corner, Frank）：外交部部長。

尼日利亞

戈翁（Gowon, Yakubu）：總統。

挪威

帕爾・史岱根（Steigan, Pal）：毛主義黨領袖。

菲律賓

伊梅爾達・馬科斯（Marcos, Imelda）：總統夫人。

波蘭

簡・羅文斯基（Rowinski, Jan）：一九五〇～一九六〇年代在北京先做學生，後為資深外交官。

羅文斯基夫人（Rowinski, Hala）。

華勒沙（Walesa, Lech）：總統。

安德熱依・威爾布蘭（Werblan, Andrzej）☎：波共領袖哥穆爾卡的首席外交顧問。

俄羅斯

阿爾希波夫（Arkhipov, Ivan V.）：一九五〇年代中國政府的首席經濟顧問；後任第一副總理。

瓦列金・別列什科夫（Berezhkov, Valentin）：斯大林的翻譯。

喬治・柏烈克（Blake, George）：為蘇聯服務的英國情報人員。

亞歷山大・A・布里茲涅夫（Brezhnev, Aleksandr A.）☎：駐北京的外交官。

契爾沃年科（Chervonenko, Stepan V.）：駐北京大使，大饑荒及中蘇分裂的親歷者。

列福・狄留中（Delyusin, Lev）：《真理報》駐中國的特派員；中國問題專家。

尤利・戈列諾維奇（Galenovich, Yuri）：駐北京的外交官；與毛澤東會談時的翻譯。

葛朗尼（Glunin, V.I.）：中共及共產國際問題專家。

米亥爾・S・賈不才（Kapitsa, Mikhail S.）：高級中國問題專家；外交部副部長。

弗拉基米爾・卡爾波夫（Karpov, Vladimir）：俄羅斯聯邦安全局發言人。

安那史塔西亞・卡圖諾娃（Kartunova, Anastasia）：江青在蘇聯時的翻譯。

里沙特・S・庫達舍夫（Kudashev, Rishat S.）：赫魯曉夫、米高揚、柯西金與毛澤東會談的翻譯。

庫庫錫金（Kukushkin, K.V.）：中蘇關係問題專家。

波瑞士・T・庫力克（Kulik, Boris T.）：蘇共國際部中國處處長。

安卓・M・李度弗斯基（Ledovsky, Andrei M.）：駐瀋陽總領事；擁有特殊檔案管道的中國問題專家。

喬治・洛博夫（Lobov, Georgi）：朝鮮戰爭中蘇聯空軍指揮。

雷薩・A・梅洛維傑卡婭（Mirovitskaya, Raisa A.）：擁有特殊國防部檔案管道的中國問題專家。

喬治・普洛特尼科夫（Plotnikov, Georgi）：軍事史研究中心的北朝鮮問題專家。

羅高壽（Rogachev, Igor）：駐北京大使。

伊格爾・V・斯里瓦諾夫（Selivanov, Igor V.）：朝鮮戰爭中北朝鮮軍醫部部長顧問。

康士坦丁・薛維洛夫（Shevelyov, Konstantin）：共產國際檔案及中共問題的主要專家。

瓦西里・希迪赫梅諾夫（Sidikhmenov, Vasili）：一九五七年莫斯科高峰會翻譯室主任。

瓦倫廷・索茲諾夫（Sozinov, Valentin）：朝鮮戰爭中北朝鮮參謀長的首席顧問。

謝爾蓋・L・齊赫文斯基（Tikhvinsky, Sergei L.）：情報官員；擁有特殊檔案管道。

奧列格・特羅亞諾夫斯基（Troyanovsky, Oleg）：赫魯曉夫、柯西金外交政策顧問；駐北京大使。

亞歷山大・札格沃斯丁（Zagvozdin, Aleksandr）：克格勃將軍；林彪墜機後去外蒙古負責屍體確認工作。

新加坡

李炯才：外交部高級政務部長；李光耀的中國政策顧問。

李光耀：總理。

拉惹勒南（**Rajaratnam, S.**）：外交部部長。

西班牙

卡里略（**Carrillo, Santiago**）：西共領袖，曾長駐共產國際。

坦桑尼亞

阿卜杜勒·拉赫曼·巴布（**Babu, Abdul Rahman**）：談判坦贊鐵路的貿易暨商務部部長，曾任桑吉巴爾（Zanzibar）外交部部長。

泰國

春哈旺（**Chatichai Choonhavan**）：外交部部長，總理。

鑾巴立夫人（Mme Pridi）：前泰國總理夫人，長期流亡中國。

英國

薄復禮（Bosshardt, Alfred）：長征期間遭綁架的瑞士傳教士。

安德魯·康德倫（Condron, Andrew）：朝鮮戰爭戰俘，戰後居住中國。

約翰·克羅夫特（Croft, John）：攔截蘇聯與外國共產黨通訊的密碼破譯員。

奧列格·戈迪夫斯基（Gordievsky, Oleg）：蘇聯情報官員，後叛逃西方。

希思（**Heath, Edward**）：首相。

約翰·摩根（**Morgan, John**）：一九七〇年駐北京的外交官。

李約瑟（Needham, Joseph）：英國胚胎學家；著名中國科學史研究學者；朝鮮戰爭中細菌戰調查小組成員。

美國

布什（Bush, George H.）：駐北京聯絡處主任；中央情報局局長；總統。

威廉・柯比（Colby, William）：尼克松、福特任內的中央情報局局長。

約翰・高林（Colling, John）：派往延安的狄克西使節團（Dixie Mission）團員。

戴維斯（Davies, John Paton）：去過延安的國務院官員。

福特（Ford, Gerald）：總統。

亞歷山大・黑格（Haig, Alexander）：為尼克松一九七二年訪華打前站的代表團團長。

赫姆斯（Helms, Richard）：中央情報局局長。

赫伯・希區（Hitch, Herbert）：派往延安的狄克西使節團團員；馬歇爾使華團團員。

基辛格（Kissinger, Henry）：國家安全顧問；國務卿。

李潔明（Lilley, James）：中央情報局資深中國問題專家；駐北京大使。

洛德（Lord, Winston）：助理國務卿。

菲利浦・奧狄恩（Odeen, Philip）☎：國家安全會議官員。

列昂尼德・S・伯樂佛（Polevoy, Leonid S.）☎：青年毛澤東的俄文老師的兒子。

羅德里克（Roderick, John）：常訪延安的美聯社記者。

臘斯克（Rusk, Dean）☎：國務卿。

施萊辛格（Schlesinger, James）：國防部部長；中央情報局局長。
布蘭特·斯考克羅夫特（Scowcroft, Brent）：國家安全顧問。
謝偉思（Service, John）：國務院官員；派往延安的狄克西使節團團員。
理查·所羅門（Solomon, Richard）：助理國務卿。
海倫·斯諾（Snow, Helen [Nym Wales]）：斯諾的第一任夫人；一九三七年住延安。
路易絲·斯諾（Snow, Lois）：斯諾的第二任夫人；一九七〇年同斯諾訪華。
威廉·史多克斯（Stokes, William）：駐瀋陽副領事。
史多克斯夫人（Stokes, Jadwiga）。
羅勃·威廉斯（Williams, Robert）☎：激進的黑人領袖；一九六〇年代居住中國。
楊振寧☎：諾貝爾物理學獎得主。

越南

裴豔（Bui, Diem）：南越駐美國大使。
裴丁（音譯，Bui Tin）：參加奠邊府戰役的北越軍官。
吳滿蘭（音譯，Ngo Manh Lan）：武元甲的顧問。
阮廷歐（音譯，Nguyen Dinh Uoc）：參加奠邊府戰役的北越軍官；軍事史研究所所長。

南斯拉夫

迪米特里·約伊奇（Jojic, Dimitri）：流亡阿爾巴尼亞的陸軍軍官；長期任職於北京對外廣播電台。

扎伊爾（今剛果）

蒙博托（Mobutu Sese Seko）：總統。

非正式訪談

在文革中受譴責的意大利名導演安東尼奧尼（Michelangelo Antonioni）

英國駐北京大使、一九六七年火燒英國代辦處的親歷者Leonard Appleyard

阿爾及利亞總統Abdel Aziz Bouteflika（透過中間人）

美國司法部長Herbert Brownell

隨同尼克森訪華的著名評論家巴克列（William Buckley）

羅馬尼亞駐北京大使羅明（Romulus Budura）

美國總統布什夫人Barbara Bush

馬歇爾使華團副團長Henry Byroade ☎

英國首相卡拉漢（James Callaghan）

名演員麥可・凱恩（Michael Caine）

英國外交大臣卡靈頓（Peter Carrington）

拍攝大量中國照片的著名攝影家Henri Cartier-Bresson

英國情報專家Brian Crozier

長住中國的荷蘭人Helen De Vries

南斯拉夫共產黨領導人之一吉拉斯（Milovan Djilas）

美國資深外交官莊萊德（Everett Drumright）☎

斯大林的翻譯 Nikolai T. Fedorenko ☎

俄羅斯大使 Yuri Fokine

美國總統福特夫人 Betty Ford

美國駐印度大使 J.K. Galbraith

與丈夫海明威一同訪華的名記者馬莎．蓋爾霍恩（Martha Gellhorn）

俄羅斯中國問題專家 Sergei Goncharov

被中共扣為人質的路透社記者 Anthony Grey

美國助理國務卿葛林（Marshall Green）

俄羅斯學者 Aleksandr Grigoriev

英國首相希思訪華隨員 Penny Gummer

名作家韓素音（Han Suyin）

英國對外情報局副局長 Alan Hare

派赴延安的美國官員 Ed Hauck ☎

英國國防大臣夏舜霆（Michael Heseltine）

基辛格訪華時的副手何志立（John Holdridge）

英國外交大臣韓達德（Douglas Hurd）

一九七一年訪華的義大利心理分析家 Giovanni Jervis

阿爾巴尼亞名作家 Ismail Kadare

「克什米爾公主號」事件後扮演重要角色的印度外交官高氏（R.N. Kao）

怡和洋行董事長夫人 Clare Keswick

怡和洋行董事長 Henry Keswick

基辛格夫人 Nancy Kissinger

季米特洛夫中國助手的女兒 Ina Krymova

蔣介石的美國政治顧問拉鐵摩爾（Owen Lattimore）

東德資深外交官 Helmut & Marianne Liebermann ☎

北越駐法國大使 Ho Nam

波蘭資深外交官 Mieczyslaw Maneli ☎

俄羅斯中國問題專家 Arlen Meliksetov

米高揚的兒子 Sergo Mikoyan ☎

俄羅斯中國問題專家 Vladimir Myasnikov

阿爾巴尼亞總理 Fatos Nano

南韓板門店談判主要代表白善燁（Paek Sun-yop）

俄羅斯中國問題專家 Moisei Persits

老撾愛國陣線領導人之一 Phoumi Vongvichit（透過 Grant Evans）

英國航空史作家包柯克（Chris Pocock）

匈牙利資深外交官 János Radványi ☎

印度外交部次長 Krishna Rasgotra

英國資深外交官 Norman Reddaway

一九五〇年代訪華的法國名作家羅阿（Claude Roy）

埃及總理 Aziz Sidky ☎

俄羅斯中國問題專家 Nodari Simoniya

俄羅斯中國問題專家 Boris Slavinsky

世界銀行主要經濟學家 Nicholas Stern

蘇軍情報局官員 Viktor Suvorov ☎

俄羅斯中國問題專家 Viktor Usov

俄羅斯共產國際問題專家 Arkady Vaksberg

毛澤東的兒子在蘇聯時的同學 Bianca Vidali ☎

英國首相希思訪華隨員 William Waldegrave

英國中國問題專家華爾頓（George Walden）

英國駐聯合國大使、一九六七年火燒英國代辦處的親歷者 John Weston 與夫人

查閱檔案館一覽表

阿爾巴尼亞：阿爾巴尼亞共和國中央檔案館。
保加利亞：中央檔案館。
德　國：聯邦檔案館中的前東德黨群組織檔案基金會。
意大利：天主教方濟各會，教廷；
格蘭姆奇學院（Istituto Gramsci）；
遣使會（Vincentian Order）。
日　本：日本共產黨中央委員會；
日本外務省外交資料館。
俄羅斯：俄羅斯聯邦總統檔案館；
俄羅斯聯邦對外政策檔案館；
俄羅斯國家社會／政治史檔案館。
瑞　士：聯合國國際聯盟檔案館。
台　灣：國史館；
中華民國法務部調查局圖書館／檔案館；
中國國民黨中央委員會黨史委員會。

英　國：英國共產黨檔案館；
英國國家檔案館；
牛津大學博德利（Bodleian）圖書館。

美　國：哥倫比亞大學，善本書及手稿圖書館，紐約；
康乃爾大學，卡爾克勞區（Carl A. Kroch）圖書館，綺色佳，紐約州；
愛默理（Emory）大學，伍德魯夫（Robert W. Woodruff）圖書館，亞特蘭大；
哈佛燕京圖書館，哈佛大學，劍橋，麻州；
胡佛研究中心圖書館，史丹福大學，加州；
美國國會圖書館，手稿部，華盛頓特區；
美國國家檔案及記錄總署，華盛頓特區；
施萊辛格圖書館，劍橋，麻州；
錫拉丘茲（Syracuse）大學，艾倫特斯（George Arents）研究圖書館，錫拉丘茲，紐約州；
華盛頓大學，特藏、手稿與大學檔案館，西雅圖；
羅傑．桑迪蘭茲（Roger Sandilands）收藏的居里書信集（Lauchlin Currie Papers）。

由於眾所周知的原因，我們不能列出中國大陸的檔案資料館。

中文徵引文獻書目（有些有外文原文的華人作家作品，列入「外文徵引文獻書目」）

丁之，〈中央紅軍北上方針的演變過程〉，見《文獻和研究》，一九八五年第五期。

丁抒，

- 《人禍》，九十年代雜誌社，香港，一九九一年。
- 《陽謀》，九十年代雜誌社，香港，一九九三年。
- 〈毛澤東執政期間中國大陸的非正常死亡〉，見《中國之春》，美國，二〇〇一年十月號。

丁望主編，《中共文化大革命資料彙編》，明報月刊社，香港，一九六九年。

丁龍嘉、聽雨，《康生與「趙健民冤案」》，人民出版社，北京，一九九九年。

《人民日報》，北京。

《人物》，北京。

《上海文史資料選輯》，上海。

上海市檔案館編，《上海檔案史料叢編：上海工人三次武裝起義》，上海人民出版社，上海，一九八三年。

《中央日報》，台北。

中央檔案館編，

- 《解放戰爭時期土地改革文件選編》，中共中央黨校出版社，北京，一九八一年。
- 《皖南事變》，中共中央黨校出版社，北京，一九八二年。
- 《秋收起義》，中共中央黨校出版社，北京，一九八二年。

•《中共黨史報告選編》，中共中央黨校出版社，北京，一九八二年。
•《中共中央文件選集》，共十八冊，中共中央黨校出版社，北京，一九八九～一九九二年。
•《紅軍長征檔案史料選編》，學習出版社，北京，一九九六年。
•《中國共產黨關於西安事變檔案史料選編》，中國檔案出版社，北京，一九九七年。
《中央檔案館叢刊》，北京。
中共上海市委黨史資料徵集委員會主編，《上海工人三次武裝起義研究》，知識出版社，上海，一九八七年。
中共中央文獻研究室、中央檔案館編，《共和國走過的路——建國以來重要文獻專題選集》，一九四九～一九五二年，一九五三～一九五六年，中央文獻出版社，北京，一九九二年。
中共中央文獻研究室編，
•《不盡的思念》，中央文獻出版社，北京，一九九一年。
•《回憶鄧小平》，共三冊，中央文獻出版社，北京，一九九八年。
中共中央文獻研究室編，《建國以來重要文獻選編》，共二十冊，中央文獻出版社，北京，一九九二～一九九八年。
中共中央組織部「黨的組織工作大事記」編寫組編，《中國共產黨組織工作大事記》，遼寧人民出版社，瀋陽，一九九二年。
中共中央黨史研究室第一研究部編，《憶七大——七大代表親歷記》，黑龍江教育出版社，哈爾濱，二〇〇〇年。
中共中央黨史研究室第一研究部編譯，《共產國際、聯共（布）與中國革命檔案資料叢書》，六卷，北京圖書館出版社，北京，一九九七～一九九八年。
中共中央黨史資料徵集委員會、中央檔案館編，《遵義會議文獻》，人民出版社，北京，一九八五年。

中共北京市海淀區委黨史研究室編，《中共中央在香山》，中共黨史出版社，北京，一九九三年。
中共四川省委黨史工作委員會《紅軍長征在四川》編寫組，《紅軍長征在四川》，四川省社會科學出版社，成都，一九八六年。
中共西藏自治區黨史資料徵集委員會編，《中共西藏黨史大事記》，西藏人民出版社，西藏，一九九〇年。
中共長汀縣委黨史工作委員會，《長汀人民革命史》，廈門大學出版社，廈門，一九九〇年。
中共研究雜誌社編，《劉少奇問題資料專輯》，中共研究雜誌社，台北，一九七〇年。
中共桂林地委編，《紅軍長征過廣西》，廣西人民出版社，南寧，一九八六年。
中共湖北省委黨史資料徵編委員會編，《毛澤東在湖北》，中共黨史出版社，北京，一九九三年。
中共湖南省委黨史委編，《湖南人民革命史》，湖南出版社，長沙，一九九一年。
中共湘區委員會舊址陳列館、長沙市博物館編，《中國共產黨湘區執行委員會史料匯編》，湖南出版社，長沙，一九九三年。
中共萍鄉市委《安源路礦工人運動》編撰組編，《安源路礦工人運動》，中共黨史資料出版社，北京，一九九一年。
中共鎮原縣委黨史辦公室，〈「大躍進」期間的鎮原冤案〉，見《百年潮》，一九九九年第四期。
中共黨史人物研究會編，《中共黨史人物傳》，七十五卷，陝西人民出版社，西安，一九八〇年。
《中共黨史研究》，北京。
《中共黨史資料》，北京。
《中共黨史資料》編輯部編，《親歷重大歷史事件實錄》，共五卷，黨建讀物出版社、中國文聯出版社，北京，二〇〇〇年。
中印邊境自衛反擊作戰史編寫組，《中印邊境自衛反擊作戰史》，軍事科學出版社，北京，一九九四年。

中俄關係研究會編，《戰後中蘇關係走向》，社會科學文獻出版社，北京，一九九七年。

中國人民大學中共黨史系資料室編，《共產主義小組和黨的「一大」資料匯編》，北京，一九七九年，未出版。

中國人民政治協商會議北京市委員會文史資料委員會編，《周恩來與北京》，中央文獻出版社，北京，一九九八年。

中國人民政治協商會議全國委員會文史資料研究委員會編，

- 《和平老人邵力子》，文史資料出版社，北京，一九八五年。
- 《遼瀋戰役親歷記——原國民黨將領的回憶》，中國文史出版社，北京，一九八五年。
- 《八一三淞滬抗戰——原國民黨將領抗日戰爭親歷記》，中國文史出版社，北京，一九八七年。
- 《平津戰役親歷記——原國民黨將領的回憶》，中國文史出版社，北京，一九八九年。
- 《解放戰爭中的西北戰場——原國民黨將領的回憶》，中國文史出版社，北京，一九九二年。
- 《傅作義將軍》，中國文史出版社，北京，一九九三年。
- 《淮海戰役親歷記——原國民黨將領的回憶》，中國文史出版社，北京，一九九六年。

中國人民解放軍政治學院黨史教研室編，《中共黨史教學參考資料》，共二十四卷，北京，一九八六年，未出版。

中國人民解放軍軍事科學院軍事歷史研究部，《中國工農紅軍長征史》，山西人民出版社，一九九六年。

中國人民解放軍國防大學黨史黨建政工教研室編印，《「文化大革命」研究資料》，共三卷，北京，一九八八年，未出版。

中國人民解放軍歷史資料叢書編審委員會編，《通信兵回憶史料》，解放軍出版社，北京，一九九五年。

中國工農紅軍第一方面軍史編審委員會，《中國工農紅軍第一方面軍人物志》，解放軍出版社，北京，一九九五年。
中國工農紅軍第二十五軍戰史編輯委員會編，《中國工農紅軍第二十五軍戰史資料選編》，解放軍出版社，北京，一九九一年。
中國工農紅軍第二方面軍戰史編輯委員會編，《中國工農紅軍第二方面軍戰史資料選編》，解放軍出版社，北京，一九九五年。
中國工農紅軍第四方面軍回憶錄徵集組編，《艱苦的歷程》，共二冊，人民出版社，北京，一九八四年。
中國工農紅軍第四方面軍戰史編輯委員會編，《中國工農紅軍第四方面軍戰史資料選編》，解放軍出版社，北京，一九九三年。
《中國之春》，美國。
中國社會科學院經濟研究所中國現代經濟史組編，《革命根據地經濟史料選編》，共三卷，江西人民出版社，南昌，一九八六年。
中國研究資料中心、圖書館研究學會編印，《紅衛兵資料續編（一）》，華盛頓。
中國革命軍事博物館《百團大戰歷史文獻資料選編》編審組編，《百團大戰歷史文獻資料選編》，解放軍出版社，北京，一九九〇年。
中國革命博物館、湖南省博物館編，
•《湖南農民運動資料選編》，人民出版社，北京，一九八八年。
•《新民學會資料》，人民出版社，北京，一九八〇年。
中國革命博物館編，《紅軍長征日記》，檔案出版社，北京，一九八六年。
中國國民黨中央組織部調查科編，《中國共產黨之透視》，一九三五年，調查局檔案館，台北。
中國第二歷史檔案館、湖南省檔案館編，《國民黨軍追堵紅軍長征檔案史料選編：湖南部分》，檔案出版社，北京，一九八八年。

中國第二歷史檔案館編，

• 《國民黨軍追堵紅軍長征檔案史料選編：中央部分》，檔案出版社，北京，一九八七年。

• 《抗日戰爭正面戰場》，江蘇古籍出版社，南京，一九八七年。

中華人民共和國外交部外交史研究室，《周恩來外交活動大事記》，世界知識出版社，北京，一九九三年。

《中華人民共和國國史全鑒》編委會編，《中華人民共和國國史全鑒》，共六卷，團結出版社，北京，一九九六年。

中華人民共和國國家統計局編，《中國統計年鑒：一九八三》，經濟導報社，香港，一九八三年。

中華民國開國文獻編撰委員會、國立政治大學國際關係研究中心編印，《共匪禍國史料彙編》，共六卷，台北，一九七六年。

《中華兒女》，北京。

亓莉，《毛澤東晚年生活瑣記》，中央文獻出版社，北京，一九九八年。

井岡山革命根據地黨史資料徵集編研協作小組、井岡山革命博物館編，《井岡山革命根據地》，共二集，中共黨史資料出版社，北京，一九八七年。

《天下華人》，倫敦。

孔祥熙，〈西安事變回憶錄〉，見李金洲編，《西安事變親歷記》，傳記文學出版社，台北，一九八二年。

尹家民，《黃鎮將軍的大使生涯》，江蘇人民出版社，南京，一九九八年。

尹騏，

• 《潘漢年的情報生涯》，人民出版社，北京，一九九六年。

• 《潘漢年傳》，中國人民公安大學出版社，北京，一九九六年。

《文史資料選輯》，北京。

文聿，《中國左禍》，朝華出版社，北京，一九九三年。

《文獻和研究》，北京。

方可、單木，《中國情報首腦李克農》，中國社會科學出版社，北京，一九九六年。

方舟，《秦城春秋——中國第一政治監獄實錄》，觀海出版有限公司，香港，一九九七年。

方曉主編，《中共黨史辨疑錄》，共二卷，山西教育出版社，太原，一九九一年。

日本防衛廳戰史室編，《華北治安戰》，天津市政協編譯組譯，上卷，天津人民出版社，天津，一九八二年。

日本防衛廳戰史室編撰，天津市政協摘譯，《日本軍國主義侵華資料長編》，四川人民出版社，成都，一九八七年。

毛澤東，

- 《建黨和大革命時期毛澤東著作集》，一九二〇年十二月～一九二七年七月，中共中央文獻研究室、中共湖南省委《建黨和大革命時期毛澤東著作集》編輯組編，未出版。
- 《毛澤東自傳》，一九三七年（新版由解放軍文藝社出版，北京，二〇〇二年）。
- 《毛澤東選集》，人民出版社，北京，第一～四卷：一九九一年；第五卷：一九七七年。
- 《毛澤東農村調查文集》，人民出版社，北京，一九八三年。
- 《毛澤東書信選集》，人民出版社，北京，一九八四年。
- 《建國以來毛澤東文稿》，共十三卷，中共中央文獻研究室編，中央文獻出版社，北京，一九八七～一九九八年。
- 《毛澤東早期文稿》，一九一二年六月～一九二〇年十一月，中共中央文獻研究室、中共湖南省委《毛澤東早期文稿》編輯組編，湖南出版社，長沙，一九九〇年。

•《毛澤東自述》，人民出版社，北京，一九九三年。
•《毛澤東軍事文集》，共六卷，中共中央文獻研究室、中國人民解放軍軍事科學研究院編，軍事科學出版社、中央文獻出版社，北京，一九九三年。
•《毛澤東年譜：一八九三～一九四九》，共三卷，中共中央文獻研究室編，人民出版社、中央文獻出版社，北京，一九九三年。
•《毛澤東經濟年譜》，顧龍生編，中共中央黨校出版社，北京，一九九三年。
•《毛澤東文集》，共八卷，中共中央文獻研究室編，人民出版社，北京，一九九三～一九九九年。
•《毛澤東外交文選》，中華人民共和國外交部、中共中央文獻研究室編，中央文獻出版社、世界知識出版社，北京，一九九四年。
•《毛澤東在七大的報告和講話集》，中共中央文獻研究室編，中央文獻出版社，北京，一九九五年。
•《毛澤東詩詞全集》，柏樺編，成都出版社，成都，一九九五年。
•《毛澤東思想萬歲》別集及其他，毛著未刊稿，共十五卷，中國研究資料中心編印，美國維吉尼亞州。
「毛澤東與我」徵文活動組委會編，
•《毛澤東人際交往側記》，山西人民出版社，太原，一九九三年。
•《我與毛澤東的交往》，山西人民出版社，太原，一九九三年。
•《在毛澤東身邊》，山西人民出版社，太原，一九九三年。
水靜，《特殊的交往——省委第一書記夫人的回憶》，江蘇文藝出版社，南京，一九九二年。
牛軍，《從延安走向世界》，福建人民出版社，福州，一九九二年。
牛漢、鄧九平主編，《原上草——記憶中的反右派運動》，經濟日報出版社，北京，一九九八年。
王力，

•《現場歷史——文化大革命紀實》，牛津大學出版社，香港，一九九三年。
•〈七二〇事件始末〉，見《傳記文學》，北京，一九九四年第二期。
•《王力反思錄》，北星出版社，香港，二〇〇一年。
王凡西，《雙山回憶錄》，周記行出版，香港，一九七七年。
王凡等，《知情者說——與歷史關鍵人物的對話》，多集，中國青年出版社，北京，一九九五年～。
王丹之提供，
•《對於王明同志病過去診斷與治療的總結：自一九四一年九月到一九四三年六月》，簽字者為十一名當時延安主要醫生，包括傅連暲、馬海德，日期為一九四三年七月二十日，未刊。
•《關於一九四八年六月王明同志中毒的證件》，含中央衛生處（當時化名為工校第五科）的通知，一九四八年七月七日。
王友琴，
•〈一九六六：學生打老師的革命〉，見《二十一世紀》，香港，一九九五年八月號。
•〈打老師和打同學之間〉，見《二十一世紀》，香港，一九九六年十月號。
•《文革受難者》，開放雜誌出版社，香港，二〇〇四年。
王光美等，《你所不知道的劉少奇》，河南人民出版社，鄭州，二〇〇〇年。
王光遠，《紅色牧師董健吾》，中央文獻出版社，北京，二〇〇〇年。
王守稼等編，《毛澤東晚年過眼詩文錄》，八龍書屋，香港，一九九三年。
王年一，《大動亂的年代》，河南人民出版社，鄭州，一九九二年。
王自成，〈陝甘寧邊區的形成及演變〉，見《中央檔案館叢刊》，一九八七年第五期。
王行娟，

•《賀子珍的路》，作家出版社，北京，一九八七年。
•《李敏、賀子珍與毛澤東》，中國文聯出版公司，北京，一九九三年。
王克學，〈譚甫仁夫婦被殺案紀實〉，見《縱橫》，一九九六年第八期。
王秀鑫，〈中共六屆六中全會〉，見《中共黨史資料》第四十六輯。
王其森主編，《福建省蘇維埃政府歷史文獻資料匯編》，鷺江出版社，廈門，一九九二年。
王承先，〈「意見書」是怎樣寫成的〉，見彭德懷傳記編寫組，《一個真正的人——彭德懷》，人民出版社，北京，一九九五年。
王明，
•《王明詩歌選集》，進步出版社，莫斯科，一九七九年。
•《中共五十年》，現代史料編刊社，北京，一九八一年。
王炳南，《中美會談九年回顧》，世界知識出版社，北京，一九八五年。
王禹廷，《細說西安事變》，傳記文學出版社，台北，一九八九年。
王首道，《王首道回憶錄》，解放軍出版社，北京，一九八七年。
王家烈，〈阻截中央紅軍長征過黔的回憶〉，見《文史資料選輯》第六十二期。
王恩茂，《王恩茂日記》，共五卷，中央文獻出版社，北京，一九九五年。
王桂苡，〈偉人之女李敏的近情往事〉，見《炎黃春秋》，一九九三年第七期。
王泰平主編，
•《中華人民共和國外交史：一九五七~一九六九》，世界知識出版社，一九九八年。
•《中華人民共和國外交史：一九七〇~一九七八》，世界知識出版社，一九九九年。
王素萍，《她還沒叫江青的時候》，北京十月文藝出版社，北京，一九九三年。

王素園，〈陝甘寧邊區搶救運動始末〉，見《中共黨史資料》第三十七輯。
王耕金等編，《鄉村三十年》，農村讀物出版社，北京，未發行。
王健英，
•《中國共產黨組織史資料匯編——領導機構沿革和成員名錄》，紅旗出版社，北京，一九八三年。
•《中國工農紅軍發展史簡編》，解放軍出版社，北京，一九八六年。
王連捷，《閻寶航》，黑龍江人民出版社，哈爾濱，二〇〇二年。
王焰等，《彭德懷傳》，當代中國出版社，北京，一九九三年。
王實味，《王實味文存》，朱鴻召編選，上海三聯書店，上海，一九九八年。
王輔一，《項英傳》，中共黨史出版社，北京，一九九五年。
王德芬，〈蕭軍在延安〉，見《新文學史料》，一九八七年第四期。
王鶴濱，《紫雲軒主人——我所接觸的毛澤東》，中共中央黨校出版社，北京，一九九一年。
冉龍勃、馬繼森，《周恩來與香港「六七暴動」》，明報出版社，香港，二〇〇一年。
北京市檔案館編，《北京和平解放前後》，北京出版社，北京，一九八八年。
史紀辛，〈紅軍長征後中共中央同共產國際恢復電訊聯係問題的考證〉，見《中央檔案館叢刊》，一九八七年第一期。
史說，〈八一三淞滬抗戰記略〉，見中國人民政治協商會議全國委員會文史資料研究委員會編，《八一三淞滬抗戰——原國民黨將領抗日戰爭親歷記》，中國文史出版社，北京，一九八七年。
司任主編，《「文化大革命」風雲人物訪談錄》，中央民族學院出版社，北京，一九九三年。
司馬璐，
•《鬥爭十八年》，亞洲出版社，香港，一九五二年。

•《紅軍長征與中共內爭》，自聯出版社，香港，一九八五年。
•《中共歷史的見證——司馬璐回憶錄》，明鏡出版社，美國，二〇〇四年。
四川省檔案館編，《國民黨軍追堵紅軍長征檔案史料選編：四川部分》，檔案出版社，北京，一九八六年。
外交部外交史編輯室編，《新中國外交風雲》，多輯，世界知識出版社，北京，一九九〇年。
甘肅省社會科學院編，《陝甘寧革命根據地史料選集》，共四集，甘肅人民出版社，蘭州，一九八三年。
甘肅省檔案館編，《國民黨軍追堵紅軍長征和西路軍西進檔案史料匯編》，中國檔案出版社，北京，一九九五年。
田曾佩、王泰平主編，《老外交官回憶周恩來》，世界知識出版社，北京，一九九八年。
白崇禧，《白崇禧回憶錄》，解放軍出版社，北京，一九八七年。
石仲泉等，《中共八大史》，人民出版社，北京，一九九八年。
仲侃，《康生評傳》，紅旗出版社，北京，一九八二年。
任武雄、俞衛平，〈毛岸英、毛岸青同志幼年在上海的一些情況〉，見《上海文史資料》，一九八〇年第二輯。
任弼時，《任弼時年譜》，中共文獻研究室編，人民出版社、中央文獻出版社，北京，一九九三年。
伍修權，
•《往事滄桑》，上海文藝出版社，上海，一九九二年。
•《回憶與懷念》，中共中央黨校出版社，北京，一九九五年。
《回憶鄧子恢》編輯委員會編，《回憶鄧子恢》，人民出版社，北京，一九九六年。
《回憶譚震林》編輯室編，《回憶譚震林》，浙江人民出版社，杭州，一九九二年。
安建設編，《周恩來的最後歲月：一九六六～一九七六》，中央文獻出版社，北京，一九九六年。

成元功主編，《周恩來歷險紀實》，中央文獻出版社，北京，一九九四年。
朱天紅、逸晚，《毛澤民傳》，華齡出版社，北京，一九九四年。
朱正，《一九五七年的夏季》，河南人民出版社，鄭州，一九九八年。
朱玉主編，《李先念傳》，中央文獻出版社，北京，一九九九年。
朱仲麗，
• 《豔陽照我》，北方婦女兒童出版社，長春，一九八九年。
• 《毛澤東王稼祥在我的生活中》，中共中央黨校出版社，北京，一九九五年。
朱開印，〈我的軍事外交官生涯〉，見《炎黃春秋》，一九九四年第九期。
朱德，《朱德年譜》，中共中央文獻研究室編，人民出版社，北京，一九八六年。
朱霖，《大使夫人回憶錄》，世界知識出版社，北京，一九九三年。
江西省《永新縣志》編撰委員會編，《永新縣志》，新華出版社，北京，一九九二年。
江西省《吉水縣志》編撰委員會編，《吉水縣志》，新華出版社，北京，一九八九年。
江西省行動委員會，〈省行委緊急通告第九號〉，一九三〇年十二月十五日，永陽，「共產國際」檔案，RGASPI，514/1/1008，俄羅斯國家社會/政治史檔案館，莫斯科。
江西省委，〈江西省委關於十二月七日事變報告〉，一九三一年一月十二日，永陽，「共產國際」檔案，RGASPI，514/1/1008，俄羅斯國家社會/政治史檔案館，莫斯科。
江西省寧岡縣委黨史辦公室編印，《寧岡——井岡山革命根據地的中心》，未出版。
江西省檔案館、中共江西省委黨校黨史教研室編，《中央革命根據地史料選編》，共三冊，江西人民出版社，南昌，一九八三年。
江西省檔案館編，《井岡山革命根據地史料選編》，江西人民出版社，南昌，一九八六年。

《江西黨史資料》，南昌。

江渭清，《七十年征程——江渭清回憶錄》，江蘇人民出版社，南京，一九九六年。

《百年潮》，北京。

衣復恩，《我的回憶》，立青文教基金會，台北，二〇〇〇年。

何定，《與華北共存亡》，廣東教育出版社，廣州，一九九七年。

何長工，《何長工回憶錄》，解放軍出版社，北京，一九八七年。

《何長工傳》編寫組，《何長工傳》，中央文獻出版社，北京，二〇〇〇年。

余世誠，《鄧小平與毛澤東》，中共中央黨校出版社，北京，一九九五年。

余習廣主編，《位卑未敢忘憂國——「文化大革命」上書集》，湖南人民出版社，長沙，一九八九年。

《作家文摘》，北京。

利廣安等編，《紀念李富春》，中國計畫出版社，北京，一九九〇年。

吳吉清，《在毛主席身邊的日子裡》，江西人民出版社，南昌，一九八九年。

吳江雄編，《國民黨要員身邊的中共地下黨》，共二卷，海天出版社，深圳，一九九五年。

吳冷西，

- 《憶毛主席》，新華出版社，北京，一九九五年。
- 《十年論戰》，中央文獻出版社，北京，一九九九年。

吳長翼，《千古功臣楊虎城》，中國文史出版社，北京，一九九三年。

吳瑞林，〈周總理的一次絕密之行〉，見《作家文摘》，二〇〇二年十月十五日。

吳福章編，《西安事變親歷記》，中國文史出版社，北京，一九九六年。

呂正操，《呂正操回憶錄》，解放軍出版社，北京，一九八七年。

宋永毅主編，《文革大屠殺》，開放雜誌社，香港，二〇〇二年。
宋任窮，《宋任窮回憶錄》，解放軍出版社，北京，一九九四年。
宋紅崗，《孫越崎》，花山文藝出版社，石家莊，一九九七年。
宋曉夢，《李銳其人》，河南人民出版社，鄭州，一九九九年。
《我們的周總理》編輯組編，《我們的周總理》，中央文獻出版社，北京，一九九〇年。
李一氓，《模糊的螢屏》，人民出版社，北京，一九九二年。
李丹慧編，《中國與印度支那戰爭》，天地圖書，香港，二〇〇〇年。
李可、郝生章，《文化大革命中的人民解放軍》，中共黨史資料出版社，北京，一九八九年。
李永主編，《文化大革命中的名人之死》，中央民族學院出版社，北京，一九九三年。
李玉貞，《蔣經國旅蘇生活祕聞》，中國友誼出版公司，北京，一九九四年。
李克菲、彭東海，《祕密專機上的領袖們》，中共中央黨校出版社，北京，一九九七年。
李君山，《為政略殉——論抗戰初期京滬地區作戰》，國立台灣大學出版委員會，台北，一九九二年。
李志綏，《毛澤東私人醫生回憶錄》，時報文化，台北，一九九四年。
李良志，《烽火江南話奇冤——新四軍與皖南事變》，中國檔案出版社，北京，一九九五年。
李宗仁口述，唐德剛撰寫，《李宗仁回憶錄》，李敖出版社，台北，一九九五年。
李林達，《情滿西湖》，中央文獻出版社，北京，一九九三年。
李金洲，《西安事變親歷記》，傳記文學出版社，台北，一九八二年。
李家驥、楊慶旺，《跟隨紅太陽——我做毛澤東貼身衛士十三年》，黑龍江人民出版社，哈爾濱，一九九四年。
李健編著，《鄧小平三進三出中南海》，中國大地出版社，北京，一九九三年。

李湘文編，《毛澤東家世》，人民出版社，北京，一九九六年。
李越然，《外交舞台上的新中國領袖》，外語教學與研究出版社，北京，一九九四年。
李逸民，〈參加延安搶救運動的片段回憶〉，見《革命史資料》，一九八一年第三期。
李維漢，《回憶與研究》，中共黨史資料出版社，北京，一九八六年。
李遜，《大崩潰——上海工人造反派興亡史》，時報文化，台北，一九九六年。
李銀橋，《在毛澤東身邊十五年》，河北人民出版社，石家莊，一九九二年。
李鳴生，〈走出地球村〉，見《中華文學選刊》，北京，一九九五年第五期。
李劍主編，《關鍵會議親歷實錄》，中共中央黨校出版社，北京，無出版日期。
李德生，《李德生回憶錄》，解放軍出版社，北京，一九九七年。
李輝，《胡風集團冤案始末》，人民日報出版社，北京，一九八九年。
李銳，
- 《廬山會議實錄》，春秋出版社、湖南教育出版社，北京，一九八九年。
- 《毛澤東早年讀書生活》，遼寧人民出版社，瀋陽，一九九二年。
- 《早年毛澤東》，遼寧人民出版社，瀋陽，一九九二年。

杜修賢、顧保孜，《紅鏡頭——中南海攝影師眼中的國事風雲》，遼寧人民出版社，瀋陽，一九九八年。
汪士淳，《千山獨行——蔣緯國的人生之旅》，天下文化，台北，一九九六年。
汪東興，
- 《汪東興日記》，中國社會科學出版社，北京，一九九三年。
- 〈中南海裡的一堂課〉，見《百年潮》，一九九七年第一期。
- 《汪東興回憶毛澤東與林彪反革命集團的鬥爭》，當代中國出版社，北京，一九九七年。

汪精衛，《汪精衛生平紀事》，蔡德金、王升編，中國文史出版社，北京，一九九三年。

沈志華，《毛澤東、斯大林與韓戰》，天地圖書，香港，一九九八年。

沈醉，《我這三十年》，北京十月出版社，北京，一九九四年。

赤男、明曉等，《林彪元帥叛逃事件最新報告》，香港中華兒女出版社，香港，二〇〇〇年。

辛子陵，

• 《毛澤東全傳》，共四卷，利文出版社，香港，一九九五年。

• 《林彪正傳》，利文出版社，香港，二〇〇二年。

亞子、良子，《孔府大劫難》，天地圖書，香港，一九九二年。

周小舟傳記編寫組，《周小舟傳》，湖南人民出版社，長沙，一九八五年。

周作人，《周作人日記》，中冊，大家出版社，鄭州，一九九六年。

周明主編，《歷史在這裡沉思》，共三卷，華夏出版社，北京，一九八七年。

周奕，《香港左派鬥爭史》，利文出版社，香港，二〇〇二年。

周恩來，

• 〈黨的歷史教訓〉，一九七二年六月十日，見中共中央黨史資料徵集委員會、中央檔案館編，《遵義會議文獻》，人民出版社，北京，一九八五年。

• 《周恩來選集》，人民出版社，北京，第一卷：一九八一年；第二卷：一九八四年。

• 《周恩來書信選集》，中央文獻出版社，北京，一九八八年。

• 《周恩來年譜：一八九八～一九四九》，中共中央文獻研究室編，人民出版社、中央文獻出版社，北京，一九九一年。

• 《周恩來經濟文選》，中央文獻出版社，北京，一九九三年。

•《周恩來年譜：一九四九～一九七六》，共三卷，中共中央文獻研究室編，中央文獻出版社，北京，一九九七年。

周國全、郭德宏、李明三，《王明評傳》，安徽人民出版社，合肥，一九九〇年。

周鯨文，《風暴十年》，時代批評出版社，香港，一九五九年。

周繼厚，《毛澤東像章之謎》，北岳文藝出版社，太原，一九九三年。

孟慶樹，《王明傳記與回憶》，手稿。

官偉勳，《我所知道的葉群》，中國文學出版社，北京，一九九三年。

岳美緹，〈一九七五：演唱唐詩宋詞之謎〉，見《上海灘》，一九九一年第十期。

延安中央黨校整風運動編寫組編，《延安中央黨校的整風學習》，共二集，中共中央黨校出版社，北京，一九八九年。

明曉、赤男，《謀殺毛澤東的黑色「太子」》，香港中華兒女出版社，香港，二〇〇〇年。

東夫，《麥苗青，菜花黃》，未刊稿。

東生，《天地頌——「兩彈一星」內幕》，新華出版社，北京，二〇〇〇年。

林克等，《歷史的真實——毛澤東身邊工作人員的證言》，利文出版社，香港，一九九五年。

《炎黃春秋》，北京。

者永平主編，《那個年代中的我們》，遠方出版社，呼和浩特，一九九八年。

《近代史研究》，北京。

邱石編，《共和國重大決策出臺前後》，共四卷，經濟日報出版社，北京，一九九七～一九九八年。

邵一海，〈林彪集團覆滅內情〉，見《中南海人事沉浮》，文匯出版社，香港，一九九二年。

金沖及、黃崢，《劉少奇傳》，中央文獻出版社，北京，一九九八年。

金沖及主編，
•《周恩來傳：一八九八～一九四九》，人民出版社、中央文獻出版社，北京，一九九〇年。
•《朱德傳》，人民出版社、中央文獻出版社，北京，一九九三年。
•《毛澤東傳：一八九三～一九四九》，中央文獻出版社，北京，一九九六年。
•《周恩來傳：一九四九～一九七六》，中央文獻出版社，北京，一九九八年。
金振林，《毛岸英》，人民出版社，北京，一九九三年。
長舜、荊堯等編，《百萬國民黨軍起義投誠紀實》，中國文史出版社，北京，一九九一年。
《南方週末》，廣州。
姜新立，《張國燾的彷徨與覺醒》，幼獅文化事業公司，台北，一九八一年。
段蘇權，《故文輯存》，中國文史出版社，北京，一九九八年。
洪學智，《抗美援朝戰爭回憶》，解放軍文藝出版社，北京，一九九一年。
紀希晨，《史無前例的年代》，人民日報出版社，北京，二〇〇一年。
《紅色中華》，瑞金。
胡風，《胡風自傳》，江蘇文藝出版社，南京，一九九六年。
胡喬木，《胡喬木回憶毛澤東》，人民出版社，北京，一九九四年。
胡愈之，《我的回憶》，江蘇人民出版社，南京，一九九〇年。
范達人，《「文革」御筆沉浮錄——「梁效」往事》，明報出版社，香港，一九九九年。
范碩，《葉劍英在一九七六》，中共中央黨校出版社，北京，一九九五年。
軍事科學研究院軍事歷史研究部編著，《中國人民志願軍抗美援朝戰史》，軍事科學出版社，北京，一九九二年。

《革命史資料》，北京。

唐純良，

- 《李立三傳》，黑龍江人民出版社，哈爾濱，一九八九年。
- 《李立三全傳》，安徽人民出版社，合肥，一九九九年。

夏道漢、陳立明，《江西蘇區史》，江西人民出版社，南昌，一九八七年。

孫渡，〈滇軍入黔防堵紅軍長征親歷記〉，見《文史資料選輯》第六十二輯。

孫業禮、熊亮華，《共和國經濟風雲中的陳雲》，中央文獻出版社，北京，一九九六年。

師東兵，《最初的抗爭——彭真在「文化大革命」前夕》，中共中央黨校出版社，北京，一九九三年。

師哲回憶，李海文整理，《在歷史巨人身邊》，中央文獻出版社，北京，一九九一年。

師哲回憶，師秋朗整理，《峰與谷》，紅旗出版社，北京，一九九二年。

徐永昌，《徐永昌日記》，共十二卷，中央研究院近代史研究所，台北，一九九一年。

徐向前，《歷史的回顧》，解放軍出版社，北京，一九九八年。

徐枕，

- 《阿毛從軍記》，福記文化圖書有限公司，台北，一九八七年。
- 《胡宗南先生與國民革命》，王曲十七期同學會，台北，一九九〇年。

徐則浩，《王稼祥傳》，當代中國出版社，北京，一九九六年。

徐則浩、唐錫強，〈項英、周子昆烈士被害經過紀實〉，見《黨史研究資料》，一九八一年第二期。

徐恩曾等，《細說中統軍統》，傳記文學出版社，台北，一九九二年。

徐焰，

- 《金門之戰》，中國廣播電視出版社，北京，一九九二年。

•《中印邊界之戰歷史真相》，天地圖書，香港，一九九三年。

《晉察冀抗日根據地》史料叢書編審委員會、中央檔案館編，《晉察冀抗日根據地》，共三冊，中共黨史出版社、中共黨史資料出版社，北京，一九九一年。

晏道剛，〈蔣介石追堵長征紅軍的部署及其失敗〉，見《文史資料選輯》第六十二輯。

柴成文、趙勇田，《板門店談判》，解放軍出版社，北京，一九九〇年。

浙江省毛澤東思想研究中心、中共浙江省委黨史研究室編，《毛澤東與浙江》，中共黨史出版社，北京，一九九三年。

烏蘭夫，《烏蘭夫年譜》，下卷，內蒙古烏蘭夫研究會編，中共黨史出版社，北京，一九九六年。

班禪喇嘛，《七萬言書》，西藏流亡政府外交與新聞部，印度，一九九八年。

秦孝儀主編，《中華民國重要史料初編——對日抗戰時期》，中國國民黨中央委員會黨史委員會，台北，一九八一～。

翁台生、包柯克，《黑貓中隊——U2高空偵察機的故事》，聯經出版事業公司，台北，一九九〇年。

耿飆，《耿飆回憶錄》，共二冊，江蘇人民出版社，南京，一九九八年。

荀元虎等，〈西安發現六十四年前「毛澤東自傳」〉，見《作家文摘》，二〇〇一年六月二十九日。

袁武振、梁月蘭，〈國際友人在延安〉，見《中共黨史資料》第四十六輯。

袁茂庚，《我家浩劫》，巴西美洲畫報社，巴西，一九九四年。

財政部辦公廳編，《中華人民共和國財政史料》，共五輯，中國財政經濟出版社，北京，一九八二～一九八五年。

逄先知、金沖及主編，《毛澤東傳：一九四九～一九七六》，中央文獻出版社，北京，二〇〇三年。

郝維民主編，《內蒙古革命史》，內蒙古大學出版社，呼和浩特，一九九七年。

《陝甘寧邊區政權建設》編輯組編，《陝甘寧邊區的精兵簡政（資料選輯）》，求實出版社，北京，一九八二年。

陝西省檔案館編，《國民黨軍追堵紅軍長征檔案史料選編：陝西部分》，中國檔案出版社，北京，一九九四年。

馬巨賢等編，《中國人口：江西分冊》，中國財政經濟出版社，北京，一九八九年。

馬志剛編，《大冤案與大平反》，團結出版社，北京，一九九三年。

馬振犢，

- 〈「八一三」淞滬戰役起因辯正〉，見《近代史研究》，一九八六年第六期。
- 《慘勝——抗日戰爭正面戰場大寫意》，廣西師範大學出版社，桂林，一九九三年。

馬齊彬等，《中央革命根據地史》，人民出版社，北京，一九八六年。

高文謙，《晚年周恩來》，明鏡出版社，美國，二〇〇三年。

高華，《紅太陽是怎樣升起來的》，中文大學出版社，香港，二〇〇〇年。

國立政治大學國際關係研究中心輯印，《中共機密文件彙編》，台北，一九七八年。

國防部史政局，《剿匪戰史》，共六卷，國防部史政局、中華大典編印會，台北，一九六七年。

國務院三線辦公室《三線建設》編寫組，《三線建設》，北京，一九九一年，未出版。

康生，

- 〈搶救失足者〉，一九四三年七月十五日，調查局檔案館，台北。
- 〈三十三年反奸整風之後總結成績暨缺點〉，一九四四年，調查局檔案館，台北。

康克清，《康克清回憶錄》，解放軍出版社，北京，一九九三年。

張子申，《戰將與統帥——楊成武在毛澤東麾下的四十八年》，遼寧人民出版社，瀋陽，二〇〇〇年。

張天榮，〈部隊文藝工作座談會召開及「紀要」產生的歷史考察〉，見《黨史研究》，一九八七年第六期。
張文秋，《踏遍青山——毛澤東的親家張文秋回憶錄》，廣東教育出版社，廣州，一九九三年。
張正隆，《雪白血紅》，大地出版社，香港，一九九一年。
張玉法，《中國近代現代史》，東華書局，台北，二〇〇一年。
張玉鳳，
•〈毛澤東周恩來晚年二三事〉，見《炎黃春秋》，一九八九年第一期。
•〈我給毛主席當祕書〉，見《炎黃春秋》，一九九三年第八期。
張佐良，《周恩來的最後十年——一位保健醫生的回憶》，上海人民出版社，上海，一九九七年。
張治中，《張治中回憶錄》，中國文史出版社，北京，一九九三年。
張素華等，《說不盡的毛澤東——百位名人學者訪談錄》，遼寧人民出版社，瀋陽，一九九三年。
張國燾，《我的回憶》，共三卷，東方出版社，北京，一九九八年。
張雲生，《毛家灣紀實——林彪祕書回憶錄》，春秋出版社，北京，一九八八年。
張新時，〈賀子珍的第四個孩子〉，見《湖南黨史月刊》，一九九〇年第十二期。
張寧，《塵劫》，明報出版社，香港，一九九七年。
張聞天，
•〈從福建事變到遵義會議〉，一九四三年十二月十六日，見中共中央黨史資料徵集委員會、中央檔案館編，《遵義會議文獻》，人民出版社，北京，一九八五年。
•《張聞天文集》，第一卷：中共黨史資料出版社；第二～四卷：中共黨史出版社，北京，一九九〇～一九九五年。
•《張聞天年譜》，張培森主編，中共黨史出版社，北京，二〇〇〇年。

張魁堂，《張學良傳》，東方出版社，北京，一九九一年。

張德群，〈六〇年代中蘇關係惡化的幾件事〉，見《中共黨史資料》編輯部編，《親歷重大歷史事件實錄》，第五卷，黨建讀物出版社、中國文聯出版社，北京，二〇〇〇年。

張學良，《張學良年譜》，張友坤、錢進主編，社會科學文獻出版社，北京，一九九六年。

張穎，《風雨往事——維特克採訪江青實錄》，河南人民出版社，鄭州，一九九七年。

張隨枝，《紅牆內的警衛生涯》，中央文獻出版社，北京，一九九八年。

張耀祠，《張耀祠回憶毛澤東》，中共中央黨校出版社，北京，一九九六年。

曹仲彬、戴茂林，《王明傳》，吉林文史出版社，長春，一九九一年。

梅志，《往事如煙——胡風沉冤錄》，三聯書店，香港，一九八九年。

盛平主編，《中國共產黨歷史大辭典》，中國國際廣播出版社，北京，一九九一年。

章含之等，《我與喬冠華》，中國青年出版社，北京，一九九四年。

章詒和，《往事並不如煙》，人民文學出版社，北京，二〇〇四年。

章學新主編，《任弼時傳》，中央文獻出版社、人民出版社，北京，一九九五年。

統一出版社編，《中共最近黨的鬥爭內幕》，統一出版社，重慶，一九四四年，調查局檔案館，台北。

莊則棟、佐佐木敦子，《莊則棟與佐佐木敦子》，作家出版社，北京，一九九六年。

莫文驊，《莫文驊回憶錄》，解放軍出版社，北京，一九九六年。

通信兵史編審委員會，〈紅軍無線電通信的創建、發展及其歷史作用〉，見《中共黨史資料》第三十期。

郭金榮，《毛澤東的晚年生活》，教育科學出版社，北京，一九九三年。

郭晨，《特殊連隊——紅一方面軍幹部修養連長征紀實》，農村讀物出版社，北京，一九八五年。

郭華倫，《中共史論》，共四冊，國立政治大學國際關係研究中心，台北，一九八九年。

陳士隖，《從井岡山走進中南海——陳士隖老將軍回憶毛澤東》，中共中央黨校出版社，北京，一九九三年。

陳永發，

•《延安的陰影》，中央研究院近代史研究所，台北，一九九〇年。

•《中國共產黨七十年》，聯經出版事業公司，台北，一九九八年。

陳再道，《陳再道回憶錄》，解放軍出版社，北京，一九九一年。

陳利明，《譚震林傳奇》，中國文史出版社，北京，一九九四年。

陳長江、趙桂來，《毛澤東最後十年——警衛隊長的回憶》，中共中央黨校出版社，北京，一九九八年。

陳清泉、宋廣渭，《陸定一傳》，中共黨史出版社，北京，一九九九年。

陳揚勇，《苦撐危局——周恩來在一九六七》，中央文獻出版社，北京，二〇〇〇年。

陳集忍，〈四渡赤水戰略目標再探〉，見《黨的文獻》，一九九一年第一期。

陳雲，

•〈遵義政治局擴大會議傳達提綱〉，一九三五年二月或三月，見中共中央黨史資料徵集委員會、中央檔案館編，《遵義會議文獻》，人民出版社，北京，一九八五年。

•《陳雲文選》，第三卷，人民出版社，北京，一九九五年。

•《陳雲年譜》，共三卷，中共中央文獻研究室編，中央文獻出版社，北京，二〇〇〇年。

陳漢，《八月的足跡——毛澤東一九五八年河南農村視察紀實》，中央文獻出版社，北京，二〇〇一年。

陳毅，《陳毅年譜》，劉樹發主編，人民出版社，北京，一九九五年。

陳毅、蕭華等，《回憶中央蘇區》，江西人民出版社，南昌，一九八一年。

陳曉東，《神火之光》，中共中央黨校出版社，北京，一九九五年。

陳獨秀，《陳獨秀年譜》，唐寶林、林茂生編，上海人民出版社，上海，一九八八年。

陶駟駒主編，
•《新中國第一任公安部長羅瑞卿》，群眾出版社，北京，一九九六年。
•《徐子榮傳》，群眾出版社，北京，一九九七年。
陶魯笳，《一個省委書記回憶毛主席》，山西人民出版社，太原，一九九三年。
陸鏗，《陸鏗回憶與懺悔錄》，時報文化，台北，一九九八年。
傅上倫等，《告別飢餓——一部塵封十八年的書稿》，人民出版社，北京，一九九九年。
傅祖德、陳佳源編，《中國人口：福建分冊》，中國財政經濟出版社，北京，一九九〇年。
傅崇碧，《傅崇碧回憶錄》，中共黨史出版社，北京，一九九九年。
傅連暲，〈毛主席在鄠都〉，見《紅旗飄飄》第十集，中國青年出版社，北京，一九五九年。
嵇偉，〈我的知青夢〉，見《天下華人》，一九九六年第七～八月號。
彭梅魁，《我的伯父彭德懷》，遼寧人民出版社，瀋陽，一九九七年。
彭德懷，
•〈八萬言書〉，未刊稿，一九六二年。
•《彭德懷自述》，人民出版社，北京，一九八一年。
•《彭德懷年譜》，王焰主編，人民出版社，北京，一九九八年。
彭德懷傳記編寫組，《一個真正的人——彭德懷》，人民出版社，北京，一九九五年。
景希珍口述，丁隆炎整理，《在彭總身邊——警衛參謀的回憶》，四川人民出版社，成都，一九七九年。
曾克林，《曾克林將軍自述》，遼寧人民出版社，瀋陽，一九九七年。
曾志，《一個革命的倖存者——曾志回憶實錄》，廣東人民出版社，廣州，二〇〇〇年。
曾彥修，〈康生點滴〉，見《人物》，一九九四年第二期。

曾維東、嚴帆，《毛澤東的足跡》，群眾出版社，北京，一九九三年。
《湖南黨史月刊》，長沙。
《湖南黨史通訊》，長沙。
《皖南事變》編撰委員會編，《皖南事變》（中國共產黨歷史資料叢書），中共黨史出版社，北京，一九九〇年。
程中原，《張聞天傳》，當代中國出版社，北京，一九九三年。
程敏編，《黨內大奸》，團結出版社，北京，一九九三年。
程華編，《周恩來和他的祕書們》，中國廣播電視出版社，北京，一九九二年。
童小鵬，《風雨四十年》，共二部，中央文獻出版社，北京，一九九五年。
粟裕，《粟裕戰爭回憶錄》，解放軍出版社，北京，一九八八年。
《粟裕傳》編寫組，《粟裕傳》，當代中國出版社，二〇〇〇年。
舒龍主編，《毛澤民》，軍事科學出版社，北京，一九九六年。
《貴州社會科學》編輯部，貴州省博物館編，《紅軍長征在貴州史料選輯》，貴陽，一九八三年。
貴州省檔案館編，《紅軍轉戰貴州——舊政權檔案史料選編》，貴州人民出版社，貴陽，一九八四年。
賀龍，《賀龍年譜》，李烈主編，人民出版社，北京，一九九六年。
《開放雜誌》，香港。
陽木編著，《「文革」闖將封神榜》，團結出版社，北京，一九九三年。
雲水，《國際風雲中的中國外交官》，世界知識出版社，北京，一九九二年。
雲南省檔案館編，《國民黨軍追堵紅軍長征檔案史料選編：雲南部分》，檔案出版社，北京，一九八七年。
黃文華等口述，闞山撰文，《鄧小平江西蒙難記》，明星出版社，香港，一九九〇年。

黃克誠，《黃克誠自述》，人民出版社，北京，一九九四年。

黃昌勇，〈生命的光華與暗影——王實味傳〉，見《新文學史料》，一九九四年第一期。

黃修榮編著，《抗日戰爭時期國共關係紀實》，中共黨史出版社，北京，一九九五年。

黃崢，《劉少奇冤案始末》，中央文獻出版社，北京，一九九八年。

黃瑤、張明哲（總參謀部《羅瑞卿傳》編寫組），《羅瑞卿傳》，當代中國出版社，北京，一九九六年。

《傳記文學》，北京。

《傳記文學》，台北。

《新文學史料》，北京。

《新四軍戰史》編輯室，《新四軍戰史》，解放軍出版社，北京，二〇〇〇年。

《新華半月刊》，北京。

新華社新聞研究所編，《新華社回憶錄》，新華出版社，北京，一九八六年。

楊子烈，《張國燾夫人回憶錄》，自聯出版社，香港，一九七〇年。

楊子慧主編，《中國歷代人口統計資料研究》，改革出版社，北京，一九九五年。

楊天石，《蔣氏密檔與蔣介石真相》，社會科學文獻出版社，北京，二〇〇二年。

楊成武，《楊成武回憶錄》，解放軍出版社，北京，一九八七年。

楊尚昆，《楊尚昆日記》，共二卷，中央文獻出版社，北京，二〇〇一年。

楊明偉，《走出困境——周恩來在一九六〇～一九六五》，中央文獻出版社，北京，二〇〇〇年。

楊奎松，

- 《中間地帶的革命》，中共中央黨校出版社，北京，一九九二年。
- 《西安事變新探》，東大圖書公司，台北，一九九五年。

•《中共與莫斯科的關係：一九二〇～一九六〇》，海嘯出版事業有限公司，台北，一九九七年。
•《毛澤東與莫斯科的恩恩怨怨》，江西人民出版社，南昌，一九九九年。
楊美紅，《罌粟花紅——我在緬共十五年》，天地圖書，香港，二〇〇一年。
楊桂欣，〈「我丁玲就是丁玲！」〉，見《炎黃春秋》，一九九三年第七期。
楊開慧文稿，第1、3、4篇發表在《湖南黨史通訊》一九八四年第一期，其他未發表。
1.〈偶感〉，一九二八年十月。
2.〈給一弟的信〉，一九二九年三月。
3.〈見欣賞人頭而起的悲感〉，一九二九年四月。
4.〈女權高於男權？〉，一九二九年。
5.〈寄一弟〉，一九二九年古曆四月初八日。
6.〈寄一弟〉，一九二九年。
7.〈從六歲到二十八歲〉，一九二九年六月二十日。
8. 無題，一九三〇年一月二十八日。
楊肇林，《百戰將星——蘇振華》，解放軍文藝出版社，北京，二〇〇〇年。
楊銀祿，《我給江青當祕書》，共和出版有限公司，香港，二〇〇二年。
溫銳、謝建社，《中央蘇區土地革命研究》，南開大學出版社，天津，一九九一年。
溫濟澤等，
•《延安中央研究院回憶錄》，中國社會科學出版社，湖南人民出版社，長沙，一九八四年。
•《王實味冤案平反紀實》，群眾出版社，北京，一九九三年。
《瑞金縣志》編撰委員會，《瑞金縣志》，中央文獻出版社，北京，一九九三年。

《當代中國人物傳記》叢書編輯部，《賀龍傳》，當代中國出版社，北京，一九九三年。

《當代中國史研究》，北京。

《當代中國叢書》編輯委員會編，

- 《當代中國的核工業》，中國社會科學出版社，北京，一九八七年。
- 《當代中國的人口》，中國社會科學出版社，北京，一九八八年。
- 《當代中國的對外經濟合作》，中國社會科學出版社，北京，一九八九年。
- 《當代中國軍隊的軍事工作》，共二卷，中國社會科學出版社，北京，一九八九年。
- 《當代中國的基本建設》，共二卷，中國社會科學出版社，北京，一九八九年。
- 《當代中國對外貿易》，共二卷，當代中國出版社，北京，一九九二年。
- 《當代中國的國防科技事業》，共二卷，當代中國出版社，北京，一九九二年。
- 《當代中國的兵器工業》，當代中國出版社，北京，一九九三年。

葉子龍，《葉子龍回憶錄》，中央文獻出版社，北京，二〇〇〇年。

葉心瑜，〈紅軍土城戰鬥與四渡赤水〉，見《中共黨史資料》第三十四輯。

葉永烈，

- 《陳伯達其人》，時代文藝出版社，長春，一九九〇年。
- 《王洪文傳》，時代文藝出版社，長春，一九九三年。
- 《江青傳》，時代文藝出版社，長春，一九九六年。
- 《張春橋傳》，時代文藝出版社，長春，一九九六年。

葉飛，《葉飛回憶錄》，解放軍出版社，北京，一九八八年。

《葉劍英傳》編寫組，《葉劍英傳》，當代中國出版社，北京，一九九五年。

董昆吾，〈虹橋事件的經過〉，見《文史資料選輯》第二輯。

董邊等編，《毛澤東和他的祕書田家英》，中央文獻出版社，北京，一九九六年。

《解放日報》，延安。

雷英夫，《在最高統帥部當參謀》，百花洲文藝出版社，南昌，一九九七年。

圖們、孔弟，《共和國最大冤案》，法律出版社，北京，一九九三年。

圖們、祝東力，《康生與「內人黨」冤案》，中共中央黨校出版社，北京，一九九五年。

廖蓋隆，

- 《黨史探索》，中共中央黨校出版社，北京，一九八三年。
- 《毛澤東思想史》，中華書局，香港，一九九三年。

漆高儒，《蔣經國的一生》，傳記文學出版社，台北，一九九一年。

熊向暉，《我的情報與外交生涯》，中共黨史出版社，北京，一九九九年。

熊向暉等，《中共地下黨現形記》，共二輯，傳記文學出版社，台北，一九九三年。

熊經浴、李海文，《張浩傳記》，華中師範大學出版社，武漢，一九九一年。

裴周玉，〈劉志丹同志和我們在一起〉，見《星火燎原》第四輯，解放軍出版社，北京，一九九七年。

裴堅章主編，《中華人民共和國外交史：一九四九～一九五六》，世界知識出版社，北京，一九九四年。

趙志超，《毛澤東和他的父老鄉親》，湖南文藝出版社，長沙，一九九二年。

趙桂來，《從寶塔山到中南海——高富有記憶中的一代偉人》，中央文獻出版社，北京，一九九八年。

趙無眠，《文革大年表》，明鏡出版社，美國，一九九六年。

趙超構等，《毛澤東訪問記》，長江文藝出版社，武漢，一九九二年。

趙榮聲，〈東北「剿總」司令和他的共產黨辦公廳主任〉，見吳江雄編，《國民黨要員身邊的中共地下黨》，下卷，海天出版社，深圳，一九九五年。

趙鎔，〈長征途中九軍團在黔滇川的戰鬥歷程〉，見《文史資料選輯》第五十六輯。

《韶山毛氏族譜》，共四編，一七三七、一八八一、一九一一和一九四一年。部分見李湘文編，《毛澤東家世》，人民出版社，北京，一九九六年。

韶山毛澤東同志紀念館編，《毛澤東遺物事典》，紅旗出版社，北京，一九九六年。

韶山市地方志編撰委員會編，《韶山志》，中國大百科全書出版社，北京，一九九三年。

劉少奇，

- 《劉少奇選集》，人民出版社，北京，第一卷：一九八一年；第二卷：一九八五年。
- 《劉少奇論黨的建設》，中央文獻出版社，北京，一九九一年。
- 《劉少奇論新中國經濟建設》，中央文獻出版社，北京，一九九三年。
- 《劉少奇年譜》，共二卷，中共中央文獻研究室編，中央文獻出版社，北京，一九九六年。

劉光人等，《馮基平傳》，群眾出版社，北京，一九九七年。

劉伯承，《劉伯承運事文選》，解放運出版社，北京，一九九二年。

劉志堅，〈「部隊文藝工作座談會紀要」產生前後〉，見《中共黨史資料》編輯部編，《親歷重大歷史事件實錄》，第五卷，黨建讀物出版社、中國文聯出版社，北京，二〇〇〇年。

劉勁持，〈淞滬警備司令部見聞〉，見中國人民政治協商會議全國委員會文史資料研究委員會編，《八一三淞滬抗戰——原國民黨將領抗日戰爭親歷記》，中國文史出版社，北京，一九八七年。

劉峙，《我的回憶》，廣隆文具印刷公司，台北，一九六六年。

劉英，《在歷史的激流中——劉英回憶錄》，中共黨史出版社，北京，一九九二年。

劉振德，《我為少奇當祕書》，中央文獻出版社，北京，一九九四年。

劉益濤，〈毛岸英、毛岸青、毛岸龍的辛酸童年〉，見《炎黃春秋》，一九九四年第六期。

劉統，《東北解放戰爭紀實》，東方出版社，北京，一九九七年。

劉漢升、鳳葵，《一九六一．苦日子——劉少奇祕密回鄉記》，中國工人出版社，北京，一九九三年。

劉敵，〈劉敵給中央信〉，一九三一年一月十一日，「共產國際」檔案，RGASPI，514/1/1008，俄羅斯國家社會／政治史檔案館，莫斯科。

劉曉，《出使蘇聯八年》，中共黨史出版社，北京，一九九八年。

廣辛，〈林彪倉皇出逃目擊記〉，見《傳記文學》，北京，一九九七年第四期。

廣東農民運動講習所博物館編，《廣東農民運動講習所資料選編》，人民出版社，北京，一九八七年。

樊昊，《毛澤東和他的軍事教育顧問》，人民出版社，北京，一九九三年。

《緬懷毛澤東》編寫組編，《緬懷毛澤東》，共二卷，中央文獻出版社，北京，一九九三年。

《緬懷彭真》編寫組編，《緬懷彭真》，中央文獻出版社，北京，一九九八年。

《緬懷劉少奇》編寫組編，《緬懷劉少奇》，中央文獻出版社，北京，一九八八年。

蔡公，〈「小匈牙利事件」真相〉，見《南方周末》，廣州，一九九九年一月十五日。

蔡孝乾，《江西蘇區、紅軍西竄回憶》，中共研究雜誌社，台北，一九七八年。

蔡孟堅，〈悼念反共強人張國燾〉，見《傳記文學》，台北，第三十六卷第一期。

蔣介石，《總統蔣公大事長編初稿》，秦孝儀主編，台北，一九七八年。

蔣永敬，《鮑羅廷與武漢政權》，傳記文學出版社，台北，一九七二年。

蔣廷黼，《蔣廷黼回憶錄》，傳記文學出版社，台北，一九八四年。

蔣南翔，〈關於搶救運動的意見書〉，一九四五年三月，見《中共黨史研究》，一九八八年第四期。

蔣經國，《蔣經國先生全集》，第一卷，行政院新聞局，台北，一九九一年。

〔鄧〕毛毛，
•《我的父親鄧小平》，中央文獻出版社，北京，一九九三年。
•《父親鄧小平「文革」十年記》，香港中華兒女出版社，香港，二〇〇〇年。
鄧力群，〈回憶延安整風〉，見《黨的文獻》，一九九二年第二期。
《鄧子恢傳》編輯委員會，《鄧子恢傳》，人民出版社，北京，一九九六年。
鄧小平，
•《鄧小平文選：一九三八～一九六五》，人民出版社，北京，一九八九年。
•《鄧小平文選》，第三卷（一九八二～一九九二），人民出版社，北京，一九九三年。
鄧小平、江澤民等，《巍巍丰碑》，解放軍出版社，北京，一九九六年。
鄧中夏，《中國職工運動簡史》，中央出版局，蘇聯，一九三〇年。
鄧立，《吳階平傳》，浙江人民出版社，杭州，一九九九年。
鄭文翰，《祕書日記裡的彭老總》，軍事科學出版社，北京，一九九八年。
鄭洞國，《我的戎馬生涯——鄭洞國回憶錄》，團結出版社，北京，一九九二年。
鄭義，《紅色紀念碑》，華視文化公司，台北，一九九三年。
曉風主編，《我與胡風》，寧夏人民出版社，銀川，一九九三年。
《歷史檔案》，北京。
穆欣，《辦光明日報十年自述》，中共黨史出版社，北京，一九九四年。
蕭三，《毛澤東同志略傳》，新華書店，北京，一九四九年。
蕭佐良（音譯，Hsiao Tso-liang），《中國共產主義運動中的權力關係》，一九三〇～一九三四年，第二卷，中共文件，華盛頓大學出版社，西雅圖/倫敦，一九六七年。

蕭克，
•《朱毛紅軍側記》，中共中央黨校出版社，北京，一九九三年。
•《蕭克回憶錄》，解放軍出版社，北京，一九九七年。
蕭克、李銳、龔育之等，《我親歷的政治運動》，中央編譯出版社，北京，一九九八年。
蕭勁光，《蕭勁光回憶錄》，解放軍出版社，北京，一九八七年。
蕭思科，《超級審判——圖們將軍參與審理林彪反革命集團案親歷記》，濟南出版社，濟南，一九九三年。
蕭瑜，《我和毛澤東行乞記》，明窗出版社，香港，一九八八年。
錢江，《祕密征戰——中國軍事顧問團援越抗法紀實》，四川人民出版社，成都，一九九九年。
錢鋼、耿慶國主編，《二十世紀中國重災百錄》，上海人民出版社，上海，一九九九年。
閻長林，《警衛毛澤東紀事》，吉林人民出版社，長春，一九九二年。
戴向青、羅惠蘭，《AB團與富田事變始末》，河南人民出版社，鄭州，一九九四年。
戴晴、洛洛，〈女政治犯〉，見余習廣主編，《位卑未敢忘憂國——「文化大革命」上書集》，湖南人民出版社，長沙，一九八九年。
戴超武，〈中國核武器的發展與中蘇關係的破裂〉，見《當代中國史研究》，二〇〇一年第五期。
戴煌，《九死一生——我的「右派」歷程》，中央編譯出版社，北京，一九九八年。
《縱橫》編輯部編，《共和國軍事祕聞錄》，中國文史出版社，北京，二〇〇一年。
《縱橫》，北京。
薄一波，
•《若干重大決策與事件的回顧》，中共中央黨校出版社，北京，一九九三年。
•《七十年奮鬥與思考》，中共黨史出版社，北京，一九九六年。

薛岳，《剿匪紀實》，一九三六年，調查局檔案館，台北。
謝幼田，《中共壯大之謎——被掩蓋的中國抗日戰爭真相》，明鏡出版社，美國，二〇〇二年。
謝柳青，《毛澤東和他的親友們》，河北人民出版社，石家莊，一九九三年。
謝覺哉，《謝覺哉日記》，人民出版社，北京，一九八四年。
韓尚于編，《文革洗冤錄》，團結出版社，北京，一九九三年。
韓延龍編，《中華人民共和國法制通史》，共二卷，中共中央黨校出版社，北京，一九九八年。
韓泰華主編，《中國共產黨若干歷史問題寫真》，共三卷，中國言實出版社，北京，一九九八年。
韓素音，《周恩來與他的世紀》，中央文獻出版社，北京，一九九二年。
叢進，《曲折發展的歲月》，河南人民出版社，鄭州，一九九一年。
聶榮臻，
•《聶榮臻回憶錄》，明報出版社，香港，一九九一年。
•《聶榮臻年譜》，周均倫等編，人民出版社，北京，一九九九年。
羅以民，《劉莊百年》，山西人民出版社，太原，一九九八年。
羅時敘，《廬山別墅大觀》，江西美術出版社，南昌，一九九五年。
羅章龍，《椿園載記》，三聯書店，北京，一九八四年。
羅貴波，〈少奇同志派我出使越南〉，見《緬懷劉少奇》編寫組編，《緬懷劉少奇》，中央文獻出版社，北京，一九八八年。
羅點點，
•《非凡的年代》，上海文藝出版社，上海，一九八七年。
•《紅色家族檔案——羅瑞卿女兒的點點記憶》，南海出版公司，海口，一九九九年。

龐炳庵主編，《拉美雄鷹——中國人眼裡的切．格瓦拉》，世界知識出版社，北京，二〇〇〇年。
蘇平，《蔡暢傳》，中國婦女出版社，北京，一九九〇年。
《黨史研究》，北京。
《黨史研究資料》，北京。
《黨的文獻》，北京。
《黨的文獻》叢書編，《從延安到北京——解放戰爭重大戰役軍事文獻和研究文章專題選集》，中央文獻出版社，北京，一九九三年。
顧洪章主編，《中國知識青年上山下鄉大事記》，中國檢察出版社，北京，一九九七年。
權延赤，
•《紅牆內外》，天地圖書，香港，一九九一年。
•《龍困——賀龍與薛明》，廣東旅遊出版社，廣州，一九九七年。
權延赤、杜衛東，《共和國祕使》，光明日報出版社，北京，一九九〇年。
龔育之、逄先知、石仲泉，《毛澤東的讀書生活》，三聯書店，北京，一九八七年。
龔固忠等主編，《毛澤東回湖南紀實》，湖南出版社，長沙，一九九三年。
龔楚，《我與紅軍》，南風出版社，香港，一九五四年。

外文徵引文獻書目

I 注釋中所用的縮寫名稱

APRF	Arkhiv Prezidenta Rossiiskoy Federatsii (Archive of the President of the Russian Federation), Moscow; file numbers cited refer to, respectively, the 'fond', 'opis' and 'delo': e.g., '39/1/39' refers to fond 39, opis 1, delo 39.
AQSh	Arkivi Qëndror i Shtetit i Republikës së Shqipërisë (Central State Archive of the Republic of Albania), Tirana; numbers cited refer to fondi 14, the file 'PPSh–PKK' (ALP [Albanian Party of Labour]–CCP); thus 'f. 14, 1958, d. 1' refers to fondi 14, for year 1958, dosje 1.
A–UCP(b)	All-Union Communist Party (bolshevik)
AVP RF	Arkhiv Vneshney Politiki Rossiiskoy Federatsii (Archive of Foreign Policy of the Ministry of Foreign Affairs of the Russian Federation), Moscow; file numbers cited refer to, respectively, the 'fond', 'opis', 'papka' and 'delo': e.g., '0100/29/205/11' refers to fond 0100, opis 29, papka 205, delo 11.
BKP	Bulgarian Communist Party
BR	*Beijing Review* (previously *Peking Review*)
CHOC	*The Cambridge History of China* (Cambridge, UK, et al., Cambridge University Press)
CHUS	*Chinese Historians in the United States*
CLG	*Chinese Law and Government*
CPC	Communist Party of China
CPSU	Communist Party of the Soviet Union
CQ	*China Quarterly*
CWB	*Cold War International History Project Bulletin*
CWH	*Cold War History*
DVP	*Dokumentyi Vneshney Politiki* (Foreign Policy Documents, Russian Ministry of Foreign Affairs)
ECCI	Executive Committee of the Communist International
FBIS	Foreign Broadcast Information Service (CIA)
FEA	*Far Eastern Affairs* (English-language edition of *PDV*)
FRUS	*Foreign Relations of the United States* (US Department of State)
IB	*Informatsyonnyi Byulleten* (Information Bulletin), Institute of the Far East, Moscow
JAS	*Journal of Asian Studies*
JPRS	Joint Publications Research Service (US Department of Commerce, Springfield)
Mao Miscellany	*Miscellany of Mao Tse-tung Thought (1949–1968)*, 2 vols (JPRS, nos 612691 & 612692); on Web/JPRS
MAS	*Modern Asian Studies*

MRTP	Schram, Stuart, ed., *Mao's Road to Power: Revolutionary Writings 1912–1949*
NA	National Archives, UK (formerly PRO)
NARA	National Archives and Records Administration, USA
NiNI	*Novaya i Noveyshaya Istoriya* (Modern and Contemporary History), Moscow
NSA	National Security Archive, Washington, DC
NT	*New Times* (English-language edition of *Novoye Vremya*)
NV	*Novoye Vremya*, Moscow
OIRVR	*Ocherki Istorii Rossiiskoy Vneshnyey Razvedki*
ORK	*Osobyi Rayon Kitaya*; see: Vladimirov, P. P.
PDV	*Problemyi Dalnego Vostoka* (Problems of the Far East), Moscow
PHP	Parallel History Project on NATO and the Warsaw Pact, Zurich
PR	*Peking Review* (later *Beijing Review*)
RGASPI	Rossiiskii Gosudarstvennyi Arkhiv Sotsialno-politicheskoy Istorii (Russian State Archives of Socio-political History, formerly RTsKhIDNI); file numbers cited refer to, respectively, the 'fond', 'opis' and 'delo': e.g., '514/1/1008' refers to fond 514, opis 1, delo 1008
SAPMO	Stiftung Archiv der Parteien und Massenorganisationen der ehemaligen DDR im Bundesarchiv (Foundation for the Archives of the Parties and Mass Organisations of the Former GDR [East Germany] in the Federal Archives), Berlin
SCMP	*Survey of the China Mainland Press*
SW	*Selected Works*
Titov	Titov, A. S., *Materialyi k politicheskoy biografii Mao Tsze-duna*
TsDA	Tsentralen Durzhaven Arkhiv (Central State Archive), Sofia
TsK	Central Committee
URI	Union Research Institute, Hong Kong
VKP	*VKP(b), Komintern i Kitay*

II 依作者姓名字母序排列的出處

Aarons, Eric, *What's Left? Memoirs of an Australian Communist*, Penguin, Ringwood, Australia, 1993

Abend, Hallett, *My Years in China 1926–1941*, J. Lane/Bodley Head, London, 1944

Aczél, Tamás, 'Hungary: Glad Tidings from Nanking', *CQ*, no. 3 (1960)

Adibekov, G. M., et al., eds, *Organizatsionnaya Struktura Kominterna 1919–1943* (The Organisational Structure of the Comintern), Rosspen, Moscow, 1997

Adyrkhaev, Nikolai, 'Stalin's Meetings with Japanese Communists in the Summer of 1951', *FEA*, no. 3, 1990

Aguado, Fr. Angelus, Report ('Epistola') from Yenan, 7 June 1935, *Acta Ordinis Fratrum Minorum*, vol. 54, fasc. 1, Florence, 1935

Akimov, V. I., ed., *Iz Istorii Internatsionalnoy Pomoshchi Sovietskogo Soyuza Kitayu i Koreye* (From the History of the International Aid of the Soviet Union to China and Korea), Institute of the Far East, Moscow, 1985

Aleksandrov-Agentov, A. M., *Ot Kollontai do Gorbacheva* (From Kollontai to Gorbachev), Mezhdunarodnyie Otnosheniya, Moscow, 1994

Alsop, Joseph, 'On China's Descending Spiral', *CQ*, no. 11 (1962)

Alsop, Stewart, 'A Conversation with President Kennedy', *Saturday Evening Post*, 1 January 1966

Ambrose, Stephen E., *Nixon*, vol. 3, Simon & Schuster, New York, 1991

Anderson, Jon Lee, *Che Guevara*, Bantam, London, 1997

Anderson, K. M., & Chubaryan, A. O., eds, *Komintern i Vtoraya Mirovaya Voyna* (The Comintern and the Second World War), Part 1: to 22 June 1941, Pamyatnik Istoricheskoy Myisli, Moscow, 1994

Andrew, Christopher, & Mitrokhin, Vasili, *The Mitrokhin Archive: The KGB in Europe and the West*, Allen Lane, London, 1999

Anson, Robert Sam, *Exile: The Unquiet Oblivion of Richard M. Nixon*, Touchstone, New York, 1985

Antonkin, Alexei, *Chiens de Faience*, Équinoxe, Paris, 1983

Apter, David E., & Saich, Tony, *Revolutionary Discourse in Mao's Republic*, Harvard University Press, Cambridge et al., 1994

Arbatov, Georgi, *The System*, Times Books, New York, 1992

Armstrong, J. D., *Revolutionary Diplomacy*, University of California Press, Berkeley et al., 1977

Ashton, Basil, et al., 'Famine in China, 1958–1961', *Population and Development Review*, vol. 10, no. 4 (1984)

Atwood, Christopher P., 'Sino-Soviet Diplomacy and the Second Partition of Mongolia, 1945–1946', in Kotkin, Stephen, & Elleman, Bruce A., eds, *Mongolia in the Twentieth Century*, Sharpe, Armonk et al., *c.*1999

Avreyski, Nikola, *Georgi Dimitrov i Revolyutsionnoto Dvizheniye v Kitaye* (Georgi Dimitrov and the Revolutionary Movement in China), Institute for the History of the BKP at the BKP CC, Sofia, 1987

Balanta, Martín, 'Rupture Between Castro and Peiping', *Segunda Republica* (La Paz), 30 Jan 1966, in JPRS, *Translations on International Communist Developments*, no. 810

Band, Claire & William, *Dragon Fangs: Two Years with Chinese Guerrillas*, Allen & Unwin, London, 1947

Banister, Judith, 'Population Policy and Trends', *CQ*, no. 100 (1984)

Bao Ruo-Wang (Jean Pasqualini) & Chelminski, Rudolph, *Prisoner of Mao*, Deutsch, London, 1975

Barmin, Valery, 'Xinjiang in the History of Soviet-Chinese Relations in 1918–1931', *FEA*, no. 4, 1999

Barnouin, Barbara, & Yu Changgen, *Chinese Foreign Policy during the Cultural Revolution*, Kegan Paul, London & New York, 1998

Baturov, Vladimir, 'Kosmicheskii Skachok Pekina' (Peking's Cosmic Leap), *NV*, nos 2–3, 1999

Becker, Jasper, *Hungry Ghosts: China's Secret Famine*, J. Murray, London, 1996

Benton, Gregor, *New Fourth Army*, University of California Press, Berkeley et al., 1999

Berezhkov, Valentin M., *At Stalin's Side*, Birch Lane, New York, 1994

Beria, Sergo, *Moy Otets – Lavrentii Beria* (My Father – Lavrentii Beria), Sovremmenik, Moscow, 1994

Beria, Sergo, *Beria: My Father*, Duckworth, London, 2001

Bertram, James M., *First Act in China*, Viking, New York, 1938

Blum, John Morton, ed., *The Price of Vision: The Diary of Henry A. Wallace, 1942–1946*, Houghton Mifflin, Boston, 1973

Bonavia, David, *Verdict in Peking*, Burnett Books, London, 1984

Borisov, O., *The Soviet Union and the Manchurian Revolutionary Base (1945–1949)*, Progress, Moscow, 1977

Borisov, Oleg, *From the History of Soviet-Chinese Relations in the 1950s*, Progress, Moscow, 1982

Boudarel, Georges, 'L'idéocratie importée au Vietnam avec le maoisme', in Boudarel, Georges, et al., eds, *La bureaucratie au Vietnam*, L'Harmattan, Paris, 1983

Braun, Otto, 'Mao Tse-tung's Climb to Power', *FEA* no. 1, 1974

Braun, Otto, *A Comintern Agent in China 1932–1939*, Hurst, London, 1982

Brezhnev, A. A., *Kitay: Ternistyi Put k Dobrososedstvu* (China: The Thorny Road to Good Neighbourliness), Mezhdunarodnyie Otnosheniya, Moscow, 1998

Browder, Earl, 'The American Communist Party in the Thirties', in Simon, Rita James, ed., *As We Saw the Thirties*, University of Illinois Press, Urbana, 1967
Brun-Zechowoj, Walerij, *Manfred Stern – General Kleber*, Trafo-Verl. Weist, Berlin, 2000
Bulag, Uradyn E., *The Mongols at China's Edge*, Rowman & Littlefield, Lanham et al., 2002
Bundy, William, *A Tangled Web: The Making of Foreign Policy in the Nixon Presidency*, Hill & Wang, New York, 1998
Burr, William, ed., *The Kissinger Transcripts: The Top-secret Talks with Beijing and Moscow*, Free Press, New York, 1999 [Burr 1999a] [Web/NSA]
Burr, William, ed., *China and the United States . . . 1960–1998*, NSA Electronic Briefing Book No.1, 1999 [Burr 1999b]
Burr, William, 'Sino-American Relations, 1969: The Sino-Soviet Border War', *CWH*, vol. 1, no. 3 (2001)
Burr, William, ed., *The Beijing–Washington Back Channel and Henry Kissinger's Secret Trip to China, September 1970–July 1971*, NSA Electronic Briefing Book No. 66, 2002 [Web/NSA]
Byron, John, and Pack, Robert, *The Claws of the Dragon: Kang Sheng*, Simon & Schuster, New York, 1992
Cabot, John Moors, *First Line of Defense*, Georgetown University, Washington, DC, n.d.
Cadart, Claude, & Cheng Yingxiang, eds, *Mémoires de Peng Shuzhi: L'Envol du communisme en Chine*, Gallimard, Paris, 1983
Carrington, Lord, *Reflect on Things Past*, Collins, London, 1988
Carton de Wiart, Adrian, *Happy Odyssey*, Cape, London, 1950
Chang, Gordon H., *Friends and Enemies: The United States, China, and the Soviet Union, 1948–1972*, Stanford University Press, Stanford, 1990
Chang, Jung, *Wild Swans: Three Daughters of China*, Simon & Schuster, New York, 1991
Chang Kuo-t'ao, *The Rise of the Chinese Communist Party*, University of Kansas Press, Lawrence, 1971, 1972, 2 vols
Chang, Sidney H., & Myers, Ramon H., eds, *The Storm Clouds Clear Over China: The Memoirs of Ch'en Li-fu*, Hoover Institution Press, Stanford, 1994
Chen Jian, *China's Road to the Korean War*, Columbia University Press, New York, 1994
Chen Jian, 'A Crucial Step toward the Sino-Soviet Schism: The Withdrawal of Soviet Experts from China, July 1960', *CWB*, no. 8–9 (1996–7)
Chen Jian, *Mao's China and the Cold War*, University of North Carolina Press, Chapel Hill & London, 2001
Chen Zuezhao, *Surviving the Storm*, Sharpe, Armonk et al., 1990
Chen Yun, 'Outline for Communicating the Zunyi Enlarged Politburo Meeting' (1935), in Saich 1996
Chen Yung-fa, 'The Blooming Poppy under the Red Sun: The Yan'an Way and the Opium Trade', in Saich, Tony, and van de Ven, Hans J., eds, *New Perspectives on the Chinese Communist Revolution*, Sharpe, Armonk et al., 1995
Chen Yung-fa, 'Suspect History', in Hershatter, Gail, et al., eds, *Remapping China*, Stanford University Press, Stanford, 1996
Cheng Hsueh-chia, 'Mao Tse-tung Before the Formation of the Chinese Communist Party', *Issues & Studies*, Nov. 1973
Cheng, J. Chester, 'The Mystery of the Battle of La-tzu-k'ou in the Long March', *JAS*, vol. 31, no. 3 (1972)
Cheo Ying, Esther, *Black Country to Red China*, Cresset, London et al., 1987
Cherepanov, A. I., *As Military Adviser in China*, Progress, Moscow, 1982
Chi, Wen-shun, 'Water Conservancy in Communist China', *CQ*, no. 23 (1965)
Chiang Ching-kuo, 'My Days in Soviet Russia' (1937) in Cline, Ray S., *Chiang Ching-kuo Remembered*, US Global Strategy Council, Washington, DC, 1989
Chiang Kai-shek, *A Fortnight in Sian: Extracts from a Diary*, China Publishing Co., Taipei, 1985
Chiang Kai-shek, *Soviet Russia in China*, Harrap, London, 1957
Chin Peng, *My Side of History*, Media Masters, Singapore, 2003

Chinese Communist Party, Central Committee, Party History Research Centre, comp., *History of the Chinese Communist Party – A Chronology of Events*, Foreign Languages Publishing House, Beijing, 1991
Chow Ching-wen, *Ten Years of Storm*, Holt, Rinehart & Winston, New York, 1960
Chuev, F., *Molotov*, Terra, Moscow, 1999
Chuikov, Vasili, 'Velik Internatsionalist' (A Great Internationalist), in Institut po Istoriya na BKP pri TsK na BKP, *Spomeni za Georgi Dimitrov* (Memories of Georgi Dimitrov), Partizdat, Sofia, 1971, vol. 2
Chuikov, V. I., *Missiya v Kitaye* (Mission to China), Nauka, Moscow, 1981
Clemens, Walter C., *The Arms Race and Sino-Soviet Relations*, Hoover, Stanford, 1968
Cohen, Warren, 'Conversations with Chinese Friends: Zhou Enlai's Associates Reflect on Chinese-American Relations in the 1940s and the Korean War', *Diplomatic History*, vol. 11, no. 3 (1987)
'COMINT and the PRC intervention in the Korean War' [author's name deleted], *Cryptologic Quarterly*, summer 1996
Copper, John F., *China's Foreign Aid*, Heath, Lexington, 1976
Copper, John F., 'China's Military Assistance', in Copper, John F., & Papp, Daniel S., eds, *Communist Nations' Military Assistance*, Westview, Boulder, 1983
Cressy Marcks, Violet, *Journey into China*, Dutton, New York, 1942
Croft, Michael, *Red Carpet to China*, The Travel Book Club, London, 1958
Dai Qing, *Wang Shiwei and 'Wild Lilies': Rectification and Purges in the Chinese Communist Party 1942–1944*, Sharpe, Armonk et al., 1994
Dalai Lama, *Freedom in Exile*, HarperCollins, New York, 1990
Dalin, S., 'Chinese Memoirs', *FEA*, no. 2, 1975
Dalin, S., *Kitayskiye memuaryi* (Chinese Memoirs), Nauka, Moscow, 1982
Dallin, Alexander, & Firsov, F. I., eds, *Dimitrov and Stalin 1934–1943: Letters from the Soviet Archives*, Yale University Press, New Haven et al., 2000
Damaskin, Igor, with Elliott, Geoffrey, *Kitty Harris: The Spy with Seventeen Names*, St Ermin's, London, 2001
Davies, R. W., et al., eds, *The Stalin-Kaganovich Correspondence 1931–36*, Yale University Press, New Haven et al., 2003
de Beauvoir, Simone, *The Long March*, World Publishing Co., Cleveland, 1958
de Segonzac, A., *Visa for Peking*, Heinemann, London et al., 1956
Deng Xiaoping, *Selected Works*, Foreign Languages Press, Beijing, 1984
Dennis, Peggy, *The Autobiography of an American Communist*, L. Hill, Westport, 1997
Dimitrov, Georgi, *Dnevnik* (Diary), Sofia, Izd. 'Sv. Kliment Okhridski', 1997 [abbreviated English version: Banac, Ivo, ed., *The Diary of Georgi Dimitrov*, Yale University Press, New Haven et al., 2003]
Dimitrov, Georgi, cables regarding China 1935–1943 in English in *http://www.revolutionarydemocracy.org/rdv2n2/dimitrov.htm* [Web/Dimitrov]
Dobrynin, Anatoly, *In Confidence*, Random House, New York, 1995
Documents on German Foreign Policy, Series D, 1937–1945, vol. 11, HMSO, London, 1961
Dolinin, Aleksandr, 'Kak nashi raketchiki kitaytsev obuchali' (How our Rocket Men Trained the Chinese), *Krasnaya Zvezda*, nos 105–6, 1995
Domenach, Jean-Luc, *Chine: l'archipel oublié*, Fayard, Paris, 1992
Domenach, Jean-Luc, *The Origins of the Great Leap Forward: The Case of One Chinese Province*, Westview, Boulder, 1995
Dominguez, Jorge I., *Cuba: Order & Revolution*, Harvard University Press, Cambridge, Mass., 1978
Doumkova, Iskra, 'China After the "Great Leap Forward"', in Näth
DPRK Report, no. 23 (Mar.–Apr. 2000), Center for Nonproliferation Studies, Monterey, CA, 2000
Drannikov, Valerii, 'Iz istorii velikoy druzhbyi' (From the History of the Great Friendship), *Vlast*, no. 8, 1999

Drozdov, Yurii, *Vyimyisel Isklyuchen* (Fabrication Excluded), Almanakh Vyimpel, Moscow, 1996
Duclos, Jacques, *Mémoires: Dans la mêlée 1952–1958*, Fayard, Paris, 1972
Eisenhower, Dwight D., *Public Papers of the Presidents of the United States, Dwight D. Eisenhower, 1953*, US Government Printing Office, Washington, DC, 1953
Eisenhower, Julie Nixon, *Special People*, Simon & Schuster, New York, 1977
Elegant, Robert, *Mao's Great Revolution*, Weidenfeld & Nicolson, London, 1971
Eliades, George C., 'Once More Unto the Breach: Eisenhower, Dulles, and Public Opinion during the Offshore Islands Crisis of 1958', *Journal of American-East Asian Relations*, vol. 2, no. 4 (1993)
Elizavetin, A., 'Kosygin-Zhou Talks at Beijing Airport', *FEA*, nos 4–6, 1992, & nos 1–3, 1993
Elleman, Bruce A., *Diplomacy and Deception: The Secret History of Sino-Soviet Diplomatic Relations, 1917–1927*, Sharpe, Armonk et al., 1997
Esherick, Joseph W., 'Deconstructing the Construction of the Party-State: Gulin County in the Shaan-Gan-Ning Border Region', *CQ*, no. 140 (1994)
Eudin, Xenia Joukoff, & North, Robert C., *Soviet Russia and the East 1920–1927*, Stanford University Press, Stanford, 1957
Fallaci, Oriana, *Intervista con la storia*, Rizzoli, Milan, 1990
Fan Shuo, 'Tempestuous October – A Chronicle of the Complete Collapse of the "Gang of Four"', *FBIS-CHI-89-029* (14 Feb. 1989)
Farid, Abdel Magid, *Nasser: The Final Years*, Ithaca/Garnet Press, Reading, 1994
Farnsworth, Robert M., *From Vagabond to Journalist: Edgar Snow in Asia 1928–1941*, University of Missouri Press, Columbia, 1996
Fedorenko, N., 'The Stalin-Mao Summit in Moscow', *FEA*, no. 2, 1989
Fedorenko, N., 'Khrushchev's Visit to Beijing', *FEA*, no. 2, 1990
Fedorenko, Nikolai, 'Mne slushali zhivyiye bogi' (Living Gods Listened to Me), *NV*, no. 6, 1999
Fedorenko, Nikolai T., 'Stalin and Mao Zedong', *Russian Politics and Law,* vol. 32, no. 4 (1994) & vol. 33, no. 1 (1995)
Fei, Hsiao-Tung, and Chang Chih-I, *Earthbound China*, Chicago University Press, Chicago, 1945
Felber, Roland, 'China and the Claim for Democracy', in Näth
Feltrinelli, Carlo, *Senior Service*, Feltrinelli, Milan, 1999
Fetzer, James, 'Clinging to Containment: China Policy', in Paterson, Thomas G., ed., *Kennedy's Quest for Victory: American Foreign Policy 1961–63*, Oxford University Press, Oxford et al., 1989
Filatov, L. V., 'Nauchno-Tekhnicheskoye Sotrudnichestvo mezhdu SSSR i KNR (1949–1966)' (Scientific-Technical Co-operation between the USSR and the PRC), *IB*, no. 65 (1975)
Floyd, David, *Mao against Khrushchev: A Short History of the Sino-Soviet Conflict*, Pall Mall, London, 1964
Ford, Harold P., 'Modern Weapons and the Sino-Soviet Estrangement', *CQ*, no. 18 (1964)
Foreign Relations of the United States (various years, 1930–68)
Friedman, Edward, 'Nuclear Blackmail and the End of the Korean War', *Modern China*, vol. 1, no. 1 (1975)
Fursenko, A. A., et al., eds, *Prezidium TsK KPSS 1954–1964* (The Presidium of the CC of the CPSU), vol. 1, Rosspen, Moscow, 2003
Fuwa, Tetsuzo, *Interference & Betrayal: Japanese Communist Party Fights Back Against Soviet Hegemonism*, Japan Press Service, Tokyo, 1994
Gaiduk, Ilya V., *The Soviet Union and the Vietnam War*, Dee, Chicago, 1996
Galenovich, Y. M., *Gibel Liu Shaotsi* (The Fall of Liu Shao-chi), Vostochnaya Literatura/Russian Academy of Sciences, Moscow, 2000
Galenovich, Y. M., *Rossiya i Kitay v XX veke: Granitsa* (Russia and China in the 20th Century: The Frontier), 'Izograf', Moscow, 2001

Ganshin, G., & Zazerskaya, T., 'Pitfalls Along the Path of "Brotherly Friendship"', *FEA*, no. 6. 1994
Gao, James Z., 'From Rural Revolution to Urban Revolutionization: a case study of Luzhongnan', *Journal of Contemporary China*, no. 10, 2001
Garson, R., 'Lyndon B. Johnson and the China Enigma', *Journal of Contemporary History*, vol. 32, no. 1 (1997)
Garver, John W., *Protracted Contest: Sino-Indian Rivalry in the Twentieth Century*, University of Washington Press, Seattle et al., 2001
Gates, Robert M., *From the Shadows*, Simon & Schuster, New York, 1997
Gillin, Donald G., with Etter, Charles, 'Staying On: Japanese Soldiers and Civilians in China, 1945–1949', *JAS*, vol. 42, no. 1 (1983)
Glunin, V. I., *Kommunisticheskaya Partiya Kitaya nakanune i vo vremya natsionalnoy revolyutsii*, (The CCP on the eve of and at the time of the national revolution), 1921–27, vol. 2: *KPK v period vyisshego podyema i porazheniya revolyutsii* (The CCP in the period of the rise and defeat of the revolution), USSR Academy of Sciences/Institute of the Far East, Moscow, 1975
Glunin, V. I., 'Grigori Voitinsky (1893–1953)' in Astafiev, G. V., et al., eds, *Vidnyie Sovietskiye Kommunistyi – Uchastniki Kitayskoy Revolyutsii* (Eminent Soviet Communists – Participants in the Chinese Revolution), Nauka, Moscow, 1970
Gobarev, Viktor M., 'Soviet Policy Toward China: Developing Nuclear Weapons 1949–69', *Journal of Slavic Military Studies*, vol. 12, no. 4 (1999)
Goncharenko, Sergei, 'Sino-Soviet Military Cooperation', in Westad et al. 1998
Goncharov, Sergei, & Usov, Victor, 'Kosygin-Zhou Talks at Beijing Airport', *FEA*, nos 4–6, 1992
Goncharov, Sergei N., et al., *Uncertain Partners: Stalin, Mao, and the Korean War*, Stanford University Press, Stanford, 1993
Gorriti, Gustavo, *The Shining Path*, University of North Carolina Press, Chapel Hill, 1999
Graham, Billy, speech, 2 Nov. 1971, in Institute of Directors, *Annual Conference of the Institute of Directors*, IoD, London, 1971
Greene, Felix, *The Wall has Two Sides*, J. Cape, London, 1970
Grey, Anthony, *Hostage in Peking*, Weidenfeld & Nicolson, London, 1988
Grigoriev, A. M. *Kommunisticheskaya Partiya Kitaya v nachalnyi period sovietskogo dvizheniya* (The CCP in the initial period of the soviet movement, July 1927 – September 1931), USSR Academy of Sciences/Institute of the Far East, Moscow, 1976
Grigoriev, A. M. 'Politika Kominterna v otnoshenii KPK' (Comintern Policy toward the CCP), *NiNI*, no. 2, 1982
Grigoriev, Alexander M., 'The Far Eastern Bureau of the ECCI in China, 1929–1931', in Leutner [Grigoriev 2002a]
Grigoriev, A. M., 'Kitayskaya politika VKP(b) i Kominterna, 1920–1937' (The China Policy of the A-UCP (b) and the Comintern), in Chubarian, A. O., ed., *Istoriya Kommunisticheskogo Internatsionala 1919–1943* (History of the Communist International), Nauka, Moscow, 2002 [Grigoriev 2002b]
Grishin, V. V., *Ot Khrushcheva do Gorbacheva* (From Khrushchev to Gorbachev), ASPOL, Moscow, 1996
Han Suyin, *My House Has Two Doors*, Triad/Granada, London, 1982
Han Suyin, *Eldest Son: Zhou Enlai and the Making of Modern China, 1898–1976*, Cape, London, 1994
Hanson, Haldore, *'Humane Endeavor': The Story of the China War*, Farrar & Rinehart, New York, 1939
Hanson, Haldore, *Fifty Years Around the Third World*, Fraser, Burlington, 1986
Harris, Lillian Craig, *China Considers the Middle East*, I. B. Tauris, London et al., 1993
Haslam, Jonathan, *The Soviet Union and the Threat from the East, 1933–41: Moscow, Tokyo and the Prelude to the Pacific War*, Macmillan, Basingstoke, 1992

Hayter, William, *A Double Life*, Hamish Hamilton, London, 1974
Heath, Edward, *The Course of My Life*, Hodder & Stoughton, London, 1998
Hébert, Jacques, & Trudeau, Pierre Elliott, *Two Innocents in Red China*, Oxford University Press, Toronto, 1968
Heikal, Mohamed, *Nasser*, New English Library, London, 1972
Heinzig, Dieter, *The Soviet Union and Communist China, 1945–1950*, Sharpe, Armonk et al., 2003
Hermes, Walter G., *Truce Tent and Fighting Front*, Office of the Chief of Military History, US Army, Washington, DC, 1966
Hilsman, Roger, *To Move a Nation*, Doubleday, Garden City, 1967
Hinton, Harold C., *Communist China in World Politics*, Macmillan, London, 1966
Hoan, Hoang Van, *A Drop in the Ocean*, Foreign Languages Press, Beijing, 1988
Holdridge, John H., *Crossing the Divide: An Insider's Account of the Normalization of U.S.–China Relations*, Rowman & Littlefield, Lanham et al., 1997
Horne, Gerald, *Race Woman: The Lives of Shirley Graham Du Bois*, New York University Press, New York et al., 2000
Hosoya, Chihiro, 'The Japanese-Soviet Neutrality Pact', in Morley, James W., ed., *The Fateful Choice: Japan's Advance into Southeast Asia, 1939–1941*, Columbia University Press, New York, 1980
Hoxha, Enver, *Reflections on China*, vol. 1, 8 Nëntori, Tirana, 1979
Hoxha, Enver, *The Khrushchevites*, 8 Nëntori, Tirana, 1980
Hoyt, Frederick B., 'The Summer of '30: American Policy and Chinese Communism', *Pacific Historical Review*, vol. 46, no. 2 (1977)
Hsiao, Tso-liang, *Power Relations Within the Chinese Communist Movement, 1930–1934*, University of Washington Press, Seattle, 1961
Hsu, King-yi, *Political Mobilization and Economic Extraction: Chinese Communist Agrarian Policies during the Kiangsi Period*, Garland, New York, 1980
Hsu, U.T., *The Invisible Conflict*, China Viewpoints, Hong Kong, 1958
Hsüeh, Chün-tu, 'Chang Kuo-t'ao and the Chinese Communist Movement', in Hsüeh, Chün-tu, ed., *Revolutionary Leaders of Modern China*, Oxford University Press, New York, 1971
Hua Chang-ming, *La condition féminine et les communistes chinois en action: Yan'an 1935–1946*, Éditions de l'École des Hautes Études en Sciences Sociales, Paris, 1981
Huang, Jing, *Factionalism in Chinese Communist Politics*, Cambridge University Press, Cambridge et al., 2000
Huang Zheng, 'The Injustice Done to Liu Shaoqi' (Siao, Richard, ed.), *CLG*, vol. 32, no. 3 (1999)
Hussain, Athar, & Feuchtwang, Stephan, 'The People's Livelihood and the Incidence of Poverty', in Feuchtwang, Stephan, et al., eds, *Transforming China's Economy in the Eighties*, Zed, London, 1988
I Fu-En, *My Memoirs*, Li Ching Cultural & Educational Foundation, Taipei, 2003
Ickes, Harold L., *The Secret Diary of Harold L. Ickes*, vol. 2, Simon & Schuster, New York, 1954
Il Ponte, 'Mosca Novembre 1960, Polacchi e Cinesi a Confronto' (minutes of Liu-Gomulka talk, Nov. 1960), vol. 37, nos 11–12 (1981)
Isaacs, Harold R., 'Notes on a Conversation with H. Sneevliet', *CQ*, no. 45 (1971)
Iwai, Eiichi, *Memories of Shanghai* (Nagoya, Memories of Shanghai Publishing Committee, 1983) [in Japanese]
Jackson, Robert, *Air War over Korea*, Ian Allan, London, 1973
Jankowiak, William R., 'The Last Hurrah? Political Protest in Inner Mongolia', *Australian Journal of Chinese Affairs*, no. 19–20 (1988)
Jin Qiu, *The Culture of Power: The Lin Biao Incident in the Cultural Revolution*, Stanford University Press, Stanford, 1999
Johnson, Cecil, *Communist China and Latin America, 1959–1967*, Columbia University Press, New York et al., 1970

Joyaux, François, *La Chine et le règlement du premier conflit d'Indochine (Genève 1954)*, Sorbonne, Paris, 1979
JPRS, *Collected Works of Mao Tse-tung (1917–1949)*, vol. 9 [Web/JPRS]
Judis, John B., *William F. Buckley*, Simon & Schuster, New York et al., 1988
Kahn, E. J., *China Hands*, Viking, New York, 1975
Kampen, Thomas, 'Wang Jiaxiang, Mao Zedong and the Triumph of Mao Zedong Thought (1935–1945)', *MAS*, vol. 23, no. 4 (1989)
Kampen, Thomas, *Mao Zedong, Zhou Enlai and the Evolution of the Chinese Communist Leadership*, NIAS, Copenhagen, 2000
Kapitsa, M., 'Na raznyikh parallelyakh' (On Different Parallels), *Azia i Afrika*, no. 5, 1995
Kapitsa, M. S., *Na raznyikh parallelyakh* (On Different Parallels), Kniga i Biznes, Moscow, 1996
Kaple, Deborah A., *Dream of a Red Factory: The Legacy of High Stalinism in China*, Oxford University Press, New York, 1994
Kardelj, Edvard, *Reminiscences*, Blond & Briggs, London, 1982
Karmen, R., *God v Kitaye* (A Year in China), Sovietskii Pisatel, Moscow, 1941
Kartunova, A. I., 'Vstrechi v Moskve s Tszyan Tsin, Zhenoy Mao Tszeduna' (Meetings in Moscow with Jiang Qing, the Wife of Mao Tse-tung), *Kentavr*, no. 1–2, 1992
Kase, Toshikazu, 'A Failure of Diplomacy', in Cook, Haruko Taya & Cook, Theodore F., eds, *Japan at War*, New Press, New York, 1992
Kau, Michael Y. M., & Leung, John K., *The Writings of Mao Zedong 1949–1976*, vol. 1: September 1949–December 1955, Sharpe, Armonk et al., 1986; vol 2: see Leung & Kau
Kau, Michael Y. M., ed., *The Lin Piao Affair*, IASP, White Plains, 1975
Khrushchev, Nikita, *Khrushchev Remembers*, Penguin, Harmondsworth, 1977, 2 vols [Khrushchev 1977]
Khrushchev, Nikita, *Khrushchev Remembers: The Glasnost Tapes*, Little, Brown, Boston, 1990
Khrushchev, Sergei N., *Nikita Khrushchev and the Creation of a Superpower*, Pennsylvania State University, University Park, 2000
Kiernan, Ben, 'Maoism and Cambodia', unpublished paper, 1991
Kim, Samuel S., *China, the United Nations, and World Order*, Princeton University Press, Princeton, 1979
Kimball, Warren F., *Forged in War: Roosevelt, Churchill, and the Second World War*, Morrow, New York, 1997
Kirkby, R. J. R., *Urbanisation in China*, Croom Helm, London et al., 1985
Kissinger, Henry, *White House Years*, Little, Brown, Boston, 1979
Kissinger, Henry, *Years of Upheaval*, Little, Brown, Boston, 1982
Kissinger, Henry, 'The Philosopher and the Pragmatist', *Time*, 3 March 1997
Klehr, Harvey, et al., eds, *The Secret World of American Communism*, Yale University Press, New Haven et al., 1995
Kojima, Masaru, ed., *The Record of the Talks Between the Japanese Communist Party and the Communist Party of China: How Mao Zedong Scrapped the Joint Communiqué*, Japanese Communist Party, Tokyo, 1980
Kolpakidi, Aleksandr, & Prokhorov, Dmitrii, *Imperiya GRU* (The GRU Empire), Olma-Press, Moscow, 2000, 2 vols [2000a, 2000b]
Kolpakidi, Aleksandr, & Prokhorov, Dmitrii, *Vneshnyaya Razvedka Rossii* (Russia's Foreign Intelligence), Olma-Press, Moscow, 2001
Kordon, Bernardo, 'Mi entrevista con Mao Tse-Tung', in Bignozzi, Juana, ed., *Testigos de China*, Carlos Pérez, Buenos Aires, 1962
Kovalev, Ivan, 'The Stalin-Mao Dialogue', *FEA*, nos 1 & 2, 1992 [Kovalev 1992a, 1992b]
Kovalev, I. V., 'Zapiska I. V. Kovaleva ot 24 dekabrya 1949' ('Report' of 24 Dec. 1949), *NiNI*, no. 1, 2004
Kovner, Milton, 'Communist China's Foreign Aid to Less Developed Countries', in US Congress, Joint Economic Committee
Kozlov, V. A., & Mironenko, S. V., eds, *Arkhiv Noveyshey Istorii Rossii*, vol. 1: *'Osobaya Papka' I. V. Stalina* (Stalin's 'Special File'), Blagovest, Moscow, 1994

Kramer, Mark, 'The Soviet Foreign Ministry Appraisal of Sino-Soviet Relations on the Eve of the Split', *CWB*, nos 6–7 (1995–6)
Kriukov, Mikhail, 'The Tortuous Road to Alliance: Soviet Russia and Sun Yatsen (1918–1923)', part 2, *FEA*, no. 3, 1999
Krivitsky, W. G., *I Was Stalin's Agent*, Faulkner, Cambridge, 1992
Krymov, A. G. [Kuo Shao-tang], *Istoriko-memuarnyiye zapiski kitayskogo revolyutsionera* (Historical-Memoir Notes of a Chinese Revolutionary), Nauka, Moscow, 1990
Kudashev, R., 'My Meetings with Mao and Jiang', *International Affairs* (Moscow), vol. 44, no. 3 (1998)
Kulik, B. T., 'Kitayskaya Narodnaya Respublika v period stanovleniya (1949–1952)' (The PRC in the Period of its Establishment), (Part 1) *PDV*, no. 5, 1994
Kulik, B. T., 'SShA i Tayvan protiv KNR, 1949–1952' (The USA and Taiwan versus the PRC), *NiNI*, no. 5, 1995
Kulik, B. T., *Sovietsko-Kitayskii Raskol* (The Soviet-Chinese Split), Russian Academy of Sciences/Institute of the Far East, Moscow, 2000
Kuo Chien, 'The Novel *Battle of Xiang Jiang* is Banned', part 1, *FBIS-CHI-91-016* (24 Jan. 1991)
Kuo, Mercy A., *Contending with Contradictions: China's Policy toward Soviet Eastern Europe and the Origins of the Sino-Soviet Split, 1953–1960*, Lexington Books, Lanham, 2001
Kuo, Warren, *Analytical History of the Chinese Communist Party*, 4 vols, Institute of International Relations, Taipei, 1968–71
Kuusinen, Aino, *Before and After Stalin*, M. Joseph, London, 1974
Lajolo, Davide, 'Mao dalla parte di Krusciov', *l'Europeo*, 18 Aug. 1963
Lankov, A. N., *Severnaya Koreya* (North Korea), Vostochnaya Literatura, Russian Academy of Sciences, Moscow, 1995
Lankov, Andrei N., 'Kim Takes Control: The "Great Purge" in North Korea, 1956–1960', *Korean Studies*, vol. 26, no. 1 (2002)
Lardy, Nicholas R., 'The Chinese Economy under Stress, 1958–1965', in *CHOC*, vol. 14, part 1, Cambridge University Press, Cambridge et al., 1987
Larin, Aleksandr, *Dva Prezidenta* (Two Presidents), Academia, Moscow, 2000
Law Yu Fai, *Chinese Foreign Aid*, Breitenbach, Saarbrücken et al., 1984
Lebedeva, N. S., and Narinsky, M. M., Introduction to Anderson & Chubaryan
Ledovsky, A. M., *Delo Gao Gana–Zhao Shushi* (The Gao Gang–Rao Shushi Affair), USSR Academy of Sciences/Institute of the Far East, Moscow, 1990
Ledovsky, Andrei, 'Mikoyan's Secret Mission to China in January and February 1949', *FEA*, nos 2 & 3, 1995 [Ledovsky 1995a, Ledovsky 1995b]
Ledovsky, Andrei, 'The Moscow Visit of a Delegation of the Communist Party of China in June to August 1949', *FEA* nos 4 & 5, 1996 [Ledovsky 1996a, Ledovsky 1996b]
Ledovsky, A. M., *SSSR i Stalin v sudbakh Kitaya* (The USSR and Stalin in the Destinies of China), Pamyatnik Istoricheskoy Myisli, Moscow, 1999
Ledovsky, Andrei, '12 sovetov I. V. Stalina rukovodstvu kompartii Kitaya' (12 Recommendations of Stalin to the Leadership of the CCP), *NiNI*, no. 1, 2004
Lee, Lily Xiao Hong, & Wiles, Sue, *Women of the Long March*, Allen & Unwin, St Leonard's, 1999
Leitenberg, Milton, 'Deaths in Wars and Conflicts Between 1945 and 2000', Cornell University, Peace Studies Program, Occasional Paper 29, Ithaca, 2003
Leonard, Raymond W., *Secret Soldiers of the Revolution: Soviet Military Intelligence, 1918–1933*, Greenwood, Westport et al., 1999
Leonard, Royal, *I Flew for China: Chiang Kai-shek's Personal Pilot*, Doubleday, Doran, Garden City, 1942
Lescot, Patrick, *L'Empire Rouge: Moscou-Pékin 1919–1989*, Belfond, Paris, 1999
Leung, John K., & Kau, Michael Y. M., *The Writings of Mao Zedong 1949–1976*, vol. 2: January 1956–December 1957, Sharpe, Armonk et al., 1992
Leutner, Mechthild, et al., eds, *The Chinese Revolution in the 1920s*, RoutledgeCurzon, London et al., 2002

Lewis, John Wilson, and Xue Litai, *China Builds the Bomb*, Stanford University Press, Stanford, 1988
Lewis, John Wilson, and Xue Litai, *China's Strategic Seapower*, Stanford University Press, Stanford, 1994
Li Haiwen, interview with Shi Zhe, *CHUS*, vol. 5, no. 2 (1992)
Li Jui [Li Rui], *The Early Revolutionary Activities of Comrade Mao Tse-tung*, Sharpe, White Plains, 1977
Li Rui, 'Lessons from the Lushan Plenum', *CLG*, vol. 29, no. 5 (1996)
Li, Xiaobing, et al., eds, *Mao's Generals Remember Korea*, University Press of Kansas, Lawrence, Kansas, 2001
Li, Zhisui, *The Private Life of Chairman Mao*, Chatto & Windus, London, 1994
Lih, Lars T., et al., eds, *Stalin's Letters to Molotov*, Yale University Press, New Haven et al., 1995
Lindsay, Michael, *The Unknown War: North China 1937–1945*, Bergström & Boyle, London, 1975
Lippa, Ernest M., *Captive Surgeon*, Morrow, New York, 1953
Litten, Frederick S., 'Otto Braun's Curriculum Vitae – Translation and Commentary', *Twentieth-Century China*, vol. 23, no. 1 (1997)
Liu Jianping, 'Mao Zedong's Perception of America and the Formation of New China's International Strategy of Leaning to One Side', *Social Sciences in China*, vol. 21, no. 3 (2000)
Liu Shao-chi, *Selected Works*, Foreign Languages Press, Peking, 1991, 2 vols
Liu Xiaohong, *Chinese Ambassadors*, University of Washington Press, Seattle, 2001
Lo Jung-huan, 'Early Days of the Chinese Red Army', *PR*, 3 August 1963
Loboda, I. G., *Moskva–Pekin* (Moscow–Peking), Infra-M, Moscow, 1995
Loh, Robert, *Escape from Red China*, Coward-McCann, New York, 1962
Lum, Peter, *Peking 1950–1953*, Hale, London, 1958
Lurye, V. M., and Kochik, V. Y., *GRU: Dela i Lyudi* (The GRU: Deeds and People), Olma-Press, Moscow, 2002
Luthi, Lorens, 'Les relations sino-soviétiques et l'effondrement de "l'unité socialiste"', *Communisme*, nos 74–75 (2003)
Luzianin, Sergei, 'The Yalta Conference and Mongolia in International Law', *FEA*, no. 6, 1995
Lyudnikov, I. I., 'Internationalist Assistance', in Chudodeyev, Y. V., ed., *Soviet Volunteers in China 1925–1945*, Progress, Moscow, 1980
MacFarquhar, Roderick, ed., *Sino-American Relations 1949–1971*, David & Charles/RIIA, Newton Abbot, 1972
MacFarquhar, Roderick, *The Origins of the Cultural Revolution*, Oxford University Press, London, 3 vols, 1974, 1983, 1997
MacFarquhar, Roderick, et al., eds, *The Secret Speeches of Chairman Mao: From the Hundred Flowers to the Great Leap Forward*, Harvard University Press, Cambridge, Mass., et al., 1989)
MacKinnon, Janice R., & MacKinnon, Stephen R., *Agnes Smedley*, Virago, London, 1988
Mader, Julius, *Dr-Sorge-Report*, Militärverlag der DDR, Berlin, 1985
Maestrini, Nicholas, *My Twenty Years with the Chinese*, Magnificat Press, Avon, NJ, 1990
Malaparte, Curzio, *Io, in Russia e in Cina*, Mondadori, Milan, 1991
Malukhin, A. M., 'Kulminatsiya osvoboditelnoy borbyi v Kitaye nakanune obrazovaniya KNR' (The Culmination of the liberation struggle in China on the eve of the formation of the PRC), *IB*, no. 87 (1977)
Malukhin, A., 'Reminiscences of Veterans: A View from Guangzhou', *FEA*, no. 1, 1989
Malyisheva, M. P., & Poznansky, V. S., eds, *Dalnevostochnaya Politika Sovietskoy Rossii (1920–1922)* (The Far East Policy of Soviet Russia), Sibirskii Khronograf, Novosibirsk, 1996
Maneli, Mieczyslaw, *War of the Vanquished*, Harper & Row, New York et al., 1971
Mann, James, *About Face: A History of America's Curious Relationship with China, From Nixon*

to Clinton, Knopf, New York, 1999
Mansourov, Alexandre Y., 'Stalin, Mao, Kim, and China's Decision to Enter the Korean War, Sept. 16–Oct. 15, 1950: New Archival Evidence from the Russian Archives', *CWB*, nos 6–7 (1995–96)
Mansourov, Alexandre Y., 'Communist War Coalition Formation and the Origins of the Korean War', Columbia University, PhD thesis, 1997
Mao Miscellany: Miscellany of Mao Tse-tung Thought (1949–1968), 2 parts, JPRS, Arlington, 1974
Mao Tse-tung, *Selected Works*, 5 vols, Foreign Languages Press, Peking, 1965, 1977
Mao Zedong, *Mao Zedong on Diplomacy*, Foreign Languages Publishing House, Beijing, 1998
Marcuse, Jacques, *The Peking Papers*, Dutton, New York, 1967
Marer, Paul, et al., *Historically Planned Economies*, World Bank, Washington, DC, 1992
Margolin, Jean-Louis, 'China: A Long March into Night', in Courtois, Stéphane, et al., eds, *The Black Book of Communism*, Harvard University Press, Cambridge et al., 1999
Marks, Thomas A., *Maoist Insurgency Since Vietnam*, Cass, London, 1996
May, Ernest R., & Zelikow, Philip D., *The Kennedy Tapes*, Harvard University Press, Cambridge, 1997
Meissner, Werner, ed., *Die DDR und China 1949 bis 1990*, Akademie Verlag, Berlin, 1995
Melanson, Richard A., & Mayers, David, *Reevaluating Eisenhower: American Foreign Policy in the 1950s*, University of Illinois Press, Urbana et al., 1989
Melby, John F., *The Mandate of Heaven: Record of a Civil War, China 1945–49*, Chatto & Windus, London, 1969
Micunovic, Veljko, *Moscow Diary*, Doubleday, New York, 1980
Mif, P., 'Velikaya Oktyabrskaya revolyutsiya i Kitay' ('The Great October Revolution and China'), *Bolshevik*, no. 21, 1937
Mikoyan, Anastas, *Tak Byilo* (That's the Way It Was), Vagrius, Moscow, 1999
Mikoyan, Stepan Anastasovich, *Vospominaniya Voyennogo Letchik-Ispitatelya* (Memoirs of a Military Test Pilot), Tekhnika – molodezhi, Moscow, 2002
Mirovitskaya, R. A., *Sovietskii Soyuz i Kitay v period razryiva i vosstanovleniya otnoshenii (1928–1936)* (The Soviet Union and China in the period of the rupture and restoration of relations), *IB*, no. 67 (1975)
Mirovitskaya, R. A., 'Sovietsko-kitayskiye otnosheniya: Problemyi voyennoy pomoshchi kompartii Kitaya v 1927–1929' (Military Aid to the CCP in 1927–1929), in Tikhvinsky, S. L., ed., *I Nye Raspalas Svyaz Vremen* . . . (And the Bond of Time did not Disintegrate . . .), Vostochnaya Literatura, Moscow, 1993
Mirovitskaya, R. A., *Kitayskaya Gosudarstvennost i Sovietsakaya Politika v Kitaye . . . 1941–1945* (Chinese Statehood and Soviet Policy in China), Pamyatnik Istoricheskoy Myisli, Moscow, 2000
Mitarevsky, N., *World Wide Soviet Plots*, Tientsin Press, Tientsin, 1927
Mitterrand, François, *La Chine au Défi*, Julliard, Paris, 1961
Montgomery, Bernard, *Three Continents*, Collins, London, 1962
Morgan, Kevin, *Harry Pollitt*, Manchester University Press, Manchester, 1993
Morgenthau Diary (China), US Senate, Committee on the Judiciary, Washington, DC, 1965, 2 vols
Morwood, William, *Duel for the Middle Kingdom*, Everest House, New York, 1980
Mukhitdinov, Nuriddin, *Godyi Provedennyiye v Kremlye* (Years in the Kremlin), Izd. Kadyiri, Tashkent, 1994
Mukhitdinov, Nuriddin, *Reka Vremeni* (The River of Time), 'Rusti–Rosti', Moscow, 1995
Murfett, Malcolm H., *Hostage on the Yangtze: Britain, China and the* Amethyst *Crisis of 1949*, Naval Institute Press, Annapolis, 1991
Myrdal, Jan, *Report from a Chinese Village*, Pelican, Harmondsworth, 1967
N.a., 'Jiang Jingguo in Russia', *FEA*, no. 2, 1992
Näth, Marie-Luise, ed., *Communist China in Retrospect: East European Sinologists Remember*

the First Fifteen Years of the PRC, Lang, Frankfurt, 1995
Naughton, Barry, 'The Third Front', *CQ*, no. 115 (1988)
Negin, Evgeny A., & Smirnov, Yuri N., 'Did the USSR Share Atomic Secrets with China?', Parallel History Project, China and the Warsaw Pact, Web/PHP, 2002
Nenni, Pietro, *Tempo di Guerra Fredda*, Sugar, Milan, 1981
Nie Rongzhen, *Inside the Red Star: The Memoirs of Nie Rongzhen*, New World Press, Beijing, 1988
Nikiforov, V. N., 'Maoistskaya Legenda i Sovietskaya Istoriografiya (1935–1939)' (The Mao Legend and Soviet Historiography), *IB*, no. 60 (1974)
Nixon, Richard, *The Memoirs of Richard Nixon*, Arrow Books, London, 1979
Ocherki Istorii Rossiiskoy Vneshnyey Razvedki (Essays in the History of Russian Foreign Intelligence), vols 4 (1941–5) & 5 (1945–65), Mezhdunarodnyie Otnosheniya, Moscow, 1999 & 2003
O'Reilly, Luke, *The Laughter and the Weeping*, Columba Press, Blackrock, 1991
Oudendyk, William J., *Ways and By-ways in Diplomacy*, P. Davies, London, 1939
Ovchinnikov, Yuri, ed., 'Comintern–CCP Relations' (Part 2), *CLG*, vol. 30, no. 2 (1997)
Pak, Hyobom, ed., *Documents of the Chinese Communist Party 1927–1930*, URI, Hong Kong, 1971
Palden Gyatso, *Fire under the Snow: Testimony of a Tibetan Prisoner*, Harvill, London, 1998
Pan, Yihong, 'An Examination of the Goals of the Rustication Program in the People's Republic of China', *Journal of Contemporary China*, no. 11, 2002
Panchen Lama, *A Poisoned Arrow: The Secret Report of the 10th Panchen Lama*, Tibet Information Network, London, 1997
Panikkar, K. M., *In Two Chinas*, Hyperion, Westport, 1981
Pantsov, Alexander, 'The Soviet Impact and the Origins of "Chinese Style" Socialism in Communist China in the 1950s', *Tamkang Journal of International Affairs*, vol. 6, no. 3 (2002)
Panyushkin, A. S., *Zapiski Posla: Kitay 1939–1944* (Notes of an Ambassador: China 1939–1944), USSR Academy of Sciences/Institute of the Far East, Moscow, 1981
Pashkovskaya, E. A., & Zhdanovich, V. G., 'Khronologiya sovietsko-kitayskikh otnoshenii (1949–1965)' (Chronology of Soviet–Chinese Relations), *IB*, no. 25 (1969)
Paulsen, Friedrich (Frank Thilly, ed.), *A System of Ethics*, Scribner's, New York, 1899
Payne, Robert, *China Awake*, Heinemann, London et al., 1947
Payne, Robert, *Mao Tse-tung*, H. Schuman, New York, 1950
Peng Dehuai, *Memoirs of a Chinese Marshal*, Foreign Languages Publishing House, Beijing, 1984
Perkins, Dwight H., 'Economic Policy', in *CHOC*, vol. 15, part 2 (1991)
Perry, Elizabeth J., & Li Xun, *Proletarian Power: Shanghai in the Cultural Revolution*, Westview, Boulder, 1997
Persico, Joseph E., *Roosevelt's Secret War: FDR and World War II Espionage*, Random House, New York, 2001
Persits, M., '"Vostochnyi Front" Mirovoy Revolyutsii' ('The Eastern Front' of the World Revolution), *Svobodnaya Mysl*, no. 5, 1996
Persits, Moisei, 'A New Collection of Documents on Soviet Policy in the Far East in 1920–1922', *FEA*, no. 5, 1997
Petri, Lennart, 'Chinese Molestation of Diplomats', in Schoenhals 1996b
Peshchersky, V. L., '"Vrag Moyego Vraga . . ."' (The Enemy of My Enemy . . .), *Voyenno-istoricheskii Zhurnal*, no. 3, 1998
Phandara, Y., *Retour à Phnom Penh*, Éditions Métailié, Paris, 1982
Philby, H. A. R., 'Tibet: Bollwerk oder Durchzugsweg?' (Part 2), *Zeitschrift für Geopolitik*, vol. 13, no. 8 (1936)
Piatnitsky, Vladimir, *Zagovor protiv Stalina* (The Plot against Stalin), Sovremennik, Moscow, 1998
Pocock, Chris, *Dragon Lady; The History of the U-2 Spyplane*, Airlife, Shrewsbury, 1989
Prandi, Rev. Padre Pietro, letter in 'La Rivoluzione comunista nelle lettere dei nostri

missionari', *Le Missioni Francescane*, vol. 6 (1928)
Price, Robert L., 'International Trade of Communist China, 1950–65', in US Congress, Joint Economic Committee
Prozumenshchikov, M. Y., 'The Sino-India Conflict, the Cuban Missile Crisis, and the Sino-Soviet Split, October 1962', *CWB*, nos 8–9 (1996–7)
Prozumenshchikov, Mikhail, 'The Year 1960 as Seen by Soviet and Chinese Leaders', *FEA*, no. 3, 1999
Quan Yanchi, *Mao Zedong: Man, not God*, Foreign Languages Publishing House, Beijing, 1992
Radványi, János, *Hungary and the Superpowers*, Hoover Institution Press, Stanford, 1972
Radványi, János, *Delusion & Reality*, Gateway, South Bend, 1978
Rakhmanin, O. B., 'Vzaimootnosheniya I.V. Stalina i Mao Tszeduna Glazami Ochevidna' (The Relations Between Stalin and Mao as Seen by an Eye-Witness), *NiNI*, no. 1, 1998
Rákosi, Mátyás, ' "Vidyel, kak voznikayet kult lichnosti": Mátyás Rákosi o Staline i o sebye' ('I saw how the cult of personality arises': Mátyás Rákosi on Stalin and himself), *Istochnik*, no. 1, 1997
Raphaël-Leygues, Jacques, *Ponts de Lianes: Missions en Indochine 1945–1954*, Hachette, Paris, 1976
Rittenberg, Sidney, & Bennett, Amanda, *The Man Who Stayed Behind*, Simon & Schuster, New York, 1993
Roberts, Priscilla, ed., *Window on the Forbidden City: The Beijing Diaries of David Bruce, 1973–1974*, Centre of Asian Studies, University of Hong Kong, Hong Kong, 2001
Roderick, John, *Covering China*, Imprint, Chicago, 1993
Romanov A. I., & Kharitonov, G. V., *'Podari solntse' Povest-khronika ob internatsionalnom detskom dome v Ivanove* ('Give the Sun': A Narrative Chronicle of the International Children's Home in Ivanovo), Yaroslavl, 1989
Roshchin, Sergei, review of Baabar, B., *Mongolia in the 20th Century, FEA*, no. 1, 1999
Rowinski, Jan, 'China in the Crisis of Marxism-Leninism', in Näth
Rummel, R. J., *China's Bloody Century: Genocide and Mass Murder since 1900*, Transaction, New Brunswick et al., 1991
Rusk, Dean, *As I Saw It*, I. B. Tauris, London, 1991
Russell, Bertrand, *The Autobiography of Bertrand Russell*, vol. 2, Allen & Unwin, London, 1968
Russian [USSR] Ministry of Foreign Affairs, *SSSR-KNR (1949–1983): Dokumentyi i materialyi* (USSR-PRC (1949–1983): Documents and materials), vol. 1: 1949–63; vol. 2: 1964–83, Moscow, 1985
Russian [USSR] Ministry of Foreign Affairs, 'Khronologiya Osnovnyikh Sobyitiya Kanuna i Nachalnogo Perioda Koreyskoy Voynyi (January 1949–October 1950)' (Chronology of Basic Events on the Eve of and in the early Period of the Korean War), unpublished, Moscow
Ryabushkin, D. S., 'Ostrov Damansky, 2 marta 1969 goda' (Damansky Island, 2 March 1969), *Voprosyi Istorii*, no. 5, 2004
Saich, Tony, *The Origins of the First United Front in China: The Role of Sneevliet (alias Maring)*, 2 vols, Brill, Leiden et al., 1991
Saich, Tony, ed., *The Rise to Power of the Chinese Communist Party: Documents and Analysis*, Sharpe, Armonk et al., 1996
Salisbury, Harrison E., *The Long March*, Macmillan, London, 1985
Sandilands, Roger J., *The Life and Political Economy of Lauchlin Currie*, Duke University Press, Durham, NC et al., 1990
Sang Ye, *The Finish Line*, University of Queensland Press, St Lucia, 1994
Sartre, Jean-Paul, 'Introduction' ('Avant-propos') to Manceaux, Michèle, *Les Maos en France*, Gallimard, Paris, 1972
Schäfer, Bernd, 'Weathering the Sino-Soviet Conflict: The GDR and North Korea, 1949–1989', *CWB*, nos 14–15 (2003–4)

Schäfer, Bernd, *North Korean 'Adventurism' and China's Long Shadow, 1966–1972*, Washington DC, *Cold War International History Project Bulletin, Working Paper* no. 44, 2004
Schoenbaum, Thomas J., *Waging Peace and War: Dean Rusk*, Simon & Schuster, New York, 1988
Schoenhals, Michael, 'Mao Zedong: Speeches at the 1957 "Moscow Conference"', *Journal of Communist Studies*, vol. 2, no. 2 (1986)
Schoenhals, Michael, *Saltationist Socialism: Mao Zedong and the Great Leap Forward 1958*, Skrifter utgivna av Föreningen för Orientaliska Studier, 19, Stockholm University, Stockholm, 1987
Schoenhals, Michael, '"Non-People" in the People's Republic of China: A Chronicle of Terminological Ambiguity', Indiana East Asian Working Paper on Language and Politics in Modern China, no. 4, Indiana University, Bloomington, 1994
Schoenhals, Michael, 'The Central Case Examination Group', *CQ*, no. 145 (1996) [Schoenhals 1996a]
Schoenhals, Michael, ed., *China's Cultural Revolution, 1966–1969*, Sharpe, Armonk et al., 1996 [Schoenhals 1996b]
Schram, Stuart, ed., *The Political Thought of Mao Tse-tung*, Praeger, New York, 1965
Schram, Stuart, *Mao Tse-tung*, Penguin, Harmondsworth, 1966
Schram, Stuart, ed., *Mao Tse-tung Unrehearsed: Talks and Letters: 1956–71*, Penguin, Harmondsworth, 1974
Schram, Stuart, ed., *Mao's Road to Power*, 6 vols, Sharpe, Armonk et al., 1992–2004 [*MRTP*]
Schran, Peter, *Guerrilla Economy*, State University of New York Press, Albany, 1976
Seaborg, Glenn T., *Kennedy, Khrushchev and the Test Ban*, University of California Press, Berkeley et al., 1981
Semyonov, G. G., *Tri Goda v Pekine* (Three Years in Peking), Nauka, Moscow, 1978
Shapiro, Judith, *Mao's War Against Nature*, Cambridge University Press, Cambridge, 2001
Shen Zhihua, 'The Discrepancy between the Russian and Chinese Versions of Mao's 2 October 1950 Message to Stalin on Chinese Entry into the Korean War', *CWB*, nos 8–9 (1996–7)
Shen Zhihua, 'Sino-North Korean Conflict and its Resolution during the Korean War', *CWB*, nos 14–15 (2003–4)
Sheng, Michael M., *Battling Imperialism: Mao, Stalin, and the United States*, Princeton University Press, Princeton, 1997
Shepilov, Dmitrii, *Neprimknuvshii* (The Man Who Did Not Join), Vagrius, Moscow, 2001
Shevelyov, K., 'On the History of the Formation of the Communist Party of China', *FEA*, no. 1, 1981
Shewmaker, Kenneth E., *Americans and Chinese Communists, 1927–1945: A Persuading Encounter*, Cornell University Press, Ithaca, 1971
Shi Zhe, 'I Accompanied Chairman Mao', *FEA*, no. 2, 1989
Shi Zhe, 'With Mao and Stalin', *CHUS*, vol. 5, no. 1 (1992)
Shi Zhe, 'With Mao and Stalin (Part 2): Liu Shaoqi in Moscow', *CHUS*, vol. 6, no. 1 (1993)
Shichor, Yitzhak, *The Middle East in China's Foreign Policy 1949–1977*, Cambridge University Press, Cambridge, 1979
Siao, Emi, *Mao Tse-tung: His Childhood and Youth*, People's Publishing House, Bombay, 1953
Siao, Eva, *China – mein Traum, mein Leben*, ECON, Düsseldorf, 1994
Siao-yu, *Mao Tse-tung and I Were Beggars*, Collier, New York, 1973
Sidikhmenov, Vasili, 'Stalin and Mao hearkened to us', *NT*, no. 5, 1993
Sidikhmenov MS: Sidikhmenov, Vasili, unpublished autobiography
Sihanouk, Norodom, *Charisma and Leadership*, Yohan, Tokyo, 1990
Sihanouk, Norodom, *My War with the CIA*, Penguin, Harmondsworth, 1974
Silin, K. S., 'S missiyey druzhbyi' (With a mission of friendship), in Akimov
Singlaub, John K., *Hazardous Duty*, Summit Books, New York, 1991
Sladkovsky, M. I., ed., *Ocherki Istorii Kommunisticheskoy Partii Kitaya 1921–1969* (Essays in the history of the CCP), USSR Academy of Sciences/Institute of the Far East, Moscow, 1971

Slavinsky, Boris N., *Pakt o neutralitete mezhdu SSSR i Yaponiye* (The Neutrality Pact between the USSR and Japan), TOO 'Novina', Moscow, 1995
Slavinsky, Boris, *SSSR i Yaponiya – na puti k voyne* (The USSR and Japan – On the Road to War), ZAO Segodnya, Moscow, 1999
Smedley, Agnes, *China's Red Army Marches*, International Publishers, New York, 1934
Smedley, Agnes, *Battle Hymn of China*, Gollancz, London, 1944
Smedley, Agnes, *The Great Road: The Life and Times of Chu Teh*, Monthly Review, New York, 1956
Smith, S. A., *A Road is Made: Communism in Shanghai 1920–1927*, Curzon, London, 2000
Sneath, David, 'The Impact of the Cultural Revolution in China on the Mongolians of Inner Mongolia', *MAS*, vol. 28, no. 2 (1994)
Snow, Edgar, *Battle for Asia*, Random House, New York, 1941
Snow, Edgar, 'The Divorce of Mao Tse-tung' (MS, *c.*1956)
Snow, Edgar, *Random Notes on Red China, 1936–1945*, Harvard University Press, Cambridge, Mass., 1968
Snow, Edgar, *Journey to the Beginning*, Vintage, New York, 1972
Snow, Edgar, *Red Star Over China*, Gollancz, London, 1973, revised and enlarged edn
Snow, Edgar, *China's Long Revolution*, Penguin, Harmondsworth, 1974
Snow, Helen Foster [Nym Wales], *My Yenan Notebooks*, mimeo 1961
Snow, Helen Foster [Nym Wales], *The Chinese Communists*, Book 2, Greenwood, Westport, 1972
Snow, Helen Foster, *Inside Red China*, Da Capo, New York, 1979
Snow, Philip, *The Star Raft: China's Encounter with Africa*, Cornell University Press, Ithaca, 1988
Sontag, Raymond James, & Beddie, James Stuart, *Nazi–Soviet Relations 1939–1941: Documents from the Archives of The German Foreign Office*, US Department of State, Washington, DC, 1948
SPK News Agency, *The People's Republic of Kampuchea*, SPK, Phnom Penh, 1979
Stalin, Iosif, 'Joseph Stalin's Unpublished Speech on China' (5 April 1927), *PDV*, no.1, 2001 [Stalin 2001a]; *FEA*, no. 1, 2001 [Stalin 2001b]
Stanchi, Fr. Giacinto, Changsha, 1 March 1929, letter in *Le Missioni Francescane*, vol. 6, 1928
Stenograficheskii otchet VI-go Syezda Kommunisticheskoy Partii Kitaya (Stenographic Report of the 6th Congress of the CCP), Nauchno Issledovatelskii Institut po Kitayu (Scientific Research Institute on China) Moscow, 1930, 6 vols
Stewart, James T., ed., *Airpower: The Decisive Force in Korea*, Van Nostrand, Princeton, 1957
Stokes, William, 'Maoist Insurgency in Thailand', in Green, Marshall, et al., eds, *War and Peace in China*, DACOR-Bacon House, Bethesda, 1994
Strong, Anna Louise, *Dawn out of China*, People's Publishing House, Bombay, 1948
Strong, Anna Louise, 'The Thought of Mao Tse-tung', *Amerasia*, June 1947
Strong, Tracy B., & Keyssar, Helene, *Right in her Soul: The Life of Anna Louise Strong*, Random House, New York, 1983
Summers, Anthony, *The Arrogance of Power: The Secret World of Richard Nixon*, Gollancz, London, 2000
Sun Xiaolei, 'Blood and Tears on the Balin Grasslands', in Walder, Andrew G., & Gong Xiaoxia, eds, 'China's Great Terror', *Chinese Sociology and Anthropology*, vol. 26, no. 1 (1993)
Suo Guoxin, '78 Days in 1967: The True Story of the "February Countercurrent"' (Forster, Keith, ed.), *CLG*, vol. 22, no. 1 (1989)
Sutton, Donald S., 'Consuming Counterrevolution: The Ritual and Culture of Cannibalism in Wuxuan, Guangxi, China, May to July 1968', *Comparative Studies in Society and History*, vol. 37, no. 1 (1995)
Szalontai, Balázs, '"You Have No Political Line of Your Own": Kim Il Sung and the Soviets, 1953–1964', *CWB*, nos 14–15 (2003–4)
Takahashi, Hisashi, 'Japanese Intelligence Estimates of China, 1931–1945', in Hitchcock,

Walter T., ed., *The Intelligence Revolution*, US Air Force Academy et al., Washington, DC, 1991
Tálas, Barna, 'China in the Early 1950s', in Näth
Taubman, William, 'Khrushchev vs. Mao: A Preliminary Sketch of the Role of Personality in the Sino-Soviet Split', *CWB*, nos 8–9 (1996–7)
Taylor, Jay, *China and Southeast Asia: Peking's Relations with Revolutionary Movements*, Praeger, New York, 1974
Taylor, Jay, *The Generalissimo's Son: Chiang Ching-kuo and the Revolutions in China and Taiwan*, Harvard University Press, Cambridge, Mass., 2000
Teiwes, Frederick C., *Politics at Mao's Court: Gao Gang and Party Factionalism in the Early 1950s*, Sharpe, Armonk et al., 1990
Teiwes, Frederick C., *Politics and Purges in China*, Sharpe, Armonk et al., 2nd. edn, 1993
Teiwes, Frederick C., & Sun, Warren, *The Tragedy of Lin Biao*, University of Hawaii Press, Honolulu, 1996
Teiwes, Frederick C., with Sun, Warren, *China's Road to Disaster: Mao, Central Politicians, and Provincial Leaders in the Unfolding of the Great Leap Forward 1955–1959*, Sharpe, Armonk et al., 1999
Terrill, Ross, *Madame Mao*, Bantam, New York, 1986
Terzani, Tiziano, *The Forbidden Door*, Asia 2000, Hong Kong, 1985
Thomas, S. Bernard, *Season of High Adventure: Edgar Snow in China*, University of California Press, Berkeley et al., 1996
Tikhomirov, V. V., & Tsukanov, A. M., 'Komandirovka v Manchzhuriyu' (Assignment to Manchuria), in Akimov
Tikhvinsky, S., 'New Facts About Zhou Enlai's "Secret Démarche" and the CPC's Informal Negotiations with the Americans in June 1949', *FEA*, no. 1, 1994
Tikhvinsky, S. L., *Put Kitaya k Obyedineniyu i Nezavisimosti 1898–1949: Po materialam biografii Zhou Enlaya* (China's Route to Unity and Independence: On Materials of a Biography of Chou En-lai, 1898–1949), Vostochnaya Literatura, Russian Academy of Sciences, Moscow, 1996
Tikhvinsky, S. L., et al., eds, *Russko-kitayskiye otnosheniya v XX veke: sovietsko-kitayskiye otnosheniya: Materialyi i dokumentyi* (Russo-Chinese Relations in the 20th Century: Materials & Documents), vol. 4 (1937–1945); book 1: 1937–1944; book 2: 1945, Pamyatnik Istoricheskoy Myisli, Moscow, 2000
Tikhvinsky, S. L., *Vozvrashcheniye k Vorotam Nebesnogo Spokoystviya* (Return to the Gate of Heavenly Peace), Pamyatnik Istoricheskoy Myisli, Moscow, 2002
Tin, Bui, *Following Ho Chi Minh: Memoirs of a North Vietnamese Colonel*, Hurst, London, 1995
Titarenko, M. L., ed., *Kommunisticheskii Internatsional i kitayskaya revolyutsiya: Dokumentyi i materialyi* (The Communist International and the Chinese Revolution: Documents & Materials), Nauka, Moscow, 2002 [many of the documents in this volume regarding China are in English on Web/Dimitrov]
Titov, A. S., *Materialyi k politicheskoy biografii Mao Tsze-duna* (Materials towards a Political Biography of Mao Tse-tung), 3 vols, USSR Academy of Sciences/Institute of the Far East, Moscow; vol. 1: to 1935 (1969); vol. 2: 1935–7 (1970); vol. 3 (titled *Borba Mao Tsze-duna za Vlast, 1936–1945*) (Mao Tse-tung's Struggle for Power), (1974) [Titov, vol. 1, 2, 3]
Titov, A., 'About the Tsunyi Conference', *FEA*, no. 1, 1976
Titov, Alexander, 'Looking Back on My Work in China in 1948–1950', *FEA*, no. 5, 1995
Titov, A. S., *Borba za Yedinyi Natsionalnyi Front v Kitaye 1935–1937* (The Struggle for a United National Front in China), Nauka, Moscow, 1979
Tong, Te-kong, & Li Tsung-jen, *The Memoirs of Li Tsung-jen*, Westview, Boulder, 1979
Torkunov, A. V., *Zagadochnaya Voyna: Koreyskii Konflikt 1950–1953* (A Mysterious War: The Korean Conflict), Rosspen, Moscow, 2000
Trampedach, Tim, 'Chiang Kaishek between revolution and militarism, 1926/27', in Leutner

Trevelyan, Humphrey, *The Middle East in Revolution*, Macmillan, London, 1970
Trevelyan, Humphrey, *Living with the Communists*, Gambit, Boston, 1971
Troyanovsky, Oleg, *Cherez godyi i rasstoyaniya . . .* (Through the Years and Distances . . .), Vagrius, Moscow, 1997
Trudeau, Pierre Elliott, *Memoirs*, McLelland & Stewart, Toronto, 1993
Tsang, Steve, 'Target Zhou Enlai: The "Kashmir Princess" Incident of 1955', *CQ*, no. 139 (1994)
Tsedenbal, Y., 'Iz vospominanii Yumzhagiyna Tsedenbala' (From the Memoirs of Y. Tsedenbal), *Vostok*, no. 5, 1994
Tsering Shakya, *The Dragon in the Land of the Snows*, Pimlico, London, 1999
Tsou, Tang, *America's Failure in China, 1941–1950*, University of Chicago Press, Chicago et al., 1963
Tucker, Nancy Bernkopf, ed., *China Confidential: American Diplomats and Sino-American Relations, 1945–1996*, Columbia University Press, New York, 2001
Tyler, Patrick, *A Great Wall: Six Presidents and China*, Public Affairs, New York, 1999
Union Research Institute, *The Case of Peng Teh-huai 1959–1968*, URI, Hong Kong, 1968
Union Research Institute, *Collected Works of Liu Shao Ch'i*, 3 vols, URI, Hong Kong, 1969
US Congress, Joint Economic Committee, *An Economic Profile of Mainland China*, Praeger, New York, 1968
US Department of State, *United States Relations with China* ['*White Paper*'], US Department of State, Washington, DC, 1949
US Senate, Foreign Relations Committee, *Economic Assistance to China and Korea 1949–50*, Garland, New York et al., 1979
Usov, Viktor, 'Ubit v chuzhoy strane: Na chuzhoy voyne: Starshii syin "velikogo kormchego"' ('To Be Killed in a Foreign Land, in a Foreign War: The Eldest Son of the "Great Helmsman"'), *NV*, no. 38, 1992
Usov, V., 'Kitayskiye vospitanniki interdomov Rossii' (Chinese Pupils in International Homes in Russia), *PDV*, no. 4, 1997
Usov, Viktor, *Sovietskaya Razvedka v Kitaye: 20-e godyi XX veka* (Soviet Intelligence in China in the 1920s), Olma-Press, Moscow, 2002
Usov, Viktor, 'Ryichaniye "bumazhnogo tigra": Kak atomnyi vopros isportil druzhbu SSSR i Kitaya' ('The Growl of the "Paper Tiger": How the atomic Issue spoiled the Friendship between the USSR and China'), *Stolichniye Novosti*, no. 31, 2003
Vaksberg, Arkadi, *Hôtel Lux: Les partis frères au service de l'Internationale communiste*, Fayard, Paris, 1993
van Coillie, Dries, *I Was Brainwashed in Peking*, 's-Hertogenbosch, 1969
van de Ven, Hans J., *From Friend to Comrade: The Founding of the Chinese Communist Party, 1920–1927*, University of California Press, Berkeley et al., 1991
van de Ven, Hans J., *War and Nationalism in China 1925–1945*, RoutledgeCurzon, London, 2003
Van Slyke, Lyman, 'The Battle of the Hundred Regiments', *MAS*, vol. 30, no. 4 (1996)
Vartanov, V. N., *Operatsiya 'Z': Sovietskiye dobrovoltsyi v antiyaponskoy voyne kitayskogo naroda v 30–40 gg.* (Operation 'Z': Soviet volunteers in the anti-Japanese war of the Chinese people in the 1930s–1940s), Institute of Military History, Moscow, 1992
Vereshchagin, B. N., *V starom i novom Kitaye* (In Old and New China), Institute of the Far East, Moscow, 1999
Viet Nam, *The Truth about Vietnam–China Relations over the Last Thirty Years*, Ministry of Foreign Affairs, Hanoi, 1979
Vinarov, Ivan, *Boytsi na Tikhiya Front* (Fighters on the Secret Front), Izd. na BKP, Sofia, 1969
VKP(b), Komintern i Kitay: Dokumentyi (The A-UCP(b), the Comintern and China: Documents), Titarenko, M. L., et al., eds, 4 vols (1920–37) to date, Moscow, 1994–2003
Vladimirov, O. & Ryazantsev, V., *Mao Tse-tung: A Political Portrait*, Progress, Moscow, 1976
Vladimirov, P. P., *Osobyi Rayon Kitaya* (The Special Region of China), Novosti, Moscow, 1973 [*ORK*]

Vladimirov, Peter, *The Vladimirov Diaries: Yenan, China: 1942–1945*, Hale, London, 1976
Vladimirov, Y., 'The Question of Soviet-Chinese Economic Relations in 1950–1966', *Chinese Economic Studies*, vol. 3, no. 1 (1969)
Vlasov, Yuri, 'The Story of My Father', *FEA*, nos 1 & 2, 1991
Volkogonov, Dmitri, *Stalin*, Grove Weidenfeld, New York, 1991
Volkogonov, Dmitri, *The Rise and Fall of the Soviet Empire*, HarperCollins, London, 1998
Volokhova, Alena, 'Armistice Talks in Korea (1951–1953)', *FEA*, no. 2, 2000
Waack, William, *Camaradas*, Companhia das Letras, São Paulo, 1993
Wada, Haruki, 'The Korean War, Stalin's Policy, and Japan', *Social Science Japan Journal*, vol. 1, no. 1 (1998)
Walder, Andrew G., *Communist Neo-traditionalism: Work and Authority in Chinese Industry*, University of California Press, Berkeley et al., 1988
Walder, Andrew G., & Su, Yang, 'The Cultural Revolution in the Countryside: Scope, Timing and Human Impact', *CQ*, no. 173 (2003)
Walters, Vernon A., *Silent Missions*, Doubleday, Garden City, 1978
Wang, Anna, *Ich kämpfte für Mao*, C. Wegner, Hamburg, 1964
Wang Fan-hsi, *Chinese Revolutionary* (translated & introduced by Gregor Benton), Oxford University Press, Oxford, 1980
Wang Li, 'An Insider's Account of the Cultural Revolution' (Schoenhals, Michael, ed.), *CLG*, vol. 27, no. 6 (1994)
Wang Li, 'The First Year of the "Cultural Revolution"' (Schoenhals, Michael, ed.), *CLG*, vol. 32, no. 4 (1999)
Wang Ming, *Mao's Betrayal*, Progress, Moscow, 1979
Watt, George, *China 'Spy'*, Johnson, London, 1972
Weathersby, Kathryn, '*Should We Fear This?' Stalin and the Danger of War with America*, Cold War International History Project, Working Paper no. 39, Washington, DC, 2002
Wedemeyer, Albert C., *Wedemeyer Reports!*, Henry Holt, New York, 1958
Wei Jingsheng, *The Courage to Stand Alone*, Viking, New York, 1997
Wei Kouo-lou, *Chou En-lai durant la Longue Marche*, Foreign Languages Press, Peking, 1979
Werner, Ruth, *Sonya's Report*, Chatto & Windus, London, 1991
Westad, Odd Arne, *Cold War & Revolution: Soviet-American Rivalry and the Origins of the Chinese Civil War*, Columbia University Press, New York, 1993
Westad, Odd Arne, ed., *Brothers in Arms: The Rise and Fall of the Sino-Soviet Alliance*, Stanford University Press, Stanford, 1998
Westad, Odd Arne, et al., eds, *77 Conversations Between Chinese and Foreign Leaders on the Wars in Indochina, 1964–1977*, Cold War International History Project, Working Paper no. 22, Washington, DC, 1998
Westad, Odd Arne, *Decisive Encounters; The Chinese Civil War, 1946–1950*, Stanford University Press, Stanford, 2003
White, Theodore H., *In Search of History*, Harper & Row, New York, 1978
Whiting, Allen S., and Sheng Shih-ts'ai, *Sinkiang: Pawn or Pivot?*, Michigan State University Press, East Lansing, 1958
Whitlam, Gough, *The Whitlam Government 1972–1975*, Viking, Ringwood, 1985
Wilbur, C. Martin, & How, Julie Lien-ying, *Missionaries of Revolution: Soviet Advisers and Nationalist China, 1920–1927*, Harvard University Press, Harvard, 1989
Willeke, Bernward H., 'Franciscan Mission Work in Northern Shensi: Mission of Yenanfu', MS, Franciscan Archives, Rome, 1984
Wingrove, Paul, 'Mao in Moscow, 1949–50: Some New Archival Evidence', *Journal of Communist Studies & Transition Politics*, vol. 11, no. 4 (1995)
Wingrove, Paul, 'Gao Gang and the Moscow Connection: Some Evidence from Russian Sources', *Journal of Communist Studies & Transition Politics*, vol. 16, no. 4 (2000)
Wishnick, Elizabeth, *Mending Fences: The Evolution of Moscow's China Policy from Brezhnev to Yeltsin*, University of Washington Press, Seattle et al., 2001

Witke, Roxane, *Comrade Chiang Ching*, Weidenfeld & Nicolson, London, 1977
Witke, Roxane, 'The Last Days of Madame Mao', *Vanity Fair*, Dec. 1991
Wolf, Markus, *Memoirs of a Spymaster*, Pimlico, London, 1998
Wolff, David, *'One Finger's Worth of Historical Events': New Russian and Chinese Evidence on the Sino-Soviet Alliance and Split, 1948–1959*, Cold War International History Project, Working Paper no. 30, Washington, DC, 2000
Wood, Frances, *Hand-Grenade Practice in Peking*, J. Murray, London, 2000
Woody, W. (Schoenhals, Michael, ed.), *The Cultural Revolution in Inner Mongolia*, Centre for Pacific Asia Studies, Stockholm University, Stockholm, 1993
Wu Xiuquan, *Eight Years in the Ministry of Foreign Affairs*, New World Press, Beijing, 1985
Xiang, Lanxin, *Mao's Generals: Chen Yi and the New Fourth Army*, University of America Press, Lanham, 1998
Xu Xiangqian, 'The Purchase of Arms from Moscow,' in Li, X., et al., 2001
Yan Jiaqi & Gao Gao, *Turbulent Decade: A History of the Cultural Revolution*, University of Hawai'i Press, Honolulu, 1996
Yang, Benjamin, 'The Zunyi Conference as One Step in Mao's Rise to Power', *CQ*, no. 106 (1986)
Yang, Benjamin, *From Revolution to Politics: Chinese Communists on the Long March*, Westview, Boulder, 1990
Yang, Dali L., *Calamity and Reform in China*, Stanford University Press, Stanford, 1996
Yang Kuisong, 'The Sino-Soviet Border Clash of 1969', *CWH*, vol. 1, no. 1 (2000)
Yang Kuisong, 'Changes in Mao Zedong's Attitude toward the Indochina War, 1949–1973', Cold War International History Project, Working Paper no. 34, Washington, DC, 2002
Ybañez, Celestino, *Episodios Misioneros*, Franciscan Procuration, Shanghai, 1949
Yeh, K. C., 'Soviet and Communist Chinese Industrialization Strategies', in Treadgold, Donald W., ed., *Soviet and Chinese Communism: Similarities and Differences*, University of Washington Press, Seattle, 1967
Yick, Joseph K. S., 'Communist Puppet Collaboration in Japanese-Occupied China', *Intelligence & National Security*, vol. 16, no. 4 (2001)
Young, Édouard, 'La Mission de Nananfu du 18 au 27 janvier 1929', *Annales de la Congrégation de la Mission*, vol. 94, no. 4 (1929)
Yu, Chen Liang, & Buckwell, Allan, *Chinese Grain Economy and Policy*, CAB International, Oxford, 1991
Yu, Maochun, *OSS in China: Prelude to Cold War*, Yale University Press, New Haven et al., 1996
Yu Miin-ling, 'A reassessment of Chiang Kaishek and the policy of alliance with the Soviet Union, 1923–1927', in Leutner
Yu-Ang-Li, 'The Communist International and the Foundation of the C.P. of China', *Communist International*, vol. 6. nos 9–10 (1929)
Zagoria, Donald S., *The Sino-Soviet Conflict 1956–1961*, Atheneum, New York, 1967
Zakharov, M. V., ed., *Finale*, Progress, Moscow, 1972
Zazerskaya, Tatiana, 'URSS–Chine populaire, "l'aide fraternelle"', *Communisme*, nos 49–50 (1997)
Zazerskaya, T. G., *Sovietskiye Spetsialistyi i Formirovaniye Voyenno-Promyishlennogo Kompleksa Kitaya* (Soviet Specialists and the Formation of China's Military-Industrial Complex), St Petersburg State University, St Petersburg, 2000
Zhai, Qiang, *China and the Vietnam Wars, 1950–1975*, University of North Carolina Press, Chapel Hill et al., 2000
Zhang, Shu Guang, *Economic Cold War: America's Embargo against China and the Sino-Soviet Alliance, 1949–1963*, Stanford University Press, Stanford, 2001
Zhang, Shu Guang, *Deterrence and Strategic Culture: Chinese-American Confrontations, 1949–1958*, Cornell University Press, Ithaca, 1992
Zhang, Shu Guang, *Mao's Military Romanticism: China and the Korean War*, University Press

of Kansas, Lawrence, Kansas, 1995
Zhang, Shuguang, & Chen, Jian, eds, *Chinese Communist Foreign Policy and the Cold War in Asia: New Documentary Evidence, 1944–1950*, Imprint, Chicago, 1996
Zhang Songshan, 'On the "He Long Case Group"' (in Schoenhals, Michael, ed., 'Mao's Great Inquisition'), *CLG*, vol. 29, no. 3 (1996)
Zhang, Xiaoming, *Red Wings Over the Yalu: China, the Soviet Union, and the Air War in Korea*, Texas A&M University Press, College Station, 2002
Zhang Yufeng, 'Anecdotes of Mao Zedong and Zhou Enlai in Their Later Years' (Part 1), *FBIS-CHI-89–017* (27 Jan. 1989)
Zhang Yunsheng, 'True Account of *Maojiawan*: Reminiscences of Lin Biao's Secretary' (Sullivan, Lawrence R., & Liu, Nancy, eds), *CLG*, vol. 26, no. 2 (1993)
Zheng Chaolin, *An Oppositionist for Life: Memoirs of the Chinese Revolutionary Zheng Chaolin* (edited and translated by Gregor Benton), Humanities Press, Atlantic Highlands, 1997
Zheng Yi, *Scarlet Memorial: Tales of Cannibalism in Modern China*, Boulder, Westview, 1996
Zhivkov, Todor, *Memoari* (Memoirs), 'SIV' AD – 'ABAGAR' EOOD, Sofia, 1997
Zhou Enlai, *Selected Works*, vol. 2, Foreign Languages Press, Beijing, 1989
Zhu, Fang, *Gun Barrel Politics: Party–Army Relations in Mao's China*, Westview, Boulder, 1998
Zimonin, Viacheslav, 'The Soviet-Japanese War of 1945', *FEA*, no. 4, 1995
Zubok, Vladislav, '"Look What Chaos in the Beautiful Socialist Camp!": Deng Xiaoping and the Sino-Soviet Split, 1956–1963', *CWB*, no. 10 (1998)
Zubok, Vladislav, & Pleshakov, Constantine, *Inside the Kremlin's Cold War*, Harvard University Press, Cambridge, Mass., 1996

III 參考網頁

Web/Dimitrov
http://www.marxists.org/reference/archive/dimitrov/works/1937/china1.htm
http://www.revolutionarydemocracy.org/rdv2n2/dimitrov.htm
http://www.revolutionarydemocracy.org/rdv5n2/dimitrov.htm
Web/JPRS
http://e-asia.uoregon.edu
http://www.marxists.org/reference/archive/mao/works/collected-works/index.htm
Web/NSA
http://www2.gwu.edu/~nsarchiv/NSAEBB/
http://www2.gwu.edu/~nsarchiv/nsa/publications/china-us/index.html
Web/PHP
http://www.isn.ethz.ch/php/

Diaries (Dimitrov; P. P. Vladimirov) are referenced by date entry only. References to the names 'Dimitrov' and 'Vladimirov' alone are to their diaries.

國家圖書館出版品預行編目資料

毛澤東：鮮為人知的故事（修訂版）／張戎（Jung Chang）、喬・哈利戴（Jon Halliday）著；張戎譯. -- 二版. -- 臺北市：麥田出版，城邦文化事業股份有限公司出版：英屬蓋曼群島商家庭傳媒股份有限公司城邦分公司發行，2021.09
面； 公分 --（NEW不歸類；RG8043）
譯自：Mao: The Unknown Story
ISBN 978-626-310-038-1（平裝）

1.毛澤東 2.傳記

782.887 110009291

NEW不歸類 RG8043
毛澤東：鮮為人知的故事（修訂版）
Mao: The Unknown Story

作 者 張 戎（Jung Chang）、喬・哈利戴（Jon Halliday）
譯 者 張 戎
封面設計 莊謹銘
責任編輯 徐 凡
國際版權 吳玲緯
行 銷 闕志勳、吳宇軒
業 務 李再星、陳美燕
編輯總監 劉麗真
總 經 理 謝至平
發 行 人 何飛鵬
出 版 麥田出版 城邦文化事業股份有限公司
地址：115台北市南港區昆陽街16號4樓
電話：(02)2500-7696 傳真：(02)2500-1966
發 行 英屬蓋曼群島商家庭傳媒股份有限公司城邦分公司
地址：115台北市南港區昆陽街16號8樓
網址：http://www.cite.com.tw
書虫客戶服務專線：(02)2500-7718｜2500-7719
24小時傳真專線：(02)2500-1990｜2500-1991
服務時間：週一至週五09:30-12:00｜13:30-17:00
劃撥帳號：19863813 戶名：書虫股份有限公司
讀者服務信箱：service@readingclub.com.tw
香港發行所 城邦（香港）出版集團有限公司
地址：香港灣仔駱克道193號東超商業中心1樓
電話：+852-2508-6231 傳真：+852-2578-9337
馬新發行所 城邦（馬新）出版集團【Cite(M) Sdn. Bhd.】
地址：41-3, Jalan Radin Anum, Bandar Baru Sri Petaling, 57000 Kuala Lumpur, Malaysia.
電話：+603-9056-3833 傳真：+603-9057-6622
麥田部落格 http://ryefield.pixnet.net
印 刷 前進彩藝有限公司
二版一刷 2021年9月
二版四刷 2024年4月
定 價 799元
ISBN 978-626-310-038-1

©Globalflair Ltd., 2005

城邦讀書花園
www.cite.com.tw

本書若有缺頁、破損、裝訂錯誤，請寄回更換。
All Rights Reserved.